AtV

Doris Leupold, Juni 04

Theodor Fontane wurde am 30. Dezember 1819 in Neuruppin geboren. Nach Lehre und Staatsexamen Approbation als »Apotheker erster Klasse«. 1849 gab Fontane den Beruf auf und arbeitete als Journalist und freier Schriftsteller. 1850 Heirat mit Emilie Rouanet-Kummer. Mitglied der Berliner Schriftstellervereinigungen »Tunnel über der Spree«, »Rütli« und Ellora«. 1855–1858 London-Aufenthalt im Dienst der preußischen Regierung; Aufbau und Leitung einer »Deutsch-englischen Korrespondenz«; erste Erwähnung eines geplanten Standardwerkes über die Mark Brandenburg. Neben seiner umfangreichen publizistischen Tätigkeit und der Veröffentlichung von Gedichtbänden, Kriegsbüchern und Reisefeuilletons war Fontane nahezu zwei Jahrzehnte Theaterkritiker der »Vossischen Zeitung«; seine letzten Besprechungen galten Gerhart Hauptmann. Zwischen 1862 und 1882 erschienen die vier Teile der »Wanderungen durch die Mark Brandenburg«, der Band »Fünf Schlösser« folgte 1889. In seinem 60. Lebensjahr schloß Fontane seinen ersten Roman ab; »Vor dem Sturm« erschien 1878 und eröffnete die Reihe seiner großen Romane und Erzählungen: »Schach von Wuthenow«, »Irrungen, Wirrungen«, »Stine«, »Frau Jenny Treibel«, »Effi Briest«, »Der Stechlin«. Fontane starb am 20. September 1898 in Berlin.

Zweiundzwanzig Jahre umfaßte die Entstehungsgeschichte des abschließenden Vierten Teils der »Wanderungen durch die Mark Brandenburg«, stammte doch die Hälfte der Texte noch aus den Anfangsjahren des Projekts. Die Fertigstellung des Bandes fiel in das Jahr 1881. Neben der Redaktion der alten Aufsätze sammelte Fontane Material für die neuen Kapitel und ging noch einmal auf Reisen, so zum Scharmützelsee und nach Gröben und Siethen. Mit »Spreeland« verabschiedete sich der Wanderer Fontane von seinen Lesern. In einem Schlußwort erinnerte er noch einmal an die Motive des ganzen Unternehmens, an die Veränderungen, die es im Laufe der Jahre erfahren hatte, und an die »Mitarbeiter« in Gestalt der altmärkischen Familien, der Landpastoren und Lehrer. Abschließend wünschte er sich, »daß das Lesen dieser Dinge dem Leser wenigstens einen Teil der Freude bereiten möge, den mir das Einsammeln seinerzeit gewährte«.

Theodor Fontane

Wanderungen durch die Mark Brandenburg

Vierter Teil

Spreeland

Beeskow-Storkow
und Barnim-Teltow

Herausgegeben von
Gotthard Erler und Rudolf Mingau

Aufbau Taschenbuch Verlag

Mit 15 Abbildungen

ISBN 3-7466-5254-5

1. Auflage 1994
Aufbau Taschenbuch Verlag Berlin

Umschlaggestaltung Torsten Lemme,
Foto (Landschaft im Unterspreewald) Beate Schubert
Satz Graphischer Großbetrieb Pößneck. Ein Mohndruck-Betrieb
Druck Clausen & Bosse, Leck
Printed in Germany

VORWORT

Wie sich Band II und III der Oder und Havel zuwendet, so wendet sich dieser IV. Band der *Spree* zu, dem Laufe des Flusses von Ost nach Westen hin folgend.

In dem der Lausitz angehörigen Spreewalde beginnend, verweilt Band IV, nach einem kurzen Abstecher ins Beeskow-Storkowsche, zu größrem Teil auf jener nur wenige Meilen messenden Strecke, wo die Spree die Grenze zwischen dem Barnim und dem Teltow zieht, und schildert hier eine nicht unbeträchtliche Zahl der im östlichen Halbkreis um Berlin herum gelegenen Ortschaften. Und so wird sich auch in bezug auf diesen vierten Band sagen lassen, daß sich der Inhalt desselben in allem Wesentlichen seinem Titel anschließt. Als Ausnahme könnte nur der Schlußabschnitt »An der Nuthe« gelten, aber auch dieser mehr dem Schein als der Wirklichkeit nach, insoweit die Nuthe vorwiegend einen *Spree*landscharakter hat, vorwiegend unsern *Spree*territorien angehört und erst im letzten Moment ihren bis dahin ausschließlich nordwärts gerichteten Lauf in plötzlich nord*westlicher* Biegung zugunsten der Havel abändert, fast als wär ihr die Spree, nachdem diese Berlin passiert, nicht mehr anheimelnd genug.

Die Kapitel auch dieses IV. Bandes entstanden zu sehr verschiedener Zeit, weshalb einige der älteren und ältesten einer eingehenden Umarbeitung unterzogen wurden, allerdings immer nur in *dem* Falle, daß etwas tatsächlich Neues geboten werden konnte, wie beispielsweise bei »Saalow«, »Friedrichsfelde« (Gabriel Lukas Woltersdorf) und »Großbeeren«. Am meisten in dem Kapitel »Buch«, wo die mittlerweile publizierten Tagebücher der Gräfin Voß, gebornen von Pannewitz, einen völligen Umguß der alten Form erheischten. Auf Hervorhebung bloß *baulicher* Veränderungen, insonderheit wenn sie das in den betreffenden Kapiteln Erzählte gar nicht oder nur sehr nebensächlich berührten, hab ich meistens verzichtet und immer nur angedeutet, daß dieselben überhaupt stattgefunden hätten. Ein Abweichen von dieser Regel würde mich gezwungen haben und auch in alle Zukunft weiter zwingen, immer neue Contrôlreisen eintreten zu lassen. Was sich selbstverständlich verbietet. Es gilt eben auch hier wieder, was ich schon im Vorworte zu Band III über diesen Punkt geäußert habe. Die Dinge geben sich einfach so, wie sie sich mir zu dieser oder jener ganz bestimmten Zeit darstellten, weshalb ich denn auch vorhabe, falls eine neue Auflage mir die Gelegenheit dazu bieten sollte, jedem Einzelkapitel seine besondere Jahreszahl zu geben.

In einem Abschiedswort am Schlusse dieses Bandes hab ich noch einen Rückblick und in diesem Rückblick eine Darlegung dessen versucht, was diese »Wanderungen« wollen und *nicht* wollen, und bitt ich deshalb *die*jenigen meiner Leser, die sich für einen solchen Rechenschaftsbericht interessieren, auch diesem Abschiedswort ihre Aufmerksamkeit zuwenden zu wollen.

Berlin, 15. November 1881

Th. F.

IN DEN SPREEWALD

IN DEN SPREEWALD

Und daß dem Netze dieser Spreekanäle
Nichts von dem Zauber von Venedig fehle,
Durchfurcht das endlos wirre Flußrevier
In seinem Boot der *Spreewalds-Gondolier.*

Eine Nachtpost fährt oder fuhr wenigstens zwischen Berlin und Lübbenau.

Mit Tagesanbruch haben wir Lübben, die letzte Station, erreicht und fahren nunmehr am Rande des hier beginnenden Spreewaldes hin, der sich anscheinend endlos, und nach Art einer mit Heuschobern und Erlen bestandenen Wiese, zur Linken unseres Weges dehnt. Ein vom Frühlicht umglühter Kirchturm wird sichtbar und spielt eine Weile Versteckens mit uns; aber nun haben wir ihn wirklich und fahren durch einen hochgewölbten Torweg in Lübbenau, »die Spreewald-Hauptstadt«, ein.

1. Lübbenau

Es ist Sonntag, und die Stille, die wir vorfinden, verrät nichts von dem sonst hier herrschenden lebhaften Verkehre. Die Spreewaldprodukte haben nämlich in Lübbenau ihren vorzüglichsten Stapelplatz und gehen erst von hier aus in die Welt. Unter diesen Produkten stehen die Gurken obenan. In einem der Vorjahre wurden seitens eines einzigen Händlers 800 Schock pro Woche verkauft. Das würde nichts sagen in Hamburg oder Liverpool, wo man gewohnt ist, nach Lasten und Tonnen zu rechnen, aber »jede Stelle hat ihre Elle«, was erwogen für diese 800 Schock eine gute Reputation ergibt. Im übrigen verweilt Lübbenau nicht einseitig bei dem Verkauf eines Artikels, der schließlich doch vielleicht den Spott herausfordern könnte, Kürbis und Meerrettich* schlie-

* Über *Meerrettich*produktion und Meerrettichverkauf stehe hier noch das folgende. Der Herbst ist die Zeit der Lübbenauer Meerrettichmärkte. Jeden Sonnabend,

ßen sich ebenbürtig an und vor allem die Sellerie, hinsichtlich deren Vorzüge die Meinungen nicht leicht auseinandergehen.

Wir halten nun vor dem geräumigen Gasthofe »Zum braunen Hirsch«, darin das Amt eines Kellners noch ausschließlich durch eine Spreewaldsschönheit verwaltet wird, und nachdem wir Toilette gemacht und einen Imbiß genommen haben, brechen wir auf, um keine der spärlich zugemessenen Stunden zu verlieren. Ein Leichenzug kommt über den Platz, und acht Träger tragen den Sarg, über den eine schwarze, tief herabhängende Sammetdecke gebreitet ist, aus dem Kirchenportal aber, daran der Zug eben vorüberzieht, erklingt Orgel und Gesang, und wir treten ein, um eine wendische Gemeinde, lauter *Spreewalds*leute, versammelt zu sehen.

Es bot sich uns ein guter Übersichtsplatz; Männer und Frauen saßen getrennt, und nur die Frauen, soviel ich wahrnehmen konnte, trugen noch ihr spezielles Spreewaldkostüm. In jedem Einzelpunkte das Spezielle darin nachzuweisen ist eine Aufgabe, der ich mich nicht gewachsen fühle. Der kurze faltenreiche Friesrock, das knappe Mieder, das Busentuch, die Schnallenschuhe, selbst die bunten seidenen Bänder, die, mit großem Luxus gewählt, über die Brust fallen, sind allerorten in wenigstens ähnlicher Weise vorkommende Dinge, wogegen mir der Kopfputz und die Halskrause von dem sonst Herkömmlichen abweichend erschienen. Die Halskrause wird nicht allgemein getragen; *wo* sie sich findet, erinnert sie lebhaft an die getollten Ringkragen auf alten Pastorenbildern: steife Jabots, die dem, der sie trägt, immer etwas von dem Ansehen eines kollernden Truthahns geben. Allgemein aber ist der spreewäldlerische Kopfputz, und ich versuche seine Beschreibung. Eine zugeschrägte Papier- oder Papphülse bildet das Gestell, darüber legen sich Tüll und Gaze, Kanten und Bänder und stellen eine Art Spitzhaube her. Ist die Trägerin eine Jungfrau, so

solange das Wasser eisfrei bleibt, bringen die Spreewäldler, namentlich die von Burg, ihre Ware zu Markt, und es bedecken dann 200 bis 300 mit Meerrettich beladene Kähne den Ausladeplatz an der Spree. Groß- und Kleinhändler aus vielen Städten und Ländern erscheinen um diese Zeit, um ihren Einkauf zu machen. In der Regel werden in Lübbenau 20000 Zentner verkauft, was einer Einnahme von 600000 Mark gleichkommt. Ich gebe diese Zahlen ohne Gewähr, wie ich sie finde.

schließt die Kopfbekleidung hiermit ab, ist sie dagegen verheiratet, so schlingt sich noch ein Kopftuch um die Haube herum und verdeckt sie, je nach Neigung, halb oder ganz. Diese Kopftücher sind ebenso von verschiedenster Farbe wie von verschiedenstem Wert. Junge, reiche Frauen schienen schwarze Seide zu bevorzugen, während sich ärmere und ältere mit krapprotem Zitz und selbst mit ockerfarbenem Kattun begnügten.

Die wendische Predigt entzieht sich unserer Contrôle, das Schluchzen aber, das laut wird, ist wenigstens ein Beweis für die gute Praxis des Geistlichen. Er steht zudem in der Liebe seiner Gemeinde, und wo diese Liebe waltet, ist auch unschwer das Wort gefunden, das eine Mutter, die den Sohn, oder eine Witwe, die den Mann begrub, zu den ehrlichsten Tränen hinreißt.

Und nun schweigt die Predigt, und eine kurze Pause tritt ein, während welcher der Geistliche langsam und sorglich in seinen Papieren blättert. Endlich hat er beisammen, was er braucht, und beginnt nun die Aufgebote, die Geburts- und Todesanzeigen zu lesen, alles in *deutscher* Sprache. Bemerkenswert genug. Die Predigt, die mehr dem Ideale dient, durfte noch wendisch sein; aber sowie sich's um ausschließlich praktische Dinge zu handeln beginnt, sowie festgestellt werden soll, was im Spreewalde lebt und stirbt, wer darin heiratet und getauft wird, so geht es mit dem Wendischen nicht länger. Der Staat, der bloß mit deutschem Ohre hört und nicht Zeit hat, in aller Eil auch noch Wendisch zu lernen, tritt mit der nüchternsten Geschäftsmiene dazwischen und verlangt *deutsches* Aufgebot und *deutsche* Taufscheine.

Wer wollt ihm das Recht dazu bestreiten?

Und nun ist der Gottesdienst aus, und steif und stattlich gehen die Männer und Frauen an uns vorüber. Ihre Köpfe sind charaktervoll, aber nicht hübsch; ihre Haltung voll Würde. Wir warteten die letzten ab und kehrten dann erst in unsern Gasthof zurück, wo wir uns eine halbe Stunde später durch Kantor Klingestein – eine Spreewaldsautorität, an die wir von Berlin her empfohlen waren – begrüßt sahen.

Er übernahm unsere Führung.

2. Lehde

Er übernahm unsere Führung, sagt ich, und nach kurzem Gange durch Stadt und Park erreichten wir den Hauptspreearm, auf dem die für uns bestimmte Gondel bereits im Schatten eines Buchenganges lag. Drei Bänke mit Polster und Rücklehne versprachen möglichste Bequemlichkeit, während ein Flaschenkorb von bemerkenswertem Umfang – aus dem, sooft der Wind das Decktuch ein wenig zur Seite wehte, verschiedene rot und gelb gesiegelte Flaschen hervorlugten – auch noch für *mehr* als bloße Bequemlichkeit sorgen zu wollen schien. Am Stern des Bootes, das lange Ruder in der Hand, stand Christian Birkig, ein Funfziger mit hohen Backenknochen und eingedrückten Schläfen, dem für gewöhnlich die nächtliche Sicherheit Lübbenaus, heut aber der Ruder- und Steuermannsdienst in unserem Spreeboot oblag.

Wir stiegen ein, und die Fahrt begann. Gleich die erste halbe Meile ist ein landschaftliches Kabinettstück und wird insoweit durch nichts Folgendes übertroffen, als es die Besonderheit des Spreewaldes: seinen Netz- und Inselcharakter, am deutlichsten zeigt. Dieser Netz- und Inselcharakter ist freilich *überall* vorhanden, aber er verbirgt sich vielfach, und nur derjenige, der in einem Luftballon über das vieldurchschnittene Terrain hinwegflöge, würde die zu Maschen geschlungenen Flußfäden allerorten in ähnlicher Deutlichkeit wie zwischen Lübbenau und Lehde zu seinen Füßen sehen.

Der Boden dieses Inselgewirrs ist fast überall eine Gartenerde. Der reiche Viehstand der Dörfer schuf hier von alters her einen Düngeruntergrund, auf dem dann die Mischungen und Verdünnungen vorgenommen werden konnten, wie sie dieses oder jenes Produkt des Spreewaldes erforderte.

Die Wassergewächse, die von beiden Seiten her uns stromaufwärts begleiten, bleiben dieselben; Butomus und Sagittaria lösen sich untereinander ab, und nur hier und da gesellt sich, unter dem überhängenden Rande geborgen, eine wuchernde Vergißmeinnicht-Einfassung hinzu.

Es ist Sonntag, die Arbeit ruht, und die große Fahrstraße zeigt sich verhältnismäßig leer; nur selten treibt ein mit frischem Heu beladener Kahn an uns vorüber, und Bursche handhaben das Ruder mit großem Geschick. Sie sitzen weder auf der Ruderbank, noch schlagen sie taktmäßig das Wasser, vielmehr stehen sie grad aufrecht am Hinterteile des Boots, das sie nach Art der Gondoliere vorwärts bewegen. Dies Aufrechtstehen, und mit ihm zugleich ein beständiges Anspannen all ihrer Kräfte, hat dem ganzen Volksstamm eine Haltung und Straffheit gegeben, die man bei der Mehrzahl unserer sonstigen Dorfbewohner vermißt. Und zwar in den armen Gegenden am meisten. Der Knecht, der vornüber im Sattel hängt oder, auf dem Strohsack seines Wagens sitzend, mit einem schläfrigen »Hoi« das Gespann antreibt, kommt kaum je dazu, seine Brust und Schulterblätter zurechtzurücken oder sein halb krummgebogenes Rückgrat wieder geradezubiegen, der Spreewäldler aber, dem weder Pferd noch Wagen ein Sitzen und Ausruhen gönnt, befindet sich eigentlich immer auf dem Quivive. Das Ruder in der Hand, steht er wie auf Posten und kennt nicht Hindämmern und Halbarbeit.

Wenn es schon ein reizender Anblick ist, diese schlanken und stattlichen Leute in ihren Booten vorüberfahren zu sehn, so steigert sich dieser Reiz im Winter, wo jeder Bootfahrer ein Schlittschuhläufer wird. Das ist dann die eigentliche Schaustellung ihrer Kraft und Geschicklichkeit. Dann sind Fluß und Inseln eine gemeinschaftliche Eisfläche, und ein paar Bretter unter den Füßen, die halb Schlitten, halb Schlittschuh sind, dazu eine sieben Fuß lange Eisstange in der Hand, schleudert sich jetzt der Spreewäldler mit mächtigen Stößen über die blinkende Fläche hin. Dann tragen sie auch ihr nationales Kostüm: kurzen Leinwandrock und leinene Hose, beide mit dickem Fries gefuttert, und Spreewaldstiefel, die fast bis an die Hüfte reichen.

Es ist Sonntag, sagt ich, und die Arbeit ruht. Aber an Wochentagen ist die Straße, die wir jetzt still hinauffahren, von früh bis spät belebt, und alles nur Denkbare, was sonst auf Knüppeldamm und Landstraße seines Weges zieht, das zieht dann auf dieser Wasserstraße hinab und hinauf. Selbst die reichen Herden dieser Gegenden wirbeln keinen Staub auf, sondern werden ins Boot getrieben und gelangen in ihm von Stall zu Stall oder von Wiese zu Wiese. Der tägliche Verkehr bewegt sich auf diesem endlosen Flußnetz und wird nur momentan unterbrochen, wenn auf blumengeschmücktem

Kahn, Musik vorauf, die Braut zur Kirche fährt oder wenn still und einsam, von Leidtragenden in zehn oder zwanzig Kähnen gefolgt, ein schwarzverhangenes Boot stromabwärts gleitet.

Einzelne Häuser werden sichtbar; wir haben Lehde, das erste Spreewaldsdorf, erreicht. Es ist die Lagunenstadt in Taschenformat, ein Venedig, wie es vor 1500 Jahren gewesen sein mag, als die ersten Fischerfamilien auf seinen Sumpfeilanden Schutz suchten. Man kann nichts Lieblicheres sehn als dieses Lehde, das aus ebenso vielen Inseln besteht, als es Häuser hat. Die Spree bildet die große Dorfstraße, darin schmalere Gassen von links und rechts her einmünden. Wo sonst Heckenzäune sich ziehn, um die Grenzen eines Grundstückes zu markieren, ziehen sich hier vielgestaltige Kanäle, die Höfe selbst aber sind in ihrer Grundanlage meistens gleich. Dicht an der Spreestraße steht das Wohnhaus, ziemlich nahe daran die Stallgebäude, während klafterweis aufgeschichtetes Erlenholz als schützender Kreis um das Inselchen herläuft. Obstbäume und Düngerhaufen, Blumenbeete und Fischkasten teilen sich im übrigen in das Terrain und geben eine Fülle der reizendsten Bilder. Das Wohnhaus ist jederzeit ein Blockhaus mit kleinen Fenstern und einer tüchtigen Schilfdachkappe; das ist das Wesentliche; seine Schönheit aber besteht in seiner reichen und malerischen Einfassung von Blatt und Blüte: Kürbis rankt sich auf, und Geißblatt und Convolvulus schlingen sich mit allen Farben hindurch. Endlich zwischen Haus und Ufer breitet sich ein Grasplatz aus, an den sich ein Brückchen oder ein Holzsteg schließt, und um ihn herum gruppieren sich die Kähne, kleiner und größer, immer aber dienstbereit, sei es um bei Tag einen Heuschober in den Stall zu schaffen oder am Abend einem Liebespaare bei seinem Stelldichein behilflich zu sein.

3. »Die Leber ist von einem Hecht«

Die letzten Häuser von Lehde liegen hinter uns, und wieder dehnen sich Wiesen zu beiden Seiten aus, nur hier und da durch Erlengruppen oder ein paar einzelnstehende Eichen unterbrochen. In südöstlicher Richtung geht es stroman, eine

Biegung noch und jetzt eine zweite, bis sich unser Flachkahn durch allerlei Tang und Kraut in einen schmalen und gradlinigen Kanal einschiebt, der die Verbindungsstraße zwischen den zwei Hauptarmen der Spree bildet.

Dieser Kanal, eine halbe Meile lang, zählt mit zu den besonderen Schönheiten des Spreewaldes. Im allgemeinen wird sich sagen lassen, daß eine mit dem Lineal gezogene Linie landschaftlich ohne Reiz sei, jede Regel aber hat ihre Ausnahme (gewißlich hat sie sie hier), und ein Vergleich mag diese Wasserstraße beschreiben. Jeder kennt die langgestreckten Laubgänge, die sich unter dem Namen »Poetensteige« in allen altfranzösischen Parkanlagen vorfinden. Ein solcher Poetensteig ist nun der Kanal, der eben jetzt in seiner ganzen Länge vor uns liegt, und, ein niedriges und dicht gewölbtes Laubdach über uns, so gleiten wir im Boot die Straße hinauf, die, nach Art einer Tute sich zuspitzend, an ihrem äußersten Ausgang ein phantastisch verkleinertes und nur noch halb erkennbares Pflanzengewirre zeigt. Alles in einem wunderbaren Licht.

Endlich erreichen wir diesen Ausgang und fahren in abermaliger scharfer Biegung in einen breiten, aber überall mit Schlangenkraut überwachsenen Flußarm ein, der uns in weniger als einer Stunde nach der »Eiche«, einem mitten im Spreewald gelegenen und von der Frau Schenker in gutem Ansehen erhaltenen Wirtshause, führt. Dasselbe zeigt den echten Spreewaldsstil und unterscheidet sich in nichts von den wendischen Blockhäusern des Dorfes Lehde. Nichtsdestoweniger scheinen statt Sorben oder Wenden eingewanderte Sachsen von Anfang an an dieser Stelle heimisch gewesen zu sein, denn nicht nur, daß die fast allzu germanisch klingenden »Schenkers« in dritter Generation schon in diesem Hause haushalten, auch ein alter, mühsam zu entziffernder Spruch über dem Eingange läßt über den deutschen Ursprung der ganzen Anlage keine Zweifel aufkommen. Der Spruch aber lautet:

Wir bauen oftmals feste
Und sind nur fremde Gäste;
Wo wir sollten ewig sein,
Da bauen wir ja wenig ein.

Frau Schenker ist eine freundliche Wirtin und eine stattliche Großmutter; ob deutsch oder wendisch, sie hängt am Spreewald und schreibt der Spree, neben allem sonstigen Guten, auch wirkliche Heil- und Wunderkräfte zu, worüber wir uns in einen scherzhaften Streit mit ihr verwickeln. Inzwischen ist die Tafel gedeckt worden, und wir blicken auf eine reizende Szenerie. Der Tisch mit dem weißen Linnen steht unter einer mächtigen und prächtigen Linde, zwischen uns und dem Fluß aber wölbt sich eine hohe Laube von Pfeifenkraut, vor derem Eingange – wie Puck auf seinem Pilz – Frau Schenkers jüngste Enkelin auf einem Baumstumpf sitzt und, das lachende Gesicht unter dem roten Kopftuch halb verborgen, in Neugier auf die fremden Gäste herüberblickt.

Und nun das Mahl selber! Das wäre kein echtes Spreewaldsmahl, wenn nicht ein Hecht auf dem Tische stünde.

Die Leber ist von einem Hecht
und nicht von einem Schleie,
Der Fisch will trinken, gebt ihm was,
daß er vor Durst nicht schreie.

Und mit diesem zeitgemäßen Leberreime ging es an die Entpuppung des Korbes, der bereits während der Fahrt mehr als einen interessierten Blick auf sich gezogen hatte. Das erste Glas galt, wie billig, der Wirtin, andere folgten, bis zuletzt die Mahlzeit und die lange Reihe der Toaste mit dem Jubelhymnus abschloß:

Die Leber ist von einem Hecht und nicht von einem Störe,
Es lebe Lehrer Klingestein, der Kantor der Kantöre.

4. In Kätner Posts Garten

Es war inzwischen Nachmittag geworden, und wir schickten uns zur Weiterfahrt an. Noch viel war zu sehen: die Dörfer Burg und Leipe, und in der Nähe des ersteren ein Stück Hügelland, darauf das Schloß des letzten Wendenkönigs gestanden haben soll.

Die Kanäle vor und neben uns wurden immer flacher und

seichter, endlich saßen wir fest. »Es geht nicht«, murmelte Bootführer Birkig. »Es *muß* gehn«, erwiderte der Kantor wie Blücher auf dem Marsche nach Waterloo. Und siehe da, es ging.

Aber nicht auf lange, die Richtung war uns verlorengegangen, und wir wären mit unserem »frisch Wasser unterm Kiel« um nichts gebessert gewesen, wenn nicht der Kantor – unser Columbus jetzt – unerschütterlich gegen Westen gezeigt und einer beinah meuternden Mannschaft gegenüber auf seinem Willen bestanden hätte. Zwar war es zunächst ein allerschlimmster Platz, an den wir gelangten, ein Wasserkreuzweg, von dem aus Kanälchen und kleine Flußarme nach den verschiedensten Seiten hin abzweigten, aber dieser Moment äußerster Not und Verwirrung bezeichnete doch auch zugleich den Moment unserer Rettung. Just an der Stelle, wo zwei Flußarme fast in spitzem Winkel einander berührten, stand ein Bauern- oder Kätnerhaus, dessen weißgetünchtes Fachwerk aus Geißblatt und Fischernetzen freundlich hervorblickte, während sich uns in Front des Hauses, in einem halb ans Ufer gezogenen Kahn, ein streng und doch zugleich auch freundlich aussehender Mann präsentierte, der, von ebendiesem Kahn aus, dem Treiben seiner im Flusse badenden und nach allen Seiten hin jubelnd umherplätschernden Kinder zusah. Es waren ihrer sieben, das älteste elf, das jüngste kaum vier Jahr alt, und aus Lachen und Kinderunschuld wob sich hier ein Bild, das uns auf Augenblicke glauben machte, wir sähen in eine feenhafte Welt. Und daß wir diese Welt nicht störten, das war ihr höchster Zauber. Ungeängstigt und von keiner Scham überkommen, spielten die Kinder weiter und tauchten unter und prusteten das Wasser in die Höh wie junge Delphine. Das älteste Mädchen war eine Schönheit; ihre Augen lachten, und das lange, aufgelöste Haar schwamm wie Sonnenschein neben ihr her.

Bootführer Birkig rekolligierte sich zuerst und rief das uns sowohl wie das Bild auf einen Schlag entzaubernde Wort über das Wasser hin: »ob man uns einen Kaffee kochen wolle«. Das bereitwilligste »Ja« klang zurück, und einige Minuten später sprangen wir ans Ufer, hinter dessen Büschen jetzt die Kinder in allen Stadien der Toilette standen und lagen, eines, das jüngste, noch platt im Sande. Der im Kahne stehende Häusler oder Kätner aber, der sich uns bald danach als Kätner Post vorstellte, war uns um ein paar Schritt entgegengekommen und bat uns, in seine Wohnung einzutreten. Wir zogen indes einen Platz im Freien vor und machten es uns auf einem von Kirschbäumen beschatteten Rasenplatze bequem. Was an Tisch' und Bänken im Hause war, stand bald draußen, und zuletzt erschien auch ein blaugemustertes Kaffeeservice, das unverkennbar einer besseren Zeit angehörte. Der Kätner entstammte nämlich einer alten Spreewalds-Honoratiorenfamilie, daraus selbst Geistliche hervorgegangen waren, und ein leiser Unmut über ein gewisses Zurückgebliebensein hinter diesen historischen Rangverhältnissen lag auf seinem Gesicht. Er sprach dies auch unumwunden aus und verriet überhaupt eine Nervosität, wie man ihr bei Leuten seines Standes nur selten begegnet. Ich nahm ihn daraufhin von Anfang an für einen Konventikler und fand es bestätigt, als er eine Weile danach anfrug, ob es uns vielleicht genehm sein würde, seine Kinder ein mehrstimmiges Lied singen zu hören, auf das sie leidlich eingeübt seien. Wir bejahten die Frage natürlich, und alsbald klang es mit jener unwiderstehlichen Innigkeit, wie sie nur Kinderstimmen eigen zu sein pflegt, durch die sommerstille Luft:

Jesu, geh voran
Auf der Lebensbahn,
Und wir wollen nicht verweilen,
Dir getreulich nachzueilen.
Führ uns an der Hand
Bis ins Vaterland.

Eine Pause trat ein, und erst als Kätner Post uns gemustert und sich über unsere Teilnahme vergewissert hatte, gab er aufs neue das Zeichen und sang nun selber mit:

Soll's uns hart ergehn,
Laß uns feste stehn
Und auch in den schwersten Tagen
Niemals über Lasten klagen,
Denn durch Trübsal hier
Geht der Weg zu dir.

Rühret eigner Schmerz
Irgend unser Herz,
Kümmert uns ein fremdes Leiden,
O so gib Geduld zu beiden,
Richte unsren Sinn
Auf das Ende hin.

Ordne unsren Gang,
Jesu, lebenslang;
Führst du uns durch rauhe Wege,
Gib uns auch die nöt'ge Pflege,
Tu uns nach dem Lauf
Deine Türe auf.

Das Lied hätte die doppelte Zahl von Strophen haben können, wir wären willig gefolgt. Es hatte jeden von uns ergriffen, am meisten den Nestor unseres Kreises, der fast verlegen vor sich nieder sah und auf unsere wiederholte Frage nach dem »Warum« endlich antwortete: »Sie sind alle bewegt durch das Lied. Ich bin es doppelt und *muß* es sein. Daß Ihnen dieses Lied hier begegnet, ist zu bescheidenem Teile mein Verdienst. Es sind jetzt gerade fünf Jahre, daß ich auf einer ähnlichen Reise wie diese in eine Dorfschule trat und das schöne Zinzendorfsche Lied in jener rhythmischen Form singen hörte, darin Sie's eben vernommen haben. In dieser Form wirkte das längst Bekannte wie neu auf mich und riß mich nicht nur fort durch seine Kraft und Innigkeit, sondern veranlaßte mich auch, es nach meiner Rückkehr in einem mir zu Gebote stehenden Fachblatte zu veröffentlichen. Ich weiß, daß es seitdem vielfach Eingang gefunden hat; hier aber trat es mir zum ersten Male wieder lebendig entgegen und bestätigte mir die Lehre: Man streue nur gute Körner aus und sorge nicht, was aus ihnen wird; *irgendwo* gehen sie auf, und wenn es im stillsten Winkel des Spreewalds wäre.«

Die Sonne neigte sich und mahnte zum Aufbruch. Noch reizende Partien kamen, aber der Höhepunkt des Festes lag hinter uns.

In Dorf Leipe, das wir auf unserem Rückweg passierten, trafen wir hauptstädtische Gesellschaft, die der wachsende

Schönheitsruf des Spreewaldes herbeigelockt hatte. Wir schlossen uns ihnen an, und Boot an Boot ging es nunmehr wieder auf Lübbenau zu. Wort und Lachen klang herüber und hinüber, und ein kalter Grog, der, als die Sonne nieder war, aus Rum und Spreewaldwasser gebraut wurde, hielt die Kühle des Abends von uns fern. Aber nicht auf lange; Plaid und Paletot forderten endlich ihr Recht, und lautlos glitten die beiden Boote nebeneinander her. In die Stille hinein klang nichts mehr als der taktmäßige Ruck der Ruder und das leise Plätschern des Wassers.

Es schlug zehn von dem am Abendhimmel aufdunkelnden Turm, als wir im Schatten der Lynarschen Parkbäume wieder anlegten. Der »Braune Hirsch« nahm uns eine Viertelstunde später in seine gastlichen Betten auf, Bootführer Birkig aber ging seinem Dienste nach, um mit Horn und Spieß für Lübbenau und seine Spreewaldgäste zu wachen.

ZWISCHEN SPREEWALD
UND
WENDISCHER SPREE

EINE OSTERFAHRT
IN DAS LAND BEESKOW-STORKOW

Arm oder reich,
Im ersten und letzten ist es gleich,
Und wo zwei Hütten zusammenstehn,
Gab es Lieb und Haß und – ist was geschehn.

Zwischen dem Spreewald und der *Wendischen* Spree (der Dahme) liegt das Land Beeskow-Storkow, ein wenig gekannter Winkel, der nichtsdestoweniger seine Schönheit und seine Geschichte hat. Beiden beschloß ich nachzugehen und wählte dazu die Woche vor Ostern, eine Zeit, in deren greller, oft schattenloser Beleuchtung ich die märkische Landschaft noch nicht gesehen hatte. Von den alten Familien dieses ehemalig lausitzischen Landesteiles interessierten mich am meisten die Löschebrands, in betreff deren ich nur wußte, daß sie seit vielen hundert Jahren um den großen Schermützel-See herum ihre Sitze hatten. Ihr Name schon klang mir prächtig im Ohr, und ich sah eigentlich alles, was Löschebrand hieß, hoch zu Roß irgendeinen Brand mit geweihter Lanze löschend. Jeder ein Ritter Sankt Georg. O das mußte ein himmlischer Tag werden, und ich gab mich dieser Vorstellung um so voller und sichrer hin, als ich, ein paar Notizen abgerechnet, keinen »Wissenskram« in mir beherbergte, der meine Phantasie hätte zügeln können.

Der Abend vorher schon hatte mich nach Fürstenwalde geführt, von wo die Fahrt in aller Morgenfrühe beginnen sollte. Diese Morgenfrühe war nun da, der Wagen kam und hielt, und über das holprige Pflaster der ehemaligen Bischofsstadt hin ging es in das »romantische Land« hinein. In das romantische Land Beeskow-Storkow.

1. Rauen und die Markgrafensteine

Es ging, weil die Spree hier sieben Arme hat, über sieben Brücken, und als die letzte Brücke hinter uns lag, lag auch schon die weite Landschaft vor uns, hell und klar und sonnig, und so trocken, daß der Staub aufwirbelte, wie zur Sommerzeit. Aber ein Blick auf die Bäume zeigte zur Genüge, daß der Sommer noch ausstand und daß nichts heraus war als ein paar ärmliche Palmsonntagskätzchen.

Ich hatte gleich anfangs meinen Platz neben dem Kutscher genommen, der eigentlich kein Kutscher war, sondern ein Fuhrherr, und durch gute Haltung in jedem Augenblicke den Beweis führte, daß er bei den Potsdamer Ulanen gestanden. Er hieß Moll, entsprach durchaus seinem Namen und gab was auf Bildung, Bücher und Zeitungen. Aber er hatte sich seinen guten Verstand und sein eigenes Urteil nicht weggelesen und hielt vielmehr umgekehrt mit einem gewissen Eigensinn an seinen einmal gefaßten Ansichten fest. Selbstverständlich immer unter Wahrung artiger Formen. Er war gesprächig und mitteilsam, aber doch zugleich auch reserviert und lächelte viel.

Als wir aus der Flußniederung auf die Höhe gekommen waren, wies ich auf einen Hügelzug, der sich in geringer Entfernung vor uns ausdehnte: »Was sind das für Berge?«

»Die Rauenschen.«

»I, die Rauenschen. Wo die Braunkohlen herkommen?«

Er stimmte zu.

»Das ist mir lieb, die mal zu sehen, obwohl ich keine brenne; sie stauben zu sehr. Dann ist wohl auch Rauen selbst hier ganz in der Nähe?«

»Versteht sich. Der dicke Turm da. Das is es.«

»Na, dann vorwärts. Aber in Rauen müssen wir einen Augenblick halten. Ich glaube, da gibt es was.«

Er war einverstanden und zeigte nur dann und wann mit dem Peitschenstock auf das eigentümliche Treiben an dem uns immer näher kommenden Hügelabhang. Ein einziges Pferd zog eine lange Reihe von Wagen und ließ mich erkennen, daß dort ein aus irgendeinem Bergstollen herausführendes Schienengeleise liegen mußte. Von der entgegengesetzten Seite her kamen leere Wagen zurück, und in einem dem Höhenzuge vorgelegenen Sumpfstücke stand ein Storch und sah sich ernst und nachdenklich um. Es war, als such er nach einem Wahr- und Erkennungszeichen und könne nicht einig mit sich werden, ob es auch die rechte Gegend sei.

Moll, dem ich meine Bemerkung mitteilte, fand es auch und verbreitete sich dann eingehender über Störche, namentlich aber darüber, daß es doch eigentlich ein merkwürdiger und zugleich auch höchst anspruchsloser Vogel sei, der immer wieder ins Beeskow-Storkowsche komme, während ihm doch die ganze Welt offenstehe.

All das sprach er in sehr gebildetem Deutsch, mit einem Dialektanklange, der weder märkisch noch berlinisch war, obwohl er von beiden einen Beisatz hatte. Dies fiel mir natürlich auf, und ich sagte: »Sie sprechen so anders, Moll; wo sind Sie eigentlich her?«

»Ich? Ich bin aus Hinterpommern.«

»Ist es möglich?«

»Ja, was will man machen.«

»Und von wo denn?«

»Von Köslin. Das heißt, ein bißchen ab, so nach 'm Gollenberg zu.«

»Da sind Sie ja Nachbar von Bismarck.«

»Nei, der liegt mehr rechts weg, so zwischen Rummelsburg und Schlawe. *Meine* Gegend ist doch noch anders. Und ich sag Ihnen, eine propre Gegend.«

»Ich dacht immer, es wäre da nicht viel los.«

»Ja, das haben mir schon viele gesagt. Aber es is nicht so. Da is mehr los als hier. Denn was haben Sie denn hier? Eine Kussel und dann wieder 'ne Kussel. Und mal 'ne Kräh und, wenn's hoch kommt, 'ne Bockmühle.«

»Nu gut. Aber was haben *Sie* denn? Ist es denn besser bei Ihnen?«

»Nu, besser is es schon, denn schlechter is nich möglich. Und das macht alles der Charakter. Der Charakter is immer die Hauptsache. Sehen Sie, bei uns gibt es lauter orntliche Menschen.«

»Und alle zehn Schritt 'nen Edelmann.«

»Ach, lieber Herr, ein Edelmann is gar nich so schlimm. Ich bin auch für Freiheit; aber was so 'n richtiger Edelmann is, na, viel tut er woll freilich auch nich, aber er tut doch immer *was.* Und der Bauer is auch janz anders bei uns.«

»Ich hab immer gefunden, der Bauer ist überall derselbe. Der Bauer ist überall hart.«

»Is schon richtig. Aber doch alles mit 'n Unterschied. Un warum is er hier so hart, ich meine so schlimm-hart? Weil er selber nichts hat. Es is ja die reine Hungerleiderei. Sehen Sie sich doch diesen Weg und diese Schonung an. Der reine gelbe Sand. Und wo der reine gelbe Sand is, is auch immer der reine gelbe Neid. Und gönnt keiner dem andern was. Und von was geben oder helfen steht nu schon gar nichts drin.«

»Hören Sie, Moll, ich bin zwar selber ein Märker, aber ich glaube wahrhaftig, Sie haben ein bißchen recht.«

»I, freilich hab ich recht. Es is alles pauvre hier, und von 's Pauvresein is noch nie nich was Gutes gekommen.«

Unter solchen Gesprächen waren wir bis in Rauen selbst hineingefahren. Auch dieses, wie der Hügelabhang draußen, zeigte den Bergwerkscharakter; alle Häuser sahen rußig und schmucklos aus, und nur eine modische Petroleumlampe mit blauem Ständer und weißer Milchglasglocke war überall als einziges Zierstück in die Fenster gestellt.

In der Kirche, die für das Fest geputzt und gesäubert wurde, trafen wir einen Ortsangesessenen, an den ich mich alsbald mit der Frage wandte: »was die rauensche Kirche denn wohl habe«.

»Wir haben gar nichts als den alten Grabstein vorm Altar. Alles, was in Schnörkelbuchstaben daraufstand, ist weggetreten; aber die Rauener sagen, es wär ein Bischof gewesen. Und ich denke mir, es wird wohl ein Bischof gewesen sein.«

»Ein Bischof? Hören Sie ...«

»Ja, warum soll es kein Bischof gewesen sein? Es waren ihrer ja so viele. Welche liegen in Fürstenwalde, welche liegen in Beeskow, und warum soll nicht wenigstens einer in Rauen liegen? Er kann ja 'ne Vorliebe für Rauen gehabt haben.«

»Glauben Sie?«

Diese letzten Worte waren schon vor dem vorerwähnten Altar gesprochen worden, und wir schoben jetzt eine längliche Strohdecke fort, unter der der angebliche Bischofsstein gelegen war. Er war wirklich ganz abgetreten, bis auf eine einzige, den Schriftzügen oder Buchstaben nach aus der Wende des fünfzehnten und sechzehnten Jahrhunderts herstammende Zeile, die durch einen schmalen, nur etwa zwei Zoll breiten Vorsprung der Altarstufe geschützt und gerettet worden war. Diese Zeile lautete: »v. Wulffen, Tempelb . . .« Es war also ein Tempelberger Wulffen, der hier begraben lag, und kein Bischof dieses Namens. Wie denn solcher überhaupt nicht existiert hat, was sich aus dem vollständigen, uns von Wohlbrück in seinem Geschichtswerke gegebenen Verzeichnisse der Lebuser Bischöfe mit Sicherheit ersehen läßt.

Aus dem Dorfe Rauen fuhren wir abermals in eine Schonung ein, zwischen deren Krüppelkiefern eine Fahrstraße sich ängstlich hin und her schlängelte, fast als ob jeder einzelne Baum zu schonen gewesen wäre. Wo so wenig ist, ist auch eine Kiefer etwas. Endlich aber passierten wir eine halb offne Stelle, die durch mehrere hier sich kreuzende Waldwege gebildet wurde.

»Das ist er«, sagte Moll und hielt sein Fuhrwerk an.

»Wer?«

»Der große Stein.«

»Der Markgrafenstein?«

Er nickte bloß und überließ mich meinem Staunen, das weniger an den rechten Flügel der Bewunderung als an den linken der Enttäuschung grenzte. Wirklich, ich war enttäuscht und würde, wenn es Moll vorgezogen hätte, schlechtweg daran vorüberzufahren, im günstigsten Falle gedacht haben: »Ei, ein großer Stein.« Und das sollte nun einer der berühmten Markgrafensteine sein, eines der sieben märkischen Weltwunder! Ich hatte mir diese Steine halb memnonssäulenartig oder doch wenigstens als ein paar von der Natur gebildete Riesenobelisken gedacht und sah nun etwas Zusammengekauertes daliegen, das genau den Eindruck eines toten Elefanten auf mich machte. Nun sind Elefanten ja unzweifelhaft große Tiere, wenn ihnen aber obliegt, als Berg- und Felstrümmer landschaftlich zu funktionieren, so kommt die Landschaft und kommen sie selber zu kurz.

»Ist er es denn wirklich?« bracht ich endlich heraus. »Es ist wohl bloß der kleine; es sollen ja zwei sein.«

»Ja, zwei sind es, und der andre war auch größer. Aber den haben sie ja zersprengt, und was nu noch davon da is, das is nich viel, un is bloß Scheibenständer und Kugelfang, wenn die Rauener ihr Freischießen haben.«

»Aber im Granit kann sich doch keine Kugel fangen.«

»Is schon richtig. Aber das ist ja gerade das Gute. Sehen Sie, so 'n richtiger Kugelfang is eigentlich gar kein Kugelfang. Das heißt, er is es zu sehr.«

»Wie denn?«

»Ja, wie soll ich es sagen? Es is damit wie mit dem Schiffsjungen, dem der silberne Teekessel ins Meer gefallen war und der dann ängstlich und pfiffig fragte: ›Is *das* verloren, wovon man weiß, wo's is?‹ Und so kann man auch beim richtigen Kugelfang fragen. In 'n Sand stecken sie drin, und jeder weiß ganz genau, wo sie sind. Aber weg sind sie doch. Und nun sehen Sie sich die klugen Rauener an! An den Granit schlägt die Kugel, und klatsch, da liegt sie. Und wenn sie mit Schießen fertig sind, suchen sie die platten Kugeln wieder auf. Und liegen alle da wie die Pflaumenkerne.«

»Hören Sie, Moll, das gefällt mir. Können wir diesen Kugelfang nicht sehen? Ich meine den Stein.«

»O gewiß. Er liegt ja hier gleich nebenan. Und ich brauch auch nicht abzusträngen. In *den* Sand hier stehen die Pferde wie 'ne Mauer.«

Diese prusteten und rieben sich vergnügt und wie zum Zeichen des Einverständnisses die Köpfe, Moll und ich aber gingen nach rechts in das Gehölz hinein, wo wir alsbald auch den andern Stein fanden, der mal der größere gewesen war. In seiner Front erkannt ich leicht die beiden Erdwandungen einer mehr als hundert Schritt langen Schießallee, während sich am Stein selber unzählige Kugelspuren zeigten.

»Und dies ist also der große Stein. War er *viel* größer als der andre?«

»Nein, ich hab ihn zwar nicht mehr gesehn, aber die Leute sagen es ja.«

»Was?«

»Nu, daß er *nich* viel größer war . . . Und so um die zwanziger Jahre rum wurd er in drei Stücke gesprengt, gerad so, wie Sie 'ne Birn in drei Stücke schneiden: links 'ne Backe un rechts 'ne Backe und in der Mitte das Mittelstück. Un aus 's

Mittelstück haben sie ja nu die große Schale gemacht, die jetzt auf 'n Berliner Lustgarten steht, und die linke Backe, das is das Stück, das wir hier sehen, un die rechte Backe, die werd ich Ihnen nachher zeigen.«

»Ist es nötig, sie zu sehen?«

»Ja, die müssen Sie sehen. Ich zeig Ihnen alles, wie sich's gehört. Und es heißt auch die ›Schöne Aussicht‹.«

Alsbald saßen wir wieder in unsrem Wagen und fuhren jetzt im Zickzack auf eine sandige Höhe hinauf. An höchster Stelle hielten die Pferde wie von selbst, und Moll sagte: »Hier ist es. Dies ist die ›Schöne Aussicht‹.«

»Und die Backe?«

»Die liegt *hier.*« Und dabei wies er auf ein sonderbares Granitmobiliar, das mich, auf den ersten Blick wenigstens, an Stonehenge erinnerte, jenen alten Druidenplatz in der Nähe von Salisbury, den man in Kunstatlassen und illustrierten Architekturgeschichten abgebildet findet. Im Quadrat standen vier Steinbänke, dazwischen präsentierte sich ein großer, runder Steintisch, alles aus dem Granitstück gefertigt, das man von dem Stein unten abgesprengt hatte.

Der Wagenplatz, auf dem ich saß, war höher als das Steinmobiliar und gönnte mir einen freieren Umblick. Alles in der Welt aber hat sein Gesetz, und wer auf der »Schönen Aussicht« ist, hat nun mal die Pflicht, sich auf den Steintisch zu stellen, um von *ihm* aus, und *nur* von ihm aus, die Landschaft zu mustern. Und so tat ich denn, wie mir geboten, und genoß auch von diesem niedrigeren Standpunkt aus eines immer noch entzückenden Rundblicks, ein weitgespanntes Panorama. Die Dürftigkeiten verschwanden, alles Hübsche drängte sich zusammen, und nach Westen hin traten die Türme Berlins aus einem Nebelschleier hervor.

Aber mehr als die Fernsicht interessierte mich, was in verhältnismäßiger Nähe gelegen war, und ich rief Moll, auf daß er mir die Namen der bunt umhergestreuten Ortschaften nenne.

»Da der Turm, hier hinter dem rauenschen«, hob er ciceronehaft an, »is der von Markgrafpiesk, und der hier unten, über die Pieskesche Heide weg, das ist der von Schermeuselpiesk.«

»Ich glaube, Sie spaßen.«

»I, wie werd ich denn! Es gibt hier lauter solche Namen, un is einem orntlich ein bißchen genierlich.«

»Und hier links der Turm zwischen den zwei Pappeln?«

»Das is Pfaffendorf; na, das geht noch. Aber das andere, gleich dicht daneben, das is Sauen, und hier rechtsweg is 'ne Kolonie von des Alten Fritzen Zeiten her und heißt Schweinebraten!«

»Aber Moll, ist es denn möglich?«

»Ach Gott, hier is alles möglich. Und warum heißt es so? Weil sie keinen haben. Und wollen sich wenigstens einen vorstellen oder dran erinnern.«

»Aber warum sich erinnern an *das*, was man nicht haben kann. Ich finde, das ist gegen die Lebensweisheit. Freilich, jeder hat so seine eigne. Und nun sagen Sie mir, das große Wasser hier vor uns, was ist *das*?«

»Das ist der Schermützel.«

»Ah, das ist schön. Und das daneben, das sind wohl die Güter, die die Löschebrands hier hatten?«

Er bejahte.

»Nun sehen Sie, da müssen wir hin. Ich denke mir, daß ich da vielerlei finden werde: Gräber und Türkenglocken und Denkmäler und Inschriften. Und vielleicht auch einen Pfeiler mit ein paar eingemauerten Nonnen, oder 'ne Sakristei mit 'nem vergrabenen Schatz.«

Er lachte. »Nei, so viel finden Sie nich. Un 'nen vergrabenen Schatz erst recht nich. Oh, du meine Güte . . .«

»Nun, wir wollen sehen, Moll.«

Und damit fuhren wir weiter auf den Schermützel zu.

2. Am Schermützel

Nur von dem höchsten Punkte der »Schönen Aussicht« aus hatten wir den See vor Augen gehabt, als wir nun aber, am Hügelabhange hin, ihm direkt zufuhren, verschwand er wieder und überließ mich auf eine halbe Stunde nicht nur dem mahlenden Sande, sondern auch allerhand philosophischen Betrachtungen, in denen Moll so stark war. Er sprach unter anderm eingehend über das Glücksrad und den Wechsel aller Dinge, wovon auch der Schermützel, übrigens zu seinem und der Anwohner Vorteil, ein Lied zu singen wisse. Jetzt bring er zum Beispiel 2000 Taler *Pacht* und werd es bald noch höher bringen, um die Zeit aber, als die Franzosen im Lande gewesen seien, sei der ganze See, der damals dem Fiskus gehört, um die Summe von 2000 Taler an einen Meistbietenden *verkauft* worden. Und noch dazu *wie*? Der Meistbietende sei nämlich ein Herr von Löschebrand auf Saarow gewesen (nicht der alte Rittmeister, der jetzt auf dem Reichenwalder Kirchhof liege, sondern sein Vater oder Großvater), ein pfiffiger alter Junker, der sich denn auch einen richtigen Junkerspaß gemacht und die ganzen 2000 Taler in lauter ihm selber aufgezwungenen Bons und Lieferungsscheinen ausgezahlt habe. Natürlich seien die Scheine von dem Beamten untersucht und nachgezählt worden, und als sich bei der Gelegenheit ergeben, daß es nur 1998 Taler seien, habe der alte Saarowsche mit einem Gesicht, als ob es ihm nicht drauf ankomme, noch zwei blanke Taler zugelegt und dabei herzlich gelacht. Und so sei denn der ganze See damals für zwei Taler oder den tausendsten Teil von dem, was er jetzt Pacht bringe, verkauft worden.

Unter solchem Geplauder waren wir, immer noch am Hügelabhange, bis an ein halb pavillon-, halb tempelartiges und zugleich völlig einsames Gebäude gekommen, das zwischen Kiefern und Laubholz hindurch auf den hier plötzlich wieder sichtbar werdenden See sah. Ich erfuhr, daß ein Herr von Bonseri dies Mausoleum (denn ein solches war es) errichtet habe, war aber unaufmerksam auf alles Weitre, weil die Schönheit des Schermützel und seiner Dörfer mich ausschließlich zu fesseln begann. Das nach rechts hin gelegene mußte Saarow sein. Ich erkannte deutlich das hohe rote Herrenhausdach, das über die Wirtschaftsgebäude wegragte, während ihm gegenüber, alles Pappelgestrüpps unerachtet, der kleine Pieskower Kirchturm immer deutlicher hervortrat.

Beide Dörfer lockten mich, das eine wie das andere, da das Fuhrwerk aber geschont werden mußte, so beriet ich mit Moll und proponierte, daß er mit den Pferden unmittelbar auf das an unsrer eigentlichen Reiselinie gelegene Pieskow fahren solle, während ich meinerseits erst nach Saarow marschieren und von dort aus in einem kleinen »Seelenverkäufer« über den See herüberkommen wolle. Das fand denn auch seine Zustimmung, wie jede den Weg kürzende Proposition, und während er sofort auf einem Schlängelwege bergab und auf die linke Schermützel-Seite zufuhr, hielt ich mich rechts, um auf einem am See hinlaufenden Wiesenpfade bis an den Fahrdamm und demnächst auf die große Saarower Dorfstraße zu kommen.

Es war ein wundervoller Weg; über dem blauen Wasser wölbte sich der blauere Himmel, und zwischen den spärlichen Binsen, die das Ufer hier einfaßten, hing ein ebenso spärlicher Schaum, der in dem scharfen Ostwinde beständig hin und her zitterte. Holz und Borkestücke lagen über den Weg hin zerstreut, andre dagegen tanzten noch auf dem flimmernden See, der im übrigen, all diesem Flimmern und Schimmern zum Trotz, einen tiefen Ernst und nur Einsamkeit und Stille zeigte. Nirgends ein Fischerboot, das Netze zog oder Reusen steckte, ja kaum ein Vogel, der über die Fläche hinflog. Oft hielt ich an, um zu horchen, aber die Stille blieb, und ich hörte nichts als den Windzug in den Binsen und das leise Klatschen der Wellen.

Und endlich auch die Schläge, die vom Pieskower Turm her zu mir herüberklangen. Ich zählte zwölf, es war also Mittag, und ehe der letzte noch ausgesummt hatte, war ich auch schon bis an die Stelle heran, wo mein Fußweg in die vorerwähnte Saarower Dorfgasse mündete.

Dicht am Eingange saß ein Mütterchen auf einem Strauch- und Reisigbündel, das sie sich aus der Heide geholt, und grüßte mich. Alte Weiber sollen kein Glück bringen, aber wenn sie freundlich sind und einem einen »Guten Tag« bieten, so hat es mit der ganzen Jägerweisheit nicht viel auf sich. Und so blieb ich denn auch stehen und sagte: »Na, Mutterchen, is wohl ein bißchen schwer? Und die Sonne sticht heut so. Sie müssen die Kinder in den Wald schicken. Oder haben Sie keine?«

»Woll, Kinner hebb ick un Enkelkinner ook. Awers se wulln joa nich. Un se *künn'* ook nich. Se möten joa all in de School.«

»Ja, ja. Alles muß in die Schule. Haben Sie denn auch 'ne Kirche in Saarow?«

»Nei. Wi möten nach Reichenwald.«

»Richtig. Ich erinnere mich. Das ist da, wo sie den alten Rittmeister begraben haben. Haben Sie den noch gekannt?«

»O wat wihr ick nich? He wihr joa so in mine Joahr. Woll hebb ick em kennt.«

»Und wie war er denn?«

»Na, he wihr joa sowiet janz goot. Bloot man en beeten schnaaksch un wunnerlich un ok woll en beeten to sihr för de Fruenslüd. Awers nu is he joa dod.«

»Und hat wohl ein Denkmal? Ich meine so was von Stein oder Eisen. Eine Figur oder einen Engel mit 'nem Spruch oder Gesangbuchvers.«

»Nei. För *so* wat wihr he nich.«

»Und is sonst noch was in Saarow zu sehn?«

»Ick glöw nich. Veel is hier nich in Saarow. En nijen Kohstall ...«

»Aber drüben in Pieskow?«

»Joa, in Pieskow. O woll, versteiht sich. In Pieskow, da möt wat sinn.«

»Na, dann werd ich mal sehn. Ich dank auch schön, Mutterchen.« Und damit ging ich weiter in das Dorf hinein.

Wirklich, in Saarow war nicht viel, und als ich mich genugsam davon überzeugt hatte, hielt ich mich auf den See zu, wo nach meiner Meinung eine Fähre sein mußte. Nach einigem Suchen sah ich ein angeketteltes Boot liegen und dicht daneben ein Häuschen, an das drei, vier Ruder angelehnt waren. Also hier war es mutmaßlich. Ich trat denn auch ein und fand eine Frau, die sich, auf eine Stuhllehne gestützt, von hinten her über ihren etwa zwölfjährigen Jungen bog und ein Exempel mit ihm rechnete, das diesem blutsauer zu werden schien. Als ich ihr mein Anliegen vorgetragen hatte, sagte sie kurz, aber nicht unfreundlich, »sie habe nur den Jungen zu Haus, ob ich mit dem fahren wolle«.

»Gewiß.«

Und so stieg ich denn ins Boot und setzte mich so, daß ich dem Jungen, der rückwärts saß, grad in die Augen sah. Als wir schon abstießen, kam auch noch seine jüngere Schwester, nahm rasch ein zweites Ruder und setzte sich neben ihn. Ich sah bald, daß der Junge seiner Sache vollkommen sicher war und den Schermützel ohne sonderliche Mühe bezwingen würde, trotzdem uns der Wind entgegenwehte.

Dieser, anstatt stärker zu werden, wurde schwächer, aber je mehr er sich legte, desto blendender wurde die Sonne, so daß ich im Sonnenlicht, das überallhin flimmerte, bald nichts weiter sah als das Eingreifen der Ruder und die klugen und energischen Köpfe der beiden Kinder. Es entging ihnen auch nicht, daß sie mir gefielen, aber ich sagte nichts, und wir waren schon bis über die Mitte des Sees, als ich endlich fragte:

»Wie tief ist denn eigentlich euer See?«

»Na, wie uns' Huus.«

»Oh, mihr, mihr«, flüsterte die Schwester.

»Und könnt ihr denn auch schwimmen? Oder *du* wenigstens?«

»Nei.«

»Ja, da kannst du ja mal ertrinken.«

»Oh, ick wihr doch nich.«

»Nu nimm mal an, wenn euer Boot umkippt.«

»Uns' Boot kippt nich.«

Und dabei sahen sie sich an und kicherten und ruderten weiter.

Eine Weile verging so, während der Junge nachzusinnen schien, was nun *er* wohl zur Unterhaltung beisteuern könne. Dann sah er mit eins in die Höh und sagte: »Dat 's 'ne Möw.«

»Freilich. Ich kenne Möwen. Aber woher kennst *du* sie? Sie sind ja nur selten hier.«

»Wi hebben een.«

»Lebendig?«

»Ne, utstoppt. Und wi hebben ook en Reiger, un is ook utstoppt un hat 'ne Schlang in 't Muul.«

»Aber Vögel ausstopfen ist nicht leicht. Wer macht denn das hier?«

»Mien' Vader sien Vader. De künn all so wat.«

»Ist er tot?«

Er nickte. Da wir aber bereits in der Nähe des dichten Schilfufers waren, an dem er den Einfahrtspunkt nicht verfehlen durfte, so schwieg er jetzt und sah bei jedem Ruderschlage nach rückwärts. Und nun war er heran, gab dem Boote geschickt eine Wendung und glitt zwischen dem knisternden Schilf hin auf die Pieskower Landungsstelle zu.

Das Ufer war nicht hoch und erkletterte sich leicht. Als ich oben war, grüßt ich noch einmal zurück und schlenderte dann zwischen zwei Heckzäunen hin auf einen Grasplatz zu, der allem Anscheine nach die Mitte des Dorfes bildete. Häuser und Gehöfte faßten ihn ein, unter denen ich gerade der Kirche gegenüber auch ein preußisches Schulhaus in seiner eigentümlichen Mischung von Backsteinsauberkeit und Stiljammer erkannte. Die Nachmittagssonne stand prall auf die Scheiben und sah stechend und inspektionsmäßig in die langweilig leeren Räume hinein.

Es kam niemand, als ich klopfte. »Wohnt hier der Lehrer?« fragt ich endlich eine vorübergehende Frau. »Geihen S' man in 'n Goarden.« Und richtig, da stand er in Front eines Bienenschobers und grub ein von ein paar kleinen Kirschbäumen eingefaßtes Stück Land um.

Ich fand einen freundlichen Mann, der auch gleich bereit war, mir das zu zeigen, um was sich's einzig und allein für mich handeln konnte: die Kirche. Diese war keine von den altehrwürdigen aus Feldstein, die stets einen Reiz und eine Schönheit haben, sondern ein Neubau, den man hier unter Benutzung der alten Fundamente vor länger oder kürzer errichtet hatte. Von rechts her lehnte sich ein Turm an, eigentlich nur ein Türmchen von *der* Art, wie man ihnen auf Weinbergen und Wirtschaftshöfen als Eingang in Sprit- oder Eiskeller begegnet.

Es war also mit nur geringen Erwartungen, daß ich die Kirche betrat. Aber freilich auch dies Wenige sollte kaum erfüllt werden. An der einen Wand hingen ein paar Totenkronen und Immortellenkränze, während über dem Altar ein Abendmahlsbild paradierte, darauf Judas um kein Haarbreit schlimmer aussah als die zwölf andern, Christus mit eingerechnet. Ich übersah rasch, daß hier wenig zu machen sei, wollt aber das Meine getan haben und sagte: »Sie wissen doch, daß es früher eine Löschebrandsche Kirche war und daß viele Löschebrands hier begraben wurden?«

»Ich habe davon gehört, unser alter Emeritus ...«

»Und da wundert es mich, hier nichts als kahle Wände zu finden. Einer aus der Familie war mit Feldmarschall Illo verschwägert, ein andrer fiel bei Fehrbellin, und ein dritter soll sich gegen die Türken ausgezeichnet und dem Köprülü die große Prophetenfahne mit eigner Hand entrissen haben. Ich nenne nur diese drei. Nach meinen Erfahrungen nun auf diesem Gebiete geht man in unsren märkischen Familien über solche Dinge nicht gleichgültig fort, und wenn auch selbstverständlich die großen Geschichtsbücher nicht Zeit und Platz haben, ein Aufhebens davon zu machen, so tuen es doch die Kirchen und Krypten überall da, wo solche Schwertmagen und Kriegsgurgeln zu Hause waren. Und da gibt es denn immer allerlei Fahnenfetzen und zerbröckelte Feldmarschallsstäbe, Kettenkugeln und Stulpstiefel, und unter Umständen auch wohl rostige Degen, mit denen ein Bruder den andern über den Haufen gestochen. Ist denn gar nicht so was hier? Es ist doch eigentlich gênable für eine berühmte alte Familie, wenn all dergleichen bei Toten und Lebendigen fehlt. Es *darf* nicht fehlen. Es *muß* dergleichen geben.«

»Und es *hat* auch dergleichen gegeben. Hier in dieser Kirche. Wenn ich sage ›dergleichen‹, so mein ich nicht Degen mit Brudermord, denn ich will mir nichts an den Hals reden. Aber Grabsteine mit Inschriften und Engelsköpfen, und einen kupfernen Sarg mit einem Kuckfenster oben, all das und manch andres noch war da. Darüber ist kein Zweifel.«

»Und Sie haben das alles selber noch gesehn?«

»Oh, nein. Es war das alles lange vor meiner Zeit, und das wenige, was ich davon weiß, weiß ich von unserm alten Emeritus und von der Mutter Rentschen, die noch die frühere Steinkirche gekannt hat und mal mit unten in der Gruft war, als sie die Särge schoben und zusammenrückten, um Platz für den letzten zu schaffen. Denn die Pieskowschen gingen eher ein als die Saarowschen. Und der mit dem Kuckfenster habe ganz bös ausgesehn und den Kopf geschüttelt, als ob er's nicht leiden wolle. Denn er sei schon bei Lebzeiten immer sehr stolz gewesen und habe sich nicht gerne beiseite schieben lassen. Es ist natürlich alles Dummheit und ungebildet, aber die Leute machen sich nun mal solche Geschichten.«

»Und tuen auch recht daran. Es liegt doch immer was drin. Und ist denn die Gruft nicht mehr da? Den mit dem Kuckfenster säh ich gerne.«

»Nein, die Gruft ist nicht mehr da, sie haben sie zugeschüttet. Aber hier rechts neben dem Altar, wenn Sie mit Ihrem Stock aufklopfen wollen, da können Sie's noch deutlich hören. Es klingt alles hohl.«

Ich ließ auf diese Weisung hin meinen Stock auch wirklich fallen, und als ich mich überzeugt hatte, daß er recht habe, dankt ich ihm und verließ die Kirche mit dem Hoch- und Vollgefühle, die Löschebrandsche Gruftstelle nicht bloß hypothetisch ermutmaßt, sondern sie mit Hülfe des »hohlen Klanges« über jeden Zweifel hinaus historisch festgestellt zu haben.

Es war nun Zeit, mich nach unsrem Wagen umzusehn, und ich hatt auch nicht lange danach zu suchen. Er hielt drüben an der andern Seite des Kirchplatzes, vor einem sehr niedrigen Hause, von dessen Dache sich das Moos mit der Hand wegfegen ließ. Es war ganz ersichtlich der Krug, auch ein Schild schimmerte herüber, aber die Pferde waren nicht ausgespannt und fraßen einfach aus einer Stehkrippe. Neben der Tür bemerkt ich Moll, und als er mich kommen sah, kam er mir entgegen und lüpfte melancholisch den Hut.

»Ich dachte, Sie wollten ausspannen, Moll.«

»Ich wollt auch. Man bloß es ging nicht. Is *das* eine Gegend! In Saarow is nichts, das kenn ich, und hier in Pieskow is gar nichts.«

»Aber die Leute werden hier doch einen Stall haben?«

»Is schon richtig. Aber keinen Pferdestall. Alles, was sie haben, is 'ne Ziege un, wenn's hoch kommt, 'ne Kuh. Und wer ein paar Pferde hat, na, der hat auch ein bißchen Acker und krügert nich und hat nich Lust, zu dienern und zu katzenbuckeln und einem groben Knecht einen doppelten Bittern einzuschenken.«

»Ich versteh. Aber wissen Sie, mich friert hier trotz aller Sonne. Kommen Sie, Moll, wir wollen es drin versuchen. Es wird doch wohl warm sein.«

Und so traten wir in die Krugstube.

Drinnen war es auch wirklich warm. Aber außer der dikken Luft rührte sich nichts, trotzdem sich drei Menschen in der Stube befanden. Auf einer Ofenbank, die Füße weit vorgestreckt, saß eine Frau von vierzig oder mehr und hatte beide Hände hoch unter ihre Schürze gelegt, als verberge sie was. Es war aber nur Angewohnheit. Ihr zur Seite rekelte sich ihre vierzehnjährige Tochter, ein hübsches, schlank aufgeschossenes Ding, und beschäftigte sich damit, einen blauen Wollfaden um ihren Zeigefinger herum- und dann wieder abzuwickeln. Am erfreulichsten war das jüngste Mitglied der Familie, das auf einer Hutsche ritt und einem hölzernen Pferde das wenige von Haaren auszog, womit des Bildners Hand es an Hals und Hinterteil ausgestattet hatte.

Mein »Guten Tag« war nicht unfreundlich, aber doch gleichgültig beantwortet worden, und es schien in der Tat nicht, als ob wir weiterkommen sollten. Endlich faßt ich mir ein Herz und sagte: »Die Sonne will auch gar kein Ende nehmen. Ich glaube, Regen wäre gut.«

»I, Sünn is ook goot.«

»O gewiß. Aber alles zu seiner Zeit. Wir haben die Sonne nun schon vier Wochen, und nichts kommt 'raus, und eigentlich müßte doch alles schon in Blüte stehn.«

»Joa. Man blot in Pieskow nich.«

»Aber das klingt ja, liebe Frau, wie wenn hier überhaupt nichts blühte.«

»Na, binoah is et ook so.«

Moll mischte sich hier ins Gespräch und entwickelte seine Lieblingsideen über den Segen des Kapitals und den Unsegen der Kapitalisten. Geld sei gut, das sei keine Frage, ja Geld sei sogar *sehr* gut. Ohne Geld ging' es eben nicht. Aber die reichen Leute, die *bloß* reich wären und kein Herz und kein Gewissen hätten und bloß immer reicher werden wollten, *die* verdürben alles und plünderten alles, und eh nicht ein richtiger Edelmann hier wieder ins Pieskowsche käm ...

»I wo«, unterbrach ihn die Frau heftig und zog ihre Hände von der Schürze weg. »I wo. Wat salln wi mit 'n Edelmann? Wat is Edelmann! In olle Tiden, na, doa gung dat, un doa wihr dat nich anners. Awers nu? Du mien Jott, de hebben joa alleen nix. Un *wenn* se wat hebben, na, denn hebben se wat, und denn sinn se groad so, as de *annern* sinn, de wat hebben.«

Moll wollte replizieren. Aber sie ließ ihn nicht dazu kommen und sagte: »Nei, nei, loaten S' man, wi weeten dat; 't is all dumm Tüg; un man blot Geld hebben is *nich* dumm Tüg.

Un wenn wi so wat Adligs herkreegen, wat ook man ümmer upp Mosess'n passen deiht, na, *dat* helpt uns nich. *De* schinn uns blot. Glöwen S' man, ick weet dat ... Een von mine Schwistern is dröwen ...«

»In Saarow?«

»I wo. Dröwen in Amirika. *Doa* verstoahn se't. Un worümm? Wiehl se wat hebben. Un wo se wat hebben, doa *künn* se ook wat. Und ick woll, ick wihr ook all doa. Joa, min Seel. Un et kümmt ook noch so. Man blot, dat man ihrst röwer wihr. Nei, nei, mit Pieskow is nich veel.«

Und dabei steckte sie die Hände wieder unter die Schürze.

3. Gross Rietz

Eine halbe Stunde später verabschiedeten wir uns und fuhren aus dem unwirtlichen Pieskow, in dem nicht mal mehr ein Grabstein von besseren Zeiten redete (*wenn* es bessere Zeiten waren), in die sandig hügelige Feldmark hinaus.

»Hören Sie, Moll«, hob ich an, »das war 'ne forsche Frau.«

»Woll, forsch war sie. Man bloß zu sehr, un eigentlich wütig; un nahm ja gar keine Raison an.«

»Ja, hören Sie, das sagen Sie wohl; Sie sind ein behäbiger Mann. Aber solch armes Volk, das jeden Tag seine Not fühlt, das wird eben wütend und mucksch und starrt vor sich hin. Übrigens lassen wir's, und sagen Sie mir lieber, was ist das mit dem alten Emeritus? Der pieskowsche Lehrer konnte ja gar nicht von ihm los. Ist er denn noch bei Wege?«

»Freilich. Und wir kommen sogar an dem kleinen Hause vorbei, das er sich aus Feldstein hat aufmauern lassen. Und hat selber mitgeholfen. Und wenn ich es so liegen seh in Kapperfolium und Efeu, muß ich immer an Robinson und Freitag denken.«

»Und da wohnt er? Und ist schon sehr alt?«

»Sehr alt und weiß alles. Er hat noch den Kaiser Napoleon gesehn, als er aus Rußland kam, und als Studente war er mit in Griechenland und ist auch mal mit in die Luft geflogen. Aber sie haben ihn wieder 'rausgefischt. Und ich hab ihn öfter sagen hören: ›Ein jeder hat so sein Schicksal, und wer Pastor in Pieskow werden soll, an den kann kein Türke 'ran. Und Feuer und Wasser auch nich.‹ «

»Ei, das muß ja ein reizender alter Herr sein, und wohl sehr aufgeklärt und freisinnig. Oder vielleicht auch ein bißchen zu sehr. Ist es so was? He?«

Moll lächelte vor sich hin und schien ausdrücken zu wollen: auf eine so feine Frage laß ich mich nicht ein.

Eine kleine Weile danach erreichten wir einen Wald, über dessen schmalen Fahrweg von rechts und links her eine Menge Wurzelwerk gewachsen war. Das gab nun ein entsetzliches Geholper und Gestolper, und ich flog hin und her, aber ich freute mich doch, aus Wind und Sonne heraus zu sein.

Es waren hochstämmige Kiefern und Tannen gewesen, womit der Wald begonnen hatte; bald aber kam Laubholz und inmitten desselben eine moorige Lichtung, auf deren höher gelegenen Stellen allerlei vertrocknete Büsche von Besen- und Heidekraut standen. Auch Elsen- und Birkenholz lag hier in Klaftern am Wege hin, und auf einer dieser Klaftern, die schon bis auf wenige Kloben abgefahren war, saß ein alter Herr mit Käpsel und Starbrille, neben sich ein Kind, eine zehnjährige Kleine, während ein großer Bastard-Neufundländer, dem die Schäferspitzkreuzung noch ein Erhebliches an Intelligenz und Entschlossenheit zugelegt hatte, zu Füßen beider sich ausstreckte. Die Kleine war reizend und schien dem Alten etwas zuzuflüstern.

Als wir vorüber waren, sagte Moll mit halblauter Stimme: »Das war er.«

»Wer?«

»Nu, der Emeritus. Er geht hier öfter ...«

Aber eh er noch aussprechen konnte, war ich schon vom Sitz herunter und lief die paar Schritt zurück, um dem Unbekannten und doch bereits so Bekannten unter Entschuldigungen über meine Zudringlichkeit einen Platz auf dem Wagen anzubieten, immer vorausgesetzt, daß er denselben Weg mit mir habe.

»Danke«, sagte der Alte. »Das Aufsteigen ist mir zu schwer und zu gefährlich; ich sehe schlecht, und die scharfe Brille hilft auch nicht viel. Aber die Beine sind noch in Ordnung. Ist es Ihnen recht, so gehen wir ein Stück zusammen und plaudern ein bißchen. Ich plaudere gern. Irme steigt auf den Bock, das Kind kennt nichts Lieberes, und wir marschieren auf dem Fahrdamm hinterher.«

Er schien meine Zustimmung als selbstverständlich vorauszusetzen, erhob sich also und nahm meinen Arm, und als gleich danach auch Irme zu dem artig beiseite rückenden Moll hinaufgeklettert war, setzte sich unser Zug in eine langsame Bewegung. Eine Fühlung zwischen dem Emeritus und mir war rasch gewonnen, und so nannt ich ihm meinen Namen und den Zweck meiner Fahrt.

»Ach, das freut mich, daß jemand in unsere wenig gekannte Gegend kommt. Es ist ein eigen Land, ich kenn es und lieb es und möcht es für die Tage, die mir noch beschieden, mit keinem andern vertauschen; aber es ist arm und unfruchtbar in jedem Betracht, und ich fürchte fast, daß es auch an Historischem Ihnen nicht viel herausgeben wird.«

»Es ist leider, wie Sie sagen. Ich war ein paar Stunden in Pieskow und dachte da wenigstens von den Löschebrands allerlei zu hören. Aber die Gruft ist zugeschüttet, und die Grabsteine sind fort. Und es muß doch seinerzeit eine berühmte Familie gewesen sein.«

»Gewiß, gewiß, und ich habe sie selber noch in guten Umständen gekannt, wenigstens unsre pieskowsche Linie, trotzdem es schon auf die Neige ging. Und das alles seit Anno 93.«

»Ei, das klingt ja gerad, als ob wir in Frankreich wären. In Frankreich, wie Sie wissen, datiert alles von quatre-vingt-treize. Steht es damit in irgendeinem Zusammenhange?«

»Nicht in dem geringsten. Es handelt sich bei diesem Anno 93 um nichts mehr und nichts weniger als um die pieskowsche Glocke, von der eine alte Prophezeiung sagte: ›Solange *die* klingt, so lange dauert der Löschebranden Glück.‹ Und die Prophezeiung hielt auch Wort, und die Löschebrands waren nicht bloß die Herren hier um den Schermützel herum, sie waren auch große Herren überhaupt und galten bei Hof und waren versippt und verschwägert mit allem, was reich und vornehm im Lande war. Ihr Liebstes aber war der ›Dienst‹, und weil es immer schöne, stattliche Leute waren, so waren ihnen auch die schönsten und stattlichsten Regimenter immer nur gerade gut genug, und alles, was als Löschebrand in der saarow-pieskowschen Taufliste stand, stand zwanzig Jahre später in der Rangliste der Garde du Corps und Gensdarmes. Es waren echte Junkers, eigensinnig und hochmütig, und ließen die Leute reden, und trotzdem sie nach Sitte jener Zeit über ihre Mittel hinaus lebten und eine wunderliche Wirtschaft führten, erhielten sie sich doch in einem guten und zuletzt wenigstens in einem leidlichen Vermögenszustande, weil sich in alten Familien immer wieder was zusammenerbt.«

»Aber freilich ...«

»... Der Krug geht so lange zu Wasser, bis er bricht, und als Pfingsten 93 kam und am Abend vorher das Fest eingeläutet werden sollte, da klapperte die Glocke, die beim Volke seit lange nur ›der Löschebranden Glück‹ hieß und sieben Menschenalter lang über den Schermützel hin geklungen hatte. Das gab nun ein Kopfschütteln im Dorf und allerlei Sorg und Furcht im Schloß, aber Sorg und Furcht konnte den Spuk nicht bannen, und obwohlen der alte Gottlob Ernst von Löschebrand, der erst Anno 19 starb und den ich selber noch gekannt habe, die Glocke mit sechs Pferden und einer schwarzen Decke darüber (als ob es ein Leichenzug wäre) nach Berlin fahren und einen frommen Spruch mit eingießen ließ – einen frommen Spruch, an den er nicht recht glaubte –, so war es doch von dem Tag an vorbei mit der ›Löschebranden Glück‹ und ist seitdem auch nicht mehr aufgekommen.«

All die Zeit über war mir der Neufundländer unausgesetzt zur Seite gewesen und nur ein paarmal bis an den Wagen vorgesprungen, um nach Irme zu sehn. Der Emeritus aber öffnete mir immer mehr das Schatzkästlein seiner Erinnerungen, und als er hörte, daß ich zunächst nach Groß Rietz wollte, riet er mir, bei seinem alten Freunde, dem Kantor, vorzusprechen und ihm Grüße zu bringen, »der werde mir mit Rat und Tat behülflich sein und mir zeigen, was zu zeigen sei«.

Dabei waren wir aus dem Walde heraus und bis in die Front eines etwas zurück gelegenen und hinter Efeu halb versteckten Steinhäuschens gekommen, über dessen Hekkenzaun fort ein kleiner Pfirsichbaum blühte.

»Wie schön«, sagt ich. »Wem gehört dies Idyll an der Heerstraße?«

Der Alte lächelte vor sich hin. »Es wird wohl das des alten Emeritus sein.« Und wirklich, es war es.

Eine Minute später schritten Großvater und Enkelin auf das Häuschen zu. Der Neufundländer folgte, verstimmt über die zu rasch abgebrochene Bekanntschaft. Irme drehte sich noch einmal um und nickte; dann verschwanden alle drei hinter dem Heckenzaun, und Moll und ich waren wieder allein.

»Er ist auch nur arm«, sagte mein Philosoph in ernster Betrachtung. »Und dabei neunundsiebzig. Es is doch eigentlich eine traurige Geschichte.«

»Warum? Er sah ja nicht traurig aus. Ganz und gar nicht. Aber Sie sind ein Mammonsjäger, Moll; Ihr drittes Wort ist immer Geld, und da kann ich schließlich nicht mehr mit. Ich hab Ihnen heute früh recht gegeben, aber Sie gehen ja viel zu weit und vergessen, daß ein Unterschied ist zwischen Pauvresein und Armsein. Armsein ist nicht so schlimm. Achten Sie mal darauf, immer die, denen das Leben das Leben schwer macht, das sind die Tüchtigsten und Klügsten. War nicht die pieskowsche Wirtin eine kluge Frau?«

»Ja, ja.«

»Nun sehen Sie, so viel Schneid ist immer nur bei der Armut. Die Not lehrt beten, sagt das Sprüchwort, aber sie lehrt auch denken, und wer immer satt ist, der betet nicht viel und denkt nicht viel.«

»Ich bin aber doch lieber satt.«

»Ehrlich gestanden, ich auch. Darin stimmen wir nun wieder zusammen. Aber es ist doch auch was mit der Armut, oder wenn man so will, sie hat auch ihre Vorzüge.«

»Man bloß nich viele ...«

»Nein, viele nicht. Aber doch welche. Sehen Sie, Sie haben viel gelesen und sind eigentlich, wenn es nicht grad Ihre schwache Stelle trifft (Sie wissen schon, welche), für einen gebildeten Fortschritt. Und nun frag ich Sie, wo säßen wir noch und wo wären wir noch, wenn es keine Not in der Welt gäbe. Die Not ist der große Treiber oder der eigentliche ›Motor‹, wie manche sagen, und daß ich hier jetzt mit Ihnen herumkutschiere trotz Ostwind und dieser Stichsonne (fühlen

Sie mal, wie mir die Haut schon abschülbert), ist eigentlich auch bloß aus Not.«

»I nu ja, man kann es auch so sagen. Aber ich bin doch mehr fürs Amöne. Sehen Sie den hübschen Turm da vor uns? Das ist Groß Rietz; da kann man doch wieder ein Glas Bier kriegen und ein Rührei mit Schinken.«

»Und da finden wir auch was in Schloß oder Kirche. Ja, Sie lachen, Moll, und denken: ›Ach, das sagt er schon den ganzen Tag‹; aber Sie sollen sehen, hier gibt es was. In Groß Rietz nämlich hat der Minister Wöllner gewohnt, freilich erst, als er in Ungnade gefallen war, und ist auch bald nachher gestorben. Wer in Ungnade fällt, heißt es, der lebt nicht mehr lange. Nu, *mir* könnt es nicht passieren; In-Ungnade-Fallen und Pensioniertwerden ist eigentlich immer mein Ideal gewesen. Aber der eine denkt so und der andre so ... Haben Sie schon mal von dem Minister Wöllner gehört?«

»Nein. Wer war er denn? Ich habe bloß noch von die Manteuffels gehört. Und einer hieß der kleine Manteuffel. Es muß also wohl schon vorher gewesen sein.«

»O lange vorher. Er war Minister bei Friedrich Wilhelm II. oder, wie die Leute sagen, beim dicken König. Und sie sagen auch, er hätt ihm immer Hokuspokus vorgemacht und Geister und Gespenster, und alles immer mit Weihrauch und Glasharmonika. Na, vielleicht war es nicht so schlimm. Und das können Sie glauben, Moll, er war gescheiter als manche, die jetzt über ihn lachen. Is auch gar nicht zu verwundern. Denn wie ging es denn? Erst war er bloß Hauslehrer und soll auch ein paarmal gepredigt haben, und noch dazu ganz gut; aber zuletzt dacht er doch wohl, ›es käme nicht viel dabei heraus‹, und heiratete lieber ein junges Fräulein von Itzenplitz. Auch die Mutter, heißt es, war ihm nicht unhold. ›Nicht unhold‹ darf man am Ende sagen und ist ein statthafter Ausdruck. Und als er nun das junge Fräulein geheiratet hatte (die Mutter nahm es alles in die Hand), da wurd er Minister und regierte den preußischen Staat. Und das kann doch schließlich nicht all und jeder.«

Ich hatte hierbei Molls unbedingte Zustimmung erwartet, aber diese blieb aus, und während er es vorzog, hin und her zu diplomatisieren, fuhren wir bereits in Groß Rietz ein und hielten alsbald vor einem Häuschen, das uns als das des Herrn Kantors bezeichnet worden war.

Ich stieg ein paar Stufen hinauf bis in den Flur und wollte klopfen, aber ein Choral, der eben auf einem kleinen Klavier gespielt wurde, hielt mich davon ab. Endlich schwieg es drin, und ich trat ein.

Ein alter würdiger Herr empfing mich und hörte wohlwollend, aber verlegen meinem Vortrage zu, was mich schließlich selber verlegen machte. So sehr, daß ich, wie gewöhnlich in solcher Lage, vom Hundertsten aufs Tausendste kam. In diesem Momente höchster Bedrängnis erschien die Frau Kantorin und sah mit dem den Frauen eigenen Scharfblick auf der Stelle, daß es sich hier unmöglich um etwas Bedenkliches handeln könne. Sie lud mich also zum Sitzen ein, was seitens ihres Mannes noch nicht geschehen war, und stellte nun ihre Fragen so geschickt und so freundlich, daß ich mich rasch wieder zurechtfand. »Ich fürchte nicht, Ihre Zeit allzulang in Anspruch nehmen zu müssen, eine Stunde, wenn's hoch kommt. Ohnehin hängt die Sonne schon über den Dächern drüben, und wenn wir auch Mondschein und sogar Vollmond haben, so lassen sich doch alte Bilder in solcher Beleuchtung nicht allzu gut studieren, die Fenster mögen so hoch und breit sein, wie sie wollen. Oder irr ich mich, wenn ich annehme, daß sich die beiden Wöllner-Portraits in Ihrer Kirche befinden?«

»Eines *war* in der Kirche, das in roter Uniform. Aber der Herr von der Marwitz hat es, als er das letzte Mal hier war, ins Schloß bringen lassen, und da hängen sie nun alle zusammen.«

»Ich wußte nur von zweien.«

»Ja, zwei Wöllner-Bilder ... Ede, du könntest ins Schloß gehen und um den Saalschlüssel bitten; es wär ein Herr da, der die Bilder sehen wollte ... Ja, zwei Wöllner-Bilder, eines als Minister und eines aus seiner Hauslehrerzeit, als er noch in Groß Behnitz war. Ach du lieber Himmel, Groß Behnitz! Wie sich doch alles ändert im Leben. Das war das Itzenplitzische Lieblingsgut, und nun hat es Borsig, und der hat es auch nicht mehr, und ist bloß noch Sommersitz und Villa für seine Witwe. Kennen Sie Groß Behnitz?«

Ich nickte.

»Das also sind die beiden Wöllner-Bilder. Und auf dem zweiten, in einem Talar oder Roquelaure, sieht er eigentlich aus, als ob er ein Beichtvater wär oder sonst was Katholisches. Und auch sehr hübsch. Es sind aber außerdem noch zwei Bilder da, die mit dazu gehören, zwei Frauenbilder, und die Leute sagen, das eine sei die Frau Generalin von Itzenplitz, die ja so große Stücke von ihm hielt, und das andre sei das Fräulein von Itzenplitz (die Tochter der Gnädigen), die dann der Hauslehrer Wöllner, oder vielleicht war er auch schon Domainenrat, geheiratet hat. Aber da kommt Ede. Bringst du die Schlüssel?«

»Nein. Aber es sei schon gut. Und der Herr solle nur kommen.«

Auf diese Zusage hin erhoben wir uns, die Frau Kantorin und ich, und gingen nunmehr auf das Schloß zu, das mir seiner großen Renaissancetreppe nach aus der Zeit König Friedrichs I. zu stammen schien. Ein Diener wartete schon und schloß einen Hochparterresaal auf, aus dessen Fenstern ich einen Blick auf einen von Treibhäusern eingefaßten Garten hatte. Dieser Blick war hübsch, aber der Saal selber zeigte nichts als eine Stehuhr, eine Portraitbüste Friedrich Wilhelms II. und jene vier Bilder, über die mir die Frau Kantorin einen vorläufigen kurzen Bericht gegeben hatte.

Der letzte Glutschein der untergehenden Sonne fiel auf drei Bilder; das vierte (kleinere) hing an einer Schmalwand unmittelbar daneben und war das Wöllner-Bild aus seiner Ministerzeit. Er trägt auf demselben gepudertes Haar, einen roten Uniformrock und einen blauen, mit Silber gestickten Kragen. Ebensolche Rabatten und Aufschläge. Die Nase dicklich, die Lippen wulstig, die Augen groß und hervortretend. Alles in allem entschlossen und charaktervoll, aber ohne Wohlwollen.

Auf diesem kleineren Portrait ist er ein mittlerer Fünfziger, auf dem größeren, im rechten Winkel daneben hängenden aber erscheint er als ein jugendlicher und in der Tat schöner abbéhafter Mann, wie man ihnen auch heute noch innerhalb der katholischen Geistlichkeit in Östreich und Süddeutschland zu begegnen pflegt. Er zeigt sich, seinen damaligen Studien entsprechend, mit einem Mikroskop beschäftigt, zwischen dessen Gläser er eben einen zu beobachtenden Gegenstand gelegt zu haben scheint. Eine Verwandtschaft zwischen den beiden Bildern ist unverkennbar: derselbe sinnliche Mund, dazu dieselben großen Vollaugen. Und doch, welch ein Unterschied! Auf dem Ministerportrait alles abstoßend, hier alles anziehend bis zum Verführerischen. Dazu gut und, soweit meine Kenntnis reicht, in einzelnen Partien sogar vortrefflich gemalt. Von welcher Hand, würde sich durch Kunstverständige leicht feststellen lassen, da, nach Antoine Pesnes Tode, wohl nur wenige Maler in Berlin existierten, die so zu malen imstande waren.

Die beiden Itzenplitzischen Frauenportraits, die dieselbe Wand schmücken, sind in Ausdruck und Vortragsweise nur Durchschnitt. Alles Interesse verbleibt also *ihm*, und wer die Geschichte dieses vielfach verkannten und unterschätzten Mannes dermaleinst zu schreiben gedenkt, wird an diesen Groß-Rietzer Bildnissen nicht vorübergehen dürfen. Sie lehren uns manches in seinem Leben und Charakter verstehn.

Inzwischen war die Sonne gesunken, und als wir jetzt aus dem Saal auf die große Freitreppe hinaustraten, stand der Vollmond bereits in aller Klarheit am Himmel. Ihn als Leuchte zur Seite, gingen wir auf die nah gelegene Kirche zu, hinter deren Fenstern ich ein paar Epitaphien und Trophäen in ihrem flimmernden Schmucke von Waffen und Goldbuchstaben erkannte. Dieser flimmernde Schmuck aber war nicht das, was meine Schritte hierher gelenkt hatte, vielmehr hielt ich mich jetzt auf die Mitte des Kirchhofs zu, wo, von einer Gruppe von Ahornplatanen umstellt, ein großer Granit, ein *Doppel*grabstein lag, auf dem einfach die Namen standen: »J. C. von Wöllner und C. A. C. von Wöllner, geborne von Itzenplitz«. Sonst nichts, weder Spruch noch Inschrift. Um die Stätte her war braunes Laub hoch zusammengefegt und predigte wie der Stein selber von der Vergänglichkeit irdischer Dinge.

Moll war uns auf den Kirchhof gefolgt. Er schien einen Augenblick zu Reflexionen in dem eben angedeuteten Sinne geneigt, gab es aber doch auf und begnügte sich schließlich mit einer einfachen Wetterbetrachtung: »Ich dachte, der Wind würd uns einen Regen zusammenfegen. Aber es is nichts. Sehen Sie sich bloß den Mond an; er hat nich mal 'nen Hof und steht so blank da wie 'n Zehnmarkstück.«

»Es is richtig. Aber Moll, warum sagen Sie bloß *Zehn*markstück?«

»Jott, ich dachte, vor *die* Gegend ...«

Und damit gingen wir auf das Gasthaus zu, wo mein Mammon- und Adelsfreund schon ein Zimmer für mich, und zwar »auf der rechten Giebelseite«, bestellt hatte.

»Gott, Moll, das ist ja die Mondseite.«

»Na, denn tauschen wir. Ich hab es gern, wenn er mir so prall aufs Deckbett scheint.«

4. Blossin

In aller Frühe brachen wir auf und machten den Weg vom Tage vorher wieder zurück, einzig und allein mit dem Unterschiede, daß wir, statt um die Nordspitze des Schermützel, um seine Südspitze herumfuhren.

Es waren dieselben Bilder, und Wagen und Gespräche mahlten ruhig und unverändert weiter. Aus der Reihe der letztern war eins über Zahnweh unbedingt das wichtigste, weil Moll ein Mittel angab, wie diesem Urfeinde der Menschheit beizukommen sei. Man müsse sich nämlich alle Morgen beim Waschen *erst* die Hände trocknen und *dann* das Gesicht; das sei probat, und *er* wenigstens habe seitdem Ruhe.

Gegen Mittag erreichten wir Storkow, eine der beiden Hauptstädte dieser Gegenden, und fuhren eine Stunde später um den großen Wolziger See herum, an dessen Westufer ich in einiger Entfernung unser eigentliches Reiseziel erkannte: Dorf Blossin.

Dieses, trotzdem es nur klein und bloßes Filial zu Friedersdorf ist, ist doch nichtsdestoweniger als *der* Punkt im Beeskow-Storkowschen anzusehn, dem der Ruhm einer eminent historischen Örtlichkeit in erster Reihe zukommt. Es wohnten hier nämlich die Queiße, von deren Schloß oder Herrnhaus aus die berühmte Fehde des Nickel Minckwitz ihren Ursprung nahm, eine Fehde, die mit der derselben Epoche zugehörigen des Michel Kohlhaas eine gewisse Verwandtschaft hat.

Ich schildre nunmehr diese Minckwitz-Fehde nach den Aufzeichnungen Wohlbrücks und Engels.

Ursach der Fehde.
Heinrich Queiß auf Plössin (jetzt Blossin) führt Beschwer über seinen Schäfer und erhält kein Recht

Der beinah achtzigjährige Heinrich von Queiß, Gerichtsherr zu Plössin und Lehnsträger des Bischofes von Lebus, war aus einem unbekannt gebliebenen Grunde mit seinem Schäfer in Streit geraten, so daß dieser letztre sich an seines Guts- und Gerichtsherrn Familie tätlich vergriff. Aber nicht genug damit, er ging in seiner Rache weiter, überfiel – nachdem er vorher die Flucht ergriffen und in Friedersdorf und Dolgenbrodt einen Bauernhaufen um sich versammelt hatte – Dorf und Feldmark Plössin und trieb seines Herren Schafe fort. Heinrich von Queiß verklagte nunmehr den Aufrührer bei dem Bischofe von Lebus, der denn auch seinem zu Storkow ansässigen Amtshauptmann Ordre zugehen ließ, nicht nur die weggetriebenen Schafe wieder herbei-, sondern auch den Schäfer selbst vor seines Grundherrn Gericht zu schaffen. Der Amtshauptmann aber erwies sich als säumig in seiner Pflicht, und da mittlerweile von seiten des rachsüchtigen Schäfers wiederholentlich versucht worden war, Plössin in Feuer aufgehn zu lassen, so wurde der von Queiß immer dringlicher in seinen Vorstellungen beim Bischofe.

Dieser, so wenigstens scheint es, war anfänglich zu helfen aufrichtig bereit und sandte Befehl über Befehl an seinen Storkower Amtshauptmann; als dieser letztre jedoch in seiner Säumigkeit beharrte, schob es der von Queiß auf Unaufrichtigkeit und bösen Willen beim Bischofe selbst und wandte sich deshalb an Heinrich Tunckel, obersten Münzmeister des Königreichs Böhmen und derzeitigen Landvogt der Niederlausitz, der in dieser seiner letztren Eigenschaft unstreitig die nächste, *höhere* Behörde war.

Und der Landvogt unterzog sich denn auch seiner Pflicht und ersuchte selbigen Tages noch den Bischof, »sich seines Vasallen, des von Queiß, mit größrem Nachdruck annehmen und ihn gegen den Übermut und die Schädigungen des rachsüchtigen Schäfers schützen zu wollen«. Der Brief, in dem dies Ersuchen gestellt wurde, war, wie die Chronisten melden, »in schicklichster Weise« geschrieben, nichtsdestoweniger empfand der stolze Bischof einen Groll darüber und äußerte sich ein Mal über das andre, »daß er dem Queiß den getanen Schritt nicht vergessen und ihn seinerzeit zu züchtigen wissen werde«.

»Der stolze Bischof« nennt ihn die Geschichte der Bischöfe von Lebus, und es mag hier eingeschaltet werden, wer dieser stolze Bischof war.

Georg von Blumenthal, geboren 1490 auf dem Rittergute Horst in der Prignitz, war nach dem Ableben des Bischofs Dietrich von Waldow seitens der lebusischen Domherrn einstimmig zum Nachfolger von Waldows erwählt worden, was als eine durchaus gerechtfertigte Wahl gelten konnte. Denn in früher Jugend schon hatte sich der nunmehr Erwählte durch Klugheit und Charakter hervorgetan. Er war mit siebzehn Jahren Secretair im Dienste seines Vorgängers, mit dreiundzwanzig Jahren Rektor an der Universität zu Frankfurt gewesen und hielt als solcher eine Rede, darin er die Studierenden zu Fleiß und gutem Betragen ermahnte. Bald danach empfing er den Grad eines Doktors beider Rechte.

1520 erwählte man ihn, den erst Dreißigjährigen, zum Bischofe von Havelberg, in welche Wahl jedoch Kurfürst Joachim, als Landesherr, *nicht* willigte, trotzdem die Wahl bereits die päpstliche Bestätigung erfahren hatte. Dies führte zu Weiterungen, aus denen der Kurfürst anscheinend als Sieger, in Wahrheit aber als Besiegter hervorging, indem er dem Erwählten und durch die Kurie Bestätigten zum Ausgleich für einen freiwilligen Verzicht auf Havelberg nicht bloß das alsbald zur Erledigung stehende Bistum Lebus zusagte, sondern ihm nebenher auch noch seine geflissentlichste Verwendung für das mecklenburgische Bistum Ratzeburg in Aussicht stellte. Der Verzicht geschah, ebenso hielt der Kurfürst Wort, und wenige Jahre später war Georg von Blumenthal ein Doppelbischof geworden: ein Bischof von Lebus *und* Ratzeburg.

Heinrich Queiß verbindet sich mit Nickel Minckwitz und Otto von Schlieben und rächt sich an dem Bischofe, der ihm sein Recht verweigert

Aus solchen Erfolgen und solchem Besitzstande konnte schon ein »stolzer Bischof« geboren werden, und Georg von Blumenthal in seinem nur zu begreiflichen Unmut über die Kränkung, die der Appell an den niederlausitzischen Landvogt ihm bereitet hatte, beschloß jetzt, den kleinen Vasallen, der ihm diesen Tort angetan, seine starke Hand fühlen zu lassen. Bis dahin war alles mehr oder weniger unverschuldete Säumnis gewesen, wenigstens soweit der Bischof in Person mitspielte, nunmehr aber schob auch dieser die Rechtsgebung absichtlich hinaus, behauptete, daß den Angaben des Queiß nicht ohne weitres Glauben zu schenken sei, und verlangte von ihm (dem Queiß), daß er sich dem Gerichtszuge nach Friedersdorf, allwo der Schäfer einen Unterschlupf gefunden, anschließen solle, damit gleich an Ort und Stelle Kläger und Beklagter einander gegenübergestellt und ihre Sache gehört werden könne. Dieser Aufforderung aber, weil er dem Bischof nicht traute, widerstrebte der von Queiß und verlangte nur immer eindringlicher und hartnäckiger eine Verhaftung des Schäfers.

Eine Folge davon war, daß der Zug selbst unterblieb.

Erbittert über dies Verfahren, entschloß sich Queiß, »wegen ihm verweigerten Rechtes« Rache zu nehmen, und wandte sich an Otto von Schlieben auf Baruth und den Ritter Nickel von Minckwitz auf Sonnenwalde, mit welchen beiden er übereinkam, den wegen seines Stolzes überall im Lande wenig geliebten Bischof in seiner Stadt Fürstenwalde heimzusuchen und nach Sonnenwalde hin gefangenzusetzen.

Alle drei: Minckwitz, Schlieben und Queiß (welcher letztre von jetzt ab zurücktritt), hatten in Kürze 60 Reiter beisammen, mit denen sie den 7. Juli 1528 aufbrachen. Unterwegs aber vergrößerte sich ihr Zug bis auf 400 Berittene, darunter auch ein Kracht von Lindenberg und die beiden Löschebrands von Saarow und Pieskow.

In der Nacht vom 8. auf den 9. Juli hielten sie vor Fürstenwalde. Die Tore waren selbstverständlich geschlossen, und Minckwitz ersann eine List, um ohne Lärm und Gefahr in die Stadt hineinzukommen. Er hatte nämlich erkundschaftet, daß einige polnische Frachtfuhrleute, die zu früher Morgenstunde weiter östlich auf Frankfurt und die Oder zu wollten, in einer Vorstadts-Ausspannung Quartier genommen hätten, und schickte deshalb den Hermann Schnipperling, einen von Schliebenschen Diener, in ebendiese Vorstadts-Ausspannung ab, um sich daselbst den Fuhrleuten als einer der Ihrigen anzuschließen. Es gelang auch über Erwarten, und der Schliebensche, der durch Geld und gute Worte die Polacken leicht zu gewinnen gewußt hatte, war mit unter den ersten, die bei Tagesanbruch in das eben geöffnete Tor einritten. Unmittelbar hinter dem Tore floß ein breiter und sumpfiger Spreegraben, und als der Schliebensche des hier seines Dienstes wartenden Torwächters ansichtig wurde, ritt er an diesen heran und bat ihn, ihm den Sattelgurt etwas fester zu schnallen. Der Torwächter war auch bereit, eh er aber den Riemen fassen und scharf anziehen konnte, stieß ihn der böse Schnipperling ins Wasser und schoß im selben Augenblick ein Pistol ab. Das war das verabredete Zeichen für die bis dahin in einem Kusselbusch versteckgehaltenen Reiter, die nun in raschem Trabe das Tor passierten und über die lange Holzbrücke in die Stadt eindrangen. Anfangs versuchten hier die grade bei der Frühsuppe sitzenden Bürger einen Widerstand und schlugen sich tapfer mit dem Reitervolk herum, als ihnen Minckwitz aber zurief: »es gelte dem *Bischof* und nicht ihnen«, ließen sie vom Kampf ab und gaben den Weg nach der bischöflichen Burg hin frei. Freilich ohne daß man auf Minckwitzischer Seite noch irgendeinen Vorteil davon gezogen hätte, denn als die Rotte bald danach in die Burg einstürmte, fand sie nur noch das leere Nest. Der Bischof hatte Zeit gefunden, seine Flucht zu bewerkstelligen, und nur wenige Dienstleute wurden zu Gefangenen gemacht, darunter Matthias von Blumenthal, des Bischofs Bruder.

Das däuchte nun den Minckwitzischen zuwenig, und wenn es ihnen anfänglich unzweifelhaft nur um die *Person* des Bischofs zu tun gewesen war, so ließ sie jetzt der Ärger alle guten Vorsätze vergessen, und Minckwitz selber erteilte Befehl oder gestattete doch wenigstens, daß das bischöfliche Schloß, die Domkirche, das Rathaus und das Domherrnviertel geplündert werde. Was sich denn auch unverzüglich ins Werk setzte. Selbst die kirchlichen Gefäße, die Patenen und Abendmahlskelche, wurden nicht verschont, und das Zerstörungswerk geschah um so gründlicher und rücksichtsloser, als sich unter den Plünderern bereits sehr viele befanden, die Gegner und Verächter der katholischen Kirche waren. Im Kreise der Anführer aber richtete sich das Hauptaugenmerk auf ihre beim Domkapitel aufbewahrten Verschreibungen und Schuldscheine, die nun, soweit sie zur Stelle waren, entweder vernichtet oder mitgenommen wurden. Weniger glücklich war Minckwitz in Person, der den im Dom aufbewahrten Domschatz in seine Gewalt zu bringen hoffte. Die Sakristei, darin er ihn mutmaßte, wurde bis unter den Fußboden untersucht, aber *ein* Fleckchen übersah er: den durch die geöffnete Sakristeitür gebildeten Winkel. Und gerade hier stand der Kasten, der den Domschatz bewahrte.

Zuletzt richtete sich die Stimmung, wie man kaum anders erwarten konnte, gegen die Stadt selbst, und als einer aus der Rotte bemerkte, »daß die Bürgerschaft an dem Scheitern ihres Anschlages eigentlich schuld sei, weil ihr Widerstand dem Bischofe Zeit zur Flucht gegeben habe«, fiel man ohne weitres über die Bürger her. Einer, der sich widersetzen wollte, verlor sein Leben, und nur *zwei* Häuser entgingen der allgemeinen Plünderung: eines dadurch, daß der Brauer, der es bewohnte, die heiße Malzbrühe den Anstürmenden auf die Köpfe goß, ein andres dadurch, daß man von innen her ein langes weißes Laken aushängte, wie wenn ein Toter im Hause sei. Nach ein paar Stunden endlich hatte sich das Unwesen ausgetobt, und der ganze Zug zog wieder heimwärts und nahm des Bischofs Bruder gefangen nach Sonnenwalde mit.

Der Bischof Georg von Blumenthal sucht Schutz beim Kurfürsten, und Nickel von Minckwitz wird flüchtig

Der geflüchtete Bischof eilte geradenweges nach der Grimnitz, wo sich Kurfürst Joachim eben aufhielt. Dieser, nach empfangenem Bericht, befahl einem seiner Diener, dem Martin Böhme, mit acht Reitern den Räubern nachzusetzen, um wenigstens in Erfahrung zu bringen, wo sie den Raub zu bergen gedächten. Dies märkische Détachement aber, das für seine Aufgabe viel zu schwach war, wurde zu Dobrilug von den Minckwitzischen überrascht, und Martin Böhme selbst fiel, als er eben sein Pferd besteigen wollte, durch einen Dolchstoß von Schliebens Hand. Seine Reiter wurden gefangengenommen und erst nach Jahresfrist von Sonnenwalde wieder entlassen.

All dies machte den größten Lärm, und als Luther in Wittenberg davon hörte, war er höchst unzufrieden und schrieb an einen Freund: »Ich habe hier weiter nichts erfahren, als daß Nikolaus von Minckwitz mit einer zusammengebrachten Schar die Stadt Fürstenwalde, den Sitz des lebusischen Bischofs, überfallen hat. Ich weiß nicht, aus welchem Grunde und zu welchem Zweck. Es mißfällt mir aber außerordentlich, wenngleich es heißt, daß alles ohne Mord und Brand geschehen und daß vielmehr nur geplündert worden sei. Wenn ich von Mißfallen spreche, so heg ich ein solches nicht bloß darum, weil sich das Unternehmen gegen die staatliche Gewalt richtete, sondern namentlich deshalb, weil es das Evangelium mit einer neuen großen Gehässigkeit belastet. So zwingt man uns, die Unschuldigen, für die Freveltaten anderer zu büßen. Gäbe doch Christus, daß dem ein Ende sei, vor allem aber, daß jener Minckwitz nicht noch Schlimmeres begehe. Was übrigens den Lebuser Bischof betrifft, so soll er in der ganzen Mark überall verhaßt sein.«

In dieser Annahme »von dem allgemeinen Verhaßtsein des Bischofs« mochte Luther im großen und ganzen recht haben; andrerseits aber war es nicht minder gewiß, daß er, der Bischof, beim Kurfürsten Joachim in hohen Gnaden stand. Ungesäumt ließ dieser letztre denn auch einen Befehl ergehen, in welchem er das ganze märkische Land aufforderte, seine Kraft einzusetzen, um vor Sonnenwalde zu ziehn und das alte Minckwitzen-Schloß zu zerstören. Es fehlte nicht an Geneigtheit, diesem Befehle nachzukommen, und bloß aus der Stadt Wittstock erschienen 140 wohlbewaffnete Bürger, die der Havelberger Bischof in Person dem Kurfürsten und seinem Heere zuführte, welches letztre sich bei Berlin zusammenzog und, nach der Angabe mehrerer in dem spätern Prozeß als Zeugen auftretenden Edelleute, aus 6000 Reitern und 40 000 Mann Fußvolk bestand. Aber auch

Minckwitz war nicht müßig. Er suchte nicht bloß sein Schloß, das ohnehin für fast uneinnehmbar galt, in noch besseren Verteidigungszustand zu setzen, sondern ging auch außer Landes, um Truppen anzuwerben, mit denen er, wenn Joachim vor Sonnenwalde zöge, seinerseits in die Mark einfallen wollte.

Keinenfalls war Minckwitz gefährdeter als der Kurfürst, eine Meinung, die Luther teilte. »Dem Anscheine nach«, so schrieb er, »befindet sich der Markgraf in größerer Gefahr als Minckwitz, denn dieser hat seine Burg befestigt und ist bereit, den Angriff des Markgrafen auszuhalten. Er selbst soll jedoch außer Landes gereist sein und will vielleicht, während der Markgraf belagert, allerlei anderes ins Werk setzen. Und wer weiß, ob nicht Gott damit anfängt, den Markgrafen heimzusuchen wegen seiner schamlosen Pläne, deren er so viele hegt und so ohne Ende. Ich bitte Gott um Frieden und hätte dem Markgrafen alles andre als den Krieg geraten. Alle Leute sagen, die Burg des Minckwitz sei nicht einzunehmen, wenn die Soldaten sie treu verteidigen wollen.«

Dieser Ansicht schien sich schließlich der Kurfürst selber zuzuneigen, denn anstatt das erwähnte stattliche Heer, dessen Zusammenziehung ihm 50000 Gulden gekostet hatte, gegen Sonnenwalde marschieren zu lassen, ließ er es nach vierzehntägigem Zusammensein wieder auseinandergehn und entschloß sich, zu Minckwitzens Bestrafung, einen andern, ungefährlicheren Weg einzuschlagen. Er reichte nämlich Klage gegen ihn als Landfriedensbrecher beim Reichskammergericht zu Wetzlar ein und hatte denn auch die Genugtuung, die Reichsacht über denselben ausgesprochen zu sehn.

Der Verklagte war nun vogelfrei, dem Anschein und dem Wortlaute nach ein toter Mann. Aber über bloße Worte kam es nicht recht hinaus.

Der Bischof Georg von Blumenthal dringt in den Kurfürsten Joachim auf energisches Einschreiten gegen Nickel Minckwitz

Nickel Minckwitz, während die Reichsacht über ihn verhängt war, trieb sich in deutschen Landen umher und suchte bald hier, bald dort Sicherheit vor den Nachstellungen des Kurfürsten und des Bischofs von Lebus. Im Jahre 1532 durchzog er Niedersachsen und Holstein. Eine Zeitlang hielt er sich bei dieser Gelegenheit in Lübeck auf, dessen Magistrat ihn aber auf ein von Cölln an der Spree her erhaltenes Warnungsschreiben, »einem bekannten Ächter keinen Aufenthalt gestatten zu wollen«, zu schleuniger Abreise veranlaßte. Minckwitz begab sich nun ins Mecklenburgische, woselbst ihn Eggert von Quitzow auf Voigtshagen und die Parkenthine zu Dassow in Schutz nahmen. Einst sah er sich hier durch den bischöflich ratzeburgischen Hauptmann – der als solcher in direkten Diensten des Bischofs Georg stand – in der Gegend von Voigtshagen überrascht, war aber glücklich genug, uneingeholt das Schloß erreichen zu können, dessen Brücke nun hinter ihm aufgezogen wurde.

Soviel Glück dies einerseits war, so war doch andrerseits des Minckwitzen Aufenthalt durch ebendiesen Vorfall verraten worden, und Bischof Georg forderte, sobald er davon gehört hatte, des Kurfürsten ernste Verwendung bei den Herzögen Albrecht und Heinrich von Mecklenburg. Joachim zeigte sich auch willig, und alsbald wurde der Hauptmann zu Ruppin, Matthias von Oppen, ferner der Hauptmann zu Zehdenick, Hans von Hake, und der Kurfürstliche Rat Franz Neumann an den mecklenburgischen Hof abgesandt, *nicht* um Minckwitzens direkte Verhaftung und Auslieferung, sondern nur um einen Befehl an den Eggert Quitzow und die Parkenthine, »den Geächteten nicht länger bei sich hausen zu lassen«, auszuwirken. Aber aller angewandten Mühen ungeachtet gelang es der Gesandtschaft *nicht*, die Herzöge nach Wunsch umzustimmen, die sich vielmehr einer um den andern aus der Residenz entfernten. Als sich die Kurfürstlichen Räte schließlich überzeugen mußten, daß sie den Zweck ihrer Sendung nicht erreichen würden, entschlossen sie sich ebenfalls zur Abreise. Joachim benachrichtigte nunmehr den Georg von Blumenthal von diesem entschiedenen Mißerfolg, empfing aber nur ein in herben und doch zugleich klug berechneten Ausdrücken abgefaßtes Antwortschreiben, worin er seitens des Bischofs zu ferneren und kräftigeren Maßregeln in dieser Angelegenheit aufgefordert wurde. »So nun Herzog Heinrich«, schrieb der Bischof, »nicht begnügig Antwort gibt, so achten Wir dafür, daß statt seiner wenigstens Herzog Albrecht etwas tu, auf daß Eure

Kurfürstliche Durchlaucht nicht in Schimpf besitzen bleib und bei die Leut verachtet werd, dieweil der eine Parkenthin zu Unserm Hauptmann gesagt hat: ›er acht Eure Kurfürstliche Durchlaucht nicht besser als seine Bauern‹.«

Nickel Minckwitz demütigt sich vor dem Kurfürsten, und der Streit wird geschlichtet

Es war dies Schreiben, wie schon angedeutet, auf die Schwächen und Empfindlichkeiten des Kurfürsten sehr geschickt berechnet, und wohl möglich, daß es in dem gewünschten Sinne gewirkt und energischere Schritte veranlaßt hätte, wenn nicht eben jetzt von andrer Seite her ein Ausgleich gekommen wäre. Die Zeit war nämlich nun da, wo der seit Jahren beim Reichskammergericht schwebende Prozeß, über die bereits stattgehabte Reichsachtserklärung hinaus, einer endgültigen Entscheidung entgegensah, einer Entscheidung, von der nicht bloß Nickel Minckwitz, sondern, was wichtiger war, auch die verschiedenen Freunde, die sich für ihn verbürgt, allerlei zu befürchten hatten. Und dies wurde schließlich Grund, daß man Minckwitz bestimmte, sich vor dem Kurfürsten zu demütigen. Es geschah dies zeremoniös, im Stil einer Staatsaktion, und am 22. Oktober 1534 erschien Beklagter auf dem Schlosse zu Cölln an der Spree vor großer und feierlicher Versammlung, um zunächst vor dem Kurfürsten einen Fußfall und gleich danach vor dem Bischof und der Gesamtheit der Stände »demütiglich Abbitte zu tun«. Und nachdem dies vorüber, erklärten Minckwitzens in Person anwesende Freunde: Graf Mansfeld, Graf Eberstein-Naugard, vier Grafen Schlick, Johann Burggraf zu Dohna auf Königsbrück, ein Herr von Biberstein, Jan von Schönburg zu Hoyerswerda, acht Ritter und fünfundzwanzig andre angesehene Edelleute, »daß sie sich verpflichteten, dem Kurfürsten mit 200 wohlgerüsteten Pferden auf ihre Kosten und Gefahr vier Monate lang getreue Kriegsdienste leisten zu wollen, eine Verpflichtung, die durch Minckwitzens Tod *nicht* aufgehoben werden solle«. Zugleich verbürgten sie sich für diesen letzteren dahin, daß er (Minckwitz) sich an niemanden rächen, auch alle Orte, wo der Kurfürst verweile, desgleichen auch die Stadt Fürstenwalde, für immer meiden solle.

Die Handlung schloß damit, daß der Kurfürst und der Bischof ihm Verzeihung angedeihen ließen und ihn wieder in Gnaden annahmen. Ja, Joachim, so wenigstens wird erzählt, soll, entzückt von der klugen Art, die der Beklagte während all dieser Vorgänge gezeigt, ihn schließlich zur Tafel gezogen haben. Und als sie nun becherten und der Kurfürst ihn fragte: »was er denn wohl getan haben würde, wenn ihm die geplante Gefangennehmung des Bischofs geglückt wäre«, soll er im Übermute geantwortet haben: »Si pervenisset in meam potestatem testiculos episcopales ipse amputassem« – eine Antwort, die, nach Sitte der Zeit, unter allgemeinem Ergötzen, und nicht zum wenigsten des Kurfürsten selbst, entgegengenommen wurde.

So verlief die Fehde.

Der alte Queiß war längst vorher hingestorben, und längst hingestorben seitdem ist der Queißen altes Geschlecht. Auch von dem Herrenhause, darin der Streit entstand, ist nichts mehr da; was jetzt diesen Namen führt, ist ein verhältnismäßig moderner Bau, wahrscheinlich aus der Zeit Friedrich Wilhelms I.

Alles, was auch nur entfernt an Mittelalter und Rittertum und Auflehnung erinnern könnte, hat die Zeit getilgt, und nichts ist mehr vorhanden als ein »Institut«, in betreff dessen ich in einem Nachschlagebuche das folgende fand: »Das für weibliche Erziehung strebsame Fräulein Michelsen hat 1856 in Blossin eine Näh- und Strickschule errichtet.«

Tempora mutantur.

DIE WENDISCHE SPREE

AN BORD DER »SPHINX«

Daß ich des Großen Werdepunkt erseh,
Hinauf zur Quelle denn der Wend'schen Spree,
Die, rätselvoll, in Sumpf und Sandes Mitten,
Im Dunkel ruht, bezweifelt und bestritten.

Am 6. Juli vormittags empfing ich folgende vom Tage vorher datierten Zeilen: »Sehr geehrter Herr. Es würde mich außerordentlich freuen, Sie an einer Bootexpedition teilnehmen zu sehen, die seitens der ›Sphinx‹ am 7. früh von Köpenick aus unternommen und bis Teupitz ausgedehnt werden soll. Es handelt sich, nach vorgängiger Passierung befahrener Wasserstraßen, um ein Vordringen bis zu den See- und Quellgebieten der ›Wendischen Spree‹, Gebiete, die selbst Ihnen vielleicht auf Ihren märkischen Wanderungen unerschlossen geblieben sind. Einer brieflichen Rückäußerung bedarf es nicht; ich und einige Freunde sehen Ihrem Eintreffen am 6. abends mit Bestimmtheit entgegen. Sie finden uns an Bord. Ihr Backhusen.« – In einer Nachschrift war hinzugefügt, daß die »Sphinx« bereits im Laufe des Tages an der Südspitze der Köpenicker Schloßinsel vor Anker gehen werde.

Diese Zeilen versetzten mich in eine Aufregung, als ob es sich um ein Vordringen bis zu den See- und Quellgebieten des Nils gehandelt hätte. Und so wird es immer sein. Die Erfüllung eines Lieblingswunsches, sei der Wunsch selber, wie er wolle, berührt uns wie Weihnachtsfreude. Das Herz bleibt ein Kind. Ich war sofort entschlossen, an der Expedition teilzunehmen, breitete den »Kreis Teltow« vor mir aus und schwelgte vorweg in den blauen Seeflächen, die, auf der bunten Rappardschen Karte, den ganzen Weg zwischen Köpenick und Teupitz ausfüllen. Hand in Hand mit dem Kartenstudium ging ein Studium des Berghaus, Abschnitt »Hydrographische Beschaffenheit des Spreeflusses«. Was ich dadurch an Orientierung gewann, sei auch dem Leser nicht vorenthalten.

An der Brücke von Köpenick treffen zwei Flüsse beinahe

rechtwinklig zusammen: die *eigentliche* Spree und die *Wendische* Spree, letztere auch »die Dahme« geheißen. Die Wendische Spree, mehr noch als die eigentliche, bildet eine große Anzahl prächtiger Seeflächen, die durch einen dünnen Wasserfaden verbunden sind. Ein Befahren dieses Flusses bewegt sich also in Gegensätzen, und während eben noch haffartige Breiten passiert wurden, auf denen eine Seeschlacht geschlagen werden könnte, drängt sich das Boot eine Viertelstunde später durch so schmale Défilés, daß die Ruderstangen nach rechts und links hin die Ufer berühren. Und wie die Breite, so wechselt auch die Tiefe. An einer Stelle Erdtrichter und Krater, wo die Leine des Senkbleis den Dienst versagt, und gleich daneben Pfuhle und Tümpel, wo auch das flachgehendste Boot durch den Sumpfgrund fährt. So diese Wasserstraße. An ihren Ufern hin, ähnlich wie im Spreewald, hielten sich, bis in unsere Tage hinein, die wendischen Elemente. Wer die Gegend kennt, nennt sie deshalb die »Wendei«. Sie hat wenig Dörfer, keine Städte; selbst der Eisenbahnzug geht nur wie eine Erscheinung durch sie hin.

So ungefähr waren die Resultate, die mir Buch und Karte bei flüchtigem Studium an die Hand gaben.

VOR ANKER IN KÖPENICK

(Reisevorabend)

Am 6. abends war ich in Köpenick. Ich hatte die Wahl, ob ich von der Land- oder Wasserseite her an Bord gehen wollte, entschied mich aber für letzteres. Alle Dinge haben ihr Gesetz. Wer zu einer Parforcejagd geladen ist, muß in einem roten Frack kommen oder wegbleiben. Also zu Wasser. Ein Boot führte mich um die Schloßinsel herum bis an die Ankerbucht, in der dic »Sphinx« still und friedlich unter einem Dach weit vorgestreckter Ulmenzweige lag. Ein leiser Rauch stieg anheimelnd aus ihrem Küchenschornstein auf. Nach kurzem Anruf faßte ich eines der zwischen Mast und Schiffswandung straff ausgespannten Taue und kletterte die Stufen, bloße angenagelte Brettstücke, hinauf. Ich fand die Reisegesellschaft bereits versammelt. Es waren: Kapitän

Backhusen, Lieutenant Apitz, Supercargo Nettermann. Zu diesen drei Herren, die sich als Mitglieder des Seglerklubs bereits bei mancher Regatta bewährt hatten, gesellte sich, als einziger Nicht-Gentleman an Bord, das Faktotum Mudy. Er vereinigte in sich alle niedrigeren Schiffsgrade, vom Vollmatrosen bis zum Kajütenjungen, und führte jeden dieser Titel nicht nur als scherzhaften nom de guerre, sondern mit allervollster Berechtigung. Mit dem Stoßruder in der Hand hatte er sein halbes Leben auf Rüdersdorfer Kalk- und Linumer Torfkähnen zugebracht. Seine Dienste, wie immer die der Subalternen, waren unentbehrlich. Er war auch Koch.

Nach Begrüßung und Vorstellung durch den Kapitän baten alle drei Herren, sich auf eine gute halbe Stunde verabschieden zu dürfen, da eine meine eigenen Interessen mitberührende Frage, die der Verproviantierung, noch zum Abschluß zu bringen sei. Mudy werde mittlerweile die Honneurs machen, wenn ich es nicht vorzöge, mich im Köpenicker Schloßpark zu ergehen. Ich entschied mich für den Park. Mudy blieb mir immer noch; man hat nirgends so viel Zeit zu Personalstudien wie an Bord eines Schiffes. Eine schmale Falltreppe führte mich ans Ufer; dann, meine Richtung auf das Schloß zu nehmend, erreichte ich ein großes, von einem Kiesweg eingefaßtes Wiesenrondell. Um diesen Kiesweg herum, in weiter gespanntem Bogen, wuchsen Buschwerk und Unterholz auf, aus deren dichtem Gewirr einzelne alte Bäume, Eichen und Akazien, emporstiegen. Die Akazien füllten die Luft mit Wohlgeruch. Es war ein köstlicher Abend. In den Nischen des Buschwerkes standen halbzerbrochene Sandsteinfiguren, Urnen und trauernde Engel, anzeigend, daß hier in halbvergessenen Tagen irgendein prinzeßlicher Vorleser, irgendein Mitglied von Hofstaat oder Kapelle begraben worden sei. Nun schlugen die Nachtigallen darüber. Eine dieser Begräbnisstätten – nicht aus Pietät, sondern aus Gärtnerlaune – war von einem Blumenbeet umgeben. Alles Grün fehlte; nur Lilien, weiße und rote, drängten sich dicht durcheinander. Diese prätentiöse Pracht wirkte beinah unheimlich. Ein junges Köpenicker Paar ging an mir vorüber, das vielleicht Auskunft geben konnte. »Wer liegt hier?« fragt ich. »Da liegt der Flötenspieler«, lautete die Antwort. Und dabei kicherten beide.

Ich schlenderte noch den Kiesweg auf und ab, als ich meine Reisegefährten von der Schloßbrücke her zurückkommen sah. Es folgten ihnen drei Paar Träger mit großen Deckelkörben, die den angekündigten Proviant herantrugen. Die Körbe über den schmalen Steg hin direkt an Bord zu schaffen war unmöglich; ihr Inhalt mußte also vom Ufer aus in Einzelstücken herübergereicht werden, etwa wie sich Bauarbeiter die Steine zureichen. Dies gab mir Gelegenheit, die Verproviantierung der »Sphinx« im Detail kennenzulernen. Der Eindruck, den ich davon empfing, war ein gemischter, denn alles Tröstliche, was er mit sich brachte, wurde durch ebensoviel Beängstigendes balanciert. Durch welche Gegenden mußten wir kommen, um zu solchen Vorsichtsmaßregeln gezwungen zu sein! Es wurden eingeschifft: 120 Flaschen Tivolibier, 120 Flaschen Sodawasser, 30 Flaschen Bordeaux, 3 Filets, 2 Schock Eier, 1 Butterfaß, 1 Zukkerhut, 1 Baumkuchen, 6 Flaschen Scharlachberger und 1 Dutzend Flaschen Champagner. Mehr noch als diese durch Zahl oder Gewicht bemerkenswerten Quantitäten imponierte mir die Liste der »Kleinigkeiten«; sie füllte einen halben Bogen und wies über hundert Nummern auf. Ich zitiere daraus nur folgendes: eine Muskatnuß, ein kleines Reibeisen dazu, Salveiblätter, um Aal, und Dilldolden, um Schlei zu kochen. Alle diese Dinge, groß oder klein, verschwanden ohne Schwierigkeit in dem Rumpf des Schiffes; die Butter, das Fleisch erhielten ihren Platz auf großen Eisblöcken, und eh eine halbe Stunde um war, war auch die letzte Flasche »gestaut«.

Damit hatten die Vorbereitungen ihr Ende erreicht; Ruhe trat an die Stelle der Arbeit, und während Mudy im Vorderraum des Schiffes sich um den Tee bemühte, saßen wir auf der Rundbank zwischen dem Steuer und dem Kajüteneingang und plauderten.

Es war um die elfte Stunde; in der dunklen breiten Wasserfläche spiegelten sich die Sterne, zugleich auch die Lichter aus Häusern und Villen, die, im Grünen halb versteckt, das Ufer des Flusses einfassen.

Ich fragte nach dem Schiff, nach seiner Bauart, nach seinen Schicksalen, vor allem auch nach dem Seglerklub, dem die »Sphinx« als eines der schönsten Boote angehört. Kapitän Backhusen, im allgemeinen kein Mann der Rede, war plötzlich in seinem Element und nahm gern das Wort.

»Ich weiß nicht, um welche Zeit der Klub ins Leben trat, aber seit einer Reihe von Jahren ist er da. Er hat wohl an hundert Mitglieder oder mehr, und die Zahl seiner Boote wird nicht geringer sein. Zwischen Treptow und dem ›Eierhäuschen‹ ankert seine Flottille, die eine Musterkarte schöner und lieblicher Namen aufweist: ›Sturmvogel‹ und ›Greif‹, ›Komet‹ und ›Blitz‹, ›Libelle‹ und ›Forelle‹, ›Undine‹ und ›Albatros‹. Wir haben Korsos und Regatten, Preisrichter und Preisverteilungen! Chronometer, Flaggen und Becher. Der große Ehrenbecher muß von Jahr zu Jahr immer neu erworben werden; da dies selten glückt, so wandert er meist von Hand zu Hand. Aber das weckt keinen Neid; es herrscht eben ein kameradschaftlicher Geist.«

»Die Folge gemeinschaftlich überstandener Gefahren.«

»Was Sie scherzhaft aussprechen, trifft doch schließlich im Ernste zu. Aller Sport, der sonst nur Spiel wäre, hat seine Gefahr, aber keiner mehr als der Segelsport. Ob es an uns liegt oder an der Perfidie unserer Gewässer, laß ich dahingestellt sein; nur soviel, es vergeht kaum ein Jahr, wo nicht die Spree hierherum ihr Opfer fordert. Und immer nimmt sie uns die Besten. Ein solcher war auch Heinecke, der auf Neu-Spreeland wohnte, unser Seglerveteran. Dazu aller Menschen Freund. Er hatte ein neues Boot bauen lassen, fuhr hinaus, kenterte und ertrank. Das machte einen großen Eindruck. ›Wenn das *dem* passieren konnte‹, sagte sich jeder und sah einen Augenblick mißtrauisch auf die eigene Kraft.«

»Und der Unfall ereignete sich hier, auf der Spree selbst?«

»Nein, weiter aufwärts, auf der Müggel. Sie ist das tückischste unter allen Wässern. Geradeso tückisch, wie sie unschuldig aussieht. Plötzlich springt ein Wind auf, wirft sich in die Segel und legt das Boot auf die Seite. Wer sich dann an Mast und Planke hält, der mag gerettet werden; wer es aber durch eigene Kunst ertrotzen will, der ist verloren. Er verfitzt sich im Kraut und geht in die Tiefe. Die guten Schwimmer und die guten Segler, gerade *sie* sind es, die der Müggeltücke verfallen.«

»Aber muß es denn immer die Müggel sein?«

»Nein. Es ist freilich die schönste Wasserfläche weit und breit, nicht zu sprechen davon, daß die Gefahr ebenso anzieht, wie sie schreckt. Aber dennoch ist das Ansehen der Müggel im Niedergehen. Sie muß mindestens die Herrschaft teilen. Wir bevorzugen jetzt die Wendische Spree. Dort finden auch unsererseits die Regatten statt, deren ich schon flüchtig gegen Sie erwähnte.«

»Man hört so selten davon.«

»Gewiß. Die Berliner haben keinen Sinn dafür. Man merkt ihnen nicht an, daß sie von den Fischerwenden abstammen. Aber was sie in ihrer Totalität vermissen lassen, das suchen die einzelnen wieder auszugleichen. Und diese einzelnen sind wir. Ich wollte, Sie wären einmal zugegen, wenn der Mai anbricht und an unseren Ankerplätzen alles Leben und Erwartung ist. Wir sind dann in derselben Erregung, wie wenn Oxford und Cambridge an der Brücke von Twickenham ihren Wettkampf führen.«

»Und der Schauplatz dieser Wettkämpfe ist jetzt die Wendische Spree?«

»Ja, oder doch zumeist. Es ist dasselbe Terrain, das Sie morgen kennenlernen werden. Trotz der Müggel eine pompöse Wasserfläche; die Themse bietet nichts Ähnliches. Bei ›Café Lubow‹, halben Wegs zwischen Köpenick und Grünau, beginnt unsere Segelbahn, durchschneidet der Länge nach den Langen See und läuft dann an der Krampenbaude vorbei auf unser Flaggenschiff zu, das, weithin sichtbar, im breiten Seddin-See das ersehnte Ziel aller unserer Anstrengungen bildet. Das Ziel und den Drehpunkt. Jetzt, mit seitwärts gedrücktem Steuer, die Biegung um das Flaggenschiff herum, und mit verdoppeltem Eifer geht es die Segelbahn bis ›Café Lubow‹ zurück. Eine Strecke von rund drei Meilen. Ich darf sagen, es wird dabei mehr Kunst gezeigt, als mancher von uns Spreefahrern erwarten möchte.«

»Und wer entscheidet über Sieg und Preis?«

»Die Schiedsrichter. Und dieses Schiedsrichteramt ist nun freilich das Schwerste von allem. Es handelt sich nämlich immer wieder darum, durch minutiöseste Rechnungen festzustellen, wie viele halbe und viertel Sekunden Vergütigung jedes Boot im Verhältnis zu seiner Größe zu empfangen oder zu gewähren hat. Nur nach dem Resultat dieser Berechnung werden die Preise verteilt, so daß es vorkommen kann, daß das drittschnellste Boot leer ausgeht und das drittlangsamste gewinnt.«

»Es würde mich freuen, an einer dieser Regatten teilnehmen zu dürfen.«

»Da lad ich Sie auf nächstes Jahr an Bord der ›Sphinx‹. Sie sollen uns willkommen sein. Ja, es ist ein Vergnügen, wie es kein größeres gibt, solche Wettfahrt mit vollen Segeln, zumal wenn es stark windet und nun allerhand Unberechenbarkeiten hier zu Havarien führen, dort Boot und Mannschaft mit Niederlage bedrohen. So das letzte Mal. Wir musterten einunddreißig Fahrzeuge, ein wundervoller Anblick; aber nur fünfundzwanzig erreichten das Ziel. Die anderen sechs hatten Schiffbruch gelitten. Der ›Elektra‹, unserem schönsten und größten Boot, brach der Mast glatt über Deck ab und stürzte samt der Takelage in den Seddin-See; der ›Styx‹ rannte fest; der ›Forelle‹ platzte von dem mächtigen Segeldruck die Wantenverbolzung und hob sich aus dem Schiffskörper heraus; der ›Sturmvogel‹ zog Wasser und mußte Gummiplatten auf die Lecks nageln, um sich zu halten. Ein nicht geringerer Unfall traf die »Undine‹. Ihr riß der Leitwagen aus, der das Segel hält, und zwar gerad in dem kritischen Moment des Lavierens. Aber Willy Krüger, der sie führte, setzte sich als lebender Ballast auf den Leitwagen und ließ sich halb durch die Wellen schleppen. So glückte es ihm, die Regatta wenn nicht siegreich, so doch ruhmreich mit auszusegeln.«

»Das klingt gut. Es würde mich nach dem allen kaum wundernehmen, Ihren Seglerklub zu einer Vorschule für unsere Flotte heranwachsen zu sehen.«

»Ich sage dazu nicht nein. Ein jeder nach seinen Kräften. Wie Sie wissen, haben die Mittelgrafschaften Englands ihren vollen Anteil an dem Flottenruhm der Nation. Lord Nelson war ein Predigerssohn. Das Binnenland hat die Sehnsucht nach der See, und aus dieser Sehnsucht erwächst immer das Beste. Nicht aus der alltäglichen Routine. Wollen Sie glauben, daß wir zwischen »Café Lubow« und der Krampenbaude mehr als einen Chinafahrer ausgebildet haben?«

»Sie scherzen.«

»Durchaus nicht. Ich nenne Namen. Einer dieser Chinafahrer war Viktor von Graefe, der, zu Mehrung des von Vater und Bruder her ererbten Ruhmes, das Seine getreulich beigetragen hat. Wenigstens nach unserer Vorstellung.«

»Und zwar als Chinafahrer?«

»Gewiß. Es mögen jetzt zwanzig Jahre sein, daß er in Stettin eine Brigg bauen ließ, sie befrachtete und mit ihr nach England ging. Er war Schiffsreeder und Kapitän zugleich. Mit ihm war unser alter Eichmann, ein Freund und Klubgenosse, der die Dienste eines Steuermanns versah. In England wurde die Fracht gewechselt; dann ging es in großer Tour erst bis Ceylon, dann von Ceylon bis Hongkong. In den ostasiatischen Gewässern verblieben die Freunde längere Zeit, wurden für die Linie Singapore-Kalkutta gechartert und befuhren dieselbe eine Reihe von Malen. Ihre Ladung war abwechselnd Tee und Reis. Sie verdienten ein bedeutendes Stück Geld und trafen nach Ablauf von dritthalb Jahren wohlbehalten an unserer pommerschen Küste wieder ein. Ihre Studien zu solcher Weltumsegelung aber – denn ich glaube fast, daß sie ihren Rückweg um das Kap Hoorn nahmen – hatten sie auf der Müggel und dem Seddin-See gemacht.«

Unter solchem Geplauder war Mitternacht herangekommen; die Lichter am Ufer hin erloschen, nichts leuchtete mehr als die Johanniskäfer im Gebüsch und die Sterne zu unseren Häupten. Die Frische des Abends steigerte sich zu nächtlicher Kühle, und ein Frösteln überlief uns, trotzdem längst energischere Getränke an die Stelle des von Mudy präsentierten Tees getreten waren. Kapitän Backhusen mahnte zum Aufbruch. In der Kajüte drückte noch die Schwüle des Tages, so daß wir übereinkamen, die Tür nicht zu schließen. Zum Schutze gegen Mücken und Motten wurde dicht am Steuer ein Windlicht aufgestellt, das wir unmittelbar darauf von all den Unholden umschwärmt sahen, die ohne diese Vorsichtsmaßregel unsere Nachtruhe gestört haben würden. So aber schliefen wir unbelästigt unserem ersten Reisetag entgegen.

Von Köpenick bis Dolgenbrodt
(Erster Reisetag)

Als ich erwachte, war es heller Tag; die schon ziemlich hoch stehende Sonne füllte die Kajüte mit Licht, und an dem Lärm auf Deck, nicht minder an einer leichten Schaukelbewegung, ließ sich unschwer erkennen, daß unsere »Sphinx« bereits unter vollen Segeln war. Und so war es wirklich. Schloß Köpenick, selbst das preisrichternde »Café Lubow«, das am Abend vorher so oft genannt worden war, lagen längst hinter uns, und die Müggelberge links, die Spreeheide rechts, fuhren wir mit scharfer Morgenbrise den Langen See hinauf.

Der Nordwest, der blies, sosehr er unserer Fahrt zustatten kam, ließ es doch wünschenswert erscheinen, unser Frühstück in der Kajüte zu nehmen, deren etwa nur zehn Fuß im Quadrat messender Raum schnell gelüftet war. Mudy trug auf, ein Riesentablett vor uns niedersetzend. Wir verfügten noch über all jene Herrlichkeiten, die auf Seereisen trotz ihrer Einfachheit die größten Luxusartikel bilden: frisches Wasser, frische Milch und – frische Semmeln. Mit letzteren hatte uns Köpenick noch in aller Frühe versorgt.

Eine heitere halbe Stunde leitete den Tag ein, heiter und schönheitsvoll. In den Rahmen der offenstehenden Kajütentür stellten sich camera-obscura-artig die Veduten dieser Spree- und Müggelgegenden. Ruhig ging die Unterhaltung; wenn sie schwieg, vernahmen wir deutlich jenen unbeschreiblichen Gluck- und Murmelton, womit sich ein scharf durchschnittener Strom in nur halb gehobenen und unfertig bleibenden Wellen an die Planken eines Schiffes schmiegt.

Unser Auge richtete sich zumeist auf die wechselnden und doch dieselben bleibenden Landschaftsbilder, die jetzt in immer heller werdender Beleuchtung durch unsere Tür hereinschienen; nur von Zeit zu Zeit wandte sich der Blick auch unserer nächsten Umgebung, vor allem der Kajüte selber und ihrer kompendiösen Einrichtung, zu. Es fehlte nichts. Von der in Zapfen hängenden, alle Bewegungen des Bootes mitmachenden Lampenvorrichtung an bis zu der kleinen Druckmaschine herab, die die Zigarrenspitzen abschneidet, war alles da. Flaschen, Gläser und Flacons standen eingepaßt in ihren Behältern; überall Polster und Kissen, jeder Gegenstand des Komforts und der Toilette vertreten. Eß- und Spieltische konnten aufgeklappt oder ausgezogen werden. Das Ganze beständig an jene Karlsbader Etuis erinnernd, die in zwei zusammenpassenden Nußschalen eine Schere, einen Fingerhut, einen Bindlochstecher und eine Nadelbüchse enthalten, während man doch annehmen sollte, daß der Fingerhut allein schon ausreichen müßte, das Etui zu füllen.

Nach dem Frühstück, dem namentlich unser Supercargo durch allerhand kulinarische Aperçus eine höhere Weihe zu geben wußte, stiegen wir auf Deck und hatten nun die Wald- und Wasserlandschaft, die wir, während der letzten Stunde, nur in Ausschnitten kennengelernt hatten, in ihrer Totalität vor uns. Ein klarer, lichter Tag; blauer Himmel und Sonne, und doch ein feiner grauer Nebelschleier, der, über Wasser und Landschaft liegend, alles milderte und dämpfte. An den Ufern hin – ein seltener Anblick im norddeutschen Flachland – standen hoch aufgeschichtete Holzmeiler, bestimmt, zu Kohle verbrannt zu werden. Wie mir versichert wurde, eine Folge des Raupenfraßes, der nur noch diese Verwendung der geschädigten Kiefernwaldungen gestattet oder sie doch als die vorteilhafteste erscheinen läßt. Zwischen den Holzmeilern, und auf eine weite Strecke hin mit ihnen abwechselnd, erhoben sich die Kolossalbauten der Berliner Eiswerke, die halb wie Riesenschuppen einer Fabrikanlage, halb wie die Gradierwände einer Saline dreinschauten. Zu meiner Überraschung erfuhr ich, daß auch zuzeiten Feuer in ihnen ausbricht.

Eingesprenkelt in diese Meiler und Eiswerke, die auf weithin die Ufer beherrschen und ihnen den Charakter geben, präsentierten sich auch Villenanlagen, die in allen erdenklichen Spielarten, namentlich im italienischen und englischen Kastellstil, zu uns sprachen. Dicke und schlanke Flachtürme, mit Pfeilern, Sims und Balustrade. Alles in allem ein wunderbarer Anblick, der, nach mehr als einer Seite hin, zu denken gibt. Geflissentlich an den unübertroffenen Vorbildern Schinkels und seiner Schule vorübergehend, wie sie die Villenstraßen des Tiergartens aufweisen, gefällt sich der Bourgeois unserer östlichen Stadtreviere darin, seinen »Donjon« und, wenn es sein kann, selbst seinen »Belfroi« zu haben. Und dieser Schiefheit des Gedankens entspricht die Ausführung, die er erfährt. Eine geschäftsbefreundete »Firma«, die ein Ignorieren nicht wohl gestattet, empfängt den Bau in Entreprise, und tot und steif werden nun die Rund- und Spitzbögen aus dem Nürnberger Spielkasten genommen.

Eben wieder lag ein reichgegliederter »Tudor-Turm«, dessen hochaufgehißtes Banner allem Stolz von York und Lancaster zu trotzen schien, glücklich hinter uns, als die Wasserfläche des Langen Sees sich verbreiterte und unseren Architektur-Unmut, soweit er überhaupt an Bord unseres Schiffes geteilt wurde, in dem Imposanten des landschaftlichen Bildes untergehen ließ. Wir waren in das eigentliche Regattaterrain eingefahren und befanden uns in Nähe jener haffartigen Stelle, wo sich, angesichts der Schmöckwitzer Brücke, vier über Kreuz gestellte Seeflächen: der Lange See, der Seddin-See, die Krampe und der Zeuthener See, ein Rendezvous geben.

Der Nordwester wuchs, rascher ging die Fahrt, feuchter und erquicklicher wurde die Luft.

Das Bild nahm uns gefangen: wir waren begierig, es von einer Hochstellung aus besser überblicken zu können. Eine Strickleiter war nicht da, die wir hätten erklettern können; so festigten wir, rechts und links, ein Klammer- und Hakenbrett an die zwischen Mast und Wanten straff gespannten Schrägtaue und nahmen auf diesen Brettern hüben und drüben unseren Stand. Kapitän Backhusen, den Tubus in der Hand, gab nicht nur die Ordres, sondern auch die Informationen. »Das ist die Krampenbaude, das ist Philippshütte, das ist der Schmöckwitzer Turm; hier in Front aber, wo Sie die Rohrinsel schwimmen sehen, das ist ›Robins Eiland‹, wo unser Flaggenschiff an den Regattatagen zu liegen pflegt. Dahinter steigt der Müggelsheimer Forst an, und wo er sich wieder senkt, das ist Kahniswall.«

»Kahniswall?« fragte ich einigermaßen überrascht.

»Gewiß, Kahniswall. Kennen Sie es? Eine Kolonistenanlage; früher ein Fischerhaus.«

»Ja, dann kenn ich es. Nicht von Ansehn, aber aus einer Erzählung. Und Robins Eiland, das dort im Rohrgehege mit den drei Pappelweiden schwimmt, muß dann just die Insel sein, wo meine Robinsonade spielt.«

Wir stiegen wieder auf Deck, und die Aufforderung erging an mich, zu erzählen, wobei es nicht an Zweifeln und scherzhaften Vorwürfen fehlte, ihnen, »den Halbautochthonen dieser Gegenden«, etwas Neues über die nördliche Wendei verraten zu wollen.

»Wir wissen hier Bescheid, wie in unserer eigenen Tasche; wir könnten Zivilstandsregister führen und Chroniken schreiben, und nun kommen Sie, um uns auf unserem eigenen Terrain eine Niederlage zu bereiten. Kahniswall, eine Robinsonade; was ist es damit?«

»Ich habe vor Jahren, als ich Geschichten aus dem Teltow sammelte, durch Güte eines Freundes davon erfahren. Es war eine briefliche Mitteilung und trug die Überschrift: ›Der Fischer von Kahniswall‹.«

»Nun, so lassen Sie hören.«

»Gut denn.«

Der Fischer von Kahniswall

»Fischer Kahnis hielt eine Fähre, da, wo der Rahnsdorfer Spreearm in den Seddin-See eintritt. Das Häuschen, das er bewohnte, war des sumpfigen Untergrundes halber von ihm selber auf einem eigens hergerichteten Damm oder Wall aufgeführt worden, und weil alles damals noch ohne feste Bezeichnung war, erhielt diese Wallstrecke, wo sein Häuschen stand, den Namen Kahniswall. Die Kolonisten von Gosen und Neu Zittau, seine nächsten Nachbarn, vergaßen über diesen Ortsnamen sehr bald den Namen dessen, der Wall und Häuschen erst geschaffen hatte, und nannten ihn, nach seiner Schöpfung, den ›Fischer von Kahniswall‹. Diese Bezeichnung verblieb ihm auch sein lebelang, trotzdem er, bei jungen Jahren schon, die nach ihm benannte Heimstätte verließ. In der Geschichte jedoch, die Sie nun hören sollen, werd ich ihn, der Kürze halber, einfach bei seinem Namen nennen.

Kahnis hatte eine junge Frau, eine Kossätentochter aus Schmöckwitz, die sehr blond und sehr hübsch war, viel hübscher, als man nach ihrem Geburtsort hätte schließen sollen. Er war, bei Beginn unserer Erzählung, drei Jahre mit ihr verheiratet und hatte zwei Kinder, Krausköpfe, die er über die Maßen liebte. Seine Hanne aber liebte er noch viel mehr. Hatte sie doch, allem Dreinreden unerachtet, aus bloßer Neigung zu ihm – er war ein stattlicher Spreewende – eine Art Mesalliance geschlossen.

So kam der Oktober 1806. Eh der Unglücksmonat zu Ende war, waren die Schelmen-Franzosen in Berlin und drei Tage später auch in Köpenick. Hier sah sie nun unser Kahnis. Es waren Kürassiere von der Division Nansouty. Als er hörte, daß ein paar Schwadronen auch auf die umliegenden Dörfer gelegt werden sollten, überkam ihn ein eigentümlich schreckhaftes Gefühl, eine Eifersuchtsahnung, ein Etwas, das er bis dahin nicht gekannt hatte. Wer wollt es ihm verargen? Er war gerade gescheit genug, um zu wissen, daß die Weiber, in ihrer ewigen Neugier, das Fremde und Aparte lieben, und sosehr er seiner Hanne unter gewöhnlichen Verhältnissen traute, sowenig glaubte er ihrer sicher zu sein, wenn es sich um einen Wettstreit mit den Nansoutyschen Kürassieren handelte, die alle sechs Fuß maßen und einen drei Fuß langen Roßschweif am Helme hatten. Ich muß sagen, daß er sich hierin, wie in vielen anderen Stücken, als ein einfacher, aber sehr verständiger Mann bewies.«

Kapitän Backhusen nickte zustimmend.

»Kahnis sann also nach, wie er der Gefahr entgehen könne, überschlief es und sagte dann anderen Tages früh: ›Hanne, komm; ich mag die Kerls nicht sehen. Sie haben keinen Herrgott und stehlen Kinder. Hier an der Straße sind wir nicht sicher vor ihnen. Ich weiß aber einen guten Platz, wo sie uns nicht finden sollen. Ewig wird es ja nicht dauern.‹ Daß er aus eifersüchtiger Furcht seinen Vorschlag machte, davon schwieg er. Er verfuhr wie immer die Ehemänner in ihrer Bedrängnis und tat alles ›um der Kinder willen‹. Hanne war eine gute Frau und zärtliche Mutter; zudem hielt ihre Erkenntnis gerade die Höhe von Schmöckwitz. Sie gab also unserem Kahnis einen herzhaften Kuß, zum Zeichen, daß sie mit allem einverstanden sei. Und das ist immer das Beste, was Frauen tun können.«

Kapitän Backhusen nickte abermals zustimmend.

»Gesagt, getan. Viel Zeit war ohnehin nicht zu verlieren. Unsere Fährleute gingen rasch ans Werk, und das Einschiffen ihrer Habseligkeiten begann. Das große Fährboot hatte ja Platz vollauf. Betten und Wiege, die Bibel und die Kukkucksuhr, die Kinder und die Ziege wurden geladen, und ehe die Sonne unter war, fuhren alle Insassen von Kahniswall, nichts weiter als die kahlen Wände zurücklassend, nach der Insel im Seddin-See hinüber. Da der Seddin-See nur eine Insel hat, so muß es Robins Eiland gewesen sein. Hier bezogen sie zunächst ein Camp, in dessen Mitte Kahnis aus Balken und Bohlen eine Wohnstätte zusammennagelte, die halb Blockhaus, halb Bretterhütte war. Der Winter setzte alsbald hart ein; aber wer wie Kahnis drei Jahre lang von dem Fährpfennig der Gosener Kolonisten und dem Marktertrage seines Fischkastens gelebt hatte, der war eben nicht verwöhnt. Zudem verstand er sich darauf, den Unbilden der Witterung zu begegnen. Schilf, das er in dichten Bündeln auf sein Block- und Bretterhaus packte, dazu ein darüber gebreitetes altes Segeltuch gaben Schutz gegen Regen und Kälte; eine Feuerstelle war bald aufgemauert, und lange bevor die Ostersonne im Seddin-See sich spiegelte, fand Kahnis, daß die alte Kuckucks-Wanduhr auf der Insel geradesogut schlüge wie daheim auf Kahniswall. Die Ziege gab Milch; an Fischen und Sumpfvögeln war Überfluß, und als die Brutzeit herankam, lagen die Enten- und Kiebitzeier zu vielen Hunderten rings um die Insel her. Allsonnabendlich brachte er seine Fische nach Köpenick, kaufte Wochenbrot und beobachtete das politische Wetterglas, vor allem die Köpenicker und ihre Einquartierung. Was er da sah und hörte, machte ihn nur fester in seinem Entschluß, das Kriegswetter erst vorüberziehen zu lassen; das Franzosenzeug war gerade so, wie er es sich gedacht hatte, aber das Weiberzeug war viel schlimmer. Er beglückwünschte sich deshalb zu seiner Inseleinsamkeit und fuhr jedesmal fröhlich wieder heim.

Im Spätsommer Anno 8 hieß es: ›Jetzt ziehen sie ab.‹ Kahnis aber schüttelte den Kopf und sagte: ›Sie sind noch da; und wenn sie nicht mehr da sind, so kommen sie wieder; Hanne, wir wollen bleiben, wo wir sind.‹ Und darin war unser Robinson auf Robins Eiland klüger als mancher Allerklügste. Denn sie kamen wirklich wieder.

Kahnis freilich, als er so sprach, hatte nicht seine Klugheit, sondern nur seine Neigung befragt. Das Wahre von der Sache war: er wollte nicht mehr fort. Aus dem Schlupfwinkel, den er zwei Jahre früher als ein Flüchtling betreten und zunächst nur wie einen Lagerplatz eingerichtet hatte, war längst ein ansehnliches Gehöft mit Stube und Stall, mit Kammer und Keller geworden, das nicht mehr inmitten einer schilfüberwachsenen Insel, sondern im Zentrum eines von Garten- und Ackerstreifen durchzogenen und von einem Schilfgürtel nur eben noch eingefaßten Wiesenrondelles lag. Hier gruben und pflanzten Mann und Frau wie die ersten Menschen, und als endlich, nach zweimaliger Entscheidung, nach Leipzig und Waterloo, wirklich der große Frieden kam und Kahnis nun ehrenhalber sagen mußte: ›Hanne, jetzt ist es Zeit‹, da senkte diese den Kopf und erklärte, daß sie bleiben wolle. Das war es, was er zu hören gewünscht hatte. Nun gestand er ihr auch, daß er nicht aus allgemeiner Franzosenfurcht, sondern aus ganz besonderer eifersüchtiger Sorge vor den Nansoutyschen Kürassieren auf die Insel gezogen sei. Hanne machte kein Aufhebens von diesem Geständnis. Sie nahm nur das Schmeichelhafte heraus und entschlug sich aller tugendlichen Empfindsamkeit. Viel Nachdenken war überhaupt nicht ihre Sache.

So gingen die Jahre. Die Kinder wuchsen heran, verließen Haus und Insel; endlich starb auch die Frau. Kahnis stellte den Sarg auf sein bestes Boot und fuhr quer über den See, um der Toten auf dem Schmöckwitzer Kirchhof ein christliches Begräbnis zu geben. Denn in Lutheri Catechismo von Jugend auf fest, war er, der seit langen Jahren mehr mit Gott als mit den Menschen gelebt hatte, in seinem Glauben immer lebendiger geworden. Am Ufer warteten die Träger, Schmöckwitzer Kossäten. Als sie den Sarg niederließen, da, zum ersten Male, kam ein Schwanken in sein Herz, und er erschrak, wenn er an die Öde von Robins Eiland dachte; denn er war nun *ganz* allein. Aber die Anhänglichkeit an den Boden, den er sich errungen hatte, siegte auch diesmal, und gutes Mutes kehrte er in seine Einsamkeit zurück. Die Insel war seine Welt geworden.

Sein Leben blieb dasselbe: allwöchentlich fuhr er zu Markt und bot seine Fische feil, wie er es vierzig Jahre lang getan hatte. Er war wohlgelitten in Köpenick; sie kannten ihn alle; und nur zuzeiten blieb er aus. Dann lebte er mit den Köpenickern in Fehde. Oft um kleiner Dinge willen, aber auch um großer. 1848 ließ er sich ein halbes Jahr lang nicht sehen und kam erst wieder, als ›Vater Wrangel‹, dessen Bild er damals mit einer breiten Goldborte an die Stubentür klebte, seinen siegreichen Einzug gehalten hatte. Die Köpenicker, als sie ihn wiedersahen, vergaßen allen politischen Hader und sagten nur: ›Alte Leute sind wunderlich.‹

Meine Geschichte geht zu Ende. – Es war am ersten Sonnabend des Monats Oktober 1850. Kahnis blieb aus. Die Köpenicker rechneten nach, worin sie's wohl wieder versehen haben könnten, konnten aber nichts finden. Daß Kahnis einmal eines von ihm und seiner Laune ganz unabhängigen Zwischenfalles halber fehlen könne, das fiel niemanden ein. Darin waren die Schmöckwitzer klüger. Diese, als er Tages darauf in ihrer Kirche fehlte, wußten, was geschehen war. Sie fuhren hinüber und fanden ihn neben der Schwelle seiner Tür, auf einem Bündel Schilf sitzend, das er sich seit lange, als seine Altersbank, zurechtgelegt hatte. Es war ersichtlich, daß er, die warme Herbstsonne suchend, an dieser Stelle eingeschlafen war, um nicht wieder zu erwachen. Die Verwandtschaft der Frau richtete ihm ein groß Begräbnis her; der Schmöckwitzer Küster schrieb an die beiden Söhne, die, mit sieben Enkeln und anderthalb Hand breitem Krepp um den Hut, von Berlin und Rathenow herüberkamen, die ganze Köpenicker Fischerzunft aber, die, schon zwei Stunden vor Beginn der Feierlichkeit, bei der Insel angefahren war, folgte jetzt in dreißig Booten nach Schmöckwitz hinüber. Der Prediger, der den alten Mann sehr geliebt und seiner Gemeinde als das Bild eines schlichten und frommen Christen oft empfohlen hatte, sprach über das Schriftwort: ›Ei, du frommer und getreuer Knecht, du bist über wenigem getreu gewesen, ich will dich über viel setzen; gehe ein zu deines Herren Freude.‹ Und denselben Spruch hat auch der Schmöckwitzer Tischler auf das Grabkreuz unseres Freundes geschrieben.«

»Dies Grab müssen wir besuchen«, rief jetzt Kapitän Backhusen mit Emphase; »das ist mein Mann; allein sein, nichts von der Welt wollen!« Und Lieutenant Apitz und unser Supercargo, trotzdem sie als Typen ausgesprochenster Gesellschaftsneigung gelten konnten, stimmten begeistert bei. Denn mit Nachdruck ausgesprochene Sätze sind ihres Einflusses immer sicher.

Wir waren inzwischen bis in unmittelbare Nähe der Schmöckwitzer Brücke gekommen. Kapitän Backhusen gab ein Zeichen mit Horn und Sprachrohr, und gleich darauf, während die halbe Dorfjugend herzudrängte, hob sich eine der Brückenklappen und gestattete uns, unter Salut und Zoll, die Einfahrt aus dem Seddin-See in den Zeuthener See zu machen. Unsere erste Station war erreicht: Schmöckwitz. Die »Sphinx« legte an; wir stiegen ans Ufer, um auf eine halbe Stunde wieder terra firma unter den Füßen zu haben.

Schmöckwitz, eine Art Kapitale dieser Gegenden, wirkt doch ganz nur wie ein Dünendorf an der Ostseeküste. Öd und ärmlich. Hinter Sandhügeln versteckt, in tiefen Löchern und Einschnitten liegen einzelne Häusergruppen, während sich alte und junge Kiefern, oft mehr waagerecht als aufrecht stehend, an den sandigen, mit Strandhafer überwachsenen Abhängen entlangziehen. Inmitten des Ganzen die Kirche, ein trister Bau, aus dem Anfang dieses oder vielleicht auch des vorigen Jahrhunderts.

Sowenig einladend nun das Äußere derselben war, so drang ich doch, nach vielfacher auch auf diesem Gebiete gemachter Erfahrung, die jedes Vorwegurteil verpönt, auf Besuch des Inneren. Denn die trivialste märkische Dorfkirche kann immer noch das Rührendste und die häßlichste immer noch das Schönste verbergen. Hier freilich war ein solcher Ausnahmefall *nicht* gegeben. An weißgestrichenen Wänden hingen die üblichen Gedächtnistafeln; unter der Kanzel stand ein bestaubter Altar, beiden gegenüber aber, dicht gedrückt unter der Decke hin, blinkten die dünnen Röhren eines Harmoniums, dieses verkümmerten Enkelkindes der Orgel. In der Mitte der Kirche paradierte ein Kronleuchter, zum Andenken an die Jahre 13, 14 und 15 gestiftet. Er zeigte die Form einer Kosakenmütze und war mit einem in Blech geschnittenen Eisernen Kreuz geschmückt. Derselben Zeit gehörte auch eine Landsturmfahne an, die auf ihrem roten Flanellappen einen schwarzen Adler und die Bezeichnung »1. Division, 1. Brigade« trug. Was hier so niederdrükkend wirkte, war die melancholische Abwesenheit alles Freien und Selbständigen; die Armut kann poetisch sein, die Armseligkeit nie.

Wir traten auf den Kirchhof hinaus, dessen Gräber, wie die Häuser des Dorfes, gruppenweise versteckt in den Senkungen des Hügels lagen. Nur hier und dort ein Busch, ein Blumenbeet.

Um den Eindruck zu bannen, den das Innere der Kirche auf uns gemacht hatte, forschten wir nach Kahnis' Grab, freilich zunächst umsonst. Der Küster, der erst wenige Monate im Dorfe war, hatte den Namen nie gehört, zeigte sich indessen beflissen, in seiner Schulklasse zu fragen. Als er wieder zu uns trat, war er in Begleitung eines halbwachsenen Mädchens, dessen flachsblonde Zöpfe zu einer dichten Krone zusammengelegt waren. Sie begrüßte uns unbefangen, schritt auf einen abseits gelegenen, halbverwilderten Fliederbusch zu und sagte dann, indem sie die Zweige auseinanderbog: »Das ist Kahnis' Grab.« Auf einem eingefallenen Hügel, der mehr mit Moos als mit Gras überwachsen war, lag ein halb umgestürztes Kreuz; die Inschrift war längst vom Regen abgewaschen. Als wir neugierig fragten, »woher sie die Stelle so gut kenne«, zeigte sie, statt jeder anderen Antwort, auf ein Hänflingsnest, das sich in dem Gezweig versteckte. Die beiden Alten flogen auf, umkreisten aber die Stätte. Kapitän Backhusen, als er des geängstigten Pärchens ansichtig wurde, lüpfte den Hut und sagte dann: »Das sind wir dem Andenken Kahnis' schuldig, den Frieden dieses glücklichen Haushaltes nicht länger zu stören.« Und damit traten wir unseren Rückzug an.

Eine Viertelstunde später waren wir wieder an Bord der »Sphinx« und fuhren nun, unseren Cours wechselnd, auf die Südspitze des Zeuthener Sees zu. Auch hier noch ist der Segelklub zu Haus, dessen anwesende Mitglieder nicht ermangelten, mir »Hankels Ablage«, »Haches Gruß«, den »Gingang-Berg« und ähnlich wunderlich benannte Punkte vorzustellen. Aber der Zeuthener See ist doch schon Vorterrain; die Villen hören auf, der Einfluß der Hauptstadt schwindet, und die eigentliche »*Wendei*« beginnt. Die Ufer still und einförmig. Nur dann und wann ein Gehöft, das sein Strohdach unter Eichen versteckt; dahinter ein Birkicht, ein zweites und drittes, coulissenartig in die Landschaft gestellt. Am Horizonte der schwarze Strich eines Kiefernwaldes. Sonst nichts als Rohr und Wiese und ein schmaler Gerstenstreifen dazwischen; ein Habichtpaar in Lüften, das im Spiel sich jagt; von Zeit zu Zeit ein Angler, der von seinem Boot oder einem halbverfallenen Steg aus die Schnur ins Wasser wirft. Wenig Menschen, noch weniger Geschichte. Selbst der Feind mied diese Stelle. Darum fehlen hier auch die Schlachtfelder auf viele Meilen hin. In einer alten Chronik heißt es: »Der Dreißigjährige Krieg kam nicht hieher, weil ihm die Gegend zu arm und abgelegen war.« Er wußte wohl, was er tat. Wie ein Feuer ohne Nahrung wär er in diesem See- und Spreegebiet erloschen.

Der Grundzug der Wendei, wenigstens an dieser Stelle, ist Trauer und Einsamkeit.

Um Mittag hatten wir die Südspitze des Zeuthener Sees erreicht; von fern her blickte der Königs-Wusterhausener Turm zu uns herüber. Dann fuhren wir in die Neumühler Schmalung ein, die den Zeuthener See mit dem Krüpel-See verbindet, endlich aus dieser Schmalung in den Krüpel-See selbst.

Die Landschaftsbilder blieben dieselben und wechselten erst, als wir, bei Dorf Kablow, aus der bis dahin befahrenen Seenkette der Wendischen Spree in diese selbst gelangten. Nicht viel breiter als ein Torfgraben, zieht sie hier die Grenze zwischen dem teltowschen und dem beeskow-storkowschen Kreis, bis sie, nach einer Wegstrecke von kaum einer Meile, bei dem Dorfe Gussow abermals zu einem See sich breitet, dem Dolgen-See. Unsere Fahrt verlangsamte sich jetzt, da mittlerweile beinahe völlige Windstille eingetreten war; erst eine bei Sonnenuntergang aufspringende Brise führte uns glücklich über den See bis Dolgenbrodt.

Es war völlig dunkel geworden, und nur der Schein weniger Lichter bezeichnete die Stelle, wo, hinter Bäumen und Rohrgehegen, das Dorf zu suchen sei. Wir selber warfen Anker inmitten dreier Torfkähne, die schon vor uns an diesem Platz ein Unterkommen gesucht hatten. Zugleich wurde die Sturmlaterne ausgehängt. Als ich mein Befremden über diese Vorsichtsmaßregel ausdrückte, zeigte Kapitän Backhusen auf eine dunkle sternlose Stelle am Horizont, die ihm Sturm zu bedeuten schien, zum zweiten aber auf die Torfkähne, zwischen denen wir allerdings wie eingeklemmt lagen. »Zieht ein Wetter herauf und diese drei ›großen Christophs‹ reißen sich los, so werden wir zerquetscht wie ein Polarschiff im Eismeer. Die Laterne tut nicht alles, aber viel. Zum mindesten zeigt sie uns die Stelle, wo wir untergehen.«

Um diesen Trost reicher, suchten wir unser Lager. Müde von des Tages Last und Hitze, schliefen wir unbekümmert ein.

Von Dolgenbrodt bis Teupitz

(Zweiter Reisetag)

Mit dem frühesten war ich auf, zwischen drei und vier; die Sonne kündigte sich erst durch einzelne Strahlen an, die von Zeit zu Zeit am Horizonte aufschossen. Aber so früh ich war, so war ich doch nicht der Frühste. Lieutenant Apitz war mir zuvorgekommen und hatte, da er die Angelpassion mit der Segelpassion glücklich zu vereinigen wußte, seine Schnur seit länger als einer halben Stunde ausgeworfen. Mit ihm Mudy. Ein guter Frühfang hatte ihre Anstrengungen belohnt. In einer neben ihnen stehenden Wanne zappelte es bereits von Schlei und Hecht, von Giesen und Karauschen, die für unser Mittagsmahl einen vorzüglichen zweiten Gang in Aussicht stellten.

Es war ein erquicklicher Morgen; in dem fallenden Tau gab sich die Natur wie gebadet. Ein Flachboot strich hart an uns vorüber, in dem ein junger Dolgenbrodter, mit angehängtem Fischkasten, stromabwärts fuhr. Er sah ziemlich spöttisch zu unserer Angelrute auf und grüßte. Lieutenant Apitz aber war nicht der Mann, sich verwirren zu lassen. »Eingeborner Wende, was gelten die Fische?« Der Angeredete nannte eine beliebige Summe. »Da lasse ich sie billiger und gebe noch eine Bleiflinke zu.« Damit griff Apitz in die Wanne und warf ihm die angekündigte Flinke ins Boot. In diesem Augenblicke stieg der Glutball der Sonne auf und durchleuchtete die dünnen Nebel. Wir sahen nun erst, wo wir waren.

Am Wasser hin zog sich eine schmale Wiese, von Huflattich eingefaßt, der hier und dort in grotesken Blattbildungen kleine vorspringende Inseln schuf. Hinter dem Wiesenstreifen, immer den Windungen des Flusses folgend, stand eine Reihe von Häusern, jedes einzelne durch ein blühendes Mohnfeld von dem Nachbarhause geschieden. Die Bewohner schliefen noch oder hantierten in Küche und Kammer; nur ein paar Blondköpfe waren aus dem Bett in den Garten gesprungen und spielten in ihren roten Friesröcken unter dem weißen Mohn umher. Im Rücken der Häuser stieg das Erdreich an, fast einen Damm bildend, auf dessen Höhe der Hanf in dichten Stauden stand. Hinter dem Damm aber lief die Dorfstraße hin, wenigstens klang von dort her ein leises Läuten herüber. Ich glaubte die Herde zu sehen, trotzdem sie meinem Auge verborgen war.

Einsamkeit auch hier. Aber wenn sie am Tage vorher, an den Ufern des Zeuthener Sees, wie ein wendisches Volkslied elegisch geklungen hatte, so klang sie hier wie ein Idyll aus alten Zeiten und schuf dem Herzen ein süßes Glück, wo jene nur ein süßes Weh geschaffen hatte. Ich wurde des stillen Lebens, das aus diesen Bildern zu mir sprach, nicht müde. Immer Neues erschloß sich mir, das mein Herz bewegte. In Front jenes Hauses stand ein uralter Birnbaum, in der einen Hälfte abgestorben, aber in der anderen noch frisch und mit Früchten überdeckt. In dem hohlen Hauptast bauten die Bienen, an dem Stamm lehnte die Sense, zwischen den Zweigen hing das Netz; und in dieser Dreiheit lag ersichtlich das Dasein dieser einfachen Menschen beschlossen. Das Sammeln des Honigs, das Mähen der Wiese, das Fischen im Fluß, in so engem Kreislauf vollendete sich tagtäglich ihre Welt. Und so war es immer an dieser Stelle.

Wie die Menschen hier, in Pfahlbauzeiten, im Gezweige gewohnt hatten, so wohnten sie jetzt *unter* dem Gezweig; aber in ihm oder *unter* ihm, sie blieben wie die Vögel, die Nester bauen.

Und in diesem Berührtwerden von etwas Unwandelbarem, in der Wahrnehmung von dem ewigen Eingereihtsein des Menschen in den Haushalt der Natur, liegt der Zauber dieser Einsamkeitsdörfer.

Schon vor sechs Uhr war die »Sphinx« unter Segel. Aber

der Wind ließ bald nach, so daß wir froh waren, inmitten einer eben zu passierenden Schmalung die großen Stoßruder benutzen zu können. Wir schoben uns nur noch von der Stelle. Dies dauerte Stunden. Erst bei Prierosbrück machte sich der Wind wieder auf und trieb uns nun in die »Schmölte« hinein, einen buchtenreichen, durch Schiebungen und Waldcoulissen ausgezeichneten See, der, zugleich mit dem ihm anliegenden Duberow-Forst (gemeinhin kurz »die Duberow« geheißen), den inneren Zirkel der *Wusterhausener Herrschaft*, dieses großen, an die dreizehn Quadratmeilen umfassenden und namentlich während der Regierungszeit Friedrich Wilhelms I. aus adligen Gütern der Schlieben, Oppen und Schenken von Teupitz zusammengekauften Jagdrevieres, bildet.

Mit der Einfahrt in die »Schmölte« waren wir, um es zu wiederholen, in den »inneren Zirkel« dieses Revieres eingetreten. Eine ausgestellte Schildwacht, wie sie nicht charakteristischer sein konnte, ließ uns keinen Zweifel darüber. Inmitten des Sees, auf einer wenig überspülten Sandbank, stand ein großer, ziemlich fremdartig dreinschauender Grauvogel und salutierte auf seine Weise, durch eingezogenen Hals und Fuß. Wir erwiderten seinen Gruß, das Geringste, was wir tun konnten; denn wir waren im selben Augenblicke, wo wir ihn in seiner Schildwachtstellung passierten, zu einem fremden Volke gekommen, zu dem Volke der *Reiher*, das in der »Schmölte« seinen Fang und in der »Duberow« seine Nester hat. Der ganze innere Zirkel der Wusterhausener Herrschaft eine große *Reiherherrschaft*! Diese kennenzulernen war seit lange mein Wunsch. In einer Bucht, die von zwei bastionsartig vorspringenden Waldstükken gebildet wird, gingen wir vor Anker.

Ein Besuch des nahe gelegenen Reiherhorstes entsprach unserem Programm. Nur der einzuschlagende Weg, den Lieutenant Apitz »querdurch« genommen wissen wollte, führte zu einer lebhaften Debatte.

Während diese noch schwankt, erzähl ich dem Leser von alten und neuen Reiherjagden, wie sie die »Duberow« sah.

Die Duberow, von der Natur dazu vorgezeichnet, ist alter Reihergrund. Alle Elemente sind da: Eichen, Sumpf und See. Schon der Große Kurfürst jagte hier, aber erst unter dem »Soldatenkönig«, der all sein Lebtag seiner Wusterhausener Herrschaft die noch aus kronprinzlichen Tagen herstammende Liebe bewahrte, erst unter König Friedrich Wilhelm I. kamen die Duberow-Reiherjagden, die damals Reiherbeizen waren, zu Flor und Ansehen. Bei einem zeitgenössischen Schriftsteller, der selber diese Jagden mitmachte, finde ich folgende Schilderung: »Im Frühling und im Herbst vergnüget sich der Hof, neben manchem anderen, auch mit der *Reiherbeize*, an der die Königin nicht selten teilnimmt. Der Schauplatz dieser Vergnügungen ist verschieden, zumal aber ist es Wusterhausen und der Duberow-Wald oder ›die Duberow‹, wie die Leute, der Kürze halber, den Wald zu nennen pflegen. Ich habe solchen Reiherbeizen öfter beigewohnt. Ist dergleichen angesaget, so begibt sich der König auf eine Höhe, die einen weiten Umblick gestattet. Seine Majestät reiten gemeiniglich und werden auch von vielen anderen zu Pferde begleitet. Indem werden zwei Wurstwagen angespannt, und es sitzen auf jedem derselben sechzehn bis zwanzig Personen. Auf der Waldhöhe ist ein Herd errichtet, auf dem ein gewaltiges Feuer brennt. Dieser ganze Herd ist ringsherum umgraben, so daß man sich dabei niedersetzen und, wer frieret, zur Genüge wärmen kann. Auch ist der Platz, an dem sich Herd und Feuer befinden, mit Maien umstecket. Unten in der Ebene halten die Falkoniers mit ihren Falken und sind an unterschiedene Posten verteilt. Wenn sich nun ein Reiher reget und in der Luft daherspazieret kommt, so lässet man einen, zwei, auch drei und vier Falken steigen. Sobald der Reiher des Falken, oder ihrer mehr, gewahr wird, fänget er entsetzlich an zu schreien und schwinget sich so hoch, als er nur immer kann. Aber der Falke machet dennoch, daß er weit über dem Reiher in der Luft zu stehen kommt. Alsdann schießet er wie ein Pfeil herab, gibet dem Reiher den Stoß, bringet ihn auf die Erde und hält denselben so lange, bis die Falkoniere kommen und ihn aufnehmen. Die Falkoniere aber bringen den Reiher dem Ober- oder Hofjägermeister, und dieser präsentieret ihn dem Könige, von dem er mit einem Ring gebeizet und sodann wieder in die freie Luft gelassen wird. Manchmal geschiehet es, daß der Reiher von zwei, drei und vier Falken in der Luft gestoßen und angefallen, dadurch aber die Lust desto größer wird. Ist der Tag glücklich, so werden fünf, sechs und noch mehr Reiher gefangen und gebeizet.«

So war es in den Tagen Friedrich Wilhelms I. An die Stelle dieser »Reiherbeizen« ist jetzt ein ebenfalls dem Mittelalter entstammendes Reiherschießen getreten, das weniger eine Jagd als eine Zielübung ist und im Bereiche moderner Erscheinungen am besten mit dem Taubenschießen auf unseren Schützenfesten verglichen werden kann. Nur mit dem nicht unwesentlichen Unterschiede, daß die Taube, wenigstens heutzutage, von Holz, der Reiher aber lebendig ist.

Diese Reiherjagden, die, statt mit dem Falken, mit der Büchse in der Hand unternommen werden, finden jetzt alljährlich in der zweiten Hälfte des Juli statt. Dann ist die junge Brut groß genug, um einen jagdbaren Vogel von wünschenswerter Schußfläche abzugeben, und doch wiederum nicht groß, das heißt nicht flügge genug, um sich, gleich den Alten, der drohenden Gefahr durch Flucht entziehen zu können. So stehen sie dann aufrecht in den hohen Nestern, kreischen und schreien und werden heruntergeschossen. Ein sonderbarer, dem Gefühle des Nichtjägers widersprechender Sport, über den indes andererseits, wie über manches Ähnliche aus der Sphäre des high-life, ohne Sentimentalitäten hinweggegangen werden muß. Es sind dies eben Überbleibsel aus vergangenen Jahrhunderten her, mit denen, weil sie einem ganzen System von Anschauungen angehören, nicht ohne weiteres aufgeräumt werden kann, Dinge des Herkommens, zum Teil auch der praktischen Bewährung, nicht des persönlichen Geschmacks. Tradition und Repräsentation schreiben immer noch, innerhalb des Hoflebens, die Gesetze. Übrigens mag hier eingeschaltet sein, daß unser Kronprinz, ein passionierter Reiherjäger, das bequeme Schießen aus dem Neste verschmäht und es vorzieht, den um die Herbstzeit völlig flügge gewordenen Jungvogel aus der Luft herunterzuholen. Hier, wie in manch anderem, eine Modelung des Überlieferten.

Der Streit, welcher Weg uns am besten zu dem nahe gelegenen Reiherhorst führen würde, war mittlerweile zugunsten von Lieutenant Apitz entschieden worden. Also »querdurch«. Wir erkletterten zunächst das Uferbastion, in dessen Schutze wir lagen, hielten kurze Umschau und schlugen uns dann, immer die Höhe haltend, waldeinwärts. Nach längerem Suchen und Irren, das zu den üblichen Bemerkungen über »Richtwege« führte, hatten wir endlich die Reiherkolonie, ihre Wohn- und Brutstätte vor uns und schritten ihr zu.

Dieser Reiherhorst, wie jeder andere, befindet sich in den Wipfeln alter Eichbäume, die, zu mehreren Hunderten, auf der plattformartigen Kuppe einer abermaligen Ansteigung des Waldes stehen. Eine Anzahl dieser Eichen, vielleicht die Hälfte, war noch intakt, die andere Hälfte aber zeigte jeden Grad des Verfalls, und zwar um so mehr, je länger sie des zweifelhaften Vorzuges genossen, im Reiherdienste zu stehen, das heißt also, ein Reihernest in ihren Wipfeln zu tragen. Die Zahl dieser Nester wechselt. Manche Bäume haben eins, andere drei und vier. Das letztere ist das gewöhnlichere. Aber ob eins oder mehrere, über kurz oder lang trifft sie dasselbe Schicksal: sie sterben ab, unter dem Einfluß der Reiherwirtschaft, namentlich der Reiher-Kinderstube, deren Details sich jeder Mitteilungsmöglichkeit entziehen.

Erst Mitte Juli pflegen die Jungen flügge zu werden. In diesem Jahre jedoch mußten sie kräftiger oder gelehriger gewesen sein; jedenfalls fanden wir alles ausgeflogen und sahen uns in der angenehmen Lage, jede einzelne Wohnstätte aufs genaueste mustern zu können. Was die Wipfel der Bäume angeht, so bleibt dem Gesagten an dieser Stelle nichts hinzuzufügen; aber auch der Untergrund erzählt noch manche Geschichte. Hier und dort lag zu Füßen einer wie geschält aussehenden, ihrer Rinde halb entkleideten Eiche das Federwerk eines Jungvogels. Das erklärt sich so. Fällt ein junger Reiher vor dem Flüggewerden aus dem Nest, so ist er verloren. Ein freies, selbständiges Leben zu führen, dazu ist er noch zu jung, ihn wieder in das Nest hinaufzuschaffen, dazu ist er zu schwer. So bleibt er liegen, wo er liegt, und stirbt den allerbittersten Tod unter den Unbilden seiner nächsten Verwandten, die, ohne ihre Lebens- und Anstandsformen im geringsten zu ändern, erbarmungslos zu seinen Häupten sitzen.

Unter anderen Bäumen lagen herabgestürzte Nester. Sie gaben uns Veranlassung, ein solches zu untersuchen. Es ist einem Storchennest ähnlich, aber noch gröber im Gefüge, und besteht aus angetriebenem Holz der verschiedensten

Arten: Kiefern-, Elsen- und Weidenzweige. Dazu viel trockenes Stechapfelkraut, lange Stengel, mit aufgesprungenen Kapseln daran. Ob sie für dies Kraut um Geruches willen, vielleicht auch als Arzneidrogue, eine Vorliebe haben oder ob es ihnen lediglich als Bindemittel zu festerer Verschlingung der dicken Holzstäbe dient, muß dahingestellt bleiben. Überall aber, wo ein solches Nest lag, sproßte wuchernd aus hundert Samenkörnern ein ganzer Giftgarten von weißblühender Datura auf, der übrigens, jede Ausschließlichkeit vermeidend, auch anderem Blumenvolk den Zutritt gestattete. Nur »von Familie« mußten die Zugelassenen sein: Wolfsmilch, Bilsenkraut, Nachtschatten. Das Harmloseste, was sich eingeschlichen hatte, war Brennessel.

Ein Erinnerungsblatt hier mitzunehmen verbot sich; so mußten die umherliegenden Federn aushelfen. Ein paar der schönsten an unsere Mützen steckend, kehrten wir, nunmehr des Weges kundig, in kürzester Frist an Bord unseres Schiffes zurück.

Hier hatte sich mittlerweile Mudy nach mehr als einer Seite hin legitimiert. Der Tisch war unter einer ausgespannten Leinwand gedeckt; der weißeste Damast, das blinkendste Silber lachten uns entgegen. Selbst an Tafelaufsätzen gebrach es nicht. Neben dem großen Köpenicker Baumkuchen paradierten zwei prächtige, in hundert Blüten stehende Heidekrautbüschel, die Mudy, samt dem Erdreich, ausgeschnitten und in zwei reliefgeschmückte Weinkühler eingesetzt hatte. Aber Größeres war uns vorbehalten, was sich erst offenbaren sollte, als die Reihe der vorschriftsmäßigen Gänge, unter denen sich besonders das Fischgericht »Schlei mit Dill« auszeichnete, beendet war. Ob aus Nachklang oder Inspiration, aus Erinnerung oder geoffenbarter Weisheit, gleichviel, in Mudys Seele hatte die Vorstellung gedämmert, daß »das Dessert die Krone jedes Mahles sei«. Und dieser Vorstellung Ausdruck zu geben, hatte er sich beflissen gezeigt. Daß er dabei, in materiell eng gezogenen Grenzen verbleibend, über einen bloßen symbolischen Akt nicht hinausgekommen war, steigerte nur den Effekt. Der Leser urteile selbst. In ebendemselben Augenblicke, in dem der Kreis des Möglichen nach unser aller Ansicht geschlossen schien und auch in dem begehrlichsten Herzen nur noch Wunsch und

Raum für Zigarette und Kaffee vorhanden war, erschien Mudy mit einem auf dem Menuzettel ungenannt gebliebenen Überraschungsgericht. Geheimnisvoll genug in seiner Einkleidung. Eine Glasschale war mit Kraut und Blütenzweigen gefüllt; in der Mitte dieser Schale aber, wie ein Ei in einem Neste liegt, lag ein Teesieb, in dem unser dienender Bruder, während wir auf der Suche nach dem Reiherhorste waren, aus dem spärlichen Vorrat der nächsten Wald- und Uferstellen eine halbe Hand voll Erd- und Blaubeeren mühsam gesammelt hatte. Die Wirkung dieser Aufmerksamkeit war eine enthusiastische und rang nach entsprechendem Ausdruck. Kapitän Backhusen fand ihn. Einen vor ihm stehenden Römer bis an den Rand mit Scharlachberger füllend, schüttete er den Inhalt des Schälchens hinein und sprach dann kurz: »Perle der Kleopatra, armselige Renommisterei; *hier*, in Erd- und Blaubeeren, spricht bescheiden eine schönere Tat. Es lebe Mudy.«

Die Luft stand. Es war noch zu früh zum Aufbruch; so beschlossen wir eine Waldsiesta, und unsere Plaids an schattiger Stelle ausbreitend, suchte sich jeder eine Ruhestätte. Libellen flogen, Käfer summten, und in mir klang es aus einem meiner Lieblingsdichter:

Hier an der Bergeshalde
Verstummet ganz der Wind;
Die Zweige hängen nieder,
Die blauen Fliegen summen
Und blitzen durch die Luft.

Einmal, zweimal wiederholte ich diese Zeilen, die den Klang eines Nachmittags-Schlummerliedes haben; dann schlief ich ein. Die Genossen hatten weniger gezögert.

Es war sechs Uhr, und die Sonne streifte schon von der Seite her die Wipfel des Waldes, als uns die Schiffsglocke, rasch anschlagend, mit zur Eile mahnendem Tone wieder an Bord rief. Kapitän Backhusen hatte früher als seine Gäste den Nachmittagsschlaf abgeschüttelt. Ein paar Kommandoworte, und die »Sphinx« löste sich leicht und gefällig von der Uferstelle, in deren Schatten sie sechs Stunden geankert hatte. Die Landzungen schoben uns immer neue, von Minute zu Minute prächtiger beleuchtete Coulissen in den

Weg; in Schlängellinien umfuhren wir sie, ein paar Geleit gebende Reiher hoch über uns in Lüften. So kamen wir aus der Schmölte in den Hölzernen See.

Alles war bis dahin gut gegangen, und zu endgültiger Bewährung der »Sphinx« fehlte nur noch ein Zwischenfall, ein »Accident«. Auch dieser sollte nicht ausbleiben. Kaum in den Hölzernen See, nomen et omen, eingefahren, so saßen wir fest. Aber die Führung unseres Schiffs hätte nicht *die* sein müssen, die sie war, wenn sie sich in solchem Momente hätte ratlos erweisen sollen. Kapitän Backhusen, mit dem Tubus auslugend, erkannte, hinter Schilf und Werft versteckt, in nicht allzuweiter Entfernung ein Brückenwärterhäuschen, an das jetzt Mudy, die Schiffsjolle herablassend, mit der Anfrage deputiert wurde, ob man bereit sei, unseren aus dicken Eisenplatten bestehenden Ballast auf zwei, drei Tage zu beherbergen. In kürzester Frist war die bejahende Antwort da, die großen Barren wanderten aus dem Rumpf in die Jolle, und nach dreimaliger Fahrt zwischen Schiff und Zollhaus war unsere »Sphinx« wieder flott und frei. Unter dankbarem Hüteschwenken ging es, eine Viertelstunde später, an dem Brückenzollhaus vorüber. Aber dieses Hüteschwenken genügte uns nicht. Unserer Freude einen lauteren Ausdruck zu geben, holten wir aus der Waffenkammer ein paar Vogelflinten herbei, und auf unendliche Entfernungen hin, zwischen Dümpler und Krickenten hineinfeuernd, weckten wir das Echo, das, offenbar verdrießlich über die Störung, mit nur halber Stimme antwortete. Wir empfanden es und stellten die Flinten an ihren alten Platz.

Es begann zu dunkeln, als wir, zwischen Groß- und Klein-köris, in ein schwieriges, aus mehreren flachen Becken bestehendes Seegebiet einfuhren, das in seiner Gesamtheit den wenig klangvollen, aber bezeichnenden Namen der »Modder-See« führt. Die Karten unterscheiden einen großen und kleinen. Das Wasser in diesen Becken stand nur etwa fußhoch über einem aus gelbgrünen Pflanzenstoffen bestehenden Untergrund, der so weich war wie ein mit Hülfe von Reagenzien eben gefällter Niederschlag. Unser Schiff durchschnitt diese reizlosen, aber für die Wissenschaft der Torf- und Moorbildungen vielleicht nicht unwichtigen Wassertümpel, die *vor* uns, unaufgerüttelt, in smaragdner Klarheit, *hin-*

ter uns in graugelber Trübe, wie ein Quirlbrei von Lehm und Humus, lagen.

Es wurde still und stiller an Bord. Jene Schweigelust überkam uns, die nach einem schönen, an Bildern und Eindrükken reichen Reisetage auch den Heiter-Gesprächigsten anzuwandeln pflegt und, weder in Ermüdung noch in Verstimmung wurzelnd, ihren Grund in dem plötzlichen Berührtwerden von dem Ausgehen alles Glückes, von der Endlichkeit aller Dinge hat. Auch wir hatten diesen Tribut zu zahlen, stärker als bei mancher anderen Gelegenheit, da nichts da war, uns dieser Stimmung zu entreißen. Die Dörfer hörten auf; nur in einiger Entfernung lag Sputendorf. Es klang wie eine Mahnung, und wir ließen sie uns gegeben sein. Ein neues Segel bei! Der Wind setzte sich hinein, und plötzlich, wie aufatmend, fuhren wir aus einem Gewirr von Tümpeln und Schmalungen, die wir während der letzten zwei Stunden zu passieren gehabt hatten, in ein imposantes und beinah haffartig wirkendes Wasserbecken ein. Nur in sehr unbestimmten Umrissen erkannten wir die Ufer. Nach links hin, in langer Linie, blitzten Lichter und spiegelten sich in dem dunkelen See. An Bord drängte alles zu neuer Tätigkeit. Lieutenant Apitz, mit eigner Hand, feuerte den landeinwärts gerichteten Böller ab; Mudy, auf Befehl des Kapitäns, ließ eine Rakete in den Nachthimmel aufsteigen. In wenigen Minuten sahen wir unseren Zweck erreicht: Gestalten, hin und her laufend, sammelten sich an einer Stelle, die ein Landungsplatz, eine Anlegebrücke sein mochte. Stimmen klangen herüber. Gleich darauf fiel der Anker.

Im Angesicht von Teupitz, dunkel und rätselvoll, lag die »Sphinx«.

AN DER SPREE

SCHLOSS KÖPENICK

»Wo liegt Schloß Köpenick?«
An der Spree;
Wasser und Wald in Fern und Näh,
Die Müggelberge, der Müggelsee.

Schloß Köpenick ist eines der vielen Hohenzollerschen Schlösser, die sich unter den mannigfachsten deutschen und französischen Namen im Spree- und Havellande vorfinden und von deren Nochvorhandensein die wenigsten unter uns eine Kenntnis haben. Wir entsinnen uns in der Regel, von diesem und jenem Schloß in diesem oder jenem Geschichtsbuch gelesen zu haben, und knüpfen die Vorstellung, oft auch die Hoffnung daran, daß dasselbe mit all seinen ihm Leben leihenden Personen zugleich vom Schauplatz abgetreten sei. In der Tat, die Bemühungen unserer Phantasie, wenn wir von königlichen Schlössern sprechen oder sprechen hören, gehen gemeinhin nicht viel über die Bilder von Sanssouci, Rheinsberg und Charlottenburg hinaus, und einem glücklichen Zufalle bleibt es vorbehalten, uns durch den Augenschein zu belehren, daß auch Schwedt und Küstrin und Wusterhausen und Oranienburg noch ihre wirklichen Schlösser haben. Zu diesen seitab gelegenen und verschollenen Existenzen gehört auch Schloß Köpenick, in betreff dessen wir ein altes, ein mittleres und ein neues unterscheiden.

Das *alte* Schloß Köpenick stand schon, als die Deutschen unter Albrecht dem Bären ins Land kamen. Jaczko oder Jasso, der letzte Wendenfürst, an dessen Bekehrung die schöne Schildhornsage anknüpft, residierte daselbst. Nach seiner Unterwerfung wurde seine Residenz, eine Wendenveste, zur markgräflichen Burg, aber weder Bild noch Beschreibung sind auf uns gekommen, aus denen wir ersehen könnten, *wie* Schloß Köpenick zur Zeit der Askanier oder Bayern oder ersten Hohenzollern war. Es muß uns genügen, daß wir von seiner Existenz wissen. Auch seine Geschichte verschwimmt in blassen, charakterlosen Zügen, und alles, was mit bestimmterem Gepräg an uns herantritt, ist das eine, daß es in diesem *alten* Schlosse zu Köpenick war, wo der von Otterstedt an die Türe seines kurfürstlichen Herren schrieb:

Jochimken, Jochimken, höde dy,
Wo wi di krigen, do hängen wi dy.

Das *alte Schloß* stand bis 1550. Kurfürst Joachim II., ein leidenschaftlicher Jäger, dessen Weidmannslust ihn oft in die dichten Forsten um Köpenick herum führte, ließ den alten Bau niederreißen und ein *Jagdschloß* anstelle desselben aufführen.

Dies Jagdschloß Joachims II. oder das *mittlere* Schloß Köpenick stand wenig über 100 Jahr, aber seine Geschichte spricht schon in deutlicheren Zügen, und die Meriansche »Topographie« hat uns ein Bild desselben (etwa aus dem Jahre 1640) aufbewahrt. Nach diesem Bilde war es ein regelmäßiges Viereck, das zur einen Hälfte aus zwei rechtwinklig aufeinanderstoßenden Flügeln, zur andern Hälfte aus zwei niedrigen, ebenjenes Viereck herstellenden Mauern bestand; der ganze Bau von fünf Türmen überragt, vier an den Außenecken, der fünfte innerhalb des Schloßhofs, in dem von den beiden Flügeln gebildeten rechten Winkel.

Joachim II. weilte gern in Schloß Köpenick. Sein Hof- und Jagdgesinde war dann um ihn her, auch die Söhne wohl, die ihm Anna Sydow, »die schöne Gießerin«, geboren hatte. In früheren Jahren hatte diese selbst bei den jedesmal stattfindenden Lustbarkeiten nicht gefehlt, bis ein an und für sich geringfügiger Vorfall einen tiefen Eindruck auf des Kurfürsten Herz machte. Die Bauern sahen Anna Sydow samt ihren Kindern neben dem Kurfürsten stehen und fragten sich untereinander: »Ist das unsres gnädigsten Herrn unrechte Frau? Sind das die unrechten Kinder? *Wie darf er's tun und wir nicht?*« Der Kurfürst hörte alles und flüsterte der Gießerin zu: »Du solltest beiseite gehn.« Seitdem mied sie die öffentlichen Feste.

In diesem Jagdschlosse zu Köpenick starb Joachim II. am 3. Januar 1571. Eine Wolfsjagd sollte abgehalten werden, trotz der bittren Kälte, die herrschte, und der fünfundsechzigjährige Joachim freute sich noch einmal des edlen Weidwerks, dran zeitlebens sein Herz gehangen hatte. Gegen Abend kehrte er aus den Müggelsee-Forsten nach Schloß Köpenick zurück und versammelte seine Räte und Diener um sich her. Distelmeyer, der Kanzler, Matthias von Saldern, Albrecht von Thümen, der Generalsuperintendent Musculus, alle waren zugegen. Man setzte sich zu Tisch und speiste in christlicher Fröhlichkeit. Der Diskurs ging bald von geistlichen Dingen, und der Page wurde beauftragt, Dr. Lutheri Predigt über die Weissagung des alten Simeon vorzulesen. Nach der Vorlesung wurde viel von Christi Tod und Auferstehung gesprochen, von seiner großen Liebe und seinen bittren Leiden; dabei zeichnete der Kurfürst ein Kruzifix auf den Tisch, betrachtete es andächtiglich und ging dann zu Bett. Als er einige Stunden geruht, überfiel ihn eine Pressung auf der Brust, mit einer starken Ohnmacht. Der Kanzler und die Räte wurden geweckt, aber das Übel wuchs rasch, und nach einigen Minuten verschied der Kurfürst mit den Worten: »Das ist gewißlich wahr.«*

Wir hören danach von dem Joachimischen Jagdschloß erst 1631 wieder, als König Gustav Adolf sein Hauptquartier darin nahm und an den schwankenden Kurfürsten George Wilhelm die Aufforderung schickte, ihm die Festungen Küstrin und Spandau ohne weiteres einzuräumen. Dieser Brief führte zu jener bekannten Zusammenkunft im Gehölz bei Köpenick, die von dem entschlossenen, keine Halbheit duldenden Gustav Adolf mit den Worten abgebrochen wurde: »Ich rate Eurer Kurfürstlichen Durchlaucht, Ihre Partei zu

* Nicht im Schlosse zu Köpenick, aber freilich nur eine halbe Meile davon entfernt, in unmittelbarer Nähe des reizend gelegenen Dörfchens Grünau, starb am 18. Juli 1608 der *Enkel* Joachims II., Kurfürst Joachim Friedrich, derselbe, dem die Marken die Gründung des Joachimsthalschen Gymnasiums verdanken. Er kam von Storkow und war auf dem Wege nach Berlin, als ihn der Tod im Wagen überraschte. An der Stelle, wo er mutmaßlich gestorben ist, hat man jetzt ein einfaches, aber eigentümliches Denkmal errichtet. Es ist ein Steinbau, eine Art offner Grabkapelle, deren auf vier Pfeilern ruhendes Dach sich über einem Grabstein wölbt. Zu Häupten dieses Steins, in der einen Schmalwand der Kapelle (die beiden Breitseiten sind offen und haben nur ein Gitter), befindet sich ein gußeisernes Kreuz, das einen Kurhut und darunter die wenigen Worte trägt: »Hier starb den 18. Juli 1608 Joachim Friedrich, Kurfürst von Brandenburg.« Der Anblick des Denkmals, namentlich um die Sommerzeit, wenn man durch den offenen Rundbogen hindurch die jungen Eichen grünen sieht, die das Kapellchen umstehn, ist überaus reizend und malerisch.

ergreifen, denn ich muß Ihnen sagen, die meinige ist schon ergriffen.«

Neun Jahre später machte der Regierungsantritt des »Großen Kurfürsten« dem Elend des Landes ein Ende, aber Schloß Köpenick sank an Ansehn und Bedeutung. Eine neue Zeit und ein neuer Geschmack waren gekommen; die Zeit des französischen Einflusses begann, und die alten Jagdschlösser mit gotischen Türmen und Giebeln, mit schmalen Treppen und niedrigen Zimmern konnten sich neben der Pracht und Stattlichkeit der Renaissance nicht länger behaupten. 1658 ward ein alchimistisches Laboratorium, eine Goldmache-Werkstatt, in denselben Zimmern eingerichtet, drin Kurfürst Joachim einst den selbsterlegten Hirsch auf reichbesetzter Tafel gehabt hatte, und endlich 1677 fiel das alte Jagdschloß gänzlich, um einem Neubau, dem *dritten* also, Platz zu machen.

Diesem dritten, noch existierenden Schloß Köpenick, einer Schöpfung Rütgers von Langenfeld, der es um die angegebene Zeit für den Kurprinzen Friedrich erbaute, gilt nunmehr unser Besuch.

Wir benutzen den Omnibus, der zwischen Berlin und Köpenick fährt, haben ein sauberes, sorglich gepflegtes Gehölz zu beiden Seiten und rollen an einem klaren Herbsttage die Chaussee entlang, an Plätzen voll historischer Erinnerung vorüber. Zunächst an jener Waldwiese, wo einige Heißsporne vom schwer beleidigten märkischen Adel den jugendlichen Joachim aufzuheben gedachten, danach aber um jene Begegnungsstelle herum, wo Gustav Adolf und Kurfürst George Wilhelm nach kurzer Unterredung so wenig befriedigt voneinander schieden. In raschem Trabe geht es dahin, die Pferde werfen die Köpfe und zeigen ein Behagen, als freuten sie sich mit uns der Herbstesfrische. Die Eichen und Birken, die eingesprengt im Tannicht stehn, lassen die Landschaft in allen Farben schillern, und der herbe Duft des Eichenlaubes dringt bis zu uns in den Wagen hinein. Jetzt aber trifft uns ein Luftzug mit jener feuchten Kühle, die dem Reisenden ein Wasser ankündigt, und im nächsten Augenblicke haben wir ein breites Strombett vor uns, an dessen jenseitigem Ufer, aus hohen Pappeln hervor, ein graugelber Schloßbau ragt. Über die Brücke hin rollt der Wagen und hält jetzt auf einem unregelmäßigen, ziemlich geräumigen Platze, der zwischen dem Schloß und der Stadt Köpenick liegt. Wir steigen aus, werfen nach links hin einen Blick in eine leis gebogene Straße, deren beschnittene Lindenbäume dem Ganzen ein freundliches Ansehn leihn, und schreiten über den Schloßgraben dem Schloßhofe zu, den von zwei Seiten her die Bäume des Parks überragen.

Das gegenwärtige Schloß Köpenick hat drei Stockwerke, seine Façaden sind einfach und schmucklos, und nur einzelne Teile zeigen sich mit Reliefs und Statuen geschmückt. Um das um mehrere Fuß zurücktretende Dach ist eine stattliche Balustrade gezogen.*

Und dieser Stattlichkeit begegnen wir überall, am meisten freilich in der inneren Einrichtung, in der Anlage der Zimmer, Treppen und Korridore, die den Eindruck machen, als habe der Baumeister nichts so ängstlich vermeiden wollen als die Gedrücktheit der Turm- und Erkerstuben, die sonst hier heimisch waren. Nirgends ein Geizen mit dem Raum, aber auch nirgends ein Geizen mit dem, was erheitert und schmückt. Wohin wir blicken, eine Fülle reizendster Details, die vielleicht wie Überladung wirken würden, wenn nicht die Dimensionen ein Sich-Vordrängen des einzelnen verhinderten. All diese Karyatiden und Pfeiler und Säulen mit reichgegliedertem Kapitell treten dienend in den Hintergrund zurück, und die schweren Stuckornamente verlieren anscheinend ihre Schwere. Zu diesen Stuckornamenten gesellten sich auch noch allerlei Plafondbilder, die durch die Säle des Schlosses hin abwechselnd den Jagdzug der Diana, ihren Zorn über Aktäon und ihre Liebe zum Endymion darstellten, aber nur wenige dieser Gemälde sind bis auf unsere Zeit gekommen, und diese wenigen verbergen sich hinter einer sorglich aufgetragenen Bekleidung von Mörtel und Gips. Sie warten auf die Stunde,

* Im Schlosse heißt es, daß der mit Bohlen gedeckte, zwischen Dach und Balustrade hinlaufende Gang im vorigen Jahrhundert als Kegelbahn gedient habe. Trifft dies zu, so darf man kühnlich behaupten, daß, wenigstens in den Marken, an keiner schöneren Stelle jemals Kegel gespielt worden ist. Der einen Kreis von fast vier Meilen umfassende Blick ist entzückend: Wald und Wasser, so weit das Auge reicht, und mitten im Bilde die Müggelsberge.

wo das alte Schloß, das seit siebzig Jahren immer nur der Prosa hat dienen müssen, die poetischen Tage königlicher Pracht wieder erblicken wird, um dann auch ihrerseits aus ihrer Hülle heraustreten und den neuen Glanz in altem Glanze begrüßen zu können. Dies gilt namentlich von dem im ersten Stockwerk gelegenen »Königssaal«, der eine Fülle der schönsten Bilder und Plafondornamente hinter einer Überkleidung verbergen soll.

Wir haben in dem Bestehen Schloß Köpenicks drei Perioden unterschieden und in Erinnerung an die wechselnden Bauten, die hier standen, von einem alten, einem mittleren und einem neuen Schloß Köpenick gesprochen. Aber auch dies *neue* Schloß Köpenick teilt sein zweihundertjähriges Leben wieder in verschiedene Stadien, unter denen wir, mit Umgehung gleichgültigerer Jahrzehnte, *vier* Hauptepochen unterscheiden.

Diese vier Hauptepochen des *neuen* Schloß Köpenicks sind die folgenden: *erstens* die Zeit des Kurprinzen Friedrich, von 1682 bis 1688; *zweitens* die Zeit Friedrich Wilhelms I., insonderheit das Jahr 1730; *drittens* die Zeit Henriette Marias, gebornen Markgräfin von Brandenburg-Schwedt, von 1749 bis 1782, und *viertens* die Zeit des Grafen von Schmettau, von 1804 bis 1806. An eine Besprechung dieser vier Hauptepochen wird sich schließlich noch eine kurze Darstellung der Schicksale zu knüpfen haben, die Schloß Köpenick seitdem erfuhr.

Die Zeit des Kurprinzen Friedrich, von 1682 bis 1688

In welchem Jahre Kurprinz Friedrich seinen Einzug in Schloß Köpenick hielt, ist nicht genau mehr festzustellen, wahrscheinlich um 1680. Der Schloßbau wurde zwar vor 1681 *nicht* beendet, ja, das Sandsteinportal, durch das wir in den Schloßhof eintraten, trägt sogar erst die Jahreszahl 1682, es ist indes eher wahrscheinlich als nicht, daß Kurprinz Friedrich die Vollendung des ganzen Baus nicht erst abwartete und sich bereits zwei Jahre früher mit dem begnügte, was fertig war. Die Verhältnisse zwangen ihn fast dazu. Seiner alten Feindschaft mit seiner Stiefmutter, der holsteinischen Dorothea, war im Jahre 1679, bei Gelegenheit seiner Vermählung mit der hessischen Prinzessin, zwar eine Versöhnungsszene gefolgt, aber diese Versöhnung hatte die Abneigung der Mutter und das Mißtrauen des Sohnes um nichts gebessert. Plötzliche Erkrankungen, auch Todesfälle regten den alten Verdacht wieder an, und nachdem Kurprinz Friedrich selbst, und zwar bei Gelegenheit eines Festmahls, das ihm die Stiefmutter gab, von einem heftigen Kolikanfall heimgesucht worden war, steigerten sich seine Befürchtungen bis zu solchem Grade, daß er seinen Vater um die Erlaubnis bat, sich nach Schloß Köpenick zurückziehen zu dürfen. Nicht in Freuden zog er in die schönen Räume ein, die zum Teil noch ihrer Vollendung entgegensahen; das Schloß war ihm mehr ein rettendes Asyl als eine Stätte heitrer Flitterwochen, und in Bangen und Einsamkeit vergingen ihm die Tage selbstgewählter Verbannung. Sein schwacher Körper verbot ihm die Freuden der Jagd, und die Deckengemälde (die Jagdzüge Dianas), die um ihn her entstanden, erinnerten ihn nur an das, was ihm gebrach. Gleichförmig öde spannen sich die Wochen ab, und was diese Gleichförmigkeit von Zeit zu Zeit unterbrach, waren meist frostige Feste, die dem *Tode* zu Ehren gefeiert wurden. Am 7. Juli 1683 starb des Kurprinzen Gemahlin, und immer dunkler und schwerer hing es über Schloß Köpenick.

Da endlich kam Sonnenschein. Das Trauerjahr war um, der Flor fiel, Hochzeit gab es wieder, und Sophie Charlotte, »die philosophische Königin«, hielt ihren Einzug in die Marken. Zwanzig Jahre lang stand von jenem Tag an die helle Sonne dieser Frau über dem dunklen Tannenlande und gab ihm eine Heiterkeit, die es bis dahin nicht gekannt hatte. Aber ihr lachendes Auge, das über so vielem leuchtete, leuchtete nicht über Schloß Köpenick. Waren ihr die Zimmer zu hoch, die Bäume zu dunkel, die Traditionen zu trist – gleichviel, sie vermied die Stätte, darin die hessische Prinzessin, des Kurprinzen erste Gemahlin, ihre Tage hinweggeängstigt hatte, und die sonnenbeschienenen Abhänge des Dorfes Lützow entsprachen mehr ihrem heitern Sinn. Schloß Köpenick verödete, wurde stiller und verlassener, als es je gewesen, und Schloß Charlottenburg mit funkelnder Kuppel und goldnen Figuren wuchs statt seiner empor.

Die Zeit Friedrich Wilhelms I.

Schloß Köpenick war tot, bis es der soldatische Sohn Sophie Charlottens zu neuem Leben erweckte. Die Jagdpassion kam wieder zu Ehren, und Tage brachen wieder an, wie sie Kurfürst Joachim nicht wilder und weidmännischer gekannt hatte. Jene Dianenbilder an Plafonds und Simsen, die dreißig Jahre lang ein Hohn gewesen waren, sie kamen jetzt zum ersten Male, seit Rütger von Langenfeld die Säle und Korridore mit ihnen geschmückt hatte, zu ihrer Bedeutung und ihrem Recht. Jagd tobte wieder um Schloß Köpenick her, und Fangeisen und Hörner waren wieder in ihm zu Haus.

Diese Jagden zeichneten sich durch Gefahren aus, die mehr aufzusuchen als zu vermeiden für guten Ton galt. Züge von Ritterlichkeit machten sich geltend, die an den Hof Franz' I. erinnert haben würden, wenn nicht, anstelle galanten Minnedienstes, jene kurbrandenburgische Derbheit vorgeherrscht hätte, der zu allen Zeiten ein Kraftwort weit über ein Liebesgedicht oder ein Wortspiel ging. Bei diesen Jagden, wie Schloß Köpenick sie damals häufig sah, wurde fast jedesmal der eine oder andere schwer verwundet, wenn nicht getötet. In ein viereckiges Gehege von 600 bis 700 Schritten, das von Leinen eingeschlossen war, ließ man oft 200 oder 300 wilde Schweine von jedem Alter und jeder Größe ein. Hier erwarteten sie die Jäger, je zwei und zwei, um die wild Hereinbrechenden auflaufen zu lassen. Verfehlten sie das Tier oder zerbrach das Fangeisen, so wurden sie oft über den Haufen gestoßen und von dem verwundeten Wildschwein übel zugerichtet. Zuweilen nötigte der König auch wohl seine Jäger und Pagen, die größten Keiler bei den Ohren zu fassen und mit Gefahr ihres Lebens so lange festzuhalten, bis er selbst herbeikam, um sie abzufangen. Wer sich zu solchem Dienste weigerte, galt für feige. Der König selbst ward auf einer dieser Jagdpartien, in unmittelbarer Nähe von Köpenick, stark verwundet und würde sein Leben eingebüßt haben, wenn ihm nicht einer seiner Jäger rechtzeitig beigesprungen wäre. Blutend schaffte man ihn nach Köpenick. Es war am 15. Januar 1729.

Das nächste Jahr brachte gewichtigere Tage, Tage, die den Namen Schloß Köpenicks mit einer der interessantesten Episoden unserer Geschichte für immer verwoben haben. Am 28. Oktober 1730 trat hier das Kriegsgericht zusammen, das über den Lieutenant Katte vom Regiment Gensdarmes sowie über den »esertierten Obristlieutenant Fritz« Urteil sprechen sollte. Diese höchst denkwürdige Sitzung fand in dem sogenannten *Wappensaale* statt. Unter den vielen Sälen des Schlosses ist er nicht nur der historisch interessanteste, sondern auch dadurch vor allen andern bemerkenswert, daß er in seiner Einrichtung und Ausschmückung weder bedeutend gelitten hat noch auch hinter einer Gips- und Mörtelverkleidung seine Vorzüge verborgen hält. Dieser Wappensaal (wegen einer in ihm aufgestellten Orgel auch der »Orgelsaal« geheißen) ist zwei Treppen hoch gelegen und blickt mit seinen Fenstern auf die Spree hinaus. Im Verhältnis zu seiner Tiefe hängt die Decke zu niedrig und würde bei ihrer reichen Ornamentik noch viel mehr den Eindruck davon machen, wenn nicht die hellen Farbentöne, Weiß und Lila, die durch den ganzen Saal hin vorherrschen, eine gewisse Luftigkeit wiederherstellten. Die völlig weiß gehaltene Decke wird von etwa zwanzig Karyatiden gestützt, die alle vier Seiten des Saales umstehen und auf ihrer Brust die Wappenschilde der verschiedenen preußischen Gebietsteile jener Epoche tragen. Eine bestimmte Reihenfolge, nach den Provinzen, ist bei Aufstellung derselben nicht beobachtet worden, und Kassuben und Wenden, Jägerndorf und Minden, Ravensberg und Gützkow, dazu Ruppin, Cammin, Mark, Crossen, Barth, Pommern, Kleve usw. folgen bunt aufeinander. An den beiden Längswänden befinden sich auch ein paar große Kamine, reich verziert mit allerhand Emblemen und Wappenfiguren; alles weißer Stuck, wie der ganze Rest der Ausschmückung überhaupt. Das Ganze, weniger schön als von entschieden historischem Gepräge, macht es einem glaublich, daß hier an langer Tafel das Kriegsgericht saß, das über Tod und Leben eines Prinzen und seiner Mitschuldigen aburteilen sollte.

Der Tag, an dem die Kriegsgerichtssitzung im »*Wappensaale zu Köpenick*« stattfand, war, wie bereits erwähnt, der 28. Oktober 1730. In dem Kapitel »*Küstrin*« (Band II, »Oderland«) hab ich ausführlich darüber berichtet. Hier nur noch einmal *das*: Die das Kriegsgericht bildenden sechzehn Offiziere lehnten einen Rechtsspruch über den Kronprinzen einfach ab und verurteilten den Lieutenant von Katte zu lebenslänglichem Festungsarrest. Der König stieß dies Urteil um. Manche Punkte hinsichtlich dieser Vorgänge waren bis in die neueste Zeit hinein nicht völlig aufgeklärt, *das* aber hat immer festgestanden, daß jene denkwürdige Kriegsgerichtssitzung im großen Wappensaale zu Köpenick stattfand. Vielleicht wär es angebracht, wenn nicht ein historisches Bild, so doch wenigstens eine Gedächtnistafel aufzurichten, die die Erinnerung an jenen Tag an ebendieser Stelle lebendig hält.

Die Zeit Henriette Maries, von 1749 bis 1782

Henriette Marie, geborne Prinzessin von Brandenburg-Schwedt, hatte sich mit vierzehn Jahren bereits an den Herzog von Württemberg-Teck vermählt und war mit neunundzwanzig Jahren Witwe geworden. Als solche lebte sie zunächst in Berlin und erschien während der letzten Regierungsjahre Friedrich Wilhelms I. bei allen Hoffesten. Auch noch unter dem großen Könige. So gingen die Dinge bis 1749, um welche Zeit ihr Schloß Köpenick als Witwensitz angewiesen wurde. Es hieß damals, »sie sei verbannt«, auch scheint sie von jenem Zeitpunkt ab am Berliner Hofe nicht länger erschienen zu sein. Welche Gründe den König zu dieser Verbannung veranlaßten, ist nur zu mutmaßen, nicht nachzuweisen. Es heißt, daß Friedrich II. an dem wenig korrekten Lebenswandel der Prinzessin Anstoß genommen habe, doch ist es nicht unwahrscheinlich, daß andere Dinge mit ins Spiel kamen und den Ausschlag gaben. Die Seitenlinie Brandenburg-Schwedt wurde vom großen Könige mit derselben Abneigung betrachtet, die schon sein Vater und namentlich sein Großvater Friedrich I. gegen dieselbe gehegt hatte, und – »wie's in den Wald hineinschallt, so schallt es auch wieder heraus«. So bedeutend jene Zeit in vielen Stücken war, so war sie's doch keineswegs in *allen*, und Klatsch, Intrigue und chronique scandaleuse hatten ein unglaublich großes Feld. Wir werden kaum irren, wenn wir annehmen, daß Prinzessin Henriette Marie ihre Zunge weniger als wünschenswert im Zaum gehalten habe und daß dieser Umstand mit zur unfreiwilligen Muße von Köpenick führte. Daß die Prinzessin infolge davon dreißig Jahre lang die Kunst des Schweigens geübt habe, haben wir allerdings nicht die geringste Ursach anzunehmen, es scheint vielmehr, daß man sich die Langeweile durch allerpikanteste Plaudereien nach Möglichkeit vertrieben und alle Mesquinerien eines kleinen Hofes, als bestes Mittel, die Zeit hinzubringen, mit wahrer Meisterschaft kultiviert habe. Über das damalige Leben im Köpenicker Schlosse geben einige Notizen Aufschluß, denen wir in einer Biographie des Freiherrn von Krohne, der sich königlich polnischer Wirklicher Geheimerat nannte, begegnen. Dieser Abenteurer, der überall im trüben zu fischen und an kleinen Höfen sein »Fortune« zu machen suchte, kam auch an den Hof des Markgrafen Friedrich Wilhelm von Schwedt, des regierenden Bruders unsrer Henriette Marie, deren Hofstaat der Markgraf aus den Revenuen seines Schwedter Markgrafentums zu unterhalten hatte. Prinzessin-Schwester brauchte mehr, als Markgraf-Bruder zu zahlen liebte, und so wurde denn Freiherr von Krohne, nachdem er eben seine Dienste angeboten, an den Köpenikker Hof geschickt, angeblich um der Prinzessin als Kammerherr zu Diensten zu sein, in Wahrheit aber, um die Ausgaben, zu denen ihre Freigebigkeit oder ihre Verschwendung führte, zu kontrollieren. Freiherr von Krohne traf ein, debütierte mit Geschick, wußte einen Hofrat, der ihm in Schwedt als Hauptträger des Verschwendungssystems bezeichnet worden war, glücklich zu entfernen und stand bereits auf dem Punkte, sich als Erster Minister und Plénipotentiaire am Hofe zu Köpenick zu etablieren, als die beiden alten Günstlinge der Prinzessin, die bis dahin auf gegnerischem Fuße gestanden und ihre Macht balanciert hatten, sich zum Untergange des Eindringlings verschworen. Kammerherr von Wangenheim und Hofprediger Saint-Aubin* schlossen Frie-

* Hofprediger Saint-Aubin erhielt von der Prinzessin die kleine reizende, dicht bei Köpenick gelegene Besitzung als Geschenk, die den Namen »Bellevue« führt. Dies

den, entlarvten den immer mächtiger werdenden Freiherrn als eine Kreatur des Schwedter Markgrafen und stürzten ihn auf der Stelle. Kammerherr von Wangenheim, von dem eigens hervorgehoben wird, daß er ein sehr starker Mann gewesen, übernahm zu größerer Sicherheit die Exekutive seiner eigenen Maßregeln und schaffte den gestürzten Nebenbuhler bis vor das Portal des Schlosses.

So lebte man damals in Schloß Köpenick. Klein und bedeutungslos vergingen die Tage, die selbst in der überkommenen Ausstattung und Einrichtung nicht das geringste geändert zu haben scheinen. Wie konnten sie auch! Der prinzeßliche Hof zu Köpenick war ein bloßes Filial des markgräflichen Hofes zu Schwedt, der doch seinerseits auch nur wieder ein Filial, eine bedeutungslose Abzweigung des berlin-potsdamschen Hofes war.

Das dreißigjährige Leben der Prinzessin hat keine Spur zurückgelassen, aber was ihrem Leben nicht gelang, das gelang ihrem Tode. Henriette Marie starb in Schloß Köpenick und ist in der Schloßkapelle daselbst begraben worden. In der jedem Besucher zugänglichen Gruft dieser Kapelle steht ein schwerer Eichensarg, der auf seinem obersten Brett ein vergilbtes seidenes Kissen und auf dem Kissen eine Krone von dünnem, verbogenen Goldblech trägt. Hebt man den Deckel vom Sarg, so erblickt man in diesem die in ihrem achtzigsten Jahre verstorbene Prinzessin als Mumie. Tüllhaube und Seidenband legen sich noch um Stirn und Kinn, und das schwere gelbe Brokatkleid zeigt noch seine Falten und raschelt und knistert, als wär es gestern gemacht.

Wir schließen den Sargdeckel wieder und steigen aus der Gruft in die Kapelle zurück. Eine hohe, reichverzierte Decke

Bellevue ist ein Garten mitten im märkischen Sand, eine Oase in mehr als einer Beziehung. Mr. Saint-Aubin erbaute sich daselbst ein Herrenhaus, ein »Schlößchen«, mit Speisehalle und Gartensaal, mit Bibliothek und Empfangszimmern. Es wechselte oft die Besitzer. Um 1850 besaß es Bernhard von Lepel, der hier, in poetischer Zurückgezogenheit, einige seiner besten Sachen dichtete, zum Beispiel »Die Zauberin Kirke«. 1852 war »Bellevue« der Sommeraufenthalt Franz Kuglers und Paul Heyses. Einige Jahre später ging es in den Besitz des Pastor Pabst über, der, früher Gesandtschaftsprediger in Rom, zu dem Bonmot Veranlassung gab, »in Rom seien jetzt zwei Päbste«. Komfort, Kunst und Dichtung waren immer an dieser Stelle zu Haus, und niemand gewann Hausrecht hier, der nicht zuvor in *Rom* gewesen war. Ich selbst habe die Zimmer des Schlößchens nie anders gesehen als im Schmuck italienischer Bilder, und oft lagen mehr Pinienäpfel auf den Schränken und Kommoden des Gartensaals umher als Tannäpfel in den Steigen des Gartens draußen.

wölbt sich über uns und macht den Eindruck des Freundlichen, ohne den des Feierlichen vermissen zu lassen, links vom Altar aber, in einen Fensterpfeiler eingefügt, gewahren wir eine prächtige Tafel von poliertem schwarzen Marmor, auf der wir in Goldbuchstaben folgende Worte lesen: »Diese Gruft umschließt die verweslichen Überreste der durchlauchtigsten Fürstin und Frau, Henriette Marie, geborene Prinzessin von Preußen und Brandenburg, vermählte Erbprinzessin und Herzogin von Württemberg und Teck. Sie war geboren den 11. März 1702, vermählt den 8. Dezember 1716 mit dem Erbprinzen Friedrich Ludwig von Württemberg, ward Witwe den 23. November 1731, entschlief in dem Herrn den 7. Mai 1782. Dieses Denkmal setzte ihr ihre einzige Tochter, Luise Friederike, Herzogin von Mecklenburg-Schwerin, geborne Herzogin von Württemberg und Teck.«

Die Zeit des Grafen Schmettau, von 1804 bis 1806

Nach dem Tode Henriette Maries wurde Schloß Köpenick völlig vernachlässigt und endlich im Jahre 1804 an den Grafen Friedrich Wilhelm Karl von Schmettau verkauft. Dieser Graf Schmettau, ein besonderer Liebling Friedrichs II., ist derselbe, der von seiten des großen Königs zum Adjutanten seines jüngsten Bruders, des Prinzen Ferdinand von Preußen, ernannt ward und in dieser intimen Stellung zu einer Fülle pikanter Anekdoten und Ondits Veranlassung gab, an denen das preußische Hofleben jener Zeit so reich war. Zu untersuchen, wieviel Wahrheit oder überhaupt ob *irgendwelche* Wahrheit diesen anekdotischen Überlieferungen zugrunde liegt, liegt jenseits unserer Aufgabe; wir begnügen uns damit, das zu konstatieren, worüber Freunde und Feinde des Grafen, wenn er Feinde hatte, zu jeder Zeit einig waren: seine Gelehrsamkeit und seine weltmännische Bildung, seine militärischen Kenntnisse und seine Tapferkeit. Als der Krieg mit Frankreich mehr und mehr unvermeidlich zu werden drohte, gehörte er zu denen, denen Armee und Volk das meiste Vertrauen entgegentrugen. Beim Ausbruch der Feindseligkeiten führte er als Generallieutenant seine Division nach Thüringen und trat unter den Oberbefehl des Herzogs von Braunschweig. Beide teilten wenige Tage später dasselbe Schicksal.

Bei unserem heutigen Besuch in Schloß Köpenick indes lernen wir den Grafen Schmettau weder als Kavalier und Weltmann noch als Soldat und Heerführer kennen; sinnig, ein heitrer Philosoph, ein Freund der Wissenschaften und aller Künste des Friedens, so tritt er an uns heran. Nur zwei kurze Jahre waren ihm an dieser Stelle gegönnt, aber sie genügten ihm, um überall eine Spur seines Wirkens zurückzulassen. Wir übergehen Urnen und Inschriften, wie sie sich in den schattigen Gängen des Parkes vorfinden, und treten im ersten Stock des Schlosses in ein nach Südosten hin gelegenes Eckzimmer, dessen eines Fenster auf den Park, das andere auf die Wendische Spree herniederblickt. Es ist nicht leicht möglich, beim Durchstöbern alter Schlösser einem überraschenderen Anblick zu begegnen. Der ganze Raum ist zeltartig mit einem weißen und gelben Gazestoff ausgeschlagen, und zwar so, daß die Deckendrapierung den Plafond in zwei gleiche Hälften teilt. An jeder der beiden Stellen nun, wo die Gaze zu einer Art Betthimmel zusammengefaltet ist, befindet sich ein Deckengemälde allegorischen Inhalts. Auf dem ersten, mehr dem Fenster zu gelegenen, bringt Merkur der Minerva eine Pergamentrolle, auf der der Name *Roßbach* steht; Minerva ihrerseits hält einen Lorbeerkranz in der Rechten, bereit, ihn gegen die Siegesbotschaft auszutauschen. Das zweite Bild, ungleich besser in Komposition und Farbe, stellt eine Apotheose des großen Königs dar. Auf einer Felsenburg zur Linken stehen Krieger und blicken einer Anzahl davoneilender Genien nach, die das goldumrahmte Bildnis Friedrichs in ihrer Mitte tragen und mit dieser ihrer Last dem Tempel des Ruhmes zuschweben. Zur Rechten ragt der Tempel selber auf, auf dessen oberster Stufe die hohe Göttin steht und sich anschickt, das Bildnis des Königs mit ihrem Sternendiadem zu krönen. Von Mobiliar keine Spur in diesem Raume, der seit Anno 6 überhaupt unbewohnt geblieben ist und dessen Durcheinander von Spinnweb und Gaze, von Farbenglanz und blinden Fensterscheiben, von Ruhmesverherrlichung und Staub eine Wirkung macht, der sich wenige Besucher werden entziehen können. Alles Mobiliar, so sagt ich, fehlt, aber ein eigentümlicher Zimmerschmuck ist dennoch diesen Mull- und Gazewänden geblieben. Die ganze hintere Hälfte des Zimmers ist mit *großen Schlachtplänen* dekoriert, die wohl ziemlich unzweifelhaft von der Hand des Grafen selbst herrühren. Derselbe gesellte nämlich zu seinen übrigen Gaben auch das Talent eines ausgezeichneten Topographen und Kartenzeichners, und die berühmte Generalkarte des preußischen Staats, die bis diesen Augenblick in dem Kartensaale des Kriegsministeriums aufbewahrt wird, bewahrt gleichzeitig den Namen Schmettaus in ehrendem Andenken. Die Aufschrift dieser Generalkarte, die auch schlechtweg die *Schmettausche Karte* heißt, lautet wie folgt: »*Tableau* aller durch den königlich preußischen Obersten Grafen von Schmettau von 1767 bis 1787 aufgenommenen und zusammengetragenen Länder«. Dieselbe geschickte Hand, die dieses berühmte »Tableau« zusammentrug, hat sehr wahrscheinlich auch die sieben Schlachtpläne gezeichnet, denen wir in diesem abgelegensten und ungekanntesten Zimmer des Köpenicker Schlosses begegnen. Nur die *Sieges*schlachten des großen Königs haben hier Aufnahme gefunden, und die Inschriften der verschiedenen Blätter lauten wie folgt: »Bataille und Belagerung von Prag«; »Schlacht bei Roßbach«; »Bataille bei Lobositz«; »Schlacht bei Zorndorf«; »Schlacht bei Liegnitz«; »Schlacht bei Torgau« und »Schlacht bei Leuthen«. Die einzelnen Tableaux sind von verschiedener Größe, namentlich die Bataille und Belagerung von Prag sehr ausgeführt und größer als die übrigen, aber alle verraten dieselbe Meisterhand und tragen sämtlich statt der üblichen Holzeinfassung einen künstlichen Lorbeerkranz als Umrahmung.

Es drängt sich dem Besucher Schloß Köpenicks die Frage auf: Was war die Bedeutung dieses Zimmers? Die Antwort ist nicht schwer. Es war die Stätte eines *loyalen* Kultus, ein Andachtsplatz, an den sich in Zeitläuften, die jeden anderen Stempel eher als den des großen Königs trugen, die schwärmerische Verehrung für den Hingeschiedenen zurückzog, um einer großen Zeit zu gedenken, *die nicht mehr war.*

In diesem Zimmer war es auch wohl, daß Graf Schmettau die letzten Augenblicke zubrachte, bevor ihn das Jahr 1806 aus der Stille von Schloß Köpenick wieder in den Lärm des Krieges rief. Und was er an dieser Stelle gelobt hatte, das hielt er. Am Unglückstage von Auerstedt, unglücklich nicht durch *seine* Schuld, erstürmte er, an der Spitze seiner Bataillone, die Höhen von Hassenhausen, die der Feind unterm Schutz eines herbstlichen Morgennebels schon vor ihm besetzt hatte. Zweimal nahm er sie, und zweimal war er gezwungen, sie wieder aufzugeben. Als er sich zum dritten Angriff anschickte, um den entscheidenden Stoß zu tun und die mehr und mehr in Unordnung geratenden Franzosen in das Saaletal hinabzudrängen, traf ihn eine Kartätschenkugel und warf ihn tödlich verwundet vom Pferde. Vier Tage nach der Schlacht verschied er, am 18. Oktober 1806. So starb Friedrich Wilhelm Karl Graf von Schmettau, nicht an Glück, aber an jeglichen Gaben des Herzens und Verstandes jenen Schmettaus gleich, die unter Eugen und Marlborough zuerst die Schlachtfelder Europas betraten und unter dem großen Könige, siegreich kämpfend, den Ruhm ihrer Familie begründet hatten.

Schloß Köpenick war wieder verwaist. Die Krone kaufte den Besitz zurück, aber Zimmer und Treppen blieben öde. Das Laub an Ulmen und Ahornplatanen kam und ging, ohne daß die Gänge des Parks ein anderes Leben gesehen hätten als die laute Heiterkeit der Köpenicker Schuljugend, die hier ein prächtiges, von Gestrüpp durchwachsenes Terrain fand für »Hirsch und Jäger« und »Wanderer und Stadtsoldat«.

Jahrzehnte vergingen so. Da zog wieder Leben ein in Schloß Köpenick, aber welch ein Leben! Die Fenster, die nach dem Wasser hinaus lagen, wurden mit Holz bekleidet, und nur ein schmaler Streifen blieb offen, der dem Lichtstrahl von oben her einen Eingang gestattete. Geschlossene Wagen rollten über die Brücke, alles war in Dunkel und Geheimnis gehüllt; es ging »ein finstrer Geist durch dieses Haus«. Die hohen Schwarzpappeln, die alten Wächter am Portal, standen unheimlicher da denn je zuvor, und drinnen und draußen war kein Spielen und Lachen mehr. Hunderte saßen hinter den Gitterfenstern, die doch keine Fenster mehr waren, und nichts unterbrach die finstre Stille des

Orts; wie das Licht, so schien auch der Klang von seinen Mauern ausgeschlossen. Eine trübe Zeit. Übermut hatte gefehlt, und Mangel an Mut hatte zu Gericht gesessen; waghalsige Schwärmerei, mißleitete Begeisterung büßten hart für den eitlen Irrtum einer Stunde.*

Und wieder andre Zeiten kamen. Wie einen schweren Traum schüttelte Schloß Köpenick seine jüngste Vergangenheit ab. Die Fenster blitzten wieder, wenn die Morgensonne darauffiel, und auf dem Platze, der zwischen Schloß und Schloßkapelle liegt, entstand ein Garten. *Blumen blühten wieder*, und eine heitere Jugend hielt ihren Einzug. Eine heitere, denn sie kam nicht, um für Eitelkeit und Übermut über Gebühr zu büßen, sie kam, um in Demut und Bescheidenheit zu lernen. Und diese Jugend weilt noch darin. Allabendlich um die Dämmerstunde, wenn die Orgel zu Gesang und Andacht ruft und Lehrer und Schüler sich im alten Wappensaale des Schlosses versammeln, ist es wohl, als ging' es wieder um und als husch es in den Korridoren auf und nieder, aber die leisen Klageworte des Kurprinzen, der hier Schutz und Zuflucht suchte, das Kriegsgerichtsurteil, das hier gesprochen wurde, die Seufzer derer, die hier nach Licht und Freiheit rangen – alles verklingt doch als überwundene Dissonanz in dem vollen Brausen des Orgelchors, der eben jetzt das große Vertrauenslied in die Ratschlüsse Gottes anstimmt: »*Ein feste Burg ist unser Gott*«.

* In Schloß Köpenick befanden sich damals die »Demagogen« in Untersuchungshaft. – Jetzt ist es Seminar.

DIE MÜGGELSBERGE

> Es rührt kein Blatt sich, alles schläft und träumt,
> Nur jezuweilen knistert's in den Föhren,
> Die Nadel fällt – es ruht der Wald.
>
> *Scherenberg*

Inmitten des quadratmeilengroßen Wald- und Inseldreiecks, das Spree und Dahme kurz vor ihrer Vereinigung bei Schloß Köpenick bilden, steigen die »Müggelsberge« beinah unvermittelt aus dem Flachland auf. Sie liegen da wie der Rumpf eines fabelhaften Wassertieres, das hier in sumpfiger Tiefe zurückblieb, als sich die großen Fluten der Vorzeit verliefen.

Die Müggelsberge sind alter historischer Grund und Boden und waren schon das »hohe Schloß« dieser Lande, lange bevor die Wendenfürsten in die Spreegegenden kamen und lange bevor sich Brennibor an der Havel erhob. In *vor*slawischer Zeit, in Zeiten, die noch keine Burgen kannten, waren *sie* die naturgebaute, wasserumgürtete Veste, die von germanischen Häuptlingen jener Epoche bewohnt wurde – der Sumpf ihr Schutz, der Wald ihr Haus.

Karl Blechen, »der Vater unsrer märkischen Landschaftsmalerei«, wie er gelegentlich genannt worden ist, hat in einem seiner bedeutendsten Bilder die Müggelsberge zu malen versucht. Und sein Versuch ist glänzend geglückt. In feinem Sinn für das Charakteristische ging er über das *bloß* Landschaftliche hinaus und schuf hier, in die Tradition und Sage der Müggelsberge zurückgreifend, eine *historische* Landschaft. Die höchste Kuppe zeigt ein Semnonenlager. Schilde und Speere sind zusammengestellt, ein Feuer flakkert auf, und unter den hohen Fichtenstämmen, angeglüht von dem Dunkelrot der Flamme, lagern die germanischen Urbewohner des Landes mit einem wunderbar gelungenen Mischausdruck von Wildheit und Behagen. Wer die Müggelsberge gesehen hat, wird hierin ein richtiges und geniales Empfinden unsres Malers bewundern – er gab dieser Landschaft *die* Staffage, die ihr einzig gebührt. Ein Reifrock und ein Abbé in die verschnittenen Gänge eines Rokokoschlosses, eine Prozession in das Portal einer gotischen Kirche, aber ein Semnonenlager in das Waldrevier der Müggelsberge!

Ihnen gilt jetzt unser Besuch.

Wir kommen von Schloß Köpenick, haben Stadt und Vorstadt glücklich passiert und schreiten nunmehr dem Gehölze zu, das bis über die Müggelsberge hinaus das ganze Terrain bedeckt. Es ist ein Forst und eine Heide wie andere mehr; Moos und Fichtennadeln haben dem Weg eine elastische Weiche gegeben, und nur die Baumwurzeln, die grotesk überall hervorlugen und uns wie böswillige Gnomen ein Bein zu stellen suchen, mahnen zur Vorsicht. Eine rechte Herbstesfrische weht durch den Wald. Der herbe Duft des Eichenlaubs mischt sich mit dem Harzgeruch der Tannen, und anheimelnd klingt es, wenn die Eichkätzchen von einem Baum zum andern springen und die Zweige mit leisem Knick zerbrechen. Dann und wann hören wir, vom Fahrweg her, den eigentümlichen Klinker- und Klankerton, an dem ein märkischer Bauernwagen auf hundert Schritt schon erkennbar ist. Die Halskette der beiden magern Braunen rasselt am Deichselhaken, die Sprossen klappern in den Leiterbäumen, die Leiterbäume wieder an den vier Wagenrungen, und gegen die Wagenrungen schrammt das Rad. Dazwischen das »Hüh!« und »Hoh!« des Kutschers und Schwamm-Anpinken und Tabaksqualm – und das Begegnungsbild ist fertig, das die märkische Heide zu bieten pflegt.

Schon mehrere solcher Fuhrwerke sind an uns vorübergekommen, und ihre Insassen haben jedesmal unsern Gruß erwidert in trägen, unverständlichen Lauten, wie einer, der aus dem Schlafe spricht. Jetzt aber verlassen wir den Fußweg, der neben der großen Fahrstraße hinlief, und biegen nach rechts hin in einen schmaleren Pfad ein, der, leise bergan steigend, uns immer tiefer in die weiten und unmittelbar an den Fuß der Müggelsberge sich anlehnenden Waldreviere führt. Bald ist völlige Stille um uns her; wir haben in unseren Gedanken von Menschen und Menschenantlitz Abschied genommen und fahren drum erschreckt zusammen, als wir plötzlich dreier Frauengestalten ansichtig werden, die mit halbem Auge von ihrer Arbeit aufblicken und dann langsam-geschäftig fortfahren, das abgefallene Laub zusammenzuharken. Die grauen Elsen, unter denen sie auf- und abschreiten, sehen aus wie die Frauen selbst, und ein banges, gespenstisches Gefühl überkommt uns, als wäre kein Unterschied zwischen ihnen und als rasteten die einen nur, um über kurz oder lang die andern bei ihrer Arbeit abzulösen. Wir fragen endlich, »ob dies der Weg nach den Müggelsbergen sei«, worauf sie mit nichts andrem als mit einer gemeinschaftlichen Handbewegung antworten. Einen Augenblick stutzen wir in Erinnerung an die wohlbekannten drei von der schottischen Heide, deren Wink oder Zuruf immer nur in die Irre führt; aber uns schnell vergegenwärtigend, daß die Türme Berlins nur ein paar Meilen in unserem Rücken liegen, folgen wir unter Dank und scheuem Kopfnikken der uns angedeuteten Richtung. Und siehe da, noch hundert Schritt, und es lichtet sich der Wald, und vereinzelte Tannen und Eichen umzirken einen Platz, in dessen Mittelpunkt ein Teich, ein See ruht.

Dieser See heißt der »Teufelssee«. Er hat den unheimlichen Charakter aller jener stillen Wasser, die sich an Bergabhängen ablagern und ein Stück Moorland als Untergrund haben. Die leuchtend-schwarze Oberfläche ist kaum gekräuselt, und verwaschenes Sternmoos überzieht den Sumpfgürtel, der uns den Zugang zum See zu verwehren scheint. Er will ungestört sein und nichts aufnehmen als das Bild, das die dunkle Bergwand auf seinen Spiegel wirft. Der Teufelssee hat auch seine Sage von einem untergegangenen Schloß und einer Prinzessin, die während der Johannisnacht aufsteigt und die gelben Teichrosen des Sees an den Saum ihres schwarzen Kleides steckt. Die Kuhjungen aus Müggelsheim, die hierherum ihre Herden durch Wald und Sumpf treiben, haben das alles mehr denn einmal gesehen und das Knistern ihres Seidenkleides gehört; wir aber, die wir die Johannisnacht sträflich versäumt haben und erst um die Mitte Oktober in diese Gegenden kommen, müssen uns begnügen, den drei harkenden Frauen begegnet zu sein, die so trefflich zur Herbstlandschaft stimmten und spukhaft genug waldeinwärts zeigten.

Unmittelbar hinter dem Teufelssee erheben sich die Müggelsberge. Wir verschmähen den bequemen Weg, der sich hinaufschlängelt, und nehmen den Berg auf geradestem Wege wie im Sturm. Oft zurückgleitend, wo die abgefallenen

Kiennadeln am dichtesten liegen, und im Zurückgleiten einen Birkenstrauch oder eine junge Tanne fassend, so dringen wir mutig vor, jede Stelle preisend, an der raschelndes Eichenlaub statt der glatten Nadeln zu unsern Füßen liegt. Nun aber haben wir's überwunden, das Erdreich wird feuchter, Treppeneinschnitte und Rasenbänke gönnen uns abwechselnd einen Halt und eine Rast, und endlich eine dichte Hecke durchbrechend, die fast schon am Grat des Berges entlangläuft, haben wir das Ziel unserer Wanderschaft erreicht — die Höhe der Müggelsberge.

Diese Müggelsberge repräsentieren ein höchst eigentümliches Stück Natur, abweichend von dem, was wir sonst wohl in unserem Sand- und Flachlande zu sehen gewohnt sind. Unsere märkischen Berge (wenn man uns diese stolze Bezeichnung gestatten will) sind entweder einfache Kegel oder Plateauabhänge. Nicht so die Müggelsberge. Diese machen den Eindruck eines Gebirgs*modells*, etwa als hab es die Natur in heiterer Laune versuchen wollen, ob nicht auch eine Urgebirgsform aus märkischem Sande herzustellen sei. Alles en miniature, aber doch nichts vergessen. Ein Stock des Gebirges, ein langgestreckter Grat, Ausläufer, Schluchten, Kulme, Kuppen, alles ist nach Art einer Reliefkarte vor die Tore Berlins gelegt, um die flachländische Residenzjugend hinausführen und ihr über Gebirgsformationen einiges ad oculos demonstrieren zu können.

Wir haben den Grat ohngefähr in seiner Mitte erreicht, wo er mehr eine muldenartige Vertiefung als eine Erhöhung zeigt. Die Kuppen befinden sich an den vorgeschobeneren Punkten, so daß der ganze Berg einem ausgedehnten alten Schloßbau gleicht, der hohe Erker und Altane, vor allem aber ein paar abgestutzte Ecktürme an seinen zwei Giebelseiten trägt. Diese West- und Ostkuppe der Müggelsberge gestatten die weiteste Aussicht ins Land hinein. Besonders die Westkuppe. Über den Rücken des Berges hin schreiten wir dieser letzteren zu.

Der Weg führt durch dichtes Gehölz, das wie ein grüner Wandschirm dasteht und nach keiner Seite hin einen Durchblick gestattet. Die Bäume selbst sind noch jung, und nur alle funfzig Schritte begegnen wir einigen halberstorbenen Eichen, von denen es schwer zu sagen ist, was sie vor der

Axt des Holzschlägers gerettet haben mag, ihr hohes Alter, ihre malerische Schönheit oder eine abergläubisch-pietätsvolle Rücksicht gegen das Geschlecht der Spechte, die darin wohnen und auf den Müggelsbergkuppen in ähnlicher Weise heimisch sind wie die Raben und Dohlen auf den Kirchtürmen alter Städte. Sie zimmern sich mit geschäftigem Schnabel ihre soliden Nester in das harte Holz und machen, vielleicht aus Geselligkeitstrieb, jeden einzelnen Stamm zu einer Art Familienhaus. Oft fünfzig Nester in einem Baum. Überall huscht es heraus und hinein, pickt und kreischt, und im Vorübergehen grüßen wir ein paar alte Spechte, die aus ihren Löchern hervorlugen und neugierig sind zu erfahren, ob Freund oder Feind im Anzuge sei.

So erreichen wir nach kurzem Gang unser Ziel, eine kahle, kreisrunde Plattform. In der Mitte liegen verkohlte Scheite von einem Feuer, das erst gestern gebrannt zu haben scheint; sonst alles Sand und Kiennadeln und dicht am Abhang eine einzige Distel. Die Kiefern und Fichten, die bis dahin als dichtes Gebüsch zu beiden Seiten des Weges standen, hier haben sie sich abwärts gezogen und ragen nur noch mit ihren Gipfeln über das Plateau hinweg. In einem Riesenkranze von dunklen Nadeln bewegt sich's um uns her, und nur eine einzige Kiefer, ein schlanker, hellroter Stamm, der stolz wie eine Pinie dasteht, ragt noch hoch auf, als ob es ein Flaggenstock wär, und streckt seine grüne Krone wie ein Wahrzeichen weit ins Land hinein.

Wir lehnen uns an den Stamm des schönen Baumes und blicken westlich auf die Bilder modernen Lebens und lachender Gegenwart. Aus der Sand- und Sumpfwüste früherer Jahrhunderte wurde hier längst ein Park- und Gartenland, und Dörfer und Städte wachsen heiter mit ihren roten Dächern und Giebeln aus allen Schattierungen des Grün hervor. Die Türme der Hauptstadt, die graugelben Wände des Köpnicker Schlosses, beide leuchten im Schein der untergehenden Sonne. Fabrikschornsteine begleiten den Lauf des Flusses, und hoch über den weißen Segeln der Kähne, die geräuschlos stromabwärts ziehen, steht bewegungslos die schwarze Wolke der Essen und Schlote. Leben überall, kein Fußbreit Landes, der nicht die Pflege der Menschenhand verriete.

Wir haben das heitere Bild in Aug und Seele aufgenommen und wenden uns jetzt, um, nach der entgegengesetzten Seite hin, in die halb im Dämmer liegende *östliche* Landschaft hineinzublicken. Welch Gegensatz! Die Spree zieht den Müggelsee wie einen breiten Spiegelkristall an ihrem schmalen, blauen Bande auf, und die Dahme buchtet sich immer weiter und breiter landeinwärts und schafft Inseln und Halbinseln, so weit unser Auge reicht. Auf Quadratmeilen hin nur Wasser und Wald. Nichts, was an die Hand der Kultur erinnerte. Nicht Weg, nicht Steg und keine andere Fahrstraße sichtbar als das verwirrende Flußnetz, das sich durch die scheinbar endlosen Forstreviere zieht. Kein Hüttenrauch steigt auf, keine Herde weidet an den Ufern entlang, und nur eine Fischmöwe schwebt satt und langsam über dem Müggelsee. Sand und Sumpf und Wasser und Wald; es ist hier, wie es immer war, und während jetzt die Abendnebel von den Seen her aufsteigen und ihre Schleier auch um den Rand der Kuppe legen, auf der wir stehen, ist es, als stiege die alte Zeit mit aus der Tiefe herauf, und die Müggelsberge sind wieder, wie sie die künstlerische Phantasie gesehn. An den knorrigen Ästen hängen wieder Schilde, wie Mulden geformt, und lange Speere von Eschenholz stehen daneben, einzeln und in Gruppen zusammengestellt. Die verkohlten Scheite vor uns sind nicht länger mehr verkohlt, sie treiben wieder Flammen, und um die brennenden Scheite herum lagern, ihre Leiber mit Fellen leicht geschürzt, die Gestalten unsers märkischen Malers und Meisters – die Semnonen.

Wie gebannt hält uns das Bild, bis ein Geräusch uns weckt. Ein Vogel, der in dem Zweigwerk der Fichte gesessen hatte, war aufgestiegen, und sein Geschrei von Zeit zu Zeit wiederholend, flog er jetzt dem dichteren Gehölz des Berges zu. Es war ein Pirol, der nordische Wundervogel. Sein gelbes Gefieder fing die letzten Strahlen der Abendsonne auf; dann stieg er in das unter ihm liegende Dunkel der Tannen nieder.

Das Nebelbild war hin, die Aussicht wieder frei, die Scheite wieder verkohlt; von den Dörfern her aber klang die Betglocke, die den Abend einläutete.

DER MÜGGELSEE

> Glatt ist der See, stumm liegt die Flut,
> So still, als ob sie schliefe,
> Der Abend ruht wie dunkles Blut
> Rings auf der finstern Tiefe;
> Die Binsen im Kreise nur leise
> Flüstern verstohlenerweise.
>
> *Schnezler*

Die Spree, sobald sie sich angesichts der Müggelsberge befindet, bildet oder durchfließt ein weites Wasserbecken: die Müggel oder den Müggelsee, der mit zu den größten und schönsten unter den märkischen Seen zählt.

Da, wo die Spree den Müggelsee betritt, und ebenso da, wo sie ihn wieder verläßt – also durch die ganze Länge des Sees voneinander getrennt –, erheben sich die beiden einzigen Dörfer dieser Gegenden: Rahnsdorf und Friedrichshagen, jenes ein altes Dorf, das mutmaßlich bis in die Wendenzeit zurückreicht, dies eine Kolonie aus der Zeit des großen Königs, der es sich zur Aufgabe stellte, die bis dahin unbewohnten Müggelforsten oder, was dasselbe sagen will, die große Waldinsel zwischen der Deutschen und Wendischen Spree zu kolonisieren.

Rahnsdorf und Friedrichshagen blicken mit ihren schmukken roten Dächern auf den See hinaus, aber es sind nicht eigentliche Seedörfer; sie liegen am Ufer der Spree, nicht am Ufer der Müggel. Am Müggelsee selber, den nichts wie Sandstreifen und ansteigende Fichtenwaldungen einfassen, erhebt sich oder erhob sich wenigstens in den sechziger Jahren, als ich den See zum ersten Male sah, ein einziges Haus: die *Müggelbude.* Auf einer vorspringenden Sanddüne gelegen, die sich vom Westufer aus in die Müggel hinein erstreckt, ist sie oder war sie der geeignetste Punkt, um den See und seine Ufer zu überblikken.

Ebendiese Müggelbude, nach der von Köpenick aus ein

reizender Spaziergang durch den Wald führt*, ist Leuchtturm, Fischerwohnung und Fährhaus zugleich, aber vor allem ist sie doch *Gasthaus.* Sie ist es nach jenem überall hervortretenden Gesetze, welches in unwirtbaren Gegenden ein jedes einzeln stehende Haus zum Gasthause macht. Die oft angerufene und oft gewährte Hülfe führt schließlich dazu, die Hülfe zu einem Geschäft zu machen. So auch die Müggelbude. Freilich ist es ein wild-verwogenes Geschlecht, das hier anpocht, um Unterkommen oder Hülfe zu finden, und der Fährmann, der erfahren haben mag, daß uns das Unglück nicht bloß zu seltsamen Schlafkameraden führt, sondern uns auch umgekehrt ebenso seltsame Schlafkameraden *bringt*, hat wohlweislich Vorkehrungen getroffen, um sein eigentliches Haus vor ihnen sicherzustellen. Seine Müggelbude repräsentiert ein »Gasthaus erster Klasse«; für die Unbekannten und Schlechtlegitimierten aber hat er abwärts auf dem untersten schmalen Uferstreifen eine Art Schifferghetto aufgeführt. Hier, auf einem Terrain, das sich See und Sand beständig streitig machen, erheben sich flachgewölbte Holzhütten, die sich bei näherer Besichtigung als ausrangierte Schiffskajüten erweisen. Durch die halb offenstehende Tür gewinnt man Einblick in das Innere derselben: auf vier hohen Pfosten ruht ein roh zusammengenagelter Kasten, groß genug für zwei oder drei Schläfer und mit nichts ausgestattet als mit etwas niedergelegenem Stroh. Das ist alles, was die Gastlichkeit der »Dépendance« der Müggelbude bietet. Und doch muß es hier ein wunderbares Schlafen sein, wenn in Winternächten die glitzernden Sterne durch die halbhandbreiten Ritzen in dies Schlafgemach hineinblicken und der See, als woll er sich warm schlagen, seine Wellen bis an die hochaufgezimmerte Bettlade treibt. Schade nur, die Schifferknechte, die hier einen

* Parallel mit diesem Wege, der sich durch die Heide zieht, läuft die Spree, hinter Bäumen verborgen. An einigen Stellen des Weges, und zwar in der Richtung auf den Fluß zu, hat man den Wald gelichtet und nur gerade noch Bäume genug am Ufer hin stehen lassen, um als grüner Schirm für die Spree zu dienen. Diese stehengebliebenen Bäume sind ziemlich hoch, aber die Masten der Spreekähne sind doch noch höher, und so wachsen denn die Obersegel der vorüberkommenden Schiffe weit über die grünen Kronen hinaus. Was diesen Anblick doppelt schön macht, ist, daß die Kiefern am *jenseitigen* Ufer etwas höher stehn und nun wiederum ihrerseits einen dunklen Hintergrund für die Segel bilden. Wer im Zwielicht hier des Weges kommt, glaubt weiße Riesenvögel langsam und geräuschlos über und an den Wipfeln hinschweben zu sehn.

Unterschlupf suchen und finden, sind wohl die letzten, sich dieses Zaubers zu freun.

Die Müggelbude steht hoch, ihr zu Füßen aber zieht sich ein Sandgürtel, der, nach vorn hin aufs neue steil abfallend, den See in seiner ganzen Ausdehnung umzirkt. Auf diesem Sandgürtel nehmen wir Platz, und eine knorrige Kiefer im Rücken, deren vorgebeugter Schirm schon halb über dem Wasser schwebt, sitzen wir jetzt auf einer Art Moos- oder Erdbank und blicken auf die weite Wasserfläche hinaus, die, leise brandend, ihre Wellchen bis unter unsre Füße schickt. Der See gleicht hier einem Haff, und sooft die Wellen zurückrinnen, blinken die weißen Muscheln, die das bewegte Wasser ans Ufer geworfen.

Es freut das Herz, so an der Müggel zu sitzen und, die leise Musik von Wald und Wasser um sich her, die Stunden zu verträumen. Die Sonne sinkt, und das Bild, das beim ersten Anblick, aller eigentümlichen Schönheit unerachtet, eine gewisse Monotonie zeigte, gewinnt mehr und mehr Gewalt über uns und spinnt uns in den alten Müggelzauber ein. Die Kähne mit ihrer weißen Kalksteinladung, deren aufgeschichtete Blöcke das Kajütendach in ein kleines Kastell verwandeln, ziehen geräuschlos vorüber, die Dächer des gegenüberliegenden Rahnsdorf glühen noch einmal auf, und der See selber wechselt von Minute zu Minute seine Stimmung und seine Farbe. Aber mit halbem Auge nur verfolgen wir das Farbenspiel; unser Auge richtet sich immer wieder nach rechts hin, wo die *Müggelsberge* steil aufsteigen und ihre wachsenden Schatten bis weit in den See hinein werfen. Ein dünner Nebel zieht um den Berg, und wenn es dann und wann aufblitzt, fahren wir zusammen und blicken nach der Prinzessin aus, der *zweiten* Prinzessin dieser Gegenden, von der es heißt, sie käm allabendlich mit vier goldfarbenen Pferden von den Müggelsbergen herab, um die Durstigen im See zu tränken. Sie kommt freilich *nicht*, und auch der große Heuwagen bleibt aus, der, von vier weißen Mäusen gezogen, der Prinzessin entgegenfährt, um ihr den Weg zu sperren, aber eingewiegt in phantastisches Träumen, könnte jetzt eine ganze Zauberwelt vor uns ausgeschüttet werden, wir würden ihre Wunder ohne Verwunderung entgegennehmen. Die Müggel und ihre Ufer sind Märchenland.

Noch einmal fährt ein Glutstreifen über den See; nun aber schwindet die Sonne, beinah plötzlich bricht die Dämmerung herein, und bleifarben liegt die weite Wasserfläche da. In seiner Mitte beginnt es wie ein Kreisen, wie ein Quirlen und Tanzen; sind es Nebel, die aufsteigen? oder sind es die alten Müggelhexen, die lebendig werden, sobald das Licht aus der Welt ist?

Der Fährmann von der Müggelbude hat sich zu mir gesetzt, und ich dringe jetzt in ihn, mich über den See zu fahren, aber statt jeder Antwort zeigt er nur auf eine grauweiße Säule, die mit wachsender Hast auf uns zukommt. Wie geängstigte Schwäne fahren die Wellen der Müggel vor ihr her, und während ich meinen Arm fester um die Fichte lege, bricht vom See her ein Windstoß in Schlucht und Wald hinein und jagt mit Geklaff und Gepfeif durch die Kronen der Bäume hin. Einen Augenblick nur, und die Ruh ist wieder da – aber die Bäume zittern noch nach, und auf dem See, der den Anfall erst halb überwunden, jagen und haschen sich noch die Wellen.

Die Müggel ist bös. Es ist, als wohnten noch die alten Heidengötter darin, deren Bilder einst die Hand der Mönche von den Müggelsbergen herab in den See warf. Die alten Mächte sind besiegt, aber nicht tot, und in der Dämmerstunde steigen sie herauf und denken, ihre Zeit sei wieder da.

RAHNSDORF

> Gestern noch auf stolzen Rossen,
> Heute durch die Brust geschossen,
> Morgen in das kühle Grab.

Rahnsdorf liegt der Müggelbude gegenüber, ziemlich nah jener malerischen Stelle, wo die Spree von Osten her in die Müggel eintritt.

Die frühesten Nachrichten über dies Dorf gibt das Landbuch vom Jahre 1375, nach welchem Rahnsdorf an Schloß Köpenick einen Schoß oder Zins für die Fischereigerechtigkeit auf dem See zu zahlen hatte. So ging es durch Jahrhunderte hin. Erst 1722 kam es durch Tausch an den damals alle Territorien an der Nordostecke der Müggel innehabenden Geheimen Oberfinanzrat von Marschall, bei dessen Nachkommen es bis 1832 verblieb. In letztgenanntem Jahr erwarb es Heinrich von Treskow auf Dahlwitz, in dessen oder seiner Familie Besitz es sich auch gegenwärtig noch befindet.

Rahnsdorf hatte, seiner schönen Lage halber, immer eine Anziehungskraft für die Residenzler, die hier, in einer zerstreuten Villenkolonie, die heiße Jahreszeit, insonderheit auch die Ferienwochen ihrer Kinder zuzubringen liebten.

Im Geleite solcher Sommergäste befand sich in den letzten fünfziger Jahren auch ein hübscher, hoch aufgeschossener Blondkopf, von dem ich in nachstehendem erzählen möchte. Er war ein Wildfang, eitel und übermütig, und über den See schwimmen oder bei heraufziehendem Unwetter einen Kahn nehmen und windan rudern, all das zählte so recht eigentlich zu seinem Ferienglück. Einmal wollte man's verbieten, aber einer der zufällig anwesenden Freunde des Hauses legte sich ins Mittel und sagte: »Wozu verbieten? Glauben Sie mir, es ist gleichgültig, was wir tun. Es gibt keine Sicherheiten und eigentlich auch keine Unsicherheiten. Unser Schicksal findet uns und faßt uns zu bestimmter Zeit und an bestimmter Stelle.«

Dies sollte sich in Leben und Tod Alexander Anderssens bewähren.

ALEXANDER ANDERSSEN, FÄHNRICH IM 4. ULANENREGIMENT

Erschossen zu Thionville am 29. Oktober 1870

Alexander Anderssen, der Blondkopf, dessen die vorstehenden Zeilen erwähnten, ward am 19. November 1847 zu Berlin geboren. Mit dem zehnten Jahre kam er auf das Werdersche Gymnasium. Von frühauf zeigte er den Charakter, dem er bis zu seiner letzten Stunde treu blieb: er war nervös und energisch, lebhaft und verschlossen zugleich. »Nur nichts verraten« bildete die Devise seines Lebens, und Diskretion war die vornehmste seiner Tugenden. Gleichgiltig gegen Lob, war ihm der Tadel beinah erwünscht, sicherlich *dann*, wenn er ihm eingebildet oder wirklich das Gefühl seiner Unschuld entgegensetzen konnte. Mit Passion nahm er Dinge auf sich, die seine Kommilitonen verschuldet hatten; kam Strafe, so desto besser. Man kann von ihm sagen, daß er von Jugend auf die Leidenschaft des Martyriums besaß. All das kleidete ihm aber, weil es nichts Angeflogenes, sondern der Ausdruck seiner Natur war. Was vollends versöhnte, war, daß er nie feige umkehrte oder vor den Folgen seiner Handelsweise erschrak.

1867 verließ er Berlin, um in Heidelberg Jura zu studieren. Es waren die ersten Semester, und sie verliefen, wie erste Heidelberger Semester zu verlaufen pflegen. Pedelle und Nachtwächter wußten alsbald von ihm zu erzählen, mehr noch die Schauspielerinnen, insonderheit *die*, denen er sich gemüßigt sah seine Gunst zu entziehn. In einem allerschlimmsten Falle, der ihn dann schließlich auch bis an die Grenze der Relegation brachte, ging er so weit, sich auf die Brüstung des ersten Ranges zu schwingen und, höhnisch in den Applaus des enthusiastischen Hauses einstimmend, mit seinen *Füßen* Beifall zu klatschen.

Eine weitere Unterbrechung, die seine Studien erlitten,

wenn von Unterbrechung überhaupt die Rede sein konnte, waren die Duelle, die gelegentlich in etwas zeitraubender Weise vor sich gingen. So ward eins derselben, das zwischen Königsberg und Heidelberg kontrahiert worden war, halben Weges, und zwar in Berlin, ausgefochten. Jeder Partner machte per Schnellzug achtzig Meilen; Rendezvous: Hasenheide. Man rieb sich den Schlaf aus den Augen und schoß sich. Die Kugeln gingen in die Luft. Aber wenn er seinen Gegner auch nicht getroffen hatte, so traf er dafür – eine Stunde später Unter den Linden – seinen Vater, der einigermaßen überrascht war, den im Heidelberger Kolleg Vermuteten an dieser Stelle zu finden.

Ein anderes Vorkommnis dieses Studienjahres mag hier noch erzählt werden, weil es das heitere Gegenstück zu jenem Unternehmen ist, das zwei Jahre später seinem Leben ein Ende machte. Wer sich der Müh unterziehen will, zwischen den beiden Fällen zu vergleichen, wird sie bis in die kleinsten Züge hinein gleich finden. Nur die Zeitläufte waren anders geworden. Und daran ging er zugrunde.

Der Sommer 1868 war der Pariser Ausstellungssommer. Ende Juni, an der Table d'hôte eines Heidelberger Hôtels sitzend, hörte er, wie der in den Salon tretende Oberkellner mit lauter Stimme anfragte: »Ein Zwei-Tage-Billet für Paris: Wer der Herren ...« – »Ich«, klang es von der entgegengesetzten Seite der Tafel her, und eine Viertelstunde später (es war höchste Zeit) saß unser Studiosus juris bereits im Coupé und dampfte auf Paris zu. Wie er ging und stand, hatte er die Reise angetreten. Auch ohne Geld. Die paar Gulden, die er bei sich führte, waren schon verausgabt, eh er noch in den Pariser Ostbahnhof einfuhr. Er liebte es, alles vom Moment und seinem guten Glück abhängen zu lassen. Und siehe da, in Paris ließ es ihn *nicht* im Stich. Einer der ersten, denen er auf dem Boulevard des Italiens begegnete, war ein Heidelberger Freund, Sohn eines reichen Industriellen, der willfährig mit seiner Reisekasse aushalf, mutmaßlich auch seine Wohnung zur Verfügung stellte. Die erborgte Geldsumme wurde gewissenhaft geteilt und die eine Hälfte in Wäsche, Hut und Handschuhen, die andere in Cabfahrten und Soupers bei Véry und den Frères Provençaux angelegt. Ob er die Ausstellung besuchte, ist mindestens zweifelhaft. Am zweiten Tage war er pünktlich am Bahnhof, um die Rückreise anzutreten; plötzlich aber, ganz nach Art eines kühnen Hasardeurs, von der unbezwinglichen Neigung erfaßt, sein Glück noch einmal zu versuchen, trat er an den Schalter, ließ sein Billet abstempeln und blieb. Er mochte – und nicht ganz mit Unrecht – davon ausgehen, daß nur von seiten des Kassenmannes eine exakte Prüfung des Billets zu gewärtigen, von dem im Momente der Abfahrt aber die Contrôle führenden Schaffner nicht allzuviel Böses zu befürchten sei. Auf diesen Kalkül hin dehnte er seinen Pariser Aufenthalt um weitere drei Tage, will sagen bis zur Erschöpfung der letzten Ressourcen, aus, sah auch in bezug auf Conducteur-Contrôle seine Berechnungen glänzend gerechtfertigt und gelangte glücklich bis Straßburg. Hier erst, von der französischen auf die deutsche Bahn übergehend, wurde die Sache bemerkt und die Weiterfahrt verweigert. Aber so nah am Hafen wollt unser Freund sein Schiff nicht scheitern lassen. Er verließ den Perron, stellte sich auf die entgegengesetzte Seite der Wagenreihe, riß im Moment der Abfahrt eine Coupétür auf und sprang hinein. So kam er nach Karlsruhe, hungrig und keinen Kreuzer in der Tasche. Gleichviel, bis hierher reichten die Heidelberger Beziehungen, und – terra firma war wieder unter seinen Füßen.

Noch im selben Jahre, Herbst 1868, ging er, behufs Absolvierung seines Militärjahres, in die Heimat zurück. Er trat bei den Fürstenwalder Ulanen ein. Das kavalleristische Leben, das Reiten und Pistolenschießen, das Straffe des Dienstes und daneben die kecke, mit der Gefahr spielende Ungebundenheit der freien Stunden, das alles entsprach so recht dem Hange seiner Natur. Kein Wunder also, daß er am Schluß seines Volontairjahres erklärte, das Rechtsstudium aufgeben und die Frische des Daseins weiter genießen zu wollen. Er blieb Soldat, trat von den 3. (Fürstenwalder) zu den 4. (Schneidemühler) Ulanen über, machte seine Avantageurzeit durch und war bei Ausbruch des Siebziger Krieges Fähnrich im letztgenannten Regiment. Anfänglich bei der Ersatzschwadron verblieben, traf er erst am 15. September in der Metzer Zernierungslinie ein, machte Anfang Oktober eins der im Norden stattfindenden Gefechte mit, zeichnete sich durch Bravour aus und sollte am 16. Oktober vor der

Front belobt und zum Offizier ernannt werden, als auf den Anruf des Regimentskommandeurs: »Fähnrich Anderssen!« die Antwort gegeben werden mußte: »Fehlt seit gestern«. Jener Schritt war geschehen, der nicht mehr zurück getan werden konnte und mit dem Tode endete. Im übrigen sei dem noch zu Erzählenden voraufgeschickt, daß er auch *hier* wieder auf dem Punkte stand, der leichtsinnig heraufbeschworenen Gefahr, voll echten Spielerglücks, zu entgehen. Eine Bagatelle entschied schließlich zu seinen Ungunsten. Hören wir, wie.

Das Regiment lag mit einigen Eskadrons in Garsch, zwischen Metz und Thionville. Hier befand sich auch Anderssen, der in dem Hause des Maires ein gutes Quartier gefunden hatte. Auch ein angenehmes, denn er stand auf bestem Fuß mit dem Wirt und allen Insassen des Hauses, besonders mit den Kindern, mit denen er, gütig und lebhaft, wie er war, zu spielen und zu scherzen liebte. Am 15. Oktober fuhr Mr. Bauer (Name des Maires) mit einem leichten Ackerwagen aus seinem Gehöft auf die Dorfstraße, und unsres Fähnrichs ansichtig werdend, der, rittlings auf einem Reisigbündel sitzend, eben Spielzeug für die Kinder schnitzte, rief er demselben zu:

»Wollen Sie mit?«

»Wohin?«

»Thionville.«

»Gewiß!«

Ehe zwei Minuten um waren, hatte der Angerufene, mit der ihm eigenen Raschheit des Entschlusses, die Kleider gewechselt und fuhr nun in blauer Blouse, neben seinem Quartiergeber sitzend, plaudernd und rauchend auf Thionville zu. Ohne Aufenthalt oder Schwierigkeit ging es über die Festungsbrücke fort, in das Tor hinein, bis der Wagen inmitten der Stadt vor dem vielbesuchten Café Luxembourg hielt. Das Publikum desselben, so wenigstens haben später eingezogene Erkundigungen ergeben, scheint unsern Anderssen gleich von Anfang an in seiner Verkleidung erkannt, an dieser Entdeckung aber nicht den mindesten Anstoß genommen zu haben. Im Gegenteil. Mit Vorliebe wandte man sich ihm zu, eine Mitteilung, die alle diejenigen am wenigsten überraschen wird, die persönlich in der einen oder andern

Eigenschaft auf dem Kriegsschauplatz anwesend waren. Denn gerade *diese* werden aus eigener Anschauung wissen, daß Heitres und friedlich Freundliches beständig in den furchtbaren Ernst des Krieges hineinwuchs und nur allzuoft in geradezu verführerischer Weise den einen oder andern Teil vergessen lassen konnte: dort steht dein Feind. Die Vorposten beispielsweise lebten sich kameradschaftlich miteinander ein, tranken sich zu, erwiesen sich kleine Dienste, bis dann plötzlich wieder – oft launenhaft und nach dem Voraufgegangenen durchaus unmotiviert – eine Gewehrsalve dazwischenfuhr und die Situation aufs neue klarlegte. So ähnlich scheinen die Dinge an jenem 15. Oktober auch in Thionville verlaufen zu sein. Der Nachteil, der der Stadt aus einem mit scharfem Appetit frühstückenden und mit der dame du comptoir lebhaft plaudernden Prussien erwachsen konnte, war gering, der Vorteil aber lag auf der Hand, denn man hörte doch dies und das und sah das ewige Einerlei der Tage durch einen Zwischenfall unterbrochen, der in seinem keck-abenteuerlichen Aufstutz nur um so unterhaltender wirkte. Die Nachrichten hierüber mögen nicht in allen Stükken zuverlässig sein, aber soviel wenigstens wird mit Bestimmtheit erzählt, daß die Café-Luxembourg-Gäste, unter scherzhaftem Hinweis auf seine Blouse, unsrem Fähnrich zugerufen hätten: »Passen Sie auf.« Er nahm es aber leicht und mocht es leichtnehmen, denn in der Tat, das Glück schien gewillt, für seinen Liebling noch einmal all und jedes zu tun. Nichts Störendes intervenierte, der Wagen fuhr wieder vor, Wirt und Einquartierung nahmen auf dem Vordersitz ihren alten Platz, und nach dem Café zurückgrüßend, fuhren beide die Straße hinunter auf das Metzer Tor zu, um noch vor Dunkelwerden Garsch zu erreichen. Alles ging gut; erst im letzten Moment gebar sich das Unheil. Hart am Tor, da, wo nach rechts hin die Straße in eine schmale, halb von der Stadtmauer gebildete Gasse abbiegt, stand ein Wirtshaus, aus dem der Lärm heiterer Gäste herüberklang. Einige standen an den offenen Fenstern und grüßten mit den Deckelkrügen. »Noch einen Abschiedstrunk«, rief Anderssen und legte die Hand auf die Leine. Der Maire war gutmütig genug, nachzugeben, man hielt, und im nächsten Moment waren beide mit unter den Gästen. Was hier nun geschah, ist unaufgeklärt geblieben; zehn Minuten später aber sah sich Anderssen als preußischer Spion und Mr. Bauer als sein Complice verhaftet. Die Bierhausbevölkerung war eben eine andere als die im Café Luxembourg. Im allgemeinen wird man sagen können: Alles wohletabliert Imperialistische trug uns im stillen Sympathien entgegen. Alles Gambettistisch-Republikanische stand gegen uns.

Unter dem Jubel Hunderter, die mit jedem Schritt anwuchsen, wurden die beiden Gefangenen nach dem Arresthause gebracht.

Am 24. trat ein Kriegsgericht zusammen, das über den Fall aburteilen sollte. Trotzdem diesseitig ein die »exzentrische Natur« des Angeklagten ebenso wahrheitsgemäß wie geflissentlich hervorhebendes Schreiben an den Kommandanten von Thionville, Oberst Turnier, gerichtet worden war, sah sich das Kriegsgericht dennoch nicht veranlaßt, eine mildere Beurteilung des Falles eintreten zu lassen. Es *konnt* es nicht, weder nach Lage des Gesetzes noch der Situation. Am 29. früh, am Tage nach der Kapitulation von Metz, wurde das auf »Tod durch Erschießung« lautende Urteil vollstreckt. Das gleiche Los traf seinen Wirt, Mr. Bauer. Alles, was noch zu erzählen bleibt, ergibt sich am besten aus einzelnen Schriftstücken, die vorliegen: zwei Briefe Anderssens an seinen Vater und ein amtliches Schreiben des Obersten Turnier an den Kommandanten des 4. Ulanenregiments. Ich gebe diese Schriftstücke:

»Lieber Papa! Ich schreibe Dir und wünsche, daß Du zuerst diesen Brief liest, um Mama vorbereiten zu können. Das Kriegsgericht hat gesprochen. Ich bin zum Tode verurteilt. Ich kann mir Deinen Kummer denken; ich fühle es recht, mein lieber Papa. Du bist stets so gut zu mir gewesen! Ich hab es Dir nie genügend gedankt. Es ging mir zu gut. Jetzt, wo ich in meiner Zelle sitze und diesen Brief auf den Knien schreibe, fühl ich erst, was ich an Euch verliere. Jetzt, wo es zu spät ist, erkenn ich, was Ihr mir gewesen seid. Es rührt mich, wenn ich daran denke, mit welcher Freude Du mir den geringsten Wunsch erfüllt hast und wie Mama für mich gesorgt. Wer hätte das gedacht, lieber Papa, als wir uns zuletzt auf dem Bahnhof in Berlin sahen, daß wir uns nie wiedersehen würden. Das ist eine schreckliche Strafe für mich! ... Ich bin hier allein, ohne einen Menschen, der ein Herz für mich hat; welche Sehnsucht hab ich, Euch zu sehen. Ich hab an den Prokurator der Republik geschrieben, daß mir das Medaillon und zwei Briefe von Euch, die ich bei mir hatte, im Gefängnis gelassen würden. Man hat sie mir geschickt. ... Die Stadt ist zerniert. ... Es ist mir rätselhaft, wie ich auf diese Tollkühnheit gekommen bin.

Der Kommissar der Republik, ein Offizier der Garde mobile, besucht mich alle Tage und hat mir versprochen, Briefe, die ich verschlossen abschicken will (das heißt, ohne daß sie jemand vorher liest), für mich zu besorgen. Auch wird er die Sachen, die ich mitgebracht habe, Euch zukommen lassen. Es sind dies: Uhr, Kette mit Petschaft, Medaillon und Kompaß, eine Brieftasche, Notizbuch, Zigarrentasche und mein Taschenmesser, der vielgenannte ›Rippespeer‹. Wenn es nicht früher geht, werdet Ihr sie nach dem Kriege bekommen. Da das Geld, was ich mitgebracht habe, nicht reichen wird, so werd ich eine Bescheinigung zurücklassen für das, was man für mich ausgelegt hat. Sei so gut und gib meinen kleinen Revolver an Dr. Stich. Er soll ihn als Andenken behalten, den ›Rippespeer‹ auch. Meine andern Sachen werden Euch wohl vom Regimente zugeschickt oder später gegeben werden. Meinen letzten Brief hab ich am 15. geschrieben und Dich gebeten, mir eine neue Uniform zu schicken. Als ich den Brief schrieb, hab ich nicht gedacht, daß ich drei Stunden später in Thionville sein würde. Es ist merkwürdig, wie dieses Geschick so plötzlich über mich hereingebrochen ist. Wenn ich wenigstens vorher mir Zeit genommen hätte, nachzudenken und mich auf die Folgen gefaßt zu machen. Ich könnte wenigstens sagen, es sei meine Schuld. Es wär aber dann gar nicht passiert. Ich wundre mich selbst, daß ich keinen Menschen um Rat gefragt habe; man hätte mir doch entschieden abgeraten. Es ist aber auch möglich, daß ich es trotzdem getan hätte; dann würd ich mir noch mehr Vorwürfe machen. Ich kann mir nicht klarwerden darüber. Das Ganze ist nicht weniger sonderbar, als wenn ich jetzt plötzlich bei Euch sein würde. Was man nur bei meinem Regimente davon denkt! Auf alle Fälle wär ich noch vor das preußische

Kriegsgericht gekommen. Es wär aber doch besser gewesen, ich hätte Euch wenigstens wiedergesehen.

Ich bin verurteilt worden nach dem Artikel 207, der wörtlich lautet: ›Est puni de mort tout ennemi, qui s'introduit déguisé dans une place de guerre‹ etc. Man hat keine mildernde Umstände anerkannt.

Ich nehme jetzt Abschied von Euch, meine lieben Eltern. Es ist mir recht traurig zumute. Ich weiß, daß Ihr mir verzeihen werdet. Es wäre so schön, wenn wir uns wiedersähen! Wenn ich aus dieser Lage gerettet worden wäre, ich hätte mich bemüht, mich stets dankbar gegen Euch zu bezeugen. Es wird mir so schwer ums Herz, daß ich so weit von Euch auf so traurige Weise aus dem Leben scheiden muß. Dieser Brief ist wahrscheinlich der letzte, den Ihr von mir empfangt. Grüße alle Bekannte, Stich, Wilhelm, Wally und Anna. Es ist mir so schmerzlich, wenn ich Eure Bilder in dem Medaillon betrachte!

Ich danke Euch für alles Gute und alle Liebe, die Ihr mir bewiesen habt. Tröstet Euch, meine lieben Eltern. Ich habe noch zwei Briefe von Mama; ich lese sie oft; es gibt mir Trost. Nach dem Kriege werdet Ihr das Medaillon erhalten. Ich weiß noch, lieber Papa, als Du es mir gabst, sagtest Du: ›es sollte mir ein Talisman sein‹. Ich habe stets eine große Anhänglichkeit daran gehabt. Mama soll es behalten. Lebt wohl, lieber Papa und Mama, vergebt mir. Tröstet Euch. Seid gegrüßt von Eurem Sohn

Alexander Anderssen.«

Kurz vor seinem Tode schrieb er noch folgendes:

»Liebe Eltern! Das Urteil wird morgen, Sonnabend, den 29., vollstreckt. Es ist jetzt die Nacht vom 28. zum 29. Ich habe vor drei Stunden einen Brief an Euch geschrieben; der Kommissar der Republik hat ihn abgeholt. Ich danke Euch nochmals für Eure große Liebe zu mir. Herrn von S. habe ich gebeten, dafür zu sorgen, daß Ihr meine Sachen bekommt. Den kleinen Ring schenke ich Wally. Es ist der Stein aber verloren.

Nachschrift: Es ist Sonnabend, 29. Oktober, morgens fünfeinhalb Uhr. Um sechseinhalb Uhr ist die Exekution. Ich sage Euch noch einmal, eine Stunde vor meinem

Tode, Lebewohl und bitte Euch, Euch bald zu trösten. Lebt wohl.

Euer Sohn Alexander Anderssen.«

Ich muß hier den Gang der Erzählung einen Augenblick unterbrechen. Diese Schriftstücke, in ihrer schlichten und tiefinnerlichen Abfassung, berühren mich auch heute wieder, wo ich sie zum Druck gebe, als wahre Musterstücke schönen Menschentums. Gleich schön in ihrem Kampf wie in ihrem Sieg. In dem ersten, längeren Brief noch ein Ringen, der Schmerz des Sich-losreißen-Müssens; in dem zweiten Brief und seiner Nachschrift die ganze Ruhe dessen, der überwunden hat. Von Heldenkomödie und Feigheitswinselei gleich fern, gönnen uns diese Zeilen einen Einblick in ein nobles und durch Todesbitterkeit geläutertes Herz.

Um sechseinhalb Uhr hielt der Wagen vor dem maison d'arrêt. Anderssen war fertig. Eine Zigarette anzündend, ein paar andere zu sich steckend, stieg er rasch in den Fiaker hinein. Angesichts des Todes hatte er ganz jene elastische Nervosität, jene Beherrschungskraft wiedergewonnen, die ihn von Jugend auf so sehr ausgezeichnet hatte. Die Aussagen des Gefangenwärters, des Exekutionskommandos, endlich des Kommandanten selbst lassen darüber keinen Zweifel. In dem Wallgraben angekommen, wo die Exekution stattfinden sollte, lehnte er Niederknien und Augenverbinden ab. Aufrecht stellte er sich vor die Gewehrläufe. »Gut schießen«, wandt er sich an die Mobilegarden-Sektion; »hierher«, und dabei legte er die Hand auf die Brust. Dann warf er mit der Linken die Zigarette in die Luft und rief: »Es lebe der König.« Von neun Kugeln durchbohrt, brach er zusammen.

Oberst Turnier richtete noch am selben Tage folgendes Schreiben an den Kommandeur des 4. Ulanenregiments:

»Mein Herr Oberst! Ich habe die Ehre, Sie wissen zu lassen, daß Fähnrich Anderssen vom 4. Ulanenregiment durch ein am 24. d. M. zusammengetretenes Kriegsgericht, und zwar gestützt auf Artikel 207 unsres Code militaire, zum Tode verurteilt worden ist. Mit ihm Mr. Bauer, der den Eintritt des jungen Offiziers in diese unsre Festung Thionville begünstigt hatte. Jede Vorschrift unsrer Militärgerichtsbarkeit ist innegehalten und heute früh das Urteil vollstreckt worden.

Wie ich schon die Ehre hatte, in einem Schreiben vom 21. d. M. Ihnen zu melden, ist Fähnrich Anderssen durch den Chefarzt unseres Militärhospitals sowohl im Gefängnis wie vor dem Kriegsgericht, dazu auch in den von ihm geschriebenen Briefen auf das aufmerksamste untersucht worden. Das Resultat dieser Untersuchung hat ergeben, daß der junge Offizier von dem Tag an, wo er seinen Fehltritt beging, bis zu dem, wo er dafür büßte, bei völligster und ruhigster Überlegung gewesen ist.

Fähnrich Anderssen hat im übrigen all die Zeit hindurch eine vorzügliche, ebenso passende wie würdige Haltung bewiesen und ist gestorben wie ein echter Soldat (il est mort en vrai soldat).

Ich bedaure, daß meine überaus schwierige Lage und die Macht der Umstände mir nicht gestattet haben, den Gang dieser furchtbaren Angelegenheit (de cette terrible affaire) aufzuhalten.

Empfangen Sie, mein Herr Oberst, die Versicherung meiner auszeichnendsten Gefühle.

Thionville, am 29. Oktober 70

Turnier,
Oberst und Erster Kommandant.«

Ende Februar – der Präliminarfriede war inzwischen geschlossen – wurde die Leiche ausgegraben, um nach Berlin übergeführt zu werden. Thionville hatte um diese Zeit bereits eine preußische Besatzung, vom 30. Regiment, wenn ich nicht irre. Die Erinnerung an den so jung und so brav Gestorbenen war noch in aller Herzen lebendig, und als der Kondukt durch die Straßen der Stadt ging, dem Eisenbahnhofe zu, schloß sich die ganze männliche Bevölkerung dem Militärkommando an, alle Frauen und Mädchen aber standen an den offenen Fenstern und folgten teilnahmevoll dem langen Zuge. Tugend und Tapferkeit erobern jedes Herz, auch das des Feindes.

Am 10. März traf der Sarg hier ein und wurd in der Leichenhalle des Jerusalemer Kirchhofes niedergesetzt. Am 13. erfolgte die Bestattung. Das 2. Garde-Ulanen-Regiment gab das Ehren- und Geleitskommando, und über den niedergesenkten Sarg hin feuerten die Karabiner. Dann schloß sich das Grab. Jetzt steht es dicht in Efeu und Blumen, Zypressen ringsumher, und auf dem schräg liegenden, halb überwachsenen Marmorkreuze lesen wir: »Hier ruhet in Gott unser geliebter einziger Sohn, der Portepee-Fähnrich Alexander Anderssen, geboren den 19. November 1847, vom Feinde erschossen in Thionville den 29. Oktober 1870.«

Ruh aus, tapfres Herz.

FRIEDRICHSFELDE

I

> Und nahe hör ich, wie ein rauschend Wehr,
> Die Stadt, die völkerwimmelnde, ertosen.
>
> *»Braut von Messina«*

> Gegrüßet seid mir, edle Herrn,
> Gegrüßt ihr, schöne Damen!
>
> *Goethe*

Wen ein Sommernachmittag ausnahmsweise vor die Tore der *östlichen* Stadtteile, beispielsweise nach Friedrichsfelde, führt, dem werden sich daselbst in Landschaft und Genre die gefälligsten und in ihrer heitern Anmut vielleicht auch unerwartetsten Bilder erschließen. Friedrichsfelde darf als das Charlottenburg des Ostends gelten, und allsonntäglich wandern Hunderte von Residenzlern hinaus, um sich »Unter den Eichen« daselbst zu divertieren. Es sind meist Vorstadt-Berliner, jener Schicht entsprossen, wo die Steifheit aufhört und der Zynismus noch nicht anfängt, ein leichtlebiges Völkchen, das alles gelten läßt, nur nicht die Spielverderberei, ein wenig eitel, ein wenig kokett, aber immer munter und harmlos. Wie das lacht und glücklich ist im Schweiße seines Angesichts! Jetzt »Bäumchen, Bäumchen, verwechselt euch«, jetzt Anschlag, jetzt Zeck, jetzt Ringelreihn und Gänsedieb, bis endlich unter den weitschattigen Parkbäumen sich alles lagert und auf umgestülpten Körben und Kobern die Mahlzeit nimmt.

Die Fahrt nach Friedrichsfelde, wenn man zu den »Westendern« zählt, erfordert freilich einen Entschluß. Es ist eine Reise, und durch die ganze Steinmasse des alten und neuen Berlins hin sich mutig durchzuschlagen, um dann schließlich in einem fuchsroten Omnibus mit Hauderer-Traditionen die Fahrt zu Ende zu führen, ist nicht jedermanns Sache. Wer es aber an einem grauen Tage wagen will, wo die Sonne nicht sticht und der Staub nicht wirbelt, der wird seine Mühe reichlich belohnt finden. Er wird auch überrascht sein durch das reiche Stück Geschichte, das ihm an diesem Ort entgegentritt.

Wir erzählen davon.

FRIEDRICHSFELDE BIS 1700

Friedrichsfelde war bis zum Jahre 1700 gar kein Friedrichsfelde, sondern führte statt dessen den poetischen, an Idyll und Schäferspiele mahnenden Namen Rosenfelde. Und doch griff dieser Name bis auf Zeiten zurück (erstes Vorkommen 1288), wo hierlandes an alles andere eher gedacht wurde als an Schäferspiele. Kaum Schäfer mocht es damals geben.

1319, im letzten Regierungsjahre des Markgrafen Waldemar, wurden die Ratmannen von Berlin und Cölln die Herren des schon damals ansehnlichen Besitzes, und beinahe drei Jahrhunderte lang trug es die alte Patrizierfamilie der Rykes von den Ratmannen zu Lehn. 1590, so scheint es, wurde das Gut dann landesherrlich, wenigstens zu größrem Teile, bis es unter dem Großen Kurfürsten in den Besitz Joachim Ernst von Grumbkows* und 1695 in den Benjamin Raules kam.

Benjamin Raule – ein Holländer von Geburt, Generaldi-

* Joachim Ernst von Grumbkow starb in der Nähe von Wesel (im Reisewagen), auf einer Reise des Hofes nach Kleve, am zweiten Weihnachtsfeiertage 1690. Der Hofpoet Besser sprach in seinem an die Witwe gerichteten Trauergedicht »von dem zwar *nicht seligen*, aber doch *sanften* Tod« des Hingeschiedenen. Grumbkow hatte nämlich am Abend vorher zuviel getrunken. Pöllnitz in seinen Memoiren sagt von ihm: »Er liebte die großen Unternehmungen und war kühn in ihrer Ausführung. Man würde seinen Charakter großartig haben nennen können, wenn ihm die Beförderung seiner Familie weniger am Herzen gelegen hätte, für die er große Schätze mit Leichtigkeit zusammenhäufte. Man fand ihn eines Tages tot in seinem Wagen, als er von einem Fest in der Nähe von Wesel zurückkehrte, wo der Wein nicht gespart worden war.« – Wohin man seine Leiche schaffte oder ob er in Wesel selbst beigesetzt wurde, hab ich nicht erfahren können. In dem *intendierten* Erbbegräbnis der Grumbkows zu Blankenfelde, anderthalb Meilen von Berlin, steht er *nicht*. In der Kirche letztgenannten Dorfes, die, wie eine lateinische Inschrift über der Kirchtür angibt, von von Grumbkow erbaut wurde, befindet sich eine schon bei Lebzeiten desselben ausgemauerte Gruft und ein großer Grabstein darüber. Die Inschrift dieses Grabsteines lautet: »Erbbegräbnis des wohlgebornen H. H. Joachim Ernsts von Grumbkow, Seiner Kurfürstlichen Durchlaucht zu Brandenburg höchst ansehnlichen Wirklichen Geheimen Etats- und Kriegsrats, Oberhofmarschalls, General-Kriegscommissarii und Schloßhauptmann, Erbherr auf Grumbkow, Runow, Kunow, Darlin, Niederschönhausen, Blankenfelde und Karow.« Hiermit schließt die Inschrift. Der frei gelassene Raum zeigt, daß die Daten von Geburt und Tod hier angegeben werden sollten. Dies geschah aber nicht, weil der Bewohner ausblieb.

rektor des Seewesens, dessen Name in »Raules Hof«, wo sich die Admiralität damals befand, bis auf den heutigen Tag fortlebt – verblieb nur wenige Jahre im Besitz von Rosenfelde. So kurz diese Zeit war, so war sie doch ausreichend, um dem herrschaftlichen Gut im wesentlichen die Ausdehnung und Anlage zu geben, die dasselbe noch heute zeigt. Bis dahin hatte Rosenfelde ein Jagdschloß gehabt, wahrscheinlich aus der Joachimischen Zeit. Dies überließ Raule seinem Schicksale, baute statt dessen ein Lusthaus, einen Sommerpavillon, an derselben Stelle, wo jetzt das Schloß steht, und ließ durch holländische Gartenkünstler den jetzigen Park* anlegen. Raule war sehr reich. Er bewirtete verschiedentlich den Kurfürsten samt seinem ganzen Hof im Rosenfelder Lustschloß, und der Poet von Canitz konnte damals singen:

Der Kurfürst und was fürstlich heißt
Haben jüngst beim Raule gespeist
Mittags zu Rosenfelde.

Aber Glück und Ehre waren von kurzer Dauer. Raule, wie so viele Personen aus der Regierungszeit Friedrichs III., wurde der Unterschlagung bezichtigt und fiel in Ungnade, während man seinen Besitz konfiszierte.

Rosenfelde war nun landesherrlich. Zwei Jahre später (1700) wechselte es den Namen und wurde Friedrichsfelde.

* In seinen Anfängen soll derselbe schon fünfzehn Jahre früher vorhanden gewesen sein. – 1672, was hier eine Stelle finden mag, gab es nur elf Parks in der Mark Brandenburg, die nach Beispiel und Vorbild des Großen Kurfürsten und vielleicht auch auf Wunsch desselben angelegt waren. Es waren die folgenden: 1. der Sparrsche zu Prenden, 2. der Dohnasche zu Schönhausen, 3. der Otto von Schwerinsche zu Altlandsberg, 4. der Löbensche zu Schenkendorf, 5. der Raban von Cansteinsche zu Lindenberg, 6. der B. von Pöllnitzsche zu Buch, 7. der Caspar von Blumenthalsche zu Stavenow (Prignitz), 8. der von Götzsche zu Rosenthal, 9. der von Börstelsche zu Hohenfinow, 10. der Heydekampfsche zu Rudow und 11. der Franz von Meinderssche zu Berlin, vor dem (damaligen) Stralauer Tore.

FRIEDRICHSFELDE VON 1700 BIS 1731

Markgraf Albrecht

Friedrichsfelde war nun also landesherrlich und blieb es bis zum 25. November 1717, unter welchem Datum König Friedrich Wilhelm I. seinem Stiefonkel, dem Markgrafen Albrecht von Schwedt, das Schloßgut zum Geschenk machte.

Markgraf Albrecht, der damalige Herrenmeister des Johanniterordens, scheint aber schon vorher unter Gutheißung des Königs seinen gelegentlichen Sommeraufenthalt daselbst genommen zu haben; denn die Ordensbücher sprechen von einem Kapitel, das bereits am 10. *September* 1717 in Friedrichsfelde abgehalten wurde.

Der Markgraf ließ sich die Verschönerung seines Besitzes angelegen sein. Schon 1719 wurde durch Böhme ein neues Schloß anstelle des alten aufgeführt, dessen Grundmauern, trotz vielfacher sonstiger Veränderungen, seitdem dieselben geblieben sind. Er legte auch die sogenannte »Prinzenallee« an, die, von einer bestimmten Stelle der Friedrichsfelder Chaussee* abzweigend, auf einem näheren Wege bis unmittelbar vor das Schloß führt.

Markgraf Albrecht scheint mit Vorliebe in Friedrichsfelde residiert zu haben; vielleicht auch war es sein einziger Besitz. Nur die Hoffeste und die Inspektionen riefen ihn ab. Die Kriegsepoche lag *vor* 1717. Während des Spanischen Erbfolgekrieges hatte er sich nicht nur ausgezeichnet, sondern auch dem Könige, seinem Neffen, ein neues Infanterieregiment errichtet, das – der Markgraf war damals schon Herrenmeister – auf seinen Fahnen und Trommeln das Johanniterkreuz trug. Ob dies Regiment Markgraf Albrecht diese Abzeichen beibehielt, als es später zu Soldin und Königsberg in der Neumark garnisonierte, hab ich nicht in Erfahrung bringen können.

Markgraf Albrecht starb am 21. Juni 1731 zu Friedrichs-

* Diese »Prinzenallee« ist nicht mit der großen gradlinigen Allee zu verwechseln, die als Hauptverkehrsstraße von Berlin nach Friedrichsfelde führt. Diese letztere ist erheblich älter und soll als eine Pön, die dem Schlächtergewerk auferlegt wurde, von diesem gebaut und bepflanzt worden sein. Die Veranlassung ist nicht bekannt. Die Allee bestand ursprünglich aus sechs Reihen Lindenbäume. Bei Anlegung der Chaussee, vor etwa siebzig Jahren, wurde der Mittelweg *verbreitert*, und die betreffenden zwei Reihen Linden fielen und wurden durch Pappeln ersetzt.

felde. Er war seines edlen Charakters halber in der Hauptstadt sehr geliebt, und so weckte sein Hinscheiden allgemeine Teilnahme. Am 25. Juni erschien der ganze Hof im Trauerhause, von dem aus tags darauf die markgräfliche Leiche durch sechzig Mann vom Regiment Gensdarmes nach Berlin übergeführt wurde. Da die Vermögensverhältnisse des Verstorbenen nicht glänzend waren und der König sich weigerte, die Kosten zu einem standesgemäßen Leichenbegängnisse herzugeben, so wurde der Sarg in dem alten, 1749 abgebrochenen Dom ohne jedes Gepränge still beigesetzt.

In Beckmanns Geschichte des Johanniterordens, Frankfurt a. O. 1726, findet sich als Titelkupfer ein Bild des Markgrafen. Es macht einen guten Eindruck. Er sieht stattlich, wohlwollend aus, aber nicht klug; ein des Geistigen entkleidetes Großes-Kurfürsten-Gesicht. (Der Große Kurfürst war sein Vater.)

Friedrichsfelde von 1731 bis 1762

Markgraf Karl

Markgraf Albrecht hinterließ drei Söhne, von denen der älteste, Markgraf Karl, sukzedierte. Er erbte Friedrichsfelde, erhielt das Regiment des Vaters, nunmehr Regiment Markgraf Karl, und wurde seitens des Johanniterordens zum Herrenmeister erwählt. Die beiden jüngeren Brüder fielen in den Kämpfen der Schlesischen Kriege, der eine 1741 bei Mollwitz, der andere 1744 vor Prag.

Markgraf Karl lebte viel in Friedrichsfelde und begann, das 1719 durch Böhme aufgeführte Schloß, namentlich in seinem Innern, auszubauen und zu schmücken. Dies geschah zumeist 1735. Die Stuckarbeiten in den Zimmern des ersten Stocks datieren aus dieser Zeit; sie sind, insonderheit die Wandreliefs und Friese, von bemerkenswerter Schönheit und zeigen, wie glänzend die Schule war, die Schlüter herangebildet hatte. Auch mit Bildern begannen die Räume sich zu füllen und wurden mehr und mehr zu einer berühmten Kollektion. Diese führte den Namen: Galerie des Markgrafen Karl. Er sammelte mit Neigung und Verständnis, aber ebensosehr aus gutem Herzen. Daher war nicht alles ersten Ranges.

Einen Teil seiner Bilder mocht er *nicht* in Friedrichsfelde, sondern im Johanniterordenspalais haben, das, in den letzten Regierungsjahren Friedrich Wilhelms I., nur aus Rücksicht gegen *diesen* und gewiß ganz gegen die Wünsche des Ordens, am Wilhelmsplatz errichtet worden war. Es war, wie so viele Bauten damals, ein völliger *Zwangsbau.* Der Generalmajor von Truchseß hatte die Herstellung eines ansehnlichen Hauses begonnen, an dessen Vollendung ihn der Tod hinderte. Da befahl der König dem Herrenmeister, Markgraf Karl, die Fertigstellung des Baus aus Ordensmitteln zu übernehmen. Dies geschah denn auch. König Friedrich Wilhelm I. war eben nicht gewohnt, auf Widerspruch zu stoßen.

In diesem Palais, das Markgraf Karl zeitweilig bewohnte, befand sich, wie schon angedeutet, aller Wahrscheinlichkeit nach ein Teil seiner Galerie, vielleicht sogar der größere Teil. Nach seinem Tode wurde die Sammlung versteigert, und die Bilder zerstreuten sich überallhin. Einige, die sich auf den alten Zieten beziehen, sah ich in Wustrau. In Friedrichsfelde finden sich noch einige Rudera vor, die beim Verkauf lediglich aus Indifferenz oder Bequemlichkeit zurückgelassen wurden, vielleicht erstand sie auch Prinz Ferdinand, der nach dem Markgrafen Karl in Friedrichsfelde einzog. Es sind: zwei alte Köpfe, höchst vorzüglich, im Stil von Gerard Dou; außerdem ein anderer Niederländer: Christus als Knabe predigt im Tempel.

Markgraf Karl starb am 22. Juni 1762 zu Breslau. Er war, wie sein Vater, Markgraf Albrecht, teils um seiner Herzensgüte, teils um der Pflege willen, die er der heimischen Kunst bezeigt, eine in Berlin sehr beliebte Persönlichkeit gewesen. Für viele war sein Hinscheiden ein herber Verlust. Er hinterließ keine männliche Deszendenz.

Friedrichsfelde fiel an seine Tochter, die Herzogin von Anhalt-Bernburg, deren Bevollmächtigter schon im November desselben Jahres Schloß, Park und Pertinenzien an den Prinzen Ferdinand von Preußen verkaufte.

Friedrichsfelde von 1762 bis 1785

Prinz Ferdinand

Prinz Ferdinand, der jüngste Bruder des großen Königs, hatte von 1744 an in Ruppin residiert, wo das Regiment, das seinen Namen führte, in Garnison lag; von 1756 bis 1763 war er mit den andern Prinzen im Kriegslager gewesen. Der Hubertusburger Friede und der Erwerb von Friedrichsfelde fielen fast zusammen, und mit einer Art von Ausschließlichkeit gehörte der Prinz von 1763 bis 1785 diesem anmutigen Lustschloß an, das nun schon zweien Herrenmeistern des Johanniterordens als Residenz gedient hatte. Er war der dritte. Von 1785 an wurde Schloß Bellevue (im Berliner Tiergarten) der Aufenthalt des Prinzen, bis 1802, nach dem Tode seines Bruders, des Prinzen Heinrich, Rheinsberg an die Stelle von Bellevue trat.

Wir haben also, von dem siebenjährigen Kriegsinterregnum abgesehen, *vier* Epochen im Leben des Prinzen Ferdinand zu unterscheiden: Ruppin, Friedrichsfelde, Bellevue, Rheinsberg, von denen die Friedrichsfelder Epoche die wichtigste und die längste ist. Sie umfaßt zweiundzwanzig Jahre und zeigt, nach dem bescheidenen Maße von Geist und Gaben, das speziell diesem Prinzen zuteil geworden war, wenigstens Leben und Farbenfrische, wenn auch nichts von Eigenart.

An dieser gebrach es durchaus. Man darf sagen, daß er in allem seinen Bruder Heinrich kopierte; der Friedrichsfelder Hof war Seitenstück und Nachahmung des Rheinsberger. Zunächst wurde die *Hofhaltung* im weitesten Sinne ganz nach dem dortigen Muster eingerichtet. Kavalierhäuser, Stall- und Wachtgebäude, Tempel und Grotten wurden aufgeführt, alles wie in Rheinsberg. Wie Prinz Heinrich einige vierzig Kammerhusaren hielt, die die Rheinsberger Garnison bildeten und den Wachtdienst im Schlosse hatten, so hatte Prinz Ferdinand eine Art Invalidenkolonie in Friedrichsfelde, die ihren Zuzug aus seinem Ruppiner Regiment empfing. Diese alten Soldaten bestellten ihr Stück Garten- und Ackerland, und nur immer einige wenige von ihnen mußten abwechselnd auf Wache ziehn. Kam dann aber hoher Besuch, Prinz Heinrich oder gar der König selbst, so mußten sie sämtlich aufmarschieren, um die militärischen Verhältnisse von Friedrichsfelde in möglichst günstigem Licht erscheinen zu lassen. Das Wachtlokal ist noch da und erinnert mit seinen Holzsäulchen, die das obere Stockwerk tragen, an die früheren Wachthäuser am Halleschen Tor.

Natürlich war auch das Friedrichsfelder *Leben* dem Rheinsberger verwandt, nur blasser, insipider. Wir müssen hinzusetzen, zu seinem Glück. Es hatte wohl auch seine »Chronique«, seine Flüsterungen, seine Geheimnisse, aber es fehlte doch der eigentümliche Parfum, der in dem stillen, abgelegenen Schloß am Grineritz-See alle Dinge durchdrang. In Friedrichsfelde gab es *Frauen*, das sagt alles. Ihre Gegenwart bedingte nicht immer Tugend, aber doch wenigstens *Natur*. Und davon hatte der Friedrichsfelder Hof sein volles Maß. Die durchlauchtigste Dame, die demselben vorstand, war eine Prinzessin von Schwedt, gehörte mithin einem Frauenzirkel an, von dem man sagen konnte, daß er der Natur noch um einen Schritt näher stand, als Frauen ihr gewöhnlich zu stehen pflegen. Ihren Bildern und Büsten in alten Galerien (am besten in der Schwedter selbst) zu begegnen ist eine wahre Herzensfreude. Welche Fülle von Leben, welche Gesundheit in Formen und Farben! Ihre Ehen waren nicht immer normal, nicht immer das, was Ehen sein sollen, aber es waren gute Frauen, und – die Männer waren glücklich.

Überraschend zu sagen, die Hauptfestlichkeiten in Friedrichsfelde waren Taufen! Namentlich um jene Zeit herum, wo die gesamte hohenzollernsche Deszendenz auf zwei Augen stand. Am 11. November 1771 wurd im Friedrichsfelder Schloß ein Prinz geboren, bei der damaligen Sachlage durchaus ein »Ereignis«. Der Prinz erhielt die Namen Friedrich Christian *Heinrich* Ludwig. Der König, die Königin, Prinz Heinrich wohnten der Tauffeierlichkeit bei; von auswärtigen Mitgliedern der Familie war die verwitwete Königin von Schweden, Luise Ulrike, geladen. Im Kirchenbuche finden sich von der Hand des Pastors Lindenberg*, der die Taufe vollzog, folgende Bemerkungen eingetragen:

* Dieser Pastor Lindenberg starb 1774 an den Folgen eines Schrecks, den ihm eine Spukerscheinung verursacht hatte. Als er nämlich, kurz vor seinem Tode, von

»Diese glückliche Entbindung war um so viel freudiger, weil der teuerste Vater seit einigen Wochen an einer sehr gefährlichen Krankheit darniederlag, so daß man verschiedene Tage sein Ableben befürchtete; Umstände, welche bei der nahen Entbindung die geliebte Gemahlin äußerst geängstigt und elend gemacht hatten, so daß man wegen ihres Lebens besorget war. . . . Es war auch, bei der äußersten Gefahr des Prinzen, von seiner fürstlichen Gemahlin, und zwar vor ihrer Entbindung, dem Prediger aufgetragen worden, eine Betstunde in dero Zimmer zu halten, welches denn auch in aller Stille, in Gegenwart der Prinzessin, der Prinzessin Philippine und zween Dames geschah. Es war *rührend, dabei so viel Andacht* und Wehmut an *so hohen* Personen wahrzunehmen.«

Über die anderweiten Aufzeichnungen des Kirchenbuches gehen wir schneller hinfort, trotzdem dieselben an zwei Namen anknüpfen, die es in der Geschichte Preußens, in Glück und Unglück, zu hohem Ansehen gebracht haben. Am 18. November 1772 wurde Prinz Louis Ferdinand, der »Saalfelder«, am 19. September 1779 Prinz August, der Reorganisator der preußischen Artillerie, geboren.

Sechs Jahre später verließ der Ferdinandsche Hof Friedrichsfelde. Es scheint nicht, daß er, trotz langen Aufenthalts daselbst, in der Einrichtung des Schlosses Erhebliches zu ändern vorfand. Am 21. Juni 1785 wurden Schloß und Park an den Herzog von Kurland verkauft.

Friedrichsfelde von 1785 bis 1799

Herzogin Dorothea von Kurland

Am 21. Juni 1785 wurden Schloß und Park von Friedrichsfelde für den Herzog von Kurland gekauft; er selbst befand sich um diese Zeit noch in Italien, wohin er das Jahr zuvor

einem Besuch im Schloß in seine Pfarre zurück wollte, sah er eine weibliche Gestalt, die vor ihm herging und auf sein Anrufen keine Antwort gab. Als sie bis dicht vor der Kirche waren, wies sie mit der Hand auf eine Stelle neben einem Eckpfeiler und verschwand dann. Der Pastor kam in äußerster Erregung in seiner Wohnung an, erzählte, was er gesehen, und starb den dritten Tag danach. Er wurde neben dem Eckpfeiler an ebender Stelle begraben, auf die die Gestalt gezeigt hatte.

eine Reise angetreten hatte. Im Herbst 1785 aber traf er in Begleitung seiner Gemahlin, der vielgefeierten Herzogin Dorothea, gebornen Reichsgräfin von Medem, wieder in Berlin ein und bezog auch Friedrichsfelde. Daran reihte sich 1786 ein zweiter, 1791 und 1793 ein dritter und vierter Aufenthalt, von denen jedoch nur der letztere durch eine längere Zeit hin dauerte. Fast ein Jahr. Die anderen Anwesenheiten waren bloße Besuche und zählten nur nach Wochen.

Wir betonen dies, weil man mannigfach der Ansicht begegnet, Friedrichsfelde sei während seiner »kurländischen Epoche« abermals eine Stätte der Kunst, ein Sammelplatz schöngeistigen Lebens geworden, etwa wie zur Zeit des Markgrafen Karl. Um das zu werden, dazu fehlte jedoch 1785, 86 und 91 die *Zeit* und von 1793 bis 1794 die *Stimmung.*

Ein Blick in die damals geschriebenen Tagebücher und Briefe zeigt uns in der Tat genugsam, daß es sich all die Zeit über um high-life und politisch-diplomatische Aktionen und jedenfalls viel viel weniger um Kunst und Wissenschaft gehandelt hat. Nicht als ob der Sinn dafür gefehlt hätte. Im Gegenteil. Aber die Zeiten waren durchaus nicht dazu angetan, sich einer mußevollen Kunstbetrachtung hinzugeben. Man suchte dem heimischen Wirrsal zu entfliehen und entfloh ihm zuletzt wirklich, aber dies Wirrsal drängte nach und gestattete keine reine Freude, keinen ungestörten Genuß. Überallhin warf es seine Schatten. Einige Stellen aus dem Tiedgeschen Buche »Dorothea, letzte Herzogin von Kurland«, dem selbst wieder jene vorerwähnten Tagebücher und Briefe zugrunde liegen, werden am besten die Beweisführung übernehmen. Wir lassen die Stellen in chronologischer Ordnung folgen.

»1785. Es waren des großen Friedrich letzte Tage. Die sanfte fürstliche Frau hatte den Beifall des Königs gewonnen; er sandte ihr wiederholentlich niedliche Körbchen, mit den feinsten und seltensten Früchten gefüllt, mit den erlesensten Blumen geschmückt und jedesmal von einigen freundlichen Zeilen begleitet. Bei Gelegenheit der ersten dieser Sendungen beklagt er sich, daß seine Krankheit ihn des Vergnügens beraube, sie selbst zu bewirten; er müsse es seinem Neffen überlassen, ihren und ihres Gemahls Aufenthalt in

Potsdam und Berlin so angenehm als möglich zu machen ... Im Herbst fanden Truppenversammlungen statt, Paraden und kriegerische Übungen zu Ehren des Fürstenpaares ... Auch von den übrigen Höfen der königlichen Familie (Prinz Heinrich, Prinz Ferdinand) wurde dem Herzog und seiner Gemahlin ein Empfang zuteil, der sich zu einer herzlichen Verbindung entwickelte. Mit der Prinzessin Luise, der Tochter des Prinzen Ferdinand, knüpfte die Herzogin eine Freundschaft an, die sich in einem ununterbrochenen Briefwechsel durch das ganze Leben fortsetzte.

1786. Im Herbste, nach beinah halbjähriger Abwesenheit, trafen der Herzog und seine Gemahlin wieder in Friedrichsfelde ein. Der große König war inzwischen gestorben. Friedrich Wilhelm II. erwies dem herzoglichen Paare eine besondere Auszeichnung, so daß allgemein die Sage ging, es seien bereits Verabredungen für die künftige Vermählung der Töchter des Herzogs mit den Prinzen des königlichen Hauses getroffen. Diese Tage waren kurz, schon im Dezember trat die Herzogin ihre Rückreise nach Kurland an.

1791. Während ihres Aufenthaltes in Warschau (wohin sie sich im April begeben) erhielt sie von der preußischen Prinzessin Friederike eine schmeichelhafte Einladung zur Vermählung ebendieser Prinzessin mit dem Herzoge von York wie auch zu der ihrer Schwester mit dem ältesten Prinzen des Erbstatthalters in Holland, welche beide Vermählungen im September gleichzeitig in Berlin vollzogen werden sollten. Sie nahm die Einladung an ... Der Empfang von seiten der königlichen Familie war ein auszeichnender ... Bei der Anordnung der Vermählungsfeierlichkeiten befahl der König, daß der Herzogin ihr Platz an der Tafel der königlichen Familie angewiesen werden solle. Der Oberkammerherr remonstrierte, die ›Hausgesetze würden es nicht zulassen, die Herzogin von Kurland bei einer so feierlichen Gelegenheit an die königliche Familientafel zu ziehen und an dem Fackeltanze teilnehmen zu lassen‹. Friedrich Wilhelm antwortete: ›Lassen wir es bei der ersten Anordnung; ich hoffe es beim *Könige* und bei den Hausgesetzen verantworten zu können.‹ ... Bei Gelegenheit dieser Feierlichkeiten gab auch die Erbstatthalterin ihrem lebhaften Wunsche Ausdruck, ihren zweiten Prinzen mit der ältesten Tochter der

Herzogin, der Prinzessin Wilhelmine, die damals zehn Jahre alt war, dereinst vermählt zu sehen. Der König unterstützte diesen Wunsch und bot sogar seine Verwendung an, um, wenn der Herzog ohne männliche Nachkommen sterben sollte, die Erbfolge in Kurland und Semgallen für den künftigen Gemahl der Prinzessin zu vermitteln ... Dieser Plan wurde geraume Zeit hindurch festgehalten ... Vierzehn Tage nach Vollziehung der vorerwähnten Vermählungsfeierlichkeiten verließ die Herzogin Berlin (es ist fraglich, ob sie während dieser *Besuchstage* überhaupt in Friedrichsfelde war) und kehrte über Warschau nach Kurland zurück.

1793. Im April dieses Jahres trat die Herzogin ihre Reise nach Berlin an; die Dinge in Kurland hatten bereits einen solchen Charakter angenommen, daß es gut war, einen *Zufluchtsort* zu haben. ... In stiller Zurückgezogenheit lebte sie in Friedrichsfelde, wo sie den 21. August 1793 ihren Gemahl mit einer Tochter beschenkte, die den Namen Dorothea erhielt. ...*

In Kurland rückte inzwischen das Ende der herzoglichen Herrschaft immer näher.

Die Herzogin verblieb in Berlin und Friedrichsfelde bis in das nächste Jahr hinein; dann ging sie nach Leipzig, wo sie sich noch stiller einrichtete als in Berlin, 1795 nach Sagan, an welchem Orte sie mit ihrem Gemahl zusammentraf ... Kurland war inzwischen eine russische Provinz geworden; der Herzog hatte resigniert.«

So etwa die Aufzeichnungen, die wir, wie vorerwähnt, zu größerem Teile dem Tiedgeschen Buche, zu kleinerem Teile dem Werke Cruses, »Kurland unter den Herzögen«, entnommen haben. Nirgends ist davon die Rede, daß in Friedrichsfelde ein besonderes Kunstleben sich aufgetan hätte, ein Schweigen, das um so bemerkenswerter ist, als der alte Tiedge gerade *diese* Seite in dem Leben der Herzogin mit besonderer Vorliebe hervorhebt und jedesmal genau verzeichnet, wenn in Königsberg mit Kant, Hamann, Hippel, in Neapel mit Hackert, in Herrenhut mit dem alten Spangen-

* Diese zu Friedrichsfelde geborene Tochter Dorothea war die nachmalige Herzogin von Sagan, vermählt mit *Edmund* Talleyrand von Périgord, Herzog von Talleyrand und von Dino, durch welche Vermählung sie die Nichte des berühmten Talleyrand wurde. Sie starb am 19. September 1862.

berg etc. ein lebhafterer Verkehr angeknüpft wurde. Man darf füglich daraus den Schluß ziehen, daß das Friedrichsfelder Leben, während seiner kurländischen Zeit, wenig Hervorragendes auf dem Gebiete von Kunst und Wissenschaft geboten haben muß und daß es sich, wie wir eingangs bereits andeuteten, bei den verschiedenen Anwesenheiten in Berlin-Friedrichsfelde sehr wahrscheinlich immer nur um Prinzen und Prinzessinnen, um »Gesellschaft« und Politik, um Eheschließungen und Güterkäufe handelte. Gewiß ging ein Verkehr mit den literarischen Größen jener Zeit (Nicolai, Ramler, Engel, Mendelssohn werden eigens genannt) nebenher, aber doch eben nur *nebenher.** Geistig hoch beanlagt, konnte namentlich die Herzogin auf einen Umgang, der ihrer ästhetischen Natur Bedürfnis war, nie ganz verzichten, aber es scheint nach den Zitaten, die wir gegeben, festzustehen, daß der ohnehin immer nur nach Monaten zählende Friedrichsfelder Aufenthalt von dieser Seite her *nicht* seinen Charakter und seine Signatur empfing.

Friedrichsfelde von 1800 bis 1810

Prinzessin von Holstein-Beck

1799 kam Friedrichsfelde an den Geheimen Oberhofbuchdrucker Georg Jakob Decker, der es aber schon vor Ablauf eines Jahres, am 29. März 1800, an die Herzogin Katharina von Holstein-Beck wieder verkaufte. Diese bewohnte es bis zu ihrem Tode, der am 20. Dezember 1811 erfolgte.

Prinzessin Katharina von Holstein-Beck ward am 23. Februar 1750 geboren. Ihre Mutter war eine Gräfin oder Fürstin Golowin, ihr Vater aber Peter August Herzog von Holstein-Beck, russischer Generalfeldmarschall und Gouverneur von Estland. Prinzessin Katharina vermählte sich am 8. Januar 1767 zu Reval mit dem Fürsten Iwan Barjatinskij, der

* Unter diesen Besuchern werden natürlich auch *Maler* gewesen sein, und das eine oder andere Bild, ganz abgesehen von den Kunstschätzen, die man aus Italien mitbrachte, wird damals seine Stätte in Friedrichsfelde gefunden haben. Eins, aus jener Zeit her, ist dem Schlosse verblieben, ein Aquarellbild »Vue de Friedrichsfelde« mit den Widmungsworten: »Dédié à Son Altesse, sérénissime madame la duchesse de Curlande et de Semigalles«. Das Bild ist aus dem Jahre 1787 (Schwarz fecit) und zeigt das Schloß in seiner damaligen, von der gegenwärtigen nur wenig verschiedenen Gestalt.

damals russischer Oberst war. Ihre Ehe wurde geschieden, oder man lebte wenigstens getrennt. Die Kinder verblieben in Rußland, indessen begegnen wir 1802 einem Fürsten Iwan von Barjatinskij als Taufzeugen in Friedrichsfelde. Es scheint also, daß der älteste Sohn zur Mutter stand. Diese war fünfzig Jahr, eine kluge, heitere, noch hübsche Frau, als sie in Schloß Friedrichsfelde einzog. Es lebten bis vor kurzem noch Personen, die sie gekannt hatten. Den Mitteilungen dieser verdanke ich das Nachstehende.

Die Prinzessin von Holstein-Beck kam 1800 oder vielleicht auch erst 1801 zu uns. Was zu einer Trennung vom Fürsten Barjatinskij geführt hatte, war nie in Erfahrung zu bringen. Sie war aber voll so tiefer Abneigung gegen ihn, daß sie seinen Namen nicht tragen wollte und in Preußen, unter Gutheißung des Königs, ihren Geburtsnamen Holstein-Beck wieder angenommen hatte.

Sie lebte ganz auf großem Fuß und unterhielt intime Beziehungen zum preußischen Hofe, besonders nachdem dieser 1809 von Königsberg und Memel wieder in Berlin eingetroffen war. Leicht erklärlich. Friedrich Wilhelm III. und Königin Luise waren in Petersburg gewesen und hatten angenehme Bilder und Eindrücke von dorther heimgebracht; Kaiser Alexander stand den Herzen beider nahe, Freundschaftsgelübde waren geleistet worden; alles Heil konnte, der allgemeinen Annahme nach, nur von *Rußland* kommen. Unter diesen Verhältnissen mochten die Beziehungen zur Prinzessin einen doppelten Wert haben; vielleicht daß sie ein Glied in der Kette damaliger politischer Verbindungen war.

Gleichviel, der Hof war mannigfach bei der Prinzessin in Friedrichsfelde zu Besuch, auch schon in der voraufgegangenen Epoche von 1801 bis 1806. Königin Luise erschien dann mit Pagen und Hofdamen, der Militäradel schloß sich an, und über hundert Equipagen hielten in langer Reihe vor dem Schlosse. Mit Fackeln ging es spätabends wieder heim.

Sie selbst (die Prinzessin), wenn sie nach Berlin fuhr, fuhr immer mit *sechsen*; da sie aber keinen Marstall unterhielt, so wurden drei Paar der besten Bauerpferde genommen, und die Bauern selbst ritten das Leinepferd. Später, aus gleich zu erzählenden Gründen, wurde das anders. Ihr Vertrauter nämlich, ein Franzose niederen Standes, dessen Erhebung zum »Chevalier« sie durchzusetzen gewußt hatte, machte Unterschleife, floh und wurde verfolgt. Man wurde seiner habhaft, bracht ihn vor die Gerichte, und eine strenge Strafe war bereits verhängt, als ein Fußfall der Prinzessin, deren alte Neigung wieder wach geworden war, intervenierte. Die Strafe wurde nun niedergeschlagen, und der »Chevalier«, als wäre nichts vorgefallen, zog wieder in allen Ehren in Friedrichsfelde ein. Aber *eine* Sühne blieb doch zu leisten: die Prinzessin mußte versprechen, von nun ab, statt mit sechsen, nur noch mit *vieren* zu fahren. Das geschah denn auch, und alle Teile hatten ihren Frieden.

Das Leben in Friedrichsfelde war um diese Zeit das heiterste. Eine ernstere Pflege der Kunst fiel niemandem ein, aber man divertierte sich sooft und soviel wie möglich. Es gab Schau- und Schäferspiele, teils in geschlossenen Räumen, teils im Freien. Das »Theater im Grünen«, ähnlich dem Rheinsberger, ist noch deutlich zu erkennen, trotzdem das Strauchwerk jener Jahre mittlerweile zu stattlichen Weißbuchen aufgewachsen ist. Das Ganze eine wieder frei gewordene, aus Zwang und Fesseln erlöste Natur!

Die Dorfbevölkerung nahm teils zuschauend, teils aktiv an diesen Szenen teil, was auf den ersten Blick viel Anheimelndes und Bestechendes hatte. Sehr bald indessen stellte sich's heraus, daß Arbeitslust und Sitte zurückgingen und daß dem Dorfe kein Segen daraus erwuchs, als Landschaft und Staffage für das Vergnügen vornehmer Leute gedient zu haben.

Harmloser war der alljährlich wiederkehrende »*Erntekranz*«. Dann wurd ein Jahrmarkt abgehalten, unter den Bäumen des Parks gegessen und getanzt, und an den Buden, natürlich ohne Einsatz, gewürfelt und gewonnen.

Ein kleines, sehr hübsches Mädchen aus dem Dorfe war das Patchen und der Liebling der Prinzessin, die Puppe, mit der sie spielte. War die Prinzessin bei Tafel allein, so wurd an einem kleinen Tische daneben für das Kind gedeckt, und kam Besuch, so war »Patchen« – wic der Kakadu oder der Bologneser – der immer beachtete Gegenstand, an den sich alle Zärtlichkeiten der Gäste richteten.

Die Prinzessin galt für sehr reich; es hieß, daß sie täglich

1500 Taler verausgabe. War dem wirklich so, so war es Barjatinskijsches Vermögen. Außer Friedrichsfelde besaß sie, in Berlin selbst, ein Haus am Pariser Platz, das jetzige französische Gesandtschaftshotel.

Sie starb, wie schon eingangs hervorgehoben, im Winter 1811 auf 12, und ihre Leiche sollte nach Rußland, entweder auf die Barjatinskijschen oder die Holstein-Beckschen Güter geschafft werden. Die Friedrichsfelder waren zum Transport um so lieber bereit, als ihnen für die Fahrt bis Memel (dort wartete russisches Fuhrwerk) 400 Taler geboten wurden. Es zerschlug sich aber wieder und kam statt dessen zu einem Pakt mit jener moskau-astrachanischen *Karawane*, die damals alljährlich, in den ersten Wintermonaten, Kaviar nach Berlin zu bringen pflegte. Dies waren in der Regel fünfzig Schlitten, jeder mit *einem* Pferd und am Hals jedes Pferdes ein Glöckchen. Auf den vordersten dieser Schlitten wurde, bei der Rückfahrt, der Sarg gestellt, und die lange Karawane hinter sich, ging es nun im Schritt bis an die russische Grenze – die Winterstille nur durch den Ton der Glöckchen unterbrochen.

Friedrichsfelde von 1812 bis 1816

König Friedrich August von Sachsen

Nach dem Tode der Prinzessin von Holstein-Beck wurde Friedrichsfelde durch einen Bevollmächtigten der Barjatinskijschen Familie verwaltet. In diese Administrationszeit fällt der Aufenthalt beziehungsweise die Staatsgefangenschaft des *Königs von Sachsen* an dieser Stelle.

Wir finden darüber folgendes:

Der König von Sachsen, nach der Einnahme Leipzigs durch die Verbündeten, war deren Gefangener. Am 23. Oktober 1813 erfolgte seine Abreise nach Berlin; am 26., morgens vier Uhr, traf er in der preußischen Hauptstadt ein und wurde daselbst mit »vielen Ehren« (so sagt das Tagebuch eines sächsischen Kavaliers) empfangen. Von Leipzig aus hatten 100 Kosaken mit drei Offizieren den Wagen des Königs umgeben. Außerdem begleiteten ihn Fürst Galizin und Baron Anstetten.

Der König bezog Wohnung im Berliner Schloß und verblieb daselbst bis zum Sommer 1814. Um diese Zeit aber wurd ihm die preußische Hauptstadt unbequem, denn das »Berliner Volk« zeigte sich wenig respektvoll; die Tage von Großbeeren und Dennewitz stimmten es zum Groll und die altfränkische Art des sächsischen Hofes zum Spott. Beidem wollte der König entgehn. Er suchte daher nach, das dem russischen Fürsten Barjatinskij zugehörige Schloß Friedrichsfelde, selbstverständlich gegen eine Miets- oder Entschädigungssumme, beziehen zu dürfen.

Dies wurde gewährt.

Am 26. Juli 1814 erfolgte der Umzug, wobei ein Unteroffizier und zehn Mann preußischer Garde als Ehrenwache dienten. Diese blieben in Friedrichsfelde und wurden aus der sächsischen Hofküche beköstigt. Bis zum 24. März 1814 hatten Berliner Bürgergardisten die Wache beim Könige gehabt.

In den »Denkwürdigkeiten aus dem kriegerischen und politischen Leben eines alten Offiziers« wird erzählt, der König Friedrich August habe von Friedrichsfelde aus fliehen wollen, sei aber eingeholt und zurückgebracht worden. Diese Mitteilung ist mindestens unwahrscheinlich. An Ort und Stelle wird nichts der Art berichtet.

Der König, während seines Friedrichsfelder Aufenthaltes, empfing viel Besuch und Deputationen aus seinem Lande, darunter den jungen Grafen Hohenthal, den Baron von Houwald (Vater des Dichters) und eine Deputation des Freiberger Bergbaues.

Unter den Personen von Rang, die ihn dauernd umgaben, haben wir in erster Reihe Generalmajor von Watzdorf zu nennen; doch war dieser oft monatelang auf Spezialmissionen, zum Beispiel in London, abwesend. Am 13. Oktober 1814 trat Generallieutenant Sahrer von Sahr an Watzdorfs Stelle und blieb beim Könige, bis dieser Friedrichsfelde verließ. Es war die *Sahrsche* Division, die bei Großbeeren vorzugsweise tapfer gefochten hatte.

Der Aufwand, den der König in Friedrichsfelde machte, wurde teils aus den Geldern seiner Schatulle, teils durch eine Anleihe bei dem Berliner Banquierhause Benecke bestritten.

Am 9. Februar 1815 endlich war in Wien das Protokoll unterzeichnet worden, das über das Schicksal Sachsens entschied; – am 22. Februar verließ der sächsische Hof Friedrichsfelde und begab sich, auf Einladung des Kaisers von Österreich: »doch in seinen Landen Residenz nehmen zu wollen«, durch Schlesien über Wien nach Preßburg, wo der König den Palast des Primas bezog.

Soviel hab ich aus Aufzeichnungen, die damals gemacht wurden, zu entnehmen vermocht. In Friedrichsfelde selbst wird noch folgendes erzählt:

Der König lebte ganz als König. Sehr viel Dienerschaft, altfränkisch gekleidet, blau und gelb, war um ihn her; die Kutscher immer in Kanonenstiefeln. Vormittags zwischen elf und zwölf ging er im Park spazieren; nachmittags wurd auf die benachbarten Dörfer gefahren, namentlich auf solche, wo ein Park oder ein Fluß war, also nach Stralau, Lichtenberg, Biesdorf und vorzugsweise nach Schönhausen. Er war bei den Friedrichsfeldern sehr populär, weil er herablassend und wohlwollend war und, die Hauptsache nicht zu vergessen, ihnen viel zu verdienen gab. Der zahlreiche Besuch, der untergebracht werden mußte, schaffte den Bauern eine gute Einnahme; dazu die Berliner, die sonntags aus purer Neugier in Scharen herbeiströmten.

Ihren Hauptvorteil aber zogen die Bauern aus den vielen Holzfuhren, die sie leisteten, und aus der Stallung, die sie vermieteten. Tag um Tag wurd ein Haufen Holz im Schloß verbrannt, und der königliche Marstall befand sich, gespannweise, auf den einzelnen Bauerhöfen.

Friedrichsfelde seit 1816

Am 22. Februar 1815 verließ der sächsische Hof Friedrichsfelde; ein Jahr später gingen Schloß und Gut in den Besitz von Karl Sigismund von Treskow über. Eine ganz neue Zeit brach jetzt für Friedrichsfelde an: aus dem Lustschloß, das es bis dahin gewesen war, wurd ein *Gut.* Es handelte sich nicht mehr um ein Dolcefarniente, das hier ein Jahrhundert lang seine Stätte gehabt hatte, sondern um *Arbeit,* nicht mehr um Zurückgezogenheit und Stille, sondern um Heraustreten, um Verkehr und Konkurrenz. Von Jahrzehnt zu Jahrzehnt, insonderheit unter dem gegenwärtigen Besitzer (Karl von Treskow), wuchs die Kompliziertheit der Aufgabe. Beständige Meliorationen, auch Ankäufe, steigerten den Wert, was aber vor allem das Gut auf seine jetzige Höhe hob, das war die Erkenntnis, daß mit Rücksicht einerseits auf die *Bedürfnisse* der Hauptstadt, andererseits auf die *Betriebserleichterungen*, die dieselbe gewährt, eine ganz aparte Art der Wirtschaftsführung eingeleitet werden müsse. Hier galt es nicht, Lehrbücher zu befragen und Regeln zu befolgen, sondern der beständig wechselnden Situation ein neues System immer neu anzupassen. In irgendwelche Details an dieser Stelle einzugehen würde weit über unsere Aufgabe hinausführen, daher nur soviel, daß Milchwirtschaft und *Gartenkulturen* mehr und mehr die frühere Felderbestellung zurückdrängten. Der Sieg des Spargelbeets über das Roggen- und Kartoffelfeld!

So haben Eifer, Wissen, Intelligenz aus dem Sommerhause Raules einen großen und noch mehr einen wertvollen Besitz geschaffen; aus dem Zehrer ist ein Nährer geworden, aus der Drohne die Biene.

Aber diese Umwandelung hat sich vollzogen, ohne dem Friedrichsfelder Schloß, das so vieles Sterben und Geborenwerden sah, das Geringste von seinem historischen Zauber zu nehmen. Dieselbe Sorglichkeit und Pflege, die draußen waltete, zeigte sich auch drinnen; auf den Feldern erneuerte sie praktisch, im Hause konservierte sie pietätvoll; nichts ist verlorengegangen von dem geschichtlichen Material, in dessen Besitz der gegenwärtige Besitzer eintrat. Das eichengeschnitzte Treppengeländer, der Stucksaal, den Markgraf Karl baute, die Büsten und Bilder, von denen beinahe jeder der Vorbesitzer ein einzelnes, wie ein Erinnerungsstück, zurückgelassen hat – sie befinden sich an altem Platz, und nur erweitert und hinzugefügt wurde vielfach.

Unter diesen Hinzufügungen nennen wir in erster Reihe fünf Arbeiten Schinkels, von denen drei seiner allerfrühsten Epoche, zwei mutmaßlich dem Jahre 1814 angehören. Es sind die folgenden:

Schloß Owinsk (Architekturbild, in Tuschfarben ausgeführt),

Schloß Owinsk, von der Tiefe aus gesehen,

Schloß Owinsk, von der Höhe aus gesehen,

ein See in Tirol, von hohen Bergen umgeben, ein *Fischzug* im Vordergrund (Morgenbeleuchtung),

ein See, von hohen Gebirgen umgeben, *Gondeln* im Vordergrund (Abendbeleuchtung).*

Das letztgenannte Bild zählt zu Schinkels gelungensten Arbeiten. In der Mitte – wir erweitern die kurze Beschreibung, die wir eben gegeben – eine Insel mit einem weitläufigen Schloß; eine Bogenbrücke führt zu dem zunächstliegenden Felsenufer hinüber. Rechts ein ländliches Fest. Der See ist mit Barken erfüllt, denen Musikchöre folgen. Eine rote Abendbeleuchtung liegt auf dem See.

Ein stimmungsreiches Bild! Aber das Bild, das sich eben jetzt, von der Gartentüre des Schlosses eingerahmt, vor unseren Blicken auftut, tut es ihm gleich. Eine Parkwiese voll blühender Linden, zwischen den Kronen ein Streifen blauer Himmel und an dem Himmelsstreifen ein Volk weißer Tauben, das, die letzten Sonnenstrahlen einsaugend, sich oben in den Lüften wiegt.

Die nahe Hauptstadt samt ihrem Lärm, wir empfinden sie wie hundert Meilen weit. Hier ist Friede!

* Von keinem dieser fünf Bilder, mit Ausnahme des Architekturbildes, läßt sich behaupten, daß es nachweisbar von Schinkel herrühre; doch ist es von allen in hohem Maße wahrscheinlich. Schinkel war bei Aufführung des Schlosses Owinsk, Provinz Posen, als Bauführer tätig. Es war dies 1801. Die Vereinigung von Architekt und Landschaftsmaler, die sonst in hundert Fällen kaum einmal vorkommt, war eben bei Schinkel charakteristisch, und es ist nicht anzunehmen, daß sich damals – und noch dazu in Owinsk – ein anderer Architekt an seiner Seite befunden habe, der dies alles *auch* vermocht hätte. – Was die beiden andern Bilder (Gebirgsseen, Morgen- und Abendbeleuchtung, Pendants) angeht, so stellen sie genau dasselbe dar wie die betreffenden beiden Bilder auf der Wagnerschen Galerie, die die Bezeichnung tragen: »*nach Schinkelschen Originalen von Ahlborn 1823 kopiert*«. Die Frage entsteht, sind nun diese beiden Friedrichsfelder die Originale? Wolzogen in seinem »Leben Schinkels« schreibt: »Der Besitzer des einen Bildes (Abendbeleuchtung) ist Banquier Brose, der Besitzer des andern (Morgenbeleuchtung) unbekannt.« Das eine Bild scheint also die Annahme zu rechtfertigen, das andere sie zu verbieten. Eine Entscheidung in dieser Frage, die ohne exakte technische Kenntnis nicht zu geben ist, liegt außerhalb unserer Kraft; wir geben deshalb einfach die Tatsache, daß sich zwei solche Bilder in Friedrichsfelde befinden, und überlassen andern den Beweis der Echtheit oder – des Gegenteils.

II

ERNST GOTTLIEB WOLTERSDORF

Verfolgt, verlassen und verflucht,
Doch von dem Herrn hervorgesucht;
Ein Narr vor aller klugen Welt,
Bei dem die Weisheit Lager hält;
Verdrängt, verjagt, besiegt und ausgefegt,
Und doch ein Held, der Palmen trägt.

E. G. Woltersdorf

Prinz Louis Ferdinand, Prinz August – sie waren Friedrichsfelder *Schloß*kinder; aber auch die *Pfarre* stellte ihren Mann: am 31. Mai 1725 wurde Ernst Gottlieb Woltersdorf in ihr geboren. *Auch* ein Streiter, *auch* gefallen (wie der Saalfelder Prinz) auf dem Felde der Ehren. Ein Weltkind der eine, ein Gotteskind der andre.

Ernst Gottliebs Vater war Gabriel Lukas Woltersdorf. Über ihn zunächst ein kurzes Wort.

Gabriel Lukas Woltersdorf

Gabriel Lukas W., der neunzehn Jahre lang das Friedrichsfelder Pfarramt bekleidete, wurde den 10. November 1687 zu Kyritz geboren, wo sein Vater als Rektor amtierte. Gleich einem alten Edelmann konnte Gabriel Lukas Namen und Stand seiner Familie bis ins siebente Glied hinauf verfolgen. Es waren sämtlich Prignitz-Ruppiner. Und zwar:

Anton Woltersdorf (damals noch Woltersdorp), geboren 1430.

Johann Woltersdorf, Potinken- oder Pantinenmacher, geboren 1460.

Joachim Woltersdorf, Goldschmied in Ruppin, geboren 1496.

Joachim Woltersdorf II., Tuchmacher, Gildemeister und Vorsteher der Klosterkirche zu Ruppin, geboren 1530.

Gabriel Woltersdorf I., Pastor und Inspektor zu Ruppin.

Gabriel Woltersdorf II., Pastor und Inspektor zu Zehdenick.

Gabriel Woltersdorf III., Pastor und Rektor zu Kyritz.

Unser Gabriel Lukas, des Letztgenannten Sohn, studierte von 1711 an in Halle, das um jene Zeit »das Herz war, dessen Schläge man weit und breit fühlte«. August Hermann Francke stand eben damals in der Blüte seines Wirkens, »dieser Mann der Demut und Wahrhaftigkeit, der sich rühmen durfte, daß von den 6000 Studenten, die während zweimal zehn Jahren in Halle studiert hatten, Tausende von *erweckten Predigern* ins deutsche Vaterland ausgegangen seien«. Unter diesen erweckten Predigern war auch Gabriel Lukas Woltersdorf. Er blieb bis zuletzt eine Leuchte für seine Kinder und seine Gemeinde.

1716 erhielt er durch einen vom Könige gutgeheißenen Machtspruch des kirchlich gesinnten Markgrafen Albrecht die Friedrichsfelder Pfarre, die bis dahin der alte Samuel Donner innegehabt hatte. Samuel Donner war schon fünfundvierzig Jahr im Amt und wollte von Adjunktur oder gar Entlassung nichts wissen. Er remonstrierte deshalb und glaubte dies um so mehr zu dürfen, als er die Friedrichsfelder Pfarre als eine *Erbpfarre* betrachtete. Denn schon sein Vater und Großvater waren Prediger ebendaselbst gewesen. Er wurd aber durch den Markgrafen energisch abgewiesen. Der Entscheid lautete:

»Da sich sowohl bei der Lokalvisitation als auch sonsten mehr als zuviel erwiesen hat, wie schlecht Supplikant bis dahero seinem Amte vorgestanden und wie wenig die ihm anvertraute Gemeinde durch ihn erbauet worden, so stehet ihm auch gar nicht an, eine dergleichen ungegründete Vorstellung gegen die von Seiner Königlichen Majestät so nötig gefundene Bestimmung zu tun. Und wie er damit gänzlich abgewiesen, ihm sein Unfug auch nachdrücklich hiermit verwiesen wird, so hat er es außerdem noch einzig und allein der königlichen Gnade zu danken, daß er wegen seiner in der ihm anvertrauten Amt- und Seelensorge bezeigten strafbaren Nachlässigkeit nicht noch schärfer angesehen wird.«

Dieser Bescheid, wie sich denken läßt, ging dem armen Samuel Donner sehr zu Herzen, und er starb wenige Tage später in Berlin am Schlagfluß. In seine Stelle rückte nunmehr Gabriel Lukas Woltersdorf ein.

Das wichtigste kirchliche Vorkommnis innerhalb seiner Friedrichsfelder Amtsjahre war die Einführung des sogenannten »Simultaneums«, also der Gleichberechtigung der Reformierten in Benutzung der lutherischen Kirche.

Hiergegen scheint sich nun Gabriel Lukas in Gemeinschaft mit seinem Berliner Propste Roloff anfänglich aufgelehnt zu haben, welcher letztere nicht nur vorstellig wurde, sondern auch von »unüberwindlichen Schwierigkeiten« sprach. Auf diese Vorstellung erhielt er einen zweifachen Bescheid, einen amtlichen und einen königlich-*persönlichen*. Der amtliche Bescheid lautete: »Wohlehrwürdiger, lieber Getreuer. Ich habe Eure Vorstellung vom 8. dieses, in der Ihr meint, daß das Simultaneum in der Kirche zu Friedrichsfelde nicht könne introduziert werden, erhalten, und ist Euch darauf in Antwort, daß Ich Euer Einwenden nur *vor Possen* halte. Ich halte beide Religionen einerlei zu sein und finde keinen Unterschied. Will also, daß es bei meiner Ordre verbleiben soll.«

Der Erlaß ist datiert »Wusterhausen, den 10. Sept. 1726«, und hinzugefügt war von des Königs eigner Hand: »Der Unterschied zwischen unseren beiden evangelischen Religionen ist wahrlich ein Pfaffengezänk, denn äußerlich ist wohl ein großer Unterschied, wenn man es aber examinieret, so ist es derselbige Glaube in allen Stücken, sowohl in der Gnadenwahl als im heiligen Abendmahl. Nur auf die Kanzel, da machen sie eine Sauce, eine saurer als die andere. Gott verzeih allen Pfaffen, denn die werden Rechenschaft geben am Gericht Gottes, daß sie Schulratzen aufwiegeln, um das wahre Werk Gottes in Uneinigkeit zu bringen. Was aber wahrhaft geistliche Prediger sind, solche, die sagen, daß man sich soll einer den andern dulden und nur Christi Ruhm vermehren, die werden gewiß selig. Denn es wird nicht heißen: Bist du lutherisch oder bist du reformiert?, sondern es wird heißen: Hast du meine Gebote gehalten oder bist du bloß ein braver Disputator gewesen? Es wird heißen: Weg mit die letzten zum Teufel ins Feuer, aber die meine Gebote gehalten, kommt zu mir in mein Reich. Gott geb uns allen seine Gnade und geb allen seinen evangelischen Kindern, daß sie mögen seine Gebote halten und daß Gott möge zum Teufel schicken alle die, die Uneinigkeit verursachen. Friedrich Wilhelm.«

Es braucht wohl nicht erst versichert zu werden, daß diesem königlichen Erlaß die Einführung des Simultaneums auf dem Fuße folgte.

Dies war 1726. Im Jahre 1735 erhielt Gabriel Lukas W. eine Vocation nach Berlin und wurde Prediger an der Sankt-Georgen-Kirche daselbst, während der Prediger ebendieser Sankt-Georgen-Kirche nach Friedrichsfelde hin versetzt wurde. Natürlich empfand letzterer dies als eine Degradation und führte sich deshalb mit folgenden Worten in Friedrichsfelde ein:

Gott grüß euch, ihr lieben Bauern,
Ich werd hier nicht lange dauern,
Drum seht mich nur mit Rechten an —
Ich heiße Daniel Schoenemann.

Er hielt auch Wort und legte im selben Jahre noch sein Friedrichsfelder Pfarramt nieder.

Ernst Gottlieb Woltersdorf

Ernst Gottlieb W. wurde, wie schon eingangs hervorgehoben, am 31. Mai 1725 in Friedrichsfelde geboren. Er blieb daselbst bis zur Übersiedlung seines Vaters nach Berlin, also bis zu seinem zehnten Lebensjahre, besuchte danach das Graue Kloster und ging mit siebzehn Jahren zum Studium der Theologie nach Halle. »Es war dort eben noch« — so schreibt Pastor Besser — »das letzte der sieben fetten Jahre. Man konnte den Samen reiner Lehre noch ziemlich reichlich einsammeln. Die Hungerzeit des Rationalismus meldete sich eben erst durch ihre vordersten Posten.« Besonders war es Baumgarten (Kirchengeschichte), der das Herz unseres jungen Theologen mit Liebe und Verehrung füllte; Unterricht, den er in den unteren Schulen des Franckeschen Waisenhauses erteilte, sicherte ihm den Unterhalt. Sein Christentum, nach seinem eigenen Bekenntnis, blieb indessen damals ein rein äußerliches. »Ich hatte noch keinen Geschmack an der Erlösung durchs Blut Christi; . . . Gott kam mir aber zu

Hilfe und warf mich in ein sehr tiefes Gefühl meines unergründlichen Seelenverderbens. Da saß ich an den Wassern zu Babel und weinete, wenn ich an Zion gedachte.«

1744 im Frühjahr, erst neunzehn Jahr alt, hatte er seine Studien beendigt. Er trat – durch viele Arbeit körperlich erschüttert – eine Reise an, suchte christliche Prediger und Gottesmänner auf und zeigte damals eine große Neigung, zu den Herrenhutern überzutreten. Dies unterblieb jedoch. 1744 im Spätherbst wurd er Vikar in Zerrenthin bei Prenzlau, wo er empfinden lernte, »wie schwer sich's predigt, wenn niemand hören will«. Zwei Jahre später (1746) kam er als Hauslehrer des jungen Grafen von Promnitz nach Drehna in der Niederlausitz, wo er nunmehr mit großem Erfolge zu predigen begann. Sein Predigereifer und die ihm daraus entspringende Kraft waren so groß, daß er in verhältnismäßig kurzer Zeit die *wendische Sprache* lernte, um den Spreewaldwenden das Evangelium predigen zu können.

1748 erhielt er einen Ruf nach Bunzlau. Es hieß anfänglich: er sei zu jung. Am zwanzigsten Sonntage nach Trinitatis aber predigte er über den Text: »Der Herr sprach zu mir: Sage nicht: ›*Ich bin zu jung*‹, sondern du sollst gehen, wohin ich dich sende, und predigen, was ich dir heiße«, mit solcher Gewalt, daß er die ganze Gemeinde mit sich fortriß. Bald hatte die Kirche nicht Raum genug für die, die kamen, und unter freiem Himmel, im Bunzlauer Stadtwald, mußte er nunmehr predigen. »Es schien, als ob das Feuer Christi die ganze Stadt anzünden wollte.« Dabei blieb er voll körperlicher und geistiger Frische. 1749 verlobte er sich mit Johanna Sabina, Tochter des Pastors Zietelmann zu Flieth bei Prenzlau; im Mai trafen sich die jungen Brautleute in Berlin, wo neun Söhne (darunter bereits drei Pastoren), eine Tochter und drei Schwiegertöchter des alten Pastors Woltersdorf sich zur Hochzeitsfeier versammelt hatten. Der Vater segnete das Paar ein, das bald darauf in die Bunzlauer Pfarrwohnung einzog.

Die junge Frau brachte Glück und empfing es. Aber die Flitterwochen müssen doch anders gewesen sein, wie heutzutage Flitterwochen zu sein pflegen. Alles junge Glück der Liebe schloß eine immer wachsende geistliche und geistige Tätigkeit so wenig aus, daß im Jahre 1751 bereits zwei starke Bände »Evangelische Psalmen« vorlagen, die Zeugnis ablegten von dem schöpferischen Drang des jungen Geistlichen. Sie waren, beinah 200 an der Zahl, mit nur wenig Ausnahmen ein Produkt der letzten drei Jahre. Über die Art, wie dieselben entstanden, lassen wir ihn selber sprechen:

»Was den Ursprung dieser Lieder betrifft, so kann ich wohl mit Wahrheit sagen: *ich habe sie von dem Herrn empfangen.* Sonst würd ich auch in meinem Gewissen keine Freiheit haben, sie drucken zu lassen ... Gott hat mir von Natur eine Neigung zur Poesie gegeben. Schon in meiner Kindheit fing ich an, Verse zu machen. Aber erst als ich des seligen Lehr und nach einiger Zeit auch des seligen Lau ›Leben und letzte Stunden‹ in die Hände bekam, ging etwas in mir vor. Von dieser Zeit an ist der Trieb, dem Herrn Lieder zu dichten, in mir recht aufgewachet. Ja, er ist von Zeit zu Zeit immer stärker worden, daß er sich auch besonders in meinem Amt, in welchem ihn die vielen überhäuften Geschäfte sonst hätten ersticken müssen, so vermehret hat, daß ich oft selbst nicht gewußt, wie es zugegangen. Ich kann nichts anders sagen, als daß ich's für eine augenscheinliche *Erhöhung meines Gebets* ansehen muß.

Oft hab ich an nichts weniger gedacht, als Verse zu machen. Aber es fiel mir plötzlich ins Gemüt und regte sich ein Trieb, daß ich die Feder ergreifen mußte. Ein andermal hatt ich keine Lust; aber es war, als müßt ich wider Willen schreiben. Zuweilen war ich von vieler Arbeit ganz entkräftet, allein es wurde mir eine Materie so lebendig und floß so ungezwungen und ohne Müh in die Feder, daß es schien, ich könnte das Schreiben nicht lassen. Ja, ich muß gestehen, daß mir's oft wie ein Brand im Herzen gewesen, und mehrmalen mußt ich mich mit Gewalt zurückziehen, damit ich mich nicht übernähme oder meine Natur zu sehr schwächete. Wollt ich zuweilen drei Verse schreiben, so wurden gleich zwölf, fünfzehn oder gar dreißig daraus. Manches Mal konnte die Feder dem schnellen Zuflusse nicht einmal folgen. Oft mußt ich's, wenn ich so hintereinander geschrieben, erst überlesen, um zu wissen, was es wär, und mich dann selbst wundern, daß das da stund, was ich fand. Und so sind diese langen Lieder der ersten Sammlung entstanden. Ich nahm mir vor, ein Lied in gewöhnlicher Größe zu schreiben, aber wenn ich hineinkam, sind oft vierzig, fünfzig, hundert, zweihundert und mehr Verse fertig geworden.«

Er fährt dann fort:

»Was ich in so großer Geschwindigkeit niedergeschrieben, ich hab es hinterher vielmal durchgelesen, einiges oft umgeschmolzen, anderes lange liegenlassen; aber das ist wahr, daß ich anderes, das so recht aus dem Herzen gequollen, nie geändert habe. Die Ursach ist, weil das am ersten und natürlichsten wieder in die Herzen hineinfließet, was ohne Zwang herausgeströmet ist... Fraget nur die Dichter dieser Welt, ob sich nicht Ähnliches bei ihnen findet, wenn sich ein poetisches Feuer bei ihnen reget. Und was soll nicht erst der herrliche Geist des lebendigen Gottes tun, wenn er die natürlichen Triebe zur Dichtkunst mit seinen Kräften anfeuert!

Es bleibt mir eine unumstößliche Wahrheit, daß alle vernünftigen Regeln der Dichtkunst sehr gut sind und von einem Dichter nach seiner Gelegenheit mit großem Nutzen gebraucht werden können, daß aber dennoch das Göttliche in der Dichtkunst nicht anders als auf den Knien gelernt werden kann. Denn wenn der Geist aller Geister das Herz des Poeten nicht entflammt, so weiß ich nicht, ob ich die erhabenste Poesie überhaupt noch eine göttliche nennen kann... Die Heiden haben von ihren toten Götzen treulich gesungen. Aber so viele Dichter unter den Christen wissen von ihrem lebendigen Gott, von dem Gott aller Götter, ja von ihrem Mensch gewordenen Gott, der am Kreuz in seinem Blute für sie gestorben, nichts zu sagen. Sie holen lieber vermoderte Stücke von den verfaulten Götzen der Heiden und schmücken sie, dem Gott Israels zum Hohn... Ein berühmter Günther will lieber der Venus zu Ehren als zum Ruhm des Kreuzes singen; aber die Reime Hans Sachsens machen alle Werke Günthers zuschanden, weil doch so manche Seele daran selig glauben kann.«

Soweit er selbst. Man muß es ihm lassen, daß er seine Sache gut zu führen weiß; bescheiden und bewußt – jedes an rechter Stelle. Dabei kann einem aufmerksamen Leser nicht entgehen, daß er in dieser Rechenschaftsablegung alle die Punkte in den Vordergrund stellt, über die die Meinungen auseinandergehen können. Er war eben ein christlicher »Improvisator«, ja, in allen Ehren sei es gesagt, eine Art von Psychographendichter und ließ die Feder laufen. Wir kommen an anderer Stelle darauf zurück.

Alles, was wir aus ihm zitiert haben, ist einer Vorrede entnommen, die er im Jahre 1750 schrieb. Er war damals fünfundzwanzig Jahr alt, predigte seit sechs Jahren und war im Amte seit drei, hatte Frau und Kind und konnt auf eine literarische Tätigkeit zurückblicken, die bereits damals über 200 Lieder umfaßte, mehrere davon über 200 Strophen lang. Eine Produktionskraft, die wohl kein anderer deutscher Dichter aufzuweisen hat, auch nicht die Meistersänger, an deren Dichtungsart die didaktische Weise Woltersdorfs am meisten erinnert.

Seine poetische Tätigkeit war übrigens im großen und ganzen mit 1750 abgeschlossen. Es waren ihm noch elf Lebensjahre beschieden, aber die Mühen und Sorgen des Amtes wurden doch so übermächtig, daß selbst *sein* lebendiger Strom versiegte. Er trat 1755 an die Spitze des nach dem halleschen Vorbild errichteten Bunzlauer Waisenhauses und wirkte daran noch eine Zeitlang in Segen, bis sein schwacher Körper unter der Last zusammenbrach. Sein Biograph schreibt: »Man darf sagen, er hatte sich im Dienst des Herrn verzehrt.«

Der 17. Dezember 1761 war sein letzter Tag. Die Schmerzen nahmen zu, seine Klagen ab. Als seine Frau mit einem seiner Kinder weinend am Bette stand, sagte er mit Glaubensfreudigkeit: »Wenn du keinen anderen Kummer hast als diesen!« Und dann lag er still. Abends aber redete er viel, jedoch so leise, daß sich nur einzelne Liedesworte verstehen ließen. Um die sechste Stunde war er tot. Er war sanft eingeschlafen.

Das Waisenhaus verlor viel, und der Jammer der eben zum Konfirmandenunterricht versammelten Kinder erfüllte das Pfarrhaus. In allen Häusern der Stadt war Wehklagen. Am 22. Dezember hielt ihm sein Herzensfreund, David Gottlieb Seidel, die Leichenpredigt und sprach »von der gegründeten Hoffnung eines Lehrers, der einen lautern Sinn beweiset, *wenn er auch über Macht beschweret ist*«.

»Über Macht« war Woltersdorf beschweret gewesen; nun war er frei. Für seine Witwe und seine sechs Kinder sorgte der Herr, indem er Seelen erweckte, die sich ihrer Dürftigkeit annahmen. Es wurde seine Zuversicht erfüllet, die er oft aussprach, *wenn er sein letztes Stück Brot mit den Armen teilte.*

So starb Woltersdorf, erst sechsunddreißig Jahr alt. Er hatte ein äußerlich armes, innerlich desto reicheres Leben geführt. Wie in vielem, so war er auch in der Anspruchslosigkeit und Stille seines Lebensganges, in dem Fehlen alles dessen, was man als romantisch-frappant bezeichnen kann, den Herrenhutern verwandt. Er protestiert zwar gegen diese Gemeinschaft und sagt: »Allen Dingen, die in Leben und Lehre dem Worte Gottes zuwider sind, bin ich von Herzen feind, weshalb ich den Plan der herrnhutischen Gemeine, wie er jetzt ist, nimmermehr werde billigen können.« Aber trotz dieses Protestes, der gewiß aufrichtig gemeint und wohlbegründet ist, ist doch unverkennbar, daß seine Dichtung unter Zinzendorfschem Einfluß heranwuchs. Er gebraucht wie dieser die stark sinnlichen Reden von Turteltauben und Nachtigallen, von dem süßen Blut des Erlösers und von der Herrlichkeit seiner Blutrubinen. Er verteidigt auch diese Ausdrucksweise: »Die Herzen sollen durch die Sinne bewegt werden, und nur das eine ist zu fordern, daß kein schwulstiges, unanständiges oder gar lächerliches Wesen dabei zutage komme.« Im übrigen scheint er sich selber nur eine Durchschnittsbegabung zugeschrieben zu haben. »Ich habe«, so schreibt er, »nicht eine große Zierlichkeit und Pracht, sondern eine *fließende und bewegliche Deutlichkeit* erwählet, damit mich jedermann, auch zur Not ein Kind, verstehen möchte. Das macht zwar kein sonderliches Ansehen, ist aber desto *nutzbarer.* Wir sollen unserm Erlöser nicht allein die Gelehrten und Großen zuführen, sondern unter den Geringen und Einfältigen wuchert sein Evangelium am meisten. Allzu hohe Lieder nutzen niemandem oder doch nur wenigen.«

So er selbst. Die Urteile Neurer über den Wert seiner Dichtungen weichen erheblich voneinander ab. Koch schreibt: »Woltersdorf ist ein lebendiges Zeugnis der dichtenden Kraft des heiligen Geistes in der lutherischen Kirche«, wogegen Hagenbach nicht nur an der Weitschweifigkeit seiner Lieder, die wegen ihrer Länge nie gesungen werden können, Anstoß nimmt, sondern auch »Fluß und Guß, mit einem Wort, die rechte Rundung und Vollendung in ihnen vermißt«. Selbst R. Besser, in seinem »Leben E. G. Woltersdorfs«, kann nicht umhin, auf eine gewisse Unselbständigkeit Woltersdorfs hinzuweisen, und sagt in seiner anschaulichen Ausdrucksweise: »Er suchte, wie eine *Hopfenrebe*, stets gern einen tragenden Halt für seine Dichtungen.«

Wir selbst haben die *besten* seiner Dichtungen mit Freudigkeit und nicht ohne Erhebung gelesen. Wie schön beispielsweise sind folgende Strophen:

Wer ist der Braut des *Lammes* gleich?
Wer ist so arm? und wer so reich?
Wer ist so häßlich und so schön?
Wem kann's so wohl und übel gehn?
Lamm Gottes, du und deine sel'ge Schar
Sind Mensch' und Engeln wunderbar.

Verfolgt, verlassen und verflucht,
Doch von dem Herrn hervorgesucht;
Ein Narr vor aller klugen Welt,
Bei dem die Weisheit Lager hält;
Verdrängt, verjagt, besiegt und ausgefegt
Und doch ein Held, der Palmen trägt.

Das ist der Gottheit Wunderwerk
Und seines Herzens Augenmerk:
Ein *Meisterstück*, aus *nichts* gemacht,
So weit hat's Christi Blut gebracht;
Hier forscht und betet an ihr Seraphim,
Bewundert uns und danket ihm.

Auch in *diesen* Strophen mag sich ein starkes Anlehnen an einzelne Vorbilder aus dem hallensisch-pietistischen Dichterkreise nachweisen lassen, aber der *Laie* wird dadurch wenig gestört werden. Seine Laienschaft kommt ihm und dem Dichter zustatten. Das Maß unseres Wissens bestimmt auch das unsrer Ansprüche. Je lebendiger jemand die *großen Originale*, die Kraft- und Kernlieder deutscher Nation, gegenwärtig hat, desto ablehnender wird er sich gegen Lieder verhalten, die für sein geübtes Ohr eben nur ein

Widerklang sind. Wer indessen weniger bewandert darin ist, wird leichter befriedigt sein. In der weltlichen Dichtung sehen wir Ähnliches. Wer den Heine nicht kennt, erfreut sich auch an den Nachbildungen desselben, wer ihn kennt, verhält sich gegensätzlich gegen alles, was heinisiert.

Gewiß – und damit schließen wir – ist Woltersdorf nicht den großen Gestalten unter unsren Kirchenlieddichtern zuzuzählen, dazu war er zu wenig eine Kraftnatur. Im Gegenteil, etwas Krankhaftes zieht sich durch sein Leben und spiegelt sich auch in seiner dichterischen Hyperproduktion. Aber zweierlei muß ihm verbleiben, und während er immer als ein Musterbeispiel für den wunderbaren Einfluß »des geistigen Fluidums über die träge Masse« dastehen wird, wird er andrerseits, wenigstens *provinziell* und lokal, eine hervorragende Bedeutung auf seinem speziellen Gebiete beanspruchen dürfen. *Mark Brandenburg* hat auf dem Gebiete des Kirchenliedes keinen Besseren aufzuweisen, auch wohl keinen, der sich *neben* ihm behaupten könnte.

Schloß Friedrichsfelde steht noch, wie es 1719 und 1735 aufgeführt wurde, das alte *Pfarrhaus* aber, abgelöst durch einen unmittelbar neben ihm entstandenen Neubau, ist längst hinüber. Ein Garten füllt jetzt den Platz, wo das alte stand, und ein Birnbaum blüht jeden 31. Mai an derselben Stelle, wo Woltersdorf, der Dichter, geboren wurde.

RECHTS DER SPREE

BUCH

> Was sonst in Ehren stünde,
> Nun ist es worden Sünde,
> Was fang ich an!
>
> *Th. Storm*

Zwei Meilen nördlich von Berlin liegt das Dorf Buch, reich an Landschaftsbildern aller Art, aber noch reicher an historischen Erinnerungen. Einer unserer Lustgartenomnibusse führt den Reiselustigen über Pankow und Schönhausen bis an die Grenze von Französisch-Buchholz, etwa halber Weg; *wir* aber, in jenem stolzen Wandergefühl, das sich nach Strapazen sehnt, haben den Omnibus verschmäht und treffen erst mit der untergehenden Sonne vor Buch ein.

Gleich der Eintritt ins Dorf ist malerisch. Eine Feldsteinbrücke wölbt sich über ein Wässerchen, das schäumend einen Bergabhang herniederkommt, die Häuser steigen in leiser Schlängellinie bergan, und nach links hin, als woll er das Dorf in seinen Arm nehmen, zieht sich, waldartig, ein ausgedehnter Park. Anders nach rechts hin, wo sich Wiesen und Felder dehnen, deren Stille nur von Zeit zu Zeit das Rasseln eines vorüberfahrenden Eisenbahnzuges unterbricht.

Wir haben die Feldsteinbrücke passiert und die Mitte des Dorfes erreicht. Hier begegnen wir endlich einem seit einer halben Stunde herangesehnten Bilde. Krippen lehnen sich an die Wand, ein Planwagen steht zur Seite, drauf ein Spitz die Wache hält, und von über der Tür des Hauses her grüßt uns das Wörtchen »Gasthaus«. Einige Stufen führen uns in den Flur und der Flur wieder in die Küche, drin ein Dutzend Hände geschäftig ist und das überkochende Wasser eben in die Herdflamme zischt. Unbestimmte Vorstellungen von einem »Hier ist es gut sein« erfüllen unser Herz; aber alle Zimmer im Hause sind bereits vergeben (eine Hochzeit ist im Dorf), und so haben wir uns schließlich noch zu beglückwünschen, uns von der freundlichen Frau Wirtin ein

Abendbrot und ein Strohlager samt ein paar Decken zugestanden zu sehn.

Und nun beurlauben wir uns, um unsern ersten Gang in den Park zu machen.

Die Zeit des Sonnenuntergangs ist die geeignetste dazu – die grauen Schleier des Abends sind es, die *diesem* Parke kleiden. Wo Springquellen hoch in die Luft steigen und des Lichts bedürfen, um in allen Farben zu schillern, wo Blumenvierecks in den Rasen eingewoben sind oder Statuen in den grünen Nischen stehen, da mag es geraten sein, um Morgen- oder Mittagszeit auf und ab zu schreiten. Aber ein solcher Park ist nicht *der*, in den wir eben eingetreten sind. Nicht Kaskaden und Fontainen sind hier zu Haus, kein Bach rieselt und plätschert über Steine hinweg, als liefen spielende Kinder durch den Garten, ein stiller und breiter Graben nur durchschneidet ihn und dehnt sich aus, als wär es ein Teich. Die Buche hängt ihr Gezweige tief in das Wasser nieder, und die Tanne streut ihre Schuppenäpfel über die Kiesgänge hin. Alles Bunte fehlt. Die Rüsternalleen, die sich wie Kirchenschiffe wölben, erscheinen nicht wie Weg und Steg in die freie Natur hinaus, sondern wie Gitter und Spaliere *gegen* dieselbe. Dieser Park hat zu lachen verlernt. Wenn das Sonnenlicht auf ihn fällt und ihn erheitern will, ist es wie eine Witwe, die man mit Bändern und Blumen schmückt.

Es war neun, als wir aus dem Park in das Wirtshaus zurückkehrten und uns an den gedeckten Tisch setzten, der unsrer schon wartete. Bald danach erschien auch die Magd, um unser Nachtlager herzurichten. Ein paar nach oben gekehrte Stühle gaben die Schrägung, eine Schütte Stroh ward ausgebreitet, und zwei große rote Deckbetten, deren jedes mich an eine dicke, wulstige Päonie gemahnte, vollendeten den Hoch- und Tiefbau, darin wir eine halbe Stunde später versanken.

Müdigkeit sorgte für Schlaf, und statt unsrer Träume sei hier die Geschichte Buchs und seiner vier alten Familien: der Röbel, Pöllnitz, Viereck und Voß, erzählt.

Zunächst ein Wort über die Röbels.

Die Röbels

Die Röbels kamen etwa gleichzeitig mit den Askaniern in die Mark und gehörten einem Geschlecht an, das sehr wahrscheinlich von der am Müritz-See gelegenen Stadt Röbel (im Mecklenburgischen) seinen Namen führte. Schon im Landbuche von 1375 genannt, waren sie später im Norden und Nordosten von Berlin ansehnlich begütert und besaßen allda die samt und sonders im jetzigen niederbarnimschen Kreise gelegenen Ortschaften: Schönfließ und Schöneiche, Birkholz und Blankenburg, Wartenberg, Hohenschönhausen und Buch.

In teilweisem Besitze dieses letztren finden wir sie schon vor Beginn der hohenzollerschen Zeit, aber erst um 1541 kam das *ganze* Dorf Buch in ihre Hände.

Das war unter Hans von Röbel. Derselbe war kurbrandenburgischer Rat und gehörte mit zu den eifrigsten Anhängern und Beförderern der Reformation.

Ebendesselben Geistes waren seine zwei Söhne Joachim und Zacharias von Röbel, von denen der erstere, der mit einer Hedwig von Krummensee vermählte Joachim, die freundschaftlichsten Beziehungen zu Philipp Melanchthon unterhielt. Diese Beziehungen waren der Art, daß der Reformator (und zwar allem Anscheine nach wiederholentlich) auf Besuch nach Buch kam und zwei Kinder Joachims von R. über die Taufe hielt. Er machte bei dieser Gelegenheit der Kirche zu Buch ein aus den Werken Luthers bestehendes Geschenk, zehn Bände, in deren zehnten Band er einen Paulinischen Spruch aus dem Brief an die Kolosser: »Lasset das Wort Christi unter euch reichlich wohnen in aller Weisheit, lehret und vermahnet euch selbst mit Psalmen und Lobgesängen und geistlichen lieblichen Liedern, und singet dem Herrn in eurem Herzen«, eigenhändig eingetragen hat. Darunter die Jahreszahl 1559. Dieses Geschenk ist bis diesen Tag das Wertstück und die Zierde des Bucher Kirchenarchivs.*

* Allerdings scheinen nicht *alle* Mitglieder der damaligen Röbelschen Familie von gleich ausgesprochener Kirchlichkeit gewesen zu sein. Einige waren Lebemänner, insonderheit Andreas von Röbel, ein am Hofe zu Cölln a. d. Spree hochangesehener Gast. Und zwar hochangesehen wegen seines »adligen Zechens«. Erst um 1577, als er zur Bekleidung eines geistlichen Ehrenamtes an den Havelberger Dom berufen wurde,

Joachim von Röbel war aber auch ein Kriegsheld und bracht es zu den höchsten militärischen Ehren in brandenburgischen, sächsischen und zuletzt auch in kaiserlichen Diensten. Er zeichnete sich namentlich in der blutigen Schlacht bei Sievershausen aus, in der Moritz von Sachsen fiel. Im Jahre 1572 besuchte er, als kaiserlicher Feldmarschall, seinen Bruder Zacharias von Röbel, der damals in der Festung Spandau kommandierte. Bei dieser Anwesenheit verschied er im siebenundfünfzigsten Jahre seines Alters und ward in der Spandauer Nikolaikirche beigesetzt. Drei Jahre später, 1575, starb auch sein Bruder. Ein beiden errichtetes Denkmal bewahrt ihre Namen in ebengenannter Kirche. Beide sind gleich gewaffnet, in Plattenrüstung mit Schwert und Morgenstern. Dazu folgende, die Kriegstaten Joachims von Röbel verherrlichenden Reime:

Der edel und viel kühne Held
Joachim von Röbel, ich dir meld,
Von Jugend auf mit gutem Rat
Gar manche Schlacht besuchet hat.
In Holstein, Fünen, Kopenhagen,
In Ungarn, Frankreich tat er's wagen,
Der Graf von Oldenburg sein' Mut
Gespürt; der Sachs ihm auch war gut:

Zum Wacht- und Rittmeister ihn macht';
Feldmarschall ihn vor Magd'burg bracht.
Clauß* er auch half nehmen ein,
In Ungarn Feldmarschall sollt sein.
Feldmarschall im Braunschweiger Land
War er, braucht' ritterlich sein' Hand;
Da Herzog Moritz fiel, der Held,
Feldmarschall er war kühn im Feld.

schien es nötig, ihn einen Enthaltsamkeitsrevers unterzeichnen zu lassen. In diesem hieß es: »... Und so will ich denn bei jeder Mahlzeit mit zwei ziemlichen Bechern Biers und Weins zufrieden sein. Sollt ich das aber übertreten und einmal trunken befunden werden, so will ich mich in der Küche einstellen und mir vierzig Streiche weniger eins (wie dem heiligen Apostel Paulus geschehen ist) von denen, so Ihro Kurfürstliche Gnaden dazu verordnen werden, mit der Rute geben lassen.

Andreas von Röbel«

* Die »Klaus« in Tirol, um deren Besitz sich auf Kurfürst Moritz' Zuge nach Innsbruck ein heftiger Kampf entspann.

Feldmarschall er vor Gotha kam,
Kurfürst August ihn mit sich nahm.

Ein Sohn dieses Feldmarschalls Joachim von R. war Ehrentreich von Röbel, der, neben Stipendien und anderen zahlreichen Stiftungen, auch ein »Röbelsches Erbbegräbnis«, und zwar in der Marienkirche zu Berlin, errichtete. Dasselbe zeigt die vor einem Kruzifix knienden lebensgroßen Figuren Ehrentreichs selbst und seiner Gemahlin Anna von Göllnitz, gestorben 1630. *Jener* – ein wohlbeleibter Herr mit stattlichem Bart – trägt die Ritterrüstung des siebzehnten Jahrhunderts, *diese* die kleidsame Frauentracht jener Zeit: ein langes Gewand mit weiten, faltigen Ärmeln und eine Flügelhaube.* Soviel über die Röbels. Von den andern drei Familien an andrer Stelle.

Die Sonne weckt uns bei guter Zeit. Das rote Deckbett hat uns mit all seiner Schwere nicht sonderlich gedrückt, und aufspringend eilen wir ans Fenster und lassen den Sommermorgen ein. Auch das Frühstück kommt, und die Lindenbäume draußen sorgen für Duft und Klang. Ein Blick noch auf das Strohlager, den Schauplatz unseres stillen Muts, und wir treten in die Dorfgasse hinaus, um zunächst dem Schlosse drüben unsern Frühbesuch zu machen.

Das *Schloß* zu Buch ist ein Flügelbau von jener einfachen Art, wie das vorige Jahrhundert ihrer so viele auf unsern märkischen Rittergütern entstehen sah. Sie haben einen gemeinsamen Familienzug, und wenn sich das vor uns liegende Schloß von ähnlichen Bauten unterscheidet, so ist es durch nichts als durch eine noch größere Einfachheit. Aller Schmuck scheint geflissentlich vermieden. Keine Säulen,

* Auch eines *andern* Röbel noch, der sich im siebzehnten Jahrhundert auszeichnete, möcht ich hier flüchtig und in einer Anmerkung wenigstens erwähnen dürfen. Es war dies der Oberst Dietrich von Röbel auf Hohenschönhausen, der, »durch den sächsischen Kurfürsten Johann Georg III. mit Führung eines Regiments zu Fuß begnadigt, an der Spitze dieses Regiments mit vor Wien und Ofen war und unterschiedenen Campagnen und Battalgen beiwohnte«. Des Krieges endlich müde, zog er sich um 1690 oder doch nicht viel später auf sein väterliches Gut (Hohenschönhausen) zurück und begann daselbst die kleine Steinkirche zu schmücken. Zu Helm und Schild einer mutmaßlich längst zurückliegenden Epoche hing er die Fahnen und Feldzeichen seines sächsischen Regiments und bekleidete die Wandung der Empore mit den Wappenschildern aller ihm durch Heirat verwandt gewordenen Familien: der Sparrs und Flanß', der Pfuels und Arnims und insonderheit der jetzt ausgestorbenen, aber im siebzehnten Jahrhundert über den ganzen Barnim hin reich begüterten Krummensees.

kein Fries, kein Fenstersims; nicht Turm, nicht Erker, ja selbst die Rampe fehlt, die sonst wohl den Eindruck der Stattlichkeit schafft oder steigert. Ein paar Arabesken schnörkeln sich um die Tür, und ein halbes Dutzend Orangenbäume fassen den Kiesplatz ein. Alles schlicht, und doch hat man das bestimmte Gefühl, daß hier Reichtum und Vornehmheit ihre Stätte haben. Das Haus gleicht einem einfachen Kleid, einfach und altmodisch, aber der Park, der es einfaßt, ist wie ein reicher Mantel, der die Frage nach dem Schnitt des Kleides verstummen macht.

Und dieser Eindruck wiederholt sich im Innern. Aller bürgerliche Komfort fehlt, ebenso die kleinen Niedlichkeiten, in deren Hervorbringung die Neuzeit so verschwenderisch gewesen; aber diese Nippes fehlen nur, weil das Herz des Besitzers an andern Dingen hing oder weil er in feinem Sinn empfand, daß das Moderne zu dem historisch Überlieferten nicht passen würde.

Wir haben unsern Umgang vollendet und treten wieder in den Park hinaus. Einer der vielen Laubengänge desselben führt uns bis an die nahe gelegene Kirche.

Diese *Kirche* zu Buch ist ein ziemlich auffälliges Bauwerk. In einer alten Beschreibung Berlins und seiner Umgegend wird sie die »schöne Kirche« genannt, ein Ausspruch, der wohl nur in Zeiten möglich war, in denen man aufrichtig glaubte, durch Laternen- und Butterglockentürme die gotischen Formen unsrer alten Feldsteinkirchen ersetzen oder gar noch verbessern zu können. Alles, was dieser Bucher Kirche zugestanden werden darf, ist Stattlichkeit und ein gewisser malerischer Reiz. Ihre Grundform bildet ein griechisches Kreuz, aus dessen Mitte sich eine merkwürdige Mischung von gegliedertem Kuppel- und Etagenturm erhebt. Versuch ich eine Beschreibung. Jeder kennt jene Garten- und Speisepavillons, die sich in den Parkanlagen des vorigen Jahrhunderts so vielfach vorfinden und meist aus sechs oder acht, ein gewölbtes Dach tragenden korinthischen Säulen bestehn. Denke man sich nun drei solcher Pavillons in Verjüngung übereinandergestellt und den untersten Pavillon kreuzartig erweitert, so hat man im wesentlichen ein Bild der Bucher Kirche. Nur eines kommt noch hinzu: rotgetünchte Wandflächen füllen den Raum zwischen den weißen Säulen und Pfeilern aus und stellen dadurch ein gestreiftes Ganze her, das am ehesten vielleicht an die holländischen Bauten aus dem Anfange des achtzehnten Jahrhunderts erinnert.

Ehe wir in die Kirche selbst eintreten, steigen wir einige Treppenstufen hinab in die Gruft, die sich unter dem Ostflügel der Kirche befindet und in mehr als einer Beziehung ein Interesse verdient. Diese Gruft oder doch wenigstens ein Teil derselben ist wahrscheinlich ein Überrest der *alten* Kirche, die hier stand, eine Voraussetzung, die sich darauf stützt, daß ein Sarg aus dem Jahr 1679 vorhanden ist, während die gegenwärtige Kirche nicht vor 1727 beendigt war.

Die Gruft besteht aus zwei gewölbten Räumen, die durch eine offene Tür miteinander in Verbindung stehen. Der hintere Raum ist wahrscheinlich älter und empfängt so wenig Licht, daß man eine Kerze anzünden muß, um irgend etwas sehen zu können. Alles, was mehr in Front liegt, ist hell und geräumig. Beide Teile haben übrigens das gemeinsam, daß die darin aufgestellten Toten zu *Mumien* werden. Die hintere Gruftkammer beherbergt nur einen einzigen Sarg, in dem vorderen Gewölbe dagegen befinden sich einundzwanzig Särge, von denen vierzehn zur Linken und sieben zur Rechten stehen; dazwischen ein Gang. In den vierzehn Särgen zur Linken sind Mitglieder der Familie Viereck (darunter der Minister und seine beiden Frauen) beigesetzt, die sieben Särge zur Rechten aber umschließen Mitglieder der Familie Voß.

Wodurch die Mumifizierung erfolgt, ist noch nicht aufgeklärt. Vielleicht ist es die Trockenheit und mehr noch eine beständige leise Bewegung der Luft, was diese Erscheinung hervorruft. Die mumifizierten Körper sehen weiß aus, sind verhältnismäßig wenig eingedörrt und zeigen noch eine gewisse Elastizität von Haut und Fleisch. Der hier zuletzt Beigesetzte ist der Staatsminister Otto Karl Friedrich von Voß. In den Sargdeckel ist eine Metalltafel eingelegt, die einfach die Namen und Daten (geboren den 8. Juni 1755 etc.) gibt. Es ist dies derselbe Otto Karl Friedrich von Voß, der zur Zeit der Hardenbergschen Verwaltung, insonderheit aber in den Jahren, die den Befreiungskriegen folgten, aufs entschiedenste die Prinzipien und Interessen einer konservativen Politik vertrat. Unmittelbar nach dem Tode Hardenbergs wurde

Voß Präsident des Staatsrats und des Staatsministeriums. Er überarbeitete sich, erkältete sich während einer Feuersbrunst, die gerade damals in Buch ausbrach, und zog sich einen Rückfall zu, als er nach längerer Zeit wieder seinen ersten Vortrag beim Könige hielt, *zu dem er nicht anders als in Schuhen und Strümpfen hatte gehen wollen.* Sein Tod war die Folge davon. Er starb am 30. Januar 1823.

Der schwere eichene Sarg, der sich in dem *älteren*, lichtlosen Gewölbe befindet, steht gemeinhin offen. Der danebenliegende Deckel ist mit einer Unmenge von schwarzen Nägelchen beschlagen, die sich bei näherer Untersuchung zugleich als Inschrift des Sarges erweisen. Die Entzifferung ist aber so schwierig, daß ich nur für annähernde Richtigkeit bürgen kann. Die Inschrift lautet: »Der hoch-hochwohlgeborne Herr, Herr Gerhard Bernhard Freiherr von Pöllnitz, Erbherr auf Reschau in Preußen, auf Buch, Karow und Birkholz in der Mark, kurfürstlich brandenburgischer Geheimer Kriegsrat, General-Wachtmeister und Oberstallmeister, Oberster im Dragonerregiment Mörner, residierte in Berlin, Cölln und Friedrichswerder; geboren 1617, gestorben den 2. August 1679.« Der völlig mumifizierte Körper, der am ehesten einem mit einer elastischen Ledermasse überzogenen Skelette gleicht, ist völlig unbekleidet und nur mit einem graumelierten Domino zugedeckt, an dem noch Hunderte von aufgenähten Silberschuppen glitzern. Der Schädel ist groß und prächtig geformt, das Gesicht aber klein und auf feine Formen deutend. Die Stirn zeigt eine Fraktur des Schädelknochens, wie es heißt, infolge eines Säbelhiebes, den der Freiherr in einer der Schlachten des Dreißigjährigen Krieges empfing. Das Nasenbein ist lädiert. Das geschah bei folgender Gelegenheit. Die Franzosen, kurze Zeit nach der Jenaer Schlacht, kamen auch nach Buch und drangen in die Kirche. Voll Übermut schleppten sie den Mumienkörper des Freiherrn aus der Gruft nach oben und begannen allerlei frivole Spiele mit ihm. Bei der Gelegenheit fiel er um und brach das Nasenbein.* In der Tat, es ist ein mehr denn fragliches

* In einem andern märkischen Dorfe (Kampehl, in der Grafschaft Ruppin) kam eine ähnliche Geschichte vor. Übermütige Franzosen schafften die Mumie des Herrn von Kalbutz aus der Gruft in die Kirche und begannen, in höllischer Blasphemie, ihn als Gekreuzigten auf den Altar zu stellen. Einem der Übeltäter indes mochte das Herz dabei schlagen. Als er beschäftigt war, die linke Hand festzunageln, fiel der erhobene

Glück, in *dieser* Form der Nachwelt erhalten zu werden, und wir begreifen völlig diejenigen Mitglieder der Voßschen Familie, die sich ein Begrabenwerden in »ihrer Mumiengruft« eigens verbaten. Gerhard Bernhard von Pöllnitz ist übrigens nicht, wie gelegentlich geschieht, mit dem Touristen, Kammerherrn und Memoirenschreiber Karl Ludwig von Pöllnitz zu verwechseln, den Friedrich der Große durch die Worte: »ein infamer Kerl, dem man nicht trauen muß; divertissant beim Essen, hernach einsperren«, zu charakterisieren versucht hat und dessen Memoiren gegenüber es doch wahr bleibt, »daß sie leichter zu tadeln als zu entbehren sind«. Gerhard Bernhard von Pöllnitz war der Großvater des Memoirenschreibers und, wie es sich für einen General und Oberstallmeister geziemt, mehr ausgezeichnet mit dem Degen als mit der Feder.

Ein Zweifel, den nichtsdestoweniger der Freiherr Truchseß von Waldburg gegen den Mut und die soldatische Ehre des Oberstallmeister erhob, führte zu einem der seltsamsten Duelle, die je gefochten wurden. Die beiden Gegner trafen sich (1664) auf dem sogenannten »Ochsengrieß«, einer Wiese in der Nähe von Wien. Die weite Reise war nötig, weil die vielen Duelle, die damals am brandenburgischen Hofe vorkamen, zu den allerschärfsten Erlassen gegen den Zweikampf geführt hatten. Das Duell sollte zu Pferde stattfinden und die Kugeln in möglichster Nähe a tempo gewechselt werden. Der Oberstallmeister ritt an den Freiherrn Truchseß heran und fragte ihn, ob er gesagt habe: er habe ihn (den Pöllnitz) kujoniert und keine Satisfaktion bekommen können. Truchseß antwortete: »Ja, das habe ich gesagt.« Darauf wurden die Pistolen abgefeuert und in Gegenwart der Sekundanten frisch geladen. Pöllnitz fragte voll Courtoisie: »ob man die Pferde wechseln wolle«, was Truchseß ablehnte. Man ritt nun in lebhaftem Schritt aneinander heran und

Mumienarm zurück und gab dem unten stehenden Franzosen einen Backenstreich. Dieser fiel leblos um; Schreck und Gewissen hatten ihn getötet. (Ich bin seitdem in der Kampehler Kirche gewesen und kann diese Geschichte leider nicht bestätigen. Herr von Kalbutz liegt mit gefalteten Händen da, die Finger beider Hände wie in eins zusammengewachsen. Im übrigen erzählte mir der Küster von der großen Popularität dieser Mumie; Handwerksburschen aus aller Herren Länder, die durch Kampehl zögen, ermangelten nicht, sich den Herrn von Kalbutz anzusehn, den sie alle als ein Kuriosum der Mark Brandenburg kennen.)

schoß auf nächste Distance. Die Kugel des Truchseß streifte den Oberstallmeister über den Bauch, die Kugel des letzteren aber traf den Truchseß tödlich. Er sank zur Seite und hielt sich mühsam im Sattel. Pöllnitz fragte ihn jetzt: »Müsset Ihr nunmehro nicht zugestehen, daß Ihr mir Unrecht getan und meine Ehre ohne Grund gekränket habt?«, worauf Truchseß erwiderte: »Ich hab Euch Unrecht getan und bitte, daß Ihr mir vergeben wollt.« Man nahm den Truchseß aus dem Sattel und legte ihn auf den Rasen. Der Oberstallmeister kniete an seiner Seite nieder und sprach dem Sterbenden aus Gottes Wort christlichen Trost zu, bis er verschied.

Wir verlassen nun die Gruft und treten in die Kirche. Sie zeigt sich geräumig, lichtvoll und von einer Einfachheit, die nach der Überladenheit der Façaden angenehm überrascht. Es fehlt aller vergoldete Zierat, aber das Eichenschnitzwerk an Kanzel und Altar ersetzt ihn mehr als genügend. In der Mitte wölbt sich die Kuppel, und nur der Bilderschmuck, den man an *dieser* Stelle wenigstens versucht hat, hebt die gute Totalwirkung der *inneren* Kirche zum Teil wieder auf. Ein Moses mit den zwei Sinaitafeln auf seinen Knien und eine büßende Magdalena, die den Fuß auf Drachen und Totenkopf setzt, sind Leistungen, die auf eine wenig ruhmreiche Stufe vaterländischer Kunst zurückweisen.

Der Ostflügel bildet einen »hohen Chor«. Altar und Kanzel trennen ihn von dem Hauptteile der Kirche völlig ab, und nur zwei Treppen zur Rechten und Linken unterhalten die nötige Verbindung. Es scheint, daß es Absicht des Baumeisters war, hier Raum für ein Camposanto, für eine marmorne Gedächtnishalle, zu schaffen, eine Vermutung, die dadurch bestätigt wird, daß sich die bereits beschriebene Gruft gerad unter diesem Teile der Kirche befindet. Den Intentionen des Baumeisters ist aber nur einmal entsprochen worden. Ein einziges, allerdings sehr reiches und prächtiges Grabmonument erhebt sich an dieser Stelle: das von Glume herrührende Marmordenkmal des Ministers von Viereck. Zieht man den Geschmack jener Zeit in Erwägung, der in dem Hange nach geistreicher Symbolik vielleicht etwas zu weit ging, so muß man zugestehen, daß es eine ganz vortreffliche Arbeit ist. Die Gestalten, aus denen sich das Ganze zusammensetzt, sind folgende: der Tod mit der Sichel und ein Engel mit dem Palmzweig, wozu sich dann, von der andern Seite her, eine weibliche Figur mit einer weit geöffneten Leuchte gesellt, unzweifelhaft um das »Licht der Aufklärung« anzudeuten, das wenigstens zu *der* Zeit, als das Denkmal angefertigt ward – etwa ein Jahrzehnt nach dem Tode von Vierecks –, als unerläßliches Requisit eines preußischen Kultusministers angesehen wurde. Die Büste des Ministers krönt das Ganze; darunter sein und seiner beiden Frauen Wappen und unter diesen wiederum eine lateinische Inschrift in Goldbuchstaben, die, wie sich denken läßt, nur bei den Verdiensten des illustren Mannes verweilt und keinen Nachklang enthält von jener Reprimande König Friedrich Wilhelms I., die da lautete: »Geheimer Rat von Viereck soll sich meritieret machen, nicht zu viel à L'hombre spielen, diligent und prompt in seiner Arbeit sein, *nicht so langsam und faul, wie er bisher gewesen.*«

Der Unterschied zwischen preußischen Cabinetsordres und Grabschriften war immer groß.

Noch *eine* Stelle bleibt, an die wir heranzutreten haben. Unter der Kuppel, inmitten der Kirche, bemerken wir eine Vertiefung, als seien hier die Ziegel, womit der Fußboden gepflastert ist, zu einem bestimmten Zweck herausgenommen und später wieder eingemauert worden. Es wirkt, als habe die Absicht bestanden, einen Grabstein in diese Vertiefung einzulegen. Und in der Tat, wir stehen hier an einer Gruft. An ebendieser Stelle wurde die schöne Julie von Voß, bekannt unter dem Namen der Gräfin Ingenheim, beigesetzt.

Eine Darstellung ihres Lebens oder doch wenigstens ihrer Beziehungen zu König Friedrich Wilhelm II. ermöglicht sich seit 1876, seit welchem Jahre die Tagebuchblätter vorliegen, die durch die Gräfin von Voß, Oberhofmeisterin am preußischen Hof und Tante Juliens, während eines Zeitraums von beinah siebzig Jahren, von 1745 bis 1814, niedergeschrieben wurden.

Julie von Voss

Julie von Voß, Tochter des Geheimen Justizrats und ehemaligen Gesandten am königlich dänischen Hofe, Friedrich Christoph Hieronymus von Voß, Herrn auf Buch, Karow etc., wurde den 24. Juli 1766 zu Buch geboren.*

Über ihre Jugend und Erziehung verlautet nichts, und wir hören erst von ihr, als sie 1783 auf den Wunsch der alten Königin Elisabeth Christine, Gemahlin Friedrichs des Großen, an den Schönhauser Hof ebendieser alten Königin kam.

Julie von Voß war eine Schönheit im Genre Tizians, schlank und voll zugleich, von schönen Formen und feinen Zügen, blendend, aber von einer marmorähnlichen Blässe, die noch durch ein überaus reiches rötlichblondes Haar gehoben wurde. Bei Hofe hatte sie den Beinamen Ceres, sehr wahrscheinlich um dieses üppigen goldnen Haares willen, in dessen Schmuck auch die Bilder** sie darstellen, die noch von ihr erhalten sind.

Es paßte zu dieser ihrer Erscheinung, daß sie eine Vorliebe für alles Englische und eine Abneigung gegen alles Französische hatte, was ihr denn auch seitens der französischen Memoirenschriftsteller jener Epoche, Mirabeau an der Spitze, nachgetragen wurde. Der ihr oft gemachte Vorwurf der »Anglomanie« traf sie jedoch durchaus nicht; sie vermied es nur nach Möglichkeit, sich der damals allgemein üblichen französischen Sprache zu bedienen.

Der Prinz von Preußen, später König Friedrich Wilhelm II., zeigte sich allem Anscheine nach gleich vom ersten

* Nach dem Kirchenbuche zu Buch. In ebendiesem Kirchenbuche wird sie jedoch nicht Julie von Voß, sondern Elisabeth *Amalie* von Voß genannt. Diese Namen finden sich *zwei*mal vor, bei Gelegenheit ihrer Geburt (1766) und ihres Todes (1789). Woher es kommt, daß sie trotzdem als *Julie* von Voß fortlebt, ist bis zur Zeit nicht aufgeklärt. Ich würde, gestützt auf das Kirchenbuch, im Texte den Namen *Amalie* wiederhergestellt haben, wenn sich nicht in den Tagebuchblättern ihrer Tante, der Oberhofmeisterin, der Name *Julie* beständig wiederholte.

** Eins dieser Bilder befindet sich im Schloß zu Buch, ein anderes im Ingenheimschen Schlosse zu Seeburg, im Mansfelder Seekreise. Ein drittes Bild, in Pastell ausgeführt, besaß eine vor kurzem in dem hohen Alter von über neunzig Jahren verstorbene Frau von Häseler. Im Hause derselben hab ich es oft gesehen. Die Gräfin trug auf demselben ein Morgenkostüm, eine Art Tüllspenzer mit vielen krausgetollten Kragen. Durch die Fülle blonden Haares zog sich ein schwarzes Samtband. Augen und Teint sehr schön. Dies Portrait rührte von Frau von Sydow, einer Freundin der Ingenheim, her.

Augenblick an enchantiert, denn schon wenige Monate nach dem Erscheinen Juliens am Hofe begegnen wir im Tagebuch ihrer Tante den folgenden Aufzeichnungen.

1784 und 1785

»Julie gefällt dem Prinzen mehr, als mir lieb ist. Er spricht viel von ihr. Ich fürchte, sie ist nicht unempfindlich für seine Bewundrung, und sie wird sich durch ein solches Gefühl nur selbst unglücklich machen.« Einige Wochen später: »Die Prinzessin von Preußen ist eifersüchtig auf Julie.« Endlich im Dezember 84: »Ich hatte eine lange Unterredung mit dem Prinzen und hielt ihm sein Unrecht vor, Julie mit seiner Leidenschaft zu verfolgen; ich sagte ihm, daß er sie dadurch nur unglücklich machen werde, ja, ich sagte ihm meine *ganze* Meinung und die *ganze* Wahrheit mit allem Ernst. Er versprach mir, sein Benehmen zu ändern und alles zu tun, was ich wollte. Er hatte später noch eine Explikation mit Julie selbst, und ich weiß, daß sie ihm Vorwürfe gemacht hat, und mit Recht, daß er ihrem Ruf auf eine unverzeihliche Weise schade. Auch kam er sehr traurig und niedergeschlagen von ihr zurück. Ich sagte ihm noch einmal ernstlich, er müsse dieser Sache ein Ende machen, und er gelobte es mir.«

Eine gewisse Zeit scheint der Prinz sein Versprechen auch wirklich gehalten zu haben, aber nicht auf lange. Schon im Frühjahr 85 ist die Oberhofmeisterin aufs neue beunruhigt und schreibt:

»Der Prinz spricht wieder mehr mit Julie; das muß aufhören. Im Grunde fürcht ich vor allem, daß sie selbst sich innerlich nicht recht von ihm frei machen kann.« Und einige Wochen später: »Der Prinz kommt ewig zur *alten* Königin nach Schönhausen, und ich weiß, das alles geschieht doch nur wegen Julie. Ich besorge, er gibt sie noch nicht ganz auf und sinnt nur darüber nach, ob es gar keine Hoffnung mehr für ihn gebe. Wenn nur nicht, trotz all seiner Versprechungen, diese Sache sich doch noch zum Unheil wendet! Man müßte Julie durchaus vom Hofe entfernen.«

1786

Das Jahr 86 war das entscheidende. Hier sind auch die Tagebuchaufzeichnungen am zahlreichsten. Es werden wiederholentlich von seiten des Prinzen Rückzugsversprechungen gemacht, aber nur, um sie gleich darauf durch die Tat zu widerlegen.

»*März* 86. Der Prinz tut mir leid; aber trotz seiner Leidenschaft für Julie macht er sich doch von der Liaison mit seiner sogenannten Freundin (der Rietz, späteren Lichtenau) nicht los. – Der Prinz ist unglaublich zerstreut; seine Neigung nimmt seine Gedanken ganz gefangen. – Der Prinz kam zum Diner nach Schönhausen und schien nichts zu sehen als Julie. – Ich habe das Gefühl, als finge die Sache da wieder an, wo sie mit Mühe zum Abschluß gekommen war.

April 86. Der Prinz kam zu Tische, nachher machte er es möglich, mit ihr zu sprechen. Nach einigen Worten verlor sie die Fassung und brach in Tränen aus. Ich verstehe das alles nicht mehr. – Der Prinz weiß sich nicht recht zu beherrschen, er ist eifersüchtig und aufgeregt, sobald Julie einmal nicht da ist oder sich ihr jemand nähert. – Ich habe den Prinzen an das erinnert, was er seit einiger Zeit zu vergessen scheint, und er versprach es von neuem. Er ist doch sehr gut! Gott gebe, daß es so bleibt, wenn er erst König ist.

Mai 86. Der arme Prinz, er ist schrecklich unglücklich. Heute kam er wieder, und als er Julie sah, schien er so glücklich! – Der Prinz kommt ewig zur Königin; was soll man tun? Es wird immer schlimmer mit ihm, und Julie dauert mich furchtbar. – Mir scheint seine Leidenschaft täglich zu steigen. Er kommt jetzt oft für den ganzen Tag nach Schönhausen und hat nur das einzige im Kopf.«

Die Oberhofmeisterin, davon ausgehend, daß eine Trennung vielleicht helfen werde, setzte nunmehr einen dreimonatlichen Urlaub für ihre Nichte durch, und diese verließ Berlin. Aber es führte zu nichts. Der Prinz und Julie korrespondierten, und als der Urlaub abgelaufen und Julie wieder zurück war, schrieb die Oberhofmeisterin in ihr Tagebuch: »Es ist alles beim alten.«

Diese Notiz ist vom 15. August 1786. Zwei Tage später starb Friedrich, und der Prinz von Preußen war nun *König*.

Huldigungen, Feste, Geschäfte dringen auf ihn ein, aber seine Gefühle für Julie von Voß bleiben dieselben. Schon eine Woche nach dem Regierungsantritt verkehrt er wieder in Schönhausen und setzt seine Bewerbungen fort.

»*August* 86. Der *König* kommt, sooft er kann, zur Königinwitwe nach Schönhausen und geht dann mit Julie im Garten spazieren. Sie ist still und zurückhaltend, was mich freut und in etwas beruhigt. – Die Prinzessinnen tun dem König einen sehr unerlaubten Gefallen, indem sie ihn immer mit Julie zusammenbringen. Sie schicken die Königin voraus und beschäftigen sie, nur damit er mit meiner Nichte gehen und mit ihr sprechen kann. Das ist ein schlechtes Spiel. – Der König hat der Prinzessin Friederike eine Zulage und ihr außerdem noch die kleine Viereck zur Hofdame gegeben, einzig und allein um Julien eine Freude zu machen, deren Freundin sie ist.

Oktober 86. Der König kam und wollte mit mir sprechen, aber er ist so ganz voll von dem einzigen Gedanken, daß er nichts weiter hört und sieht. Ich gestehe, daß ich jetzt alle Geduld mit ihm verliere und diesen Zustand unerlaubt und unverzeihlich finde. – Die Königin will gern in die Stadt zurück; der König will aber, sie soll noch in Schönhausen bleiben, bloß wegen seiner geliebten Spaziergänge mit Julie. Ich bin ganz ratlos und unglücklich über dies immer erneute Anknüpfen einer ganz unmöglichen Sache!

November 86. Alles bemächtigt sich dieser unglücklichen Angelegenheit; so möchte man, um nur eins zu nennen, Julie zum Schein verheiraten. Es ist schrecklich, wie *alles* bemüht ist, sie zu ihrem Verderben zu drängen. Sie tut mir furchtbar leid. – Ich seh es jetzt deutlich, sie liebt den König trotz all ihres Leugnens; sie kann nicht mehr von ihm lassen und ist, was auch geschehen mag, nicht mehr von ihm loszureißen. Es grämt mich schrecklich. – Heute kam er en surprise zum Essen. Er verfolgt seinen Zweck ohne Rast und Ruh. – Ich fürchte den Einfluß dieser ewigen Gespräche des Königs mit ihr, er will und will sie bestricken, und immer setzt er sich an ihren Tisch. Das mißfällt mir ganz unbeschreiblich von ihm. – Meine arme Nichte hat mir ihr Herz ausgeschüttet; ach, ich fürchte, es ist eine unaufhaltsame Sache. – Der König geht heute nach Potsdam. Er kam vorher zu uns und war unruhig, weil er Julie nicht zu sehen bekam. Er liebt sie toller und leidenschaftlicher als je.

Dezember 86. Nach Tisch sprach der König lange mit meiner Nichte; ach, ich fürchte, es nimmt ein trauriges Ende für sie und für die Ehre der Familie. – Ich hab es immer und immer gesagt: man hätte sie nicht bei Hofe lassen sollen. – Der König kompromittiert sich aufs höchste. Um seiner selbst willen möcht ich, er könnt ein Mann sein und sich besinnen. – Wie immer setzt der König sich beim Tee neben Julie; könnte dies ewige Zusammensein doch abgewendet werden. – Mit dem König in der Kirche. Die Predigt von Spalding war so schön, so ganz wie für meine Nichte gemacht. Aber es scheint, sie will nichts mehr hören, was sie zur Pflicht zurückruft. Ich habe keinen Einfluß mehr auf sie. Die Kannenberg* läßt sie gewähren, die ihr am nächsten steht, und ich habe leider nicht das Recht und die Macht, einzugreifen. – Julie scheint sehr traurig; ihr Bruder ist angekommen und hat wohl noch einen letzten Versuch gemacht, ihr ins Gewissen zu reden. – Der König scheint nur glücklich zu sein, wenn er sie sieht. Wo sie ist, sieht er niemand als sie, spricht nur mit ihr und hat nichts anderes mehr im Kopf als seine Leidenschaft. Ich sehe die Sache dem schlimmsten Ende mit Gewalt zugehen, muß dabeistehen und kann sie nicht aufhalten. – Auch die Prinzessin Friederike scheint jetzt das nahende Unglück zu ahnen und ist sehr traurig. Sie ist jetzt zwanzig Jahr alt und steht dem Vater am nächsten. Sie fühlt ganz, wie seine und unsre Ehre bedroht ist. – Der König klagte mir, meine Nichte behandle ihn schlecht; er sei fast mit ihr brouilliert; aber dennoch spricht er leider immerfort mit ihr. – Er saß allein mit ihr im Cabinet der alten Königin; sie scheint in Wahrheit *nicht* mehr sehr grausam zu sein; das empört mich, und Gott allein weiß, wie unglücklich und trostlos ich über diese Sache bin. – Sack predigte heute schön, aber schwermütig. Die Sache mit Julie und die Wendung, die sie nimmt, zehrt an ihm. – Heut war Hofkonzert. Der König verließ das Konzert, um zur kranken Prinzessin zu gehen, weil meine Nichte dort

* Gräfin Kannenberg war die fungierende Oberhofmeisterin, während Frau von Voß, zu dieser Zeit wenigstens, nur in ihrer Eigenschaft als Gemahlin des Oberhofmeisters par courtoisie diesen Titel führte.

war. Diese Leidenschaft läßt ihn alles andere vergessen und jede Rücksicht verlieren. – Das Benehmen des Königs ist unverzeihlich. Immer verfolgt er sie mit den Augen und spricht nur mit *ihr.* Es wäre besser, sie verließe auch jetzt noch den Hof. – Gott weiß, bis zu welchem Grade es mich bekümmert und grämt, den König auf dem direkten Wege zu einem so großen Unrecht zu sehn, zu einem Unrecht, das unsere Familie überdem so entehrt. – Heute kam nun endlich, was ich lange gefürchtet hatte: meine Nichte warf sich in meine Arme, um mir zu sagen, daß ihr Schicksal entschieden sei; sie wolle dem König angehören, aus Pflicht für ihn und aus Liebe zu ihm. Ich gesteh, ich finde sie so furchtbar zu beklagen, daß ich kein Wort mehr habe, sie zu verdammen; sie wird bald genug namenlos unglücklich sein, denn ihr Gewissen wird sie nie mehr Ruh und Frieden finden lassen.«

So zogen sich die Dinge noch eine Weile hin. In den Tagebuchblättern immer dieselben Klagen. Eine Zeitlang spielte der König den Gleichgültigen oder war es wirklich, und ein Eifersuchtsgefühl, das dadurch in des Fräuleins Seele geweckt wurde, beschleunigte den Liebesroman. Sie zeigte sich von dieser Zeit an weniger ablehnend und drang nur noch auf Erfüllung einzelner Bedingungen. Diese Bedingungen waren: die regierende Königin gibt ihre schriftliche Einwilligung zu der Verbindung; zweitens Antrauung zur linken Hand, und drittens, die Rietz samt ihren Kindern verläßt Berlin für immer. In die beiden ersten Punkte willigte der König sofort, aber den dritten Punkt wollt er nicht zugestehn. Die Rietz blieb. Am 25. oder 26. Mai 1787 erfolgte die Trauung zur linken Hand und wurde wahrscheinlich durch Johann Friedrich Zöllner, damals Diakonus an Sankt Marien, in der Charlottenburger Schloßkapelle vollzogen.*

* In der Regel wird bei dieser Gelegenheit versichert, »diese Trauung sei seitens des *Berliner Konsistoriums*, und zwar unter Berufung auf die von Melanchthon erlaubte Doppelehe Philipps des Großmütigen von Hessen, für zulässig erklärt worden«. Die stete Wiederkehr dieser Versicherung hat den Konsistorialpräsidenten Hegel veranlaßt, unterm 27. April 1876 eine Erklärung abzugeben, in der ausgesprochen wird, »daß weder die gründlichsten Recherchen in der Registratur des Königlichen Konsistoriums, im Geheimen Staatsarchiv, im Geheimen Ministerialarchiv und Königlichen Hausarchiv noch auch anderweite Forschungen und Erkundigungen irgend etwas zur *Begründung obiger Ansicht* (Gutheißung der Trauung durch das Konsistorium) ergeben haben.« Es läßt sich in der Tat annehmen, daß Leopold von Ranke das Richtige

1787

»*Juni* 87. Meine Nichte sagte mir heute unter Tränen, seit acht Tagen sei sie mit dem Könige *heimlich getraut*, bat mich aber, es zu verschweigen. Es betrübt mich tief, und ich kann mich mit dem besten Willen eines Gefühls von Abscheu und Widerwillen gegen eine Sache nicht erwehren, die so unerlaubt ist, man mag an Scheingründen dafür angeben, was man will. Ihr Gewissen wird es ihr schon genugsam sagen und wird nicht wieder ruhig werden. – Sie hat lange widerstanden, aber sie liebt den König leidenschaftlich, und nachdem sie ihm ihr Herz gegeben hatte, ließ sie sich vollends von ihm überreden. Trotz ihres schweren Fehltritts bleibt sie dennoch ein edler, der Achtung nicht unwerter Charakter, und ich weiß wohl, sie ist zu rechtschaffen, als daß sie nach einem solchen Fall jemals wieder glücklich sein könnte.

August 87. Der König ist nach Schlesien abgereist, und Julie sagt mir, sie wolle morgen nach Berlin, um zu kommunizieren, dann zu ihren Verwandten auf das Land gehen, von dort aus aber um ihre Entlassung bitten und nicht wiederkommen. Sie könne es nicht länger aushalten, auf diese Art weiterzuleben. Ebendasselbe hat sie dem Könige geschrieben. – Julie reiste heut ab, was mich sehr ergriff. – Sie schreibt, daß sie sich eine Stiftsstelle kaufen wolle, und bittet um vierzehn Tage Nachurlaub. Die alte Königin weiß nicht, was sie davon denken soll. Trotz allem Vorgefallenen ahnt sie nichts. – Ich sah heute Julie in Berlin; sie hatte Antwort vom König, der sehr zufrieden damit ist, daß sie den Hof verlassen will. Aber das Ganze bleibt doch schrecklich traurig, und das arme Kind jammert mich sehr. – Ich fürchte, die Encke (Rietz-Lichtenau) wird Julie noch viel Kummer bereiten. Julie ist heute mit ihren Verwandten aufs Land abgereist. Am Hof ahnt man nicht, daß sie nicht wiederkommt.

getroffen hat, als er in seinem Werke »Die deutschen Mächte und der Fürstenbund. Deutsche Geschichte von 1780 bis 1790« wörtlich sagte: »In neueren Zeiten ist die Behauptung aufgetaucht, das Konsistorium habe in aller Form seine Einwilligung zu dieser Verbindung ausgesprochen; vergeblich hat man nach einem Aktenstück dieser Art gesucht; *wahrscheinlich ist dabei der Kreis privater Besprechung nicht überschritten worden.*«

September 87. Ein heut eingetroffner Brief meiner armen Nichte an die Königinwitwe bittet um ihren Abschied und sagt: »sie habe eine Stelle im Stift Wolmirstedt gekauft«. Die Königin gewährte die Entlassung sogleich und nahm es sehr gut auf. Julie hat auch an die Kannenberg geschrieben. Gräfin Kannenberg las mir den Brief meiner Nichte vor, in welchem sie zu verstehen gibt, *warum* sie geht. Die Kannenberg ist ihre Tante und jammert nun sehr. Aber ich wiederhole nur das eine: man hätte sie retten *können*, wenn man es zur rechten Zeit gewollt hätte. All mein Reden damals war aber umsonst. – Meine Nichte schreibt mir aus Brandenburg: sie gehe den 9. nach Potsdam und bäte Gott, ihr beizustehn in dem neuen Leben, das sie erwarte. Gott wolle sich ihrer annehmen; es ist ein schwerer Schritt, den sie jetzt tun muß, die Sache vor der Welt zu bravieren.

November 87. Julie hat den Namen einer Gräfin Ingenheim bekommen.«

Sie war nun Gräfin Ingenheim. Aber es war dadurch wenig für sie gewonnen, trotzdem man sie, dem Könige zuliebe, mit Auszeichnungen überschüttete. Bitterkeiten gingen nebenher. »Die Arme schreibt mir: sie fühle sich sehr unglücklich. Die Encke tut ihr tausend Herzleid an und hat denselben Einfluß wie früher auf den König.«

»*Dezember* 87. Julie ist unwohl und kann das Bett nicht verlassen, die Prinzessin Friederike und die Prinzessin von Braunschweig haben mit dem König in ihrem Zimmer an ihrem Bett gegessen. Das ist doch stark!«

1788

»*Januar* 88. Ball beim König, wo der Kronprinz Julie zum ersten Mal als Gräfin Ingenheim sah, was für beide ein sehr unangenehmer Augenblick war. Die Unglückliche, welche peinliche Stellung für sie. – Alle Höfe (es gab deren, außer dem eigentlichen, wenigstens noch vier: den der alten Königin, der regierenden Königin, des Prinzen Heinrich, des Prinzen Ferdinand) sehen sie. Sie ist überall. Ich begreife das nicht.

Februar 88. Die alte Königin hatte großes Diner und frug den König, ob sie die Ingenheim einladen solle. Natürlich sagte er ja, und so kam sie zum Diner. Ich find es höchst unrecht von der Königin, sie einzuladen, bloß um dem Könige damit zu schmeicheln. Abends aber spielte sie doch nicht Lotto mit den Herrschaften, sondern mit dem Hofstaat im vorderen Zimmer. Bei Tafel wurde sie dem König gegenübergesetzt. – Die alte Königin lud *wieder* die Ingenheim ein. Ich finde, sie benimmt sich in dieser Sache so unwürdig und schwach wie nur möglich.«

In den letzten Tagen des Jahres (am 21. Dezember 88) heißt es: »Die Ingenheim bat mich sehr, ihr in der nun nahen Stunde beizustehn. Auch der König bat mich den folgenden Tag darum, und ich brachte es nicht übers Herz, nein zu sagen.«

1789

Am 2. Januar 1789 genas die Ingenheim eines Sohnes. Der König war sehr erfreut. Unterm 4. Januar heißt es im Tagebuch: »Das Kind wurde heute getauft. Der König hielt es selbst über die Taufe, und es empfing die Namen Gustav Adolf Wilhelm. Juliens Bruder (der spätere Minister), der Minister von Bischofswerder und ich waren die Paten. Der König selbst war fast den ganzen Tag bei der Kranken. Es ist wahr, er ist wirklich der beste Prinz, den man auf der ganzen Welt finden kann. Leider nur, daß er so willensschwach, so ohne Energie und zuweilen so heftig ist.«

Im Anfang ging alles gut mit der jungen Wöchnerin; aber sie schonte sich nicht genug, verließ das Bett zu früh und erkältete sich aufs heftigste. Dabei war der Einfluß der Rietz ihre beständige Sorge, trotzdem es nicht an Aufmerksamkeiten und Geschenken von seiten des Königs fehlte. So sandte er ihr ein kleines Etui mit 50000 Talern und sein mit den schönsten Brillanten besetztes Portrait. Zum 5. Februar war eine große Cour angesagt, und Julie wollte dabei nicht fehlen. »Ich fürchte, daß sie sich schadet«, schreibt die Oberhofmeisterin am selben Tage. Am 24. Februar heißt es dann: »Julie hat Fieber und Husten«, und schon am 5. März: »Ich kann nicht sagen, wie weh es mir tut. Man fürchtet die galoppierende Schwindsucht. Der König ist außer sich.« Am 25. starb sie. »Welch ein Tag des Unglücks! Um acht Uhr abends verschied die arme Julie. Kein Mensch ahnte die nahe Gefahr. Ich ging erst am Abend zu ihr, aber die Prinzessin Friederike, die bei ihr war, redete mir ab; ›sie sei zu angegriffen‹. Und so hab ich sie nicht mehr gesehn. Ich beweine sie recht von Herzen, und alle beweinen sie mit mir. Es ist furchtbar rasch gegangen. Sie starb im Schloß, in demselben Zimmer, in dem ihr Kind geboren wurde.«

Der König war in Verzweiflung und konnte sich nicht trösten und beruhigen. Auch gebrach es nicht an allgemeiner Teilnahme, ja das Volk wollte sich's nicht ausreden lassen, daß sie durch ein Glas Limonade vergiftet worden sei, weshalb der König, als er von diesem Verdachte hörte, die Obduktion befahl. Diese bewies die Grundlosigkeit des Gerüchtes; ihre Lunge war krank, und daran war sie gestorben.

Am 1. April erfolgte die Überführung der Leiche nach Buch. Ihr letzter Wunsch war gewesen, »nicht in der *Mumien*gruft der Familie beigesetzt zu werden«, und so bereitete man ihr das Grab unter der Kirchenkuppel, in der Nähe des Altars.

Überall in Buch begegnet man den Spuren der schönen Gräfin, *aber nirgends ihrem Namen.* Wie in Familien, wo das Lieblingskind starb, Eltern und Geschwister übereinkommen, den Namen desselben nie mehr auszusprechen, so auch hier. Eine Gruft ist da, aber es fehlt der Stein; aus reichem goldenen Rahmen heraus blickt ein Frauenbild, aber die Kastellanin nennt den Namen *nicht,* und nur das Wappen zu Füßen des Bildes gibt einen wenigstens andeutungsweisen Aufschluß.

Und nun treten wir von dem Bilde hinweg und noch einmal in den Park hinaus.

Eine seiner dunklen Alleen führt an einen abgeschiedenen Platz, auf dem Edeltannen ein Oval bilden. Inmitten desselben erhebt sich ein Monument mit einem Reliefbild in Front: der Engel des Todes hüllt eine Sterbende in sein Gewand, und ihr Antlitz lächelt, während ein Kranz von Rosen ihrer Hand entsinkt.

»Soror optima, amica patriae«, so lautet die Inschrift. Aber der Name der geliebten Schwester fehlt.

FALKENBERG

In der Kirche zu Falkenberg, anderthalb Meile von Berlin, stehen die Särge des Majors George von Humboldt und der Frau Majorin von Humboldt, verwitweten von Hollwede, gebornen von Colomb – der Eltern des Bruderpaares Wilhelm und Alexander von Humboldt.

Frau von Humboldt, geborne von Colomb, ließ im Jahre 1795, wo sie Falkenberg besaß, anstelle des hölzernen Kirchturms daselbst einen massiven Turm aufführen und setzte fest, daß der untere Teil desselben als Leichenhalle hergerichtet werde, worin die sterblichen Überreste der Mitglieder ihrer Familie beigesetzt werden könnten. Dies geschah, und stehen nunmehr in der Turmhalle zu Falkenberg folgende vier Tote:

1. Frau Majorin von Humboldt, verwitwete von Hollwede, geborne von Colomb.
2. Hauptmann von Hollwede, Gemahl erster Ehe der gebornen von Colomb.
3. Tochter aus dieser ersten Ehe (Kindersarg).
4. Major von Humboldt, Gemahl in zweiter Ehe.

Die drei Hauptsärge (1., 2. und 4.) haben Inschriften. Diese lauten:

Zu 1.

»Marie Elisabeth Colomb; zuerst vermählte von Hollwede, nachher vermählte von Humboldt. Geboren den 8. Dezember 1741, gestorben den 4. November 1796. ›Es ist, in einem höhren Leben, für große Tugend großer Lohn.‹ «

Zu 2.

»Allhier ruhet in Gott der weiland hochwohlgeborne Herr, Herr Friedrich Ernst von Hollwede, Baron, Erb- und Gerichtsherr auf Ringenwalde, Crummecavel und Schloß Tegel, Kanonikus des Sankt-Sebastian-Stifts zu Magdeburg, geboren den 12. März 1723. Trat in Kriegsdienste 1743 unter das hochlöbliche königliche Prinz Ferdinandsche Infanterieregiment, wo er bis zum Capitain avancieret, nahm 1756 seine Demission und verheiratete sich Anno 1760 mit der jetzt hinterlassenen Frau Witwe, Frau Marie Elisabeth, gebornen Colomb, aus welcher Ehe zwei Kinder, ein Sohn und eine Tochter, gezeuget. Starb den 26. Januar 1765, seines Alters 41 Jahr, 10 Monat, 14 Tage.«

Zu 4.

»George von Humboldt, königlich preußischer Kammerherr und Major von der Kavallerie, Erb- und Gerichtsherr auf Ringenwalde, Crummecavel und Schloß Tegel. Er ward im Jahre 1720, den 27. September, zu Zames in Pommern geboren, und nachdem er verschiedenen Feldzügen mit aller Distinction beigewohnt, wurd er wegen seiner kränklichen Umstände genötigt, seinen Abschied zu nehmen. Er vermählte sich hernach mit Marie Elisabeth, geborne Colomb, verwitwete Freifrau von Hollwede, im Jahre 1766, den 27. Oktober, und hinterläßt aus dieser Ehe zwei Söhne, Wilhelm und Alexander. Er starb, nachdem er sein Leben durch die rühmlichsten Handlungen bezeichnet, von allen Rechtschaffenen bedauert, im Jahre 1779, den 6. Januar, zu Berlin, wo er allen unvergeßlich sein wird. Horaz, Ode 24.«

BLUMBERG

Die alten Namen, die alten Herrn
Sind all hinüber, sind alle fern.
Die Löben, die Burgsdorf wurden stumm,
Aber Frühling ist wieder und jubelt ringsum.

Zu Blumberg ist mein Sitz, wo, nach der alten Weise,
Mit dem, was Gott beschert, ich mich gesegnet preise.

Canitz an Eusebius von Brand (1692)

Ein Frühlingstag führt uns nach Blumberg hinaus, einem Arnimschen Gut in der Nähe von Berlin, und nach rascher Fahrt, an lachenden Dörfern vorbei, biegen wir aus der staubigen Pappelallee in die windgeschützte, stille Dorfgasse ein. Es ist Mittagsstunde, der Sonnenschein liegt blendend auf den neu gedeckten, roten Dächern, die Bäume stehen im ersten Grün, und neben dem hohen Schornstein des Herrenhauses, aus dessen Seitenöffnungen der weiße Rauch phantastisch emporwirbelt, erhebt sich eben ein Storchenpaar in seinem Nest und unterbricht die Mittagsstille durch sein eifriges Geklapper. Es klingt, als würd eine Sense gewetzt oder als ging' eine Mühle unten im Garten.

Blumberg ist ein freundliches Dorf, fast so freundlich wie sein Name, und gerade groß genug, um uns die Versicherung alter Urkunden glauben zu machen, »daß Blumberg vordem ein Städtchen, ein Oppidum, gewesen sei«. Ein großes Dorf war es gewiß und vor allem auch wohl reich genug, um das in solchen Dingen immer scharf blickende Auge der Kirche auf sich zu ziehen. So geschah denn, was sich erwarten ließ, und nachdem sich die Nachfolger Albrecht des Bären zu Herren im Teltow und Barnim gemacht hatten, wurde Blumberg Kirchengut, und zwar Besitztum der reichen Bischöfe zu Brandenburg.

Blumberg blieb bischöflich bis zur Reformationszeit, bis zu jenen Tagen, wo Joachim II. den Kampf in seinem Herzen ausgekämpft und sein christlich Gewissen über das Versprechen gesetzt hatte, das er seinem Vater auf dem Todbette hatte leisten müssen. Manches wurde nun anders im Lande; die Einziehung der Kirchengüter drohte von Tag zu Tag, und die klugen Herren zu Brandenburg, die nicht Lust hatten, sich überraschen zu lassen, veräußerten rechtzeitig allerlei Besitztum, das über kurz oder lang doch zerrinnen mußte. Viele Güter wurden verkauft, darunter auch Blumberg.

Der Käufer war Hans von Krummensee. Die Krummensees waren damals eine der reichsten Familien und besaßen unter anderm die Stadt Altlandsberg, die ziemlich in der Mitte des Gesamtareales lag, das sie durch Kauf und Erbschaft im Laufe von Jahrhunderten an sich gebracht hatten. Jetzt, durch Erwerb von Blumberg, dehnten sie ihren Besitz bis an die Bernauer Feldmark und bis an die Grenze jenes andern großen Güterkomplexes aus, der – ebenfalls nordöstlich von Berlin – sich in den Händen der Familie von Röbel*befand. Aber mit dieser Erwerbung von Blumberg war plötzlich dem wachsenden Reichtume der Krummensee ein Ziel gesteckt, rasch ging es rückwärts, und der Dreißigjährige Krieg tat das Seine. Gut auf Gut ging verloren, 1701 das *letzte* – Schöneiche. Ihrem reichen Besitz ist seitdem das Geschlecht selbst gefolgt. Der letzte war Karl Ägidius Ludwig von Krummensee, gestorben 1827 als Kanonikus zu Sankt Nikolai in Magdeburg.

Blumberg besaßen die Krummensee nur etwa achtzig Jahre. Eine Sandsteinplatte vor dem Altar der alten Blumberger Kirche bewahrt ihren Namen. Die Inschrift des Steines lautet in der schlichten, herzhaften Sprache jener Zeit: »Im achtundfünfzigsten Jahre und drei Wochen ist meine liebe Hausfrau, Katarina Mörner, allhier begraben, und ist *mein, Hans Krummensees, allerliebst Gemahl gewest.* 1596.«

1602 verkaufte Hans von Krummensee sein Gut Blumberg sowie die Güter Dahlwitz, Eiche und Helmsdorf an den kur-

* Im siebzehnten Jahrhundert war die große Mehrzahl (siebzehn) aller im zweimeiligen Umkreis nördlich von Berlin gelegenen Güter in Händen von nur drei Familien: Röbel, Krummensee, Löben. Vergleiche das Kapitel »Buch«.

fürstlichen Kanzler Hans von Löben, bei dessen Nachkommen Blumberg ein volles Jahrhundert blieb. Die Kirche, darin wir eben eingetreten und an deren Wänden wir eine beträchtliche Anzahl alter Bildwerke erblicken, gibt uns die beste Gelegenheit, die zum Teil historischen Gestalten jenes Jahrhunderts in rascher Reihenfolge vorüberziehen zu lassen.

Unser erster Blick aber gehört der Kirche selbst.

Es ist ein alter Bau, an dem auch das Auge des Laien zwei verschiedene Zeitläufte leicht unterscheiden kann: einen älteren Teil mit Pfeilern und Kreuzgewölben aus der Brandenburger Bischofszeit und einen *Anbau* mit Altar und Kanzel aus der Zeit etwa des ersten Königs. Die sich vorfindenden Bilder und Denkmäler sind im Einklange damit gruppiert: alles, was älter ist als der Anbau, befindet sich auch in dem *alten* Teile der Kirche, was später hinzugekommen, schmückt die Wände des Anbaus.

Der Anbau der Kirche. Philipp Ludwig von Canstein und seine »hochbetrübteste Witwe«

Diese Bildwerke des Anbaues, teils Grabdenkmäler, teils Ölbilder und Reliefs, sind nicht eigentlich *das*, was uns nach Blumberg geführt hat; dennoch verweilen wir einen Augenblick bei denselben, wenigstens bei den hervorragendsten.

Da haben wir zunächst das Denkmal des Obersten Philipp Ludwig von Canstein, eines jüngeren Bruders Karl Hildebrands von Canstein, jenes frommen Mitarbeiters am Werke Franckes und Speners, dessen Wirken und Namen vor allem in der Cansteinschen Bibelanstalt zu Halle fortlebt. Der Oberst von Canstein ererbte Blumberg bei jungen Jahren, aber der Besitz des schönen Gutes war ihm nur kurze Zeit gegönnt. Der Spanische Erbfolgekrieg, der in Italien und den Niederlanden auch brandenburgischerseits so schwere Opfer heischte, nahm ihn hinweg. Das Denkmal aber, das ihm von seiten seiner Witwe noch im Jahre seines Todes errichtet ward, ist ganz im Geschmack jener Zeit ausgeführt und erweist sich, auf seinen Kunstwert geprüft, als eine mit Munifizenz hergestellte Dutzendarbeit. Auf dem Steinsarkophage steht wie immer die Büste des Hingeschiedenen, und Kriegstrophäen und Wappenschilde gruppieren sich drum herum; ein Genius preßt den Lorbeerkranz auf die Allongenperücke, während die vergoldete Front des Marmorsarges in Schnörkelschrift die herkömmlich stilisierte Inschrift trägt. Diese Inschrift wiederzugeben ist hier nötig, weil sie eine irrtümliche Angabe über den Todestag des tapferen Obersten beseitigt. Er fiel nämlich *nicht* bei Malplaquet, wie immer gedruckt wird, sondern ein Jahr früher bei Oudenaarde. Die Inschrift lautet:

»Dem hochwohlgebornen Herrn, Herrn Philipp Ludwig Freiherrn von Canstein, Herrn der Herrschaft Canstein, Schönberg, Neukirch, Blumberg, Eiche und Helmsdorf, Seiner Königlichen Majestät in Preußen Obristen zu Roß der Gensdarmes, welcher, geboren A. D. 1669 den 11. April, durch Geschlecht und Tugend, durch Gottesfurcht und Tapferkeit Ehr und Lob verdienet und erworben und im Treffen bei Oudenaarde wider die Franzosen im Lauf des glücklich erfolgten Sieges durch einen tödlichen Schuß rühmlich und auf dem Bette der Ehren verstorben im Jahre des Heils 1708, den 11. Juli, des Alters neununddreißig Jahr und drei Monat – hat dieses Denkmal zum Zeichen beständiger Liebe und Treue setzen lassen dessen hochbetrübteste Witwe, Ehrengard Maria Freifrau von Canstein, geborne von der Schulenburg, 1708.«

Die »hochbetrübteste Witwe« indes war ein Kind ihrer Zeit, das heißt, sie verheiratete sich wieder, und zwar in kürzester Frist. Sie wurde dann abermals eine Witwe, aber nur, um sich bald darauf zum dritten Male zu vermählen. Das war damals Landesbrauch in den Marken, und wir werden noch im Laufe dieses Aufsatzes die Bekanntschaft eines hervorragenden Mannes jener Epoche machen, der außer seinem Vater und Schwiegervater zwei Stiefväter und zwei *Stiefschwiegerväter* hatte, also sechs Väter im ganzen. Es war, als ob alles, was lebte, sich einen Zustand der Ehelosigkeit nicht wohl denken konnte. Man hielt das Trauerjahr und war in aller Aufrichtigkeit ein tiefbetrübter Witwer oder eine »hochbetrübteste Witwe«. Aber sobald die Trauerkleider fielen, gehörte man wieder dem Leben; das Blut, das voll zum Herzen drang, forderte sein Recht. Das sinnliche Leben überwog noch das geistige, und die Welt feinen Empfindens war noch wenig erschlossen. Aber freilich auch die Irrwege nicht, zu denen die Feinheit der Empfindung so leicht verführt.

Wie von unserem tapferen Obristen selbst, so findet sich auch von seiner betrübten Gattin ein Bildwerk im Anbau der Kirche vor, aber kein Grabdenkmal, nichts von Sensenmann und Sarkophag, sondern ihr Ölportrait in ganzer Figur, frisch, blühend, *voll.* Es ist ein durchaus interessantes Bild, einmal als künstlerische Leistung überhaupt, ungleich mehr aber durch die ingeniöse Art, wie der Maler es verstanden hat, die drei Ehemänner der noch stattlichen Frau halb huldigend, halb dekorativ zu verwenden. Wie Macbeth in der bekannten Hexenkesselszene die Könige Schottlands an sich vorüberziehen sieht, und zwar so, daß die der Zeit nach am weitesten von ihm entfernten immer kleiner und blasser werden, so hier die drei Ehemänner. Den noch lebenden hält sie als Medaillonportait mit dem Ausdruck ruhigen Besitzes fest in ihrer Rechten; der zweite, noch klar erkennbar, zieht sich bereits in den Hintergrund des Bildes zurück; unser Freund, der Oberst, aber, dessen ganze Schuld darin bestand, einige zwanzig Jahre vor Entstehung dieses Bildes den Heldentod gestorben zu sein, verliert sich völlig in nebelhafter Ferne und wirkt nur noch mit, um das Ensemble und die symmetrische Anordnung des Ganzen nicht zu stören. Möglich, daß solche Bilder öfter sich vorfinden, mir war es das erste der Art.

Der alte Teil der Kirche, Johann von Löben und Frau von Burgsdorf

Der Anbau weist noch manches andere von Bildwerken und Denkmälern auf, wir treten aber von dem Bildnis der stattlichen Frau hinweg in den *alten* Teil der Kirche zurück, darin wir, genau an der Stelle, wo des Anbaus halber die alte Giebelwand durchbrochen ward, und zwar an ein paar pfeilerartig stehengebliebenen Mauerresten, einigen Bildnissen aus dem Anfang und Schluß des siebzehnten Jahrhunderts begegnen, Portraits, die, wenn man den Ausdruck gestatten will, der *eigentlichen* Zeit Blumbergs angehören. Diese Bilder geleiten uns durch drei oder vier Generationen einer und derselben Familie, doch ist es weibliche Deszendenz, und so wechseln die Namen: Löben, Burgsdorf, Canitz.

Johann von Löben. Da haben wir zunächst, halb versteckt unter einem Behang von Spinnweb, die Bildnisse Johann von Löbens und seines Ehegemahls. Er ist ein alter Herr, und die spanische Tracht von schwarzem Samt, dazu die goldne Kanzlerkette würden keinen Zweifel über die Vornehmheit des Mannes lassen, wenn auch die Züge weniger Entschlossenheit und die großen hellen Augen weniger Leutseligkeit und Würde verrieten. Die Umschrift des Bildes lautet: »Johann von Löben, kurfürstlich brandenburgischer Geheimer Rat und Kanzler, hat 1602 die Güter Blumberg, Eiche, Dahlwitz und Helmsdorf erkauft, christlich und weislich solchen vorgestanden und regieret vierunddreißig Jahr, und ist gewesen ein weiser und vortrefflicher Mann von seinem Geschlecht.« Unmittelbar vor dem Bilde hängt das alte Banner der Familie von der Decke herab, das in goldner Schrift die Angaben des Bildes teils bestätigt, teils erweitert: »Der hochedle, gestrenge und hochbenannte Herr Johann von Löben, Ihrer Kurfürstlichen Durchlaucht zu Brandenburg, Joachim Friedrich, hochlöbseligsten Gedächtnisses, vornehmer Geheimer Rat und Kanzler, Herr auf Blumberg, Dahlwitz, Eiche und Falkenberg, ist allhier zu Blumberg selig im Herrn entschlafen, den 26. Juli Anno 1636, seines Alters fünfundsiebzig Jahr.« Über dieser Inschrift, stark nachgedunkelt, aber immer noch deutlich erkennbar, zeigt sich das alte Löbensche Wappen: ein Schachbrett mit der Prinzessin aus Mohrenland. Schon 723 war ein Löben in die üble Lage gekommen, mit einer Prinzessin aus Mohrenland auf Tod und Leben Schach spielen zu müssen. Glücklicherweise gewann er, und Schachbrett und Prinzessin kamen seitdem ins Löbensche Wappen. Ob die edle Kunst des Schachspiels seitdem in der Familie gehegt und gepflegt wurde, mag dahingestellt bleiben, unser alter Kanzler aber war jedenfalls in*so*weit seines Urahnen wert, als er manchen guten Zug auf dem diplomatischen Schachbrett zu tun wußte. Dabei liebte er ehrlich Spiel, keine Finten und Hinterhalte. Der Kurfürst setzte ein unbegrenztes Vertrauen in seine Klugheit und Redlichkeit, und als die Gründung eines *permanenten* »Geheimen Rates«* für nötig erachtet wurde — die nächste Veranlassung dazu gab eine längere Anwesenheit des Kurfürsten im Herzogtume Preußen — war es selbstverständlich, daß Johann von Löben als Erster Rat in diesen Regentschaftskörper berufen wurde. Aus diesem damals gegründeten »Geheimen Rat« ging später der »Staatsrat« hervor. Johann von Löben wurde Kanzler bei jungen Jahren und stieg so hoch, wie ein Diener steigen mag im Dienst und in der Liebe seines Herrn; aber Leid und Bitterkeit des Lebens erreichten auch *ihn*. Als er die höchste fürstliche Gnade kennengelernt hatte, kam Ungnade über ihn, wie der Dieb in der Nacht. Fast unmittelbar nach Joachim Friedrichs Tode (1609) schied er aus dem Staatsdienst, um »procul negotiis« in Blumberg und seiner Umgebung die Freuden und Leiden glänzenderer Tage zu vergessen. 1629, inmitten der Wirren des Dreißigjährigen Krieges, wurd er noch einmal auf den Schauplatz berufen, um der schwachen und haltlosen Politik George Wilhelms Halt und Richtung zu geben, aber wo keine Kraft der Ausführung war, da wogen der Rat des Weisen und das Wort des Toren gleich schwer, und nach kurzem Verweilen am kurfürstlichen Hofe zog er sich zum zweiten Mal in die Stille seines Landguts zurück. Nur als Beobachter folgte er noch den Begebenheiten, und die letzten Jahre seines Lebens, im übrigen verbittert durch so manche Erfahrung, brachten ihm wenigstens das eine noch, daß es ihm vergönnt war, den Stern seines Schwiegersohns, Konrads von Burgsdorf, glänzend aufgehen zu sehn.

Frau von Burgsdorf. Die Bildnisse des alten Kanzlers und seines Ehegemahls blicken, dem Anbau und der Kanzel abgewandt, in das alte Kirchenschiff hinein; an der Innenseite der beiden Pfeiler aber, so daß sie sich einander ins Auge blickten, hingen bis vor kurzem zwei andre interessante Bildnisse: das der alten Frau von Burgsdorf, einer Tochter Johanns von Löben, und das ihres Enkels, des Poeten Canitz. Dieses tête-à-tête zwischen Großmutter und Enkel ist neuer-

* Dieser »Geheime Rat« bestand aus acht Mitgliedern, darunter drei Doktoren der Rechte, die, meist auch später noch, aus bürgerlichem Stande genommen wurden. Die acht Mitglieder waren: Hieronymus Graf von Schlick, Präsident; Johann von Löben, Kanzler; von Benkendorf, Vizekanzler; Christoph Friedrich von Wallenfels; Hieronymus von Dieskau; Friedrich Pruckmann; Simon Ulrich Pistorius; Johann Hübner.

dings gestört worden; die Kirchenvorstände haben das Bildnis des Poeten, ich weiß nicht aus welchem Grunde, für eine kaum nennenswerte Summe verkauft. Es ist dies um so beklagenswerter, als die Kirche jedes andere Bild eher entbehrt haben könnte als dieses eine. Denn nicht nur die Glanzzeit Blumbergs fällt in die Tage, wo Canitz hier heitre Gastfreundschaft übte, nein, das Dasein des Dorfs überhaupt würde kaum jemals über seine nächste Umgebung hinaus bekannt geworden sein, wenn ihm nicht die Alexandriner des märkischen Poeten (Canitz) zu einem Plätzchen in der Literaturgeschichte und zu einem ähnlich guten Klange wie Wandsbek oder Gohlis oder Altengleichen verholfen hätten.

Das Bildnis der alten Frau von Burgsdorf, dem wir uns jetzt zuwenden, ist wohlerhalten und trägt folgende Inschrift: »Die verwitwete Frau Oberkammerherrin von Burgsdorf, geborne von Löben, bekommt nach Absterben ihrer Frau Mutter alle Güter, so ihr Herr Vater, der Herr Kanzler von Löben, in Besitz gehabt; stehet solchen mit besondrem Ruhm und Leutseligkeit vor; aus Liebe für die blumbergschen und eichischen Untertanen legiert sie in ihrem Testament den Armen von beiden Gütern ein Kapital von 500 Talern. Sie setzet annoch bei ihrem Leben den klugen Staatsminister Freiherrn von Canitz, als ihren einzigen Enkel, zum Erben ihrer Güter ein. Erlanget von dem Höchsten die Verheißung langen Lebens und bringet solches auf siebenundsiebzig Jahr.«

Der lebensvolle Kopf, der aus dem schlichten Holzrahmen heraus uns anblickt, ist aber nicht der Kopf einer siebenundsiebzigjährigen Greisin, sondern der Kopf einer Frau in den besten Jahren, deren Embonpoint sie siegreich schützte gegen die verräterische Furchenschrift einer beginnenden Funfzigerin und deren lang herabhängende dunkle Locken noch den Vorsatz der Trägerin aussprechen, nicht alt sein zu *wollen*.

Ihr Kostüm erinnert vielfach an unsre heutige Mode. Das Kleid ist weit ausgeschnitten, aber ein reiches Kantenhemd umschließt den Nacken bis hoch herauf, und allerhand Borten und Schnüre ziehen sich dezent über den gestickten Brustlatz hin. Die Ärmel sind kurz und weit und überdecken kaum zur Hälfte den reichen Unterärmel von Brüsseler Spitzen. Der Gesichtsausdruck entspricht dem einer selbstbewußten, herrschgewohnten Frau, deren natürliche Gutmütigkeit sich gegen die Regungen des Stolzes ebensosehr wie gegen die harten Schläge des Schicksals behauptet hat. An diesen war kein Mangel gewesen. Wenn das Leben ihres Vaters Gegensätze geboten hatte, so bot das ihre deren mehr. Sie hatte Tage seltenen Glückes gesehen, aber auch Tage tiefen Falls. Ihr Ehgemahl, eine genialische Natur, halb Held, halb Libertin, hatte sich nicht begnügt, wie ihr Vater, der Kanzler, als erster Diener *neben* dem Thron seines Fürsten zu stehn, er war, eine Zeitlang wenigstens, seines Herren *Herr* gewesen, und daß er es unausgesetzt hatte *bleiben* wollen, das hatte ihn gestürzt. Was Kurfürst Friedrich Wilhelm ertragen konnte, als er, fast ein Knabe noch, ins Land kam, in ein Land, das ihm der schlaue Mut Konrad von Burgsdorfs erst schrittweis erschließen mußte, das mußte notwendig zur Verstimmung und endlich zum Bruche führen, als der jugendliche Fürst »der Große Kurfürst« zu werden begann. Der kluge Günstling, der so vieles sah, sah diesen Wechsel nicht, *wollt* ihn nicht sehen, und an diesem Irrtum oder Eigensinn ging er zugrunde. Seine Gegner hatten leichtes Spiel. Die Wüstheit seines Lebens kam ihnen zu Hülfe, und die Verbannung vom Hofe ward ausgesprochen. Er ging nach Blumberg. Aber der Haß seiner Feinde schwieg auch jetzt noch nicht. Man bangte vor seiner Rückkehr, und hundert geschäftige Zungen erinnerten immer wieder daran, »daß der eben gestürzte Günstling achtzehn Maß Wein tagtäglich bei Tafel getrunken habe, zugleich auch ein gewaltiger Courmacher und Serenadenbringer gewesen sei«. Man wußte wohl, was man tat, daß man gerad an *diese* Dinge beständig erinnerte; Kurfürstin Henriette Luise war eine fromme Frau, der alles Lasterleben ein Greuel war, und nachdem Unzucht und Völlerei so lang ihr wüstes Haupt auf den Tisch gelegt hatten, wurd eben damals die *Sitte* wieder erstes Gebot. Konrad von Burgsdorf starb bald, nachdem er in Ungnade gefallen war. Es heißt, daß er sinn- und trostlos geendet habe; sein ehlich Gemahl aber, deren Bild jetzt eben von der Pfeilerwand auf uns niederblickt, überlebte den Sturz ihres Mannes um fast volle dreißig Jahre. Blumberg, der Ort ihrer Kindheit, wo vordem ihr Vater und dann ihr

Gatte vor der schneidend kalten Hofluft Zuflucht gesucht hatten, blieb ihr lieb, weil die Geschichte ihres Lebens mit ihm verwachsen und die Stille seiner Felder ihr mehr und mehr ein Bedürfnis geworden war. Aber freilich, der Frieden des Gemüts, nach dem sie rang, blieb ihr versagt, wie er ihr schon in ihrer Jugend versagt gewesen war. Neue Kränkungen gesellten sich zu alter Bitterkeit, Kränkungen, die dadurch nicht geringer wurden, daß sie unbeabsichtigt waren. Den Kummer ihres Alters schuf ihr ihre eigene Tochter. Diese schien ganz ihres *Vaters* Kind zu sein, der, wie wir eben zitiert haben, »ein gewaltiger Courmacher und Serenadenbringer« gewesen war. Dreimal verheiratete sich diese Tochter. Ihr erster Mann, ein Freiherr von Canitz, starb – das war ein Unglück; von ihrem zweiten Gemahl, einem General von der Goltz, ließ sie sich scheiden – das war erträglich; daß sie sich aber zum dritten Male nicht bloß verheiratete, sondern diesen dritten Mann, den sie nie gesehen, von *Paris her sich schicken ließ*, das war mehr, als die Oberkammerherrin von Burgsdorf, die funfzig Jahre lang erst als die Tochter und dann als die Gattin des vornehmsten Mannes in Kurmark Brandenburg gelebt hatte, ruhig ertragen konnte. Diese Heirat zehrte an ihrem Herzen und vergällte ihr das letzte Jahrzehnt ihres Lebens.

Die Ehe selbst aber, die zu dieser Verbitterung Anlaß gab, bildet einen zu charakteristischen Zug für die Sittengeschichte jener Zeit, als daß ich es mir versagen könnte, den Hergang ausführlicher zu erzählen.

Frau von der Goltz (geborene von Burgsdorf, verwitwete von Canitz) war kaum von ihrem zweiten Manne, dem General von der Goltz, getrennt, als sie den Vorsatz faßte, sich zum dritten Male zu vermählen, und zwar, coûte que coûte, mit einem Franzosen. Bei ihrer Schwärmerei für *alles* Französische kam es ihr auf eine Wahl im besonderen nicht an. Sie schrieb deshalb ihrem Pariser Kommissionär, der sich bis dahin durch seinen feinen und guten Geschmack in der Übersendung von Coiffüren und Modeartikeln bewährt hatte, ihr einen Mann zum Heiraten zu schicken, der rüstig, fein und geistvoll und selbstverständlich auch von Adel sei. Der Auftrag wurde prompt ausgeführt. Nach etwa vier Wochen traf in Berlin ein Franzose von über fünfzig Jahren ein und meldete sich bei Frau von der Goltz als derjenige, den sie gewünscht habe. Sein Name war Peter von Larrey, Baron von Brunsbosc, aus einer alten Familie in der Normandie. Die Ehe kam wirklich zustande und *war glücklich.* Frau von Burgsdorf indes konnte die Kränkung, die ihr dieser abenteuerliche Vorgang bereitet hatte, nicht verwinden. Die Partie mit dem normannischen Baron, der vielleicht keiner war, zehrte an ihrem Leben, und sie starb, nachdem sie längst vorher, mit Umgehung ihrer Tochter, den *Sohn* dieser Tochter aus erster Ehe, den Freiherrn von Canitz, zum Erben all ihrer Güter, das schöne Blumberg mit eingeschlossen, eingesetzt hatte.

FREIHERR VON CANITZ

Und diesem Freiherrn von Canitz wenden wir uns nunmehr ausführlicher zu. Sein Bildnis fehlt zwar an dem breiten Mauerpfeiler, an dem es früher hing, und Großmutter und Enkel, das Lächeln des einen und der herbe Gesichtsausdruck der andern, begegnen sich nicht länger mehr an dieser Stelle; das Totalbild des »Poeten« aber, seinen Charakter wie seine Erscheinung, hat uns eine zeitgenössische Feder aufbewahrt, und mit Hülfe dieser Aufzeichnungen erneuern wir auf Momente das Bild und führen es an des Lesers Auge vorüber.

»Canitz, der Poet, war von mittlerer, wohlgewachsener Gestalt, in den späteren Jahren etwas untersetzt und stark; sein Gesicht voll, offen, wohlgebildet, seine blauen Augen lebhaft, sein Ansehn männlich. Bei einer weißen Haut und freien Stirn hatte er einen freundlichen Mund, der sich nur manchmal eines *spöttischen Lächelns nicht erwehren und seine angeborene Neigung zur Satire* nicht ganz verbergen konnte.«

So schildert ihn sein Biograph, und dementsprechende Züge mocht auch das Bildnis zeigen, das einst hier hing. Aber an jenem Sonntage des Monats Juni 1699, als er zum letzten Mal in diesen Chorstuhl uns unmittelbar zur Rechten eintrat, um andächtiglich der Rede des Geistlichen zu folgen, zuckte kein spöttisches Lächeln mehr um seinen Mund, und die »angeborene Neigung zur Satire« hatte längst einem Besseren Platz gemacht. Er wußte, daß ein anderes Leben seiner harre, und von Todesgewißheit erfüllt, hatte er in tiefer Rührung zu Spener die Worte gesprochen: »Wenn Gott mich wieder aufrichtet, so will ich dem eitlen Wesen dieser Welt mich ganz entziehn und mich dem widmen, was das allein Notwendige ist.« Canitz wußte, daß er nur noch Wochen zu leben habe (die Ärzte hatten es ihm gesagt, weil er es zu wissen verlangt hatte), und die Texteswortе, die eben jetzt gelesen wurden, trafen sein Herz. »Es wird gesäet verweslich und wird auferstehen unverweslich; es wird gesäet in Unehre und wird auferstehen in Herrlichkeit.« Diese Worte, sagt ich, trafen sein Herz; aber die Bilder des Todes, die vor ihn hintraten, erschreckten ihn nicht. Ruhig folgte er dem Gange der Predigt.

Und nun ist die Predigt vorüber, und an der Sakristeitüre dem Geistlichen freundlich und zustimmend die Hand drükkend, schreitet er über die Gräber hinweg und durch das holunderüberwachsene Kirchhofstor dem Herrenhause zu. Der Junimorgen, so frisch und so warm zugleich, läßt ihn aufatmen wie in alter Lust und Fülle des Lebens, und statt in die Kühle des Hauses einzutreten, tritt er in den lachenden Park. Wir schreiten ihm leise nach. An dem Birkenwäldchen vorbei, den erhöhten Kiesweg entlang, der bald die Windungen des Baches begleitet, bald sie kreuzt und überbrückt, hat er endlich die hoch gelegene Lieblingsbank am Rande des Parks erreicht, die, von Buchenzweigen weit überschattet, nach vorn hin einen Blick gönnt auf Felder und wogendes Korn. Er läßt sich nieder hier, und Figuren in den Sand zeichnend, ziehen die wechselnden Bilder seines Lebens an ihm vorüber.

Das sind die sonnigen Tage seiner Jugend. Die krainischen Alpen liegen hinter ihm, eine kurze Meerfahrt ist überstanden, und um die Spitze des Lido herum biegt er ein in die Lagunenstadt. Welche Welt tut sich vor ihm auf; die Kuppeln und die Türme blinken im Sonnenlicht, und als zöge man hinaus, um festlich einen Fürsten einzuholen, so schwimmt ihm die Meereskönigin auf hundert Barken entgegen. Aber was wie Wunder und Märchen erscheint, ist nur ein glückliches Ohngefähr; die heiteren Reisegötter führen ihn in die Lagunenstadt just am Tage der Meervermählung, wo der Doge samt seinen Senatoren im Bucentauro hinausgleitet, um den Ring, das Zeugnis und die Besieglung des Bundes, in das Meer zu senken.

Die Bilder Venedigs schwinden, aber der Kahn des Traumes führt ihn weiter, jetzt zurück auf die hohe See, jetzt an dem Küstenbogen entlang, der zwischen Sorrent und Neapel sich spannt, und jetzt den Rhein hinunter und jetzt die Themse hinauf, hinauf bis an die Londonbrücke, wo die Barken den Strom sperren und die hundert Masten der Schiffe seinen Blick bezaubern und verwirren. Die Treppe steigt er hinan, die halb ausgewaschen zum Quai hinaufführt, und das Geräusch der City nimmt ihn auf. Immer wachsenderes Gedränge umwogt ihn hier, und endlich Stand nehmend auf der Hügelkuppe von Ludgate Hill, wo eben die Quadersteine geschnitten werden, aus denen dereinst die neue Paulskirche sich aufrichten soll, sieht er jetzt, von einem der hohen Steinblöcke aus, die Lord-Mayors-Prozession in altertümlichem Pomp an sich vorüberziehen. Die Themseschiffer in roten Röcken eröffnen den Zug, dann schmettern Pauken und Trompeten, bis endlich aller andre Lärm in dem Jubelgeschrei des Volkes erstickt, denn schwerfällig, aus Eichenholz geschnitzt, schwankt eben die vergoldete Kutsche heran, und der erwählte Cityherrscher grüßt mit gravitätischem Kopfnicken nach rechts und links.

Vereinzelte Kuckucksrufe klingen jetzt leis und wie aus weiter Ferne her herüber, und siehe da, der kranke Poet unterbricht sich in seinem Figurenzeichnen und horcht auf. Aber wie die Seele gern wieder anknüpft an das, was ihr lieb geworden, so fällt er alsbald auch in altes Sinnen und Träumen zurück.

Immer lachendere Bilder ziehen herauf. Es ist wieder ein Festzug, eine Prozession, aber diesmal auf heimischem Grund und Boden, und der Gefeierte ist er selbst. Ein Junitag ist's wie heute, nur um so viel heiterer und schöner, als die Augen damals heller in den Tag hineinsahen: denn neben ihm auf dem breiten Sitze des Wagens, auf dem er eben einfährt in die festgeschmückte, mit Laubgewinden überspannte Dorfgasse, sitzt seine heißgeliebte Braut, seit gestern sein Gemahl. Sie zählt nicht zu den leuchtenden Schönheiten, aber sie hat jenen blendenden Teint, der der Schönheit nahekommt. Ihre blühenden Wangen wurden rosiger von der Fahrt, und das rotblonde Scheitelhaar flattert halb aufgelöst im Winde. Bauern zu Pferd und mit bebändertem Hute folgen dem Zuge, Frauen im Sonntagsstaat stehn in den Türen oder am Heck und heben die Kinder in die Höh, die Störche klappern auf allen Dächern, als hätten sie mitzureden bei solchem Einzug, und die Feldlerchen begleiten von draußen her den Zug und erzählen sich hoch oben von dem Glück, das sie drunten gesehn.

Und ein volles Glück war es, das sie sahn, nicht spärlich zugemessen wie sonst wohl. Denn nicht über kurze Tage hin dehnte sich die Zeit der Flitterwochen, und Blumberg, wie es der tägliche Zeuge vollkommener Eintracht und innigsten Zusammenlebens wurde, wurd auch ein gefeierter Sitz edler Gastfreundschaft, ein Mittelpunkt geistigen Lebens, *dichterischen Schaffens*, wie damals kein zweiter in Mark Brandenburg zu finden war. Johann von Besser, Eusebius von Brandt waren oft und gern gesehene Gäste, und von hier aus ergingen an den vielbewährten Jugendfreund und Studiengenossen unsres Poeten, an den Kirchenrat Zapfe in Zeitz, oft wiederholte Einladungen, »das Harfenspiel aufs neu von der Wand zu nehmen und das Hoflager in Blumberg zu beziehen«. Briefe wurden mit einer gewissen Regelmäßigkeit gewechselt, und als die Schilderungen ehelichen Glücks, die Canitz regelmäßig mit einem »Nun gehe hin und tue desgleichen« zu schließen pflegte, endlich ihren Einfluß geübt und den ehrbaren Magister und Kirchenrat auch an den Altar geführt hatten, da ging von Blumberg ein Gratulationsbrief folgenden Inhalts nach Zeitz: »Deine Heirat und die Art derselben gefällt mir sehr wohl; weil Du mir aber Dein Sach ohne sonderliche Umstände schlechthin berichtet hast, so will auch ich Dir in Kürze nur, aber doch immer von Herzen, Glück und Vergnügen wünschen und daß Deine Liebste, wo nicht ein fruchtbarer Weinstock, so doch ein immergrüner Tannenbaum sei, dem es an *Zapfen* niemals fehlen möge.«

So gingen die Tage. Ein *volles* Glück war es, ein Glück über Jahre hin und doch zu kurz für das beneidete Paar, das in seltnem Gleichklang zusammenstimmte. Der alte Neider Tod trat zwischen sie, mitleidslos und unerbittlich, und in Erinnerung an jene Tage schwindet ihm jetzt der heitre

Traum, und trübe Bilder ziehen in seiner Seele herauf. An dem Lager einer Sterbenden kniet er. »O daß du bleiben könntest!« klingt es bittend von seinen Lippen; sie aber schüttelt den Kopf und spricht: »Du bist so oft von mir gegangen, nun geh ich von dir; sieh, ich schlafe schon.« Und danach entschlief sie wirklich, ohne Zucken und ohne Schmerz.

Das einförmige Rufen des Kuckucks klang lauter und näher jetzt, und Canitz richtete sich auf, als woll er die Rufe zählen. Da schwieg der Kuckuck. Ein wehmütiges Lächeln umspielte seine Lippe; dann schritt er durch die Gänge des Parks in das Herrenhaus und seine Stille zurück.

Das war am letzten Junisonntage 1699. Am 11. August desselben Jahres begegnen wir ihm noch einmal. Seine Kräfte waren schwächer geworden, und das heitere Poetenherz, das einst mit tausend Wünschen an das Leben gekettet war, es hatte nur noch *einen* Wunsch: zu sterben, wie die teure Heimgegangene vor ihm gestorben war. Und dieser letzte Wunsch ward ihm erfüllt. Am frühen Morgen des genannten Tages stand er auf, ließ sich völlig ankleiden und trat an das Fenster, das er öffnete, um frische Luft zu schöpfen. Die Sonne ging eben auf, und mit freudigem Staunen genoß er ihrer Pracht. Als er eine Weile hineingeblickt, rief er mit erhobener Stimme: »Wie schön ist heut der Himmel«, und sank, von einem Schlagfluß getroffen, tot zur Erde.

So starb »Canitz, der Poet«. Schon am Tage darauf wurd er in der Marienkirche beigesetzt. Eine Woche später hielt ihm Spener in der Nikolaikirche die Gedächtnispredigt; den Inhalt seines Lebens aber stellen wir zu folgender Grabschrift zusammen:

»Friedrich Rudolf von Canitz, Seiner Kurfürstlichen Durchlaucht zu Brandenburg wohlbestallter Geheimerat und Staatsminister, geboren zu Berlin (nach anderen zu Lindenberg bei Berlin) den 27. November 1654, gestorben den 11. August 1699, im fünfundvierzigsten Jahre seines Alters. Was das Leben erhöht und verschönt, das übte und pflegte er. Er liebte die Kunst und die Menschen; die Freundschaft hielt er hoch, die Treue am höchsten. Er war klug ohne Arg; ein männlicher Sinn, ein kindliches Herz. Er liebte die Welt, aber er empfand ihre Eitelkeit; Glaube und Sehnsucht wuchsen in seinem Herzen und trugen ihn aufwärts.«*

Ich hab in vorstehendem den *Menschen* Canitz als eine liebenswürdige, fein und innerlich angelegte Natur zu schildern versucht; es bleibt noch die Frage übrig nach seiner *politischen* Bedeutung und nach seinem *poetischen* Wert. War er ein Staatsmann? war er ein Poet? Das erstere gewiß, das zweite kaum minder.

Die Natur schien ihn für die diplomatische Laufbahn im voraus geschaffen zu haben, und die komplizierten Verwandtschaftsgrade, darin er stand (auch die Mutter seiner Frau war dreimal verheiratet gewesen), hatten von Jugend auf dahin gewirkt, diese seine natürliche Beanlagung auszubilden. Eine uns aufbewahrte Charakteristik seines Wesens zeigt am besten, wie außerordentlich er sich für seine Laufbahn eignete, darin, damals ungleich mehr noch als jetzt, alles an dem Erkennen und der richtigen Benutzung von Persönlichkeiten gelegen war. »Er war gesprächig, höflich, *frei von Eigensinn und Widerspruchsgeist*, für jedermann gefällig und aufmerksam, Fähigkeiten und Neigungen leicht durchschauend, jedem Gegenstande wie jedem Verhältnisse sich leicht bequemend – *ein vollkommener Mann von Welt.* Seine Rechtschaffenheit, sein Haß gegen Lüge und Zweideutigkeit unterstützten ihn eher, als daß sie sein Auftreten gehemmt, seine Erfolge behindert hätten. Bei großer Leichtigkeit war er von vorsichtiger Haltung; er wußte Ernst und Sanftmut zu vereinen, um zu überreden und zu gewinnen. *Im Friedenstiften, Vermitteln* und *Versöhnen besaß er ein einziges Talent.*« Die Inschrift unter dem Bildnis der alten Frau von Burgsdorf hatte also völlig recht, von ihm als von dem »*klugen* Staatsminister von Canitz« zu sprechen; aber

* Canitz und seine erste Gemahlin, Doris von Arnim, deren Grabmäler ich in der obengenannten Marienkirche zu Berlin lange vergeblich suchte, sind nichtsdestoweniger in derselben wirklich beigesetzt worden, aber in dem Röbelschen Erbbegräbnis, dessen ich in dem Kapitel »Buch« bereits eingehender erwähnt habe. Da dies Erbbegräbnis, in dem, laut Stadtrat Kleins »Geschichte der Marienkirche«, die Toten *dreier* Familien: der Röbel, Canstein und Canitz, beigesetzt wurden, seit etwa vierzig Jahren zugemauert ist, so ist es nicht mehr möglich, die Särge um ihre Inschriften zu befragen. Möglich, daß dieselben, zum Beispiel über den Geburtsort Canitz', einen bestimmten Aufschluß geben würden.

er suchte, wie schon angedeutet, diese Klugheit nicht in jener Kunst der Täuschung, am wenigsten in jenem Intriguenspiel, das damals an den Höfen blühte. Er kannte dies Spiel und war ihm gewachsen, aber sein redlicher und reiner Sinn lehnte sich gegen diese Kampfesweise auf. Deshalb zog es ihn immer wieder in die Stille und Unabhängigkeit des Landlebens und in einfach natürliche Verhältnisse zurück. »Der Hof« – so schrieb er bald nach dem Tode des Großen Kurfürsten – »hat wenig Reiz für mich, und ich betrachte die Würden und Ämter, die andere so eifrig suchen, nur als ebenso viele Fesseln, die mich am Genusse meiner Freiheit hindern, der Freiheit, die über alle Schätze der Erde geht und deren echten Wert zu würdigen den gemeinen Seelen versagt ist.« Er kannte diesen »echten Wert der Freiheit« wohl, aber die Verhältnisse gestatteten ihm nicht, sich dieser Freiheit so völlig zu freuen, wie es seinen Wünschen entsprochen hätte. Es geschah, was so oft geschieht, man *suchte* die Dienste desjenigen, der, im Gefühl seines Werts, diese Dienste anzubieten verschmähte, und wie oft er auch, um seinen eigenen Ausdruck zu gebrauchen, die Erfahrung gemacht haben mochte, »*daß andere die goldenen Äpfel auflasen, während er beim heißen Lauf sich abmühte*«, so war doch Gehorsam und Nachgiebigkeit in allen jenen Fällen geboten, wo Weigerung den Vorwurf des Undanks oder doch der Gleichgültigkeit gegen die allgemeinen Interessen auf sich geladen hätte. Canitz drängte sich nicht zu Diensten, aber sooft er sie übernahm, zeigte er sich ihnen gewachsen. Leicht und gewissenhaft zugleich ging er an die Lösung empfangener Aufgaben, und die graziöse Hand, mit der er die Fragen berührte, pflegte zugleich eine glückliche Hand zu sein. Fast an allen deutschen Höfen war er eine wohlgekannte und wohlgelittene Persönlichkeit, und Kaiser Leopold bezeugte ihm vielfach seine Gnade und sein besonderes Wohlwollen.

Canitzens letztes und vielleicht bedeutendstes diplomatisches Auftreten war im Haag, wo damals die Minen gelegt wurden, um den Rijswijker Friedensschluß, der so viele Interessen verletzte und so viele Gefahren heraufbeschwor, wieder zu sprengen. Canitz zeichnete sich auch hier durch jene Klugheit und feine Besonnenheit aus, die, weil sie geflissentlich *leise* die Fäden zu schürzen oder zu entwirren sucht, gemeinhin auf den Beifall zu verzichten hat, der so leicht in all jenen Fällen sich einstellt, wo ein Diplomat so undiplomatisch wie möglich den Knoten zerhaut. Das herausfordernde Wort eines Rücksichtslosen, dessen Punktum bereits ein erster Kanonenschuß ist, wird jubelnd aufbewahrt, während die kluge Haltung dessen, der eine heranziehende Gefahr beschwört, gemeinhin unbeachtet bleibt. Alles, was sich vor aller Welt Augen zu einem bestimmten Bilde abrundet, ist immer im Vorteil über das Unplastische, das sich in vertraulichem Rat oder gar in einer bloßen Aktenstückszeile vollzieht, und jener Erich Christoph von Plotho, der zu Regensburg mit jenem berühmt gewordenen: »Was! insinuieren??« den kaiserlichen Notar, Dr. Aprill, die Treppe hinunterwarf, hat ein ganzes Dutzend Diplomaten in Schatten gestellt.* Überall da, wo das Wort Friedrichs des Großen gilt: »Mach Er nur, ich stehe mit 200 000 Mann hinter Ihm!«, ist es nicht schwer, dem guten Rufe der Kraft auch den der *Klugheit* hinzuzufügen, und das Achselzucken, das unsere preußischen Diplomaten in vorbismarckschen Tagen oft hinnehmen mußten, hat in ganz anderen Dingen seinen Grund als in Mangel an Einsicht und staatsmännischer Bildung.

Canitz' Verdienste als Diplomat sind unbestritten, seine

* Ich hätte hier statt des von Plothoschen auch ein anderes Beispiel zitieren können, ein Beispiel aus der Canitzschen Zeit und noch dazu ein Vorkommnis, in dem der Spezialfreund unseres Poeten, der schon an anderer Stelle genannte Johann von Besser, die Hauptrolle spielt. Besser war 1686 kurbrandenburgischer Gesandter in London, und es handelte sich, nach erfolgtem Tode Karls II., für das ganze diplomatische Corps darum, dem nunmehrigen Könige Jakob II. die Glückwünsche ihrer resp. Höfe zu überreichen. Der alte venezianische Gesandte Vignola verlangte den Vortritt vor Besser; Besser aber verweigerte dies. Man einigte sich endlich dahin, daß *der* den Vortritt haben solle, der zuerst auf dem Platz erscheinen würde. Der alte Italiener kam früh, aber Besser kam früher; er hatte sich nämlich die Nacht über in eins der königlichen Vorzimmer einschließen lassen und stand nun bereits da, als Vignola eintrat. Dieser war unklug genug, nach wie vor auf dem Vortritt zu bestehen. Besser warnte ihn. Als der Zeremonienmeister die Tür öffnete, sprang Vignola vor, Besser aber, der von großer Körperkraft war, packte im selben Augenblicke den alten Schelm hinten am Hosenbund und schnellte ihn mit geübter Ringerkunst mehrere Schritte hinter sich. Ohne eine Miene zu verziehen, trat er darauf, völlig fest und gesammelt, an die Stufen des Thrones und hielt eine Ansprache. Alles war entzückt, der König nichts weniger als beleidigt, und der spanische Gesandte sagte ruhig zum alten Vignola: »Caro vecchio, avete fatto una grande cacata.« Der Vorfall machte in ganz Europa Sensation und wurde wie ein neuer Sieg Brandenburgs gefeiert, nicht viel geringer, als sei eine zweite Schlacht von Fehrbellin geschlagen und gewonnen worden.

Verdienste als Poet, so sagt ich schon, sind kaum geringer. Wer auf gut Glück hin und ohne den Vorsatz liebevolleren Eingehens den Band seiner Dichtungen aufschlägt und in einem, übrigens an Schönheiten keineswegs armen Gedichte folgende Anfangsstrophe findet:

Laß, mein beklemmtes Herz, der Regung nur den Zügel,
Begeuß mit einer Flut von Tränen diesen Hügel,
Weil ihn mein treuster Freund mit seinem Blut benetzt,
Auf dieser Stelle sank der tapfre Dohna nieder,
Hier war sein Kampf und Fall, hier starrten seine Glieder,
Als ein verfluchtes Blei die teure Stirn verletzt,
Das, eh der Sonne Rad den andern Morgen brachte,
Ihn, leider, ach zu bald zu einer Leiche machte* –

wer, sag ich, solche und ähnliche Strophen findet, wird freilich zunächst den Kopf schütteln und seine Ungläubigkeit ausdrücken, daß es mit so zopfigen Alexandrinern irgend etwas auf sich habe. Und in gewissem Sinne mit Recht. Wir dürfen diese Dinge aber nicht mit einem Maßstabe messen, den wir dem gegenwärtigen Stande unserer Literatur entnehmen, sondern müssen uns vielmehr die Frage vorlegen: Was waren diese Gedichte in und zu ihrer Zeit? Und zu ihrer Zeit waren sie *sehr viel*. Wenn ihnen jetzt, wie das gelegentlich geschieht, mit herablassender Miene zugestanden wird, daß sie das Verdienst der gewählten Sprache, der Reinheit und Eleganz hätten, so genügt diese Anerkennung keineswegs; denn es ist das ein Zugeständnis, das so ziemlich allen modernen Dichtern gemacht werden kann, während unter diesen doch nur wenige sind, die für *ihre* Zeit *das* Maß von Bedeutung beanspruchen dürfen, das Canitz für die seinige besitzt. Er war einer von denen, denen die Aufgabe zufiel, uns erst eine Sprache und innerhalb derselben ein Gesetz zu geben. Dies Geschenk, diese Hinterlassenschaft ist nicht hoch genug zu schätzen. Wir stehen auf den Schultern derer, die damals tätig waren, und wenn Canitz auch nicht in die Reihe der epochemachenden literarischen Reformatoren je-

* Der Titel des Gedichtes lautet: »*Elegie;* letzte Pflicht der Freundschaft, dem sel. Grafen von Dohna auf derjenigen Stelle abgestattet, wo derselbe, wenig Wochen zuvor, den tödlichen Schuß empfangen hatte«. (Es geschah dies bei dem berühmten Sturm auf Ofen 1686; die Brandenburger, von den Türken die »Feuermänner« geheißen, wurden von General von Schöning geführt.)

ner Zeit gehört, die sich, wie namentlich Opitz, für die *Gesamt*entwicklung deutscher Sprache und Dichtung von nachhaltiger Bedeutung erwiesen haben, so war er doch wenigstens für unsre *Mark* das, was andre für weiter gezogene Kreise waren. Er zeigte zuerst, daß die Mark und die Musen nicht völlige Gegensätze seien.

Aber die Verdienste Canitz' sind keineswegs nur *sprachlicher* Natur; seine Gedichte haben auch ihren *dichterischen* Wert. Es ist wahr, daß er das Dichten zum Teil wie andre angenehme Unterhaltung trieb, und er selber nannt es in seinen Briefen »die Kurzweil des Reimens«, aber wir würden ihm doch sehr unrecht tun, wenn wir nach jenen zahlreichen Reimereien, wie sie bei Festspielen, den sogenannten »Wirtschaften«, damals Mode waren, den Wert seiner Dichtung überhaupt abschätzen wollten. Gewiß, er trieb das Dichten wie Tagewerk, aber er trieb es auch, und zwar im besten Sinne, wie man ein poetisches Tagebuch führt, darin er allem zu einem dichterischen Ausdruck verhalf, was der Lauf des Tages brachte. Der Tag brachte vieles, Großes und Kleines, Absonderliches und Alltägliches, und diesen Wechsel zeigen auch seine Dichtungen, aber sie sind einig in dem einen, daß sie, ob groß, ob klein, ein Erlebtes widerspiegeln; sie sind nicht Fiktion, sie sind wirklich, sie haben einen realen Inhalt; dieser Inhalt ist nicht immer poetisch, weder in sich noch in der Art, wie er sich gibt, aber es fehlt auch überall die Gefahr, sich ins Nichts zu verflüchtigen. Der alte Bodmer sagte von diesen Gedichten: »Canitz legete nichts *Fremdes* in dieselben, was nicht zuvor in seinem Sinn und Herzen gewesen wäre.« Das ist sehr richtig, und der Stempel des Echten, Wahrhaftigen, an sich selbst Erfahrenen, auch da noch, wo es sich um bloße Reflexionen handelt, hält schadlos für den fehlenden Hochflug, auch für einen gewissen Mangel an Kraft, Originalität und Tiefe, den wir nicht in Abrede stellen wollen.

Ein einziges Gedicht rührt von ihm her, das an Sprache, Form und namentlich auch an *Innerlichkeit* alles weit zurückläßt, was er außerdem geschrieben hat, und nicht nur einen relativen, sondern einen vollen und unbedingten poetischen Wert beanspruchen darf. Es ist dies das Gedicht »An Doris« oder »Über den Tod seiner ersten Gemahlin«, wie es in einer älteren Ausgabe genannt wird. Es gilt von diesem Gedicht etwas Ähnliches, wie Schlegel von Bürgers »Leonore« gesagt hat: »daß es allein schon ausreichen würde, den Namen des Dichters der Nachwelt zu überliefern«. Die Zeiten ändern sich freilich, und es wird manchem jetzt pedantisch erscheinen, siebenundzwanzig Trauerstrophen, noch dazu die Arbeit von Jahren, auf den Tod einer hingeschiedenen, geliebten Frau gedichtet zu sehn. Aber das Lächeln über die altfränkische Mode ist unberechtigt. Es ist mit einem solchen Gedicht wie mit einem Bildhauer, der seine Frau verliert und ihr ein Monument errichten will. Er hat sie selbst am besten gekannt, trägt ihr Bild am treusten im Herzen und geht freudig und gutes Mutes an die *Arbeit.* Die Arbeit ist mühevoll und kostet ihm Zeit, aber endlich hat er's erreicht, und niemand tritt jetzt heran und wundert sich, daß er Jahre gebraucht hat zu einer Schöpfung der Pietät und Liebe. So muß man auch eine solche »Trauerode« auffassen, die damals gemeißelt wurde wie in Stein. Wir gestatten jetzt nur noch eine hingeworfene Skizze, einen lyrischen Ausruf als Ausdruck des Gefühls. Aber beides kann nebeneinander bestehen, jedes ist eine berechtigte Art, und es ist einfach falsch, zu sagen, die alten Poeten von damals, weil sie weder in Desperation noch in Melancholie dichteten, hätten überhaupt nichts empfunden. Man lese die Dinge ohne Vorurteil, und man wird an der Wirkung auf das eigene Herz wahrnehmen, daß ein Herz in diesen zopfigen Strophen schlägt.

WERNEUCHEN

Wenn vor des Pfarrhofs kleinen Zellen
Nun bald die Lindenknospen schwellen,
Wenn Vögel in den Ahornhecken
Die weißen Eierchen verstecken,
Dann kommst du, unsres Glückes froh,
Im Hute von geflochtnem Stroh,
Zu atmen hier, voll Veilchenduft,
Werneuchens reine Frühlingsluft.

Schmidt von Werneuchen

Inmitten des Barnim, halben Wegs zwischen Berlin und Eberswalde, liegt das Städtchen Werneuchen. Ich sage Städtchen, um dem Lokalpatriotismus einzelner seiner Bewohner nicht zu nahe zu treten, die das Beiwort »Stadt« für ironische Übertreibung und die Bezeichnung »Flecken« als Mangel an Respekt ansehen möchten. Ich hüte mich weislich vor jeder Parteiergreifung und verweigere nicht minder, an dem über die Herstammung des Wortes »Werneuchen« ausgebrochenen Kampfe teilzunehmen. Alles, was an Erbitterung auf dem Felde der vergleichenden Sprachforschung nur jemals zutage getreten ist, ist auch hier wieder sichtbar geworden, und die Partei »Bernau«, wiewohl mehrmals geschlagen, steht der Partei »Warnow« immer noch voll ungebrochenen Mutes gegenüber. Werneuchen ist Klein-Bernau, sagen die einen und deduzieren etwa wie folgt: Klein-Bernau = Bernäuchen, und Bernäuchen = Werneuchen. Mitnichten, erwidern die andern: Werneuchen ist Klein-Warnow, Klein-Warnow = Warnowichen, und Warnowichen = Werneuchen.

Werneuchen gehörte wie Zossen, Trebbin, Baruth u. a. m. zu jenen bevorzugten Örtern, die sich ohne besonderes Verdienst, in jener kurzen Epoche, die zwischen dem Sandweg und dem Schienenweg lag und die man das Chaussee-Interregnum nennen könnte, zu einer gewissen Reputation emporarbeiteten. Und vielleicht wurde dies Grund und Ursach, daß man, als das eherne Zeitalter der Eisenbahnen wirklich anbrach, den Ruin Werneuchens für gekommen hielt und vor seiner Zukunft (denn die Bahn nahm eine andere Richtung) erzitterte. Man hatte sich daran gewöhnt, Werneuchen und Passagierstube für identisch anzusehen; nun beseitigte man diese mit einem Federstrich, und die Frage trat bang an jedes Herz: »Was bleibt noch übrig? was wird?« Aber die Dinge kamen anders, als man gedacht hatte; die Furcht war, wie immer, schlimmer gewesen als die Sache selbst, und Werneuchen blieb im wesentlichen, was es vorher gewesen war. Die Fruchtbarkeit der Äcker und der Fleiß der Bewohner deckten alsbald das Defizit, wenn überhaupt ein solches entstand, und der freundlichen Häuschen mit Ziegeldach und grünen Jalousien wurden nicht weniger, sondern mehr.

In der Tat, Werneuchen gewährt den Anblick eines sauberen und an Wohlhabenheit immer wachsenden Städtchens. Aber es ist doch nicht das *heutige* Klein-Warnow oder Klein-Bernau, wohin ich den Leser zu führen gedenke, vielmehr gehen wir um siebzig Jahr in seiner Geschichte zurück und rüsten uns zu einem Besuch in dem *alten* Werneuchen, wie es zu Anfang dieses Jahrhunderts war.

Auch damals war es ein freundlicher Ort, aber die Chaussee, die noch gar nicht vorhanden oder doch erst im Bau begriffen war, hatte noch nicht Zeit gehabt, die Fensterladen mit dem roten Anstrich und den eingeschnittenen Herzen zu verdrängen, und die Strohdächer mit ihrem Storchennest und ihren schief stehenden Schornsteinen überhoben den Besucher – trotz der zwei Bürgermeister, die Werneuchen damals hatte – der jetzt so heikel gewordenen Frage von »Dorf oder Stadt«. Keine Schützengilde paradierte zu jener Zeit mit Sang und Klang durch die Straßen, und wenn draußen in Wald oder Feld ein Schuß fiel, so wußte man, daß es die Büchse des Försters sei, der am Gamen-Grunde, hart an der Stelle, wo der Weg nach Freienwalde hin abzweigt, sein unter Tannen geborgenes Häuschen hatte.

Keine Schützengilde gab es, auch keinen Veteranenverein, aber etwas anderes, eine Kuriosität, ein Restchen Mittelalter und Femgericht, das sich aus unvordenklicher Zeit, allen Einflüssen des nivellierenden achtzehnten Jahrhunderts zum Trotz, an diesem stillen Ort erhalten hatte. Dies Femgericht im kleinen war die sogenannte »Wröh«. Zu festgesetzten Zeiten, aber immer nur im Sommer, versammelten sich die Bürger-Bauern auf einem von alten Linden überschatteten Platze, der ziemlich in der Mitte zwischen dem Pfarrhaus und der Kirchhofsmauer gelegen war. Unter den Bäumen dieses Platzes, nach der Kirchhofsseite hin, lagen vier abgeplattete Feldsteine, die man durch aufgelegte Bretter in ebenso viele Bänke verwandelte, wenn eine »Wröh« abgehalten werden sollte. Was in *alten* Zeiten in diesen Geschwornengerichten besprochen und bestimmt ward, ob jemals ein Werneuchener Bürger-Bauer das bekannte Messer in den Baum am Kreuzweg gebohrt oder nicht, wird wohl nie mehr zur Kunde der Nachwelt gelangen, unsere Kenntnis über die Sitzungen der Werneuchener »Wröh« datiert erst aus den unromantischen Zeiten des Allgemeinen Landrechts, wo ganz Werneuchen und natürlich auch die »Wröh« unter die stille Superintendenz eines Magistrats und der schon vorerwähnten Doppel-Bürgermeisterei gekommen war. Die Gerichtsbarkeit der »Wröh« war eine durchaus enge geworden und beschränkte sich darauf, in wöchentlichen oder monatlichen Sitzungen den Schadenersatz festzustellen, den das Vieh des einen Bürgers oder Bauern den Feldern oder sonstigem Besitztum des andern zugefügt hatte. Stimmenmehrheit entschied, und ohne Streit oder weiteren Appell wurden die Dinge geregelt. Die letzten dreißig Jahre haben uns in den »Schiedsgerichten« etwas Ähnliches wiedergebracht, aber was dieser trefflichen Neuschöpfung im Vergleich zu jener alten fehlt, ist die fremd und mystisch klingende Bezeichnung, und wir begreifen vollkommen den Stolz eines Werneucheners, der von den Zeiten der »Wröh« spricht wie ein Lübecker von der Hansa und ihrer Ostseeherrschaft.

Im Sommer 1809 hatte Werneuchen noch seinen Lindenplatz zwischen Pfarrhaus und Kirchhof und, was mehr sagen will, auch noch die vier Feldsteine und sein »Wröh«. Wir kommen aber nicht in heißer Junischwüle von Berlin, um einer Sitzung des letzten Ausläufers der Feme voll Schweigen und Ehrerbietung beizuwohnen – wir haben ein andres Ziel vor Augen: einen Besuch in der Pfarre.

Dorf Blumberg liegt längst hinter uns und nun auch Seefeld und Löhme, zwei Zwillingsdörfer, die von hüben und drüben ihre völlig gleichen Kirchturmspitzen im Wasser des Löhme-Sees spiegeln. Aber der Werneuchner Kirchturm neckt uns noch immer, und ermüdet vom langen Marsche, halten wir inne, stützen uns, nach hinten übergebogen, auf unseren Stock und lüften mit der Linken den Hut, um uns die Stirne vom Winde kühlen zu lassen. Da plötzlich ist es, als hörten wir etwas wie Peitschenknall und Pferdeschnaufen, und zurückblickend bemerken wir einen offenen Wagen, der, den Sand des Weges aufwirbelnd, in raschem Trab uns folgt. Und im nächsten Augenblicke schon ist er so nahe, daß wir seine Insassen bequemlichst zählen können. Es sind ihrer fünf. Vorne der Kutscher mit zwei blondköpfigen Jungen und dahinter, auf dem eigentlichen Sitze des Wagens – der in vier Lederriemen hängt und bei jeder Bewegung hin- und herschaukelt –, ein wohlgenährtes Ehepaar, allem Anscheine nach zwischen dreißig und vierzig. Die Frau hält einen aufgespannten Regenschirm, den sie mit vielem Geschick à deux mains zu gebrauchen weiß, indem sie das rote Dach als Schutz gegen die Sonne, den Griff aber als Krückstock benutzt, um die beiden Jungen in Ordnung zu halten, die des eng zugemessenen Raumes halber in beständiger Fehde sind und aller Contrôle zum Trotz ihren still erbitterten Kampf mit den Ellenbogen fortsetzen. Zwischen der Sitzbank und dem schrägen Hinterteile des Wagenkorbs ist noch ein leerer Raum, und unsere Kenntnis ähnlicher Fuhrwerke läßt uns erraten, daß hier ein Häcksel- oder Futtersack verborgen sein müsse, der schließlich nichts dagegen haben würde, wenn wir uns entschlössen, die letzte Viertelmeile des Wegs auf seinem Polster zurückzulegen. Und wirklich, wir schwingen uns hinein, und unsere Tarnkappe hervorziehend, unser selbstverständliches und allerwichtigstes Reisenecessaire, sitzen wir jetzt unbemerkt auf dem Häckselsack und werden zu glücklichen Zeugen all der kleinen Erziehungs- und Unterhaltungsszenen, die sich mehr und mehr zu einer gemütlichen Familienkomödie gestalten.

Unmittelbar vor uns, auf einer für unsere Füße frei gebliebenen Stelle, liegt ein Spielzeug, jenes mit Glöckchen und Schellen behängte Blechinstrument, das unter dem Namen der »Janitschar« das Entzücken aller Kinderherzen bildet. Der Raum ist so eng, daß wir's trotz äußerster Vorsicht nicht vermeiden können, die Glöckchen gelegentlich zu berühren, und jedesmal, wenn es klingelt und tingelt, drehen sich alle fünf Köpfe nach uns um, in leiser Ahnung, daß es auf dem Häckselsacke nicht ganz richtig sei. Diese Kopfwendungen, die der starken Frau jedesmal äußerst schwer werden, geben uns eine gute Gelegenheit, unsere bis dahin nur von Rücken und Seite her gesehene Reisegesellschaft auch en face kennenzulernen und uns über den Ausdruck des Behagens als eines charakteristischen Familienzuges zu vergewissern. Die beiden Jungen sind unzweifelhaft Zwillinge; der Mutter, einer hübschen blonden Frau, rollen die Schweißtropfen wie Freudentränen von der Stirn, und ihr Ehegemahl zur Rechten zeigt uns jenes wohlbekannte, aus Würdigkeit und Sonnenbrand zusammengesetzte Gesicht, das alle ländliche Beamte zu haben pflegen, denen der Dienst in der Amts- und Gerichtsstube die Zeit zu Schnepfen- und Entenjagd nicht allzusehr verkürzt. Und so fehlt denn nichts mehr als die namentliche Vorstellung: Amtsaktuarius Bernhard aus Löhme nebst Frau und Familie, die sich gleich nach Tisch auf den Weg gemacht haben, um dem befreundeten Pfarrhause zu Werneuchen, wo heute Geburtstag ist, einen Besuch abzustatten.

Die beiden Braunen traben tüchtig weiter, der kleine Streit zwischen dem Ehepaar, ob »Pät Ulrich« heute neun oder erst acht Jahre geworden sei, ist endlich, selbstverständlich zugunsten der Frauenansicht, entschieden, und der seit einer Viertelstunde seine Peitsche »Gewehr bei Fuß« habende Kutscher nimmt sie jetzt wieder in die Hand, um, angetan mit allen Abzeichen seiner Würde, in Werneuchen einzufahren. Schon holpert und stolpert der Wagen auf dem tief ausgefahrenen Steinpflaster, der Kutscher knallt oder streicht mit bemerkenswerter Eleganz die Stechfliegen von dem Hals der Pferde, das rote Dach des Regenschirms wird eingezogen, und nur einmal noch fährt die Schirmkrücke mit einem energischen »Sitz gerade« in den Rücken des linken Jungen. In demselben Augenblick aber, wo der Getroffene zusammenfährt, hält auch der Wagen schon vor der Werneuchener Pfarre.

Von unserm Versteck her haben wir Zeit, das Haus zu mustern. Es ist ein Fachwerkbau mit gelbem Anstrich und kleinen Fenstern, sein einziger Schmuck der geräumige Vordergiebel und ein paar alte Kastanienbäume, deren hohe Kronen das ganze Haus in Schutz zu nehmen scheinen. Die Haustüre steht offen und gönnt einen Blick auf den kühlen fliesengedeckten Flur; aber niemand erscheint auf ihm, um die Gäste willkommen zu heißen. Die beiden Jungen haben endlich das Terrain rekognosziert und kommen mit einer barfüßigen alten Frau zurück, die sie hinten im Garten mit Unkrautjäten beschäftigt fanden. In ziemlich dienstlichem Tone poltert der Amtsaktuarius ein paar seiner Fragen heraus; aber bald ergibt sich's, daß die Jätefrau taub ist und es am geratensten sein dürfte, die Gesamtkosten der Unterhaltung *ihr* zuzuschieben. »Alles ausgeflogen ... Alles in 'n Wald ... Ulekens Geburtstag.« Diese Worte genügen völlig. Unser Amtsaktuarius ist lange genug in dem Werneuchener Pfarrhaus aus- und eingegangen, um zu wissen, wo der Pfarrer seine Lieblingsplätze hat, und der Alten zum Zeichen völligen Eingeweihtseins einen kurzen Gruß zunickend, läßt er im nächsten Augenblicke weitertraben. Als der Wagen etwas heftig anrückt, fall ich nach hinten über und stoße so stark an die Janitschar, daß sämtliche Glocken zu klingen anfangen. Aber alles ist bereits in solcher Aufregung, daß niemand mehr darauf achtet, welcher Mittagsspuk da hinten sein Wesen treibt.

Bis zum Gamen-Grund ist eine halbe Stunde. Wir sind eben in den Fahrweg eingebogen, der nach Freienwalde hin abzweigt, und halten alsbald an einem Waldpfade, den wir in seinen Windungen durch das Gehölz hin deutlich verfolgen können. Quellen sickern im Moos. Elsen und anderes Laubholz mischt sich unter die Tannen, und erfrischende Kühle weht uns an.

»Oh, da singen sie schon. Wußt ich doch, daß wir sie finden würden« – mit diesen Worten, die fast wie Selbstgratulation klingen, eilt der Amtsaktuar von rechts her auf die linke Seite hinüber, um bei der bevorstehenden Landung seiner Ehehälfte nach Kräften behülflich zu sein. Im Vertrauen auf die Gutgeartetheit der Pferde wird statt des direkten Weges über das linke Vorderrad der Umweg über den

Deichseltritt gewählt; wir aber, als wir diese Vorkehrungen glücklich getroffen sehn, schwingen uns, die linke Hand auf dem Wagenkorbe, mit raschem Ruck in den Fahrweg hinein und eilen der Aktuarfamilie voraus in die Waldestiefe hinein.

Da haben wir sie. Mitten auf einem Rain, den hochstämmige Tannen einschließen, scheinen die Elfen an hellem Nachmittag ihre Spiele zu treiben. Ein Dutzend Kinder, groß und klein und mit allerhand Kränzen im Haar, tanzen den Ringelreihen, während inmitten ihres Kreises ein Blondkopf steht und mit seiner Weidenrute hierhin und dorthin zeigt, als wär es ein Zauberstab. Abwärts davon, in einer Vertiefung unter den Bäumen, qualmt und knistert ein Feuer, an dessen Rande, neben anderem Topfwerk, eine jener weitbauchigen braunen Kannen steht, die den Namen ihrer schlesischen Vaterstadt ruhmreich über die Welt getragen haben; dahinter aber, auf einer natürlichen Bank, sitzt pastor loci, kenntlich durch Haltung und Sammetkäpsel, und reicht seiner neben ihm stehenden jungen Frau die Hand. »Es ist gut so«, scheint seine freundliche Miene zu sagen, und die Glückliche, glücklich in *seinem* Besitze, neigt sich und küßt ihm die Stirn, auf einen kurzen Augenblick unbekümmert um Kannen und Kinder und um das brodelnde Wasser, das eben zischend in die Flamme fährt. Wir stehen noch im Bann dieser reizenden Szene, da knickt es dicht neben uns im Unterholz, und das rasche, laut-ängstliche Atmen einer Asthmatischen läßt keinen Zweifel darüber, wer im Anzuge sei. Wirklich, ihre Zwillinge vorauf, den Ehgemahl mit der Janitschar unmittelbar hinter sich, ist die Frau Amtsaktuar auf die Waldwiese getreten. Und vor ihrer Erscheinung ist der Zauber entflohen. Der Ringelreihen schweigt, die Werneuchner Dorfjugend hat ihr Elfentum abgestreift, und das gesamte junge Volk stürzt mit Jubelgeschrei den Ankommenden entgegen.

Wir sind nicht Zeugen der Begrüßungsszene, die nun folgt, sehen nicht, wie der reizende Blondkopf, der noch eben auf einem Elsenstumpfe stand, das bewunderte Geschenk aus den Händen seines Paten entgegennimmt, und beteiligen uns noch weniger an »Hirsch und Jäger« oder gar an dem Wettkampfe, der abschließend zwischen den Horatiern oder Curiatiern von Werneuchen und Löhme zur Aufführung kommt – wir gönnen den Alten am Feuer ihr Geplauder und den Kindern im Wald ihre Lust und gesellen uns ihnen erst wieder, als sie gegen Abend, unermüdet vom Singen und Springen, ihren Heimmarsch antreten. Halben Weges zwischen dem Gamen-Grund und Werneuchen begegnen wir ihnen und lassen den phantastischen Zug an uns vorüberziehn. Voran Klein-Ulrich, der Held des Tages. Unmittelbar hinter ihm die Zwillinge, von denen einer auf einem Kaffeetrichter bläst. Und nun der Fahnenträger, einen Birkenbusch vor sich. Andre folgen mit zinnernen Bechern und blechernen Löffeln – alles in allem ein Bacchuszug aus jenen Regionen, wo das Besingkraut an die Stelle des Weinlaubs tritt.

Neben dem Zuge her mahlt der Löhmer Amtswagen. Unsere stattliche Freundin, die seit dem Abendgange durchs Korn, auf dem sie sich verlobte, nie mehr einen Spaziergang wagte, thront mit dem Ausdruck wachsenden Behagens auf ihrem Wagensitz, und gelegentliche Zurufe, die sich auch *jetzt* noch auf nicht abzureichende Distance der Erziehung ihrer Zwillinge widmen, geben ihr mehr Befriedigung als Verdruß. Eine kurze Strecke hinter dem Zuge folgen die Männer in lebhaftem Gespräch, und der Amtsaktuar, der die Berliner Zeitung hält, rektifiziert die rechte Flügelaufstellung bei Wagram, »ein Fehler, den er dem Erzherzog Karl nie zugetraut hätte«. Neben ihnen her aber, gleich unangefochten durch die Fehler bei Wagram wie durch die Korrekturen des Amtsaktuars, trottet Boncœur, aller Liebling und Vertraute, mit einem so ehrlichen Pudelgesicht, als hab er's jedem einzelnen versprochen, für verlorene Tücher und Schuhbänder mit seiner Person aufkommen zu wollen.

Dämmerung liegt auf der Dorfstraße. Die Spielgefährten schlüpfen rechts und links in Hof und Türe, während unsere Freunde vor der Pfarre halten.

Die Sterne ziehen herauf, und es wird still in Dorf und Haus.

So sah es im Sommer 1809 in Werneuchen aus, allwo der vielgenannte »Pastor Schmidt von Werneuchen« damals im Amte war. Ich glaubte den Mann, dem diese Darstellung gilt, nicht besser einführen zu können als durch ein Bild, das ihn uns in Wald und Feld und im Kreise der Seinen zeigt. Eine kindliche Natur, hing sein Herz an dem Stilleben der Familie.

Bevor ich seine Charakteristik versuche, schick ich eine Zusammenstellung des biographischen Materials vorauf, das ich über den äußerlichen Gang seines Lebens erhalten konnte.

Friedrich Wilhelm August Schmidt, genannt Schmidt von Werneuchen, wurde den 23. März (*nicht* Mai) 1764 in dem reizend gelegenen Dorfe Fahrland* bei Potsdam geboren. Sein Vater war Pfarrer daselbst. Von den glücklichen Tagen seiner Kindheit erzählt uns eine seiner gelungensten Idyllen: »An das Dorf Fahrland«:

Ach, ich kenne dich noch, als hätt ich dich gestern verlassen;
Kenne das hangende Pfarrhaus noch mit verwittertem Rohrdach.
Wo die treuste der Mütter die erste Nahrung mir schenkte.

Es scheint, daß er den Vater frühzeitig verlor, denn er kam schon um 1775 auf das Schindlersche Waisenhaus nach Berlin, wo der spätere, gleichfalls als Dichter ausgezeichnete Staatsrat Friedrich August von Stägemann, eines uckermärkischen Predigers Sohn, sein Mitschüler war. Ob er, wie dieser, auf dem »Grauen Kloster« oder aber auf einer anderen Schule seine Gymnasialbildung vollendete, konnt ich nicht ersehen. Etwa um 1785 ging er nach Halle, daselbst Theologie zu studieren. Seine Lage muß um jene Zeit eine ziemlich bedrängte gewesen sein, wie die Anfangszeilen einer poetischen Epistel an seinen Freund Christian Heinrich Schultze, Prediger in Döberitz, vermuten lassen. Diese lauten:

Du, mir teuer, seit bei magrer Krume
Und beim Wasserglas der Freundschaft Band
Uns umschlungen an der Saale Strand etc.

* Vergleiche »Fahrland« und »Die Fahrlander Chronik« in Band III der »Wanderungen«. Diese Fahrland-Kapitel wurden später geschrieben als das vorstehende Werneuchner und enthalten allerlei Details über die Schmidt von Werneuchenschen Eltern.

Anfangs der neunziger Jahre scheint er die Stellung als Prediger am Berliner Invalidenhause erhalten zu haben. In diese Zeit fällt auch seine Verlobung mit seiner geliebten, in vielen Liedern gefeierten Henriette, mit der er dann 1795 die glücklichste Ehe schloß. 1796 erhielt er die Werneuchner Pfarre. Die Jahre vor und kurz nach seiner Verheiratung bilden auch die Epoche seines frischesten poetischen Schaffens. Die Lieder »An Henriette« gehören selbstverständlich dieser Zeit an, aber auch seine Vorliebe für das Beschreibende zeigte sich schon damals, vor allem der ihn charakterisierende Hang für das Abmalen *jener* Natur, die ihm vor der Tür lag, die er stündlich um ihre Eigenart befragen konnte. Den Wunsch, seine Werneuchner Pfarre mit einer anderen zu vertauschen, scheint er nie gehabt zu haben. Sein Wesen war Genügsamkeit, Zufriedenheit mit dem Lose, das ihm gefallen. Eine Reihe von Kindern ward ihm geboren; sie waren der Sonnenschein des Hauses. Den jüngsten Knaben, Ulrich, verlor er frühzeitig; kurz vorher oder nachher starb auch die Mutter. Mit ihr begrub er die Freudigkeit seines Herzens. Eine Reihe von Liedern verrät uns, wie tief er ihren Tod beklagte. Später vermählte er sich zum zweiten Male. Seine zweite Gattin überlebte ihn und errichtete ihm das Denkmal, ein gußeisernes Kreuz, auf dem Werneuchner Kirchhof, das, von einem schlichten Holzgitter eingefaßt, folgende Inschrift trägt: »F. W. A. Schmidt, Prediger zu Werneuchen und Freudenberg, geboren den 23. März 1764, gestorben den 26. April 1838.« Rückseite: »Ich will euch wiedersehen, und euer Herz soll sich freuen, und eure Freude soll niemand von euch nehmen.« Ihm zur Seite ruhen, unter überwachsenen Efeuhügeln, seine erste Gattin (Henriette) und sein Lieblingssohn Ulrich.

Diesen kurzen biographischen Notizen laß ich eine Reihe mir zugegangener kleiner Mitteilungen folgen, ohne weitere Zutat von meiner Seite.

Den *Pfarracker* hatte er verpachtet, weil er, wie er sagte, nicht »verbauern« wollte. Aber wenn er auch seine Ehre und seine Aufgabe darin setzte, nicht selbst ein Bauer zu werden, so liebte er doch die Landleute sehr und sprach gern und eingehend mit ihnen. Die Landwirtschaft, als ein Großes und Ganzes, hatte er beiseit getan, aber sein Garten war seine beständige Freude. Er hätte ohne diese tägliche Berührung mit dem Leben der Natur nicht sein können.

Der Garten lag unmittelbar hinter dem Hause, rechts von der Kirchhofsmauer, über die die Grabkreuze hinwegragten, links von Nachbarsgärten eingefaßt; nach hinten zu ging der Blick ins Feld. Schneeball- und Holunderbosquets empfingen den Besucher, der aus der geräumigen Küche mit ihren blank gescheuerten Kesseln in den unmittelbar dahinter gelegenen Garten eintrat. Die besondere Sehenswürdigkeit darin war ein alter Birnbaum, der noch jetzt existiert und schon damals als einer der ältesten in den brandenburgischen Marken galt; der größte Schmuck des Gartens aber waren seine vier Lauben. Drei davon, die dem Hause zunächst lagen, waren Fliederlauben, in denen, je nach der Tageszeit und dem Stand der Sonne, der Besuch empfangen und der Kaffee getrunken wurde, die vierte dagegen, die mehr eine hohe, kreisrunde Blühdornhecke als eine eigentliche Laube war, erhob sich auf einer kleinen Anhöhe am äußersten Ende des Gartens und führte den Namen »Sieh dich um«. In diese Hecke waren kleine Fensteröffnungen eingeschnitten, die nun, je nachdem man seine Wahl traf, die reizendsten Aussichten auf Kirchhof, Gärten oder blühende Felder gestatteten. Rote und weiße Rosen faßten überall die Steige ein, eine der Lauben aber, und zwar die, die sich an die Kirchhofsmauer lehnte, führte deutungsreich den Namen »Henriettens Ruh«.

In diesem Garten arbeiten war unseres Freundes Lust. Mit einer Art von Befriedigung pflegte er sich aufzurichten und seinem Sohne zuzurufen: »Heut tut mir der Rücken weh vom Bücken.« Hühner und Sperlinge vom Garten abzuhalten war die stets gern erfüllte Pflicht der Kinder.

Der Sommer war schön, aber der schönste Monat des Jahres war doch der Dezember. »Das Weihnachtsgefühl, die hohe Vorfreude des Festes in uns zu wecken«, so schrieb mir der Sohn, »verstand er vortrefflich. Er tat es in lockender, die Einbildungskraft anregender Weise, teils durch Töne von Kinderinstrumenten, teils durch Proben von Weihnachtsgebäck, welches von bepelzter Hand durch die knapp geöffnete und im Hui wieder geschlossene Tür in die Kinderstube geworfen wurde. Ließ einmal Knecht Ruprecht gar nichts von sich hören und sehen, so baten wir singend an der hoffnungsreichen Pforte um sein Erscheinen und seine Gaben. Waren wir artig gewesen, so gewährte er; andernfalls prasselten *Nußschalen* oder faule Äpfel durch die Türöffnung herein.« Den Jubel am Heiligen Abend hat er in einem seiner populärsten Gedichte selbst beschrieben:

Nußknacker stehn mit dickem Kopf
Bei Jud und Schornsteinfeger;
Hier hängt ein Schrank mit Kell und Topf,
Dort hetzt den Hirsch der Jäger.
Hier ruft ein Kuckuck, horch!,
Und dort spaziert ein Storch,
Mit Äpfeln prangt der Taxusbaum
Und blinkt von Gold und Silberschaum.
Zu Pferde paradiert von Blei
Ein Regiment Soldaten;
Ein Sansfaçon sitzt frank und frei
Gekrümmt und münzt Dukaten.
Und alles schmaust und knarrt,
Trompet und Fiedel schnarrt;
Fern stehn die Alten, still erfreut,
Und denken an die alte Zeit.

Das Leben auf der Pfarre war ein ziemlich bewegtes. Mit einigen Predigern in der Umgegend war er von früher her bekannt, und diese besuchte er, wenn er auf geistige Anknüpfungspunkte rechnen konnte; sonst schwerlich. Unter den befreundeten Amtsbrüdern befand sich auch der Propst Gloerfeld in dem benachbarten Bernau. Dieser würdige und allgemein hochgeachtete Geistliche hatte einen schönen Tod. Er war ein großer Gartenfreund, wie die meisten Geistlichen in jener geldarmen Zeit, und empfing dann und wann Besuche von Personen, die seinen schönen Garten sehen wollten. Einmal erschien auch eine junge, durchreisende Dame, und als er sich bücken wollte, um ihr eine Rose zu pflücken, sank er tot zwischen die Blumenbeete nieder.

Schmidts Gedichte geben über den Kreis seiner Bekanntschaft die beste Auskunft. Es lag in der Natur seiner Muse, die einen durchaus häuslichen Charakter hatte und das Leben mehr erheitern als auf seine Höhen treiben wollte, daß er Dinge, die sich in Prosa ebensogut hätten sagen lassen, in Versen abmachte. Beispielsweis Einladungen und Gratulationen. So lernen wir denn beim Lesen seiner Dichtungen auch seine Freunde und Bekannte kennen, und zwar aus Näh und Ferne: Pastor Schultz aus Döberitz im Havelland, Amtsaktuarius Bernhard aus Löhme (unser alter Freund aus dem Gamen-Grund her), Prediger Dapp in Klein-Schöneberg, Rudolf Agrikola, Frau Oberst von Valentini, Maler Heusinger und andere mehr, meist Personen, die mit mehr oder minder Dringlichkeit aufgefordert werden, der Werneuchner Pfarre, »die im Grunde genommen viel hübscher sei als die Berliner Paläste«, ihren Besuch zu machen. Besonders nah stand ihm der Pastor Ahrendts in dem nur eine Meile entfernten Beiersdorf. Mit diesem hatte er zusammen studiert, beide waren in unmittelbarer Aufeinanderfolge Prediger im Berliner Invalidenhause gewesen, beide hatten zu Ende des vorigen Jahrhunderts ihre benachbarten Landpfarren erhalten und verblieben darauf bis zu ihrem Tode, nachdem beide kurz vorher ihr fünfzigjähriges Jubiläum gefeiert hatten, Schmidt 1837, Ahrendts 1838.

Unter den gelegentlich Einsprechenden waren auch einzelne Berliner Geistliche von der strengeren Richtung, wie Held und Hennefuß. Er teilte die Ansichten dieser Herren nicht und hatte dessen kein Hehl, war aber in der Art, wie er ernste Gespräche führte, von so feinen und anziehenden Formen, daß die Besuche weit öfter wiederholt wurden, als man hätte mutmaßen sollen. All dieser Zuspruch, weil er ihm geistige Nahrung und Anregung bot, erfreute ihn lebhaft, aber höchst unbequem waren ihm die affektierten Leute aus der großen Stadt, die sich aus Neugier oder aus Sentimentalität bei ihm blicken ließen, um hinterher von den »hohen Vorzügen des Landlebens« schwärmen zu können, und eines seiner humoristischen Gedichte, nachdem er diese Zudringlichen zuvor beschrieben, schließt denn auch mit dem Anruf an Fortuna:

Send, o Göttin, naht ein solcher Schwall,
Uns zum Schutze Regen her in Bächen!
Türm ein Wetter auf mit Blitz und Knall,
Oder laß ein Wagenrad zerbrechen.

Es erinnert dies an ähnliche Niedlichkeiten Mörikes, dessen Humor freilich um vieles mächtiger war.

Unter den klassischen Dichtern war ihm, neben Homer, Virgil der liebste; seine »Bucolica« standen ihm außerordentlich hoch und mögen sein eigenes Dichten beeinflußt haben. Als der größte Dichter aller Zeiten aber erschien ihm *Shakespeare*, den er mit Passion las und dessen kühne und erhabene Bilder ihn immer wieder begeisterten.

Die Angriffe, die sein eigenes Dichten erfuhr, machten gar keinen Eindruck auf ihn, ergötzten ihn vielmehr. Es lag wohl darin, daß er eine durch und durch bescheidene Natur und niemals von dem eitlen Vermessen erfüllt war, neben den Heroen jener Zeit auch nur annähernd als ebenbürtig dastehen zu wollen. Er wollte wenig sein, aber *daß er dies wenige auch wirklich war, davon war er fest überzeugt*; er hielt den Beweis davon, wenn er auf die Natur hinausblickte, gleichsam in Händen, und diese Überzeugung, die nebenher wissen mochte, daß ein kleines Blättchen vom Lorbeerkranz ihm früher oder später *notwendig* zufallen müsse, nahm seinem Auftreten jede Empfindlichkeit. Das bekannte, gegen ihn gerichtete Goethesche Spottgedicht:

O wie freut es mich, mein Liebchen,
Daß du so natürlich bist,
Unsre Mädchen, unsre Bübchen
Spielen künftig auf dem Mist,

las er seinen Kindern vor und scherzte darüber mit ihnen. Seine Hochschätzung Goethes wurde durch diesen Angriff in nichts gemindert, und seine Kinder mußten um dieselbe Zeit, als jenes Spottgedicht erschienen war, Goethesche Lieder und Balladen auswendig lernen.

Bis hierher hat uns, auch da noch, wo wir aus ihm zitierten, der Mensch beschäftigt; wir wenden uns nun dem *Dichter* zu. War er ein solcher überhaupt? Gewiß, und, trotz einer starken prosaischen Beimischung, weit mehr, als gemeinhin geglaubt wird. Der Ton, in dem man ihn anerkannte, pflegte *dem* zu gleichen, in dem in Vor-Klaus-Grothschen Tagen von unseren plattdeutschen Dichtern, zumal auch von unserem altmärkischen Landsmann Bornemann, gesprochen wurde. In den Dichtungen des einen wie des anderen vermißte man *Idealität* und ließ um ebendeshalb beide nur als Dichterabarten gelten, als heitere, derbe, humoristische Erzählertalente, die zufällig in Reim statt in Prosa erzählten.

Es liegt darin, auch namentlich in dem Zusammenwerfen Schmidts von Werneuchen mit den plattdeutschen Dichtern der alten Schule, viel Wahres und Richtiges; viel Wahres, in das sich nur insoweit eine gewisse Unbilligkeit gegen unseren Werneuchener Deskriptivpoeten mit einmischt, als er anderer Klänge, wie die sind, die zumeist aus ihm zitiert werden, sehr wohl fähig war. Die unbestreitbare Popularität der Zeilen:

Die Tafel ist gedeckt,
Wo nun der Schüsseln Duft die Lebensgeister weckt;
Schweinbraten, ach, nach dir, nach euch, gebackne Pflaumen,
Sehnt sich die Braut schon längst! ihr glänzen beide Daumen –

ich sage, die Popularität dieser und ähnlicher Zeilen hat unser Dichter mit dem besseren Teil seines Ruhmes bezahlen müssen. Dieser Aufsatz soll kein literarhistorischer sein, er würde sich sonst die Aufgabe stellen, eine gewisse Verwandtschaft Schmidts von Werneuchen mit der späteren Platenschen und namentlich Freiligrathschen Schule nachzuweisen.

Schmidt von Werneuchen handhabte Vers und Reim mit großer Leichtigkeit und zählte zu den produktivsten Lyrikern jener Epoche. Man muß freilich hinzusetzen, er tat des Guten zuviel. In dem kurzen Zeitraume von sechs Jahren erschien er mit fünf Bänden »Gedichte« vor dem Publikum, Gedichte, die sich untereinander zum Teil so ähnlich sehen, daß es schwerhält, sie in der Vorstellung voneinander zu trennen. Sie erschienen in folgender Reihenfolge: »*Kalender der Musen und Grazien*«, 1796; »*Gedichte*«, erster Band, bei Haude und Spener, 1797; »*Gedichte*«, zweiter Band, bei Oehmigke jun., 1798; »*Romantisch-ländliche Gedichte*«, bei Oehmigke jun., 1798; »*Almanach der Musen und Grazien*« (Fortsetzung des »Kalenders der Musen und Grazien«), bei Oehmigke jun., 1802. Dies ist alles, was ich aus der Epoche von 1796 bis 1802 von seinen Veröffentlichungen in Händen gehabt habe; doch möcht ich fast bezweifeln, daß die gegebene Aufzählung die Gesamtheit seiner damaligen Produktion umfaßt. Die Kluft zwischen 1798 und 1802 ist zu weit. Nach dem Jahre 1802 scheint er sein Harfenspiel an die Wand gehängt zu haben; nur aus dem Jahre 1815 begegnen wir noch schließlich einem schmalen Büchelchen, das den Titel »*Neueste Gedichte*« führt und in zwei Sonettenkränzen, eine Form, in der er sich auch früher schon versuchte, den Tod seiner ersten Gattin, Henriette, und das frühe Hinscheiden seines Lieblingssohnes Ulrich beklagt. Ich erwähnte dieser Lieder schon weiter oben.

Sehen wir von dem Jahrgange des Erscheinens ab und betrachten wir seine Dichtung als ein Ganzes, das wir nicht äußerlich nach Namen und Datum, sondern nach seinem inneren Gehalt zu teilen und zu trennen haben, so ergeben sich drei Hauptgruppen: Sonette, Balladen und Naturbeschreibungen, letztre vom kurzen Lied an bis zum ausgeführten Idyll.

Über die erste und zweite Gruppe (Sonette und Balladen) gehen wir so schnell wie möglich hinweg. Er hatte weder von dem einen noch von dem andern auch nur eine Ahnung, und während ihm im Sonett, all seiner Reimgewandtheit unerachtet, alle Grazie der Form und des Gedankens fehlte, suchte er – die schwächeren und schwächsten Sachen Bürgers zum Vorbild nehmend – das Wesen der Ballade teils im Mordhaft-Schauerlichen, teils in einem Gespensterapparate, der schon deshalb niemanden in Schrecken setzen konnte, weil er selber keinen Augenblick an das wirkliche Lebendigsein dieser seiner Figuren glaubte. So kam es, daß er in dieser Dichtungsart beständig den bekannten *einen* Schritt vom Erhabenen zum Lächerlichen tat und uns statt erschütternder Gestalten bloße Karikaturen vorführte. Um wenigstens *eine* Belagsstelle für dies mein Urteil zu zitieren, laß ich hier die erste Strophe der Spukballade »Graf Königsmarck und sein Verwalter« folgen:

Graf Königsmarck hatt irgendwo
In Sachsen an der Saale
Ein Gut, wohin er gern entfloh

Der höfischen Kabale.
Die Wirtschaft dort besorgt ein treuer,
Verständiger und frommer Meier.

Dies genüge. Dieselbe Ballade weist übrigens viel schlimmere Strophen auf. Keine Dichtungsart vielleicht kann die *Verwechslung von Einfach-Natürlichem mit Hausbacken-Prosaischem* so wenig ertragen wie die Ballade.

Schmidt von Werneuchen war kein Sonettist und noch weniger ein Minstrel, der es verstanden hätte, bei den Festmahlen alter Häuptlinge die heroischen Sagen des Clans zu singen, aber er war ein Naturbeobachter und Naturbeschreiber trotz einem. Nicht die Geßnersche Idylle war seine Stärke, bei den Niederländern schien er in die Schule gegangen zu sein, und wenn Friedrich Wilhelm I. einmal ausrufen durfte: »Ich hab ein treu-holländisch Herz«, so durfte Schmidt von Werneuchen sagen: »Ich hab ein gut-holländisch Aug.« Und wirklich, jetzt, wo man es liebt, die Künstler dadurch zu charakterisieren, daß man sie mit hervorragenden Erscheinungen einer verwandten Kunst vergleicht, möcht es gestattet sein, Schmidt von Werneuchen einen märkischen Adriaen von Ostade zu nennen. Beide haben in »Bauernhochzeiten« exzelliert.

Aber diese »Bauernhochzeiten« unsers märkischen Poeten waren doch, der Gesamtheit seines Schaffens gegenüber, nur die *Staffage*; er konnte ein Genremaler sein, wenn ihm der Sinn danach stand, vor allem indes war er ein *Landschafter*, oft freilich nur ein grober Realist, der die Natur rein äußerlich abschrieb, oft aber auch ein feinfühliger Künstler, der sich auf die leisesten landschaftlichen Stimmungen, auf den Ton und alle seine Nuancen verstand. Er war nicht immer der gereimte Prosaiker, der mit Freud und Behagen niederschreiben konnte:

Die Küchlein ziepen;
Nestvögel piepen
Im Fliedergrün,
Und Frauen ziehn
Mit Milch in Kiepen
Barfüßig hin
Zur Städterin –

er konnte sich auch sehr wesentlich über diese Spielereien, über dies rein äußerlich Beschreibende erheben, und trotz eines leisen Anklangs an Bürgers »Pfarrerstochter zu Taubenhain« zähl ich doch beispielsweise folgende Strophe zu den gelungensten Schilderungen einer herbstlichen Landschaftsstimmung:

Es sauste der Herbstwind durch Felder und Busch,
Der Regen die Blätter vom Schlehdorn wusch,
Es flohen die Schwalben von dannen,
Es zogen die Störche weit über das Meer,
Da ward es im Lande öd und leer,
Und die traurigen Tage begannen.

Am vorzüglichsten war er da, wo er in klassischer Einfachheit und in nie zu bekrittelnder Echtheit die *märkische* Natur beschrieb und den Ton schlichter Gemütlichkeit traf, *ohne in Trivialität oder Sentimentalität zu verfallen.* Unter seinen früheren Sachen finden sich nicht wenige, die diesen Charakter tragen, und wer sich der Arbeit unterziehen wollte, die Spreu vom Weizen zu sondern, der würd imstande sein, dem Publikum ein Büchelchen zu bieten, das die gäng und gäben Ansichten über den Dorfpoeten von Werneuchen sehr wesentlich modifizieren würde. Ich gebe nur eine solche Stelle, und zwar aus dem schon früher erwähnten Gedichte »An das Dorf Fahrland«, jenes Dorf, in dem er geboren war.

Ach, ich kenne dich noch, als hätt ich dich gestern
verlassen,
Kenne das hangende Pfarrhaus noch mit verwittertem
Rohrdach,
Kenne die Balken des Giebels, wo längst der Regen den
Kalk schon
Losgewaschen, die Tür, mit großen Nägeln beschlagen,
Kenne das Gärtchen vorn mit dem spitzen Staket und die
Laube,
Schräg mit Latten benagelt und rings vom Samen der
dicken
Ulme des Nachbars umstreut, den gierig die Hühner sich
pickten.

Und weiter dann:

Oh, wie warst du so schön, wenn die Fliegen der Stub im September
Starben und rot die Ebreschen am Hause des Jägers sich färbten;
Wenn die Reiher zur Flucht im einsam schwirrenden Seerohr,
Ahnend den Sturm, sich versammelten – wenn er am Gitter der Pfarre
Heulend die braunen Kastanien aus platzenden Schalen zur Erde
Warf und die schüchternen Krammetsvögel vom Felde zu Busch trieb;
Froher alsdann als der Sperling im Dach, dem von hinten die Federn
Übers Köpfchen der Sturmwind blies, unterhielt ich so gerne
In dem roten Kamine die Glut mit knisternden Spänen.

Dies genüge. Wer den Sinn für Naturbeschreibung hat, wird in diesen wenigen Zeilen Züge von ganz ungewöhnlicher Feinheit finden (zum Beispiel die Schilderung des Sperlings in der zweit- und drittletzten Zeile) und nicht länger Lust haben, den Schmidt von Werneuchen zu den bloßen Reimschmieden zu werfen.

Übrigens muß er zu seiner Zeit, trotz aller Gegnerschaft, auch zahlreiche Freunde und Verehrer gehabt haben; selbst die Goetheschen Spottverse, die wohl nicht geschrieben worden wären, wenn nicht der Dichter, gegen den sie sich richteten, einer gewissen Popularität genossen hätte, deuten durch ihr bloßes Vorhandensein darauf hin. Deutlicher spricht dafür die äußere Ausstattung, in der seine Gedichte damals vor das Publikum traten: beneidenswert schöner Druck und die beiden ersten Sammlungen von der Hand Chodowieckis und seiner besten Schüler illustriert. Solche kostspielige Ausstattung wagten die Verleger wohl nur, wo das Ansehen des Poeten, oder wenigstens seine lokale Popularität, einen sichern Absatz in Aussicht stellte.

Diese lokale Popularität hatte er zweifellos, und wer das Wesen der Märker, insonderheit auch der Berliner, näher kennt, wird sich darüber nicht wundern. Die Märker lieben es, hinter ironischen Neckereien ihre Liebe zu verstecken, und während sie nicht müde werden, über die eigene Heimat, über die »Streusandbüchse« und die kahlen Plateaus, die »nichts als Gegend« sind, die spöttischsten und übertriebensten Bemerkungen zu machen, horchen sie doch mit innerlicher Befriedigung auf, wenn jemand den Mut hat, für »Sumpf und Sand« und für die Schönheit des märkischen Föhrenwalds in die Schranken zu treten. Und dies hat Schmidt von Werneuchen ehrlich getan. Er tat es *zuerst* und tat es *immer wieder*. Sein ganzes Dichten, Kleines und Großes, Gelungenes und Mißlungenes, einigt sich in dem *einen* Punkte, daß es überall die Liebe zur Heimat atmet und diese Liebe wecken will.

Und deshalb ein Hoch auf den alten Schmidt von Werneuchen!

MALCHOW

Eine Weihnachtswanderung

Staub wird zu Staub
Und Ruhm und Name der Zeiten Raub.

Der Deutsche lügt, wenn er höflich ist.

Der Herbst färbte schon die Blätter, und die Störche mochten sich eben auf die Lehmhütten der Fellahs niedergelassen haben, als mir ein gelbes Buch zu Händen kam, das auf seinem Umschlag, außer dem zum Licht emporstrebenden Adler der Firma Duncker und Humblot, auch noch den Titel führte: »Paul von Fuchs, ein brandenburgisch-preußischer Staatsmann vor zweihundert Jahren. Biographischer Essay von F. von Salpius«. Und am Schlusse dieses Buches hieß es, nicht dem Wortlaute, wohl aber dem wesentlichen Inhalte nach, wie folgt:

»Am 7. August 1704 verschied Paul von Fuchs, Geheimrat und Etatsminister, auf seinem Gute Malchow bei Berlin, das er schon 1684 durch Tausch an sich gebracht und allwo er ein ›artiges Haus‹ für sich und seine Familie hergerichtet hatte. Der König pflegte ihn von dem nahe gelegenen Niederschönhausen aus häufiger auf diesem seinem Landsitze zu besuchen. Auch an jenem 7. August war ein solcher Besuch beabsichtigt, aber unterwegs schon erfuhren Ihre Majestät den Tod Ihres treuen Dieners. Paul von Fuchs war in seinem vierundsechzigsten Jahre verstorben. Johann Porst, dazumalen Pfarrer zu Malchow – später Dompropst und Beichtvater der Königin, bekannt als Herausgeber des Porstschen Gesangbuches –, hielt eine Predigt zum Gedächtnis des Heimgegangenen, darinnen es hieß, daß er ›seine dauerhaften Kräfte und beständige Gesundheit zum Heil des Landes und Wohlsein der Kirche aufgeopfert habe‹. Bald darauf wurde der Sarg in der Gruft zu Malchow beigesetzt und steht ebendaselbst zwischen den Särgen seiner vor ihm gestorbenen Schwiegertochter und seiner zweiten Frau, ›née de Friedeborn‹. Das Fuchssche Wappen aber befand sich noch bis 1874 am herrschaftlichen Stuhl der Kirche.«

Wer sich auf Urnen und Totenköpfe versteht und überhaupt nur ein Äderchen von einem Sammler oder Altertümler in sich hat, begreift, daß diese Notiz eine gewisse Malchow-Sehnsucht in mir wecken und eine »Wanderung« dahin zu einer bloßen Frage der Zeit machen mußte. Mit dem ersten Maienschein, an grünen Saaten vorbei, hofft ich den Ausflug unternehmen und nach »manch verborgenem Schatz« ausschauen zu können. Aber es war anders beschlossen, und aus einer Wanderung bei Finkenschlag und Apfelblüte wurd eine Wanderung bei Nordwest und Schneegestöber: eine *Weihnachtswanderung*.

Eine Wanderung nach Malchow, so kurz sie ist, gliedert sich nichtsdestoweniger in drei streng geschiedene Teile: *Omnibusfahrt* bis auf den Alexanderplatz, *Pferdebahn* bis Weißensee, und *per pedes apostolorum* bis nach Malchow selbst. Und so vollzog es sich auch. Auf dem Alexanderplatz regierten bereits die fliegenden Söhlkes mit dem »Schäfchen« und dem »Schaukelmann«, dessen Birnen sich noch gerade so gelb und rot gesprenkelt zeigten wie vor funfzig Jahren, in den Tagen meiner eigenen Kindheit; in dem Pferdebahnwagen aber, in den ich einstieg, war es, als wäre der Weihnachtsmann mit oder vor mir eingestiegen und gedenke seinen Einzug in Weißensee zu halten. Alle Plätze voller Kinder mit ihren Schulmappen auf dem Rücken, und hinten und vorn im Wagen und vor allem obenauf ganze Büsche von Weihnachtsbäumen. Das war das Vergnügen an der Fahrt, viel vergnüglicher als die Vergnügungslokale, die mit ihren grasgrünen Staketenzäunen halbverschneit am Wege lagen.

Endlich hielten wir am Ende des Dorfes, und der Umspannungsmoment war nun für mich da: Schusters Rappen mußt aus dem Stall. Er war's auch zufrieden, und willig und guter Dinge zog ich »fürbaß«, unangefochten von der Öde der Landschaft. Aus den Schneemassen, die die Felder zu beiden Seiten deckten, wuchsen nur ein paar vertrocknete Grashalme auf und zitterten im Winde, während die Chausseepappeln wie nach oben gekehrte Riesenbesen dastanden.

Aber so trist und öde die Landschaft war, so voller Leben war die große Straße, darauf ich ging, denn in langer Reihe folgten sich die Gespanne, die von den benachbarten Seen her hoch aufgetürmte Eismassen zur Stadt fuhren.

»Nach Malchow?« fragt ich, um mich des Weges zu vergewissern.

»Joa; 't nächste Dörp.«

Und in der Tat, nicht lange, so wurd auch der kurze Laternenturm zwischen den Pappelweiden sichtbar, und unter einem Schlagbaume fort, der hier noch aus den Tagen der Hebestellen her sein Dasein fristete, hielt ich meinen Einzug.

»Wo wohnt der Lehrer?«

Ein junges Frauenzimmer, an das ich die Frage gerichtet hatte, trat mit einer für märkische Verhältnisse bemerkenswerten Raschheit von der Hausschwelle her auf den Damm und sagte: »Da; das rote Haus.«

»Gegenüber der Kirche?«

»Ja.«

Und damit schloß unser Gespräch. Ich dankte für gütigen Bescheid und schritt auf das rote Haus zu, freudig gehoben in meinem Gemüt und wie Ibykus »des Gottes voll«. Nicht gerade von Liedern, aber doch von Hoffnungen und Bildern. Ich sah schon die verfallene Grufttreppe samt den drei Särgen vor mir und las dem alten Minister seine mit ins Grab genommenen Geheimnisse von der Stirn herunter. Entdekkungen schossen auf wie die Knospen nach einem Frühlingsregen.

Und so stand ich vor maison rouge.

»Kann ich den Herrn *Kantor* sprechen?«

Ich griff absichtlich nach dieser höheren Titulatur.

Ein Hin- und Herlaufen entstand infolge meiner Frage, zuletzt aber erschien ein kleiner Herr mit intelligenten Augen und milzfarbenem Teint, um nach meinem Begehr zu fragen.

»Es handelt sich für mich«, hob ich, den Hut ziehend, mit aller mir zuständigen Artigkeit an, »um den Staatsminister von Fuchs. In der Gruft Ihrer Kirche . . .«

»Ist zugeschüttet.«

Ich war einen Augenblick décontenanciert, mehr noch durch den Ton als durch den Inhalt dieser zwei Donnerworte. Wer aber weiß, daß das Menschenherz nicht gerne von Lieblingsvorstellungen läßt und nach dem Hinschwinden von Dingen und Ereignissen sich schließlich auch mit Betrachtung ihres bloßen *Schauplatzes* zufriedengibt, der wird es begreiflich finden, daß ich nicht ohne weiteres das Feld zu räumen Lust hatte. Konnt ich nicht die Gruft haben, so wollt ich wenigstens die Gruft*stelle* haben, und so rekolligiert ich mich und sagte: »Wie schade. Dann bitt ich Sie, mir wenigstens die Kirche zeigen zu wollen.«

»Ich kann nur wiederholen«, klang es jetzt unter immer sichtbarer werdenden Zeichen von Ungeduld, »daß die Gruft zugeschüttet ist. In der Kirche selbst befindet sich nichts. Ein Besuch würde mithin ohne Resultat für Sie verlaufen. Auch hab ich Schule.«

»Sie mißverstehen mich. Es liegt mir fern, Sie persönlich inkommodieren zu wollen. Aber ich komme bei Wind und Wetter von Berlin und bitte Sie deshalb, mir durch irgend jemand die Kirchentür aufschließen zu lassen.«

»Durch wen?«

»Vielleicht durch ein Kind oder eine Magd.«

»Hab ich nicht.«

Und nach dieser Schlußbemerkung zog er sich intelligenter und milzfarbener als vorher in seine Schulstube zurück.

Mein *erstes* war ein heißes Dankgefühl dafür, zu keiner Zeit, am wenigsten aber in der jetzigen, auf der Malchower Schulbank gesessen zu haben; mein *zweites*: Haß und Rache. Die ganze Reihe der Schulmeister durchgehend, deren Bekanntschaft ich in Leben oder Dichtung je gemacht hatte, konnt ich doch keinen finden, der mir – mit alleiniger Ausnahme des maître d'école in den »Geheimnissen von Paris« – gleich verabscheuungswürdig erschienen wäre. Ja, meine Neigung, zu generalisieren und vom Einzelfall aufs Ganze zu gehen, ließ mich augenblicks wieder die Frage stellen, ob ein solches, aus bloßem verschrobenen Dünkel hervorgegangenes Benehmen unter andern Völkern überhaupt möglich sei. »Nein«, sagt ich mir, »unter den Romanen gewiß nicht.« Aber inmitten all meiner Verwünschungen mußt ich doch plötzlich der Auslassungen eines alle Wechselfälle des Lebens unter die statistisch-philosophische Loupe nehmenden Freundes gedenken, der mir einmal gesagt hatte: »Sehen Sie,

Freund, auch in den Zufällen und Unglücksfällen waltet ein Gesetz. So verfolg ich beispielsweise die Theaterbrände. Alle funfzehn Jahre brennt ein großes Theater ab. Nicht öfter, aber auch nicht weniger oft.« Und nun entsann ich mich des wenigstens für mich kaum minder interessanten und kaum minder wichtigen Punktes, gerade funfzehn Jahre lang immer nur an *freundliche* Schulhäuser angeklopft zu haben. Was war es denn also groß? Der Ausnahmefall war in sein geheimnisvolles Recht getreten; das Gesetz vollzog sich. Die funfzehn Jahre waren um, und mein »Theaterbrand« war da. Das gab mir die gute Laune wieder, und ich beschloß, »in Sachen der Gruft« einfach an die höhere Instanz des Pfarrhauses zu appellieren.

Wenige Schritte führten mich auf den Hof desselben. Ein kleiner braunhaariger, übrigens ebenfalls intelligent aussehender Spitz, der um meine Stiefelschäfte herumbiß, ließ mich anfänglich in erzitterndem Herzen eine Wiederholung der Schulhausszene fürchten, aber kaum daß ich an dem kleinen, seiner dienstlichen Pflicht etwas zu streng obliegenden Wachtposten vorüber war, als mich auch schon das selten täuschende Gefühl durchdrang, in einen guten und sichern Hafen eingelaufen zu sein. Der Pfarrflur, des nahen Festes halber, war in eine große Plättkammer umgewandelt worden, in der eben die Bügeleisen über breite Gardinenflächen geschäftig hin und her gingen und den Raum mit einem warmen Wrasen füllten. Alles wirtschaftlich und wohtuend, vor allem auch die Temperatur. Ich fragte nach dem Pfarrer und schickte meine Karte hinein. Sehr bald kam Antwort, daß er beim Konfirmandenunterricht sei, mich aber bitten lasse, derweilen in sein Zimmer einzutreten. Und hier war ich denn nun und wartete.

Unter Umständen nichts angenehmer als solche Warteviertelstunden, in denen man die Geschichte des Hauses oder den Charakter seiner Bewohner von den Wänden liest. Denn nichts spricht deutlicher als Zimmereinrichtungen, und selbst die nichtssagenden und modisch-indifferenten machen keine Ausnahme. Sie weisen dann eben auf nichtssagende und modisch-indifferente Leute hin. In der Studierstube zu Malchow aber war nichts indifferent, und die Grecborte der Gardinen, der gotisch geschnitzte Schlüsselkasten mit Bild und Spruch, dazu der über dem Sofa thronende Thorwaldsensche Christus inmitten der abgestuften Schar seiner Jünger, alles stimmte zu den hohen Bücherrealen, auf denen die theologischen und die Fritz Reuterschen Schriften in aller Friedlichkeit beisammenstanden. Und dazu die »Kreuz-Zeitung« auf dem Tisch, und ein Luftton, in welchem die Morgenzigarre nachdämmerte. Das märkische Pfarrhaus in seiner anspruchslosen und doch zugleich von Kunst und Schönheit leise berührten Behaglichkeit hatte nie lebendiger zu mir gesprochen.

Und so sollt ich's bestätigt finden. Eine halbe Stunde später, und der freundliche Pfarrer und seine noch freundlichere Frau saßen mit mir um den Kaffeetisch, und wieder noch ein Weilchen, und jener bekannte Begegnungspunkt war gefunden, wo plötzlich von sieben Seiten her alle Wege zusammenlaufen und man nur noch verwundert ist, sich nicht vorher schon getroffen und die Hände geschüttelt zu haben. Und dazu die tiefere Lebensbetrachtung: »Wie klein ist doch die Welt.«

Ich glaube fast, ich war es selbst, der sich bis zu diesem Satze verstieg, und wer weiß, welche weiteren Stufen der Erkenntnis und Weisheit ich noch erklommen hätte, wenn nicht der Pfarrer eben jetzt auf die hinter den kahlen Kirschbäumen niedergehende Sonne gedeutet und mich dadurch an den Kirchgang und die von Fuchssche Familiengruft erinnert hätte. So verabschiedeten wir uns denn bei der Frau Pfarrin und schlugen einen Richtweg ein, der uns erst über Gartenbeete, dann über verschneite Gräber fort bis an einen Seiteneingang der Kirche führte. Und nun öffnete sich die Tür, und der Zugwind trieb über unsre Köpfe weg einen breiten Schneestreifen in die Kirche hinein. Ein fahles Rot stand noch in den Scheiben, gerade hell genug, um uns alles rundum erkennen zu lassen. Die Wände zeigten sich frisch getüncht, Orgel und Altar blank und die Pfeiler mit vielen Bibelsprüchen bedeckt, aber das erste Gefühl, das ich angesichts dieser Herrlichkeit hatte, war doch das einer gewissen Beschämung und einer halben Aussöhnung mit dem maître d'école drüben. »Ihr Besuch würde resultatlos verlaufen«, waren seine gebildeten Worte gewesen, und er schien recht behalten zu sollen.

Es mochte sich etwas von Enttäuschung in meinem Gesichte spiegeln, weshalb der Prediger, als wir den Mittelgang halb hinauf waren, in freundlichstem Tone zu mir sagte: »Hier war die Gruft.«

Ich meinerseits hielt es für angezeigt, dieser Freundlichkeit durch eine gleiche zu begegnen, und erwiderte: »Ja, hier muß es gewesen sein. Man kann noch deutlich die neuen Fliesen von den alten unterscheiden.« Eigentlich aber war es nicht der Fall.

»Und«, fuhr der Prediger fort, »hier war auch das Fuchssche Wappen.« Und dabei wies er mit dem Zeigefinger auf einen Punkt in der Luft, etwa vier Fuß hoch über der Brüstung eines niedrigen Chorstuhls. Es hatte durchaus etwas Gespenstisch-Visionäres, wie wenn Macbeth den Dolch sieht, und das bestimmt ausgesprochene »hier« ließ mich auf eine Sekunde ganz ernsthaft nach der Erscheinung suchen. Aber es blieb alles unsichtbar, und ich fröstelte nur noch die Frage heraus: »Dies ist also alles?«

»Ich fürchte, ja. Wenn Sie sich nicht vielleicht für einen Spruch interessieren, den des alten Johann Porsts Nachfolger an die Sakristeitür geschrieben hat.«

»Oh, ich interessiere mich *sehr* für Sprüche . . .« Und so las ich denn:

Prinz Markgraf Ludewig
Stift' hier zu Gottes Ehren
Kirch'fenster, Sakristei
Nebst zweien neuen Chören.
Gott sei sein Schild, sein Lohn,
Sein Schutz, sein Eigentum,
Er laß es feste stehn
Zu seinem ew'gen Ruhm.

Das Feuer, das aus diesem Spruch auflohte, schien mir unausreichend, die Kirchentemperatur zu verbessern, und so schlug ich einen raschen Rückzug an die Herdplätze menschlicher Wohnungen vor. Der Pfarrer schien von demselben Verlangen erfüllt, und ehe fünf Minuten um waren, waren wir wieder daheim und stampften auf der Strohmatte seines Flurs den Schnee von unseren Füßen.

Drinnen brannte jetzt Licht, aus der Nebenstube klangen Kinderstimmen, und vom Flur her hörten wir das Klappern der Plätteisen, wenn neue Bolzen eingeschüttet wurden. An Wand und Decke hin aber huschten die Schatten der draußen an unserem Fenster Vorbeipassierenden. Der Thorwaldsensche Christus über dem Sofa schien in dem Widerspiel von Licht und Schatten zu wachsen, und während die Gestalten seiner Jünger mehr und mehr zurücktraten, war es, als stünd er freundlich segnend *uns* zu Häupten, der gute Hirt einer allerkleinsten Gemeinde. Die »Kreuz-Zeitung« war inzwischen sorgfältig zusammengefaltet worden, und statt ihrer lag das Malchower Kirchenbuch auf dem Tisch. Es waren Blätter von 1698 bis 1704, die wir nun überflogen, um vielleicht an der Hand des alten Porst, damaligen Predigers zu Malchow, einen Blick in die von Fuchssche Herrschaft jener Epoche tun zu können. Aus allem ging hervor, daß es der alte Gesangbuchmann mit Predigt und Seelsorge sehr ernst genommen haben mußte, was aber die Fuchsiana betraf, so schien uns leider auch *diese* Quelle versagen zu wollen. Ich beschloß deshalb, auch vor dem letzten nicht zurückzuschrecken und die Taufregister auf Namen und Titel hin gewissenhaft durchzulesen. Und siehe da, der Moses-Stab, der den Quell aus dem Stein weckt, war auf der Stelle gefunden. Es tröpfelte zwar nur, aber die Kühle frischen Wassers labte doch meine Zunge. Sieben Jahre lang hatte Johannes Porst an ebendieser Stelle fungiert und in jedem dieser sieben Jahre siebenmal getauft; – auch darin also vollzog sich ein Gesetz. Und als ich nun mit allen neunundvierzig Taufen glücklich durch war, kannt ich Malchow in seinem damaligen Besitz- und Personalbestande so genau, wie wenn ich ein Katasterbeamter unter König Friedrich I. oder wohl gar der Dorfschulmeister von Anno 1704 gewesen wäre. Denn die Malchower, kluge Leute schon damals, hatten sich in den seltensten Fällen bei der Auswahl ihrer Paten auf sich und ihresgleichen beschränkt, sondern waren immer bestrebt gewesen, in den christlichen Schutz des Herrenhauses, am liebsten und häufigsten in den des Beamten- und Dienstpersonals zu treten. Aus der Reihe der betreffenden Personen aber mögen hier, unter Anlehnung an die Taufregister, folgende Namen und Titulaturen stehn: Herr Schlichting, »Lustgärtner«; Monsieur Ernst, Lakai bei des Freiherrn von Fuchs Exzellenz; Monsieur Abraham Luckold, Koch bei Seiner Exzellenz; Monsieur Peter Schultze, Kammerdiener bei Seiner Exzellenz; Mademoiselle Johanna Zollikoferin, Kammermädchen bei Madame la Baronne de Fuchs; Jungfer Anna Dorothea Philitzin, Mädchen bei der Freifrau von Fuchs; Jungfer Anna Maria Löschin, Mädchen bei der Frau Baronin. Alle diese Personen finden sich wiederholentlich. Der eigentlich große Taufakt jener Epoche scheint aber der im Hause des Dorfkrügers gewesen zu sein. Hier begegnen wir allen möglichen »*großen* Namen« aus der Zeit von 1698 bis 1704. Und zwar: Paul Freiherr von Fuchs, Geheimer Etats- und Kriegsrat; Baron von Hertefeld, Oberforstmeister in Kleve; Johann Paul Freiherr von Fuchs, Hof- und ravensbergischer Appellationsgerichtsrat; Madame Luise de Fuchs, née de Friedeborn; Madame la Baronne de Hertefeld, née de Boetzlaer; Madame de Fuchs, née Boetzlaer. Nehmen wir noch die sich an andrer Stelle findenden Namen der Frau von Barfus aus dem benachbarten Blankenburg, der Frau Apotheker Zornin aus Berlin und des Christoph Hammer, Leibkutschers bei Seiner Durchlaucht dem Markgrafen Albrecht von Brandenburg, hinzu, so wird es uns unschwer gelingen, ein Bild des Malchower Lebens aus seinen historischen sieben Jahren aufzubauen. Es waren eben Umgangs- und Gesellschaftsformen, auf die genau die Schilderung paßt, die F. von Salpius in seiner eingangs erwähnten Paul von Fuchsschen Monographie von dem Leben der damaligen regierenden Klassen entworfen hat.

»Man kann«, so schreibt er, »von den brandenburgischen Landen jener Epoche behaupten, daß die Regierenden zu den Besitzenden gehörten und daß die Besitzenden wiederum in der Regierung saßen. Die Mitglieder des Geheimen Rates scheinen durchgängig im Wohlstande gewesen zu sein. Der Wege zu solchem gab es, abgesehen von Geburt und Heirat, verschiedene: Ausstattung mit heimgefallenen Lehngütern seitens des Kurfürsten, sogenannte Dotationen; in andern Fällen bedeutender Kriegsgewinn (wie denn beispielsweise dem General von Schöning eine auf 40 000 Taler *Lösegeld* zu veranschlagende Anzahl gefangener Juden zufiel) und endlich Vereinigung mehrerer Ämter in einer Person.

So bezog Fuchs, als Oberpostdirektor, eine jährliche Zulage zu seinem anderweitigen Gehalt und außerdem den zwanzigsten Teil aller in Berlin aufkommenden Postgelder. Aus ebendiesen Erträgen war es, daß er in den Besitz von Malchow gelangte.«

So F. von Salpius. Und noch eingehender dann an anderer Stelle: »Der höhere Staatsdienst, und zwar aus den vorangeführten Gründen, war ein mehr lohnender Beruf als *jetzt*, und die Geheimräte vergaßen über den staatlichen Interessen nicht die ihrigen. Dazu gewährte der Fürsten- und Staatsdienst ein größeres Ansehen als heutzutage, wo der Ehrgeiz auch anderweitig sein Feld der Betätigung findet. Aber mit der Wahrnehmung des eigenen Vorteils ging doch immer zugleich auch die strengste Pflichterfüllung Hand in Hand. Sie lebten, wie der Große Kurfürst selbst, der Überzeugung, daß sie vor allem zur Erhaltung der Machtstellung des Staates das Ihrige beizutragen hätten. Neben diesem Zuge springt vor allem ihre Vielseitigkeit und Findigkeit ins Auge. Dieselbe beruhte zum Teil auf der verhältnismäßigen Einfachheit der damaligen Zustände, nicht minder aber auf ihrer persönlichen Vorbildung, Spannkraft und Beweglichkeit. Die Mitglieder des Geheimen Rats hatten schon als Jünglinge auf Reisen mannigfache Kenntnisse gesammelt; im Staatsdienste tummelten sie sich bald hier, bald dort, arbeiteten sich bald in dieses, bald in jenes Fach ein. Das bewahrte sie vor jeder geistigen Verkümmerung, sie blieben stets frisch und *erfreuten sich fast immer eines guten Humors.* Hierfür sprechen ihre lebensvollen, mit anschaulichen Bildern durchwobenen amtlichen Berichte und Reden, welche den Charakter der Ursprünglichkeit, oft den der Naivität tragen. Ihren Gemeinsinn bewiesen sie nicht nur durch treue Arbeit, sondern auch als *fröhliche Geber.* In ihrer Heimat, in der Gemeinde ihres Wohnorts oder Gutes, verwandten sie beträchtliche Summen für gemeinnützige Zwecke. Der Feldmarschall von Sparr baute Kirchen und Türme, schenkte Glasmalereien und Glocken, Derfflinger ließ eine stattliche Dorfkirche aufführen, der ältere Schwerin tat ein Gleiches. Joachim Ernst von Grumbkow gründete ein Kloster für zwölf Jungfrauen, der jüngere Jena bestimmte 60 000 Taler für ein Fräuleinstift und ein Hospital. Ähnlich verfuhr auch unser Paul von Fuchs. Er ließ in Malchow ein Predigerwitwen- sowie ein Armen- und Waisenhaus herstellen.«

Ob diese Stiftungen noch existieren, hab ich an Ort und Stelle nicht in Erfahrung gebracht.

Der Abend war mittlerweile hereingebrochen, und mein freundlicher Wirt begleitete mich eine gute Strecke, bis die Lichter von Weißensee hell auf meinen Weg fielen. Dann schieden wir, hoffentlich nicht für immer, und abermals anderthalb Stunden später lagen die Schneefelder und die grünen Staketenzäune, la maison rouge und der maître d'école, das warme Pfarrhaus und die kalte Kirche, die Grecborten und das gespenstische Wappen derer von Fuchs – alles traumhaft hinter mir.

Ein entzückender Tag. Die Gruft hatte nichts herausgegeben, aber das Leben hatte bunt und vielgestaltig zu mir gesprochen.

Und das bedeutet das Beste.

KIENBAUM

Ich hatt als Kind eine Tanne lieb,
Die groß und einsam übrigblieb
An flachem Wiesensaume.

Laufkäfer hasten durchs Gesträuch
In ihren goldnen Panzerröckchen,
Die Bienen hängen Zweig um Zweig
Sich an der Edelheide Glöckchen;
Die Kräuter blühn, der Heideduft
Steigt in die blaue Sommerluft.

Th. Storm

Am Ausgange der Liebenberger Heide, zur Linken des Flüßchens Löcknitz, das hier die Grenze zwischen dem Lande Lebus und dem Niederbarnim zieht, liegt das Dorf Kienbaum.

Seinen Namen hat es, allgemeiner Annahme nach, von einem *Kienbaum*, der ehedem inmitten des Dorfes stand und bis in die früheste Zeit deutscher Kolonisierung zurückreichte. Man ließ ihn damals bei der Ausrodung der Waldstelle stehn, und während der Baum selber immer neue Jahresringe anlegte, legten sich neue Häuser und Hütten um den ursprünglichen Ansiedlungskern herum. Jahrhundertelang hielt man ihn als Paten, der dem Dorfe den Namen gegeben, in besonderen Ehren, und kaum vierzig Jahre mögen vergangen sein, daß er umgehauen wurde. Das ganze Dorf sträubte sich dagegen, aber die selbstsüchtige Beharrlichkeit *des* Hofbesitzers, auf dessen Grundstück die »Kiehne« stand, blieb doch Sieger, und so fiel denn schließlich das Wahrzeichen des Dorfes. Einige von den Alten haben mir den Baum noch beschrieben und empfinden es als eine Schuld, daß er nicht mehr existiert. Es war eine alte knorrige Kiefer, eben noch aus der Zeit her, wo man die Bäume nicht schwächlichschlank *heranzog*, sondern es lieber hatte, sie sich knorrig-original entwickeln zu lassen. Der Stamm war nur wenig über mannshoch, aber von mehr als drei Ellen

Umfang; dabei lag er schräg, und sein flaches, ineinandergeflochtenes Gezweige schuf einen korbartigen grünen Schirm. Im Innern war er hohl, nur die Kienstellen hatten sich gehalten, und als man ihn endlich der Länge nach durchsägte, bildete jede Hälfte eine Art Trog oder Mulde.

Dorf Kienbaum hat sein Wahrzeichen verloren, aber es ist doch immer noch ein interessantes Dorf. Es bewahrt jenes anheimelnde Stück Romantik, das in Abgeschiedenheit und Öde, vor allem aber in einem gewissen Hospizcharakter begründet liegt. All diese Heidedörfer sind wie Bergungsplätze, wie Stationen in der Wildnis, und jeder, den sein Weg irgend einmal an einem naßkalten Spätherbstnachmittag über Wald und Heide geführt hat, wird diesen Zauber an sich selbst empfunden haben.

Es ist im November, der Nebel sprüht, und die Heide, so dünkt dir's, nimmt kein Ende. Kusseln und Kiefern und dann wieder Kusseln. Ein jedes Streifen an Baum oder Busch schüttet ein Schauerbad über dich aus, und das nasse, vergilbte Heidekraut, durch das du hindurch mußt, spottet der festesten Sohlen und macht dich frieren bis aufs Mark. Nichts begegnet dir außer einem schief stehenden Wegweiser, der seine müden Arme schlaff zu Boden hängen läßt, oder eine Krähe, die den Kopf in das nasse Gefieder einzieht und sich trübselig matt besinnt, ob sie auffliegen soll oder nicht. So geht es stundenlang. Endlich lichtet sich's, und du trittst auf eine offne Stelle hinaus, die freilich wenig mehr als hundert Schritt mißt und hinter der du die dunkle Kiefernwand aufs neue ansteigen siehst. Aber auf dem freien Stückchen Feld, unter Ebreschenbäumen, an denen noch die letzten roten Büschel hängen, steht doch ein Dutzend Lehm- und Fachwerkhäuser, um die herum sich ein Sandweg mit tief ausgefahrenem Geleise zieht. Und das erste Haus ist eine Schmiede. Dein fröstelnd Herz sieht wie mit hundert Augen in die sprühende Glut hinein, und das durch die nebelfeuchte Luft gedämpfte Picken und Hämmern klingt märchenhaft-leise zu dir herüber. Ein Gefühl beschleicht dich, als wär alles ein Wunderland oder als läge die Insel der Glücklichen vor dir.

Das ist der Zauber eines »Dorfes in der Heide«.

Und solch ein Dorf ist auch Kienbaum. Grund genug, ihm

einen kurzen Besuch zu machen. Was uns aber heut und noch um die Sommerzeit diesem Heidedorfe zuführt, das ist nicht die Poesie seiner stillen Häuschen, das ist einfach die Tatsache, daß Dorf Kienbaum vor hundert Jahren und noch weiter zurück ein *Kongreßort* war, wo die *märkischen Bienenzüchter* oder doch jedenfalls die Bienenwirte von Lebus und Barnim zu Beratung ihrer Angelegenheiten zusammenkamen.

Was diesem kleinen Dörflein solche Ehre einbrachte, ist nicht mehr mit Bestimmtheit zu sagen. Wahrscheinlich wirkte Verschiednes zusammen, unter anderm auch wohl seine günstige Lage ziemlich inmitten der Provinz. Gleichviel indes, was es war, alljährlich im Monat August oder September kamen hier die »Beutner und Zeidler« zusammen, und alle Höfe, besonders aber der Schulzenhof (der durch Jahrhunderte hin ein Hauptbienenhof war), öffneten dann gastlich ihre Tore. Darüber, was auf diesem Konvent verhandelt wurde, hört man an Ort und Stelle nur wenig noch, und *was* man hört, widerspricht sich untereinander. »Ja, wenn die alte Kettlitzen noch lebte«, heißt es im Tone halb des Bedauerns und halb der Entschuldigung. Aber die »Kettlitzen« ist bei solchen Anfragen allemal tot.

Stell ich nachstehend zusammen, was ich mündlich erfahren oder aus Büchern ersehen konnte, so find ich, daß der Charakter dieses Bienenkonvents im Laufe der Jahrhunderte wechselte. Während es sich in alten Zeiten, allem Anscheine nach, um ausschließlich *geschäftliche* Regulierungen handelte, war dieser Konvent unter König Friedrich Wilhelm I. eine halbwissenschaftliche Fachmännerversammlung geworden, auf der man sich Produkte zeigte, Resultate mitteilte und über Verbesserungen in der Bienenzucht nach inzwischen gemachten Erfahrungen beriet.

Dieser totale Wechsel hatte wohl darin seinen Grund, daß zu Beginn des vorigen Jahrhunderts der Honigbau ein freies, nach Wunsch der Regierung von *jedem* Bauer und Kossäten zu betreibendes Gewerbe geworden war, während er bis dahin als ein Spezialrecht an einem bestimmten Grund und Boden gehaftet und alle Honigbau treibenden Pächter in ein eigentümliches und oft ziemlich kompliziertes Abhängigkeitsverhältnis von dem betreffenden Grundherrn gebracht hatte.

Besprechung und Regelung dieser Zins- und Pachtverhältnisse war es sehr wahrscheinlich, was, wie schon angedeutet, in *früheren* Jahrhunderten, in denen man nur die Waldbienenzucht kannte, die märkischen Interessenten in diesem Grenzdorfe zwischen Lebus und Barnim zusammenführte. Neben dem Allgemeinen aber waren es auch wohl die besonderen und allerlokalsten Verhältnisse Kienbaums, die zur Sprache kamen, und mit diesen beschäftigen wir uns hier ausschließlich.

Kienbaum gehörte in alten Zeiten zu Kloster Zinna, später, nach der Säkularisation, zu Amt Rüdersdorf. Amt Rüdersdorf war also *Grundherr.* Dieser Grundherr nun, der in andern Dörfern allerlei *Viehweide* verpachtete, verpachtete dem Bienendorfe Kienbaum allerlei *Bienenweide*, das heißt einen Wald, auf dem die Bienen der kienbaumschen kleinen Leute *weiden* konnten. Selbstverständlich schloß sich daran auch das Recht, das Resultat dieser Weide, den *Honig*, auf hergebrachte Weise zu »beuten«. Diese Beutner nun stellten sich, allem Anscheine nach, an einem bestimmten Tage bei dem Lehnschulzen ein, der als ein Beauftragter des »Amts« mit ihnen handelte. Sie kündigten oder erneuten ihre Pacht, äußerten ihre Beschwerden (oder nahmen solche entgegen) und bezahlten ihrerseits ihren Zins in Geld und Honig, wogegen das Amt seinerseits die Pflicht hatte, sie mit einem Hammel, einer Tonne Bier und einem Scheffel Brot zu verpflegen. Später wurde der Pachtzins ausschließlich in Geld geleistet, von welcher Zeit an wir von einer auf dem Schulzenhofe befindlichen Kasse sprechen hören. Diese glich einer kleinen oder *Filial-Rentamtskasse*, deren Erträge von Zeit zu Zeit an das Amt selber abgeführt wurden. Daneben aber scheint sie zugleich auch und vielleicht kaum minder eine *Darlehns-* und *Prämienkasse* gewesen zu sein. Wer den besten Honig vorzeigen konnte, der wurde prämiiert, und wer die nötigen Garantien bot, der erhielt ein Darlehn, um irgend etwas Neues, von dem man sich Resultate versprach, ins Werk zu setzen.

Das ist alles, was ich aus Mund und Schrift über den Kienbaumer Bienenkonvent in Erfahrung bringen konnte. Sowenig es ist, so spricht sich doch Leben, Eifer und ein gewisses Organisationstalent darin aus.

Die Bienenzucht in Kienbaum, darüber scheint kein Zweifel, war von besonderer Vorzüglichkeit, und diese Vorzüglichkeit hinwiederum war das natürliche Resultat einer vorzüglichen Bienen*lokalität*, das heißt einer andauernden, nie erschöpften Bienenweide. Solche Lokalitäten, wenn man die höchsten Anforderungen stellt, sind nicht eben allzu häufig, da sich's darum handelt, den Bienen eine blühende Pflanzenwelt zu bieten, aus der sie fast sechs Monate lang unausgesetzt ihren Bedarf einsammeln können. Wo der Raps blüht, da ist freilich für den Mai und Juni, und wo die Linden blühn, für den Juli gesorgt; aber erst aus dem Vorhandensein *mannigfachster* Pflanzen und Bäume, die sich im Blühn *untereinander ablösen* und vom April bis in den September hinein eine immer wechselnde Bienennahrung bieten, erst aus dem Vorhandensein einer *derartigen* Vegetation ergibt sich das eigentliche Bienen- und Honigterrain. Ein solches Terrain nun war Kienbaum. Ein quadratmeilengroßer Forst schloß es ein, und durch ebendiesen Forst hin schlängelte sich die zu beiden Seiten von üppigen breiten Wiesenstreifen eingefaßte Löcknitz*. Unmittelbar das Flüßchen entlang zogen sich Werft und Haselbüsche, die den Bienen im April schon eine bevorzugte Nahrung boten; im Mai dann begannen sommerlang die Wiesen zu blühn, bis endlich, von Monat August an, die weiten Heidekrautstrecken – gelegentlicher weißer Kleefelder ganz zu geschweigen – eine fast nicht auszunutzende Bezugs- und Nahrungsquelle schufen.

Und wirklich, die daraus resultierenden Erträge waren zu-

* Die Löcknitz ist eines jener vielen Wässerchen in unsrer Mark, die, plötzlich aus einem Luch oder See tretend, auf eine kurze Strecke hin einen Parkstreifen durch unser Sand- und Heideland ziehn. Keines unter all diesen Wässerchen aber ist vielleicht reizvoller und unbekannter zugleich als die Löcknitz, die, aus dem Roten Luche kommend, in einem der Seen zwischen »Erkner« und den Rüdersdorfer Kalkbergen verschwindet. Immer dieselben Requisiten, gewiß; und doch, wer an dieser Stelle spätnachmittags an der Grenzlinie zwischen Wald und Wiese hinfährt, dem eröffnet sich eine Reihe der anmutigsten Landschaftsbilder. Hier dringt der Wald von beiden Seiten vor und schafft eine Schmälung, dort tritt er zurück, und der schmale Wiesenstreifen wird entweder ein Feld oder das Flüßchen selber ein Teich, auf dem im Schimmer der untergehenden Sonne die stillen Nymphäen schwimmen. Dann und wann ein rauschendes Wehr, eine Sägemühle, dazwischen Brücken, die den bequemen Wald-und-Wiesen-Weg vom rechten aufs linke und dann wieder vom linken aufs rechte Ufer führen. Selbst die Namen werden poetisch: Alt Buchhorst und Liebenberg, Klein Wall und Gottesbrück und der Werl- und Möllen-See dazwischen. Unmittelbar dahinter aber beginnt wieder die Prosa, und schon die nächste große Wasserfläche heißt »der Dämeritz«.

zeiten sehr bedeutend, und das Dorf, das fast aus lauter Zeidlern und Beutnern bestand, erfreute sich, trotz seiner Ackerarmut, einer gewissen Wohlhabenheit. Der Schulzenhof hatte 99 Stöcke, und so im Verhältnis bis zum Büdner und Tagelöhner herab. Ein Stock entsprach in guten Jahren einem Eimer Honig, und den Eimer zu 10 Quart gerechnet, hätte der Schulzenhof in guten Jahren 990 Quart Honig gewonnen.

Von dieser Höhe nun ist Kienbaum freilich längst herabgestiegen. Der Bienenkonvent tagt nicht mehr inmitten des Dorfs, und der Schulzenhof, der es sonst bis auf 99 Körbe brachte, begnügt sich jetzt mit 9. Der gewonnene Honig hat längst aufgehört ein Handelsartikel zu sein und spielt nur noch die Rolle des Surrogats. Er vertritt die Butter, die (beinah mehr noch als der Zucker) in einem armen Sand- und Heidedorfe, das seinen Viehstand schwer über eine Schafherde hinausbringt, begreiflicherweise zu den Luxusartikeln zählt.

Das alte Wahrzeichen Kienbaums ist hin und seine Bienenherrlichkeit nicht minder, aber an die letztre erinnert noch mancherlei. Die Lokalität ist eben im wesentlichen dieselbe geblieben. Noch steht der Wald, noch blüht das Heidekraut rot über die Heide hin, und noch schlängelt sich die Löcknitz durch üppige Wiesen, deren größte und bunteste bis diesen Tag den Namen der *Zeidelwiese* führt. Vielleicht, daß auch dies bald anders wird. Aber wenn auch Nam und Sache ganz hinschwinden sollte, das Dorf in der Heide, das abseits liegt und in seiner Armut niemanden auffordert, es in den großen Verkehr hineinzuziehn, es wird noch auf langhin ein Plätzchen bleiben, dessen still aufsteigender Rauch den über die Heide Wandernden anheimeln und dessen erstes Mütterchen am Zaun ihn freudig und dankbar empfinden lassen wird:

> Wie wohl tut Menschenangesicht
> Mit seiner stillen Wärme.

LINKS DER SPREE

EINE PFINGSTFAHRT IN DEN TELTOW

Es reist sich schön an einem Pfingstsonnabend in die Welt hinein, es sei, wohin es sei. Die Natur lacht und die Menschen auch; die Sonne geht in Strahlen unter, die Rapsfelder blühn, und selbst die Windmühlenflügel schwenken einen grünen Maienbusch in die Luft.

Rixdorf rüstete sich zum Fest. Die Mägde, kurzärmlig und aufgeschürzt, standen auf den Höfen und wuschen und scheuerten, die kupfernen Kessel blinkten wie Gold, und ein paar Kinder, die gerad aus dem Tümpelbade kamen, liefen nackt über den Weg und wirbelten den Staub auf. Der Tümpel blieb ja für ein zweites Bad.

In Rudow schnitten die Jungen Kalmus; über Waltersdorf spannten die Linden ihren Schirm; Kiekebusch aber, als schäm er sich seinen Namens, kuckte nicht mehr aus Busch und Heide, sondern aus hohen Roggenfeldern hervor.

Und nun Heidereviere; dann wieder freies Feld, bis plötzlich die Höhe, darauf wir fahren, steil abfällt und ein von Waldungen eingefaßtes Kesseltal vor uns liegt, in das wir hinunterrollen. Die Postillone blasen (wir haben drei Beichaisen), einzelne Häuser schimmern hinter Bäumen und Sträuchern hervor, jetzt werden ihrer mehr, die Leute vor den Türen richten sich auf, und die Straßenjugend wirft ihre Mützen in die Luft und schreit Hurra. Es ist ein Lärm, der einer Residenz zur Ehre gereichen würde, und doch ist es nur Wusterhausen, in das wir einfahren. Freilich Wusterhausen zu *Pfingsten.*

1. Königs Wusterhausen

Finstrer Ort und finstrer Sinn,
Nun blühen die Rosen drüber hin.

Wir halten vor einem Gasthofe, darin alles reich und großstädtisch ist, und während mir zwei Lichter auf den Tisch gesetzt werden, richt ich unwillkürlich die Frage an mich: Ist dies dasselbe Wusterhausen, von dem wir jene klassische, wenn auch wenig schmeichelhafte Beschreibung haben, die eine der besten Seiten in den Memoiren der Markgräfin von Bayreuth, der Lieblingsschwester Friedrichs des Großen, füllt? Laß doch sehen, was die Markgräfin in ihrem berühmten Buche, dem sozusagen »ältesten Fremdenführer von Wusterhausen«, erzählt. Und ich las wie folgt:

»Mit unsäglicher Mühe hatte der König an diesem Ort einen Hügel aufführen lassen, der die Aussicht so gut begrenzte, daß man das verzauberte Schloß nicht eher sah, als bis man herabgestiegen war. Dieses sogenannte Palais bestand aus einem sehr kleinen Hauptgebäude, dessen Schönheit durch einen alten Turm erhöht wurde, zu dem hinauf eine hölzerne Wendeltreppe führte. Der Turm selber war ein ehemaliger Diebswinkel, von einer Bande Räuber erbaut, denen dies Schloß früher gehört hatte. Das Gebäude war von einem Erdwall und einem Graben umgeben, dessen schwarzes und fauliges Wasser dem Styxe glich. Drei Brücken verbanden es mit dem Hof in Front des Schlosses, mit dem Garten zur Seite desselben und mit einer gegenüberliegenden Mühle. Der nach vornhin gelegene Hof war durch zwei Flügel flankiert, in denen die Herren von des Königs Gefolge wohnten. Am Eingang in den Schloßhof hielten zwei Bären Wacht, sehr böse Tiere, die auf ihren Hintertatzen umherspazierten, weil man ihnen die vorderen abgeschnitten hatte. Mitten im Hofe befand sich ein kleiner Born, aus dem man mit vieler Kunst einen Springbrunnen gemacht hatte. Er war mit einem eisernen Geländer umgeben, einige Stufen führten hinauf, und dies war der Platz, den sich der König abends zum Tabakrauchen auszuwählen pflegte. Meine Schwester Charlotte (später Herzogin von Braunschweig) und ich hatten für uns und unser ganzes Gefolge nur zwei Zimmer oder vielmehr zwei Dachstübchen. Wie auch das Wetter sein mochte, wir aßen zu Mittag immer im Freien unter einem Zelte, das unter einer großen Linde aufgeschlagen war. Bei starkem Regen saßen wir bis an die Waden im Wasser, da der Platz vertieft war. Wir waren immer vierundzwanzig Personen zu Tisch, von denen drei Viertel jederzeit fasteten, denn es wurden nie mehr als sechs Schüsseln aufgetragen, und diese waren so schmal zugeschnitten, daß ein nur halbwegs hungriger Mensch sie mit vieler Bequemlichkeit allein aufzehren konnte* ... In Berlin hatte ich das Fegfeuer, in Wusterhausen aber die Hölle zu erdulden.«

So die Markgräfin, die frühere Prinzessin Wilhelmine. Ich schlug das Buch zu und trat an das offene Fenster, durch das der heitere Lärm schwatzender Menschen zu mir heraufdrang. Das Zimmer lag im ersten Stock, und die Kronen der abgestutzten Lindenbäume ragten bis zur Fensterbrüstung auf, so daß ich meinen Kopf in ihrem Blattwerk verstecken konnte. Drüben, an der andern Seite der Straße, zog sich einer der Kavalierflügel des Schlosses entlang. Er war ganz in weiß' und roten Rosen geborgen und seine Oberfenster geöffnet; Licht und Musik drangen hell und einladend zu mir herüber. In schräger Richtung dahinter standen Pappeln und hohe Baumgruppen, und zwischen ihrem Laubwerk wurd ich des alten Schloßturms ansichtig, »des Diebswinkels, von einer Räuberbande erbaut«. War es wirklich so arg mit ihm? Er stand da, mondbeschienen, mit der friedlichsten Miene von der Welt, eher an Idyll und goldene Zeiten als an Fegfeuer und Hölle gemahnend.

Es war noch nicht spät und der Weg nicht zwei Minuten weit. So beschloß ich, noch einen Abendbesuch zu machen

* Prinzessin Wilhelmine (die Markgräfin) erzählt an einer andern Stelle ihrer Memoiren: »Ich war all die Zeit über so leidend, daß ich versichern darf, zwei Jahre lang von nichts anderem als Wasser und trocken Brot gelebt zu haben.» Ähnliche Klagen wiederholen sich. Es ist aber, aller Sparsamkeit oder meinetwegen auch alles Geizes des Königs unerachtet, nicht sehr wahrscheinlich, daß es *so* knapp in Wusterhausen hergegangen sein sollte. Der König war ein sehr starker Esser, und alle Personen von gutem Appetit haben die Maxime: »Leben und leben lassen.« Außerdem liegen glaubhafte Berichte vor, aus denen sich ganz genau ersehen läßt, was an Königs Tisch gespeist wurde. Es gab: Suppe, gestovtes Fleisch, Schinken, eine Gans, Fisch, dann Pastete. Dazu sehr guten Rheinwein und Ungar. In *Wusterhausen* kamen noch, weil es die Jahreszeit mit sich brachte, Krammetsvögel, Leipziger Lerchen und Rebhühner hinzu, besonders auch Früchte zum Dessert, darunter die schönsten Weintrauben. Das klingt schon einladender als die Beschreibung der Prinzessin.

und die jetzt freilich von holdem Dämmer umwobene Wirklichkeit des Schlosses mit der Beschreibung seiner ehemaligen Bewohnerin zu vergleichen. Ich trat in den weiten Vorhof ein. Da lagen die Flügel rechts und links, vor mir Brück und Graben und dahinter, großenteils versteckt, das Schloß selbst. Die Bären fehlten, der Springbrunnen auch. Keine Stufen zeigten sich mehr, auf denen irgendwer seine Abendpfeife hätte rauchen können; nur eine weiße Pumpe stand inmitten eines Fliederbosquets und nahm sich besser aus, als Pumpen sonst wohl pflegen.

Ich näherte mich der Brücke, von der aus ich die Fundamente des Schlosses in dunklen Umrissen, die Giebel aber, auf die das Mondlicht fiel, in scharfen Linien erkennen konnte. Was zwischen Giebel und Grundmauer lag, blieb hinter Bäumen versteckt. Der »Styx« existierte nicht mehr; halb zugeschüttet, war aus dem Graben ein breiter Streifen Wiesenland geworden. Allerlei blühende Kräuter würzten die Luft, und im Rücken des Schlosses, wo die Notte fließt, hört ich deutlich, wie das Wasser des Flüßchens über ein Wehr fiel.

Ich kehrte nun in die Straße zurück und setzte mich unter die Linden des Gasthauses. Das war keine »Hölle«, was ich gesehn, oder aber die Beleuchtung hatte Wunder getan.

Der Wirt setzte sich zu mir, und angesichts des Schlosses, dessen Turmdach uns argwöhnisch zu belauschen schien, plauderten wir von Wusterhausen.

In alten, wendischen Zeiten stand hier ein Dorf namens »Wustrow«, eine hierlandes sich häufig findende Lokalbezeichnung. Als die Deutschen ins Land kamen, gründeten sie das noch existierende *Deutsch* Wustrow, zum Unterschiede von *Wendisch* Wustrow, schließlich aber wurden beide Worte durch ein angehängtes »hausen« germanisiert, und Deutsch und Wendisch Wusterhausen waren fertig.

Wendisch Wusterhausen, nur mit diesem haben wir es zu tun, wurd eine markgräfliche Burg. Sie verteidigte – wie »Schloß Mittenwalde«, von dem wir in einem der nächsten Kapitel sprechen werden – den Notte-Übergang und war eine der vielen Grenzburgen zwischen der Mark und der Lausitz.

Wendisch Wusterhausen blieb markgräfliche Burg bis gegen 1370, und es ist eher wahrscheinlich als nicht, daß der alte, von der Prinzessin als »Diebswinkel« bezeichnete Turm bis in jene markgräfliche Zeit zurückdatiert. Etwa 1375 kamen die Schlieben in den betreffenden Besitz, eine Familie, die damals in der Umgegend reich begütert war. Sie besaßen es ein Jahrhundert lang, auch während der Quitzow-Zeit, ohne daß besondere »Räubertaten« aus dieser ihrer Besitzepoche bekannt geworden wären. 1475 kauften es die Schenken von Landsberg, damalige Besitzer der Herrschaft Teupitz, aus deren Händen es, kleiner Mittelglieder zu geschweigen, 1683 an den Kurprinzen Friedrich, den späteren König Friedrich I., kam. Dieser aber überließ es 1698 seinem damals erst zehn Jahr alten Sohne, dem späteren König Friedrich Wilhelm I.

Friedrich Wilhelm I. nahm Wendisch Wusterhausen von Anfang an in seine besondere Affection und hielt bei dieser Bevorzugung aus bis zu seinem Tode. Was es jetzt ist, verdankt es *ihm*, dem »Soldatenkönig«; Straßen- und Parkanlagen entstanden, und mit Recht wechselte der Flecken seinen Namen und erhob sich aus einem Wendisch Wusterhausen zu einem *Königs* Wusterhausen.

Königs Wusterhausen ist vielleicht mehr als irgendein anderer Ort, nur Potsdam ausgeschlossen, mit der Lebens- und Regierungsgeschichte König Friedrich Wilhelms I. verwachsen. Hier ließ er als Knabe seine »Kadetten« und einige Jahre später seine »Leibcompagnie« exerzieren. Hier übte und stählte er seinen Körper, um sich wehr- und mannhaft zu machen, und hier, nach erfolgtem Regierungsantritte, fanden jene weidmännischen Festlichkeiten statt, die Wusterhausen recht eigentlich zum Jagdschloß par excellence erhoben.

Hier auf dem Schloßhof, den jetzt die friedliche Pumpe ziert, war es, wo jedesmal nach abgehaltener Jagd den Hunden ihr »Jagdrecht« wurde. Das war die Nachfeier zum eigentlichen Fest. Der *zerlegte* Hirsch ward wieder mit seiner Haut bedeckt, an der sich noch der Kopf samt dem Geweih befinden mußte. So lag der Hirsch auf dem Hof, während hundert und mehr Parforcehunde, die durch ein Gatter von ihrer Beute getrennt waren, laut heulten und winselten und nur durch Karbatschen in Ordnung gehalten wurden.

Endlich erschien der König, der Jägerbursche zog die Haut des Hirsches fort, das Gatter öffnete sich, und die Meute fiel über ihr »Jagdrecht« her, während die Piqueurs im Kreise standen und auf ihren Hörnern bliesen.

Wenigstens zwei Monat alljährlich wohnte König Friedrich Wilhelm I. in Wusterhausen. Spätestens am 24. August traf er ein, und frühestens am 4. oder 5. November brach er auf. Die ersten acht Tage gehörten der Rebhuhnjagd, vorzüglich auf der Großmachnower Feldmark; später dann folgten die Jagden auf Rot- und Schwarzwild. Zwei Festlichkeiten im größeren Stil gab es herkömmlich während der Wusterhausener Saison: die Jahresfeier der Schlacht bei *Malplaquet* am 11. September und das *Hubertusfest* am 3. November. Bei Malplaquet war der König, damals noch Kronprinz, zum ersten Mal im Feuer gewesen; das erheischte, wie billig, ein Erinnerungsfest. Das Hubertusfest war zugleich das Abschiedsfest von Wusterhausen. Nur einmal fiel es aus, am 3. November 1730. Am 28. Oktober, sechs Tage vor dem Hubertustag, hatte das Kriegsgericht in Schloß Köpenick gesessen, das über Kronprinz Friedrich und Katte befinden sollte.

Hier in Wusterhausen spielten später die Hof- und Heiratsintriguen, und hier schwankte die Waage bis zuletzt, ob der Erbprinz von Bayreuth oder der Prinz von Wales (wie so sehr gewünscht wurde) die Braut heimführen würde; hier endlich, nachdem die Ungewitter sich verzogen und ruhigeren Tagen Platz gemacht hatten, teilte der früh alternde König, wenn Gicht und Podagra das Jagen verboten, seine Zeit zwischen Tonpfeife und Palette, zwischen Rauchen und Malen.

Der andere Morgen war Pfingstsonntag. Ich brach früh auf, um das »verzauberte Schloß«, das damals (1862) noch keine Restaurierung erfahren hatte, bei hellem Tageslichte zu sehn. Ich fragte nach dem Kastellan – tot; nach der Kastellanin – auch tot; endlich erschien ein Mann mit einem großen alten Schlüssel, der mir als der Herr »Exekutor« vorgestellt wurde. Dies ängstigte mich ein wenig. Es war ein ziemlich mürrischer Alter, der von nichts wußte, vielleicht auch nichts wissen *wollte*.

Wir traten durch eine Seitentür auf den Schloßhof. Es war schon heiß, trotz der frühen Stunde; die Sonne schien blendend hell, und die Bosquets samt der weißen Pumpe waren nicht ganz mehr, was sie den Abend vorher gewesen waren.

Wir umschritten zunächst das Schloß, dann nahm ich einen guten Stand, um mir die Architektur desselben einzuprägen. Es ist gewiß ein ziemlich häßliches Gebäude, aber doch noch mehr originell als häßlich und in seiner Apartheit nicht ohne Interesse. Der ganze Bau, bis zu beträchtlicher Höhe, ist aus Feldstein aufgeführt, woraus ich den Schluß ziehe, daß der König die dem vierzehnten oder fünfzehnten Jahrhundert angehörige Grundform des Schlosses: ein Viereck mit vorspringendem Rundturm, einfach beibehielt und nur die Gliederung und Einrichtung völlig veränderte. Der Rundturm wurde Treppenturm. Von diesem aus zog er eine Mauerlinie mitten durch das Feldsteinviereck hindurch und teilte dadurch den Bau in zwei gleiche Hälften. *Jede* Hälfte erhielt ein Giebeldach, so daß wer sich dem Schlosse jetzt nähert, *zwei* Häuser zu sehen glaubt, die mit ihren Giebeln auf die Straße blicken. In Front beider Giebel und an *beide* sich lehnend steht der Turm.

Dieser Turm ist sehr alt; König Friedrich Wilhelm I. aber hat ihm einen modernen Eingang gegeben, ein Portal in Mannshöhe, dessen Giebelfeld etwa ein Dutzend in Holz geschnittene Amoretten zeigt. Einige sind wurmstichig geworden, andere haben sonstigen Schaden genommen.

Beim Eintreten erblickt man zuerst ein paar verliesartige Kellerräume, darin etwas Stroh liegt, als wären es eben verlassene Lagerstätten. Von hier aus führt eine Treppe von zehn oder zwölf Stufen ins Hochparterre, danach eine zweite, höhere Treppe bis ins erste Stockwerk. Wir verweilen hier einen Augenblick. Ein schmaler Gang scheidet zwei Reihen Zimmer voneinander, deren Türen, etwa in Mittelhöhe (mutmaßlich des besseren Luftzugs halber), kleine Gitterfenster haben, infolgedessen die Zimmer aussehen wie Gefängniszellen. Es sind dies ersichtlich dieselben Räume, darin die Prinzessinnen schlafen mußten, wenn sie nicht in den kleinen Giebelstuben untergebracht wurden. Die Gitterfenster gönnen überall einen Einblick. In einem der Zimmer lagen Aktenbündel ausgebreitet, weiße, grüne, blaue, wohl achtzig oder hundert an der Zahl. Mutmaßlich eine alte Registratur der Herrschaft Königs Wusterhausen.

Wir stiegen nun ins Hochparterre zurück. Hier befindet sich die ganze Herrlichkeit des Schlosses auf engstem Raum zusammen. Man tritt zuerst in eine mit Hirschgeweihen ausgeschmückte Jagdhalle, die, wie der Flurgang oben, zwischen zwei Reihen Zimmern hinläuft. Die frühere große Sehenswürdigkeit darin ist derselben verlorengegangen. Es war dies das 532 Pfund schwere Geweih eines Riesenhirsches, der 1636, also zur Regierungszeit George Wilhelms, in der Köpnicker Forst, vier Meilen von Fürstenwalde, erlegt worden war. Über dies Geweih ist auch in neuerer Zeit noch viel gestritten und obige Gewichtsangabe, wie billig, belächelt worden. Nichtsdestoweniger muß das Geweih etwas ganz Enormes gewesen sein, da Friedrich August II. von Sachsen dem Könige Friedrich Wilhelm I. *eine ganze Compagnie langer Grenadiere* zum Tausch dafür anbot, ein Anerbieten, das natürlich angenommen wurde. Das Geweih existiert noch und soll sich auf dem Jagdschloß Moritzburg bei Dresden befinden.

Rechts von der Halle sind zwei Türen. An der einen, zunächst der Treppe, standen mit Kreide die Worte: »Wachtstube der Artillerie«. Bei Manövern, Mobilmachungen etc. muß nämlich das Wusterhausener Schloß wohl oder übel mit aushelfen und erhält vorübergehend eine kleine Garnison. Auch stehen in der Tat die meisten dieser Räume, wenigstens in der Gestalt, in der ich sie noch sah, auf der Stufe von Kasernenstuben.

Das erste Zimmer hinter der mit Kreide beschriebenen Tür war ehedem das Schlafzimmer Friedrich Wilhelms I. Es befindet sich in demselben das große Waschbecken des Königs, etwas höchst Primitives, eine Art festgemauertes *Waschfaß.* Aus Gips gefertigt, gleicht es den Abgußsteinen, die man in unseren Küchen findet, und hat in der Tat eine Öffnung zum Abfluß des Wassers, in der ein steinerner Stöpsel steckt, halb so lang wie ein Arm und halb so dick. Beim Anblick dieses Waschfasses glaubt man ohne weitere Zweifel, was vom Soldatenkönig berichtet wird, daß er einer der reinlichsten Menschen war und »sich wohl zwanzigmal des Tages wusch«.

Die andere Tür, ebenfalls zur Rechten der Halle, führt in den *Speisesaal*. Er mißt fünfzehn Schritt im Quadrat. In der Mitte desselben ist ein hölzerner Pfeiler angebracht, der vielleicht mehr schmücken als stützen soll. Ein großer Kamin, neben dessen einem Vorsprung einst eine Treppe direkt in die Küche führte, vollendet die Herrichtung. Es ist dies derselbe Saal, in dem, wie schon hervorgehoben, an jedem 11. September der Tag von Malplaquet und an jedem 3. November das Hubertusfest gefeiert ward. Es ging dann viel heitrer hier her, als man jetzt wohl beim Anblick dieser weißgetünchten Öde glauben möchte. Frauen waren ausgeschlossen. Es war ein Männerfest. Zwanzig bis dreißig Offiziers, meist alte Generale, die unter Eugen und Marlborough mitgefochten hatten, saßen dann um den Tisch herum, und Rheinwein und Ungar wurden nicht gespart. Der »starke Mann« mußte kommen und seine Kunststücke machen; zuletzt, während die Lichter flackerten und qualmten und die Piqueurs auf ihren Jagdhörnern bliesen, packte der König den alten Generallieutenant von Pannewitz, der von Malplaquet her eine breite Schmarre im Gesicht hatte, und begann mit ihm den Tanz. Dazwischen Tabak, Brettspiel und Puppentheater, bis das Vergnügen an sich selbst erstarb.

Wir treten nun aus diesem Eßsaal wieder in die Halle zurück. Zur Linken derselben befinden sich ebenfalls zwei Zimmer, die Zimmer der *Königin*. Sie sind verhältnismäßig noch wohlerhalten und geben einem ein deutliches Bild von der »Élégance« jener Tage. Beide Zimmer sind durch eine Tür von Eichenholz miteinander verbunden, wie denn auch niedrige Eichenholzpaneele die Wände bekleiden, während in den vier Ecken oben vier Lyras angebracht sind, die so geniert dreinsehen, als befänden sie sich lieber woanders. Und doch haben sie wenigstens Gesellschaft: zwei Basreliefs (in jedem Zimmer eins), die sich als Wandschmuck zwischen Kamin und Decke schieben. Das eine stellt eine »Toilette der Venus«, das andere eine »Venus-Feier« dar. Auf jenem erblicken wir nichts als die herkömmlichen Amoretten, schnäbelnde Tauben, Rosenguirlanden etc., das zweite dagegen tut ein übriges, und nackte Gestalten von ganz unglaublichen Formen umtanzen eine Venus-Statue, während ein Satyr von hinten her eine Bacchantin umklammert und die Widerstrebende zum Tanze zwingt. An anderem Orte würde dieser lustige Heidenspuk wenig bedeuten, hier im Schlosse zu Wusterhausen aber nimmt er sich wunderlich genug aus und paßt seltsam zu dem Waschbecken drüben mit dem dikken steinernen Stöpsel.

Das erste dieser Zimmer, das sich mit der »Toilette der Venus« begnügt, führt durch eine Seitentür auf eine Art Rampe, die ziemlich steil nach dem Park hin abfällt. Diesen Weg machte wahrscheinlich der König, wenn er in seinem Gichtstuhl in den Garten hinein- und wieder zurückgerollt wurde. Bekanntlich war Treppensteigen nicht seine Sache.

Wir aber treten jetzt ebenfalls ins Freie hinaus und atmen auf im Sonnenlicht und in dem Wiesendufte, den eine Luftwelle herüberträgt. Eine mächtige alte Linde, hart zu Füßen der Rampe, ladet uns ein, unter ihrem Zweigwerk Platz zu nehmen, und wir sitzen nun mutmaßlich unter demselben Blätterdach, »unter dem die Damen, wenn's regnete, bis an die Waden im Wasser saßen«. Die Parkwiese liegt vor uns, Hummel und Käfer summen darüber hin, und das Mühlenfließ uns zur Rechten fällt leis über das Wehr. Träume nehmen den Geist gefangen und führen ihn weit, weit fort in südliche Lande, zu Tempeltrümmern und Götterbildern. Aber ein Satyr lauscht plötzlich daraus hervor. Es ist derselbe, der der tanzenden Bacchantin da drinnen im Nacken sitzt, und siehe, die Prosabilder von Schloß Wusterhausen schieben sich plötzlich wieder vor die Bilder klassischer Schönheit.

Hatte die Memoirenschreiberin *doch* recht? Ja und nein. Ein prächtiger Platz für einen Weidmann und eine starke Natur, aber freilich ein schlimmer Platz für ästhetischen Sinn und einen weiblichen esprit fort.

2. Teupitz

Winde hauchen hier so leise,
Rätselstimmen tiefer Trauer.

Lenau

Teupitz verlohnt eine Nachtreise, wiewohl diese Hauptstadt des »Schenkenländchens« nicht *das* mehr ist, als was sie mir geschildert worden war.

All diese Schilderungen galten seiner Armut. »Die *Poesie des Verfalls* liegt über dieser Stadt«, so hieß es voll dichterischen Ausdrucks, und die pittoresken Armutsbilder, die mein Freund und Gewährsmann vor mir entrollte, wurden mir zu einem viel größeren Reiseantrieb als die gleichzeitig wiederholten Versicherungen: »Aber Teupitz ist schön.« Diesen Refrain überhört ich oder vergaß ihn, während ich die Worte nicht wieder loswerden konnte: »Das Plateau um Teupitz herum heißt ›der Brand‹, und das Wirtshaus darauf führt den Namen ›Der tote Mann‹.«

Ich hörte noch allerhand anderes. Ein früherer Geistlicher in Teupitz sollte bloß deshalb unverheiratet geblieben sein, »weil die Stelle einen Hausstand nicht tragen könne«, und ein Gutsbesitzer, so hieß es weiter, habe jedem erzählt: »Ein Teupitzer Bettelkind, wenn es ein Stück Brot kriegt, ißt nur die Hälfte davon; die andere Hälfte nimmt es mit nach Haus. So rar ist Brot in Teupitz.« All diese Geschichten hatten einen Eindruck auf mich gemacht. Zu gleicher Zeit erfuhr ich, König Friedrich Wilhelm IV. habe gelegentlich, halb in Scherz und halb in Teilnahme, gesagt: »Die Teupitzer sind doch meine Treusten; wären sie's *nicht*, so wären sie längst ausgewandert.«

Dies und noch manches der Art rief eine Sehnsucht in mir wach, Teupitz zu sehen, das Ideal der Armut, von dem ich in Büchern nur fand, daß es vor hundert Jahren 258 und vor fünfzig Jahren 372 Einwohner gehabt habe, daß das Personal der *Gesundheitspflege* (wörtlich) »auf eine Hebamme beschränkt sei« und daß der Ertrag seiner Äcker eineinviertel Silbergroschen pro Morgen betrage. Angedeutet hab ich übrigens schon, und es sei hier eigens noch wiederholt, daß ich die Dinge doch *anders* fand, als ich nach diesen Schilderungen erwarten mußte. Wie es Familien gibt, die, trotzdem sie längst leidlich wohlhabend geworden sind, den guten und ihnen bequemen Ruf der Armut durch eine gewisse Passivität geschickt aufrechtzuerhalten wissen, so auch die Teupitzer. Solche vielbedauerten »kleinen Leute« leben glücklich-angenehme Tage, und unbedrückt von den Mühsalen der Gastlichkeit oder der Repräsentation, lächeln sie still und vergnügt in sich hinein, wenn sie dem lieben alten Satze begegnen, daß »geben seliger sei denn nehmen«.

Um zwölf Uhr nachts geht oder ging wenigstens die Post, die die Verbindung zwischen Teupitz und Zossen und dadurch mit der Welt überhaupt unterhielt. Zossen ist der *Paß* für Teupitz: »es führt kein andrer Weg nach Küßnacht hin«.

Während der ersten anderthalb Meilen haben wir noch Chaussee, deren Pappeln, soviel die Mitternacht eine Musterung gestattet, nicht anders aussehen als andernorts, und erst bei Morgengrauen biegen wir nach links hin in die tiefen Sandgeleise der recht eigentlichen Teupitzer Gegend ein. Es ist ein ausgesprochenes Heideland, mehr oder weniger unsern Wedding-Partien verwandt, wie sie vor hundert oder auch noch vor fünfzig Jahren waren. Selbst die Namen klingen ähnlich: »Sandkrug«, »Spiesberg« und »der Hungrige Wolf«. Immer dieselben alten und wohlbekannten Elemente: See und Sand und Kiefer und Kussel; aber so gleichartig die Dinge selber sind, so apart ist doch ihre Gruppierung in dieser Teupitzer Gegend. Die Kiefer, groß und klein, tritt nirgends in geschlossenen Massen auf, nicht en colonne steht sie da, sondern aufgelöst in Schützenlinien. Und die Dämmerung unterstützt diese Vorstellung eines Heerlagers. Auf der Kuppe drüben stehen drei Vedetten und lugen aus, am Abhang lagert eine Feldwacht, und eine lange Postenkette von Kusseln zieht sich am See hin und reicht einem andern Lagertrupp die Hand. Dazwischen Sand und Moos und dann und wann ein Ährenfeld, dünn und kümmerlich, ein bloßer Versuch, eine Anfrage bei der Natur.

Inzwischen ist es am Horizont immer heller geworden. Das Grau wurde weiß, das Weiß isabell- und dann rosenfarben, und nun schießt es wie Feuerlilien auf. Der Sand verschwindet, Wasser- und Morgenkühle wehen uns an, und während der Sonnenball hinter einem alten Schloßturm aufsteigt, fahren wir in die noch stille Straße von Teupitz ein.

Der Wagen hält vor dem »Goldnen Stern«, an dessen Laubenvorbau der Wirt sich lehnt, seines Zeichens ein Bäkker. Ich nehm es als eine gute Vorbedeutung, denn unter allen Gewerksmeistern steht doch der Bäcker unserm innern Menschen am nächsten. Er weist mich auch freundlich zurecht; ein Lager ist leicht gefunden und dem Müden noch leichter gebettet. Durch das Gazefenster zieht die Luft, die Akazie draußen bewegt sich hin und her, und die Tauben auf dem eingerahmten Geburtstagswunsch am Bettende werden immer größer. Und nun fliegen sie fort, und — meine Träume fliegen ihnen nach.

Aber nicht auf lange. Das Picken des Nagelschmieds von der Ecke gegenüber weckt mich, und während die Frühstücksstunde kommt und die braunen Semmeln neben die noch braunere Kanne gestellt werden, setzt sich die »Sternen«-Wirtin zu mir und unterhält mich von Teupitz und dem Teupitzer See.

»Ja«, so sagt sie, »was wäre Teupitz ohne den See. Wir wären längst ein Dorf, wenn wir das Wasser nicht hätten. Freilich, wir dürfen nicht mehr drin fischen, die Fischereigerechtigkeit ist verpachtet, aber das *Wasser* ist uns mehr als alles, was drin schwimmt. Mit gutem Winde fahren wir in sechs Stunden nach Berlin, und alles, was wir kaufen und verkaufen, es kommt und geht auf dem See. Wir bringen keine Fische mehr zu Markte, denn wir haben keine mehr, aber Garten- und Feldfrüchte, Weintrauben und Obst und Holz und Torf. Das gibt so was wie Handel und Wandel, mehr, als mancher denkt, und mehr, als wir selber gedacht haben. Große Spreekähne kommen und gehen jetzt täglich, das machen die neuen Ziegeleien. Überall hier herum liegt fetter Ton unterm Sand, und wenn Sie nachts über Groß Köris hinaus bis an den Motzner See fahren, da glüht es und qualmt es rechts und links, als brennten die Dörfer. Öfen und Schornsteine, wohin Sie sehen. Meiner Mutter Bruder ist auch dabei. Er wird reich, und alles geht nach Berlin. Viele hunderttausend Steine. Immer liegt ein Kahn an dem Ladeplatz, aber er kann nicht genug schaffen, so viel, wie gebraucht wird. Ich weiß es ganz bestimmt, daß er reich wird, und andere werden's auch. Aber *daß* sie's werden können, das macht der *See.*«

Die »Stern«-Wirtin verriet hier eine bemerkenswerte Neigung, sich über die Vermögensverhältnisse von »ihrer Mutter Bruder« ausführlicher auszulassen, weshalb ich, ohne jede Neugier nach *dieser* Seite hin, die Frage zwischenwarf: wem denn eigentlich der See gehöre, was er Pacht trage und wer ihn gepachtet habe.

»Der See gehört zum Gut. Zum Gut gehören überhaupt zweiunddreißig Seen, aber der Teupitz-See ist der größte. Der Fischgroßhändler in Berlin, der ihn vom Gut gepachtet hat, zahlt 800 Taler, und die Teupitzer Fischer, die hier fischen und die Fische zu Markte bringen, sind nicht viel mehr als die Tagelöhner und Dienstleute des reichen Händlers. Meiner Mutter Bruder . . .«

»800 Taler«, unterbrach ich, »ist eine große Summe. Ich kenne Seen, die nur vier Taler Pacht bezahlen. Ist der Teupitz-See so reich an Fischen?«

»Ob er's ist! Die Stadt führt nicht umsonst einen Karpfen im Wappen. Unser See hat viel Fische und schöne Fische; freilich, wenn der Zanderzug fehlschlägt –«

»Der *Zander*zug?«

»Ja. Er ist nur einmal im Jahr, und von seinem Ausfall hängt alles ab. In der Regel bringt er 600, oft 1500 Taler, mitunter freilich auch gar nichts. Dann muß das nächste Jahr den Schaden decken. Aber weil es unsicher ist, was der Zanderzug bringen wird, deshalb können unsere Fischer den See nicht pachten.«

»Wann ist der Zug?«

»Im Januar und Februar. Immer im Winter, denn die Netze werden unterm Eis gespannt und gezogen. Es ist jedesmal ein Festtag für Teupitz.«

Die »Stern«-Wirtin begann nun mit vieler Lebhaftigkeit, mir die verschiedenen Phasen des Zanderzuges zu beschreiben, dabei mehr ermutigt als gestört durch meine Fragen, die ganz ernsthaft darauf aus waren, das Verfahren nach Möglichkeit kennenzulernen. Dic Handgriffe beim Spannen und Ziehen der Netze blieben mir aber unklar, und nur soviel sah ich, daß es die größte Ähnlichkeit mit einer Treibjagd, und zwar mit einem Kesseltreiben, haben müsse. Die Fischer, wohlvertraut mit dem See, fegen mittelst weitgespannter Netze den Zander in ihnen bekannte Kesselvertiefungen hinein, umstellen ihn hier und schöpfen ihn dann, wie man Goldfischchen aus einem Bassin schöpft, aus der fischgefüllten Tiefe heraus.

Inzwischen erfuhr ich, daß das Boot bereitläge, das mich laut Verabredung auf den See fahren sollte. Gleich vom »Goldnen Stern« aus läuft ein schmaler Gang auf die Anlegestelle zu. Rechts und links standen Hof- und Gartenzäune, sämtlich in jenen seltsamen Biegungen und Wellenlinien, die bemoostes Zaunwerk im Lauf der Jahre zu zeigen pflegt. Über die Zäune hinweg wuchsen die Kronen der Bäume von hüben und drüben zusammen, was sich namentlich in Nähe des Wassers überaus malerisch ausnahm, wo zugleich der See bis zwischen das Plankenwerk vordrang und mal höher, mal tiefer mit seinem gelblichen Schaum eine Grenzmarke zog.

An dieser Stelle lag auch das Boot. Ein Fischermädchen vom andern Ufer stand in der Mitte desselben, und während ihr weißes Kopftuch im Winde flatterte, stießen wir ab.

Der Teupitz-See ist fast eine Meile lang und eine Viertelmeile breit, an einigen Stellen, wo er sich buchtet, auch breiter. Sein Wasser ist hellgrün, frisch und leichtflüssig; Hügel mit Feldern und Hecken fassen ihn ein, und außer der schmalen Halbinsel, die das »Schloß« trägt und sich bis tief in den See hinein erstreckt, schwimmen große und kleine Inseln auf der schönen Wasserfläche umher. Die kleinen Inseln sind mit Rohr bestanden, die größeren aber, auch *Werder* geheißen, sind bebaut und tragen die Namen der beiden Seedörfer, Egsdorf und Schwerin, denen sie zunächst gelegen sind. Also der Egsdorfer und der Schweriner Werder.

Wir fuhren von Insel zu Insel, von Ufer zu Ufer; abwechselnd mit Ruder und Segel ging es auf und ab, planlos, ziellos. Die Teupitzer Kirche, der alte Schloßturm hinter Pappeln, die roten Dächer der Stadt, das Schilf, die Hügel – alles spiegelte sich in dem klaren Wasser, aber so schön es war, ich hatte doch ein Gefühl, all dies schon einmal gesehn zu haben, nur schöner, märchenhafter, und diese Märchenbilder sucht ich nun in Näh und Ferne. Lächelnd gestand ich mir endlich, daß ich sie nicht finden würde. Noch einmal umfuhr der Kahn die Halbinsel, auf der die Überreste des alten Teupitz-Schlosses gelegen sind; dann trieben wir, durch den Schilfgürtel hindurch, den Kahn wieder ans Land.

Die Stelle, wo wir landeten, lag in dem Winkel, den Ufer und Landzunge bilden, und das alte Teupitz-Schloß oder, mit seinem vollen Namen, »das alte Schloß der Schenken von Landsberg und Teupitz« stieg fast unmittelbar vor uns auf. Ich schritt ihm zu.

Das alte Teupitz-Schloß, das in frühe Jahrhunderte zurückreicht, galt ehedem für sehr fest. Es lag an der Grenze zwischen Mark und Lausitz und scheint abwechselnd eine märkische oder sächsische Grenzfestung gewesen zu sein, je nachdem die Waffen oder die Verträge zugunsten des einen oder andern Teils entschieden hatten. Im dreizehnten sowie in der ersten Hälfte des vierzehnten Jahrhunderts waren die Plötzkes Herren von Teupitz, um 1350 aber kam die Herrschaft Tupitz oder Tuptz, wie sie damals genannt ward, in Besitz der Schenken von Landsberg und nahm seitdem den Namen des »Schenkenländchens« an. Dies Ländchen umfaßte vier Quadratmeilen; in seiner Mitte lag Teupitz, die Stadt, mit See und Burg. Die Lehnsverhältnisse des »Schenkenländchens« blieben noch geraume Zeit hindurch verwikkelter und schwankender Natur, bis endlich der Einfall der Hussiten in die Mark den Ausschlag gab und die Schenken von Landsberg und Teupitz veranlaßte, sich in den Schutz des brandenburgischen Kurfürsten (Friedrich I.) zu begeben. Zwar geschah dies zunächst noch mit der Bemerkung: »unbeschadet unserer Untertänigkeitsverpflichtung gegen den Kaiser und den Herzog von Sachsen«, diese Hinzufügung indes scheint nicht allzu ernsthaft gemeint gewesen zu sein, da Schenk Heinrich von Landsberg schon wenige Jahre später erklärte, »daß, sintemalen der Kurfürst, sein gnädiger Herr, mit den Herzögen von Sachsen in Fehde stehe, auch er (Schenk Heinrich) mit seinen Helfern und Knechten ihnen, den Herzögen, den Krieg erklären müsse«.

Die Schenken von Landsberg und Teupitz blieben nah an 400 Jahr im Besitz der Herrschaft. Nachdem aber Schloß und Land infolge des Dreißigjährigen Krieges sehr vernachlässigt, die Weinberge verwildert, die Heiden verwüstet waren, ging das ganze Schenkenländchen im Jahre 1718 durch

Kauf an König Friedrich Wilhelm I. über. Er bezahlte dafür die geringe Summe von 54000 Taler, kaufte verlorengegangene Güter zurück, machte das Schloß zu einem »Amt« und stellte das gesamte Schenkenländchen, als Außenwerk der Herrschaft Königs Wusterhausen, unter die Verwaltung einer Amtskammer. Seit einer Reihe von Jahren ist Schloß Teupitz in die Hände von Privaten übergegangen. Der vorige Besitzer war Herr von Treskow, der gegenwärtige ist Herr von Pappart.

Es gibt kein *Schloß* Teupitz mehr, nur noch ein Amt gleiches Namens.

Zu diesem Amt, sehr malerisch an der Stelle des alten Schlosses gelegen, gehört auch selbstverständlich alles, was noch von Resten einer frühren Zeit vorhanden ist. Es ist dies mehr, als auf den ersten Blick erscheint. Alle Wirtschaftsgebäude der linken Hofseite ruhen auf alten, hoch aufgemauerten Fundamenten, in denen sich mächtige Kellergewölbe bis diese Stunde vorfinden, während der Eingang in den Amtshof durch einen viereckigen Turm, einen sogenannten Donjon, in mittelalterlicher Weise flankiert wird. Dieser Backsteinturm hat noch eine beträchtliche Höhe, was seinem Anblick aber einen ganz besonderen Zauber leiht, ist, daß seine Plattform zu einem völligen Garten geworden. In das Erdreich, das der Regen im Laufe der Jahrhunderte hier niedergeschlagen hat, haben teils die höheren Baumkronen ihre Keime niederfallen lassen, teils haben Wind und Staubwirbel aus dem zu Füßen gelegenen Garten die Samenkörner bis zur Höhe des Turmes emporgetragen. Ein Ebreschenbaum stand in der Mitte desselben, und zwischen den Rosensträuchern wuchs »Unserer Lieben Frauen Bettstroh« in großen gelben Büscheln über die Mauerkrone fort. Das alte Schloß, erzählen einige, habe früher auf einer völligen Insel gestanden, und erst die Anschwemmungen hätten im Lauf der Zeit aus der Insel eine Halbinsel gemacht. Es ist dies möglich, aber nicht wahrscheinlich. Man sieht nirgends eine Bodenbeschaffenheit oder überhaupt Terraineigentümlichkeiten, die darauf hindeuteten, und alles läßt vielmehr umgekehrt annehmen, daß es stets eine Halbinsel war, die, freilich absichtlich, und zwar mittelst eines durch die Landenge gestochenen Grabens, zu einer Insel gemacht wurde.

Außer Turm und Fundamenten ist an dieser Schloßstelle nichts mehr vorhanden, was an die alten Schenken von Teupitz erinnerte. Noch weniger fast bietet die *Kirche*, die zwischen dem Schloß und der Stadt, am Nordrande der letzteren, gelegen ist.

Vor fünfzig Jahren hätte die Forschung noch manches hier gefunden, jetzt aber, nach stattgehabter Restaurierung, ist alles hin, oder doch so gut wie alles. Die Grundform der Kirche hat zwar wenig unter diesen Neuerungen gelitten, alle Details im Innern aber, alle jene Bilder, Gedächtnistafeln und Ornamente, die vielleicht imstande gewesen wären, der ziemlich grau in grau gemalten Geschichte der Schenken von Teupitz etwas Licht und Farbe zu leihen, *sie* sind zerstört oder verlorengegangen. Bei Öffnung der jetzt zugeschütteten Gruft unter der Sakristei der Kirche fand man eine bedeutende Anzahl Särge, viele mit Messingtäfelchen, auf denen neben den üblichen Namen- und Zahlenangaben auch einzelne historische Daten verzeichnet waren. Diese Täfelchen, in die Pfarre gebracht, sind später in dem Wirrwarr von Umzug und Neubau verlorengegangen. Der gegenwärtige Geistliche hat nur mit Mühe noch eine kleine Glasmalerei gerettet, die, dem Anscheine nach, einen von der Kanzel predigenden Mönch darstellt. Sonst ist der Kirche aus der »Schenken-Zeit« her nichts geblieben als ein einziger Backstein am Hintergiebel, der die eingebrannte Inschrift trägt: »nobil. v. Otto Schenk v. Landsb.« (nobilis vir Otto Schenk von Landsberg). Wahrscheinlich war *er* es, unter dem eine frühere Restauration der Kirche (1566) stattfand.

Wir haben den See befahren, das Schloß und die Kirche besucht, es bleibt uns nur noch der Jeesenberg, ein Hügel, am Südrande der Stadt gelegen, von dem aus man das gesamte Schenkenländchen überblickt. Wir erreichen seinen höchsten Punkt und haben in weitgespanntem Bogen eine Kessellandschaft vor und unter uns. Wohin wir blicken, vom Horizonte her dieselbe Reihenfolge von Hügel, See und Heideland und in der Mitte des Bildes wir selbst und der Berg, auf dem wir stehen.

Das Panorama ist schön; schöner aber wird das Bild,

wenn wir auf den Rundblick verzichten und uns damit begnügen, in die nach Osten hin sich dehnende Hälfte der Landschaft hineinzublicken. Es ist dies die Hälfte, wo Teupitz und sein See gelegen sind. Der Wind weht scharf vom Wasser her, aber eine wilde Pflaumbaumhecke gibt uns Schutz, während Einschnitte, wie Schießscharten, uns einen Blick in Näh und Ferne gestatten. Ein Kornfeld läuft vor uns am Abhang nieder, am Fuße des Hügels zieht sich ein Feldweg hin, und dahinter breiten sich Gärten und Wiesen; hinter den Wiesen aber steigt die Stadt auf und hinter dieser der See mit seinen Inseln und seinen Hügeln am andern Ufer. Und auch Leben hat das Bild. Wie losgelöste Schollen treiben die Inseln den See entlang (oder scheinen doch zu treiben), ein satter Fischreiher fliegt landeinwärts, und die Tücher der Mägde, die beim Heuen beschäftigt sind, flattern lustig im Winde. Vom nächsten Dorf her kommen Kinder des Wegs und verkürzen sich die Zeit mit Spiel und Neckereien. In Büscheln reißen die Jungen den roten Mohn aus dem Kornfeld, und immer, wenn sie die Mädchen zu haschen und mit den Büscheln zu treffen suchen, stäuben die roten Blätter nach allen Seiten hin durch die Luft.

So liegen und träumen wir hinter der Pflaumbaumhecke, ducken uns vor dem Wind, wenn er zu scharf bergan fährt, und lugen wieder aus, wenn er pausiert und zu neuem Angriff sich rüstet.

In diesem Augenblick aber trägt er die Klänge der Mittagsglocke laut und vernehmbar herüber und mahnt uns zur Rückkehr in die Stadt. Im »Goldenen Stern« erwartet uns ein gedeckter Tisch; ich eile damit und spring ins Boot, um noch einmal über den See zu fahren. Und diesmal allein. Die kurzen Wellen tanzen um mich her, das Wasser zeigt eine leichte Trübe, der Himmel ist grau. Ein Gefühl beschleicht mich wieder, stärker noch als zuvor, als ruhe hier etwas, das sprechen wolle – ein Geheimnis, eine Geschichte. Ich ziehe die Ruder ein und horche. Die Wellen klatschen an den Kiel, und der Wind biegt das Rohr knisternd nieder. Sonst alles stumm. Die Wolken sinken immer tiefer; nun öffnen sie sich, und hinter der grauen Wand, die der niederfallende Regen nach allen Seiten hin aufrichtet, verschwindet die Landschaft, Stadt und Schloß.

So sah ich den Teupitz-See zuletzt, und ich habe Sehnsucht, ihn wiederzusehn. Ist es seine Schönheit allein, oder zieht mich der Zauber, den das Schweigen hat? *Jenes* Schweigen, das etwas verschweigt.

3. MITTENWALDE

»Befiehl du deine Wege
Und was das Herze kränkt
Der allertreusten Pflege
Des, der den Himmel lenkt . . .«

Und kaum das Lied vernommen,
Ist über sie gekommen
Der Friede Gottes aus der Höh.

Schmidt von Lübeck

Teupitz war der äußerste Punkt unserer Pfingstfahrt; auf dem Rückwege lassen wir es uns angelegen sein, an Mittenwalde nicht ohne Ansprache vorüberzugehn.

Im allgemeinen darf man fragen: Wer reist nach Mittenwalde? Niemand. Und doch ist es ein sehenswerter Ort, der Anspruch hat auf einen Besuch in seinen Mauern. Nicht als ob es eine schöne Stadt wäre, nein; aber schön oder nicht, es ist sehenswert, weil es alt genug ist, um eine Geschichte zu haben.

Es hat sogar eine *Vor*geschichte: Sagen und Traditionen von einem *Alt*-Mittenwalde, das, in unmittelbarer Nähe der *jetzigen* Stadt, auf der westlichen Feldmark derselben gelegen war. Und in der Tat, unter Wiesen- und Ackerland finden sich an dieser Stelle noch allerlei Steinfundamente vor, und während das Auge des Fremden über Felder und Schläge zu blicken glaubt, sprechen die Mittenwalder vom »Vogelsang«, vom »Pennigsberg«, vom »Burgwall« etc., als ob all diese Dinge noch sichtbarlich vor ihnen stünden.

Daß hier früher, und zwar in einem enggezogenen Halbkreis um die jetzige Stadt her, ein *anderes* Mittenwalde stand, scheint unzweifelhaft. Es finden sich beispielsweis allerlei Münzen am »Pennigsberg«, und als Ende der fünfziger Jahre Kanalbauten und Erdarbeiten am »Burgwall« zur Ausführung kamen, stieß man auf Eichenbohlen, die wohl drei Fuß hoch mit Feldsteinen überschüttet waren. Ersichtlich ein Damm, der früher – mitten durch den *Sumpf* hindurch – erst nach dem Burg*wall* und von diesem aus nach der inmitten desselben gelegenen Burg führte.

So die Traditionen, und so das Tatsächliche, das jene Traditionen unterstützt. Aber so gewiß dadurch der Beweis geführt ist, daß auf der westlichen Feldmark ein anderer, längst untergegangener Ort existierte, sowenig ist dadurch bewiesen, *welcher Art* der Ort war und in welchem Verhältnis er zu der Burg und dem Pennigsberge stand. Wie verhielt es sich damit? War die Burg ein *Schutz* der Stadt oder umgekehrt ein *Trutz* derselben? Waren Stadt und Burg wendisch, oder waren sie deutsch? Befehdeten sie einen gemeinschaftlichen Feind, oder befehdeten sie sich untereinander? Alle diese Fragen drängen sich auf, ohne daß eine Lösung bisher gefunden wäre. Die Tradition scheint geneigt, einen alten Wendenort anzunehmen, der inmitten des »Burgwalls« seine *Burg* und auf dem »Pennigsberg« seine *Begräbnisstätte* hatte. Bevor Besseres geboten ist, ist es vielleicht am besten, dabei zu verharren. Ausgrabungen auf dem westlichen Stadtfelde würden gewiß zu wirklichen Aufschlüssen führen, aber diese Ausgrabungen werden in unbegreiflicher Weise vernachlässigt. Die Kommunen entbehren in der Regel des nötigen Interesses und unsere Vereine der nötigen Mittel.

Indessen, lassen wir das vorgeschichtliche Mittenwalde und wenden wir uns lieber dem mittelalterlichen zu, das, aller Verheerungen ungeachtet, in einzelnen Baulichkeiten immer noch existiert. Da haben wir die Mauer mit ihren Tortürmen, da haben wir die Propsteikirche, und da haben wir vor allem auch den »Hausgrabenberg«, von dessen Höhe herab, nach allgemeiner Annahme, »Schloß Mittenwald« in die Mark und die Lausitz hineinblickte. Die Lage dieses »Hausgrabenberges« im Norden des zu verteidigenden Notte-Flüßchens, dazu das Fortifikatorische der an andere Hügelbefestigungen jener Zeit erinnernden Anlage würden es wie zur Gewißheit erheben, daß das Schloß an *diesem* Punkt, und *nur* an diesem, gestanden haben müsse, wenn nicht der *eine* Umstand, daß, soviel ich weiß, keine Spur von Steinfundamenten innerhalb des Berges gefunden worden ist, das Urteil wieder schwankend machte.

Gleichviel indes, was auf seiner Höhe gestanden haben mag, *jetzt* steht ein Häuschen auf demselben, das sich in Weinlaub versteckt und über dessen Dach hin, als ob es *doppelt* geschützt werden sollte, sich die Wipfel alter Birnbäume wölben. Im Spätsommer, wenn die blauen Trauben an allen Wänden hängen und die goldgelben Birnen, entweder vom Wind oder der eigenen Schwere gelöst, polternd über das Dach hin rollen, muß es schön sein an dieser Stelle.

Der »*Hausgrabenberg*« hat ein reizendes Haus. Aber ein baulich größeres Interesse bietet doch der alte *Torturm* der Stadt, dem wir uns jetzt zuwenden. Er liegt nach Norden hin, auf dem Wege nach Köpnick und Berlin, und führt deshalb den Namen: das Köpnicker oder Berliner Tor. In alter Zeit, als Mittenwalde noch »fest« war, war dieser Torbau von ziemlich zusammengesetzter Natur und bestand aus einem quer durch den Stadtgraben führenden Steindamm, dessen Mauerlehnen hüben und drüben in einen Außen- und Innenturm ausliefen. Von jenem, dem *Außen*tor, steht noch die Front, ein malerisch gotisches Überbleibsel, das in seiner Stattlichkeit und reichen Gliederung mehr noch an die berühmten Torbauten *altmärkischer* Städte (beispielsweise Salzwedels und Tangermündes) als an verwandte Bauten der Mittelmark erinnert. Es scheint, daß es ein geräumiges und beinah würfelförmiges Viereck war, das an jedem Eck einen Rundturm und *zwischen* diesen vier Rundtürmen – und zugleich über sie hinauswachsend – ebenso viele, mit den zierlichsten Rosetten geschmückte Giebel trug.

Aus dem dreizehnten Jahrhundert stammt die Mittenwalder *Propstei-* oder *Sankt-Moritz-Kirche*. Die Kreuzgewölbe sind später. Man sieht deutlich, wie die mächtigen alten Pfeiler in bestimmter Höhe weggebrochen und die alten Tonnengewölbe durch neue, von eleganterer Konstruktion, ersetzt wurden. Um vieles moderner ist der Turm, dem übrigens mit Rücksicht auf das Jahr seiner Entstehung (1781) alles mögliche Lob gespendet werden muß. Er paßt nicht zur Kirche, nimmt sich aber nichtsdestoweniger gut genug aus. Ähnlich wie die schweren alten Steinpfeiler, die jetzt die Kreuzgewölbe tragen, unverändert dieselben geblieben sind, hat auch der Baumeister von 1781 die früheren Turmwände bis zu bestimmter Höhe hin als Unterbau fortbestehen lassen. Dadurch ist etwas ziemlich Stilloses, aber nichtsdestoweniger etwas Anziehendes und Malerisches entstanden. Die sich verjüngenden Etagen erheben sich auf dem mächtigen alten Feldsteinfundamente nach Art einer Statue auf ihrem Piedestal, und die Hagerosen und Holunderbüsche, die zu Füßen dieses aufgesetzten Turmes auf der Plattform des Unterbaues blühn, erfreuen und fesseln den Blick.

Und nun treten wir in das Innere der Kirche, die reich ist an Bildern und Grabsteinen und noch reicher an Erinnerungen. An den Wänden ziehen sich, chorstuhlartig, fünfundvierzig Kirchenstühle der alten Gewerks- und Innungsmeister hin, jeder einzelne Stuhl an seiner Rückenlehne mit den Gewerksemblemen geschmückt. Vor dem Altare liegen die Grabsteine von Burgemeister und Rat, der Altar selbst aber, ein Schnitzwerk aus katholischer Zeit und mit Bildern auf der Kehrseite seiner Türen, ist mutmaßlich ein Geschenk, das von Kurfürst Joachim I. der Mittenwalder Kirche gemacht wurde. Zwischen Altarwand und Altartisch, auf schmalem Raume, begegnen wir noch einem Christuskopf auf dem Schweißtuche der heiligen Veronika, die Teilnahme jedoch, die wir diesem Bilde zuwenden, erlischt vor dem größeren Interesse, mit dem wir eines Portraits ansichtig werden, das vom Seitenschiffe her und zwischen den Pfeilern hindurch in Lebensgröße herüberblickt. Es ist nicht das Bild als solches, das uns fesselt, es ist *der*, den es darstellt: Neben der schmalen Sakristeitür, in schlichter Umrahmung, hängt das Bildnis Paul Gerhardts.

Paul Gerhardt war Propst zu Mittenwalde von 1651 bis 1657.

Vor etwa fünfzig Jahren wurde dieses Bildnis Paul Gerhardts nach einem in der Kirche zu Lübben befindlichen Original angefertigt und der Mittenwalder Kirche, zur Erinnerung an die Zeit seines Wirkens allhier, zum Geschenk gemacht. Es ist ein gutes Bild; die Züge verraten viel Milde, doch nichts Weichliches, und die Unterschrift, ebenfalls dem Lübbener Original entnommen, lautet wie folgt:

Paulus Gerhardus theologus in cribro satanae tentatus et devotus postea, obiit Lubbenae anno 1676, aetate 70.

Rechts daneben befinden sich folgende Distichen:

Sculpta quidem Pauli viva est ut imago Gerhardi,
Cuius in ore fides, spes, amor usque fuit,
Hic docuit nostris Assaph redivivus in oris
Et cecinit laudes Christe benigne tuas:
Spiritus aethereis veniet tibi sedibus hospes,
Haec ubi saepe canes carmina sacra Deo.

Also etwa:

Ganz wie er lebte, sind hier Paul Gerhardts Züge zu schauen,
Draus nur Glaube allein, Hoffnung und Liebe gestrahlt;
Ja, er lehrte bei uns, ein wiedererstandener Assaph,
Und er erhob im Gesang, güt'ger Erlöser, dein Lob.
Hoch von den himmlischen Höhn steigt nieder der Heilige Geist uns,
Singen die Lieder wir oft, die *er* gesungen dem Herrn.*

Paul Gerhardt, wie schon hervorgehoben, war sechs Jahre lang Propst an der Mittenwalder Kirche, und es ist höchst wahrscheinlich, daß einige der schönsten Lieder, die wir diesem volkstümlichsten unsrer geistlichen Liederdichter verdanken, während seines Mittenwalder Aufenthaltes, in Leid und Freud des Hauses und des Amtes, gedichtet wurden.

Begleiten wir ihn auf seinem Ein- und Ausgang.

Paul Gerhardt kam spät ins Amt. Er war bereits sechsundvierzig Jahr alt, als die Kirchenvorstände von Mittenwalde, wo der Propst Goede eben gestorben war, sich an das Ministerium der Sankt-Nikolai-Kirche zu Berlin wandten mit dem

* Propst Straube (1841 †), ein Amtsnachfolger Paul Gerhardts an der Mittenwalder Kirche, hat die lateinischen Distichen in folgenden Alexandrinern wiederzugeben versucht:

Wie lebend siehst du hier Paul Gerhardts teures Bild,
Der ganz von Glaube, Lieb und Hoffnung war erfüllt.
In Tönen voller Kraft, gleich Assaphs Harfenklängen,
Erhob er Christi Lob in himmlischen Gesängen.
Sing seine Lieder oft, o Christ, in seliger Lust,
So dringet Gottes Geist durch sie in deine Brust.

Ersuchen, einen geeigneten Mann für die Mittenwalder Propsteikirche in Vorschlag zu bringen. Die Kirchenbehörden von Sankt Nikolai waren schnell entschieden; sie kannten Paul Gerhardt, der seit einer Reihe von Jahren als Lehrer und Erzieher im Hause des Kammergerichtsadvokaten Andreas Berthold tätig war und durch Lieder und Vorträge längst die Aufmerksamkeit aller Kirchlichen auf sich gezogen hatte. Diesen empfahlen sie. Nach zwanzigjährigem Harren sah sich Paul Gerhardt am Ziele seiner innigsten Sehnsucht, und mit dem Dankeslied »Auf den Nebel folgt die Sonn, auf das Trauern Freud und Wonn« empfing er die Vocation und trat mit dem neuen Kirchenjahr 1651 ins Amt.

Freudig begann er es und voll guten Muts, all der Gegnerschaften und Widerwärtigkeiten Herr zu werden, an denen es von Anfang an nicht ermangelte. Neid, verletztes Interesse, gekränkte Eigenliebe – der seit Jahren an der Mittenwalder Kirche predigende Diakonus Alborn hatte darauf gerechnet, Propst zu werden – erschwerten ihm Amt und Leben, aber wenn er dann abends an dem offenen Hinterfenster seiner Arbeitsstube saß und über die Stadtmauer hinweg in die dunkler werdenden Felder blickte, während von der Propsteikirche her der Abend eingeläutet und eine alte Volksweise vom Turm geblasen wurde, dann ward ihm das Herz weit, und den Atem Gottes lebendiger fühlend, kam ihm selbst ein Lied und mit dem Liede Glück und Erhebung. Es war die Volksweise »Innsbruck, ich muß dich lassen«, die vom Turm herab allabendlich erklang, dieselbe alte Weise, von der Sebastian Bach später zu sagen pflegte: »er gäb all seine Werke darum hin«, und der fromme P. Gerhardt, der wohl wissen mochte, wie seine Gemeinde daran hing, trachtete jetzt danach, der schönen alten Melodie tiefere Texteswort zugrunde zu legen. So entstand das »Abendlied«:

Nun ruhen alle Wälder,
Vieh, Menschen, Städt und Felder,
Es schläft die ganze Welt –

jenes Musterstück einfachen Ausdrucks und lyrischer Stimmung, das durch einzelne daran anknüpfende Spöttereien (zum Beispiel, die *ganze* Welt könne nie schlafen, weil die

Antipoden Tag hätten, wenn wir zur Ruhe gingen) an Volkstümlichkeit nur noch gewonnen hat.

Glaub und Liebe richteten ihn wohl auf, wenn die Kümmernisse des Lebens ihn niederdrücken wollten, aber ein Gefühl der Einsamkeit blieb ihm, und sein Herz sehnte sich nach Genossenschaft, nach einem Herd. Im vierten Jahre seines Amts bewarb er sich um die Hand Maria Bertholds, der ältesten Tochter jenes frommen Hauses, in dem er so viele Jahre glücklich gewesen war, und Propst Vehr von Sankt Nikolai, der beide seit lange gekannt und geliebt hatte, legte beider Hände ineinander. Um die Mitte Februar 1655 zog Maria Berthold in die Mittenwalder Propsteiwohnung ein.

Innige Liebe hatte das Band geschlossen, und Paul Gerhardt glaubte nun den Segen um sich zu haben, der alle bösen Geister von seiner Schwelle fernhalten würde. Neu gekräftigt in seinem Glauben und neu gestimmt zur Dankbarkeit, war es um diese Zeit wohl, daß er den hohen Freudensang anstimmte:

Warum sollt ich mich denn grämen?
Hab ich doch
Christum noch,
Wer will mir den nehmen?
Wer will mir den Himmel rauben,
Den mir schon
Gottes Sohn
Beigelegt im Glauben?

Aber es war anders bestimmt. Die Freudigkeit des Gemüts sollt ihm nicht *zufallen*, er sollte sie sich erringen in immer schwerer werdenden Kämpfen. Ein Töchterlein, das ihm geboren wurde, starb bald, und die Kränkungen, die das Auftreten Alborns im Geleite hatte, zehrten immer mehr an Gesundheit und Leben seiner nur zart gearteten Frau. Nicht frohe Tage waren diese Mittenwalder Tage, selbst äußere Not gesellte sich, und als der auch *jetzt* noch in seinem Glauben und Hoffen unerschüttert Bleibende jenes Vertrauenslied anstimmte, das von Strophe zu Strophe die Worte wiederholt: »Alles Ding währt seine Zeit, Gottes Lieb in Ewigkeit«, da war das Herz der sonst frommen Frau bereits klein und ängstlich genug geworden, um sich mißgestimmt und bitter fast von einer Glaubenskraft abzuwenden, die weit über die Kraft ihres eigenen schwachen Herzens hinausging. Tiefe Schwermut ergriff sie. Paul Gerhardt selbst aber, in jener Freudigkeit der Seele, wie sie das Vorgefühl eines nahen Sieges und endlicher Erhörung leiht, schlug seine Bibel auf und las die Worte des Psalmisten: »Befiehl dem Herrn deine Wege und hoffe auf ihn: er wird's wohlmachen.« Und einem Funken gleich fiel das Wort in seine Brust. Er mußte freier aufatmen, die Stube ward ihm zu eng, und auf und ab schreitend in den Gängen des alten Propsteigartens, entquollen ihm die ersten Strophen zu jenem großen Trostes- und Vertrauensliede: »Befiehl du deine Wege«.

Bewegt, aber auch erhoben ging er in das Haus zurück, empfand er sich doch als Träger einer Botschaft, der kein Herz widerstehen könne. Und siehe da, an der schwermütigen Stimmung seiner Frau erprobte das Lied zum ersten Male seine wunderbare Kraft. Alles Leid floß hin in Tränen, alle Trübsal wurde Licht, und eh noch der Rausch gehobenster Empfindung vorüber war, war auch schon die Hülfe da – ein Abgesandter, ein Brief, der den Mittenwalder Propst als Diakonus an die Berliner Nikolaikirche berief. Er reichte seiner Hausfrau das Schreiben und sagte ruhig: »Siehe, wie Gott sorget. *Befiehl dem Herrn deine Wege und hoffe auf ihn, er wird's wohlmachen.*«

Paul Gerhardt verließ Mittenwalde im Juli 1657. Dem weitern Gange seines Lebens folgen wir an dieser Stelle nicht, aber die Frage drängt sich auf: Was ist der Stadt, in der einige seiner schönsten Lieder entstanden, aus der Zeit seines Lebens und Wirkens erhalten geblieben? Sind noch Plätze da, die von ihm erzählen, und *welche* sind es?

Die Stadt bietet nichts. Das Propsteigebäude, das noch vor einigen fünfzig Jahren bewohnt war, ist seitdem abgebrochen, und selbst der Garten, in dessen Gängen er mutmaßlich das »Befiehl du deine Wege« dichtete, liegt, wüst geworden, ohne Zaun und Einfassung zwischen zwei Nachbargärten.

Die Stadt bietet nichts mehr, wohl aber die *Kirche.* Dicht unter seinem Bildnis, dessen ich bereits ausführlicher erwähnte, sehen wir eine Steintafel in die Wand des Seitenschiffes eingelassen, die folgende Inschrift trägt: »Maria Elisabeth – Pauli Gerhardts, damaligen Propstes allhier zu Mittenwalde, und Anna Maria Bertholds erstgebornes, herzliebes Töchterlein, so zur Welt kommen den 19. Mai Anno 1656 und wieder abgeschieden den 14. Januar Anno 1657 – hat allhier ihr Ruhebettlein und dieses Täflein von ihren lieben Eltern. Genesis 47, Vers 9: ›Wenig und böse ist die Zeit meines Lebens.‹« Ein grüner Kranz faßt die Inschrift ein, und Engelsköpfe schmücken die vier Ecken.

Neben Bildnis und Stein ist die Sakristeitür. In der Sakristei selbst finden wir das alte Mittenwalder Kirchenbuch, ein großes, nach Art der Bilderbibeln in Leder gebundenes Buch, etwa 300 Jahr alt. Die Registrierungen in diesem Buch aus der Zeit von 1651 bis Neujahr 1657 rühren alle von Paul Gerhardt selber her. Seine Handschrift ist fest, dabei voll Schwung und Schönheit. Seine Aufzeichnungen schließen mit dem 28. Dezember 1656.

Bild und Stein und Buch, sie mahnen an sein Wandeln und Wirken an dieser Stätte; fehlten aber auch diese Dinge, die seinen Namen oder die Züge seiner Hand tragen, die Kirche selber – im großen und ganzen dieselbe geblieben –, sie würde dastehn zu seinem ehrenden Gedächtnis, der protestantischen Welt mehr eine Paul-Gerhardts- als eine Sankt-Moritz-Kirche. Wenig Modernes hat sich seit 200 Jahren hinzugesellt, und wohin das Auge sich wenden mag, *sein* Auge hat darauf geruht.

Veränderungen sollen vorgenommen werden; mögen sie mit *Pietät* geschehen.

Paul Gerhardt ist unbestritten der Glanzpunkt in der Geschichte Mittenwaldes, aber es hat der historischen Erinnerungen auch noch andre.

Den 31. August 1730 traf Kronprinz Friedrich unter starker Bedeckung, von Wesel aus, über Treuenbrietzen (wo er die Nacht vorher gewesen war) in Mittenwalde ein, um daselbst, vor seiner Abführung nach Küstrin, ein erstes Verhör zu bestehen. Das Truppenkommando, das ihn bis Mittenwalde geführt hatte, stand unter Befehl des Generalmajors von Buddenbrock, desselben tapferen Offiziers, der zwei

Monate später dem mit der Todesstrafe drohenden König mit den Worten entgegentrat: »Wenn Ew. Majestät Blut verlangen, so nehmen Sie meines; jenes bekommen Sie nicht, solang ich noch sprechen darf.«*

Kronprinz Friedrich blieb zwei Tage in Mittenwalde, vom 31. August bis 2. September. Das Verhör fand mutmaßlich am 1. statt. Er bestand es vor Generallieutenant von Grumbkow, Generalmajor von Glasenapp, Oberst von Sydow und den Geheimen Räten Mylius und Gerbett und behauptete während desselben eine »kecke und beleidigende Zurückhaltung«. Als Grumbkow ihm seine Verwunderung darüber bezeugte, antwortete er: »Ich bin auf alles gefaßt, was kommen kann, und hoffe, mein Mut wird größer sein als mein Unglück.«

Garnison stand damals noch nicht in Mittenwalde; die Stadt war überhaupt noch klein und zählte (1730) nur 952 Einwohner. In welchem Hause der Prinz bewacht wurde, hab ich nicht mehr ermitteln können; das »Schloß« existierte längst nicht mehr. Das Verhör fand mutmaßlich auf dem Rathause statt.

Das war im September 1730.

Fast siebenzig Jahre später, am Silvesterabend 1799, tritt noch einmal eine historische Figur auf die bescheidene Mittenwalder Bühne, um ihr sechs Jahre lang in Leid und Freud anzugehören. Sechs Jahre lang, wie Paul Gerhardt. Ein Kämpfer wie dieser, nicht mit mächtigeren, aber mit derberen Waffen. Es genügt, seinen Namen zu nennen: Major von Yorck, der spätere »alte Yorck«.

Unterm 6. November hatte der König an den damals in Johannisburg stehenden Major von Yorck geschrieben: »Mein lieber Major von Yorck. Da die jetzt verfügte Versetzung des Major von Uttenhoven vom Regiment Fußjäger als Commandeur zum dritten Bataillon des Regiments von Zenge es notwendig macht, dem Jägerregiment (in Mitten-

* Ähnliche Worte hatte Generalmajor von Mosel am 14. August in Wesel gesprochen. Als der König mit dem Degen auf den Kronprinzen eindrang, warf sich M. dazwischen und rief: »Sire, durchbohren Sie mich, aber schonen Sie Ihres Sohnes.« Überhaupt zeigen die Vorgänge jener Zeit, daß hoher Mut an gefährlicher Stelle am besten gedeiht.

walde) einen ganz capablen Commandeur zu geben, und Ich Mich überzeuge, daß Ihr die zu diesem wichtigen Posten erforderlichen Eigenschaften in Euch verbindet, so will Ich Euch hierdurch zum Commandeur des Jägerregiments ernennen« etc.

Am Silvesterabend 1799, an der Neige des Jahrhunderts, traf Major von Yorck in seiner neuen Garnison ein und überraschte seine Herren Offiziers auf dem Silvesterball. Die erste Begegnung war gemütlich genug, der dienstliche Ernst kam nach. Das seit 1780 in Mittenwalde stehende Jägerregiment war verwahrlost; er gab ihm einen neuen Geist, und dieser Geist war es, der sich sieben Jahre später erfolgreich in jenen kleinen Kämpfen bewährte, die dem Tage von Jena folgten. Bei Altenzaun am 26. Oktober, dreiviertel Meile südlich der Sandauer Fähre, waren es die Mittenwalder Jäger, die den Elbübergang des Blücherschen Corps zu decken hatten. Sie taten es mit Ruhm und Geschick. Die Jäger kehrten nicht nach Mittenwalde zurück. Yorck selbst nur auf wenige Tage, Januar 1807.* Dann rief ihn die Not des Vaterlandes dorthin, wo damals allein noch Preußen war – nach Königsberg. Die Mittenwalder aber waren stolz auf ihren Yorck, und als nach schweren Jahren der Erniedrigung alles Volk in Preußenland zu Gewehr und Lanze griff und »Landwehr« wurde, da griffen die Mittenwalder zur *Büchse* und wurden – *Jäger*. Wenigstens deutet darauf die Gedächtnistafel in der Kirche hin, wo die Namen der Gefallenen fast ausnahmelos die Bezeichnung J., F. J. und G.-J., das heißt also Jäger, Freiwilliger Jäger und Garde-Jäger, tragen.

Das Haus, das Major von Yorck bewohnte, existiert noch. Es ist jetzt ein Gasthaus, in der Hauptstraße der Stadt gelegen, und führt wie billig den Namen »*Hotel Yorck*«. Über der Haustür erblicken wir eine Nische, und an derselben Stelle, wo sonst wohl ein »Mohr« oder ein »Engel« zu stehen pflegt, steht hier eine Büste des alten Yorck. Auch in den Zimmern findet sich sein Bild. Die Lokalität ist im großen und ganzen noch dieselbe, wie sie vor siebzig Jahren war: hinter dem Hause der Hof und hinter dem Hof ein Gar-

* Droysen erzählt: »Als Yorck in das Zimmer trat, ward er von seiner Frau und seinen Kindern nicht wiedererkannt. Aber das Vögelchen im Käfig flatterte wie vor Freuden hoch auf und sank dann tot hin.«

ten, beide von Stall- und Wirtschaftsgebäuden umstellt, an deren Außenwänden sich allerlei Treppen und Stiegen im Zickzack entlangziehen. Im Innern des Hauses hat sich natürlich viel verändert, und nur das Zimmer, das er selbst zu bewohnen pflegte, zeigt noch ein paar der alten, übrigens höchst einfachen Stuckverzierungen. Über dem Sofa hängt der Kaulbach-Muhrsche Jeremias und von der Decke herab eine Kamphinlampe. – Beides Kinder einer andern Zeit.

Wer reist nach Mittenwalde?

Tausende wallfahrten nach Gohlis, um das Haus zu sehen, darin Schiller das Lied »An die Freude« dichtete. Mittenwalde besucht niemand, und doch war es in *seinem* Propsteigarten, daß ein anderes, größeres Lied an die Freude gedichtet wurde, das große deutsche Tröstelied:

»Befiehl du deine Wege«.

KLEINMACHENOW
oder
MACHENOW AUF DEM SANDE

> Bei Warschau, bei Wien,
> Bei Fehrbellin,
> Ob Friedrich Wilhelm, ob Alter Fritz,
> Ob Leuthen, Lützen, Dennewitz,
> Ein alter märkischer Edelmann
> Ist immer dabei, ist immer voran.

Kleinmachenow ist ein reizend gelegenes Dorf, das sich an einem vom Telte-Fließ gebildeten See hinzieht. Die Häuser sind ärmlich, aber schöne Kastanienalleen, wie sie während des vorigen Jahrhunderts fast überall in den Nachbardörfern Berlins entstanden, geben dem Ganzen ein sehr malerisches Ansehn.

Das Dorf ist alter Besitz der von Hakes. Diese Familie, die drei Gemshörner (Haken) im Wappen führt, war früher wie im Havellande, so auch im *Teltow* reich begütert, besitzt aber in letztrem Kreise, nach Einbuße von Genshagen und Heinersdorf, nur noch Kleinmachenow und das Patronat über das angrenzende Stahnsdorf. Am Nordufer des schon genannten Sees erhebt sich der Seeberg, von dessen westlichem Abhang aus man einen prächtigen Blick ins Land hat, die Türme von Potsdam am Horizont.

Bevor wir uns im Dorfe selbst und zumal in seiner alten Kirche umsehn, sei noch ein orientierendes Vorwort gestattet über die Hakes und Hackes. Hinsichtlich dieser beiden Familien herrscht nämlich, was die Rechtschreibung ihrer Namen angeht, eine große Verwirrung, die schließlich zu Verwechselungen aller Art geführt hat. Erst neuerdings scheint man sich dahin geeinigt zu haben, nicht abwechselnd und nach Laune Hake, Haake, Haacke, Hacke etc. zu schreiben, sondern im Einklange damit, daß es zwei bestimmt geschiedene Familien gibt, auch zwei bestimmt geschiedene Namen anzunehmen: dic Hakes und die Hackes.

Die Hackes sind aller Wahrscheinlichkeit nach aus Franken, und zwar in verhältnismäßig später Zeit, in die Mark gekommen. Ihnen gehört vor allem Hans Christoph Friedrich von Hacke, genannt der »lange Hacke«, der bekannte Liebling Friedrich Wilhelms I., an. Er war Oberst und Generaladjutant des Königs und derselbe, an den sich der bereits sterbende Monarch, als er die Stallbedienten unten im Hof auf einem groben Fehler ertappte, mit der bekannten Aufforderung wandte: »Gehen Sie doch hinunter, Hacke*, und prügeln Sie die Schurken.«

In gar keiner Beziehung zu diesen Hackes stehen die Hakes.** Sie haben seit 500 Jahren immer als einfache Edelleute in der Mark gelebt und seit 300 Jahren das Erbschenkenamt der Kurmark Brandenburg bekleidet. In allen Kriegen, die wir seit den Tagen des Großen Kurfürsten geführt haben, haben zahlreiche Mitglieder dieser Familie auf unsern Schlachtfeldern gekämpft und geblutet, besonders zahlreich zur Zeit der Türkenkriege und des Spanischen Erbfolgekrieges. Ein General der Infanterie und zwei Generallieutenants gingen aus ihr hervor. Von den Generallieutenants

* Über ihn, diesen Obersten von H., ein paar biographische Notizen, wie sie mir von befreundeter Hand zugehen. »Hans Christoph von Hacke wurde 1699 zu Staßfurt geboren. Er war ein besonderer Günstling König Friedrich Wilhelms I., der ihn, seiner Größe wegen, 1715 bei den Grenadieren in Potsdam anstellte. So war der Anfang. Er erhob ihn dann 1728 zum Drosten von Sperenberg, 1732 zum Hofjägermeister, 1734 zum Generaladjutanten und vermählte ihn mit der Erbtochter des Ministers von Creutz, Sophie Albertine, die ihm in Pommern große Besitzungen zubrachte, darunter namentlich Penkun und Amt Radewitz. Von Hacke blieb bis zuletzt in der Gunst und Umgebung des Königs, der ihm in seiner Sterbestunde noch Aufträge für seinen Sohn, den Kronprinzen, erteilte. Der Regierungswechsel änderte wenig in seiner intimen Stellung bei Hofe. Friedrich II. erhob ihn schon im Juli 1740 in den Grafenstand; ebenso war er unter den ersten, die den neugestifteten Orden Pour le mérite aus der Hand des jungen Königs empfingen. In der Schlacht bei Mollwitz (1741) wurd er verwundet und stieg nun rasch von Stufe zu Stufe: 1743 Generalmajor, 1747 Generallieutenant, 1748 Ritter des Schwarzen Adlerordens, 1749 Kommandant von Berlin. Von 1750 an dirigierte er den Bau der ›Spandauer Vorstadt‹ und gründete den nach ihm genannten Haackschen, eigentlich Hackeschen Markt. Er starb am 17. August 1754.« Dieser gräflich von Hackeschen Familie gehören an: Edwin Graf von H. auf Altranft im Oderbruch, Editha Gräfin von H., ehmals Hofdame der Königin Elisabeth, Adelaide Gräfin von H., Palastdame Ihrer Majestät der Kaiserin Augusta, Virginie Gräfin von H., Hofdame.

** Die Hakes sind die einzige Familie, die wir, seit länger als 400 Jahren, ununterbrochen im Teltow sehn. Ihnen folgen die seit etwa 250 Jahren ebendaselbst angesessenen Görtzkes. Die wenigen adligen Familien (darunter die von Knesebeck und von Häseler), die sich außerdem noch im Teltow vorfinden, gehören diesem Landesteil erst seit kurzem an, während die *alten* Teltow-Familien: von Beeren, von der Liepe, von Britzke (in Britz), von Willmersdorff, von Otterstedt, von Boytin, von Gröben, von Flans, von Thümen, von Schlabrendorf, teils ausgestorben, teils in andern Landesteilen seßhaft geworden sind. In keinem Teile der Mark hat der Güterbesitz so oft gewechselt als in Teltow und Barnim. Der Einfluß der Hauptstadt ist dabei unverkennbar.

machte Ernst Ludwig von Hake, geboren 1651 zu Kleinmachenow, den *Spanischen Erbfolgekrieg* als Oberst bei der Leibgarde mit; Levin Friedrich von Hake, geboren zu Genshagen, focht in den Schlesischen und im *Siebenjährigen Kriege*; endlich Albrecht George Ernst Karl von Hake, geboren am 8. August 1769 zu Flatow, zeichnete sich während der *Befreiungskriege* aus, wurde 1819 Kriegsminister und 1825 General der Infanterie. Er starb 1835 zu Castellammare. Diese drei Hakes repräsentieren, wie die drei großen Kriegsepochen unserer Geschichte, so auch drei verschiedene Zweige ihres eignen Geschlechts, und zwar die Häuser: Kleinmachenow, Genshagen, Flatow. Alle drei waren unverheiratet oder kinderlos und zwei von ihnen Ritter des Schwarzen Adlerordens.

Sie alle aber, brav und ruhmreich, wie sie waren, werden mutmaßlich von einem ihrer ersten Vorfahren, von Hans von Hake, gemeinhin Hake von Stülpe genannt, überlebt werden. Dieser Hake von Stülpe war es, der auf der Golm-Heide zwischen Jüterbog und Trebbin den Ablaßkrämer Tetzel überfiel und ihm, unter der höhnischen Vorhaltung, »den Ablaßzettel für erst noch zu begehende Sünden gestern von ihm gekauft zu haben«, die ganze Barschaft abnahm und den Kasten bergab in den Schnee rollte. Dieser Kasten befindet sich bis auf den heutigen Tag in der Kirche zu Jüterbog, Hake von Stülpe selbst aber (auch Willibald Alexis hat ihm in seinem Roman »Der Werwolf« einen Abschnitt gewidmet) wird als eine jener Figuren, wie sie das Volk gern hat, in unsrer Landesgeschichte fortleben. Der gute Humor, der Übermut und der Streich, der dem ganzen Ablaßkram dadurch gespielt wurde, haben von jeher dafür gesorgt, daß man die Tat mehr auf ihre humoristische Derbheit als auf ihren sittlichen Gehalt geprüft hat.

Wir kehren nach diesen Vorbemerkungen in unser Dorf zurück und schreiten, immer den laubholzumstandenen, stillen See zu unsrer Rechten, die blühende Kastanienallee hinauf. An Bemerkenswertem finden wir *das Herrenhaus, das alte Schloß, die Wassermühle* und *die Kirche*.

Das *Herrenhaus* ist ein moderner Bau aus den letzten Jahren des vorigen Jahrhunderts. Nach der Gartenseite hin hat es einen halbkreisförmigen, von hohen ionischen Säulen getragenen Vorbau, der dem Ganzen etwas Stattliches leiht. Die Auffahrt auf den sehr geräumigen Hof erfolgt durch ein altes Sandsteinportal, das nach außen hin einen Medusenkopf und *auf* diesem eine Minerva zeigt. Die Dorfleute betrachten den Medusenkopf als das Portrait eines hartherzigen Vorbesitzers, der schließlich von den Schlangen verzehrt worden sei.*

Das *alte Schloß*, in unmittelbarer Nähe des jetzigen Herrenhauses, ist eins der wenigen alten Schloßgebäude, die sich bis auf diesen Tag in unserer Mark erhalten haben. Es besteht aus einem schmucklosen Viereck, an dessen Nordseite sich ein sechseckiger Treppenturm lehnt. Dieser Turm überragt das Hauptgebäude nur um wenige Fuß und trägt ein Dach von eigentümlicher und schwer zu beschreibender Form; in der Mitte des eigentlichen Schloßbaus aber, und zwar in seinem Erdgeschosse, befindet sich ein starker sechs- oder achteckiger Pfeiler, der das Obergeschoß zu tragen scheint. Welcher Zeit dieser Pfeiler angehört, mag dahingestellt bleiben. Bei der Seltenheit derartiger baulicher Überbleibsel in unsrer Mark ist es vielleicht gerechtfertigt, die Aufmerksamkeit unserer Archäologen darauf hinzulenken. Von historischen Erinnerungen knüpft sich nichts an diesen

* Nichts scheint das Volk in seinem poetischen Hange so schöpferisch zu stimmen als der Anblick von Kunstwerken, die es nicht versteht. Es ruht nicht eher, als bis es eine Deutung gefunden hat, wobei es zugleich eine Neigung und ein Geschick zeigt, schon vorhandene Sagen oder Geschichten dem gegebenen, rätselhaften Etwas anzupassen. Es gilt dies beispielsweis auch von der »Adonis-Statue mit dem Eberkopf« im Schloßparke zu Köpenick. Die Sage, die sich daran knüpft, ist die folgende: Einem Jäger Joachims II. träumt, er werde bei der nächsten Jagd von einem Eber getötet werden. Er erzählt seinen Traum am andren Morgen, und man läßt ihn im Schloß zurück. Die andren kehren mit reicher Jagdbeute heim, und der zurückgebliebene Jäger packt nun einen toten Eber, um ihn in die Küche zu ziehn, fällt aber dabei und reißt sich an einem der Hauer den Schenkel auf. Daran stirbt er andren Tags. Diese Geschichte mag sich einmal ereignet haben, *irgendwo* vielleicht, aber schwerlich in Köpenick, und sie würd über das alte Spree-Schloß immer hinweggezogen sein, wenn nicht beim Neubau des Schlosses die Errichtung der Adonis-Statue mit dem Eberkopf die Sage plötzlich fixiert und ihr Anlehnung und eine neue Heimat geboten hätte. So kommt es, daß man an den verschiedensten Orten denselben Geschichten begegnet; die meisten dieser Orte sind gleichsam nur Filial, und der Mutter-Sagenort ist oft schwer zu bestimmen. – Der Medusenkopf am Portal alter Schlösser hat gewiß schon oft als schlangenumwundnes Portrait hartherziger Schloßherrn gelten müssen, und der alte Herr von Hake hat unzweifelhaft Kameraden in allen Ländern. Der Satz, den ich aufstellen möchte, ist der: Das Volk hat eine Neigung, Allgemeines oder wenigstens an vielen Orten sich Findendes *zu lokalisieren*, sobald gewisse Bedingungen erfüllt, gewisse äußerliche Anhaltepunkte für diese Lokalisierung gegeben sind.

Bau. Gemeinhin hat hierlandes die Orts*geschichte* den Ort selbst überdauert; wir wissen von der Existenz dieser oder jener Burg, von diesem oder jenem, was drin geschah, und *nur die Burg selbst ist hin*; in Kleinmachenow ist es umgekehrt, die Burg existiert, aber die Geschichte fehlt. Dies hat zum Teil wohl seinen Grund darin, daß Kleinmachenow nach dem Aussterben der machenowschen Hakes, etwa um die Mitte des vorigen Jahrhunderts, in Besitz einer Nebenlinie kam: der Hakes von Flatow im Havellande, wodurch die lebendige Tradition unterbrochen wurde.

Die *Wassermühle.* Ein schöner, massiver Bau, durch die Gebrüder von Hake im Jahre 1856 neu aufgeführt. Eine Inschriftstafel der *alten* Mühle hat man in die Frontwand des Neubaues wieder eingefügt. Die alte Inschrift lautet: »Anno 1695 hat Herr Ernst Ludwig von Hake, Seiner Kurfürstlichen Durchlaucht zu Brandenburg, Friderici III., Oberster bei der Garde zu Fuß, diese adlige Freimühle hinwiederumb ganz neue aus dem Grunde erbauet, weilen die alte ganz zerfallen.« Dieser machenowschen oder Hakeschen Wassermühle wird in alten Urkunden oft erwähnt, doch ist sie nicht mit der noch älteren Wassermühle bei Potsdam, kurz vorm Einfluß der Nuthe in die Havel, zu verwechseln, die eigens den Namen *Hake-Mühle* (früher Hacken-Mohle) führt. Sie ist viel älter als die Hakes und wird schon 993 genannt, in welchem Jahre König Otto III. seiner Tante, der Äbtissin Mathilde von Quedlinburg, den Ort Potsdam schenkte.

Die alte Kirche. Gegenüber der Einfahrt mit dem Medusenkopf liegt die Kirche. Eh wir sie erreichen, passieren wir ein Steinkreuz, hart an der Straße, zum Andenken eines Schlabrendorf errichtet, der hier in einem Duell mit einem von Hake auf offener Dorfstraße getötet wurde. Sporen und Degen des Gefallenen sind in der Kirche aufgehängt. Nicht immer übrigens waren die Hakes Sieger bei solchen Vorfällen. Auf einem anderen Familiengute kam es zu einem Duell zwischen einem Hake und einem von Bornstedt. Man schoß sich in der großen Halle des Hauses, und Hake fiel. Ursach war ein Stückchen niedergetretenes Erbsenfeld. Man war damals rasch bei der Hand.

Wir sind nun an die *Kirche* herangetreten. Es ist ein überraschend gefälliger, beinah feinstilisierter Backsteinbau aus dem sechzehnten Jahrhundert (vielleicht auch schon aus dem fünfzehnten), reizend zwischen Bäumen und Efeugräbern gelegen und von einer Steinmauer eingefaßt. Die eine Kirchenwand trägt zwar deutlich die Inschrift: »Casparus Jacke, Maurermeister zu Potsdam 1597«, doch hat er die Kirche sehr wahrscheinlich nur restauriert. Der Unterbau, bis zum Beginn der Fenster, ist jedenfalls viel älter, und die bestimmt zutage tretende Verschiedenheit der Steine hat denn auch zu der Sage geführt, daß zwei Schwestern die Kirche gebaut und helle und dunkle Ziegel genommen hätten, um ihren Anteil unterscheiden zu können.

Unter den verschiedenen Grabsteinen und Denkmälern, die die Kirche besitzt, ist vorzugsweis einer Gedenktafel zu erwähnen, die Ernst Ludwig von Hake, obengenannter Oberster in Friedrichs III. Leibgarde zu Fuß, im Jahre 1696 zu ehrendem Gedächtnis seiner Eltern und Geschwister hat errichten lassen.

Diese Gedenktafel gibt zuvörderst die Namen seiner *Eltern* – Otto von Hake, gestorben 1682, und Anna Maria von Pfuhlin, gestorben 1682 – und demnächst die seiner vierzehn Geschwister: neun Brüder und fünf Schwestern. Aus der langen Reihe von Namen und Daten mögen hier folgende stehn:

Gürge Bertram von Hake. Geboren 1641; Leutnant im k. k. hochlöblichen spanischen Regiment zu Fuß; gefallen am 20. Juni 1662 bei Erstürmung von Serinvar durch die Türken.

Otto Sigismund von H. Geboren 1643; kaiserlicher Capitainleutnant im Götzschen Dragonerregiment, gefallen 1664 im Passe Körmend in Ungarn.

Heino Friedrich von H. Geboren 1644; gestorben im Zipser Land 1667, war Leutnant im spanischen Regiment zu Fuß.

Adolph Heinrich von H. Geboren 1652; Leutnant im Terzkyschen Regiment zu Fuß, gestorben zu Zwolle in Holland.

Christoph Ehrenreich von H. Geboren 1656; Capitain im brandenburgischen Leibregiment Dragoner, gefallen 1686 bei Bestürmung und Eroberung der Festung Ofen.

Die einfachen Angaben dieser Gedenktafel zeigen deutlich den Geist, der damals in der Familie lebendig war. Die

Mark gehörte noch zum »Reich«, und die Kämpfe Habsburgs waren noch die Kämpfe Brandenburgs. Vier der Otto von Hakeschen Söhne dienten in östreichischen Regimentern, zwei fielen im Türkenkrieg, zwei erlagen der Krankheit. Der fünfte und jüngste war Capitain in einem *brandenburgischen* Regiment, focht aber, in dem vom General von Schöning kommandierten Kontingent, für dieselbe Sache und fiel im Kampfe gegen den Erbfeind.

Der mehrerwähnte Ernst Ludwig von Hake scheint übrigens gleichzeitig zu ehrendem Gedächtnis seiner vor ihm heimgegangenen Brüder die Kirche zu Machenow mit zehn Fahnen ausgeschmückt zu haben, von denen jede einen Banner- oder Sinnspruch trug, dessen *Anfangsbuchstaben* dem Tauf- und Familiennamen des zu Feiernden entsprachen. Drei von diesen Fahnen existieren noch, die andern sieben sind zerfetzt und zeigen wenig mehr als die Stöcke. Die Sinnsprüche der noch vorhandenen drei Fahnen sind die folgenden:

»Ornat Virtus Heroem« (*O*tto *V*on *H*ake);

»Coelum Est Vera Habitatio« (*C*hristoph *E*hrenreich *V*on *H*ake);

»Abimus Hinc Veluti Hospites« (*A*dolph *H*einrich *V*on *H*ake).

Außerdem befindet sich noch ein Denkmal des 1704 bei Höchstädt auf den Tod verwundeten und zu Nördlingen begrabenen Ehrenreich von Hake sowie ferner ein elftes Banner in der Kirche, das Hedwig Margarete von Hake, eine Schwester der oben angeführten kaiserlichen und kurbrandenburgischen Offiziere, zu Ehren ihres bei Fehrbellin gefallenen Bräutigams aufrichten ließ. Dies Banner führt folgende Inschrift: »Dem Herrn Ernst von Schlabrendorf, Obristwachtmeister in des Obristleutnants von Grumbkow Escadron Dragoner, gefallen 1675 bei Fehrbellin und in der dalimschen Kirche beigesetzt.«

Die Forsten von Kleinmachenow grenzen an den Grunewald und das Potsdamer Jagdrevier. Es war deshalb den jagdliebenden Hohenzollern von jeher daran gelegen, die Jagdgerechtigkeit auf dem machenowschen Territorium zu haben, und die Hakes besitzen denn auch aus dem Ende des siebzehnten und dem Anfange des achtzehnten Jahrhunderts eine ziemliche Anzahl von Verpachtungsurkunden, in denen das Verhältnis zwischen den eigentlichen Besitzern und dem fürstlichen Jagdpächter geregelt wird. In einer dieser Urkunden heißt es: »Seine Kurfürstliche Durchlaucht (Friedrich III.) wollen ihnen, denen von Hake, und ihren Successoribus, bei vorfallenden ›*Ausrichtungen*‹, als Hochzeiten, Kindtaufen und Begräbnissen, etwas an rotem Wildbret auf ihr untertänigstes Ansuchen ohne Entgelt reichen lassen.« Der Wortlaut dieser Urkunde – die 150 Jahre lang unbeachtet im Familienarchiv gelegen haben mochte – ward 1848 von dem Assessor von Hake zu einer Eingabe an die Potsdamer Regierung benutzt, und zwar unter Hinweis darauf, daß der vorgesehene Fall eingetreten und ihm ein Töchterchen geboren sei. Die Regierung beeilte sich auch wirklich, dem wohlbegründeten Gesuch nachzukommen, und ein tüchtiger Hirsch wurde zur Taufe des kleinen Fräulein von Hake in die gutsherrliche Küche geliefert. »Leider« – so erzählte mir Herr von Hake – »hat es bei diesem *einen* Hirsch sein Bewenden gehabt; noch andre Kinder sind mir seitdem geboren worden, aber infolge der Aufhebung des Jagdrechts ist mittlerweile meine alte Wildbretsurkunde zu einem toten Stück Papier geworden.«

Machenow auf dem Sande ist nur eine gute halbe Stunde vom Wann- und Schlachten-See und all jenen andern im Grunewald gelegenen Wald- und Wasserpartien entfernt, die, wenn längst gehegte Wünsche sich erfüllen (erfüllten sich seitdem), über kurz oder lang vor die Tore Berlins gerückt sein werden. Dann, wenn die steil abfallende Hügelreihe, die das weite Becken des Wannsee von Osten her umfaßt, zu einem Quai für heitre, von wildem Wein umlaubte Villen geworden sein und Forst und Fluß nach allen Seiten hin durchstreift werden wird, dann wird auch das hübsche Dorf am Telte-Fließ seine Besucher und seine Verehrer gefunden haben.

Mögen diese dann an der alten, efeuversteckten Kirche und an dem Steinkreuz des gefallenen Schlabrendorf nicht vorübergehn.

GROSSBEEREN

»Unsre Gebeine sollen *diesseits*
Berlin bleichen, nicht jenseits.«

General von Bülow

Zwei Meilen südlich von Berlin liegen die berühmten Felder von Großbeeren. Wer häufiger die Eisenbahn benutzt, die daran vorüber ins Anhaltische und Sächsische führt, wird es nicht selten erlebt haben, daß Fremde, die bis dahin lesend oder plaudernd in der Ecke saßen, plötzlich sich aufrichten und, mit dem Finger auf die weite Ebene deutend, halb zuversichtlich, halb frageweise die Worte sprechen: »Ah, c'est le champ de bataille de Großbeeren!«

Und wie die Fremden davon wissen, so natürlich vor allem auch die Berliner, die den »Tag von Großbeeren« an jedem 23. August in pflichtschuldiger Dankbarkeit feiern. Aber sie feiern ihn, ohne sich zu vergegenwärtigen, *wie* der Sieg errungen wurde. Niemand weiß mehr von den Einzelnheiten oder gar von dem Gesamtgange der Schlacht zu berichten, und was von den Berlinern gilt, gilt auch von den Bewohnern des Dorfes selbst. Ich trieb mühevoll einen Tagelöhner auf, der den Schlachttag noch miterlebt und aus seinem Versteck heraus ein paar Tschakos oder Bajonettspitzen gesehen hatte. Das war alles. Über die gleichgültigsten Details hinaus war seinem Gedächtnis nichts verblieben. Vollends verloren aber ist *der*, oder war es wenigstens früher, der von den beiden in Nähe der Kirche stationierten Invaliden irgendwelchen Aufschluß erwartete. Sie wußten absolut nichts von jenem Schlachtfelde, das jahraus, jahrein zu ihren Füßen lag und dessen bestellte Wächter sie waren, und nichts von jenem Kirchhof, um dessen Besitz einst so heiß gestritten ward.

Und so mag sich denn im nachstehenden ein Überblick über die damalige politisch-militärische Situation und daran anschließend eine kurze Beschreibung der »Bataille« geziemen.

Die Schlacht bei Grossbeeren am 23. August 1813

Napoleon, als der Waffenstillstand abgelaufen und Österreich dem Bündnisse Rußlands und Preußens beigetreten war, richtete sein Hauptaugenmerk auf Berlin. Er beschloß, sich desselben zu bemächtigen, und ordnete zu diesem Zwecke die Bildung einer aus dem 4., 7. und 12. Corps bestehenden Armee an, an deren Spitze er den Marschall Oudinot stellte. »Sie werden mit einer solchen Armee«, hieß es in einer dem Marschall um die Mitte des August zugehenden Generalordre, »den Feind rasch zurückdrängen, Berlin einnehmen, die Einwohner entwaffnen, die Landwehr auflösen und die Haufen schlechter Truppen zerstreuen.« Infolge dieser Ordre betrat Oudinots Armee, deren Sammelplatz Luckau gewesen war, am 19. die Mark, rückte gegen Baruth und stand am 22. abends in dreimeiliger Entfernung von Berlin: das 4. Corps Bertrand bei Jühnsdorf, das 7. Corps Reynier bei Wietstock, das 12. Corps Oudinot zwischen Trebbin und Thyrow. Oudinot nämlich, wie gleich hier hervorgehoben werden mag, hatte nicht bloß den Oberbefehl über das Ganze, sondern auch noch den Spezialbefehl über das letztgenannte 12. Corps.

Am andern Tage sollte der Vormarsch gegen Berlin fortgesetzt werden, zu dessen Schutze die vom Kronprinzen von Schweden (Bernadotte) kommandierte Nordarmee zwischen Ruhlsdorf, Heinersdorf und Blankenfelde Stellung genommen hatte. Der nächste Tag mußte voraussichtlich einen ernsten, vielleicht sogar den entscheidenden Zusammenstoß bringen.

Und dieser Zusammenstoß fand auch wirklich statt. Eh ich jedoch eine Darstellung desselben gebe, versuch ich eine Schilderung der sich gegenüberstehenden Streitkräfte.

Die Oudinotsche Armee, 70000 Mann stark, bestand aus neun Divisionen, von denen fünf fremden Nationalitäten angehörten: zwei waren sächsisch, eine bayerisch, eine württembergisch und eine italienisch. Aber auch die verbleibenden vier französischen Divisionen ließen an Zuverlässigkeit allerhand vermissen, da man bei der letzten Aushebung auf das ersatzpflichtige Alter keine Rücksicht genommen, vielmehr blutjunge Leute, die fast noch im Knabenalter standen, mit herangezogen hatte. Besonders unzuverlässig war die zum 7. Corps Reynier gehörige Division Durutte, die zum größten Teil aus Réfractairs, das heißt aus solchen, die sich der Aushebung bis dahin zu entziehen gewußt hatten, aus Déserteurs und Verbrechern gebildet war. Von den Befehlshabern kamen nur Oudinot und Reynier in Betracht, aber auch hinsichtlich ihrer blieb manches zu wünschen. Oudinot machte den Oberbefehl nicht genügend geltend, ja vermied sogar die persönliche Berührung mit seinen Untergeneralen, während Reynier unlustig und erbittert über die Zurücksetzung war, die Napoleon ihn beständig erfahren ließ.

Die diesseitige *Nordarmee* war viel stärker und umfaßte bis gegen 100 000 Mann. Aber auch die dieser zugehörigen Truppenteile waren von gemischter Nationalität und unterstanden, was der Hauptübelstand war, einem Oberbefehlshaber, der, ohne jedes Herz für die Sache, nur seinem persönlichen Interesse nachhing* – ein Übelstand, der noch schwerer ins Gewicht gefallen wäre, wenn nicht der Geist der beiden preußischen Heerführer, Bülow und Tauentzien, und kaum minder der in ihren Landwehren, aller mangelhaften Ausbildung und Bewaffnung unerachtet, anzutreffende preußische Kampfesmut eine Balance geschaffen hätte. Jedenfalls standen wir hinter der Oudinotschen Armee nicht zurück und hatten keinen Anspruch darauf, von Napoleon als »schlechte Truppe« und sogar als »Gesindel« bezeichnet zu werden. Der nächste Tag sollte denn auch zeigen, daß er die Rechnung ohne den Wirt gemacht und »l'enfanterie prussienne« sehr unterschätzt hatte.

Beginn der Schlacht

Der rechte französische Flügel, das 4. Corps Bertrand, dirigierte sich am 23. in aller Frühe schon von Jühnsdorf gegen Blankenfelde, das bereits am voraufgegangenen Tage durch das diesseitige IV. Corps unter General Tauentzien besetzt

* »Bernadotte«, so schreibt ein Offizier aus dem Jahre 13, »entwarf beständig Pläne, die durch Kühnheit in Erstaunen setzten, und gedachte beispielsweise Magdeburg und Stettin mit Sturmleitern zu ersteigen, kam aber der Entscheidungsmoment heran, so nahm er *rückwärts* Stellungen. Er wurd in allem nur durch *eine* Rücksicht bestimmt: sich und seine schwedische Hilfstruppe keiner Niederlage auszusetzen.«

worden war. Es entspann sich alsbald ein leichtes Gefecht, das bis gegen die Mittagsstunde fortgeführt wurde. Zu dieser Zeit wandte sich Bertrand an den links neben ihm stehenden Reynier und ließ ihn wissen, »daß er auf hartnäckigen Widerstand gestoßen sei, weshalb er Blankenfelde nur *dann* nehmen könne, wenn im Zentrum *energischer* vorgegangen und er (Bertrand) dadurch degagiert würde«. Da sich Reynier zu solchem »energischen Vorgehn« nicht bereit erklärte, ja mit Rücksicht auf das noch weit zurück befindliche Linke-Flügel-Corps Oudinot auch kaum erklären *konnte*, so schlief das Gefecht am rechten Flügel (Blankenfelde) ein und ward auch im ganzen Laufe des Tages nicht wieder aufgenommen.

Bertrands Forderung, »im Zentrum *energischer* vorzugehn«, war unerfüllt geblieben, aber ein Vorgehen überhaupt hatte nichtsdestoweniger stattgefunden und zur Wegnahme des durch drei diesseitige Bataillone besetzten Dorfes Großbeeren geführt.

Infolge davon war das *Zentrum* der vorgeschobenste Punkt der französischen Angriffslinie geworden; der rechte Flügel bei Jühnsdorf stand um eine Meile, der linke, zwischen Trebbin und Thyrow, um anderthalb Meilen zurück. An ebendiesem linken Flügel befand sich auch das Oberkommando.

Die Stellung bei Freund und Feind war um fünf Uhr die folgende:

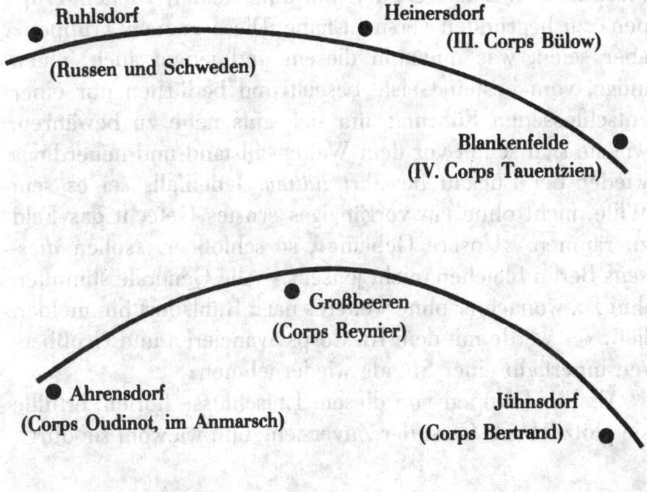

Die Entscheidung
Von fünf bis sieben

General Reynier, als ihm gemeldet wurde, daß die preußische Vorhut auf Heinersdorf zurückgezogen sei, ließ seine Truppen auf einem Hügelzuge, der sich in Front Großbeerens von der Kirche bis zur Windmühle und von dieser wieder bis nach dem Vorwerke *Neu*beeren zieht, ins Bivouac rücken. Er gewärtigte keines Angriffs mehr, der ihm ebensosehr der vorgerückten Stunde wie des in Strömen fallenden Regens halber unwahrscheinlich, ja beinah unmöglich erschien, und antwortete dem sächsischen Divisionsgeneral, der ihn vor der List und Entschlossenheit der Preußen warnte: »Sie kommen nicht.«

Aber sie kamen doch.

Um dieselbe Stunde nämlich, als unsere drei Bataillons starke Vorhut aus Großbeeren abmarschiert und zum Überfluß auch noch Ordre von Ruhlsdorf her eingetroffen war, »bis in die Verschanzungen vor Berlin und demnächst bis über die Spree *zurückzugehen*«, entschloß sich General Bülow, den ihm gegenüberstehenden Reynier anzugreifen und das verlorengegangene Großbeeren zurückzuerobern. Er rief seine Brigadegenerale zusammen, um ihnen den von ihm gefaßten Entschluß mitzuteilen. Er habe sich schon am Tage vorher von der Aktionsunlust des Oberkommandierenden überzeugen können, der seinen Mangel an Eifer mit seinem Mißtrauen in den Wert der ihm unterstellten »neuen Truppen« zu begründen versucht habe. Diese »neuen Truppen« aber seien, was ihnen in diesem und jenem auch fehlen möge, vom besten Geiste beseelt und bedürften nur einer entschlossenen Führung, um sich aufs neue zu bewähren, wie sie sich schon vor dem Waffenstillstand und neuerdings wieder bei Luckau bewährt *hätten*. Jedenfalls sei es sein Wille, nicht ohne ein vorgängiges ernstes Gefecht das Feld zu räumen. »Unsere Gebeine«, so schloß er, »sollen *diesseits* Berlin bleichen, nicht jenseits.« Alle Generale stimmten ihm zu, wonach er ohne weiteres nach Ruhlsdorf hin melden ließ: »er werde mit dem III. Corps avancieren und Großbeeren innerhalb einer Stunde wiedernehmen«.

Als die Truppen von diesem Entschlusse hörten, erfüllte sie plötzlich ein Geist der Zuversicht, und wiewohl sie durch vierundzwanzig Stunden hin nicht Holz und nicht Stroh, kaum Kommißbrot und Branntwein und eigentlich nichts als Regen und wieder Regen gehabt hatten, verlangte doch jeder nach Kampf und brach in hellen Jubel aus, als es hieß: »An die Gewehre!«

Die Dispositionen zum Angriff waren schnell getroffen und lauteten:

Die Brigade Krafft, gefolgt von der Brigade Thümen, avanciert gegen die Hügelposition zwischen Kirche und Windmühle.

Die Brigade Prinz von Hessen-Homburg avanciert gegen die Position zwischen der Windmühle und dem Vorwerk Neubeeren.

Die Brigade von Borstell endlich führt eine Seitenbewegung aus und sucht den Frontangriff auf Großbeeren aus der diesseitigen linken Flanke zu soutenieren.

Es war sechs Uhr, als sich die genannten Brigaden in drei Linien von Heinersdorf her in Bewegung setzten.

Mit Erstaunen hörte Reynier die Meldung, daß das gesamte Bülowsche Corps gegen Großbeeren heranrücke. Rasch indessen fand er sich zurecht, und bevor noch unsere Kolonnen auf halbem Wege heran waren, hatten die Truppenteile seines Corps folgende gutgewählte Stellungen inne:

Sächsische Division von Sahr:

Grenadierbataillon von Sperl in Großbeeren selbst;
Brigade von Bose (mit dem Regiment von Low in Front) zwischen Kirche und Windmühle;
Brigade von Ryssel zwischen Windmühle und Neubeeren.

Sächsische Division von Le Coq:

im Rücken von Großbeeren, zwischen diesem und der genshagenschen Heide.

Französische Division Durutte:

rechts neben der Division Le Coq, also zwischen dieser Division und der nach Genshagen führenden Straße.

Sämtliche Geschütze des Reynierschen Corps, sechzig an der Zahl, waren in die Front gezogen worden und erwiderten sofort das Feuer, das Oberst von Holtzendorf aus vierundsechzig preußisch-russischen Sechs- und Zwölfpfündern auf eine Distance von 1800 Schritt eröffnet hatte. Zunächst

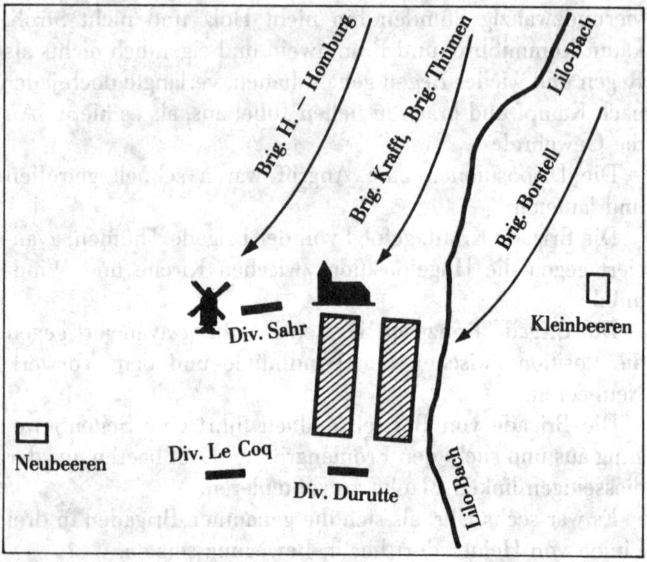

schien das feindliche Feuer im Vorteil bleiben zu sollen: mehrere preußische Geschütze waren demontiert, und eine zerschossene Batterie mußte zurückgenommen werden; als aber um ebendiese Zeit die schwedische reitende Batterie von Cardell in die diesseitige Geschützfront einrückte, gab Oberst von Holtzendorf Befehl, bis auf 1200 Schritt zu avancieren. Alle Batterien jagten vor, und im selben Augenblicke fast, wo sich die Wirkung dieses Vorgehens erkennen ließ, ließ General von Bülow die bis dahin in Deckung zurückgehaltenen Brigaden Krafft und Thümen im Sturmschritte gegen Dorf und Kirche vorbrechen.

Ein erbitterter Kampf entspann sich. Das 1. Bataillon Kolberg griff Großbeeren in der Front an, während rechts daneben Major von Gagern an der Spitze des 5. Reserveregiments auf die den Kirchhofshügel verteidigenden Sachsen eindrang und das hier stehende Regiment von Low zersprengte.* Neue Bataillone, die Reynier aus der hinter dem

* Bei diesem Kampfe ging die alte Kirche von Großbeeren in Flammen auf und wurd erst in den zwanziger Jahren durch eine neue, nach einem Schinkelschen Plan erbaute, ersetzt. In Nähe derselben erhebt sich auch das gußeiserne Monument, das zu direkter Erinnerung an den 23. August 1813 errichtet wurde. Es trägt die Inschrift: »Die gefallenen Helden ehrt dankbar König und Vaterland.«

Dorfe haltenden Division Le Coq in die Front zog, stellten das Gefecht zwar wieder her, und ein Vorbrechen sächsischer Ulanen parierte sogar siegreich einen diesseitigen Reiterangriff. Aber dies war auch der letzte glückliche Moment auf gegnerischer Seite. Denn in demselben Augenblicke fast, wo sich die sächsische Kavallerie dieses Erfolges rühmen durfte, wurde die gesamte feindliche Position von zwei Seiten her umfaßt, indem die gerade jetzt den Lilo-Bach passierende Vorhut der Borstellschen Brigade Großbeeren von Osten her, die Brigade Prinz von Hessen-Homburg aber die mehr nach Westen hin gelegene Hügelposition zwischen der Windmühle und dem Vorwerk Neubeeren erstürmte. Durch diese Bewegung von links und rechts her war die ganze in Front stehende Division Sahr abgeschnitten und hatte nur noch für ihren Rückzug zu kämpfen. Diesen bewerkstelligte sie geschickt und ging in guter Haltung, wenn auch unter erheblichen Verlusten, auf die genshagensche Heide zurück.

Hiermit war die Wiedereroberung Großbeerens ausgeführt. Allerdings, da von den neun Divisionen der Oudinotschen Armee nur drei wirklich engagiert gewesen waren, lag es in der Möglichkeit, unsern Erfolg wieder bestritten zu sehen, und in der Tat wurde der Versuch dazu gemacht, als bei Dunkelwerden die Spitze des noch vollkommen intakten 12. Corps in verhältnismäßiger Nähe des Schlachtfeldes erschien. Aber auch dieser Versuch, an dem sich namentlich Kavallerie beteiligte, schlug fehl, und um neun Uhr schwieg das Gefecht.* Unbehelligt gingen alle drei Divisionen vom Corps Reynier auf Löwenbruch und Wietstock, die Corps

* Über dies abendliche Kavalleriegefecht find ich das Folgende: »Der Marschall Oudinot, als er mit dem 12. Corps von Trebbin her in Ahrensdorf eingetroffen war, schickte die leichte Kavalleriedivision Fournier vor, um Reynier, von dessen Rückzug er noch keine Kenntnis hatte, zu soutenieren. Diese Division Fournier stieß in der Dunkelheit auf das bei Neubeeren stehende Leibhusarenregiment, das sich nunmehr seinerseits ohne weiteres auf die Vorhut ebengenannter Division stürzte. Diese, völlig überrascht und unkundig des Weges, wurde von den Husaren, immer am Waldrande hin, auf Großbeeren zu getrieben. Aber den Husaren folgte wieder das *Gros* der französischen Kavalleriedivision, und so ging es in wilder Jagd in den bunten Haufen der am Windmühlenberge stehenden Bataillone hinein. An dieser Stelle schloß sich ein diesseitiges Ulanenregiment und den Ulanen wiederum eine Husarenabteilung an, die samt und sonders die Hetze mitmachten, ohne zu wissen, wem es galt und wohin es ging. Oberstlieutenant von Zastrow und Major von Reckow wurden umgeritten, und als letzterer am Boden lag, schrie nachstürmende Landwehrkavallerie: ›Schlagt ihn tot.‹ Er war für einen Franzosen gehalten worden, und nur die Dazwischenkunft des Majors Friccius entriß ihn der Gefahr und rettete sein Leben.«

Bertrand und Oudinot aber auf Saalow und Trebbin zurück.

Der erste Versuch Napoleons, sich Berlins zu bemächtigen – der zweite führte zur Schlacht bei Dennewitz –, war gescheitert und hatte dem Corps Reynier, insonderheit den beiden sächsischen Divisionen, einen starken Verlust bereitet. Allein diese letztgenannten verloren 28 Offiziere und 2096 Mann an Toten, Verwundeten und Gefangenen. 14 Kanonen und 52 Munitionswagen waren außerdem eingebüßt worden. Unser Verlust bezifferte sich auf nicht mehr als 1100 Mann, alle vom Bülowschen Corps. Auf Seite der Schweden war nur *ein* Offizier verwundet worden.

Berlin jubelte und betätigte seinen Jubel. Elf Wagenreihen, mit Brot und Tabak, mit Bier und Branntwein beladen, setzten sich nach dem Bivouac von Heinersdorf hin in Bewegung. Auch von Eberswalde, Charlottenburg und Oranienburg erschienen Transporte.

Der Kronprinz von Schweden erließ anderen Tages aus dem Lager von Ruhlsdorf ein Bulletin, in welchem er mit nicht allzugroßer historischer Treue die Begebenheiten der letzten Tage bekanntmachte. Hinsichtlich des Generals von Bülow und seines Corps hieß es wörtlich: »General von Bülow *erhielt Befehl, den Feind anzugreifen.* Er führte diesen Befehl mit derjenigen Entschlossenheit aus, die den geschickten General bekundet. Seine Truppen marschierten mit ebenjener Ruhe, die während des Siebenjährigen Krieges die Soldaten des großen Friedrich auszeichnete.« General von Bülow selbst enthielt sich begreiflicherweise jedes Hinweises auf die »Soldaten des großen Friedrich«, unterließ aber nicht, das Tatsächliche richtigzustellen. »Ich faßte«, so heißt es in seinem Bericht an den König, »den Entschluß, den Feind anzugreifen, und wurde dazu durch einen *nachträglichen* Befehl des Kronprinzen autorisiert. Unter Einschluß der mir zugeteilten russischen Batterien sowie der Kosaken haben die Truppen Ew. Majestät *allein* gefochten.«

Im übrigen war es keine große Schlacht gewesen. Einem energischen, aber wie gewöhnlich erfolglosen Artilleriekampfe war eine Dorferstürmung gefolgt, welcher es, aller Tapferkeit unerachtet, doch insoweit an allem Heldischen gebrach, als wir den Schlüssel der Position: die *Kirchhofs*stellung, in erheblicher Überzahl angriffen. Es bleiben aber solche vor den Toren einer Hauptstadt geschlagenen Schlachten immer ganz besonders im Gedächtnisse der Menschheit, einfach deshalb, weil die Zahl der durch solche Kämpfe zu *direkter* Dankbarkeit Verpflichteten um vieles größer ist als bei Provinzial- oder gar Auslandsschlachten. Und so kommt es denn auch, daß Großbeeren – beispielsweise weit über das im übrigen sehr verwandte Dennewitz hinaus – ein Lieblingstag in unserer berlinisch-brandenburgischen Geschichte geblieben ist, fast *so* beliebt und gefeiert wie Fehrbellin.

Als ein gefälliges Spiel des Zufalls mag dabei noch hervorgehoben werden, daß es, wie bei Fehrbellin, so auch bei Großbeeren, ein Prinz von Hessen-Homburg war, der durch einen im entscheidenden Moment geschickt ausgeführten Angriff zum Siege mitwirkte.

GEIST VON BEEREN

Von allen Geistern, die verneinen,
Ist mir der Schalk am wenigsten verhaßt.

Der Großbeerener Kirche schräg gegenüber, an der anderen Seite der Dorfgasse, werden wir, über eine Feldsteinmauer hinweg, eines sauberen und gut erhaltenen Wohnhauses sichtbar, in dem zur Zeit der Großbeerener Schlacht oder doch noch kurz vorher der »Geist von Beeren« hauste. Das klingt gespenstisch und *darf* so klingen, wenn zwischen Gespenstern und Kobolden irgendwelche Verwandtschaft ist. »Geist von Beeren« war ein Kobold, nebenher auch Besitzer von Groß- und Kleinbeeren und der letzte aus jenem alten Geschlecht der Beeren oder Berne, das vier Jahrhunderte lang die genannten beiden Güter innehatte.

Von diesem Hans Heinrich Arnold von Beeren will ich erzählen.

Ums Jahr 1785 hatte er beim Könige die Erlaubnis nachgesucht, seinem alten Namen »von Beeren« den Namen »Geist« hinzufügen zu dürfen. Die Erlaubnis war auch erteilt worden, und seitdem hieß er der »Geist von Beeren« oder, kürzer, »der tolle Geist«. Er war ein kleiner, schmächtiger, lebhafter Mann, witzig, sarkastisch, hämisch. Zwietracht anstiften, zanken, streiten und opponieren war seine Lust. Von seinen unzähligen Schnurren, Injurien und Prozessen lebt noch einzelnes in der Erinnerung des Volkes, und ich erzähle, was ich davon erfahren konnte. Die meisten dieser Geschichten setzen sich freilich bloß aus Albernheit, Übermut und Chicane zusammen, manches indes ist wirklich gut und treffend, und jedenfalls entsprach all und jedes dem nicht sehr verfeinerten Bedürfnis seiner Zeit und seiner Umgebung.

Zwei Gruppen von Personen waren es besonders, mit denen der streitlustige Geist eine unausgesetzte Fehde unterhielt: seine Gutsnachbarn und die Regierungsbeamten. Unter den ersteren hatte er sich besonders den Herrn von Hake auf Genshagen zum Gegenstand nicht enden wollender Anzüglichkeiten und Verhöhnungen ausersehen.

Die Korrespondenz, die er mit diesem seinem Nachbar in einem Zeitraum von fünfundzwanzig Jahren geführt hat, soll ein wahrer Anekdotenschatz und für die Freunde des Hakeschen Hauses seinerzeit eine unerschöpfliche Quelle der Erheiterung gewesen sein. Leider ist diese Korrespondenz verbrannt. Zwei Geschichten indes aus der langen Reihe dieser gutsnachbarlichen Rancunen und Streitigkeiten existieren noch. Geist, im übrigen kein Freund der Jagd, ließ sich eine Jagd- und Schießhütte bauen, wenig Schritte von dem Punkt entfernt, wo seine eigene Feldmark mit der Genshagener Forst zusammenstieß. Die Front der Hütte ging auf feindliches Gebiet hinaus, und die Absicht lag klar zutage. Hier saß er halbe Nächte lang und schoß von seinem Territorium aus dem Herrn von Hake die Rehe tot – ein Wilddieb aus purer Malice. Als Hake Beschwerde führte und auf Abbrechen der Hütte antrug, antwortete Geist: die Hütte habe keinen offensiven Charakter; er (Geist) habe von Jugend auf immer *rückwärts* geschossen und müsse es ablehnen, in seinen alten Tagen nach einem neuen Prinzip auf Jagd zu gehen.

Bei anderer Gelegenheit beschwerte sich Herr von Hake, daß er bei Passierung einer Brücke, für deren Instandhaltung Geist Sorge tragen mußte, mit seinem Justitiarius Buchholz eingebrochen sei. Geist replizierte: »über die Brücke würden täglich sechsundzwanzig seiner schwersten Ochsen getrieben, und niemals hab er gehört, daß einer derselben irgendwie Schaden genommen; es sei mindestens eine auffallende Erscheinung, daß gerade Herr von Hake mit seinem Justitiarius durchgebrochen sei«. Herr von Hake hatte nicht Lust, den Streit ruhen zu lassen, und ging an die Gerichte. Als Geist eine Vorladung empfing, ließ er den Brückensteg ohne weiteres abtragen und auf einen Holzwagen setzen und erschien nun damit vorm Kammergericht in Berlin, die Räte desselben allergehorsamst ersuchend, sich durch Okularinspektion von der Richtigkeit seiner Aussagen und der Haltbarkeit des Brückenstegs überzeugen zu wollen.

Einen viel lebhafteren Groll unterhielt er gegen alles, was sich »Regierung« oder »Behörde« nannte und mit der Miene der Autorität gegen ihn auftreten wollte. Die alte Registratur des Kammergerichts, das er in seinen Eingaben gelegentlich »hochpreisliches Jammergericht« anzureden liebte, soll davon zu erzählen wissen. Seine Fehden mit dem *Pupillenkollegium*, dessen Namen er nicht müde ward in der wunderlichsten Weise zu kürzen oder zu verunstalten, sind teils allgemeiner bekannt geworden, teils liegen sie jenseit aller Mitteilungsmöglichkeit – wiewohl man dem humoristischen Übermut gegenüber, der sich in allen seinen Schnurren ausspricht, eigentlich jedes Anstandsbedenken aufgeben und der derben Laune sich freuen sollte.

Neben dem Pupillenkollegium hatte niemand mehr als die Potsdamer Regierung unter seinen Sarkasmen zu leiden. Jede Schwäche, jedes Versehen fand einen unerbittlichen Kritiker in ihm. Bei Abschätzung des Gutes waren Wert und Ertragsfähigkeit desselben zu hoch oder zu niedrig taxiert worden, und die Regierung, den Streit endlich zu schlichten, schickte eine Untersuchungs- und Begutachtungskommission. Die Zeit, Mitte Dezember, war allerdings nicht allzu günstig gewählt, und Geist faßte nunmehr in seinem nächsten Schreiben an die Regierung alles, was er zu sagen hatte, in folgendem Reim zusammen:

Gerechter Gott des Himmels und der Erden,
Was soll aus deiner heiligen Justitia werden?
Die Erde ist bedeckt mit Eis und Schnee,
Da untersuchen sie die Bonité!
O weh, o weh, o weh!

Unter den Personen, gegen die seine Spöttereien sich richteten, war unter andern auch der Reformator unserer Landwirtschaft, der berühmte Thaer. Die Prinzipien, die dieser einzuführen trachtete, hatten nicht die Zustimmung unseres Geist von Beeren, vielmehr machte letztrer seinem Unmut in einer kleinen Brochure Luft, die den Titel führte: »Die preußische Landwirtschaft ohne *Theer*«. Alles lachte. Der kleine Tückebold hatte sich aber diesmal verrechnet, und es erschien eine Gegenschrift unter dem Titel: »Die preußische Landwirtschaft ohne *Geist*«. Solchem Repartie war er nicht gewachsen, und er gab die Fortsetzung des Kampfes auf.

Sein bester, weil treffendster Streich war vielleicht der folgende. Wir hatten ein Kienraupenjahr, und die Forstheiden der Mark befanden sich in einem allertraurigsten Zustande. Die Potsdamer Regierung sah sich deshalb veranlaßt, eine Verfügung zu treffen, in der sie mitteilte, wie den Raupen am besten beizukommen und weiterer Schaden zu vermeiden sei. Die Verfügung schmeckte freilich etwas nach »grünem Tisch« und war unpraktisch. Geist antwortete wenige Tage später: »Probatum est! Ich bin in den Wald gegangen, habe den Kienraupen das Reskript einer königlichen Regierung vorgelesen, und siehe da, die Raupen haben sich sämtlich *totgelacht.*«

Solche Repliken gingen alsbald von Mund zu Mund und machten ihn beim Landvolk, auch wohl bei manchem Gutsbesitzer beliebt, die, um solcher Abfertigungen und Verhöhnungen willen, gern vergaßen, was sonst wohl gegen den »tollen Geist« zu sagen war. Denn der Landmann unterhält eine natürliche Feindschaft gegen den Städter, dessen überhebliches Wesen ihn verdrießt und dessen Erlassen und Gesetzen er mißtraut. »Der Städter weiß nichts vom Land«, das ist ein Satz, der sich von Vater auf Sohn vererbt.

Bis in sein hohes Mannesalter blieb Geist von Beeren unverheiratet und führte ein wüstes, sittenloses Leben. Er hielt einen völligen Harem um sich her. Von seiner »Favoritin« hatte er einen Sohn, der des Vaters würdig war und zweimal das ganze Gehöft anzündete und in Asche legte. Geist von Beeren indes nahm keinen Anstoß daran, vielleicht weil er sein Abbild darin sah, und ging damit um, diesen Sohn zu adoptieren. Dazu gehörte jedoch die Einwilligung seines (des alten Geist) einzigen Bruders, der als General in preußischen Diensten stand und in Erscheinung und Sinnesart das volle Gegenteil unseres Helden und Kobolds war. Er kommandierte die spätern Brandenburger Kürassiere, die nach ihm damals die »von-Beeren-Kürassiere« hießen. Der General verweigerte die Zustimmung. Geist von Beeren seinerseits war natürlich nicht der Mann, dergleichen ruhig hinzunehmen, und beschloß, sich zu verheiraten, lediglich seinem Bruder zum Tort. Der Harem wurde mit großen Kosten von ihm aufgelöst, und gleich danach erfolgte seine Vermählung mit einem Fräulein von Eysenhardt. Es währte jedoch nur kurze Zeit. Er starb 1812 und hinterließ eine einzige Tochter. Auch diese schied jung aus dem Leben. Das plötzliche

Erlöschen der Familie, wie aller Unsegen überhaupt, der teils vor, teils nach dem Tode des alten Geist die Zugehörigen des Hauses traf, wird mit der Familiensage vom »*Allerhühnchen*« in Verbindung gebracht. Es ist dies die folgende.

Vor mehreren hundert Jahren war eine Frau von Beeren eines Kindleins glücklich genesen. In einem großen Himmelbett, dessen Gardinen halb geöffnet waren, lag die junge Frau, neben sich die Wiege mit dem Kind, und verfolgte in träumerischem Spiel die Schatten, die in dem spärlich erleuchteten Zimmer an Wand und Decke auf und ab tanzten. Plötzlich bemerkte sie, daß es unter dem Kachelofen, der auf vier schweren Holzfüßen stand, hell wurde, und als sie sich aufrichtete, sah sie deutlich, daß ein Teil der Diele wie eine kleine Kellertür aufgehoben war. Aus der Öffnung stiegen alsbald allerhand zwergenhafte Gestalten, von denen die vordersten kleine Lichtchen trugen, während andere die Honneurs machten und die nach ihnen Kommenden willkommen hießen. Alle waren geputzt. Ehe sich die Wöchnerin von ihrem Staunen erholen konnte, ordneten sich die Kleinen zu einem Zuge und marschierten zu zwei und zwei vor das Bett der jungen Frau. Die zwei vordersten baten um die Erlaubnis, ein Familienfest feiern zu dürfen, zu dem sie sich unter dem Ofen versammelt hätten. Frau von Beeren war eine liebenswürdige Natur, ihr guter Humor gewann die Oberhand, und sie nickte bejahend mit dem Kopf. Alsbald kehrten die Kleinen unter den Ofen zurück und begannen ihr Fest. Aus der Kelleröffnung wurden Tischchen heraufgebracht, andere deckten weiße Tücher darüber, Lichterchen wurden aufgestellt, und ehe viele Minuten um waren, saßen die Kleinen an ihren Tischen und ließen sich's schmecken. Frau von Beeren konnte die Züge der einzelnen nicht unterscheiden, aber sie sah die lebhaften Bewegungen und erkannte deutlich, daß alle sehr heiter waren. Nach dem Essen wurde getanzt. Eine leise Musik, wie wenn Violinen im Traum gespielt würden, klang durch das ganze Zimmer. Als der Tanz vorüber war, ordneten sich alle wieder zu einem Zuge und erschienen abermals vor dem Bett der Wöchnerin und dankten für freundliche Aufnahme. Zugleich legten sie ein Angebinde nieder und baten die Mutter, des Geschenkes wohl achtzuhaben: die Familie werde blühen, solange man das Geschenk in Ehren halte, werd aber vergehen und verderben, sobald man es mißachte. Dann kehrten sie unter den Ofen zurück, die Lichterchen erloschen, und alles war wieder dunkel und still.

Als Frau von Beeren, unsicher, ob sie gewacht oder geträumt habe, nach dem Angebinde sich umsah, lag es in aller Wirklichkeit auf der Wiege des Kindes. Es war eine kleine Bernsteinpuppe mit menschenähnlichem Kopf, etwa zwei Zoll lang und der untere Teil in einen Fischschwanz auslaufend. Dieses Püppchen, das Leute, die zu Anfang dieses Jahrhunderts lebten, noch gesehen haben wollen, führte den Namen »Allerhühnchen« (Alräunchen) und galt als Talisman der Familie. Es vererbte sich von Vater auf Sohn und wurde ängstlich bewahrt und gehütet. Geist von Beeren indessen kümmerte sich wenig um das wunderliche Familienerbstück; war er doch kein Freund von Sagen und Geschichten, von Tand und Märchenschnack, und was seiner Seele so ziemlich am meisten fehlte, war Pietät und der Sinn für das Geheimnisvolle.

Allerhühnchen hatte lang im Schrank gelegen, ohne daß seiner erwähnt worden wäre. Da führte das Weihnachtsfest eine lustige Gesellschaft bei Geist von Beeren zusammen, und der Zufall wollte, daß einer der Gäste vom »Allerhühnchen« sprach. »Was ist es damit?« hieß es von allen Seiten, und kaum daß die Frage gestellt worden war, so wurd auch schon die Geschichte zum besten gegeben und das Allerhühnchen herbeigeholt. Geist von Beeren ließ es rundum gehen, witzelte und spöttelte und – warf es dann ins Feuer.

Von dem Augenblick an brach das Unheil herein, und jene Schläge kamen, deren ich teilweis schon erwähnte. Zweimal brach Feuer aus, Krieg und Mißwachs zerstörten die Ernten, und rasche Todesfälle rafften die Glieder der Familie fort. Der General starb plötzlich, bald darauf die beiden Söhne desselben, endlich Geist von Beeren selbst. Die junge Witwe, welche Geist hinterließ, verlobte sich zwei Jahre später mit dem Hauptmann Willmer*, einem liebens-

* Nach einer andern Lesart war ihr Verlobter ein *französischer* Offizier, der, in der Schlacht bei Großbeeren verwundet, ins Herrenhaus geschafft und von Frau von Beeren gepflegt wurde. Diese Pflege schloß dann, wie gewöhnlich, mit einer Verlobung. Diese Version läßt sich übrigens mit der im Text erzählten in Einklang bringen. Capitain Willmer, wie sein Name ergibt, war ein Deutscher; da aber bei Großbeeren zwei

würdigen Mann, und die Hochzeit stand nahe bevor. Da geriet Willmer in Streit mit einem Kameraden, einem Herrn von Dolfs von den Gardekürassieren, und in der Heide von Wulkow kam es zum Duell. Willmer ward erschossen. Sein Grab befindet sich auf dem Kirchhofe von Großbeeren. Neben ihm ruht die Tochter des »tollen Geist«, die ebenfalls auf rätselhafte Weise starb. Sie war in Berlin im Pensionat und fuhr nach Großbeeren hinaus, um ihre Mutter zu besuchen. Als der Wagen vor dem Hause hielt, schien das Fräulein fest und ruhig zu schlafen – *sie war tot.* Frau von Geist verkaufte schließlich die Besitzung, aber der Unsegen dauerte fort. Nichts gedieh, nichts wollte vorwärts. Der nächste Besitzer verlor sein Vermögen, der ihm folgende führte ein wüstes, unstetes Leben und verscholl, der dritte hielt sich, aber Streit und Hader verbitterten ihm die Tage.

Der Unsegen blieb; aber es blieb auch ein Geistsches Element an dieser Stelle lebendig, ein halb rätselhaftes Verlangen, es ihm an Tollheiten nachzutun. Man kann hieran Studien machen über die Macht und die nachwirkende Kraft eines Originals. Alle Nachfolger des »tollen Geist« hatten einen Zug von ihm, der letzte Besitzer, ein Rittmeister Briesen, am meisten. Sein größter Verehrer aber und ebenso sein begeistertster Nachahmer in allen Dingen, die sich nachahmen ließen, war ein Herr von Beier, der Großbeeren von 1827 bis 1837 besaß. Als eines Abglanzes ehemaliger Geistscher Herrlichkeit sei seiner am Schluß dieser Skizze gedacht. Es lag ihm daran, dem Herrenhause zu Großbeeren den Ruf von etwas Apartem zu erhalten, und kaum daß er von der Existenz eines in Zossen lebenden alten Mannes gehört hatte, der zur Zeit des »tollen Geist« eine Art Kammerdiener bei diesem gewesen, so ließ er sich's angelegen sein, denselben zu engagieren. Der alte Mann kam auch und wurd ausgefragt, wie sein Gehalt, seine Beschäftigung und vor allem seine Kleidung gewesen sei. Kniehosen, Puderperücke, Silberborten und Schuhschnallen, alles wurde genau beschafft, wie's in alten Zeiten gewesen war, und wenn Besuch kam, präsentierte man den Diener des tollen Geist, als ob es dieser selbst gewesen wäre. Herr von Beier war verhei-

sächsische Divisionen auf französischer Seite fochten, so ist es wohl möglich, daß er als verwundeter sächsischer Offizier die Bekanntschaft der Frau von Beeren machte.

ratet; seine Ehe zeigte sich jedoch nicht glücklich und wurde getrennt. Bald nach der Trennung verließ er Großbeeren, bestellte vorläufig einen Verwalter und ging nach Österreich. Hier trat er als Lieutenant bei Wallmoden-Kürassieren ein. Das Regiment garnisonierte damals in Ungarn, und Beier verliebte sich sofort in eine vornehme ungarische Dame. Da der Vater derselben die Partie nicht wünschte, so sah sich der Liebhaber veranlaßt, die liebeskrank werdende Dame in der Rolle eines berühmten *Arztes* zu besuchen. Und ihr Leiden wurd auch wirklich gehoben, aber doch *so*, daß des Vaters »Ja« schließlich nicht wohl ausbleiben konnte. Nun nahm von Beier seinen Abschied und führte die junge Frau im Triumph nach Großbeeren. Wenn bis dahin alles im Stil des »tollen Geist« gewesen war, so wurde nun alles ungarisch eingerichtet, und nicht nur Pferde, Tabak und Wein, auch Diener, Koch und Kammermädchen kamen aus Ungarn. Die Dorfleute sagten, ihr Herr sei ein *Türke* geworden. Alles ging ungrisch und die Wirtschaft polnisch dazu. 1837 verkaufte er das Gut und ging in die Welt. Seitdem ist er verschollen.

In der Erinnerung der Dörfler hat er nur schwache Spuren zurückgelassen, aber das Bild des alten »Neck- und Feuerteufels«, der vor ihm da war, lebt fort von Geschlecht zu Geschlecht. Auch das Volk hat künstlerische Instinkte und unterscheidet Kopie und Original. Und wenn jung und alt abends beim Biere sitzen und von alten Zeiten plaudern, verweilen sie gern bei dem kleinen Kobold, »der keine Furcht kannte«, und erzählen sich mit immer gleichem Behagen die Schnurren und Schabernackstreiche vom tollen »Geist von Beeren«.

BERLIN IN DEN TAGEN DER SCHLACHT VON GROSSBEEREN

Es war am 19. August 1813 – so entnehm ich alten, durch Friedrich Tietz* veröffentlichten Aufzeichnungen –, als an den Straßenecken Berlins und zugleich in der »Vossischen« und »Spenerschen Zeitung« folgende Bekanntmachung erschien:

»Wir eilen, die treuen Untertanen Seiner Majestät des Königs hierdurch zu unterrichten, daß in der Nacht vom 10. zum 11. d. M. die Kriegserklärung Österreichs gegen Frankreich erfolgt und der Waffenstillstand ebenso kaiserlich-russischer- wie unsrerseits gekündigt worden ist. Die Zeit der Waffenruhe ist mithin überstanden, und der gerechteste Krieg, der jemals geführt worden, hat wieder begonnen.

Berlin, 18. August 1813

Allerhöchst verordnetes Militär-Gouvernement für das Land zwischen der Elbe und Oder

von L'Estocq – Sack«

* Friedrich Tietz, ein halbes Jahrhundert lang Berliner Publizist und Mitarbeiter an einer großen Zahl unsrer Blätter (»Vossische«, »Fremdenblatt«, »Kreuz-Zeitung«), wurde den 24. September 1803 zu Königsberg i. Pr. geboren und starb am 6. Juli 1879 zu Berlin. Alles Beste, was er geschrieben, sind Theater- und Lebenserinnerungen. Mitunter gelang ihm auch ein Gelegenheitsgedicht etc. Eins derselben – bei Gelegenheit der Geburt des Prinzen Wilhelm (27. Januar 1859) gedichtet – ist *so* gut, daß es in glücklichem Einfall und graziösem Humor der Ausführung als Musterstück gelten kann. Ich setz es hierher und bin der Meinung, daß der Verfasser desselben in nichts Besserem fortleben kann.

Preußischer Frühling im Januar 1859

Noch ist es lang hin bis zum Frühlingsgrün,
Bis zu Blütenduft und Blumenblühn,
Bis zum Jubel der kleinen Waldvögelein,
Bis zum Fluge der Schwalben im Sonnenschein.
Und dennoch aus fernem, aus warmem Land,
Wohin der Winter den Flücht'gen verbannt,
Ist heimgekehrt ein verfrühter Gast,
Ein allbekannter, zu erneuter Rast.
Er sucht sich die höchsten Giebel wohl aus
Und baut dort sein Nest auf der Menschen Haus,
Und wo er es tut, tönt's ihm entgegen:
»Willkommen! Du bringst dem Hause Segen!«

Scharenweise standen die Berliner an den Ecken, um diese Bekanntmachung zu lesen. Enthusiastisch und mit Hurra wurde sie begrüßt, aber es muß doch auch zugestanden werden, daß es nicht an Vorsichtigen, um nicht zu sagen an Ängstlichen, fehlte. So wurden beispielsweise viele Frauen und Kinder, die man nach Pommern und Mecklenburg hin in Sicherheit bringen wollte, von den zurückbleibenden Hausvätern zum Frankfurter und Oranienburger Tor hinausbegleitet.

Andre waren geschäftig, ihre silbernen Löffel im Garten einzugraben oder ein paar alte, noch von irgendeinem Paten herstammende Schaumünzen unter der Zimmerdiele zu verstecken.

Unterdessen hatten wir seltsame Hilfe gegen den Feind erhalten. Wallensteins eben damals oft von Mattausch auf der Königlichen Bühne gehörte Worte: »Wir werden mit den

Wer mag noch fragen zu dieser Stund,
Welchen Gast wir meinen? Des Volkes Mund
Ruft jubelnd aus: »Nun ist er da!
Der *Storch* ist gekommen! Viktoria!«
Und alle schaun herzfreudigen Blicks
Hinauf zur erwählten Stätte des Glücks,
Zum Königspalast, des höchste Spitze
Der schwarzweiße Vogel erwählt zum Sitze.
Der *Adler* daneben dehnt majestätisch
Die Fittiche aus und spricht gravitätisch:
»Weil du, mein beflügelter Herr Kumpan,
Am Preußenland so was Braves getan,
So will ich dich ehren fortan als Freund
Und hoff, wir sehn uns hier oft noch vereint!«
Der Storch beugt sein langbeschnäbeltes Haupt
Und spricht: »Wenn's gnädigst mir ist erlaubt,
So bring ich alljährlich, was heut ich gebracht.«
Da hat der preußische Adler gelacht:
»Herr Vogel-Bruder, ich halt dich beim Wort!
Vermehre du fleißig der Preußen Hort;
Der Storch bringt den Segen, ihn hütet der Aar,
Und Gott schützt das Haus jetzt und immerdar!«

So haben die beiden Luftsegler da oben
Es abgesprochen – wir können's nur loben.
Und drinnen im Haus singt ins Land hinein
Sein erstes Lied unser Prinzlein klein. –

»Gott laß dich wachsen, du kleiner Mann,
Bis du reichst zum Großen Fritze hinan!«

Schweden uns verbinden, gar wackre Leute sind's und gute Freunde«, hatten sich als Prophezeiung erwiesen. In der Nähe von Charlottenburg standen die blonden Nordlandssöhne im Lager, zu denen alle Welt hinausging und ihnen bundesfreundlich die Hand schüttelte. Nur zu ihrem Führer, dem neuen Kronprinzen von Schweden, wollte bei den Berlinern ein rechtes Vertrauen nicht Wurzel fassen, weil man sich seiner noch zu gut als Bernadotte erinnerte, der früher *kein* Preußenfreund gewesen war. Außer den Schweden waren auch die Russen bei der Hand, von denen wir aber meistens nur das langspießige Volk der Kosaken zu sehen bekamen.

Am 21. August gab man im Königlichen Schauspielhause Kapellmeister Himmels »Fanchon«. Das Haus war voll, wie man sich denn überhaupt an allen öffentlichen Orten zusammendrängte, bloß um Neuigkeiten zu hören. Der korpulente Kapellmeister stand dirigierend an seinem Pult, und als Gern (der Vater) in der Rolle des Abbé das Lied »Auf alle Namenstag im Jahr« anzustimmen begann und zuletzt auch zu dem auf die verewigte Königin Luise bezüglichen Couplet kam, erscholl ein donnernder Jubel im ganzen Hause. Himmels rotes Angesicht glühte vor Erregung. »Tusch, Tusch!« rief er dem Orchester zu, die Trompeten schmetterten, und die Vivats wollten kein Ende nehmen.

Als ich das Theater verließ, begegnete ich draußen einer ähnlichen Exaltation: Truppen marschierten dem Halleschen Tore zu, von Bürgern unter fortwährendem Hurrarufe begleitet.

Am folgenden Tage wurd uns das unmittelbare Bevorstehn einer Schlacht so gut wie zur Gewißheit: die Truppenmärsche steigerten sich, und im schwedischen Lager sah man die Vorbereitungen zum Aufbruch. Am Abend war ich, wie herkömmlich, wieder im Theater, aber ich konnte nicht recht in Stimmung kommen und noch weniger lachen, trotzdem Wurm, unser erster Komiker damals, den Rochus Pumpernickel spielte. Iffland hatte klüglich immer nur lustige Stücke aufs Repertoire gesetzt, »um die Stimmung zu paralysieren«.

Recht gut erinnere ich mich noch, daß ich in der Nacht, »die der Großbeerener Aktion vorherging«, nur sehr wenig und sehr schlecht geschlafen habe.

Schon in aller Morgenfrühe des 23. stand ich auf; aber ein grauer Regenwolkenhimmel war nicht geeignet, eine heitere Stimmung in mir hervorzurufen.

Um neun wurde mir's endlich »zu eng im Schloß«, und ich ging die Leipziger Straße hinunter auf den Tiergarten und die Bellevuestraße zu, wo Gubitz in einer Giebelstube des Georgeschen Kaffeegartens oder »bei Georges«, wie die Berliner kurzweg sagten, eine kleine Wohnung hatte. Glücklicherweise traf ich ihn noch zu Haus, und wir machten nunmehr einen langen, langen Spaziergang, der uns auf einem Umweg endlich bis Unter die Linden führte. In dem Hause No. 46, jetzt »Viktoria-Hotel«, wohnte Freund Himmel eine Treppe hoch, zwei Treppen hoch der Kammermusikus Seidler (der spätere Gatte der berühmten Sängerin) und in der dritten der dünne Labes, der Komiker vom Hoftheater. Einigermaßen müde, wie wir waren, beschlossen wir, bei Himmel vorzusprechen, und fanden ihn denn auch mit Seidler und Labes beim Rheinwein, den der lebenslustige Kapellmeister außerordentlich liebte. Himmel war wie gewöhnlich in exaltierter Stimmung, zu der der Wein das Seinige beitrug. Auch hier bildete natürlich die bevorstehende Schlacht das Thema der Unterhaltung, und ehe wir's uns versahen, stürzte der berühmte »Fanchon«-Komponist ins Nebenzimmer und kehrte mit zwei Pistolen zurück. »*Diese* für den ersten Franzosen, der mir heut ins Zimmer tritt, und *diese* – für mich.« Beide waren wahrscheinlich nicht geladen, die *zweite* gewiß nicht. Gleichviel indes, Gubitz versicherte mit Emphase: »wir würden siegen, ja sein Glaube daran sei so fest, daß er gleich eine kleine Festkantate niederschreiben wolle; Himmel solle sie komponieren – sie könne dann am andern Tage schon im Theater gesungen werden«. Und gesagt, getan. Gubitz setzte sich sofort an den Schreibtisch, und in einer halben Stunde war die kleine Dichtung fertig. Aber freilich *der*, der sie komponieren sollte, war nicht mehr unter den Lebenden oder doch nicht mehr unter den Zurechnungs- und Leistungsfähigen. Er schlief in einem mit einer Tüllgardine verhängten Alkoven seinen Rausch aus und zwang uns dadurch, aus der »*Himmlischen* Wohnung«, wie seine kleine chambre garnie damals allgemein hieß, in die triviale Wirklichkeit der Straße zurückzukehren.

Es mochte jetzt Mittag sein oder doch nicht viel mehr, und der Weg, den ich einschlug, führte mich am Schauspielhause vorüber. Angeklebte Zettel kündigten an: »Heute zum ersten Male wiederholt: ›*Die deutsche Hausfrau*‹, Drama in drei Akten von Herrn von Kotzebue. Hierauf: ›*Das Geheimnis*‹, Operette in einem Akt von Solié.« Einer der Bureaubeamten stand in der Türe. »Wird denn heute gespielt?« fragt ich. »Ei, natürlich, der Herr Generaldirektor Iffland haben's eigens befohlen.« Ein dumpfer Knall, dem ein zweiter und gleich darauf noch ein paar andre folgten, bezeugte, daß draußen ein blutiges Drama beginne. Vorübergehende standen wie gebannt, und der Theaterbeamte zeigte mir ein blasses Gesicht; aber doch mutmaßlich nicht blasser, als das meinige war.

Von diesem Augenblick an kamen wir eigentlich nicht mehr zur Besinnung. Auf den Straßen lief alles durcheinander, und zu den Fenstern hinaus fragte man sich, wie's stünde. Viele ließen sich nicht abhalten und gingen trotz des strömenden Regens bis nach Tempelhof oder doch wenigstens bis auf den Tempelhofer Berg hinaus, um dem Aktionsfeld um eine halbe Stunde näher zu sein.

Um sieben macht ich mich auf ins Theater. Es waren mehr Leute darin, als man hätte vermuten sollen. Nur Damen fehlten. Eigentlich hatte man sich im Parterre bloß zusammengefunden, um sich gegeneinander auszusprechen, und doch wurde jede patriotische Beziehung, die in der »Deutschen Hausfrau« vorkam, lebhaft beklatscht. Die Bethmann, die die Hauptrolle gab, wußte die Pointen und Schlagwörter geschickt hervorzuheben. Auch den andern Mitspielenden: Beschort und Maurer und der anmutigen Demoiselle Fleck (nachmaligen Frau Professor Gubitz), vor allem aber der Demoiselle Döbbelin, welche eine böse Alte spielte, sah man es nicht an, daß Berlin einschließlich des Schauspielhauses sozusagen auf einem Pulverfasse stand. Am Schlusse des zweiten Akts eilt ich auf eine gute halbe Stunde hinaus, um zu sehn, ob man etwas Neues wisse. Der Kriegsjammer zeigte sich schon. Bauerwagen mit Verwundeten kamen langsam vom Halleschen Tore her. Man fuhr sie nach den Lazaretten; alle leichter Blessierten aber nahmen die Bürger mit Herzlichkeit in ihren Häusern auf.

Ich hielt mich wieder auf die Linden zu, denn ich war hungerig und gedachte mich in der Habelschen Weinstube zu restaurieren. In dem Lokale selbst war ein beständiges Kommen und Gehn. Am letzten Fenster links saßen einige meiner Bekannten: Herklots, der Theaterdichter, der Kunstkenner Hofrat Hirt – damals einer der schönsten Männer Berlins – und der Maler Hummel, ein unzertrennliches Habelsches Trifolium. In der Mitte des Zimmers aber hatte man einen Husaren umringt, der einen Transport Verwundeter eingebracht und selbst einen tüchtigen Hieb über das Gesicht bekommen hatte. Von ihm erfuhren wir einiges Nähere, vor allem, daß die Franzosen sich auf Trebbin zurückzögen und daß unser Sieg so gut wie gewiß sei.

»Noch kann das Theater nicht aus sein«, enthusiasmierte sich Herklots, »ich muß die Nachricht dorthin bringen.« Und im selben Augenblick ergriff er seinen großen rotseidenen Regenschirm und war's auch zufrieden, daß ich ihn begleitete. Wir langten auf der Bühne kurz vor dem Schlusse des Singspiels »Das Geheimnis« an und teilten Unzelmann, der den Bedienten Thomas spielte, die Siegesbotschaft mit. Er ergriff sofort den dreieckigen Bedientenhut und trat auf die Bühne hinaus, obgleich seine Szene nicht an der Reihe war. Die Schauspielerin, welche die Hofrätin gab, sah ihn befremdet an, er aber extemporierte sofort im Tone seiner Rolle: »Wollte der Frau Hofrätin und den Herrschaften da unten (aufs Publikum zeigend) nur melden, daß wir heute *keine* französische Einquartierung mehr bekommen.« Und nun muß ich hier zu besserem Verständnis des Folgenden einschalten, daß Unzelmann eine ganz frappante Ähnlichkeit mit dem im Winter 1812 auf 13 in Berlin kommandierenden französischen General Augereau hatte. Diese Ähnlichkeit glücklich benutzend, stülpte der gefeierte Komiker, als er die vorstehende Meldung gemacht hatte, seinen dreieckigen Hut in derselben schiefen Richtung auf den Kopf, wie ihn die französischen Generale zu tragen pflegten, und fügte, Augereau kopierend, hinzu: »Wir begeben uns *rückwärts* nach Trebbin!« Dabei machte er kehrt; im Publikum aber brach ein Freudenhallo aus, daß die Coulissen ins Zittern kamen. Die Vorstellung war aus, und alles stürmte nach Hause.

Draußen war ein Leben und Gedränge wie bei hellem Tage, denn fortwährend brachte man Verwundete und Gefangene zur Stadt. Wagen aller Art, bepackt mit Lebensmitteln, Decken, Mänteln und allem, was den ermüdeten, hungrigen Kriegern nur irgendwie zugute kommen konnte, rollten zum Tore hinaus, dem Schlachtfelde zu. Wir, denen Wagen und Pferde nicht zu Gebote standen, taten an den in die Stadt gebrachten Verwundeten, was in unsern Kräften stand. Von Zu-Bette-Gehen war natürlich nicht die Rede.

Gegen Morgen traf ich mit einem Offizier in der »Sonne« oder bei Jagors (wo jetzt die Passage ist) zusammen, der im Begriff war, zu seinem Regimente zurückzukehren, und sich nur noch mit einer Tasse Kaffee stärkte. Der ergänzte die bruchstückweisen Nachrichten, die wir bis dahin von der Schlacht erhalten hatten.

Auf der Straße traf ich bald danach einen mir von alter Zeit her bekannten und damals zu den populärsten Figuren Berlins gehörenden Hofschlächtermeister, der mich einlud, auf seinem mit Wurst, Schinken und Brot beladenen Wägelchen Platz zu nehmen und mit ihm hinauszufahren. Und ich ließ mir das nicht zweimal sagen.

Aber freilich, den Anblick des Schlachtfelds werd ich all mein Lebtag nicht vergessen. Unfern der Mühle lag ein blutjunger französischer Offizier, die Brust von einer Kartätschenkugel zerschmettert. Aus der zerrissenen Uniform blickte vorne zwischen den Knöpfen ein rotes Portefeuille hervor. Wir öffneten es und fanden unter mehreren Briefen einen, der noch nicht gesiegelt, aber bereits mit einer Aufschrift in französischer Sprache versehen war: »An Herrn Capuzzo, Mitglied des Kriminalgerichts zu Genua«. Der sollte, wie aus dem Briefe hervorging, der Schwiegervater des Toten werden, und beigelegt war ein verschlossenes Briefchen an die Braut. Es schloß mit den Worten: »Ich hoffe diesen Brief heut abend auf die Post in Berlin zu geben.«

Nun taten *wir* es.

Abends am 24. aber sang man im Theater die Siegeskantate, die Gubitz am Tage vorher gedichtet und Himmel, als er seinen Rausch ausgeschlafen, in eine vortreffliche Musik gesetzt hatte.

LÖWENBRUCH

»Wie heißt Er?«
»Knesebeck.«
»Was ist Sein Vater gewesen?«
»Lieutenant in Ew. Majestät Garde.«
»Ah, *der* Knesebeck.«

Eine Meile hinter Großbeeren, seine hoch gelegenen fruchtbaren Äcker an einem Stücke Bruchland entlangziehend, liegt das Dorf Löwenbruch. Wir finden hier, durch die Jahrhunderte hindurch, eine Reihenfolge guter Namen: die von Thümen, von Otterstedt, von Boytin, von Alvensleben, von Gröben und von dem Knesebeck.

Die Boytins (ein ausgestorbenes Geschlecht) haben auf dem Kirchhofe noch ein paar große Grabsteine mit allerhand Figuren und Inschriften, die freilich unter der Kruste von Moos und Flechten kaum noch zu entziffern sind. Eins dieser Gräber ist leer geblieben. Mit Schaudern erzählte mir der Küster des Dorfes, wie er, eines Abends über die Grabsteine hinschreitend, den einen Stein unter seinen Füßen nachgeben und sich selber in die leere Gruft versinken fühlte. Er kam indessen mit dem bloßen Schrecken davon.

Von den Alvenslebens, die ihren Gutsanteil im Jahre 1749 an die Gröbens verkauften, findet sich noch dies und das. Es existiert unter anderm das jetzt wirtschaftlichen Zwecken dienende Haus, das sie bewohnten, ein schlichter Fachwerkbau, der am besten zeigt, wie gering, wenigstens nach *dieser* Seite hin, die Ansprüche waren, die der märkische Adel vor hundert Jahren noch erhob. Jeder wohlhabende Bauer wohnt jetzt besser. Es scheint, man legte damals Gewicht auf andres, auch auf andere *Äußerlichkeiten*, und ein höchst interessantes *Sofa*, das sich in den Damenzimmern des jetzigen Herrenhauses vorfindet, übernimmt den Beweis dafür. Als vor einem Vierteljahrhundert das Alvenslebensche Fachwerkhaus ausgebessert werden sollte, fand man auf einem der spinnwebverhangenen Böden einen alten Deckelkasten, der sich alsbald als eine Truhe zu erkennen gab. Dieser Fund erschien anfangs gleichgültig genug; nachdem man indes den Kasten ans Licht gebracht und von der Verstaubung eines Jahrhunderts gesäubert hatte, gewahrte man ein wahres Prachtstück, das es mit den allermodernsten Weißzeugspinden unserer Möbelmagazine kühnlich aufnehmen dürf[t]e. Die Vorderseite des Kastens war in vier Felder geteilt, und jedes Feld bestand aus allerhand buntem, reich vergoldetem Schnitzwerk, in dessen Mitte sich ein sorglich gemaltes Wappenbild zeigte. Es waren die vier Wappen der Alvensleben, Redern, Bredow und Hake. Der gegenwärtige Besitzer Löwenbruchs wußte diesen Fund aufs glücklichste zu benutzen. Er ließ von geschickter Hand, die das Schnitzwerk der Truhe zum Muster nahm, eine Rückenlehne anfertigen, schmückte diese Lehne mit seinem eigenen Wappen und erzielte dadurch ein Sofa, das nach Erscheinung und Entstehungsgeschichte nicht leicht ein Seitenstück finden wird. Und was ist der Schluß, den ich daraus ziehe? Die Alvenslebens hatten ein schlichtes Haus, aber eine reiche, adlige Truhe, und der Inhalt derselben blieb mutmaßlich hinter dem vergoldeten Schnitzwerk nicht zurück. Ihren Reichtum bekundet auch die schön geschnitzte Kanzel, die Achatz von Alvensleben der Löwenbrucher Kirche zum Geschenk machte.

Die Gröbens führen uns bis in dies Jahrhundert hinein. Die letzten dieser Familie, die Löwenbruch besaßen, waren zwei Brüder, die ohne männliche Deszendenz verstarben. Der jüngere von beiden, der unter Friedrich dem Großen Rittmeister im Regiment Gensdarmes gewesen war, war der eigentliche Besitzer. Er tat viel zur Hebung des Guts, baute das jetzige Herrenhaus, starb aber früher als sein älterer Bruder, dem nun, da keine Kinder da waren, die schöne Besitzung zufiel. Dieser Bruder war ein Original, gescheit, tapfer, nüchtern und phantastisch zugleich. Er war Major bei den »Gelben Reitern« gewesen, die damals in Zehdenick standen, hatte jedoch den Dienst quittiert, teils seiner schweren Blessuren, insonderheit aber seiner Studien halber, denen er sich ruhiger und ausschließlicher widmen wollte. Er studierte Kant und korrespondierte mit ihm. 1800 übernahm er Löwenbruch. Er war die absolute Bedürfnislosigkeit, eine völlig auf das Geistige gestellte Natur, und unsere Tage des Materialismus würden ihm schwerlich gefallen haben. Er trug jahraus, jahrein einen Leinwandanzug (auch der alte Zieten in Wustrau war so gekleidet), den er nur ablegte, wenn er sich auf Besuch nach Berlin begab. Dies geschah alle Jahr einmal, und zwar auf vier Wochen. Er stieg dann in Krauses Kaffeehaus ab, dem jetzigen »Hôtel de Brandebourg«, und verbrachte die ganze Zeit mit Konversation und Schachspiel. Nach dieser Berührung mit der Welt, zu der er sich eigentlich immer nur entschloß, um sein großes Geschick im Schachspiel nicht einrosten zu lassen, begab er sich wieder in seine Einsamkeit zurück, um sich an Büchern und – Wasser aufs neue zu stählen. Er war ein Vorläufer der Hydropathie. Personen, die ihn noch gekannt haben, sagen aus, daß er sich in Wasser, incredibile dictu, berauscht habe. Vielleicht nahm man gewisse Exzentrizitäten für Rausch. Er hatte eine trunkene Seele. Auch eine Mischung von Donquichotterie und Eulenspiegelei ließ sich an ihm wahrnehmen. Als er vom Ausbruch des Krieges hörte, befahl er, den Turm abzutragen, damit das Dorf von vorüberziehenden Kriegsscharen nicht bemerkt werden möge. Mit leidenschaftlichem Eifer verfolgte er die Napoleonischen Kriegs- und Siegeszüge. Als der Krieg von 1805 begann, der mit dem Tage von Austerlitz endigte, sagte er den Ausgang des Kampfes vorher, auch den herannahenden Sturz der preußischen Monarchie. Dieser eine Gedanke beschäftigte ihn Tag und Nacht und quälte ihn zuletzt bis zum Unerträglichen. Er wollte das Unwetter sich nicht entladen sehen und – erschoß sich in bloßer Vorahnung dessen, was kommen würde, nachdem er zuvor die Angelegenheiten seines Hauses mit philosophischer Ruhe geordnet hatte.

Von den Gröbens kam das Gut an die Knesebecks. Diese besitzen es noch. Der erste von ihnen, der sich hier heimisch einrichtete, war Friedrich Wilhelm Ludwig von dem Knesebeck, Halbbruder des Feldmarschalls. Von diesem Friedrich Wilhelm Ludwig von dem Knesebeck gedenk ich zu erzählen. Sein Leben erscheint zwar als eine bloße Skizze neben dem farbenreichen Bilde seines berühmten Bruders, es bedarf indessen keines langen Suchens und Forschens, um wahrzunehmen, daß beide Brüder Zweige desselben Stammes waren. Sie wirkten in verschiedenen Kreisen: der eine in der beschränkten Sphäre einer kleinen Stadt, der andere in dem weit gezogenen Kreise des staatlichen Lebens; aber der Pulsschlag beider war derselbe, und wie verschieden auch ihr Leben sich gestaltete, an Mannesmut und adliger Gesinnung, an Vaterlandsliebe, Gemeinsinn und Opferfreudigkeit standen sich beide gleich. Beide – märkische Edelleute von Kopf bis zu Fuß. Nur gesellte der ältere Bruder zu dem ihnen im Charakter Gemeinsamen auch noch hohe Gaben des Geistes, und *das* schuf einen Unterschied. Der kühne Kopf, der den Gedanken gebären konnte: den unbesiegbaren Imperator durch die bloße Macht des Raumes, das heißt durch Rußland, zu vernichten, stand so hoch, daß er die Nebenbuhlerschaft eines andern Geistes nicht leicht zu fürchten hatte. Die Talente waren verschieden.

Friedrich Wilhelm Ludwig von dem Knesebeck wurde den 29. März 1775 zu Karwe geboren. Er trat als Lieutenant in das zu Ruppin garnisonierende Regiment Prinz Ferdinand ein und machte als solcher die Rheincampagne mit. Ein Duell und eine Verwundung, die er empfing, veranlaßten ihn im Jahre 1800, seinen Abschied zu nehmen. Ruppin war ihm lieb geworden, und er verblieb als Bürger in einem städtischen Kreise, darin er als Offizier eine Reihe glücklicher Jahre verlebt hatte. So kamen die Tage von Jena und Auerstedt; unsere Truppen, soviel oder sowenig ihrer noch waren, retteten sich über die Oder, und das Land lag offen und widerstandslos vor dem nachrückenden Feinde da. Am Tage Allerheiligen traf in Ruppin die Nachricht ein, daß die Franzosen im Anzuge seien. Was tun? Wer hatte den Mut und die Fähigkeit, die Stadt zu vertreten? Eine Wahl war bald getroffen, wo nur *einer* gewählt werden konnte. Alle Stimmen vereinigten sich auf Knesebeck; man gab ihm eine Art diktatorischer Gewalt und vertraute das Wohl der Stadt seiner Geschicklichkeit und dem Glück seiner Hand.

Der Abend dämmerte, und Pistolenschüsse verkündeten die Nähe französischer Chasseurs. Knesebeck ging ihnen entgegen. »Qui-vive?« – »Un citoyen du bourg«, antwortete Knesebeck und verlangte den kommandierenden Offizier zu sprechen. Dies war ein Marquis de Custine. Knesebeck eröffnete ihm, daß die Stadt offen, ohne Besatzung und arm, trotz ihrer Armut aber zu einem »douceur« bereit sei. Das wirkte. »Ah, monsieur sait bien comment traiter avec les soldats«, erwiderte der Marquis lächelnd mit befriedigtem Gesicht, und man einigte sich alsbald über 100 Louisdor. Die Franzosen zogen ein, und die Summe wurde gezahlt.

War auf diese Weise Plünderung und Gewalttat glücklich abgewandt, so sicherte Knesebecks Geistesgegenwart wenige Wochen später die Stadt vor einer noch drohenderen Gefahr. Das Gerücht hatte sich verbreitet: »die Franzosen seien geschlagen worden«, und siehe da, den guten Ruppinern begann der Kamm zu schwellen. Détachements französischer Truppen, darunter auch Personen von Rang, passierten gelegentlich die Stadt; warum sollte man sie ruhig und ungehindert ziehen lassen? waren es nicht Feinde? So beschloß man denn, den »Kleinen Krieg« zu organisieren und wegzufangen, was wegzufangen sei. Die Sache war gut gemeint, aber sie hatte mehr Herz als Verstand, und kaum daß solche Pläne in den Köpfen der Menge spukten, als sich auch schon Gelegenheit bot, sie auszuführen. Bei leisem Schneegestöber kam Anfang Dezember ein Schlitten durchs Tor, dessen Insasse sich – trotz des weiten Mantels, der ihn verhüllte – leicht als ein höherer französischer Offizier erkennen ließ. Da hatte man wen im Garn! Und mit Geschrei drang ein Dutzend Bürger, von allerlei Volk unterstützt, auf den Unbekannten ein, zunächst, um ihn zu insultieren, vielleicht auch, um ihn niederzuschlagen, wenn er Widerstand versuchen sollte. Knesebeck eilte herzu, stellte den Angreifenden das Unedle, ja das Gefährliche ihrer Handlungsweise vor und trieb den Haufen auseinander. Der Offizier aber setzte seine Reise fort. Alles schien vergessen, als etwa drei oder vier Tage später Knesebeck in den Gasthof »Zur Krone« gerufen wurde. Ein eben von Berlin her eingetroffener französischer Gendarmerieoberst – ein Abgesandter Savarys, in dessen Händen damals die oberste Polizeileitung war – trat ihm in brüsker Weise entgegen und machte ihn verantwortlich für die Insulten, die sich die Stadt gegen einen französischen Offizier erlaubt habe. »Ich werde Sie füsilieren lassen.« Knesebeck erwiderte kalt: »Contre la force il n'y a point de résistance.« Der Oberst*, durch die Ruhe dieser Entgegnung einigermaßen décontenanciert, fuhr eben mit neuen und immer heftiger werdenden Schmähungen heraus, als eine dritte Gestalt, die bis dahin halb verborgen in der Fensternische gestanden hatte, zu den Streitenden herantrat und dem lärmenden Offizier zurief: »Taisez-vous! Cet homme a agi comme chevalier; il n'y a rien à lui reprocher.« Knesebeck erkannte jetzt in dem Sprecher denselben französischen Offizier, den er der Volkswut entrissen hatte. Es war Napoleons Oberstallmeister, Caulaincourt, Herzog von Vicenza. Caulaincourt hatte keine Ahnung davon gehabt, daß dieselbe Stadtautorität, der er an dem Vorfalle schuld gab und deren Verfolgung er in Berlin (bei Savary) beantragt hatte, genau derselbe Mann war, dessen rechtzeitigem Einschreiten er seine Rettung verdankte. Die Sache wurde beigelegt, auf Bestrafung der Schuldigen nicht weiter gedrungen und Knesebeck mit den verbindlichsten Worten entlassen.

Einquartierungen und Truppendurchmärsche dauerten fort. Endlich kam Frieden, aber er entsprach nirgends im Lande den daran geknüpften Hoffnungen, und die *Franzosen*, anstatt die Mark zu verlassen, wurden nur innerhalb derselben disloziert. Um diese Dislozierungen für die Grafschaft Ruppin einzuleiten, wurde Knesebeck im August 1807 nach Liebenwalde geschickt, wo sich damals die Division Vilatte befand. Nachdem er die nötigen Notizen über Zahl und Gattung der unterzubringenden Truppen erhalten und dem französischen General die vollständigste Auskunft über die vorzunehmende Dislokation erteilt hatte, forderte Vilatte ihn auf, die Vorbereitungen zu dem nahe bevorstehenden Napoleons-Tage (15. August) zu treffen. Knesebeck tat wie befohlen. Als er andern Tages meldete, daß alles angeordnet sei, lud ihn der General ein, in Liebenwalde zu bleiben und an der Feier teilzunehmen. »General«, erwiderte Knesebeck, »Sie haben zu befehlen; wenn ich bleiben

* Meine Quelle gibt an, dieser Oberst sei Savary selbst gewesen, was aber aus vielen Gründen unmöglich ist. Savary war seit 1804 Divisionsgeneral und wurde bereits 1807, also wenige Monate nach den hier geschilderten Vorgängen, zum Herzog von Rovigo ernannt. Ein so hochgestellter Offizier konnte durch Caulaincourt, der an Rang kaum über ihm stand, nicht gut persönlich zu einer Untersuchungsreise nach Ruppin veranlaßt, am allerwenigsten aber mit einem »Taisez-vous« zur Ruhe verwiesen werden.

muß, so werd ich bleiben; aber kein preußischer Offizier wird sich aus freien Stücken dazu entschließen, bei solchem Feste zugegen zu sein.« Ein prüfender Blick traf den Sprecher. Dann trat Vilatte an ihn heran und schüttelte ihm herzlich die Hand.

Später, als das Generalkommando von Liebenwalde nach Ruppin hin verlegt worden war, entspann sich ein immer freundlicheres Verhältnis zwischen Knesebeck und dem französischen General. Vilatte war ein Ehrenmann, ein Soldat von ritterlichem Sinn. Dasselbe galt von seinem Adjutanten, dem Hauptmann Denoyer, einem Kreolen von Martinique, der im Hause Knesebecks eine Wohnung bezog und in liebenswürdiger Weise die Beziehungen zwischen diesem und dem General zu fördern wußte. Die Mußestunden, die der Dienst gönnte, wurden verplaudert; man verweilte gern bei früheren Aktionen und fühlte sich doppelt zueinander hingezogen, als sich bei diesen Gesprächen herausstellte, daß man sich während der Rheincampagne gegenübergestanden und auf der Mainzer Schanze Kugeln miteinander gewechselt hatte.

Mittlerweile wütete der Krieg in *Spanien* fort, wo im Juli 1808 die Kapitulation von Bailén eingetreten war. Knesebeck wußte davon, *nicht* aber Vilatte, der vielmehr umgekehrt von neuen Siegen und einem nahen Frieden träumte, mit Vorliebe von dem baldigen Abmarsch der französischen Truppen sprach und daran eine Einladung an Knesebeck knüpfte, ihn auf seinem »Château« in der Umgegend von Nancy zu besuchen.

Knesebeck erwiderte: »General, Sie werden uns bald verlassen, aber *nicht*, um in die Heimat zu ziehen. Der Frieden ist ferner denn je.«

»Sie irren, Knesebeck; unsere Affairen in Spanien stehen gut; der Krieg geht auf die Neige.«

»Ich bezweifle es, General. Darf ich mich offen zu Ihnen aussprechen?«

»Eh bien, parlez!«

»General, man hintergeht Sie. Die Bulletins Ihres Kaisers sind Täuschungen; es geht *nicht* gut; General Dupont hat bei Bailén kapituliert. 17 000 Franzosen sind kriegsgefangen.«

»Sind Sie dessen so sicher?«

»Ganz sicher.«

»Eh bien, nous verrons. In acht Tagen sprechen wir weiter davon.«

Die acht Tage verstrichen und brachten die einfache Bestätigung der Kapitulation. Vilatte geriet in die höchste Aufregung, ließ Knesebeck zu sich entbieten, schüttete ihm sein Herz aus über die endlosen Kriege, wiederholte aber dennoch seine Einladung. Beide Männer waren bewegt. Knesebeck antwortete endlich: »Ich nehme Ihre Einladung an, General; ich werde kommen. *Aber wenn wir uns wiedersehn, wird es in großer Gesellschaft sein.*«

Das war 1808. Die französischen Truppen marschierten ab, aber *nicht* in die Heimat, vielmehr – nach Spanien.

Fünf Jahre später, als auch für Preußen der Tag der Erlösung anbrach, jubelte Knesebeck. Er hoffte den großen Kampf mitkämpfen zu können, aber eine Cabinetsordre berief ihn als ständischen Kommissar nach Potsdam, wo ihm die Aufgabe zufiel, bei der Organisation der kurmärkischen Landwehr tätig zu sein. So blieb es ihm versagt, mit ins Feld zu rücken und an den Ehren jener großen Zeit unmittelbar teilzunehmen, bis endlich, im Jahre darauf, die Rückkehr Napoleons und das rasche Vorrücken der Preußen, um dem drohenden Stoße so früh wie möglich zu begegnen, ihm auch *diesen* Wunsch erfüllte. Er erhielt eine Compagnie im 6. kurmärkischen Landwehrregiment, marschierte mit nach Flandern und focht bei Ligny, Sombreffe und Wavre.

So kam er auch nach *Paris.* Sein erster Gang war zu Vilatte, damals Chef der Gendarmerie der Hauptstadt. »Bonjour, général! da bin ich; erkennen Sie mich wieder?« – »Mon Dieu, Knesebeck, c'est vous« – und die alten Gegner und Freunde schüttelten sich die Hand. Knesebeck hatte sein Wort gelöst; er war gekommen, aber »in großer Gesellschaft«, wie er prophezeit hatte.

Weihnachten 1815 kehrte er heim, ererbte bald danach Löwenbruch und zog sich 1829 nach dem benachbarten Jühnsdorf zurück. Unter allen Tagen seines Lebens blieb ihm der Silvestertag 1807 der teuerste, wo die Stadt Ruppin ihm in festlicher Versammlung die Bürgerkrone überreicht hatte. Und in der Tat, mit freudigem Stolze mocht er sich der

Worte erinnern, die damals, in noch frischer Dankbarkeit, an ihn gerichtet worden waren:

Als in den Tagen des Grams die blöden Gemüter erstarrten
Und dem nahenden Sturm jegliche Seele erlag,
Tratest *du* kühnlich hervor, gesetzt und weis und besonnen,
Zu beschwören den Sturm, der uns Verderben gedroht.

Er hatte wohl Anspruch auf diese Huldigung. Der Kreis, in dem ihm zu wirken vergönnt war, war nur ein kleiner und begrenzter, aber innerhalb desselben hatte er sich bewährt. Den größern Kreis sich zu schaffen lag außerhalb seiner Macht, indessen wo immer er stand, stand er da – ein *ganzer* Mann. Er starb hochbetagt am 11. Juli 1860.

Wir sitzen im *Herrenhause zu Löwenbruch*.

Die Türe des Gartensaals steht offen, und Duft und Frische dringen ein. Die Sonne scheidet eben, und nur ein roter Streifen liegt noch über dem Schwarzgrün der Edeltannen. Alles ist sabbatstill, und geräuschlos zieht ein Schwarm Tauben durch die Luft. Erdbeerschalen schmücken den Tisch und lachen uns an, heiter und behaglich fließt das Gespräch. Aber auch *das*, was uns umgibt, führt seine Sprache. Jegliches, was seit Jahrhunderten hier war und wuchs, es ist *nicht* tot, es lebt und schafft und wirkt ein geheimnisvolles Band zwischen dem Vergangenen und dem Gegenwärtigen. Auf dem Tische vor uns steht ein Serpentinkrug, der das Wappen der Otterstedts auf seinem Silberdeckel trägt; durch die zurückgeschlagene Samtportière gewahren wir im Nebenzimmer die nun als Sofa dienende von Alvenslebensche Truhe, vor uns der Holunderbaum, der über die Gartenmauer ragt, mahnt uns an den alten von Gröben, der im Leinwandkittel unter diesem Blätterdache saß und phantastische Schlachten auf seinem Schachbrett schlug, und neben uns an der Wand tickt die Pendeluhr, die Knesebeck, *dem Feldmarschall*, über seinem Arbeitstische die Stunden schlug, als der Friedenskongreß die Fürsten Europas in der heitern alten Kaiserstadt versammelt hatte. Wie viele Denkschriften, Gutachten und Entwürfe entstanden bei dem Ticktack dieser gedrungenen Ebenholzpendule, die so diskret und in sich zurückgezogen dasteht, als wisse sie, was einem Zeugen schickt, der ernste Dinge gehört und gesehn.

Der letzte rote Streifen über den Tannen ist hin, und das leise Singen des Kessels im Nebenzimmer kündet uns die Teestunde. Niemand spricht mehr, aber es ist, als flüsterten die Stimmen derer, die nicht mehr sind.

SCHLOSS BEUTHEN

Kühnlich darf mein Haupt ich legen
Jedem Untertan in Schoß.

Kerner

An der Nuthe, die die Grenze zieht zwischen dem Teltow und der Zauche, stand in alten Zeiten Schloß Beuthen und beherrschte den Flußübergang.* Rings von Wasser umflossen und aus grauem Feldstein zusammengefugt, erhob sich die Burg wie ein Felseck und blickte steil und trotzig in die Niederung hinein.

Ja, Schloß Beuthen war trotzig. Die Quitzows hielten es und gedachten es zu behaupten gegen den Nürnberger Burggrafen, der wie ein Herr ins Land kam und den man doch nicht gelten lassen mochte. Man mocht eben denken, »die Herren wechseln rasch in der Mark; sie finden sich ein, wie kaiserliche Not oder kaiserliche Laune sie schickt; es gibt aber nur *einen* bleibenden Herrn in der Mark, und das sind *wir*«. Und sie hatten so unrecht nicht.

Sie hatten nicht unrecht in der *Sache*; desto mehr aber verkannten sie die *Person*, die's jetzt mit ihnen und der Mark versuchen wollte. Das war kein Herr wie die andern, die nur gekommen waren, um wieder zu gehn; dieser kam, um zu *bleiben*, und nahm Platz mit dem Behagen und dem Nachdruck eines, der sich auf lange hin einzurichten gedenkt. Die Quitzows hatten kein Auge dafür; sie trotzten und traten kühnlich mit ihrem Trotz heraus.

Da galt es denn, diesen Trotz zu brechen, und unterschiedliche Heerhaufen zogen vor die Schlösser der Quitzows und Rochows. Und zwar drei vor Plaue, Friesack und Golzow. Der vierte Heerhaufen aber, der aus Bürgern von Jüterbog und Treuenbrietzen und aus Lehnsleuten der Klöster Lehnin und Zinna bestand, rückte vor Schloß Beuthen. Ein kurfürstlicher Vogt, Hans von Torgau mit Namen, führte

* Vergleiche die Kapitel »Gröben und Siethen« und »Saarmund und die Nutheburgen«.

diesen Heerhaufen an und forderte die beuthensche Besatzung auf, sich zu ergeben. Goswin von Brederlow aber, der die Burg für die Quitzows hielt, antwortete guten Muts: »er wolle sich die Sache noch ein paar Jahr überlegen«. Das war am 14. Februar 1414. Hans von Torgau meldete den Bescheid an seinen gnädigsten Herrn Kurfürsten, und die Bürger von Jüterbog und Treuenbrietzen bezogen ein Lager an der Nuthe hin und warteten auf den zugesagten Bundesgenossen, von dessen Kriegsruhm die Marken damals voll waren. Und siehe da, sie warteten nicht lang. Erst am 24. Februar war Schloß Plaue gefallen, und schon am 25. erschien die »Faule Grete«, von sechsunddreißig Pferden gezogen, vor Burg Beuthen. Andern Morgens mit dem frühesten schlug eine dreißig Pfund schwere Steinkugel an denselben Turm, hinter dem Goswin von Brederlow eben beim Frühstück saß, und gab der alten Burg einen solchen Ruck, daß es schwer zu sagen war, was mehr zitterte, die Mauern oder die Herzen der Besatzung. Und auch Goswin von Brederlow fing jetzt an, mit sich handeln zu lassen. Es schien, er hatte *Tage* gemeint, nicht *Jahre*, und am 26. abends schon war Schloß Beuthen eine Hohenzollersche Burg.

Und gut-hohenzollersch ist sie geblieben, solange sie von jenem Tag an noch gestanden hat. Das meiste von ihr verschwand kurz vor der Schlacht von Großbeeren, als preußische Artillerie, welche den Übergang über die Nuthe decken sollte, die Feldsteinmauern großenteils einriß und statt ihrer einen Erdwall aufführte. Nur die von Gräben oder Flußwindungen eingefaßte *Stelle*, wo Burg Beuthen stand, ist noch deutlich erkennbar, ein Stück Inselland, auf dem sich ebenso Mittelturm und Außenwall immer noch ersichtlich markieren. Ein paar Weiden und Akazien überschatten jetzt den Rasen, der ein Stück märkischer Geschichte deckt, und einzelne Fischernetze spannen sich zwischen den Baumstämmen aus. Im übrigen ist alles hinüber, und ein Kahn, ohne Bank und Steuer, der halb verborgen im Schilfe liegt, unterhält die Verbindung zwischen dem Inselchen und der Welt.

Es war im Februar 1414, daß die Quitzow-Burgen fielen. Damals waren die Hohenzollern fremd im märkischen Land, und beinah feindlich betraten sie dasselbe. Das ist anders geworden seitdem. Dieselben Familien, die damals am festesten widerstanden, haben sich inzwischen als die treuesten bewährt, und die alten Rittersitze, vor denen die »Faule Grete« das letzte Wort sprechen mußte, sind längst zu Stätten unwandelbarer Loyalität geworden. Auch Schloß Beuthen. Die *Burg* ist hin, aber zu Füßen derselben sind Dörfer entstanden, die den alten Namen tragen (Groß- und Klein Beuthen), und die Görtzkes, die diese Dörfer an die 300 Jahre nun ihr eigen nennen, sind alles, nur keine Goswin von Brederlows mehr, die sich's erst »überlegen wollen«, wenn ein Hohenzoller Einlaß begehrt.

Und es sind nun einige zwanzig Jahre, daß ein Hohenzoller wieder mal darum ansprach und gleich danach seinen Einzug hielt in Großbeuthen.

Versuch ich, diesen Tag zu beschreiben.

Die Augustsonne fällt auf das am Dorfausgange gelegene Herrenhaus. Der alte Torweg, der von der Straße her auf den Hof führt, ist eine Blumenpforte geworden, und auf den Steinpfeilern rechts und links wehen die preußischen Fahnen. Ebenso hat sich das an sich einfache Herrenhaus verändert und ist kaum noch das alte. Seine weißgetünchten Wände blicken nur hier und da noch aus der Umrahmung von Festons und Guirlanden hervor, und die Vorbautreppe verbirgt ihr schlichtes Geländer hinter einem Walde von hohem Schilf. Aus der weit offenstehenden Türe lugt von Zeit zu Zeit ein Mädchenkopf hervor und fragt mit jedem Blick über den Hof hin: »Ob sie kommen?« Auf dem Korridor aber schreiten befrackte Herren auf und ab und vergleichen mechanisch die Taschenuhr mit der Wanduhr, dem einzigen Schlagwerk im Hause, das in unbeirrter Ruhe seinen Gang fortsetzt, während alle Herzen rascher und höher schlagen. Die Tauben sitzen den Dachfirst entlang, als warteten sie mit, und der Hahn, der sonst wohl im Schatten unter dem Vordach um diese Stunde zu meditieren pflegt, heut schüttelt er seine Federn und scheint sich in den Honneurs zu üben, sooft er auf einem Fuße steht. Jetzt aber meldet sein lauter Schrei, daß Freund oder Feind im Anzuge, die Tauben flattern auf, und die Mädchen auf dem Hausflur rufen, was jeder weiß: »Sie kommen!« Im Nu sprengen jetzt Vorreiter auf den Hof, der erste Wagen hält, und die Pferde schnaufen und werfen den Schaum von den Nüstern; eine lange Reihe von Equipagen folgt; aber ehe sie heran sind, öffnet ein Jäger den Schlag, und den Tritt hinab, der sich beim Öffnen der Wagentür wie von selber ausbreitet, steigen *König und Königin*.

Sie haben sich anmelden lassen in Großbeuthen, haben um Quartier gebeten für die Tage des Manövers, das die Garden auf dem Sandplateau des Teltow eben heute begonnen haben, und da sind sie nun, um ihren Einzug zu halten. Liebe empfängt sie, und Ehre geben sie. Die Schilftreppe hinauf schreitet das hohe Paar, und nach Worten herzlicher Begrüßung treten König und Königin in die für sie bereitgehaltenen Zimmer.

Und nun eine Stunde später.

Im Freien ist das Mahl angerichtet unter ein paar mächtigen Kastanien, die das weiße Linnen des Tisches überschatten. Und was alles hat der Wunsch, ein Schönstes und Bestes zu tun, aus diesem schlichten Platze gemacht! Der Staketenzaun, dessen Holzwerk längst die Zeichen gereifter Jahre trägt, hat seine Moos- und Flechtenpatina hinter Pyramiden von Riesenmais versteckt, und was im Garten noch Duft und Farbe hatte, scheint jetzt *hier* versammelt zu sein. Die Treibhäuser haben ihre Blumentöpfe bis auf den letzten Mann gestellt, und selbst der Landsturm der Astern ist aufgeboten worden. Terrassenförmig stehen sie rechts und links und blicken einander über die Köpfe fort, als wären sie nicht nur erschienen, um gesehen zu werden, sondern auch, um selber zu sehn.

Die trotzigen Tage liegen weit zurück – König und Königin sind zu Gast in Großbeuthen. Die vollen Blätterschirme geben Schatten, und doch liegt ein Sonnenschein über der Tafel, und das Singen der Vögel klingt, als wollten sie denen draußen erzählen von dem Feste, das hier gefeiert wird. Das Auge der Königin hängt an dem reizenden Bilde, der König aber, der den Zauber mehr fühlt als sieht, strömt über von jener gemüt- und geistgebornen Heiterkeit, die so viele Herzen eroberte, selbst abgeneigtere als die Herzen derer, die hier unterm Kastaniendache versammelt sind.

Das Mahl ist vorüber, und unter den Bäumen wird es schwül; aber der offene, luftige Garten liegt ausgebreitet vor ihnen, und seine breiten Steige laden zu einem Spaziergang ein. Die Obstbaumallee hinauf, an der Akazienlaube vorüber, am Weinspalier zurück, so schreitet der König in raschem Geplauder auf und ab und unterbricht sich nur, wenn aus Näh oder Ferne die Glocken herüberklingen, die den Abend einläuten.

Die Dämmerstunde kommt, und der Tee wird auf der Gartentreppe serviert. In der Luft ist kaum ein Zittern. Zwei das Haus schützende hohe Platanen breiten ihr Gezweig über die Gruppe hin, und ein paar Schwarzpappeln, die weitab am Ausgange des Gartens stehn, stehen jetzt wie Schatten vor dem letzten Streifen der Abendröte. Stiller wird's, und nur ein Hauch, der sich eben regt, zieht über die Levkojenbeete hin und trägt ihren Duft bis zu der Gartentreppe hinauf. »Wie schön es bei Ihnen ist«, wendet sich der König an die Dame des Hauses und atmet höher und voller, als bad er sich in der duftigen Frische des Abends.

Aber diese Frische wird allmählich zur Kühle; jung und alt beginnen zu frösteln, und der Schutz und Wärme bietende Gartensaal empfängt die hohen Gäste. »Was lesen wir?« fragt der König. »Ehre, dem Ehre gebührt; ich dächte, wir hörten ein Kapitel heut aus der Geschichte der Görtzkes.«

Und der Vorleser verbeugt sich und rückt an den Tisch. Beschämt und gehoben zugleich sitzen die Görtzkes umher und horchen auf jedes Wort. Sie kennen alles, aber das Bekannteste selbst klingt ihnen heute neu, wo der *König* dem Berichte lauscht.

Von ihrem Eltervater wird gelesen, von Joachim Ernst von Görtzke, dem »alten Görtzke« par excellence. Nichts wird vergessen: wie er als Page Marie Eleonorens in schwedische Dienste kam; wie er unter dem Schwedenkönig bei Leipzig focht; wie ihn die Kaiserlichen bei Lützen zum Hinkefuß und Krüppel schossen und wie ihm das alte märkische Herz endlich wieder lebendig ward und er zurücktrat in den kurbrandenburgischen Dienst. Und weiter dann: wie er ein großer Feldoberst wurde, der bei Rathenow und Fehrbellin dem alten Feldmarschall Wrangel, dem »Gustav Wrangel«, zeigte, daß aus dem Schüler ein Meister geworden. All das und wie der Kurfürst ihn seinen »Paladin« genannt, es wurde gelesen heut und noch viel mehr. Und auch wie seine letzten Tage waren. In Friedersdorf, das er gekauft und aus Trümmern und Asche wieder aufgebaut hatte, saß der Alte vor seinem Schloß und freute sich der Sonne, die herniederschien, und des Wohlstands und Segens um ihn her. Und von Zeit zu Zeit kam auch Besuch: ein alter Weißbart, gefolgt von Töchtern und Enkeln, als wär es der Winter und brächte den Frühling mit. Das war Gusower Besuch, und der alte Weißbart, der kam, war der alte Derfflinger. Unter einer weitzweigigen Rotbuche setzte man sich dann, und die beiden alten Kämpen, die jederzeit Nachbarn gewesen waren, auf ihren Schlachtfeldern *sonst* und mit ihren Ackerfeldern *jetzt*, sie gedachten der alten Zeit und der alten Namen. Und auch am 30. März 1682 hielt der Gusower Wagen auf der Rampe von Friedersdorf. Aber nicht zu frohem Besuche; Glocken klangen, und Kanonen wurden gelöst, und der Achtzigjährige war nur gekommen, um den Siebzigjährigen in die Gruft zu senken. In der Friedersdorfer Kirche ruht die leibliche Hülle des »Paladin«; neben dem Altar aber steht hoch aufgerichtet sein steinern Bild und schaut fromm und mutig drein, wie's einem brandenburgischen Kriegsmanne geziemt. –

Der Vorleser schwieg. »Ich weiß, daß die Görtzkes noch immer die alten sind«, sagte der König. »Der Erfolg steht bei Gott; aber Mut und Treue stehen bei uns.«

Im Gartensaale wurd es still und bald auch im Hause. Der König schlief inmitten seiner Treuen wie jener »reichste Fürst«, den der Dichter besungen, und wenn Segenswünsche Macht haben über die Träume, so war sein Traum wie der Sommer, der zieht, oder wie Gesang, der abends vom See her ans Ufer klingt.

Ein klarer Oktoberhimmel lacht, in die Platanenblätter mischt sich das erste Gelb, und die Birnbäume, die hoch über das Weinspalier wegragen, stehen in voller Frucht. Im Gartensaal aber ist es, als wäre schon Dezember, jene schönste Zeit im Jahr, wo's auf Flur und Treppe nach Tannenbaum und Wachsstock duftet und wo die Geschenke kommen von nah und fern. Und wirklich, an der ganzen Länge des Tisches hin stehen die großbeuthenschen Hausinsassen und blicken auf allerlei wohlverpackte *Kisten*, als wären es Zauberkommoden, aus deren Fächern in jedem Augenblick ein Wundervogel auffliegen könne. Mit einer Feierlichkeit, die niemand merkt, weil jeder sie teilt, werden endlich die Deckel geöffnet, und der sonst so wenig anmutige, knarrende Ton, mit dem die Nägel sich langsam aus dem Holze ziehn – er hat seinen Reiz heut in dieser erwartungsvollen Stunde. Die Seegrashülle fällt, und nun blinkt es und blitzt es hell herauf! Es sind Geschenke von *Sanssouci*: Gold und Porzellan und Bilder und Gemmen, alles wertvolle Dinge, wie sie die Hand eines *Königs*, und sinnige Dinge, wie sie nur die Hand eines *solchen* Königs schenkt. Ein jeder blickt auf die Zeichen übergroßer Huld, und während das Haupt der Familie mit bewegter Stimme die königlichen Worte liest, die diese reichen Gaben begleiten, fallen die Tränen allertreuster Menschen zwischen die Gemmen und Edelsteine nieder, als gehörten sie dorthin.

Schloß Beuthen ist längst keine Veste mehr, die Goswin von Brederlow gegen die Hohenzollern hält. Tür und Tor stehen ihnen weit offen und die Herzen der Görtzkes dazu.

SAALOW

Ein Kapitel vom alten Schadow

Ihr wolltet lebend nicht einander weichen,
Im Tode hat nun jeder seine Krone;
Verbrüdert mögt ihr euch die Hände reichen.
Platen

Auf dem Plateau des Teltow, ziemlich halben Weges zwischen Trebbin und Zossen, liegt das Dörfchen Saalow. Elsbruch, Kiefernwald und sandige Höhen fassen es ein, und die letzteren, die den grotesken Namen der »Höllenberge« führen, bilden neben einem benachbarten See, der »Sprotter Lache«, so ziemlich die ganze Poesie des Orts.

Wir kommen von Großbeeren her, haben eben das Dorf Schünow passiert, und zwischen Wald und Bruchland unsern Weg verfolgend, erreichen wir zuletzt eine kurze Maulbeerbaumallee, die bis an den Eingang des Dörfchens führt, dem unsre heutige Wanderung gilt. Eben Saalow. Eine Kirche fehlt, ein Herrenhaus auch, und ein paar Dutzend Häuser und Gehöfte, sauber gehalten und meist mit Ziegeln gedeckt, bilden die Dorfstraße, die sich alsbald platzartig erweitert. In der Mitte dieses Platzes dehnt sich der übliche Wassertümpel, ohne den geringsten Anspruch auf die sinnige Bezeichnung »Auge der Landschaft«. Die Schwalben unterm Sims und das Storchnest auf dem Dache sorgen für die nötige Dorfgemütlichkeit, die Hähne krähen, der Balken am Ziehbrunnen steigt auf und ab, und über den Pfuhl hin schnattert und segelt das Entenvolk in komischer Gravität.

So ist Dorf Saalow *jetzt*, schlicht und einfach genug; aber doch ein Platz voll einladender Heiterkeit, verglichen mit *dem*, was es um die Mitte des vorigen Jahrhunderts war, wo der, der es zufällig passierte, nur Strohdächer sah, *alte* Strohdächer, die längst zu Moosdächern geworden waren. Unter einem derselben wohnte der Dorfschneider, Hans Schadow mit Namen, der, trotzdem er schon in die Jahre ging und viel

Anhang und Vetterschaft im Dorfe hatte, doch noch immer ledigen Standes war. Als ihm aber endlich das Alleinsein nicht länger mehr gefallen wollte, gefiel ihm auch Saalow selbst nicht mehr, und er gab es auf, um zunächst nach dem benachbarten Zossen und dann von Zossen aus nach Berlin zu ziehn. Da fand er, was er suchte, verheiratete sich gerad in demselben Winter 63, wo der Krieg auf die Neige ging, und nahm eine kleine Wohnung in der Lindenstraße, nicht weit vom Halleschen Tore.

Sieben Jahre sind seitdem vergangen, und wir treten heut in die Werkstatt des ehemalig saalowschen und nunmehro berlinischen Schneidermeisters ein. An dem Zuschneidetische, dessen weit vorspringende Holzplatte bis in die Mitte des Zimmers reicht, steht ein knochiger und breitschultriger Mann, dessen Figur eher an Hammer und Amboß als an Nadel und Schere gemahnt, und blickt auf das vor ihm ausgerollte Stück Tuch. Er hält zugleich auch ein Stück Kreide zwischen Daumen und Zeigefinger, und wie ein Baumeister, der seinen Plan entwirft und die Distancen absteckt, tupft er bald hierhin, bald dorthin auf das ausgerollte Tuchstück, mustert die weißen Tüpfelchen und zieht dann, zwischen ebendiesen Punkten, die geraden und die geschweiften Linien, je nachdem es Schoß oder Rückenstück erfordert. Ringsum völlige Stille; der Zeisig im Bauer singt weder, noch springt er auf den Sprossen auf und ab, selbst die Fliegen gönnen sich Ruh, und nur aus dem halbdunklen Ofenwinkel hervor klingt es und schrammt es leise, wie wenn jemand geschäftig mit einem Griffel über die Schiefertafel fährt. Und dem ist auch so. Auf der niedrigen Ofenbank hockt ein sechsjähriger Blondkopf, und die beiden Beinchen wie ein schräges Pult vor sich, tupft er, ganz nach Art des Vaters, allerhand Tüpfelchen auf die Tafel und zieht dann, zwischen den Punkten, die geraden und die geschweiften Linien. Aber diese Linien und Punkte beziehen sich nicht auf Schoß und nicht auf Rückenstück, sondern auf das Gesicht des Vaters, dessen markiertes Profil er in aller Deutlichkeit vor sich hat. Den vorspringenden Stirnbuckel, die römisch geschwungene Nase, den tiefen Mundwinkel, alles hat er getroffen – und einen Augenblick haftet der freudig erregte Blick des Knaben an dem von ihm geschaffenen Bilde. Plötzlich aber klingt es »Gottfried« vom Arbeitstische her, das Klappern eines Deckelkruges begleitet den strengen Ruf des Vaters, und im selben Moment, als fühl er sich auf einem Unrecht ertappt, fährt die Hand des Knaben rasch über Tafel und Zeichnung hin. Und nun erst springt er auf und nimmt den Krug, den ihm der Vater entgegenhält.

Das war im Sommer 1770.

Und siehe da, rasch wechseln Zeit und Ort: statt der siebziger Jahre des vorigen, liegen die vierziger Jahre dieses Jahrhunderts vor uns, und statt in die kleine Schneiderstube blicken wir in den großen Aktsaal der Berliner Akademie. Die Schüler sind bereits versammelt, und jedes einzelnen Ernst und Aufmerksamkeit ist eine gesteigerte, denn der »Alte« ist eben eingetreten, um nach dem Rechten zu sehen. Dieser »Alte«, ein Achtziger schon, aber immer noch ein Mann aus dem Vollen, schreitet langsam von Platz zu Platz, und nur dann und wann bleibt er stehen und blickt musternd über die Schulter der Zeichnenden. »Det is jut«, sagt er dem einen und klopft ihm, als Zoll der Anerkennung, mit seiner mächtigen Hand auf den Kopf. »Det is nischt«, sagt er zu dem andern und geht weiter. Ein dritter müht sich eben, den Umriß einer menschlichen Figur auf dem Papiere festzuhalten, aber die Linien sind nicht sicher gezogen, und die Proportionen sind falsch. Der Alte heißt ihn aufstehen, nimmt seinerseits Platz auf dem leer gewordenen Stuhl und sagt dann lakonisch: »Nu paß uff. Ich mach det so.« Dabei nimmt er des Schülers Kreidestift, tupft Punkte mit fester Hand auf das graue, grobkörnige Zeichenpapier, und während er diese Punkte mittelst sicher gezogener Linien untereinander verbindet, brummt er vor sich hin: »Det hab ich von meinen Vater. Der war 'n Schneider.«

Gottfried Schadow, der Schneiderssohn, ist Gottfried Schadow, der Akademiedirektor, geworden, ein berühmter Mann, ein Name, der Klang hat von einem Ende Europas bis zum andern. Derselbe Gottfried, der dienstfertig aufsprang, wenn der strenge Vater mit dem Deckelkruge klappte, derselbe Gottfried ist jetzt seinerseits ein strenger Hausherr geworden, vielleicht nicht strenger als der Vater, aber mächtiger und gefürchteter. Sein Haus ist die Akademie, darin waltet er als König und Herr und hat seine Macht längst als einen unerschütterlichen rocher de bronze stabiliert. Die Zeiten, wo er Beispiele statuieren mußte, liegen hinter ihm, und nach Art eines alt und milde gewordenen Autokraten spielt er nur noch mit dem Zügel seiner Herrschaft. Aller Abzeichen seiner Würde, jedes repräsentativen Flitters hat er sich längst entkleidet; er regiert durch sich selbst, kraft seiner Kraft. Ob das Sacktuch, das er aus seinem taschenreichen Rocke zieht, von Kattun ist oder von Seide; ob er riesige Filzschuhe trägt oder kalblederne Stiefel (in die, der Ballen und Zehen halber, immer große Löcher geschnitten sind); ob er hochdeutsch spricht oder in einem Berliner Platt – es kümmert ihn nicht und kümmert andre nicht, denn weder er noch andre vergessen es, daß er »der alte Schadow« ist. Herrschergewohnheit und das Bewußtsein völliger Überlegenheit haben seinem Auftreten längst jede Spur von Scheu genommen, und was er denkt und fühlt, das spricht er aus. Sein Wille ist Gesetz; seine Laune nicht minder. Eine kleine Szene mag schildern, wie er das Zepter führt.

Es ist eine Abendsitzung. Der akademische Senat hat sich versammelt: berühmte Maler und Bildhauer; keiner fehlt. Der Saal ist hell erleuchtet, und das Licht fällt auf die schönen Blechenschen Zeichnungen, die ringsum an den Ständern und Wandschirmen befestigt sind. Am obern Ende des Ovaltisches aber, dessen grüne Decke mit vielen hundert Goldnägelchen an der Tischplatte befestigt ist, sitzt der alte Schadow, die Arme bequem auf die Seitenpolster eines Lehnstuhls gelegt, während seine Füße in hohen Pelzstiefeln stecken und ein mächtiger grüner Augenschirm uns die obere Hälfte seines Gesichtes verbirgt. Es ist heut ein wichtiger Tag: Annahme neuer Schüler, und am entgegengesetzten Saalende steht Professor Stabfuß und kontrolliert alle sich zur Aufnahme Meldenden. Wessen Zeugnisse nicht in Ordnung sind, wer zu jung ist oder zu alt, wird unerbittlich zurückgewiesen, und heitre und verblüffte Gesichter wechseln untereinander ab. Da tritt ein junges Bürschchen ein, ein echtes Berliner Kind, dessen kraus aufrecht stehendes Haar gegen alle Ängstlichkeit in der Welt zu protestieren scheint. Am besten, ich stell ihn vor: Richard Lucae, später selber ein Direktor (der Bauakademie).

Die Sicherheit seines Auftretens, auf daß nichts verschwiegen werde, hat freilich noch seine besonderen Gründe: Der alte Schadow ist Hausfreund bei des blonden Krauskopfs Eltern, und kein Geburtstag ist seit funfzehn Jahren vergangen, wo nicht die Mutter des eben Eingetretenen, eine heitre thüringische Frau, dem »Herrn Nachbar und Gevatter« einen Quarkfladen als Geburtstagsgeschenk übermittelt hätte. Das Berliner Kind kennt natürlich die Welt; die Macht der Connexion ist ihm kein Geheimnis mehr, und auf Professor Stabfuß' wiederholte Frage nach Zeugnissen und allerhand andern Papieren erklärt er mit äußerster Unbefangenheit, daß er weder Zeugnisse noch andere Papiere habe. Die Ruhe, mit der diese Erklärung abgegeben wird, hat etwas Provokatorisches, und Stabfuß beginnt seinem Ärger Luft zu machen. Richard Lucae repliziert ebenso, der Lärm wird immer größer, und der alte Schadow, dessen schläfrig scheinender Aufmerksamkeit in Wahrheit nichts entgangen ist, ruft endlich über den Tisch hin: »Wat is denn los?«

Statt aber eine direkte Antwort zu geben, tritt der Professor vom andern Saalende her an den Alten heran, zeigt auf das Jüngelchen, das ihm gefolgt ist, und sagt in gereiztestem Tone: »Herr Direktor, hier ist einer von den Lucaes nebenan; er will in die Gipsklasse; aber nichts ist in Ordnung.«

»So, so«, brummelt der Alte, hebt den Augenschirm halb in die Höh, mustert den jungen Aspiranten der Gipsklasse und sagt dann: »I, det is ja Richard.«

Der Angeredete verbeugt sich zustimmend.

»Höre, Richard, sage doch Muttern, der letzte Kuchen war wieder sehr gut. Aber vergiß 't nich.«*

* In der Regel wurde dieser Dank brieflich abgestattet, und ein paar dieser Dankesbriefe liegen mir vor: »Berlin, 17. April 1843. Meine vortreffliche Frau Gevatterin. Ihr wahrscheinlich mit eigenen Händen gebackener Osterfladen hat mich um so unerwarteter angenehm überrascht, als ich annehmen konnte, daß Sie mich altes Exemplar vergessen hätten. Ich kann weite Wege nicht mehr mit Annehmlichkeit machen, und Besuche werden mir schwer, weil ich immer eine lästige Begleitung dabei nötig habe; sonst käm ich, Ihnen persönlich meinen Dank zu bringen. *Von dem Kuchen habe ich nichts abgegeben* und soeben das letzte Stück zum zweiten Frühstück genossen. Grüßen Sie von mir alles um sich herum. Ihnen einen Rest vergnügter Feiertage wün-

Die Professoren, längst an Intermezzos dieser und ähnlicher Art gewöhnt, lächeln behaglich vor sich hin, wie wenn sie sagen wollten: »ganz im Stil des Alten«, und nur Stabfuß beißt sich auf die Lippen, denn er ahnt, daß seinem Ansehn eine neue große Niederlage bevorstehe.

»Na, Richard«, fährt der Alte fort. »Du wist also in de Gipsklasse?«

»Ja, Herr Direktor.«

»Haste denn ooch Lust?«

»Ja, Herr Direktor.«

»Hast ooch schon gezeechnet?«

»Ja, Herr Direktor.«

»Na, denn zeechne mal 'n Ohr; aber *aus 'n Kopp.* Stabfuß, jeben Se mal Papier her un 'n Bleistift.«

Der Angeredete gehorcht mit süßsaurem Gesicht.

»So. Na, nu setzt de dir hier an 'n Disch un zeechenst.«

Unser junger Aspirant tut wie befohlen, zeichnet ein Ohr und überreicht es dem neben ihm stehenden Stabfuß. Dieser, in begreiflicherweise höchst kritischer Laune, beginnt zu mäkeln, aber seine Geschicke vollziehen sich unabwendlich.

»Geben Se mal her«, unterbricht ihn der Alte, klappt den grünen Schirm abermals in die Höh, befühlt und bekuckt das Papier von allen vier Seiten und sagt dann: »Stabfuß, bedenken Se – *aus 'n Kopp.* Det Ohr is jut. Schreiben Se 'n man in.«

Und so kam Richard Lucae in die Gipsklasse.

Und so war der alte Schadow, setzen wir hinzu. Ein Zwiespalt ging durch sein Leben: Griechentum und Märkertum hielten sich das Gleichgewicht oder verbanden sich zu einem wunderbar humoristischen Gemisch. Wenn er in den Saal

schend, verbleibe Ihr alter getreuer Gevatter J. G. Schadow, Direktor.« Und zwei Jahre später: »Berlin, 29. Mai 1845. Meine Frau Nachbarin, Gevatterin und Freundin hat meiner wieder gedacht und nach alter Sitte mir um diese Jahreszeit wieder einen Quarkfladen gebacken. War diesmal vorzüglich! Auch hab ich anderen wenig davon abgegeben, gestern abend das letzte davon verzehrt und bin heute mit dem gebührenden Dankgefühl erwacht. Hierbei ist mir wieder lebhaft in Erinnerung gekommen Ihre Mutter, die auch eine so angenehme Erscheinung war. Das häusliche Glück sei stets mit und bei Ihnen! Zu fernerem Wohlwollen empfiehlt sich Ihnen Ihr alter ergebner Freund J. G. Schadow, Direktor.«

tapste oder das Taschentuch zog (was viel öfter geschah, als schön war), war er ganz der Sohn seines Vaters aus Dorf Saalow, wenn er den Stift in die Hand nahm, war er das Kind einer glücklicheren Zone. Mark Brandenburg und Athen erschienen abwechselnd als seine Heimat. Sein Körper und seine Seele lebten miteinander wie Venus und Vulkan. Diese Zwiespältigkeit wurde zuletzt sein Stolz, und er machte das Beste draus, was sich draus machen ließ, ein *Original*. Und wirklich, immer nur solche Derbheitsgestalten sind bei unserm Volke populär geworden: der Alte Dessauer, Friedrich der Große, Blücher. Auch unser großer Kanzler gehört hierher. Alles Patente wird beargwohnt oder ist einfach lächerlich.

Das ganze Auftreten Schadows erinnerte vielfach an die Meister des fünfzehnten und sechzehnten Jahrhunderts. Er war ein Peter Vischer ins Märkisch-Berlinische übersetzt und hielt noch aufs *Handwerk*, immer davon ausgehend, daß es besser sei, das Handwerk zur Kunst als die Kunst zum Handwerk zu machen. Von Bürgersinn und Bürgertrotz war ihm ein gerüttelt und geschüttelt Maß geworden, und gegenüber modernen Künstlerprätensionen hielt er's ganz mit der alten Schule, die sich mehr ums *Sein* als ums *Scheinen* kümmerte. Das Schwierige des bloßen, äußerlichen Machen-Könnens betonte er gern, und in ähnlicher Weise, wie Ludwig Tieck zu sagen pflegte: »Es ist immerhin eine *Arbeit*, einen dreibändigen Roman zu schreiben, gleichviel ob er gut oder schlecht ist«, so sagte auch Schadow, wenn Skizzen über Gebühr und auf Kosten ausgeführter Arbeiten gelobt wurden: »Papier is weech, aber Steen is hart.«

In einem gewissen Zusammenhange mit diesem Betonen des Handwerklichen in der Kunst war es auch, daß er mit Vorliebe zitierte: »Der Arbeiter ist seines Lohnes wert«, und sich jedesmal ärgerte, wenn einem Künstler zugemutet wurde, vom himmlischen Lichte leben zu sollen. Er forderte für den Maler und Bildhauer, wie für jeden andern Menschen, das *tägliche Brot* und bekannte sich sogar zu dem in der Kunst vielleicht anfechtbaren Satze, daß sich *Art* und *Wert* der Arbeit nach dem Lohn zu bestimmen habe. Sein gemünztes Wort in solchem Falle war: »Kuppern bezahlt, kuppern gemalt.«

Er hatte, wie alle volkstümlichen Figuren unseres Landes, eine Vorliebe für den *Dialekt**, wiewohl er ihn ebensoleicht beiseite tun und namentlich in Aufsätzen und Abhandlungen – deren höchst vortreffliche von ihm existieren – eine durchaus mustergültige Sprache führen konnte. Lakonisch war er immer, wie fast alle Leute hervorragenden Könnens. Er trieb diese Kürze des Ausdrucks gelegentlich bis zur Unverständlichkeit, und nur Eingeweihte konnten ihm in solchem Falle folgen. Ein Jugenderlebnis, von dem er gerne sprach und das ihm so recht deutlich gezeigt hatte, mit wie wenig Worten sich durchkommen lasse, schien eine Nachwirkung auf sein ganzes Leben ausgeübt zu haben. Als er 1791 über Schweden nach Petersburg reiste, fand er an der russischen Grenzstation Kymen einen ehemaligen russischen Korporal als Posthalter vor. Schadow fror bitterlich und hatte Hunger und Durst. Er wußte kein Wort russisch, und um sich so gut wie möglich zu introduzieren, sagte er bloß: »Tottleben, Tschernyschew, Zarewna.« Der Korporal antwortete: »Belling, Zieten, Fridericus Rex.« So wurde mit

* Von berufener Seite her ist mir hiergegen eingewandt worden: »es sei dies nicht richtig; der alte Schadow habe nicht im Dialekt gesprochen«. Auf diesen Einwand hin hielt ich es für angezeigt, mich mit einer ganzen Anzahl der aus der Schadow-Zeit her noch lebenden Maler und Bildhauer in briefliche Verbindung zu setzen. Ich erhielt auf meine Briefe funfzehn Antwortschreiben, die sich in drei Gruppen teilen: sechs erklären rund und nett, »er sprach berlinisch«, zwei bestreiten es, und sieben halten einen Mittelkurs. Die letzteren werden wohl recht haben, und aus der Reihe dieser zitier ich deshalb folgende Stellen: »Er sprach berlinisch, wenn er sich gehenließ, aber nicht das *spezifische* Berlinisch, sondern ein Berlinisch, das durch das märkische *Platt* stark beeinflußt war. Professor C. G. P.« – »Er sprach nicht speziell berlinisch, aber höchst originell, ich möchte sagen *schadowsch*, und streifte dabei stark das Plattdeutsche. Was ja auch ganz erklärlich. Professor A. H.« – »Er sprach nicht eigentlich berlinisch, aber hatte doch eine Redeweise, die stark daran erinnerte, wie zum Beispiel ›Na, denn haste recht‹ oder ›Na, des is ooch nich die richtige Intention‹. Professor A. E.« – »Er sprach, wie Ihnen Professor H. sehr richtig geschrieben hat, vor allem *schadowsch*. Außerdem aber liebte er es ganz besonders, französische Wörter und Floskeln einzuflechten: chef-d'œuvre, Carnation, Attitude, *Tractation* des Marmors usw. Professor G. L.« – »Ich entsinne mich nicht, daß er regelmäßig berlinisch gesprochen hätte, dagegen weiß ich ganz bestimmt, daß er mir bei gewissen Anlässen im Berliner Dialekt antwortete. Mal fragt ich ihn, wie man's wohl einzurichten habe, um beim Modellieren nach dem lebenden Akt am schnellsten und sichersten zum Ziele zu gelangen. ›Ich fang beim kleenen Zehen an, un das is meine Manier, un das is de beste.‹ Ein andermal fragt ich ihn, ob man bei Statuen, die hoch gestellt würden und sich gegen die Luft abhöben, die natürlichen Proportionen ändern müsse. Er antwortete: ›Wat richtig is, muß ooch richtig aussehen.‹ Professor A. W.« – Und nun zum Schluß. Einer aus der Gruppe der »Entschiedenen« schrieb mir: »Alle drei Direktoren meiner Lebenszeit sprachen prononciert berlinisch. Die Reihenfolge würde sein: Herbig, Werner, Schadow. Herbig ›am dollsten‹.«

Hülfe des Siebenjährigen Krieges Freundschaft geschlossen. Man fand sich und schüttelte sich die Hände. Der Russe schaffte Speisen und Tee herbei und trat dann unserm Schadow sein Bett ab, das das einzige in der ganzen Gegend war. Er hatte hier praktisch erfahren, daß es nur darauf ankomme, das *rechte* Wort zu treffen! –

Voller Selbstbewußtsein, war er doch frei von jeder kleinlichen Eitelkeit. Ja, er erwies sich nach dieser Seite hin als eine echte und große Künstlernatur. Die Autobiographie, die er hinterlassen hat, zeigt uns in erhebender Weise die Beispiele davon. Nirgends ein Verkleinern anderer, nirgends ein Vordrängen des eigenen Ich, nirgends ein Verkennen oder wohl gar ein Grollen über die Fortschritte, die Zeit und Kunst um ihn her gemacht hatten. Selten mag ein Künstler mit größerer Unbefangenheit über seine Werke zu Gericht gesessen haben. »Es kann dies Denkmal Tauentziens« – so schreibt er selbst – »nicht zu den Kunstwerken gezählt werden, die als Vorbilder dienen dürfen«, und über die Statue Friedrichs II. in Stettin, die von vielen Seiten seinen besten Arbeiten zugezählt und *über* das Rauchsche Kolossalwerk gestellt worden ist, läßt er sich selber in abwehrender Weise vernehmen: »Ich zähl auch diese Arbeit nicht zu den gelungenen; die Drapierung des Mantels war ein mühseliges Unternehmen.« Von den Reliefs am Berliner Münzgebäude sagt er in heiterer Anspruchslosigkeit: »Wer *diese* Arbeiten als meine besten gepriesen hat, mag es vor sich und vor der Welt verantworten.«

Solcher Aussprüche finden sich viele. Eine ungeheure Produktionskraft und eine bis ins späte Alter hinein dem entsprechende Leichtigkeit des Schaffens machten ihn gleichgültig dagegen, ob das ein' oder andre seiner Werke verlorenging oder nicht. Immer das *Ganze* vor Augen, war er nicht ängstlich bei jedem einzelnen auf Ruhm und Unsterblichkeit bedacht, auch wenn das einzelne wirklichen Wert besaß. Eine kleine Anekdote mag das zeigen. Unter den vielen Statuetten, die in seinem Zimmer auf Konsolen und Simsen umherstanden, befanden sich auch die Modellfiguren zweier Grazien, die er in grüner Wachsmasse ausgeführt hatte. Es waren Arbeiten aus seiner besten Zeit, kleine Meisterwerke, die mehr als einmal die Bewunderung eintretender Künstler und Kenner erregt hatten. Durch eine Unvorsichtigkeit indes waren während des Winters 1840 beide Figuren in die Nähe des Ofens gestellt worden und hatten, weil das Wachs an der Oberfläche schmolz, eine wie mit Pickeln übersäte Haut bekommen. Ein Tausendkünstler aus der Schadowschen Bekanntschaft erbot sich, mit Hülfe von Naphtha oder Äther die alte normale Schönheit wiederherzustellen. »Na, na«, hatte der Alte kopfschüttelnd abgewehrt, sich aber schließlich doch bestimmen lassen. Leider sehr zur Unzeit, und in einem Zustande merkwürdiger Schlankheit kehrten nach kaum acht Tagen die Äthergebadeten in das Schadowsche Haus zurück. Der Alte ging einen Augenblick musternd und schmunzelnd um seine Lieblingsgestalten herum und sagte dann ruhig zu dem erwartungsvoll Dastehenden: »Ja, de Pickeln sind weg, aber de Pelle ooch.« Wenige hätten gleich ihm die Beherrschung gehabt, mit einer humoristischen Bemerkung von einer so wertvollen und allgemein als mustergiltig angesehenen Arbeit Abschied zu nehmen.

Ein solches, von einem leichten Humor getragenes Abschiednehmen war nun freilich nicht *immer* seine Sache. *Mußt* es sein, wie in dem vorerzählten Falle, so fand er sich darin; aber freiwillig – nein. Auch hierfür ein Beispiel.

Einer seiner Schüler, der spätere Professor F., hatte sich durch Ausführung einer ihm im Interesse Schadows übertragenen Arbeit die ganz besondere Zufriedenheit des Alten erworben, so daß dieser in guter Laune sagte: »Nu höre, F., nu könntest du dir woll eijentlich sozusagen ne Gnade bei mir ausbitten. Na, sage mal, was möchtst du denn woll.«

»Ja, Herr Direktor ...«

»Na, geniere dir nich. Sage man janz dreiste ...«

»Ja, Herr Direktor, wenn Sie denn wirklich so viel Güte für mich haben wollen, dann möcht ich Sie wohl um die beiden kleinen Modellfiguren bitten, die da oben stehen.«

»Um welche denn?«

»Um den alten Dessauer und den alten Zieten.«

»I süh! ... Höre, F., du bist nich dumm. Aber ich werde dir doch lieber fünfundzwanzig Daler geben.«

Und so geschah es.

Er war auch ein Repräsentant der Berliner Ironie, der

trostlosesten aller Blüten, die der Geist dieser Landesteile je getrieben hat. Aber er war ein Repräsentant derselben auf *seine* Weise. Man hat, wenn solche Abschweifung an dieser Stelle gestattet ist, dies ironische Wesen auf den märkischen Sand, auf die Dürre des Bodens, auf den Voltairianismus König Friedrichs II. oder auch auf die eigentümliche Mischung der ursprünglichen Berliner Bevölkerung mit französischen und jüdischen Elementen zurückführen wollen – aber, wie ich glaube, mit Unrecht. Alles das mag eine bestimmte Form geschaffen haben, nicht die *Sache selbst.* Die Sache selbst war Notwehr, eine natürliche Folge davon, daß einer Ansammlung bedeutender geistiger Kräfte die großen Schauplätze des öffentlichen Lebens über Gebühr verschlossen blieben. Das freie Wort ist endlich der Tod der Ironie geworden und wird es täglich mehr. Zu Schadows Zeiten aber blühte sie noch, und da es für den einzelnen immer mehr oder weniger unmöglich sein wird, sich gegen einen die Gesellschaft beherrschenden Ton abzuschließen, so adoptierte denn auch Schadow diese Sprechweise, freilich erst, nachdem er sich dieselbe nach seinen eigenen Bedürfnissen zurechtgemacht hatte. Er versetzte sie nämlich mit einem Element, von dem sie in der Regel wenig zu haben pflegt: mit humoristischer Derbheit, und erzielte dadurch ein ganz eigenartiges Endresultat.

Ein paar illustrierende Beispiele, herausgenommen aus einer großen Zahl ähnlicher Anekdoten und Überlieferungen, mögen hier Platz finden. Vom Professor Stabfuß, der freilich alles andre eher war als ein Maler, pflegte der Alte lächelnd zu sagen: »Ja, der Stabfuß, der hat sich det Malen angewöhnt«, und einer Deputation von Bildhauern, deren Gesamtheit ihm am Abend vorher einen Fackelzug gebracht hatte, bemerkte er, ohne sich groß auf Dankesworte einzulassen: »Na, det hat euch woll viel Spaß gemacht.« Verhaßt waren ihm alle diejenigen, die durch Unterwürfigkeit und schöne Redensarten ausgleichen wollten, was ihnen an Kraft und Können abging, und auf einschmeichlerische Gesuche wie etwa: »Der Herr Direktor könnten das ja mit Leichtigkeit tun«, pflegte er regelmäßig zu antworten: »Ja, dun könnt ich et; aber ich du et lieber nich.« Anmaßung und Dünkel ließ er nicht aufkommen, auch da nicht, wo ein entschiedenes Talent die Äußerungen der Eitelkeit allenfalls verzeihlich gemacht hätte. Nahm er dergleichen wahr, so entstanden Gespräche wie das folgende: *Schadow:* »Haste det alleene gemacht?« *Schüler:* »Jawohl, Herr Direktor.« *Schadow:* »Janz alleene?« *Schüler* (fast beleidigt): »Jawohl, Herr Direktor.« *Schadow:* »Na, denn kannst du Töpper werden.« – Er hatte von solchen Ausdrücken und Vergleichen eine ganze Skala zur Verfügung. Am niedrigsten stand ihm der Zinngießer.

Nicht besser ging es denen, die als »Amateurs« in Reih und Glied eintreten und die Kunst nebenbei erlernen wollten. Einem jungen Offizier, der talentiert war und aus »*Liebhaberei*« zu malen vorhatte, antwortete er trocken: »Ne, ne, Herr Leutnant. Bleiben Se man lieber bei Ihr Mächen.«

Interessant war sein Verhältnis zu Rauch. Es wurd ihm nach dieser Seite hin das Möglichste zugemutet, und selbst die bittersten Gegner des alten Herrn – er hatte deren zur Genüge – werden ihm das Zeugnis nicht versagen können, daß er mit einer selten anzutreffenden Charakterhoheit dem Aufgang eines Gestirns folgte, das bestimmt war, die Sonne seines eigenen Ruhmes, wenigstens auf Dezennien hin, mehr oder weniger zu verdunkeln. Äußerungen, die ich bereits im allgemeinen getan, hab ich an dieser Stelle noch im besonderen zu wiederholen. Kein bitteres Wort, kein abschmeckiges Urteil kam über seine Lippe, selbst *dann* nicht, als die jugendlichere Kraft des Rivalen mit Ausführung jenes Friedrich-Denkmals betraut wurde, das einst sein Tag- und Nachtgedanke und wie nichts andres in seinem Leben der Gegenstand seines Ehrgeizes und seiner höchsten künstlerischen Begeisterung gewesen war. Überall, wo wir dem Namen Rauchs in seiner (Schadows) Autobiographie begegnen, geschieht es in einem Tone unbedingter Huldigung. »Die Figur der Königin zu Charlottenburg war sein erstes glänzendes Werk, so glänzend, daß es merkwürdig bleibt, wie seine folgenden Werke jenes noch übertreffen konnten.« In ähnlicher Weise klingt es stets. Zum Teil mochte das, was als neidlose Bescheidenheit erschien, ein Resultat klugen Abwarten- und Schweigenkönnens sein. Er wußte, daß seine Zeit wiederkehren würde; sprachen doch inzwischen seine Werke für ihn. Wenig mehr als ein Menschenalter ist seitdem verflossen, und die Wandlung der Gemüter hat sich vollzogen, rascher, als er selbst erwartet haben mochte. Die Zeit ist wieder da, wo das Grabmonument des jungen Grafen von der Mark in der Dorotheenstädtischen Kirche ruhmvoll und ebenbürtig neben jenem schönen Frauenbildnis im Mausoleum zu Charlottenburg genannt wird, und der Marmorstatuen Scharnhorsts und Bülows kann nicht Erwähnung geschehen, ohne daß gleichzeitig und mit immer wachsender Pietät auf die Standbilder Zietens und Leopolds von Dessau hingewiesen würde, die wir dem erfinderischen Kopf und der mutigen Hand des Alten verdanken. Die Fachleute zweifeln kaum noch, vor wem sie sich als vor dem größeren zu beugen haben: Rauch hatte die geschicktere Hand, aber Schadows Genius war bedeutender, selbständiger. Er schritt voran und brach die Bahn, auf der die Gestalt des andern, groß und leuchtend und mit dem fliegenden Haar des Olympiers, ihm folgte.

Es ist nicht Absicht dieser Zeilen, den Charakter Schadows nach allen Seiten hin zu zeichnen; aber *ein* Zug darf schließlich nicht vergessen sein, der entschieden in das Bild des Alten gehört: seine Loyalität, sein Herz für Preußen und die Mark. Er lebte durch ein volles halbes Jahrhundert hin als ein bevorzugter Liebling des Hofes, aber es waren nicht diese Bevorzugungen und Auszeichnungen, die seine Loyalität erst schufen, vielmehr *wurd* er ein Liebling, weil er sich in schwerer Zeit als ein Mann von Herz und Hand bewährt hatte. Er gehörte zu denen, denen gegenüber das allgemein patriarchalische Verhältnis, in dem die Hohenzollern zu ihren Untertanen stehen, den intimeren Charakter einer alten Bekanntschaft annimmt und zu einem Tone führt, in dem das Element der Scheu von der einen und der Hoheit von der andern Seite her in dem des *Vertrauens* völlig untergeht. Es gibt vielleicht keine zweite Fürstenfamilie, die solche beinah freundschaftlichen Verhältnisse kennt, *sicherlich nicht in gleicher Zahl.* An den meisten Höfen fehlt das Vertrauen, bei anderen lassen Steifheit und Formenwesen das Menschliche nicht zu voller Geltung kommen. Nur die Hohenzollern kennen jene wirkliche Humanität, die, wie der Zug ihres Herzens, so das Glück ihres Volkes ist.

Der alte Schadow war einer von denen, die wie lang bewährte Diener »mit zur Familie« gezählt wurden, einer von denen, die das süße Gefühl nicht störten: »wir sind unter uns«. Als er Ende der dreißiger Jahre ins Schloß ging, um bei Prinz Waldemar, dem jüngeren Sohne des Prinzen Wilhelm, Unterricht zu geben, trat er gerad in das Zimmer, als sich zwei junge Prinzessinnen lachend über den türkischen Teppich rollten; die Gesichter glühten, und die Haarflechten hingen lang herab. Entsetzt sprangen sie auf, warfen sich aber sofort wieder hin und tollten lachend mit den Worten weiter: »'s ist ja der alte Schadow.«

Als die Friedensklasse des Pour le mérite gestiftet wurde, war es selbstverständlich, daß Schadow den Orden erhielt. Der König selbst begab sich in die Wohnung des Alten in der jetzigen Schadow-Straße.

»Lieber Schadow, ich bring Ihnen hier den Pour le mérite.«

»Ach, Majestät, was soll ich alter Mann mit 'n Orden?«

»Aber, lieber Schadow . . .«

»Jut, jut, ich nehm ihn. Aber eine Bedingung, Majestät: wenn ich dod bin, muß ihn mein Wilhelm kriegen.«

Der König willigte lachend ein und verzeichnete in dem Ordensstatut eigenhändig die Bemerkung, daß, nach des Alten Tode, der Orden auf Wilhelm Schadow, den berühmten Direktor der Düsseldorfer Akademie, überzugehen habe. Wunsch des Vaters und Verdienst des Sohnes fielen hier zusammen.

Die letzte Begegnung, die der Alte mit König Friedrich Wilhelm IV. hatte, war wohl im Herbst 1848, wo der nunmehr Vierundachtzigjährige der Deputation angehörte, die von Berlin aus nach Potsdam ging, um dem Königspaare zur silbernen Hochzeit zu gratulieren. Als ihn der König sah, schob er ihm einen Stuhl hin. »Setzen Sie sich, Papa.« Der ganze Vorgang an die bekannte Szene zwischen Friedrich dem Großen und dem alten Zieten erinnernd.

Durch das ganze Schaffen des Alten ging, wie schon angedeutet, ein vaterländischer, ein preußisch-brandenburgischer Zug.* Dinge, die sich jetzt von selbst zu verstehen scheinen,

* Dies zeigte sich nicht bloß auf dem Gebiete der Historie, sondern auch auf dem der *Landschaft*. Er freute sich jedesmal, wenn es einem oder dem andern geglückt war, etwas Hübsches aus den Gegenden der Havel und Spree darzustellen, und eiferte

hat er das Verdienst, völlig abweichend vom Hergebrachten, zuerst gewagt und durch charakteristisch siegreiche Behandlung in die moderne Kunst eingeführt zu haben. Gegen die ausschließliche oder auch nur vorzugsweise *künstlerische* Berechtigung des Vaterländischen, des altenfritzig Zopfigen, scheint er freilich allezeit starke Bedenken unterhalten zu haben, viel stärkere, als man geneigt sein könnte bei einem Manne anzunehmen, dem es vorbehalten war, eben nach dieser Seite hin epochemachend aufzutreten. Aber ebensowenig wie er den Realismus *ausschließlich* wollte, ebensowenig verkannte er sein Recht. Die alten, hergebrachten Formen reichten für ein immer reicher und selbständiger sich gestaltendes Leben nicht mehr aus. Er empfand das tiefer als andere. Im Einklang mit seiner ganzen Natur erschien ihm die Kunst nicht als ein allein dastehendes, einfach dem Schönheitsideal nachstrebendes Ding, vielmehr sollte sie dem wirklichen Leben in der Vielheit seiner Erscheinungen und Ansprüche dienen, um es hinterher zu beherrschen. Das Loslösen der Kunst vom lebendigen Bedürfnis war ihm gleichbedeutend mit Tod der Kunst. So entstanden jene Arbeiten, die unser Stolz und unsere Freude sind. Die Ausführung dessen, woran seine Seele *zumeist* gehangen hatte, des Friedrichs-Monuments, blieb ihm freilich versagt, als Beweis aber, wie bescheiden und patriotisch zugleich er seine Tätigkeit auffaßte, stehe hier zum Schluß, was er selber bei Gelegenheit seines Zieten-Standbildes schrieb: »Ein zwar weniger kostbares, aber deshalb nicht minder beachtenswertes Zieten-Denkmal als das meinige ist die Lebensbeschreibung des alten Helden, die Frau von Blumenthal herausgegeben hat. Sie gibt in diesem Buche das ausgeführte Bild eines frommen und tapfern Soldaten, schildert den Geist seiner Zeit und flößt, bei angenehmer Unterhaltung, die Liebe ein zu König und Vaterland.«

So schrieb der Alte, und *so war er.*

dann halb scherzhaft, halb ernsthaft gegen das »ewige Italien-Malen«. »Ich bin nich so sehr vor Italien«, hieß es dann wohl, »un die Bööme gefallen mir nu schon jar nich. Immer diese Pinien un diese Pappeln. Un was is es denn am Ende damit? De eenen sehn aus wie uffgeklappte Regenschirme un die andern wie zugeklappte.«

GRÖBEN UND SIETHEN

GRÖBEN UND SIETHEN

Ob klein, ob groß –
Allüberall dasselbe Los,
Und was Leben hält und hat,
Hat allerorten seine Statt.

Eines der wichtigsten Défilés aus dem Wittenbergischen ins Märkische war von alter Zeit her das Nuthe-Tal, und von alter Zeit her existierten auch feste Punkte, dieses Défilé zu verteidigen beziehungsweise zu schließen. Unter diesen festen Punkten war das am Mittellaufe des Flüßchens gelegene Schloß Beuthen von besondrer Wichtigkeit, dasselbe Schloß Beuthen, das die Quitzow-Anhänger gegen den Nürnberger Burggrafen hielten und an dessen Unterwerfung sich der Sieg der Hohenzollerschen Sache knüpfte.

Von diesem seinerzeit vielgenannten Schloß aus nehmen wir heute, dem Flußlaufe folgend, unseren Ausgang und erreichen schon nach halbstündigem Marsch eine mäßige Hügelhöhe, von der aus wir zwei Seeflächen und zwei Dörfer überblicken: Gröben und Siethen. Ein märkisches Idyll. Aber auch ein Stück märkische Geschichte.

Beide Dörfer entstanden sehr wahrscheinlich zu gleicher, wendischer Zeit, im übrigen jedoch erfreut sich Gröben des Vorzugs, um einige Jahre früher als Siethen, und zwar bereits im Jahre 1352, in einer »im Lager vor Gröben« ausgestellten Urkunde Markgraf Ludwigs des Römers genannt zu werden. Es gehörte damals der über den ganzen Teltow hin ausgebreiteten und begüterten Familie Gröben, die, nach der Sitte der Zeit, von diesem ihrem ältesten Besitz her ihren Namen »von Gröben« angenommen hatte. Nach 1352 aber in die Kämpfe des Deutschen Ordens mit verwickelt, entäußerte sich die Gröben-Familie (von der zwanzig Mitglieder in der Deutsch-Ritter-Schlacht bei Tannenberg gefallen sein sollen) ihres märkischen Besitzes und innerhalb dieses Besitzes auch ihres Stammhauses Gröben. Ihre Güter lagen von dem genannten Zeitpunkt an östlich der Weichsel, und aus der *märkischen* Familie dieses Namens war eine *preußische* geworden, die bei dem Orden zu Lehn ging.

I

Gröben und Siethen unter den alten Schlabrendorfs Von 1416 bis 1786

Um 1416 gab es in Gröben und Siethen keine Gröbens mehr; an ihre Stelle waren die lausitzischen Schlabrendorfs getreten, die sich nach dem bei Luckau gelegenen Dorfe »Schlabrendorf« nannten, gerade so, wie sich die Gröbens in voraufgegangener Zeit nach dem im Teltow gelegenen Dorfe Gröben ihren Namen gegeben hatten.

Aus den ersten zwei Jahrhunderten der Anwesenheit der Schlabrendorfs in Gröben und Siethen wissen wir wenig von ihnen. Es scheint nicht, daß sie sich hervortaten, *einen* ausgenommen, Johann von Schlabrendorf, der in die geistliche Laufbahn eintrat und in dem Jahrzehnte, das dem Auftreten Luthers unmittelbar voranging, zum Bischof von Havelberg aufrückte. Wegen seiner Vorliebe für die Prämonstratenser behielt er die Tracht derselben bis an sein Lebensende bei. »Es wird ihm nachgerühmt«, so schreibt Lentz in seiner »Stifts-Historie von Havelberg«, daß er ein rechter Geistlicher gewesen, der fleißig in der Bibel gelesen und seine horas canonicas selber abgewartet, auch mit seinen Canonicis einen Vers um den andern dabei gebetet habe. Daneben hab er auch auf seiner Burg zu Wittstock als ein rechter Herr und Fürst zu leben und einen convenablen Hofstaat mit einem zahlreichen Gefolge von Rittern und Edelknaben zu halten gewußt. Ebenso Koppeln und Meuten und einen wohlbesetzten Marstall. Ingleichen auch hab er der Armen nicht vergessen und sie mit Bier und Brot allezeit reichlich versorgt.«

So Lentz in seiner »Stifts-Historie«. Daß dieser Bischof aber speziell dem Hause zu Gröben entsprossen gewesen, dafür spricht mit großer Wahrscheinlichkeit ein noch jetzt in der Gröbener Kirche befindliches Glasfenster, das in seinem Oberteile die Bischofsmütze samt zwei gekreuzten Bischofsstäben, darunter aber das Schlabrendorfsche Wappen zeigt.

Aus dem Gröbener Kirchenbuch

Auf dieses Vorerzählte beschränkt sich alles, was wir durch zwei Jahrhunderte hin einerseits von den Schlabrendorfs selbst, andrerseits von den ihren Hauptbesitz bildenden Schwesterdörfern Gröben und Siethen wissen, und erst von 1604 ab, wo Pastor Johannes Thile I. ins Gröben-Siethener Pfarramt eintrat und das seit 1575 bestehende Kirchenbuch eifriger als seine Vorgänger zur Hand nahm, um Aufzeichnungen darin zu machen, erst von diesem Jahre 1604 an erfahren wir Eingehenderes aus dem Leben der beiden Dörfer.

Um ebendieser Aufzeichnungen willen, die – mit Ausnahme der Schlußepoche des Dreißigjährigen Krieges – durch alle Nachfolger Johannes Thiles I. getreulich fortgesetzt wurden, ist denn auch das Gröben-Siethener Kirchenbuch ein wahrer historischer Schatz und für die Kultur- und Sittengeschichte der Mark von um so größerem Wert, als es im ganzen genommen in unsrem Lande doch nur wenige Kirchenbücher gibt, die bis 1604 zurückgehen. Es ist ein vollkommner Mikrokosmus, dem wir in diesem alten, wurmstichigen und selbstverständlich in Schweinsleder gebundenen Bande begegnen, und alles, was das Leben, und nicht bloß das Leben einer kleinen Dorfgemeinde, zu bringen vermag, das bringt es auch: Krieg und Pest und Wasser- und Feuersnot und Mißwachs und Mißgeburten. Und daneben Unglück über Unglück, heut auf dem Gröbener und morgen auf dem Siethener See. Fischer ertrinken, Brautzüge werden vom Sturm überrascht, und in Winterdämmerung Verirrte brechen ein in die kaum überfrorenen Lunen oder erstarren in dem zusammengewehten Schnee. Dazu Mord und Brand und Stäupung und Enthauptung und auf jedem dritten Blatte das alte Lied von Ehebruch und »Illegitimitäten« aller Art, an die sich dann regelmäßig und wie das Amen in der Kirche die pastoralen und meist invektivenreichsten Verurteilungen knüpfen. Aber immer im Lapidarstil.

Und nun möge das Kirchenbuch sprechen.

Aufzeichnungen des Pastors Johannes Thile I.*

»In diesem Jahre 1609 ist Herr Ernst von Schlabrendorf, Erbherr auf Gröben und Siethen, aus dieser Zeitlichkeit geschieden. Er war vermählt mit Ursula von Thümen, aus welcher Ehe demselben zwei Söhne geboren wurden: Joachim von Schlabrendorf und Melchior Ernst von Schlabrendorf. An Melchior Ernst kam Gröben, und an Joachim kam Siethen, so daß wir von diesem Jahre 1609 an *zwei Schlabrendorfsche Linien haben: eine gröbensche und eine siethensche.*

1620 am 18. Oktober hat der an der Nuthe wohnende Vogt Hans Blume seinen Stiefvater Hans Möller mit einer Büchse erschossen.« *Nachschrift* aus dem Jahre 1622: »Selbiger Hans Blume wurde von den Obrigkeiten zu keiner Strafe gezogen, vielmehr heimlich über die Grenze geschafft. Er ging nun in den Krieg nach Böhmen. Eh er aber nach Prag kam, ward er, nach gerechter göttlicher Wiedervergeltung, auch erschossen. Hat also in seinen Sünden hinsterben müssen. Ach, weh der armen Seele.

1621 am 28. Oktober ist in unsrer Nachbarschaft (auf Schloß Beuthen) ein Sohn geboren worden. Dieses Kind hat, salva venia, keinen Podicem gehabt, so daß es seiner natürlichen Funktionen unfähig gewesen ist. Wonach Meister Hans Meißner, Bader zu Trebbin, mit dem Messer den Podicem hat öffnen müssen. Und ist durch Gottes Segen gut geworden und hat einen Podicem gehabt. Wie wunderbar handelt Gott mit uns Menschen!

* Johannes Thile I. kam 1604 ins Amt und stand demselben bis zu seinem 1639 erfolgten Tode vor. Ihm folgte sein Sohn Johannes Thile II., von dem aber alle Kirchenbuchaufzeichnungen fehlen, da die Führung seines Amts in das letzte Jahrzehnt des Dreißigjährigen Krieges und die daran anschließende Not- und Trauerzeit fällt, in der alles wüst lag und an Ordnung und Buchführung nicht zu denken war. Johannes Thile II. starb 1669, und von der Hand eines seiner Nachfolger findet sich auf der entsprechenden Kirchenbuchseite die Notiz, »daß ein Sohn dieses *jüngeren* Johannes Thile (also des 1669 verstorbenen Johannes Thile II.) den Kriegs- und Soldatenstand erwählet, von der Pike auf gedient und 1722 als Oberst ein Infanterieregiment befehligt habe. In dieser seiner Eigenschaft sei derselbe durch Seine Königliche Majestät in Preußen, Friedrich Wilhelm I., in den adligen Stand erhoben und dieselbe ›Dignität‹ alsbald auch seinem Herrn Bruder, dem Geheimrat Thile, verliehen worden.« – Es sind das Angaben, die mit denen in Zedlitz' »Adels-Lexikon« im wesentlichen übereinstimmen und an die nur noch die weitere Mitteilung zu knüpfen bleibt, daß die beiden gegenwärtig in unsrer Armee stehenden Generale von Thile dieser dem Gröbener Pfarrhaus entstammten Familie zugehören.

1629 hat Ihre Kurfürstliche Hoheit dero Küchenmeister in Königsberg in Preußen aufhenken lassen.

1631 starben in Gröben und Siethen 126 Menschen an der Pest.

1632. Bis zu diesem Jahre bin ich, Johannes Thile, dreihundertmal zu Gevatter gebeten worden.

1633 wurde das 1598 gestiftete Uhrwerk repariert.

1634 den 25. März sind Wiprecht Erdmanns Tochter Ursula, Martin Schmidts Tochter Ursula und Hans Bethekes Stieftochter Ursula in einem Kahn spazierengefahren und, als der Wind kam, auf den See getrieben worden. Wobei die zwei ersten ertrunken und zu Gröben beide in *ein* Grab gelegt worden sind.«

Nach diesem Jahre (1634) hören die Mitteilungen, wie schon angedeutet, auf ganze Jahrzehnte hin auf und werden erst in den siebziger Jahren wieder aufgenommen.

Aufzeichnungen der Pastoren Friedrich Zander, Felician Clar (auch Clarus) und Heinrich Wilhelm Voß

»1673 den 5. November ist Anna Mulisch, die schon mehrere Kinder außer der Ehe gehabt, von mir getraut worden. Und dieser ›Schandsack‹ hat sich in einem Kranze zur Kirche führen lassen.

1674 am 18. Dezember ist Ursula Lehmann enthauptet worden, weil sie das mit ihrem Schwager erzeugte Kind ins Wasser geworfen.

1675 am 3. August ist Andreas Fritze, Weinmeister hierselbst, begraben worden, der ein heftiges Gewächs gehabt hat, eines Viertels vom Scheffel groß, so ihm hinten am Halse gehangen. Ist aber doch vierundachtzig Jahr alt geworden.

1679 am 27. März sind auf unserer Feldmark zwei Soldaten begraben worden, welche den Tag vorher mit ihrer Compagnie hier einquartiert gewesen. Sie konnten keine Särrker (Särge) bekommen, weil ihnen ihre Kameraden nichts gelassen hatten als alte Lumpen, welche denn auch ihr Sterbekleid bleiben mußten.

1697. In diesem Jahr ist der moskowitische Zar Peter bei Seiner Kurfürstlichen Durchlaucht gewesen.

1717. Hoc anno celebratum est iubilaeum evangelico-Lutheranum. Matthäus 22, 5.

1726 wurde wieder eine Kindesmörderin hingerichtet.

1727 starb Felician Clar, der vierzig Jahr in Gröben Pastor gewesen.

1729 wurde Botho Müller wegen Gotteslästerung durch den Henker ausgepeitscht und nach Spandau kondemniert.

1738 am 15. April ist Marie Elisabeth – Christoph Penselins, gewesenen Kastellans zu Rheinsberg, Witwe – hier angekommen und hat einen Sohn zur Welt gebracht. Vater soll sein Georg Ludwig Schreiber, Gärtnergesell in Rheinsberg.

1738 am 21. November wurde dem Andreas Fausten ein Söhnlein geboren. Das Kind hatte an seiner Nasenspitze ein Gewächs, und von der Oberlippe war fast nichts zu sehen. Ingleichen hatte es an jedem kleinen Finger einen Zipfel. Notabene. Der Mann hatte seine Frau mit dem Knecht beschuldigt, worauf diese gesaget: ›Wenn *das* wahr ist, so gebe Gott ein Zeichen an dem Kinde.‹ Drei Stunden nach der Geburt ist es verstorben.

1741 am 10. April hat Herr Johann Christian von Schlabrendorf, königlich preußischer Lieutenant, in der an diesem Tag um ein Uhr nachmittags zwischen Brieg und dem Dorfe Mollwitz vorgefallenen scharfen Aktion, durch einen Musketenschuß, so ihn durch den Kopf getroffen, das Ende seines Lebens gefunden, nachdem er sein Alter gebracht auf neunundzwanzig Jahr und vier Monat.

1743 am 12. November hat sich Gustav Albrecht von Schlabrendorf, Erb- und Gerichtsherr auf Gröben und königlich preußischer Hauptmann im Dragonerregiment des Herrn Generalmajors von Roell, zu Tilsit in Preußen vermählt, und zwar mit Fräulein Christiane Amalie Ernestine von Roell, Tochter obengenannten Generalmajors.«

Auf den nächsten Blättern erfolgt nun die Registrierung der Kinder, die dem Hauptmann Gustav Albrecht von Schlabrendorf aus dieser seiner Ehe geboren wurden. Alle diese Geburten und Taufen fanden in Tilsit und Insterburg statt, wo das Roellsche Dragonerregiment in Garnison lag, aber das Gröbener Kirchenbuch ermangelte nicht, auch seinerseits darüber zu berichten und sogar die jedesmaligen Paten aufzuführen: den König, Prinz Heinrich, Prinz Ferdinand,

Prinz Ferdinand von Braunschweig usw. Aus ebendiesen Aufzeichnungen erfahren wir auch von dem jeweiligen Avancement Gustav Albrechts von Schlabrendorf. Im Beginn des Siebenjährigen Krieges war er Obristlieutenant, ritt mit in der berühmten Attacke bei Zorndorf und empfing überhaupt dreiundzwanzig Wunden. Er starb später als General in Breslau. Bei Gelegenheit seines Todes komme ich auf ihn zurück.

»1751 am 31. März ist Eva Pipers uneheliches Kind getauft worden. Der Vater ist Martin Meene, ein lausiger junger Flegel.

1752 am 25. Julius ist die Christiane Mirtzen, ein Schandsack, mit Zwillingen niedergekommen. Der Vater ist der Schäferknecht Michel Pohlmann, ein Erz-Ehebrecher. Gleich zu gleich gesellt sich gern.

1754. In diesem Jahre, das heißt in der Zeit vom dreiundzwanzigsten Sonntage nach Trinitatis 1753 bis Ostern 1754, hat die Viehseuche hier so gewütet, daß alles Vieh, jung und alt, hingefallen und keiner was behalten, ausgenommen der Prediger drei Stück und der Küster fünf Kühe. In der ganzen Zeit ist dieser Ort eingesperrt worden.

1755. In diesem Jahre hat allhier, wegen des überhandgenommenen großen Wassers, kein Heu können gemäht werden, und sind aus ebendieser Ursach auch beide Ernten gar schlecht ausgefallen.

1755 am 21. Juni war ein entsetzliches Unwetter mit Feuerschaden, und nur das große Wohnhaus des adligen Hofes ist gerettet worden.

1757 am 29. Dezember ist der Weinmeisterknecht Martin Hintze mit der Dorothea Harnack getrauet worden. Erzbube mit Erzdirne.

1760 am 11., 12. und 13. Oktober ist Gröben von einigen herumschweifenden Östreichern, nebst etlichen von der Reichsarmee, heimgesuchet worden. Bei welcher Gelegenheit dieser Ort nicht allein an 700 Taler Brandschatzung hat geben müssen, sondern sind auch noch die Einwohner geplündert und ihnen ihre Pferde weggenommen worden. Desgleichen ist auch die Kirche und das Pfarrhaus nicht verschont geblieben. In ersterer ist der Kirchkasten aufgebrochen und das darin von etwa vier Jahren her befindliche

Klingebeutelgeld geraubt worden. In dem Pfarrhause haben sie jegliches unten und oben umgewühlt, wodurch dem Prediger über 250 Taler Schaden verursacht worden. Gott behüt uns vor fernerem Einfall und Räuberhaufen.«

An anderer Stelle: »Diese grausamen Menschen haben mir und den andern Einwohnern dieses Orts nichts als das Hemd auf dem Leibe gelassen und haben auch aus dem Gotteskasten das vorhandene Kirchgeld mit weggeraubt. O tempora, o mores.«

»1761 am 7. Oktober hat sich der Kossäte Christian Krüger, zwischen drei und vier Uhr morgens, aus eingewurzelter Melancholie und Gemütsschwachheit in seinem Garten an einem Birnbaum mit einem Strick erwürget. Er ist in der Stille, aber auf eine *ehrliche* Art begraben worden. Gott bewahre jeden vor solchem desperaten Weg aus der Zeit in die Ewigkeit.

1762 vom 7. bis 10. Mai hat es so stark gefroren, daß alle Weinberge hier herum erfroren sind.

1765 den 26. Oktober, in der Nacht gegen zwölf Uhr, ist in Breslau der weiland hochwohlgeborene Herr Gustav Albrecht von Schlabrendorf, Seiner Königlichen Majestät in Preußen wohlbestallter Generalmajor von der Kavallerie und Chef eines Regiments Kürassier, Erb- und Gerichtsherr zu Gröben, Jütchendorf und Waßmannsdorf, nachdem er dem hohen königlichen Hause einundvierzig Jahr und elf Monate rühmlichst gedient und sein Alter auf einundsechzig Jahre, zehn Monate und vier Tage gebracht hat, selig in dem Herrn entschlafen und darauf den 10. Dezember c. a. von Breslau nach Gröben gebracht und in dem hochadligen Erbbegräbnis hierselbst beigesetzt worden. Der Verlust dieses würdigen Mannes und wahren Menschenfreundes wird von dem ganzen löblichen Regiment und von allen denen, welche den Wohlseligen und dessen rühmliche Eigenschaften und hohen Charakter gekannt haben, aufrichtig bedauert.«

Mit dem Tode Gustav Albrechts von Schlabrendorf, der, wiewohlen er erst in Preußen und dann in Schlesien in Garnison stand, auch aus der Ferne her ein gut Regiment geführt zu haben scheint, geriet alles in einen raschen Verfall. Das der Nebenlinie gehörige Siethen ging darin freilich voran, aber auch Gröben folgte bald. Auf den nächsten Blättern des Kirchenbuchs werden wir ausgiebig darüber unterrichtet, und zwar durch Aufzeichnungen des Pastors Redde, der 1769 ins Amt kam und sich's angelegen sein ließ, seine verurteilenden Sentenzen ohne Menschenfurcht in seine Toten-, Tauf- und Trauregister einzutragen. Nur für die *Nicht*-Schlabrendorfs hat er noch gelegentliche Worte der Huldigung, so daß Anerkennung und Verurteilung in seinen Aufzeichnungen wechseln.

Aufzeichnungen des Pastors Redde

»1771 am 3. Januar ist hier zu Gröben der hochwohlgeborene Herr Charles Guichard, genannt Quintus Icilius, im Kriege gewesener Chef eines Freibataillons Seiner Königlichen Majestät in Preußen, jetzo königlicher Obristlieutenant bei seiner Suite, mit dem hochwohlgeborenen Fräulein Henriette Helene Albertine von Schlabrendorf, des weiland Herrn Gustav Albrecht von Schlabrendorf, königlichen Generalmajors, nachgelassener Tochter, getraut worden. Alter dreiundvierzig und vierundzwanzig.

1774. Elisabeth Habedank starb an Würmern.

1774 am 17. November ist ein sechs Monat altes Kind außer der Ehe tot geboren und danach obduzieret worden. Ich bewahre das Herz desselben in Spiritus und überlaß es meinem Nachfolger, daraus die Resultate zu seiner Pflicht zu ziehn.

1775 am 13. Mai starb in Potsdam der hochwohlgeborene Herr Charles Guichard, genannt Quintus Icilius, Seiner Königlichen Majestät wohlbestallter Oberster von der Infanterie und Adjutant bei dero Suite, nach einem zweitägigen Krankenlager an einer Kolik und Inflammation, nachdem er mit seiner Gemahlin, der hochwohlgeborenen Frau Henriette Helene Albertine, gebornen von Schlabrendorf, aus dem Hause Gröben, beinah viereinhalb Jahr in der Ehe gelebt und mit derselben eine Tochter und einen Sohn, mit Namen Friedrich Quintus Icilius, gezeuget.

Er war ein Herr, der in diesem Jahrhundert seinesgleichen nicht gehabt noch haben wird, und ein jeder, der seine Geburt, Wissenschaften und Ehren bedenket, muß sagen: Er hat große Dinge an ihm getan, der da mächtig ist und des

Name heilig ist. Seine Eltern waren bürgerlichen Standes zu Magdeburg, woselbst sein Vater das Amt eines Syndikus bei der französischen Kolonie bekleidete. In seiner Jugend widmete er sich der Gelehrsamkeit und studierte zu Halle Theologie, danach auch auf einigen holländischen Universitäten und predigte mehreremal zu Marburg und Heilbronn. Zu gleicher Zeit erwarb er sich Kenntnis in den Antiquitäten und nützte diese zur Explication des Kriegswesens der Alten, sonderlich der Griechen und Römer. Wieviel er darin vermocht, bezeugen unter anderm seine Schriften über die Taktik der Alten und sein Kommentar über den Julius Caesar. Eine natürliche Folge seines Geschmacks am Militär und seiner Kenntnis desselben war es, daß er sich diesem Stande widmete. Zuerst trat er in holländische Dienste. Bei Beginn des letzten Krieges aber ward er von Seiner Majestät in Preußen, so seine Bücher über Taktik gelesen, ins Lager und zur Armee berufen. Hier war er, soweit es der Krieg gestattete, beständig um und an der Seite des Königs, der an ihm einen Mann zu seinem Umgang und Vergnügen fand, einen Mann, den er als Soldaten und Philosophen und zugleich auch in politicis jederzeit gebrauchen konnte. Kurz, er war der Favorit unseres großen Monarchen, und kein Tag verging, an dem er nicht um ihn gewesen wäre. So weit man Friedrichs Namen kannte, so weit kannte man auch den des Quintus Icilius, mit welchem Namen ihn der König selbst beehret hatte.*

* An Königs Tafel im Lager zu Landshut, Mai 1759, wurde hin und her gestritten, welchen Namen einer der Centurios in der 10. Legion geführt habe. Der König behauptete: Quintus Caecilius, Guichard aber versicherte: Quintus *Icilius*, und da sich letzteres als das Richtige herausstellte, so sagte der König: »Gut. Aber Er soll nun auch zeitlebens Quintus Icilius heißen.« Und so geschah es. Auch bei späteren Gelegenheiten erwies sich der König stets als sehr gnädig gegen Guichard und ließ sich Dinge von ihm sagen, die kein andrer wagen durfte. Nur ein Beispiel. Nach Plünderung des dem Grafen Brühl zugehörigen Schlosses Pförten in der Lausitz, die durch Guichard, auf ausdrücklichen Befehl des Königs, ausgeführt worden war, fragte dieser über Tisch: »Und wieviel hat Er denn eigentlich mitgenommen?« – »*Das müssen Ew. Majestät am besten wissen, denn wir haben ja geteilt.*« Ein andermal kam es freilich zu wenigstens momentaner Ungnade. Das war 1770. Als Guichard in ebendiesem Jahr die Zustimmung zu seiner Verheiratung mit Fräulein von Schlabrendorf auf Gröben nachsuchte, verweigerte der König den Konsens, und zwar »weil er von zu schlechter Herkunft sei; sein Großvater sei bloß Töpfer gewesen«. Auch diesen Hieb suchte Guichard zu parieren und erwiderte: »Seine Majestät seien auch Töpfer. Die ganze Differenz bestehe darin, daß *sein* Großvater Fayence gebrannt habe, während der König Porzellan brenne.« Letzterer blieb aber bei seinem ungnädigen Widerspruch, und

Wer Alexander ehrte, der sah auch freundlich auf Hephästion, und als Quintus Icilius seinen Kommentar zum Julius Caesar an Kaiser Joseph überreicht hatte, ward ihm ein Gegengeschenk: ein rotes Etui mit zweiundzwanzig goldnen Medaillen, auf deren jeder das Bildnis eines Mitgliedes der kaiserlichen Familie befindlich war. Alles in einem Gesamtwert von mehr als 1000 Taler.

Sein Körper ward auf Befehl des Königs, der den Sitz der Krankheit und die Todesursach erfahren wollte, geöffnet und danach erst hierher nach Gröben gebracht, allwo der Sarg unter dem Kirchenstuhle, darin die Predigersfrau ihren Sitz hat, beigesetzt wurde.

Charles Guichard war am 27. September 1724 geboren und achtzehn Jahre lang in Königs Diensten gewesen. Sein Alter hat er folglich gebracht auf fünfzig und ein halbes Jahr. Sein moralischer Charakter war guttätig und freundlich gegen seine Nächsten, ohne Hochmut und Geiz, übrigens aber von deistischem Glauben.

1778 am 14. April starb zu Berlin Joachim Ernst von Schlabrendorf, auf Siethen Lehns- und Gerichtsherr. Nachdem derselbe sein Gut über den doppelten Wert hinaus verschuldet und selbiges endlich seinen Creditoribus zur Administration und Sequestration überlassen, auch seine Mobilien an die Meistbietenden öffentlich verkauft hatte, hatte sich derselbe vor etwa anderthalb Jahren mit Frau und Tochter nach Berlin begeben. Und ebendaselbst ist er denn auch, der sich von jeher bis an sein Ende mit nichts als Intriguen und Listen zu seinem großen Schaden beschäftigt hatte, dreiundsechzig Jahre alt, an der Lungenentzündung gestorben. Er war auf dem ehemalig Schlabrendorfschen Gute Blankensee geboren, klein von Statur und hageren Leibes und hat in seiner Jugend einige Zeit auf Schulen und Universitäten zugebracht. Alles, was er von daher profitieret, wandte er an, um anderen Übles zu tun, aber freilich immer zu seinem eigenen Verderben. Vor den Augen und insonderheit vor Leuten, die seine Schliche noch nicht kannten, erschien er als ein Biedermann in Worten und Mienen, und war kein christlicherer und ehrlicherer und treuherzigerer Mann als er in der gan-

Guichard nahm den Abschied. Indes nicht auf lange. Kein Jahr, so ließ ihn der König wieder rufen und war gnädiger als zuvor.

zen Welt zu finden. Er zeigte sich dann immer ohne Stolz des Adels, dienstfertig gegen alle Menschen, frei, munter und offenherzig und insonderheit milde gegen alle Bedürftigen. Aber dies alles nur, um zu blenden und Vertrauensselige zu finden, deren Vertrauen ihm dann eine gute Gelegenheit bot, das Vermögen von Kirchen, von Witwen und armen Leuten an sich zu reißen. Alle diejenigen jedoch, die sich nicht blenden und zu seinem Dienste *nicht* wollten gebrauchen lassen, die wußt er mit allen Mitteln zu verfolgen und ihnen zu schaden überall. Und so konnt es denn freilich nicht ausbleiben, daß ihm der Haß aller rechtschaffenen Leute zuteil wurde, wozu sich alsbald der Niedergang in seiner Wirtschaft und Haushaltung und zuletzt der vollkommenste Bankrutt gesellte, so daß er Siethen unter den kümmerlichsten Umständen aufgeben mußte. Zurück läßt er eine seit Jahren kranke Frau samt einer Tochter, so ihrem Vater ähnlich ist. Vor einigen Jahren zeugete er mit einigen Mägden in seinem Hause noch einige Kinder und ergab sich endlich dem Trunke zur Stärkung und Erfrischung seines Leibes und Gemütscharakters.*

* Es ist die Frage gestellt worden, »ob solche Kritik in einem Kirchenbuche zulässig sei«, was ich auf das bestimmteste bejahen möchte. So gewiß es einem Geistlichen zusteht, von der Kanzel her, oder selbst am Grabe, die besondere Verruchtheit eines Ehrlosen zu brandmarken, der – wie vielleicht erst die Stunde seines Todes aufdeckte – Witwen und Waisen um das Ihrige betrog, so gewiß muß es ihm auch zustehen, im Kirchenbuche Dinge niederzuschreiben, die solcher öffentlichen Anklage gleichkommen. Ich bin sogar der Ansicht, daß dies häufiger geschehen und ein derartiges Vorgehen unter die ständigen Kirchenzuchtsmittel aufgenommen werden sollte. Denn es gibt in der Tat Naturen, die vor solchem auf Jahrhunderte hin unerbittlich überliefertem Wort mehr Respekt haben, ja mehr in Furcht sind als vor einem lebzeitigen Skandal. Ein Amtsmißbrauch ist aber um so weniger zu befürchten, als ein Appell von seiten der in gewissem Sinne mitbetroffenen Verwandtschaft an die vorgesetzte kirchliche Behörde ja jederzeit offenstehn und selbstverständlich, im Falle sich ein Übergriff herausstellen sollte, zur Entfernung des Geistlichen aus seinem Amt, eventuell auch zu weiterer Bestrafung führen würde. – Was übrigens speziell unseren Pastor Redde betrifft, so muß ihm dieser »letzte Schlabrendorf auf Siethen« ein ganz besondrer Dorn im Auge gewesen sein, da wir in anderweiten, einige Jahre später gemachten Kirchenbuchaufzeichnungen ebendiesen Redde nicht nur als einen durchaus unzelotischen, sondern sogar als einen höchst complaisanten und beinah höfischen alten Herrn kennenlernen. Es bezieht sich dies namentlich auf ein französisch abgefaßtes und an eine damals etwa sieben Jahr alte Comtesse Brandenburg (Tochter Friedrich Wilhelms II.) gerichtetes Sinngedicht, das nach Überschrift und Inhalt folgendermaßen lautet: »A l'anniversaire de la naissance de Mlle. Julie, Comtesse de Brandebourg, célébré le 4 Janvier à Siethen par le curé Redde. ›Vos fleurs de la jeunesse – S'augmentent dès ce jour; – Les fruits de la sagesse – En viennent à leur tour. – O gardez tout bouton, afin qu'il bien fleurisse, – Afin que toute fleur en fruit pour vous mêurisse.‹ «

1779 am 23. Januar starb in Siethen, wohin sie zurückgekehrt war, Frau Sophie Margareta, verwitwete von Schlabrendorf, des Vorgenannten Ehefrau, sechsundfünfzig Jahre alt, an einer vieljährigen Schwindsucht und in der armseligsten Verfassung. Sie war eine Tochter des Herrn Christian Julius von Bülow aus dem Hause Lüchfeld in der Grafschaft Ruppin.

Nachschrift. Einige Jahre nach ihr starb auch, und zwar ebenfalls zu Siethen, der letzteren Bruder, Karl Christoph Friedrich von Bülow aus dem Hause Lüchfeld. Er war in früheren Jahren, als bei seinem Schwager und seiner Schwester noch Wohlleben war, ein Nimrod, ein gewaltiger Jäger vor dem Herrn, gewesen. Und es beweiset solches noch der siethensche Turmknopf, den er mit der Kugelbüchse vielmals durchschossen hat und an dem die Löcher noch sichtbar sind. Er war geboren den 23. November 1711, besaß einen dauerhaften Körper, wurde vor einigen Jahren blind und wohnte zuletzt arm und elend in einem Tagelöhnerhause. Starb an Entkräftung.

1783 am 1. Mai starb zu Potsdam die hochwohlgeborene Frau und Witwe Henriette Helene Albertine von Schlabrendorf aus dem Hause Gröben, verwitwete Quintus Icilius, an einem Friesel und zwölftägigem Lager und ward am 3. selbigen Monats in der Gruft ihres seligen Gemahls, unter dem Kirchenstuhle der Predigersfrau, früh um vier Uhr beigesetzt. Aetate sechsunddreißig Jahr.

1784 am 21. Januar starb in Siethen die Witwe Maria Katharina Schumann, geborne Ebel, aus Blankensee, geboren den 10. Januar 1681. Brachte dergestalt ihr Leben auf 103 Jahr.

1785 am 11. Dezember starb die verwitwete Maria Elisabeth Spiegel. Sie war vordem das Sündeninstrument des verstorbenen von Schlabrendorf zu Siethen, der im Alter noch Christum verwarf. Starb elend.

1786 ist wieder der Gröbner See mit seinem Eis nicht sicher gewesen; aber der Siethner ist über und über unsicher, weil er voll warmer Quellen ist. Seit meinem neunzehnjährigen Hiersein sind nunmehr zehn Personen im Wasser verunglückt.

1786 am 28. April wurde des Hirten Frau zu Siethen, Maria Dorothea Ebel, glücklich entbunden. Die Mutter der Frau rief aber: ›Was hast du für ein Kind zur Welt gebracht!‹ Auf welchen Zuruf die junge Mutter sofort vom Schlag gerührt wurde. Das Kind selbst war gesund und wohlgebildet.«

II

GRÖBEN UND SIETHEN UNTER DEN NEUEN SCHLABRENDORFS

Die vorstehenden Auszüge schließen mit dem Jahre 1786.

In ebendiesem Jahre war auch Gröben – wie Siethen schon acht Jahre früher – der alten Schlabrendorfschen Linie verlorengegangen, aber nur um im Gegensatze zu Siethen, das auf Jahrzehnte hin der Familie verloren *blieb*, unmittelbar auf eine andere, jüngere Linie der Schlabrendorfs überzugehen.

Eine Klarstellung dieser Punkte fordert einen kleinen genealogischen Exkurs.

Zu Beginn des achtzehnten Jahrhunderts hatten die gröbenschen Schlabrendorfs, die bis dahin, den Bischof abgerechnet, in unsrer Landesgeschichte von nicht sonderlicher Bedeutung gewesen waren, einen Aufschwung genommen, und zwar in dem Brüderpaare Gustav Albrecht von Schlabrendorf und Ernst Wilhelm von Schlabrendorf.

Des ersteren (Gustav Albrecht) ist in vorstehendem bereits ausführlich Erwähnung geschehen. Er war, um in Kürze zu rekapitulieren, einer der Helden des Siebenjährigen Krieges, kommandierte bei Zorndorf das alt-Platensche Dragonerregiment und wurde später Generalmajor und Chef der zu Breslau garnisonierenden Kürassiere. Nach seinem 1765 erfolgten Ableben ward er nach Gröben übergeführt und in der Kirche daselbst in unmittelbarer Nähe des Altars beigesetzt. Es würde nun dem einen oder andern seiner überlebenden drei Söhne zugestanden haben, auf dem alten Familiengute sich niederzulassen, alle drei jedoch zogen den Dienst und ihre städtischen Garnisonen einem Gröbner Aufenthalte vor und einigten sich unschwer darin, ein ihnen aus mehr als einem Grunde wenig begehrenswert erscheinendes Besitztum an einen schlesischen Vetter, einen Sohn des vorgenannten Ernst Wilhelm von Schlabrendorf, abzutreten.

Dieser Ernst Wilhelm von Schlabrendorf nun, ein jüngerer Bruder Gustav Albrechts, hatte sich, während dieser in der Armee von Stufe zu Stufe stieg, im Staatsdienste zu der hohen Stellung eines dirigierenden Ministers von Schlesien emporgeschwungen und blieb in dieser bis zu seinem 1770 erfolgenden Tode. Von seinen fünf Söhnen* stellten sich die vier ältesten um nichts günstiger zu der Besitzergreifungsfrage von Gröben als ihre drei Gustav Albrechtschen Vettern, und nur der jüngste, dem, wie wir in der Folge sehen werden, ein gewisser romantischer Zug innewohnte, zeigte sofort eine Neigung, das alt-Schlabrendorfsche Familiengut auch bei den Schlabrendorfs erhalten zu sehn. Und so bracht er es käuflich an sich.

Heinrich Graf Schlabrendorf

Dieser jüngste Sohn Ernst Wilhelms, des dirigierenden Ministers von Schlesien, war Heinrich von Schlabrendorf, der in demselben Jahre 1786, in dem er Gröben käuflich an sich gebracht, auch den Grafentitel erhalten hatte. Seine Mutter war ein Fräulein von Otterstedt, während seine drei ältesten Brüder, und unter ihnen Graf Gustav, »der Pariser Graf«, aus der ersten Ehe seines Vaters mit einem Fräulein von Blumenthal geboren waren.

Graf Heinrich trat früh in das Regiment Czettritz-Husaren,

* Einer dieser Söhne (der dritte), Gustav Graf Schlabrendorf, geboren 1750, preußischer Kammerherr und Stiftsherr zu Magdeburg, ist der durch seine Schriften, insonderheit auch durch seine Pariser Schicksale während der Revolutionszeit berühmt gewordene Graf Schlabrendorf. Er war ein Anhänger der Girondisten, weshalb er sich, in den Schreckenstagen, auf Antrag Robespierres eingekerkert sah. An dem Tage, wo der Karren vorfuhr, um ihn und andere Verurteilte zum Schafott abzuholen, fehlten ihm seine Stiefel, woraufhin er erklärte: »man könne doch am Ende verlangen, in Stiefeln guillotiniert zu werden«. Es hatte das seine Wirkung, und der Scherge, der infolge dieser Bemerkung in eine gute Laune gekommen war, antwortete: »Eh bien; demain matin.« Am andern Morgen aber, wo des Grafen Name nicht mehr auf der Liste stand, wurd er vergessen und bald danach, nach dem inzwischen erfolgten Sturze Robespierres, in Freiheit gesetzt. Unter Napoleon, obwohl dieser von Schlabrendorfs scharfer Kritik über ihn hörte, blieb er als »Sonderling« unangefochten. Er war Philosoph und Philanthrop und verwendete seine nicht unbedeutenden Einkünfte zu wohltätigen Zwecken, besonders für seine Landsleute. Nach den Befreiungskriegen (er blieb immer in Paris) empfing er das Eiserne Kreuz. Er starb daselbst am 22. August 1824. In Gröben befand sich ein Portrait von ihm, Kniestück, das um seiner storren Frisur und seiner Glotzaugen willen das Entsetzen aller Kinder war, die des Bildes daselbst ansichtig wurden. Es kam später fort und befindet sich jetzt auf dem Kalckreuthschen, bei Landsberg a. W. gelegenen Schloß Hohenwalde.

die jetzigen Braunen oder Ohlauschen Husaren, und machte als junger Offizier die Bekanntschaft eines durch Schönheit, Geist und Wissen ausgezeichneten Fräuleins von Mützschefahl, deren Vater in demselben Husarenregiment ein oberes Kommando bekleidete. Diese Bekanntschaft führte bald zu Verlobung und Vermählung; um welche Zeit indes, ist nicht mit Bestimmtheit ersichtlich. Erst um 1792, also sechs Jahre nach Ankauf von Gröben, wurde das älteste Kind geboren und abermals zwei Jahre später (1794) ein Sohn: Graf Leopold von Schlabrendorf.

Es war wohl keine Neigungsheirat gewesen, wenigstens nicht von seiten des Fräuleins, und so wurden aus Geschmacks- und Meinungsverschiedenheiten alsbald Zerwürfnisse. Man mied sich, und wenn der Graf in Gröben war, war die Gräfin in Berlin und umgekehrt. Aber auch in diesem Sich-Meiden empfanden beide Teile noch immer einen Zwang, und ihre Wünsche sahen sich erst erfüllt, als gegen Ende des Jahrhunderts aus der bloß örtlichen Trennung auch eine gesetzliche geworden war. Der Sohn verblieb dem Vater, die Tochter folgte der Mutter, welche letztere, noch eine schöne Frau, bald danach einem thüringischen Herrn von Schwendler ihre Hand reichte. Doch auch Graf Heinrich vermählte sich bald wieder, und zwar mit einem Fräulein von Mecklenburg, aus welcher Ehe demselben abermals eine Tochter: Gräfin Johanna von Schlabrendorf, geboren wurde.

Dies war 1803, am 22. April, nachdem bereits einige Zeit vorher das nur etwa fünfzehn Jahre lang in erneutem Schlabrendorfschen Besitz gewesene Gröben in nunmehr völlig fremde Hände, *die* des Oberrechnungsrates Schmidt, übergegangen war. Es blieb freilich auch diesem nicht, kehrte vielmehr, wie gleich hier bemerkt werden mag, nach Ablauf einer bestimmten Frist (und dann einige Jahre später auch Siethen) ein *drittes* Mal in den Besitzstand der Schlabrendorfschen Familie zurück; eh ich jedoch die zu dieser dritten und letzten Schlabrendorfschen Gutsübernahme führenden Verhältnisse schildere – Verhältnisse, daran Graf Heinrich, trotzdem er damals noch lebte, *nicht* mehr beteiligt war –, versuch ich es zuvor, dem Lebensgange des Grafen einzig und allein im Hinblick auf seine *Person* einen Abschluß zu geben.

Unmittelbar nach dem Verkauf des Gutes war er nach Berlin übersiedelt, um daselbst seinen oft wechselnden, im übrigen aber immer harmlosen Passionen leben zu können. Von Erfüllung eigentlicher, ihm naheliegender Pflichten, beispielsweis auf dem Gebiete der Erziehung, war dabei wenig die Rede, solche Pflichterfüllungen fanden nur statt, wenn die Passionen, was gelegentlich vorkam, damit zusammenfielen.

Über die Dauer seines Berliner Aufenthalts sind nur Mutmaßungen gestattet; er fand nicht, was er suchte, langweilte sich inmitten aller Zerstreuungen oder erkannte sie wenigstens nicht als angetan, ihn alle damit verbundenen Unbequemlichkeiten vergessen zu lassen. Und so wandt er sich denn einer neuen Passion zu, der *Reise*passion, und beständiger Ortswechsel wurd ihm Lebensbedürfnis. Aber auch hierin verfuhr er abweichend von andern, und anstatt sich auf Alpentouren oder Weltfahrten einzulassen, wozu wenigstens anfangs die Mittel vorhanden gewesen wären, gefiel er sich darin, Entdeckungsreisen zwischen Oder und Elbe zu machen und in praxi märkische Heimatskunde zu treiben.

Aber freilich auch diese Reiseperiode schloß ab, und wahrnehmend, daß er die gewünschte Rast in der Unrast nie finden werde, beschloß er, probeweise den umgekehrten Weg einzuschlagen und die Ruhe ganz einfach in der Ruhe zu suchen. Er fing deshalb an, auf Hausstand und selbständige Wirtschaftsführung zu verzichten und sich statt dessen bei kleinen Familien auf dem Lande, denen sein Rang und sein Vermögen imponieren mochte, für länger oder kürzer in eine halb freundschaftliche, halb patronisierende Pension zu geben. In der Neumark, in Pommern, in Mecklenburg, überall wiederholten sich diese Versuche, bis er endlich in dem ihm ebenbürtigen und aus alter Zeit her befreundeten General von Thümenschen Hause zu Caputh ein Ideal und die Verwirklichung aller seiner Wünsche fand. Es kam dies daher, daß der alte General von Thümen, auch ein Original, ihn ruhig gewähren ließ und immer nur beflissen war, »ihm seine Kreise nicht zu stören«. Beide lebten denn auch ein ebenso kameradschaftliches wie zwangloses Leben, in dem jeder seiner Lust und Laune nachhing und kein andres Haus- oder Tagesgesetz anerkannte wie rechtzeitiges Erscheinen am Mittags- und abends am Bostontisch.

In Caputh war es denn auch, daß Graf Heinrich seine Tage beschloß. Eh ich aber von diesem seinem Ausgang erzähle, versuch ich vorher noch eine Charakterskizze.

Graf Heinrich hatte den Schlabrendorfschen Familienzug, oder doch das, was *damals* als schlabrendorfisch galt, im Extrem. Er übertraf darin noch seinen Sonderlingsbruder in Paris. Im Grunde gut und hochherzig, dazu nicht ohne Wissen und Verstandesschärfe, gestaltete sich sein Leben nichtsdestoweniger weder zum Glücke für ihn noch für andere, weil er jenes Regulators entbehrte, der allen Dingen erst das richtige Maß und das richtige Tempo gibt. Er ging immer sprungweise vor, war launenhaft und eigensinnig und bewegte sich sein Leben lang in Widersprüchen. Er liebte, wie das Sprüchwort sagt, die Menschen und Dinge »bis zum Totdrücken« und bedauerte hinterher, »es nicht getan zu haben«. Am meisten zeigte sich dies in seinen jüngeren Jahren, wo das sehr bedeutende Vermögen, über das er damals noch Verfügung hatte, das Erkennen eines von ihm mit Vorliebe gepflegten Gegensatzes zwischen einem extremen Luxus- und einem extremen Einsiedlerleben außerordentlich erleichterte.

In Gröben erzählt man davon bis diesen Tag. Entsann er sich beispielsweise, daß es mal wieder an der Zeit sei, gräflich Schlabrendorfscher Repräsentation halber nach Berlin zu fahren, so wurde der alte Staatswagen aus der Remise geholt und der berühmte Trakehnerzug, vier Isabellen, mit aller Feierlichkeit eingespannt; ein Jäger saß auf dem Bock, zwei Heiducken standen rechts und links auf dem Tritt, und ein dritter lief als Läufer der Cavalcade vorauf. Alles in Gala. So mahlte man durch den Sand, und die Dorfleute sahen dem Zuge nach. War man aber wieder daheim, so warf er diese Repräsentationslast als unbequem von sich und las und las oder lud Leidener Flaschen an einer halbmannshohen Elektrisiermaschine, bis er sich eines Tages wieder all seiner Vornehmheit und Vornehmheitsverpflichtungen entsann und nun aufs neue Boten über Boten schickte, die die Nachbarschaft zu großer Tafel »invitieren« mußten. Indessen, das waren Ausnahmen oder Anfälle, die Regel war und blieb, es gehenzulassen, wie's eben ging. Er hatte mindestens sieben Diener im Haus, aber nicht für *einen* gab es zu tun, so daß das Umherliegen die Leute schlecht und übermütig machte. Das Ganze, seinem Zuschnitt und Wesen nach, mehr polnisch als preußisch. Zerschlug das Hagelwetter in den leerstehenden Oberzimmern ein Dutzend Fenster, so wurden Lappen eingestopft, weil es sich nicht verlohnte, den Glaser kommen zu lassen; allabendlich aber, als ob es sich um die Zeit der Burgverliese gehandelt hätte, rückte, Punkt zehn Uhr, die ganze Dienerschaft in die Front, um die Parterrefenster zu verbolzen und den Eingang überhaupt zu verrammeln. Ein zu diesem Behuf immer bereitstehender Palisadenpfahl wurde dann, von innen her, schräg gegen die Tür gestemmt und in dieser primitiven Weise, selbstverständlich unter ungeheurem Gelärme, die Schließung und nächtliche Sicherstellung des Hauses vollzogen.

Anscheinend ohne Grund, denn es war nichts da, was auf den ersten Blick hin zu Diebstahl und Einbruch hätte reizen können. Aber hierin irrte nun freilich dieser »erste Blick«, da sich vielmehr umgekehrt in den auf Flurgängen und Bodenräumen massenhaft umherstehenden Schränken und Truhen eine ganze Welt allerwertvollster Dinge barg: Spitzen und Staatsröcke, kostbare Schuhschnallen und seidene Strümpfe, des reichen Tafelgeschirrs zu geschweigen, das in Kisten und Kasten verpackt war und fleckig wurde, weil's niemand putzte.

Welcher Art seine Beziehungen zu seinem berühmten Pariser Bruder waren, darüber verlautet nichts; sehr wahrscheinlich ähnelten sie sich zu sehr, um Gefallen aneinander zu finden. Ihre Sonderbarkeiten waren nicht gleich, aber in der Art, in der sie sich gaben, zeigte sich doch die Verwandtschaft.

Unter Graf Heinrichs vielen und sich immer ablösenden Passionen war eine Zeitlang auch die landwirtschaftliche, der er sich hingab, ohne nach Wissen und Erfahrung oder auch nur nach wirklicher Neigung ein Landwirt zu sein. Immer wollt er kaufen und meliorieren, am liebsten aber Wunder tun, und verfiel dabei regelmäßig in bloße Skurrilitäten, auch wenn er ausnahmsweise leidlich verständig begonnen hatte. Nur ein Beispiel. Unter den ihm verbliebenen Besitzungen war auch ein Gut in der Neumark, auf dem er – wohl infolge von Anregungen, wie sie gerade damals durch Thaer und Koppe gegeben wurden – eine Förderung der Schafzucht und vor allem die Beseitigung der sogenannten Drehkrankheit erstrebte. Diese wegzuschaffen, war er nicht bloß ernst und fest entschlossen, sondern lebte zuletzt auch des Glaubens, ein wirkliches Präservativ gegen dieselbe gefunden zu haben. Er gab zu diesem Behufe, so heißt es, allen Schafen täglich drei Hoffmannstropfen auf Zucker und ließ ihnen rote Leibchen und ebensolche Mützen machen, um sie gegen Erkältung und namentlich gegen »Kopfkolik« zu schützen.

Er war in allem apart, und apart, wie sein Leben gewesen war, war denn endlich auch sein zu Caputh, bei General von Thümen, erfolgender Tod. Im Gefolge seiner vielen Passionen befand sich auch die Badepassion, die bei jemandem, der von Jugend auf über einen zu heißen Kopf geklagt und als Knabe schon nichts Schöneres gekannt hatte, als »unter die Tülle gestellt zu werden«, nicht groß überraschen konnte. Von Mai bis Oktober, ob die Sonne stach oder nicht, schwamm er, der inzwischen ein hoher Sechziger geworden war, in der Havel umher und freute sich der ihn erlabenden Kühle. Mal aber geriet er ins Binsengestrüpp, und als er über Mittag nicht kam und man zuletzt mit Fackeln nach ihm suchte, fand man ihn, in fast gespenstischer Weise, den Körper im Moor und nur Kinn und Kopf über dem seichten Wasser.

Er wurde den dritten Tag danach auf dem Kirchhofe zu Caputh begraben, und sein Tod hatte noch einmal eine Teilnahme geweckt, die seinem Leben seit lange gefehlt hatte.

Graf Leo Schlabrendorf

Das war 1829.

Schon sieben Jahre vorher (1822) war das zu Beginn des Jahrhunderts veräußerte Gröben abermals an einen Schlabrendorf übergegangen, und zwar an Graf Heinrichs einzigen Sohn: den Grafen Leopold von Schlabrendorf.

Graf Leopold oder Graf »Leo«, wie man ihn in Gröben in üblicher Abkürzung nannte, war um das Jahr 1794 geboren worden, und zwar unter Vorgängen, die nicht bloß charakteristisch an sich, sondern auch in gewissem Sinne maßgebend für den Gang seines ganzen Lebens waren. Er, Graf Leo, wies oft auf diese Vorgänge hin, und der von ihm allezeit mit Vorliebe wiederholte Satz: »Ich bin für Gröben bestimmt«, schrieb sich von diesem seinem Geburtstage her. Es hatte damit folgende Bewandtnis.

Als nämlich die Zeit herangekommen war, daß die Gräfin eines Knäbleins genesen sollte (denn auf einen Stammhalter wurde mit Sicherheit gerechnet) und sogar das Dorforakel, die »Treutschen«, in aller Bestimmtheit erklärt hatte: »es daure keine Woche mehr«, befahl Graf Heinrich das Erscheinen der Staatskutsche, nicht ganz unrichtig davon ausgehend, daß ein junger Graf Schlabrendorf unmöglich anders als unter Assistenz des Leibmedikus und berühmten alten Entbindungsdoktors Dr. Ribke geboren werden könne. Die Gräfin war es zufrieden, und schon zwei Stunden später erschien die Kutsche ganz in dem früher beschriebenen Aufzuge: zwei Heiducken auf dem Wagentritt und ein Läufer in Gala vorauf. Und so ging es auf Großbeeren zu. Bevor aber dieses Dorf, das erst ein Drittel des Weges war, erreicht werden konnte, versicherte die Gräfin schon: »es gehe nicht weiter«, auf welche nur allzu glaubhafte Versicherung hin der Wagen gewandt und der Läufer unter Zusicherung eines doppelten Wochenlohnes angewiesen wurde, »citissime nach Gröben zurückzukehren, um daselbst die nunmehr wohl oder übel an die Stelle des alten Dr. Ribke tretende ›Treutschen‹ ins Herrenhaus zu befehlen«. Und wirklich, das heimische Dorf wurde noch gerad ohne Zwischenfall erreicht; aber kaum daß die Heiducken abgesprungen und die Teppiche vom Wagen aus bis zum Portale gelegt worden waren, so war auch schon die Stunde gekommen, und in dem dicht am Eingange gelegenen Wohn- und Arbeitszimmer des Grafen, in das man die Gräfin nur eben noch hatte schaffen können, genas sie wirklich eines Knäbleins, des Grafen Leo, des erwarteten Schlabrendorfschen Stammhalters. Es hatte nicht in Berlin sein sollen; »*er war für Gröben bestimmt*«.

Über seine Kindheit verlautet nichts, auch nicht über seine Knaben- und Jünglingsjahre; sehr wahrscheinlich, daß er vorwiegend unter Zutun seiner Mutter – die, trotz ihrer zweiten Ehe, den Kindern aus der ersten eine große Zärtlichkeit und Treue bewies – in Pension kam und nach absolvierter Schulzeit in juristisch-kameralistische Studien eintrat. Aber eh er diese vollenden konnte, kam der Krieg und bot ihm Veranlassung, als Volontair bei den Towarczys einzutreten, einem Ulanenregiment, das vielleicht noch aus den Tagen der »alten Armee« her diesen etwas obsoleten und nur in den neunziger Jahren unter General Günther (der der »Vater der Towarczys« hieß) vielgenannten Namen führte.

Nach dem Kriege begegnen wir ihm alsbald als Regierungsassessor in Trier, wo das durch Gastlichkeit und Feinheit der Sitte sich hervortuende Haus des Generals von Ryssel* ihn anzog, am meisten aber des Generals Tochter, Fräulein Emilie von Ryssel, mit der er sich denn auch, nach kurzem Brautstand, im Sommer 1820 vermählte. Zwei Jahre noch verblieb er in Trier, im schwiegerelterlichen Hause, bis er 1822 unter freudiger Zustimmung seiner jungen Frau, die die landwirtschaftliche Passion mit ihm teilte, nach Gröben hin übersiedelte, das wieder an die Schlabrendorfs zu bringen – ein von Jugend auf von ihm gehegter Wunsch – ihm um ebendiese Zeit gelungen war.

Die Verhältnisse waren ihm bei diesem Wiederankauf ebenso günstig gewesen, als sie sich für den Vorbesitzer und seine Nachkommen einundzwanzig Jahre lang eminent ungünstig erwiesen hatten. Alle Leiden und Nachwehen einer langen Kriegs- und Invasionsepoche waren zu tragen gewesen und hatten zu solcher Verschuldung des Gutes geführt, daß der nunmehrige Kaufpreis desselben in nichts weiterem bestand als in Übernahme der darauf eingetragenen Hypotheken, die sich freilich, wie gesagt werden muß, hoch genug beliefen.

Es gab nun also wieder eine wirkliche Gröbener Gutsherrschaft, und zwar eine, wie man sie lange nicht im Dorfe ge-

* Es gab damals *zwei* Generäle von Ryssel in der preußischen Armee, beide katholischer Konfession und beide Divisionäre, von denen der eine zuletzt in Neiße, der andre (der im Text erwähnte) in Trier stand. Beide waren früher in sächsischen Diensten gewesen, und einer derselben hatte noch bei Großbeeren eine sächsische Brigade gegen uns kommandiert. Der triersche nahm Anfang der zwanziger Jahre seinen Abschied und starb in Giebichenstein bei Halle. Der Berliner Witz gefiel sich übrigens damals, unter Ausnutzung des Namens »Ryssel«, in folgendem, etwas gewagtem Wortspiele: »Welcher Unterschied ist zwischen einem Elefanten und Friedrich Wilhelm III.?« – »Der Elefant hat *einen* Rüssel und Friedrich Wilhelm hat *zwei*.«

kannt hatte, richtiger noch, wie sie nie dagewesen war. Ordnung und Sitte waren mit dem jungen Paare gekommen, auch Beistand in Rat und Tat, und soweit es in Menschenhände gegeben ist, dem Unglück und dem Unrecht zu wehren, soweit wurd ihm gewehrt.

Aber nicht nur die Dorfgemeinde durfte sich der neuen Gutsherrschaft freuen, die neue Gutsherrschaft wußte mit der Erfüllung ihrer nächstliegenden Pflichten auch Schönheitssinn und Sinn für das Allgemeine zu verbinden und erreichte dadurch, daß das Gröbener Herrenhaus auf drei Jahrzehnte hin ein Sammel- und Mittelpunkt geistiger Interessen wurde. Von dem Leben der großen Welt hielt man sich geflissentlich fern, aber was sich darin hervortat, insonderheit als ein »erst Werdendes« hervortat, das empfing entweder aufmunternde Zustimmung oder wohl auch Pflege, solang es solcher Pflege bedurfte. Junge Kräfte wurden unterstützt, Bilder und Büsten in Auftrag gegeben, Reisestipendien erwirkt oder persönlich bewilligt, und wie die Türen allezeit offenstanden, so standen auch die Herzen auf in dem immer sonnigen und immer gastlichen Hause. Diese Gastlichkeit enthielt sich jedes Luxus, ja verschmähte denselben, aber so schlicht sie sich gab, so grenzenlos gab sie sich auch. Und lag schon hierin ein Zauber, so lag er viel, viel mehr noch in der einfach distinguierten Lebensauffassung, die hier still und ungesucht um die Herzen warb, und in dem *Ton*, der der Ausdruck dieser Lebensauffassung war. Es war ganz der gute Ton jener Zeit (einer *über*-, aber freilich auch *unter*schätzten Epoche), ein Ton, der das heutzutage so sehr hervortretende spezialistisch Einseitige vermied und umgekehrt in dem Geltenlassen andrer Beschäftigungen und Richtungen die Pflicht und Aufgabe der Gesellschaft erkannte. Nichts war ausgeschlossen, und Scherz und Anekdote – selbst wenn sich etwas von dem Übermute der damaligen Witzweise darin spiegelte – hatten so gut ein Haus- und Tischrecht wie die Fragen über Kunst und Wissenschaft oder die speziell auch in dem Gröbener Kreise mit Vorliebe gepflegten altpreußischen Thematas von Armee und Verwaltung, von Staat und Kirche.

Sogar Landwirtschaftliches interessierte lebhaft, am meisten freilich den Grafen selbst, der, im Gegensatz zu seinem dilettantisch und skurril herumexperimentierenden Vater, eine große theoretische Kenntnis und alsbald auch ein reiches Erfahrungswissen innehatte, das ihn zu den mannigfachsten Reformen, Einrichtungen und Ankäufen gleichmäßig befähigte.

Bei dieser großen Tüchtigkeit und Umsicht in praktischen Dingen konnt es nicht ausbleiben, daß ihm mehr als einmal, und zwar jedesmal aus Regierungskreisen her, der Antrag gemacht wurde, sich seiner Gröbener Einsamkeit begeben und in die große Welt, in der er in seiner Jugend gelebt und mit der er die Fühlung nie verloren hatte, wieder eintreten zu wollen. Aber er lehnte jedes dahin zielende Wort mit der Erklärung ab: »*Ich bin für Gröben bestimmt.*«

Auch das Jahr 1848, das verdoppelt die Forderung einer Rückkehr in das staatliche Leben an ihn stellte, riß ihn nicht heraus; im Gegenteil, er schloß sich inniger an die Seinen an, die seiner Treue mit Treue lohnten, und während das ganze Preußen erschüttert hin und her schwankte, wurde Gröben von keinem anderen Sturm getroffen als von einem *wirklichen* Orkan, der denn auch die mehrhundertjährige, vor dem Herrenhause wachehaltende Linde niederwarf. Er sah sie den Morgen darauf entwurzelt am Boden liegen und ordnete an, daß sie zu Brettern geschnitten und ein Teil derselben für seinen Sarg beiseite gelegt werde. Lächelnd gab er diese Weisung, und er *durft* es wie wenige, denn er sah auf das Ende der Dinge mit jener Ruhe, die nur das gute Gewissen gibt. Und wie von seltner Integrität des Charakters, so war er auch von seltner Reinheit der Sitten und von noch seltnerem Edelmut. *Ein* Beispiel für viele. Bei Kauf und Übernahme von Gröben war ein armes Fräulein, das der Vorbesitzer als Erbin eingesetzt hatte, leer ausgegangen. Es waren eben, wie hervorgehoben, nur Schulden da. Den Grafen rührte das harte Los der Armen, und er gab ihr aus freien Stücken 6000 Taler als ein Geschenk, was in jener geldarmen Zeit als eine große Summe gelten konnte.

Dazu war er heiter und humoristisch. Als die Brennerei, zu der man sich um besserer Gutserträge willen endlich hatte bequemen müssen, unter Dach und Fach war, erhielt sie die Berliner Bibliothekinschrift: »Nutrimentum spiritus«.

Und diese gute Laune zeigte sich ganz besonders auch, als

er in seine letzte Krankheit eintrat. Es fehlte selbstverständlich nicht an Aufforderungen, es, ärztlicher Behandlung halber, mit einem Berliner Aufenthalte versuchen zu wollen, aber er antwortete bloß: »Ihr wißt ja, *ich bin für Gröben bestimmt*; ich war es im Leben und will es auch im Tode sein.«

Und er hatte recht gesprochen. Eine Woche später, und Meister Schreiner hobelte schon die Lindenbretter, wie's Graf Leo gewollt, und am 27. Juli 1851 stand sein Sarg an derselben Stelle, wo damals, als die große Kutsche von Großbeeren her zurückgeschwankt war, seine Wiege gestanden hatte.

Viele Freunde kamen, und sie begruben ihn auf dem Gröbener Kirchhof und gaben dem Platz ein Gitter. Eine Stelle daneben aber ließen sie leer: eine Ruhestätte für seine Witwe.

Gräfin Emilie von Schlabrendorf, geborne von Ryssel

Diese Witwe war Gräfin Emilie von Schlabrendorf, geborne von Ryssel. An sie ging jetzt Gröben über, in dem ihr noch, durch volle sieben Jahre hin, ein segensreiches Wirken gestattet war.

In brieflichen Mitteilungen über sie find ich das Folgende: »Die Gräfin, wie sie kurzweg genannt wurde, war eine Dame von seltener Begabung und Bildung. Was Gröben durch drei Jahrzehnte hin war, war es, ohne den mitwirkenden Verdiensten anderer zu nahe treten zu wollen, in erster Reihe durch sie. *Sie* gab den Ton an, *sie* bildete den geistigen Mittelpunkt und war – übrigens ohne schön zu sein – mit jener anmutenden Vornehmheit ausgestattet, wie wir uns etwa die Goethesche Leonore denken.

Ihr Interesse wandte sich allen Gebieten des Wissens zu, was ihr aber, meines Erachtens, eine noch höhere Stellung anwies, das war ihre mustergiltige Hausfrauenschaft und ihr unbegrenzter, auf Näh und Ferne gerichteter Wohltätigkeitssinn. Immer bereit zu helfen, war doch die gleichzeitig von ihr gewährte geistige Hilfe fast noch trost- und beistandsreicher als die materielle, so reichlich sie diese bot. Es konnte dies geschehen, weil ihr die seltene Gabe geworden war, den ihr aus der Fülle der Erfahrung beinahe mehr noch als aus der Fülle des Glaubens zu Gebote stehenden Rat immer nur in einer allerschonendsten Weise zu spenden. In Grundsätzen streng, war sie mild in ihrer Anwendung, und überall richtete sie die Herzen auf, wo ihre vertrauenerweckende Stimme gehört wurde.

Selbstverständlich eigneten einer solchen Natur auch erzieherische Gaben, und da ihre Ehe kinderlos geblieben war, so war nichts natürlicher, als daß sie – wie zur Erprobung ihrer pädagogischen Talente – Kinder, namentlich junge Mädchen, ins Haus nahm. Es waren dies Töchter aus achtbaren, aber einfach bürgerlichen Häusern, und ihr Erziehungstalent erwies sich in nichts so sehr als in der Art und Weise, wie sie diese jungen Mädchen an allem, was das Haus gesellschaftlich gewährte, teilnehmen ließ und sie doch zugleich für die Lebensstellungen erzog, in die sie, früher oder später, wieder zurücktreten mußten. Es gelang ihr, ihren Pfleglingen eine Sicherheit im Auftreten und in den Formen zu geben, ohne daß infolge davon der gefährliche, weil so selten zu Vorteil und Segen führende Wunsch in ihnen aufgekeimt wäre, die bescheidenere Geburtsstellung mit einer anspruchsvolleren zu vertauschen. All das, ohne jemals durch Hervorkehrung dessen, was man Standesvorurteile nennt, auch nur einen Augenblick verletzt zu haben. Es war ihr eben einfach die Gabe geworden, in Liebe den Glauben zu wecken: ›In allem lebt Gottes Wille, und wie es ist, ist es am besten.‹ «

So die Mitteilungen solcher, die die Gräfin noch persönlich gekannt haben. Aber eines vermiß ich darin: ein Hervorheben dessen, was ihr, ich will nicht sagen ausschließlich oder auch nur vorzugsweis, aber doch jedenfalls *mitwirkend*, ihren Einfluß sicherte. Dies war ihr *Katholizismus.* Zunächst ihr Katholizismus als einfache Tatsache.

Wer ein Auge für diese Dinge hat, dem kann es nicht entgehen, daß der Katholizismus, all seiner vielleicht berechtigten Klagen und Anklagen unerachtet, eine nach mehr als einer Seite hin bevorzugte Stellung unter uns einnimmt, und zwar am entschiedensten in *dem* Gesellschaftsbruchteile, der sich die »Gesellschaft« nennt. Es geht dies so weit, daß

Leute, die sonst nichts bedeuten, einfach dadurch ein gewisses Ansehen gewinnen, daß sie Katholiken sind. Wie gering ihre sonstige Stellung sein mag, sie werden einer Art Religionsaristokratie zugerechnet, einer Genossenschaft, die Vorrechte hat und von der es nicht bloß feststeht, daß sie gewisse Dinge besser kennt und weiß als wir, sondern der es, infolge dieses Besserwissens, auch zukommt, in ebendiesen Dingen den Ton anzugeben. Also zu herrschen.

Unserer Gräfin Herrschaft aber verdoppelte sich und wurd erst recht eigentlich, was sie war, aus der weit über die bloße Tatsächlichkeit ihres Katholizismus hinausgehenden schönen und klugen *Betätigung* desselben. Sie war eine strenge Katholikin für *sich*, in der Berührung mit der Außenwelt jedoch, insonderheit mit der ihr in gewissem Sinne wenigstens unterstellten Gemeinde, betonte sie stets nur *das*, was beiden Konfessionen das Gemeinschaftliche war, und übte die hohe Kunst einer Religionsäußerung, die der eignen Überzeugung nichts vergab und die der andern nicht kränkte. Sie hatte dies am *sächsischen* Hofe gelernt und zeigte sich beflissen, diesem Vorbilde schöner Toleranz in allen Stücken nachzuahmen. Es geschah dies in einer ganzen Reihe von Guttaten und kleinen Stiftungen, am erkennbarsten in dem einem Neubau gleichkommenden Umbau der lutherischen Gröbener Kirche, den sie, von der Vorahnung erfüllt, daß sie das Ende desselben nicht mehr erleben würde, durch Kapitalsdeponierungen sicherstellte.

Den 2. September 1858 starb sie, sechzig Jahr alt, und wurde, den dritten Tag danach, ihrem ausdrücklichen Willen gemäß, auf dem *protestantischen* Kirchhofe der Gemeinde beigesetzt.

Gröben selbst aber fiel an die *Schwägerin* der Gräfin, an die noch lebende Schwester des bereits 1851 verstorbenen Grafen Leo.

Frau Johanna von Scharnhorst,
geborne Gräfin von Schlabrendorf

Diese noch lebende Schwester des Grafen Leo war Frau Johanna von Scharnhorst, geborne Gräfin von Schlabrendorf. Sie trat ihr Erbe (Gut Gröben) an, und da sie, wie weiterhin erzählt werden wird, einige Jahrzehnte vorher auch in den Besitz von Siethen gekommen war, so waren jetzt beide alt-Schlabrendorfschen Güter wieder in Händen einer geborenen Schlabrendorf vereinigt. Freilich nur auf kurze Zeit. *Ein* Jahr nur, von 1858 bis 1859. Eh ich aber von diesem Wiederaufgeben des Gesamtbesitzes spreche, sprech ich, zurückgreifend, über den Lebensgang der Frau von Scharnhorst bis zu jenem Zeitpunkte (1858), wo Gröben ihr zufiel.

Comtesse Johanna wurde, wie schon hervorgehoben, am 22. April 1803 aus der zweiten Ehe des Grafen Heinrich von Schlabrendorf, die derselbe mit einem Fräulein von Mecklenburg geschlossen hatte, geboren. Es scheint, die Mutter starb früh und überließ Erziehung und Fürsorge dem exzentrischen Vater, der sich dieser Aufgabe denn auch auf seine Weise, das heißt widerspruchsvoll, unterzog. Er liebte die Kleine schwärmerisch und duldete beispielsweise nicht, daß sie von jemand anderem als von ihm oder einer ihr beigegebenen Bonne berührt wurde. Sollte sie spazierenfahren, so stand er bereit, um ihr kavaliermäßig die Hand zu reichen oder sie, solange sie noch klein war, in den Wagen hineinzuheben. Aber diese Galanterien erfuhren doch auch wieder Ausnahmen und waren jedenfalls von nicht allzu langer Dauer. Als die Reisepassion über ihn kam, schwand ihm die Lust, sich um das Comteßchen noch weiter zu kümmern, und er begnügte sich von nun an damit, sie nach hierhin und dorthin in allerlei Pensionen zu geben, am liebsten in ländliche Pfarrhäuser, in denen oft die wunderlichsten Zustände herrschten und Albernheiten und Unpassendheiten um den Vorrang stritten. Aber all dies berührte sie wenig, und glücklichere Tage kamen, als der alte Graf mehr und mehr zurücktrat und die mütterliche Verwandtschaft der immer reizender werdenden Comtesse sich dieser anzunehmen begann. In Sommerzeit war sie mit in den Ostseebädern, am häufigsten in Doberan, und in einer Vier-Schimmel-Equipage ging es dann über die Felder hin oder auch wohl bis an den Heiligendamm, wo zweierlei gleich Wichtiges und gleich Großes zu sehen war: der Hof und das Meer.

Aber dies alles liegt unbestimmt zurück, und klarere Bilder treten uns aus dem Jugendleben der Gräfin erst von dem Tag an entgegen, wo sich die gesamte Familie, Geschwister und Vetterschaft, in Trier zusammenfand, um im Hause des alten General von Ryssel die Vermählung zwischen Emilie von Ryssel und Graf Leo von Schlabrendorf zu feiern. Unter den Schlabrendorfs, die mit erschienen waren, war auch Comtesse Johanna, damals erst siebzehn Jahr alt, und der alte Spruch sollte sich bei dieser Gelegenheit aufs neue bewahrheiten: »auf jeder Hochzeit eine neue Verlobung«. Ihr Tischnachbar war August von Scharnhorst, Rittmeister in dem damals zu Trier in Garnison stehenden 8. Ulanenregiment, und ungefähr um dieselbe Zeit, in der Graf Leo das schwiegerelterliche Haus in Trier aufgab, um das kurz zuvor erstandene Gröben zu beziehen, erfolgte die Verlobung und bald danach auch die Verheiratung des tischnachbarlichen Paares: des Rittmeisters August von Scharnhorst und der Comtesse Johanna von Schlabrendorf.

Aber auch die Tage *dieses* Paares waren in Trier gezählt. Wie Gröben, so geriet auch Siethen, das seine Besitzer innerhalb der letzten dreißig Jahre mehrfach gewechselt hatte, mal wieder zu Verkauf, und Graf Leopold, als er davon hörte, fragte sofort bei Schwester und Schwager an, »ob sie vielleicht geneigt seien, das plötzlich wieder frei gewordene Siethen käuflich an sich zu bringen«. Unter gewöhnlichen Verhältnissen würde die Frage wahrscheinlich mit einem »Nein« beantwortet oder noch viel wahrscheinlicher gar nicht gestellt worden sein, in Trier aber lagen die Dinge bereits außerhalb des Gewöhnlichen, indem August von Scharnhorst durch einen Sturz vom Pferde sich sehr erheblich, und zwar bis zur Dienstunfähigkeit, verletzt, auch infolge davon sein Entlassungsgesuch bereits eingereicht hatte. So wurde denn freudig zugestimmt und 1825 der Ankauf von Siethen bewerkstelligt, das nun – so wenigstens ging der Plan – für das junge Scharnhorstsche Paar eine gleich glückliche Heimstätte werden sollte, wie das Schwesterdorf Gröben es für das Schlabrendorfsche bereits war. Aber dieser Plan scheiterte. Des um diese Zeit bereits als Major aus dem Dienste geschiedenen Rittmeisters von Scharnhorst gesundheitliche Störungen waren größer als geglaubt, er kränkelte viel, und schon ein halbes Jahr nach Übernahme des Gutes starb er in Berlin (Oktober 1826), wohin er sich in ärztliche Behandlung begeben, und ließ in Siethen ein kaum einjähriges Töchterchen und eine dreiundzwanzigjährige Witwe zurück.

Ein hartes Los war dieser gefallen. Und doch hatte sie dreierlei, was ihr das Leben allmählich wieder lebenswert machte: das Kind, die Schwägerin drüben in Gröben und als drittes den Wetteifer mit dieser in allen guten Werken. Im Beglücken anderer erhob sie sich zu neuer Kraft, und als die Tochter (auch eine Johanna) zu jedermanns Freude heranwuchs und immer mehr das Licht ihres Lebens wurde, da kam ihr auch ein Gefühl des *Glückes* wieder und in und mit ihm die *Hoffnung*, die *mehr* ist als das Glück.

Aber diese Hoffnung erblaßte vor der Zeit und schwand endlich hin für immer. Die Tochter erkrankte, von einem hitzigen Fieber befallen, und starb im schwäbischen Wildbad, wohin sie sich in Begleitung ihrer damals noch lebenden Gröbener Tante begeben hatte.

Das war im Herbst 1857. Untröstlich war die Mutter, die nun in Einsamkeit den Rest ihres Lebens durchlebte.

Eh ich aber diesen Lebensausgang schildere, versuch ich zuvor, ein Bild der zu früh heimgegangenen Tochter zu geben.

Johanna von Scharnhorst
(Nach Aufzeichnungen einer Kaiserswerther Diakonissin)

Johanna von Scharnhorst war eine Mariennatur. Ihre Erscheinung schon gewann die Herzen und war der Ausdruck selbstsuchtsloser Güte. Mutter und Tochter glichen sich in diesem Punkte vollkommen und leben, um dieser selbstsuchtslosen Güte willen, in der Erinnerung der Gröben-Siethener Gemeinde fort.

Im Oktober 1854 kam Fräulein Johanna nach Kaiserswerth, um Diakonissin zu werden. Was sie dazu bestimmte, waren zunächst wohl unerfüllt gebliebene Hoffnungen, Enttäuschungen, über die sie sich nur einmal, in Andeutungen wenigstens, zu mir aussprach; aber weit über eine solche nächste Veranlassung hinaus ruhte der eigentliche Grund zu diesem Schritt in ihrer ganz auf Barmherzigkeit und Liebe gestellten Natur. Sie war, wie wenige, zum Diakonissendienste bestimmt.

In ihrer ersten Jugend schon, so hört ich später, nahm sie sich der Armen und Verlassenen an, und wenn sie durch das Dorf ging und die Kinder mit stumpfem Gesichtsausdruck in der Haustür sitzen sah, sagte sie: »Die Kinder sehen aus, als ob sie keine Seele hätten. Wie helf ich ihnen?«

Es war wohl ein Erinnern daran, was sie jetzt, nach einem schmerzlichen Erlebnis, unsrer Kaiserswerther Anstalt, deren Einrichtung und Dienst sie kennenlernen wollte, zuführte. Noch entsinn ich mich des Tages, als sie kam. Ich empfing gleich den Eindruck von ihr, etwas so Lieblichem noch nie begegnet zu sein, und wurde nicht müde, sie anzusehen. Auch weiß ich noch, daß ich in allen Briefen an die Meinigen immer nur von ihr erzählte, trotzdem sie noch kein einzig Wort zu mir gesprochen hatte. Sie trat als Pensionärin ein, beschränkte sich jedoch nicht, wie diese sonst zu tun pflegen, auf Krankenpflege, sondern griff überall ein; sie nahm teil an den Stunden der Seminaristinnen, war in der Kleinkinderschule tätig und wirkte mit im Asyl. Ihre Hauptarbeit freilich gehörte den Kranken, und hier stand sie bald einzig da. Sie war unermüdlich, daneben freundlich und fröhlich, und schon ihre bloße Nähe beglückte.

Nach Ablauf eines Jahres kehrte sie von Kaiserswerth nach Siethen zurück, um daselbst ein Kinderasyl ins Leben zu rufen. Ein in dem reizenden Uetz bei Potsdam befindliches Haus, darin schon zwei Kaiserswerther Diakonissinnen in Tätigkeit waren, sollte zum unmittelbaren Vorbilde genommen werden. Und dies geschah auch. Es war aber ein schweres Beginnen, am schwersten infolge von allerlei Kritik, die das Unternehmen gerade von befreundeter oder doch halb befreundeter Seite her zu erfahren hatte. »Das solle Hülfe sein«, hieß es, »aber es sei keine. Für die Tagelöhner sei nun mal das beste, wenn ihre Kinder auch wieder aufwüchsen, wie sie selber aufgewachsen seien. Und was die Mütter angehe, so taug es nichts, ihnen die Sorge für ihre Kinder abnehmen zu wollen.« All dies traf um so tiefer, als ihm ein Teil Alltagswahrheit zur Seite stand, aber sie kämpfte treu gegen alle laut werdenden Zweifel an, besonders auch gegen die eigenen, und rang sich immer wieder zu dem schönen Glauben durch, daß sich ihr Wunsch mit dem Willen Gottes vereinige.

Ich hatte das Glück gehabt, ihr in den letzten Monaten ihres Kaiserswerther Aufenthaltes näherzutreten, und so kam es, daß sie mich bei sich zu sehen wünschte. Sie schrieb in diesem Sinne von Siethen aus an Pastor Fliedner, und ich selbst erhielt einen Brief, aus dem ich hier folgende Stelle gebe: »Nichts ist schwerer, als in Einfalt des Herzens bleiben; es muß vor allem erbeten werden, und das wollen wir treulich füreinander tun.«

In diesen wenigen Zeilen spricht sich ihr allereigenstes Wesen aus; sie hatte von dieser Herzenseinfalt mehr denn irgendwer, den ich kennengelernt, aber freilich zugleich auch die vollkommenste Demut, und sah in sich nichts von all dem Schönen und Bevorzugten, das ihr durch Gottes Gnade so reichlich zuteil geworden war. Es war ihr eben Bedürfnis, andre Menschen höherzustellen als sich selbst, und nichts lag ihr ferner als die Vorstellung, daß sie selber ein Vorbild sei.

Ich durfte der an mich ergangenen Aufforderung folgen und traf noch zur Einweihung der Anstalt in Siethen ein. Es war zur Begründung derselben ein Müllerhaus angekauft worden, dessen Besitzer, ein streng kirchlicher Mann, einige Jahre vorher nach Amerika ausgewandert war. Alles gedieh in diesem seinem ehemaligen Heim, und als er nach einiger Zeit davon hörte, schrieb er zurück: »Wie freut es mein altes Herz, daß meine vier Wände nun die Heimstätte für so viel Gutes geworden sind.« Und er rief den ferneren Segen Gottes dafür an.

Ich sagte, daß ich noch zur Einweihung eintraf. Diese fand im August statt. Es war ein schöner Tag, und der Geistliche sprach über die Wichtigkeit unsres Berufes und daß dieser »Beruf des Erziehens zu Gott« ein Glück und eine Ehre für uns sei. Von der Gemeinde fehlte niemand, und unter den erschienenen Gästen war auch Agnes von Scharnhorst (eine Cousine Johannas) und der Verlobte derselben, Baron von Münchhausen. Als Schlußgesang war Johannas Lieblingslied gewählt worden, und während die Kinderstimmen es intonierten, wurde sie, der es galt, tief bewegt, und sie weinte lang und schmerzlich. Gedachte sie doch, wie sie mir später in vertraulichem Gespräche mitteilte, nunmehr zurückliegender Tage, deren Schmerz sich ihr in diesem Augenblick erneuerte. Sie nahm eben Abschied von manchem, was ihr lieb gewesen, und erbat sich Kraft und Mut und Ausdauer zu dem Wege, der nun dunkel vor ihr lag.

Aber er hellte sich auf, dieser Weg, und es kamen auf eine gute Weile, wenn auch freilich nicht auf lange genug, jene glücklichen und gesegneten Tage, die der alte Müller für uns erbeten hatte. Mutter und Tochter wetteiferten alsbald und halfen überall. Es war ein frisches, fröhliches Arbeiten, und ich konnte nach Haus und nach Kaiserswerth hin schreiben, »daß mir ein lieblich Los gefallen sei«. Wir hatten vorsorglich und ängstlich fast mit einer Kleinkinder- und Sonntagsschule begonnen, aber der Feuereifer beider Scharnhorstschen Damen konnte sich kein Genüge tun, und ehe noch viel Zeit ins Land gegangen war, war aus jenen ersten Anfängen auch schon ein Krankenhaus und bald danach auch ein Waisenhaus geworden.

Unter den vielen Gaben, die Johanna für ihren Beruf mitbrachte, war auch die des Erzählens. Sie wußte Geschichten aller Art mit einer ihr eigentümlichen, zu Herzen gehenden Einfachheit vorzutragen und dabei *jeden* Ton zu treffen, am glücklichsten vielleicht den humoristischen. Es war eine Lust, ihr zuzuhören, wenn sie Grimmsche Märchen oder Glaubrechts hübsche Geschichte von Küppels Michel erzählte.

Dieser heitre Zug, in den sich selbst ein Anflug von Ironie mischen konnte, sprach sich auch sonst noch in ihrem Wesen aus. Einmal hatt ich Urlaub in meine westfälische Heimat genommen, schrieb von dorther und erhielt alsbald einige Zeilen, in denen es hieß: »Es freut mich, daß Sie so treulich an unser kleines und einsames Siethen denken, von dem ich Sie nur noch bitte, den lieben Ihrigen kein *allzu sibirisches* Bild entwerfen zu wollen.« Sie kannte die komischfalschen Vorstellungen, die man wenigstens damals noch in Süd- und Westdeutschland von der Mark Brandenburg unterhielt, und widerstand dem Anreize nicht, diese Vorstellungen zu persiflieren.

Ja, sie hatte diesen humoristischen Zug, aber er streute doch nur ein weniges von Frohsinn und Heiterkeit über ihr Leben aus, und was sie, wenn wir über Feld gingen, am liebsten sah: ein weißes Mohnfeld mit ein paar roten Mohnblumen dazwischen – das war recht eigentlich sie selbst. Der Grundton ihrer Seele war elegisch und blieb es auch in ihrer glücklichsten Zeit.

In *dieser* standen wir jetzt, in jenen Wochen und Monaten, die der Gründung der Anstalt unmittelbar folgten, und wie jegliches um uns her gedieh, so gedieh auch Fräulein Johanna selbst. Es erschien uns oft, als ob ihr unter immer neuer Arbeit auch neue Kräfte kämen. Sie sah frisch aus, frischer als sonst, und als nach einjähriger Tätigkeit ihr Geburtstag unter Teilnahme vieler lieber Gäste gefeiert wurde, flüsterte mir eine Nachbarin zu: »Wie blühend Johanna aussieht.« Und es war so. Freilich täuschten diese blühenden Farben und bargen recht eigentlich die Gefahr, aber noch waren wir ahnungslos, und der Tag selbst verlief uns in ungestörter Freude. Die Kinder sangen ihre Lieder, und weil Johanna selber nicht singen konnte, sagte sie scherzend: »Ich könnte böse sein, keine Stimme zu haben.« – »Ach, du willst zuviel«, antwortete ihr ihr ehemaliger Lehrer und Erzieher in liebevollem Vorwurfe. »Man muß auch nicht *alles* haben wollen.« So vergingen die Stunden in schöner und gehobener Heiterkeit, was ihr aber im Laufe des Tages die größte Freude gemacht hatte, das waren ein paar Spätrosen gewesen, die man ihr, für den Geburtstagstisch, von den schon überschneiten Stämmen geschnitten hatte. Denn es war der 16. November.

Und der Winter verging, und der Frühling kam. Und als der Sommer da war, da war sie matt, so matt, daß sie, was sie sonst nicht kannte, zu klagen begann. Auch von ihrem Tode sprach sie häufiger und bestimmte, welches Lied an ihrem Grabe gesungen werden solle. So ging es durch Wochen und durch Monate hin. Aber freilich auch hoffnungsreichere Stunden kamen wieder, und als im Juli die Tante Schlabrendorf in Gröben auf ärztlichen Rat ins Wildbad reiste, gehorchte Johanna gern dem Wunsche der alten Gräfin und schloß sich ihr als Begleiterin an.

Anfangs erhielten wir nur gute Nachrichten, *sehr* gute sogar, und mit einer großen und beinah kindlichen Freudigkeit sprachen ihre Briefe von ihren Erlebnissen, auch von den Auszeichnungen und Ermutigungen, die man ihr hatte zuteil werden lassen. »Und so sehen Sie denn, wieviel Liebes mir begegnet ist.« – »Aber«, so hieß es eine Woche später, »es sind auch schwere Tage für mich angebrochen; ich habe sehen müssen, wie leicht es ist, mich aus der Sammlung heraus- und in die Zerstreuung hineinzubringen, und wie lieb ich noch die Welt habe. Die dunklen Tiefen unseres Herzens können uns ordentlich erschrecken, und ist kein anderer Trost als der einzig eine, daß Er, der diese Dunkeltiefen in aller Deutlichkeit erkennt, auch so viel Geduld und Liebe hat.« Und daran reihten sich dann Worte der Sehnsucht nach Siethen und dem ihr liebgewordenen Wirkungskreise.

Das war Anfang September. Aber schon am 6. hörten wir allerlei Beunruhigendes über ihr Befinden, und am 9. eilte Frau von Scharnhorst an das Krankenbett ihrer Tochter. Sie fand sie besser, als zu hoffen gewesen war, und ich empfing gleich danach einen Brief, der dies bestätigte: »Johanna ist noch recht schwach, aber alles Fiebers unerachtet ruhig. Meine Pflege besteht eigentlich in nichts andrem, als sie vor allem Störenden zu hüten. Ich sitze neben ihr und wehre die Fliegen und richte dann und wann ein beruhigendes Wort an sie. Bitten Sie Gott, daß er uns gnädig ist und seinen Willen tut nach seinem Rat und nicht nach unserem verkehrten Denken.«

Und dieser Rat und Wille war, daß sie von uns genommen werden sollte. Wenige Tage nachdem dieser Brief geschrieben, stellten sich heftige Fieberphantasien ein, in denen die Kranke wunderbare Gesichte hatte; sie sah Gott und Christum und sprach mit ihnen, und nach einer dieser Erscheinungen sagte sie fest und freudig: »Und wenn du gefragt wirst, ob die Herrlichkeit des Herren wirklich so groß sei, dann sage getrost und getreulich: ja.«

Wir aber waren daheim mit unseren Gedanken unausgesetzt um sie, geteilt zwischen Furcht und Hoffnung. Und auch am 13. Oktober abends versammelten wir uns, alt und jung, wieder in der erleuchteten Kirche zu Siethen und beteten unter vielen Tränen um Erhaltung ihres teuren Lebens. Aber um ebendiese Stunde ging ihre Seele in die ewige Heimat ein.

Ihre Hülle wurde nach Siethen übergeführt und im Beisein vieler Hunderte von nah und fern begraben. Auch das alte Fräulein von Görtzke kam von Großbeuthen her herüber und sagte bewegt: »Es war doch ein reich gesegneter Tag, an dem sie auf diese Erde kam.«

Alles, was der Mutter noch an Lebensfreude geblieben war, war nun dahin, und das einfache Haus, das seitens der Tochter vor wenig Jahren erst zum Troste Verwaister gegründet worden war, es war jetzt wie mitgegründet für *sie.* Denn sie war auch verwaist, eine verwaiste Mutter, und der Tochter zu folgen der einzige Wunsch noch, der ihr Herz erfüllte. Sie sehnte sich nach Wiedervereinigung mit ihr, und als der Todesjahrestag gefeiert werden sollte, sagte sie: »Mir ist, als ob wir heut ihren Geburtstag feierten. Ich fühle mich fremd und allein hier und möchte sie doch nicht wiedersehn auf dieser armen Erde.«

Von Aufgaben war ihr nur noch *eine* geblieben: Ausführung alles dessen, was der Tochter einst ein Wunsch gewesen. Und sie begann damit. Aber eh ein Jahr um war, unterbrach ein neuer Todesfall das eben erst Begonnene: die verwitwete Gräfin Schlabrendorf starb und hinterließ ihr, der Schwägerin, das Gröbener Erbe. Dies hätte nun unter Umständen eine Freude sein können, aber es entsprach wenig den Frau von Scharnhorstschen Ansprüchen und Neigungen, und von dem Augenblick an fast, wo sie das Erbe hatte, beschäftigte sie der Wunsch, es wieder los zu sein. Sie fühlte sich durch dasselbe nicht gefördert und gehoben, sondern nur beengt und gebunden in *dem,* was ihr einzig und allein noch in der Seele lag, und so kam sie zu dem Entschlusse, *beide* Güter zu verkaufen. Aber an wen? »Nur an einen Wohlhabenden«, so schrieb sie, »der meinen braven Leuten, wenn sie des Beistandes bedürftig sind, diesen Beistand auch leisten *kann* und leisten *will* – nur an einen wohlhabenden Mann von ehrenwerter und frommer Gesinnung will ich die Güter verkaufen, ohne Rücksicht auf einen höheren oder geringeren Preis.« Einen solchen Käufer glaubte sie schließlich in Herrn von Jagow-Rühstädt, Erbjägermeister der Kurmark Brandenburg, gefunden zu haben, der denn auch, nach längeren Unterhandlungen, die beiden Güter für die Summe von 120000 Talern an sich brachte. Sie selbst erhob nur noch den Anspruch: in Gröben das Herrenhaus beziehen und es auf Lebenszeit als ihren Witwensitz ansehen zu dürfen. Diese Bedingung wurde gern erfüllt, und im Frühjahr 1860 erfolgte Frau von Scharnhorsts Übersiedlung aus dem Herrenhause zu Siethen in das zu Gröben. Es wurd ihr sehr schwer, dieser Umzug und Ortswechsel, und ich finde darüber in einem mir vorliegenden Schwesternbriefe das Folgende: »Frau von S. ließ mich rufen, und wir waren nun das letzte Mal in dem traulichen Siethner Herrenhause zusammen, in dem sie vierunddreißig Jahre lang in Segen gewirkt hatte. Sie war sehr ernst, las mit mir das zweiundvierzigste Hauptstück aus Thomas a Kempis' ›Nachfolge Christi‹ und rief dann ihre Leute herein, um sich von ihnen zu verabschieden. Alles weinte. Danach erhob sie sich, sah sich noch einmal in den alten Räumen um und ging endlich, meine Hand ergreifend, mit mir nach dem Asylhause hinüber. Da legte sie sich nieder, und erst als sie wieder Fassung gewonnen hatte, fuhr sie nach Gröben, das nun, wider ihren Willen, ihr neues Heim geworden war.«

In diesem lebte sie noch sieben Jahr, all jenen Aufgaben hingegeben, die die schöne Hinterlassenschaft ihrer Tochter Johanna bildeten. An die Stelle des alten Fachwerkhauses in Siethen, das fünf Jahre lang und länger als Zufluchts- und Pflegestätte gedient hatte, trat ein massiver Neubau, der den Namen »Tabea-Haus« erhielt, auf dem Kirchhof ebendaselbst entstand eine Grabkapelle nebst einer daran anschließenden geräumigen Leichenhalle, vor allem aber wurd ein Kapital angesammelt und deponiert, aus dem, nach Ablauf einer bestimmten Frist, ein Pfarrhaus und eine selbständige Siethner Pfarre gegründet werden sollte. Die Durchführung all dieser Pläne bot ihr das, was ihr ein immer einsamer werdendes Leben überhaupt noch bieten konnte: den Trost und die Freude der Arbeit. Ebenso wuchs ihre Liebe zu den Kindern, deren Heiterkeit sie suchte, wie der Fröstelnde die Sonne sucht.

Endlich aber war die Stunde da, nach der sie sich seit lange gesehnt. »Als ich von Siethen herüberkam und ihre Hand faßte, kannte sie mich nicht mehr; sie war ohne Bewußtsein. Der Geistliche las ihr, wie sie's in gesunden Tagen eigens gewollt hatte, Bibelsprüche vor, von denen sie den schönen Glauben unterhielt, daß dieselben auch ihren umnachteten Geist durchdringen, ihr Herz erheben und Trost und Heil ihr spenden müßten. Und unter diesen schönsten und schlichtesten Litaneien schlief sie hinüber.«

»An geistiger Bedeutung«, so darf ich brieflichen Mitteilungen entnehmen, »stand Frau von Scharnhorst der Gräfin Leo Schlabrendorf nach, aber sie war dieser an Gemüt und Zartheit überlegen. Und dieser Zartheit unerachtet auch an *Originalität*. Es war dies der Schlabrendorfsche Zug in ihr, etwas Geniales, Sprunghaftes und Blitzendes, das, so gemildert es auftrat, doch gelegentlich an den exzentrischen Vater erinnerte.

Ihrer Liebenswürdigkeit vermochte nicht leicht wer zu widerstehn, und Personen gegenüber, zu denen sie sich hingezogen fühlte, bezeigte sie sich von einer Anmut, von der schwer zu sagen war, ob sie mehr aus ihrer Gefühls- oder ihrer Denkart entsproß. Sie hatte den ganzen Zauber der Wahrhaftigkeit und einer christlich edlen Gesinnung.

Am ausgesprochensten aber erwies sich ihr Wesen in ihrer Pflichterfüllung und Hingebung, die vielfach den Charakter absoluter Selbstverleugnung an sich trug. Es war ihr Bedürfnis, ihr eignes Glück dem andrer zum Opfer zu bringen. Vielleicht (wenn dies je möglich ist) ging sie hierin um einen Schritt zu weit.«

Ein andrer Zug ihres Charakters war ihre Gleichgültigkeit gegen irdischen Besitz, ja fast ihre Verachtung desselben, und noch ihre letzten Lebensjahre gaben einen glänzenden Beweis davon. In derselben Stunde fast, in der seitens des Herrn von Jagow die Kaufsumme für Gröben und Siethen an sie gezahlt worden war, erschien ein Anverwandter von ihr, um ihr seine Verlegenheiten zu schildern. Verlegenheiten, die nicht klein waren und ungefähr wenigstens an die Höhe der eben empfangenen großen Summe heranreichten. Einen Augenblick zögerte sie, weil die Plötzlichkeit und Berechnetheit des Überfalls ihr eine nur zu begreifliche Mißstimmung bereitete, dann aber holte sie mit nervöser Hast alle die kaum erst in ihren Taschen untergebrachten Päckchen aus ebendiesen Taschen wieder hervor und schob sie hastig und stoßweise dem fast ebenso verdutzt wie glückselig und verhimmelnd Dastehenden zu, der aus jeder dieser Bewegungen entnehmen mußte, daß sie das Geld, aber freilich auch den Empfänger so bald wie möglich los zu sein wünsche.

Hieran knüpf ich noch, was ich den Aufzeichnungen einer schon an anderer Stelle zitierten Kaiserswerther Schwester entnehmen konnte: »Mit Frau von Scharnhorst zu verkehren oder sie zu kennen, ohne sie zu lieben, wäre für jeden Menschen unmöglich gewesen. Wenn eins unserer Kinder erkrankte, bestand sie darauf, die Nachtwachen mit uns zu teilen. Ein andermal, als Fräulein Johanna noch spät am Abend nach einem eine Stunde Wegs entfernten Dorfe gerufen wurde, wollte sie die Tochter bei so später Stunde den einsamen Weg nicht machen lassen, und als diese hinwiederum nicht abließ, auf die Hilfe hinzuweisen, die zu bringen ihre Pflicht sei, ging die Mutter selbst, aller Tagesmüdigkeit unerachtet.

Unter dem vielen, was ihr oblag, war auch das Ökonomische, die gesamte Wirtschaftsführung, und es zählte mitunter zu den allerschwierigsten Aufgaben, alle Kranken und sonstigen Hausinsassen aus ihrer, der Frau von Scharnhorst, Küche mit zu versorgen. Als ich dann später selbst das Wirtschaftliche lernte, schien es mir mitunter, als verführe sie zu peinlich und akkurat und mache mir die Lehrzeit schwerer als nötig. Aber später hab ich einsehen gelernt, wie dankbar ich ihr gerade für diese strenge Schule zu sein hatte.

Schön war auch *das* an ihr, daß sie durch Enttäuschungen und Fälle von Vertrauensbruch – immer vorausgesetzt, daß es ein Sachliches war und nicht allerunmittelbarst ihre Person traf – in ihrem Allgemeinvertrauen *nicht* erschüttert wurde. Sie beklagte dann wohl das einzelne Vorkommnis, aber ließ es keinen Einfluß auf ihre nur auf Trost und Hilfe gerichteten Entschlüsse gewinnen.«

Selbstverständlich mischten sich auch menschliche Schwächen in ihr Tun, und das Nachstehende, das mir von *andrer* Seite her zugeht und ihrem Bildnis ein paar Schattentöne gibt, wird dasselbe nur um so sprechender und anziehender machen.

»Unzweifelhaft, Frau von S. war eine durchaus vornehme Natur und ausgerüstet mit allen Tugenden eines edlen und großmütigen Herzens. Aber *eines* fehlte ihr: die rechte Freudigkeit der Seele, was ich doch mehr als einmal als einen wirklichen Mangel empfunden habe. Sie stand nicht nur in der Melancholie, nein, sie pflegte sie direkt, und das alte Fräulein von Görtzke traf es durchaus, als sie mal in ihrer humoristisch-treuherzigen Weise sagte: ›Frau Johanna fühlt sich nur wohl, wenn sie neben ihrer alltäglichen Sorge noch ein ganz besonderes Unglück in der Tasche hat.‹ In der Tat, es war ihr von Jugendtagen an viel auferlegt worden, indessen doch nicht *so* viel, daß nicht ein glücklicheres Naturell es hätte bemeistern können. Sie *wollt* es aber nicht und suchte nur umgekehrt nach allem Bittren des Daseins, das für sie längst das Süße geworden war. In ihrem feinen Nervenleben auf jedes Kleinste reagierend, leicht empfindlich und verletzt und als echte Schlabrendorf auch Stimmungen und selbst Launen unterworfen, gelang es ihr *nicht*, zu jenem schönen Frieden der Seele durchzudringen, nach dem sie sich beständig sehnte. Sie verzieh Kränkungen völlig, aber sie vergaß sie nicht, und so blieb ihr beständig ein Stachel im Gemüte, der sein Wesen dadurch nicht einbüßte, daß er sich zumeist und in erster Reihe gegen sie selber richtete. So wurde sie denn, alles Kämpfens und Strebens unerachtet, von Jahr zu Jahr immer bitterer, und viele kleine Züge legen Zeugnis davon ab. Einer, als besonders charakteristisch, mag hier eine Stelle finden. Es existierten zwei Bilder von ihr, die der Düsseldorfer Professor Hildebrandt in den Tagen seiner und ihrer Jugend gemalt hatte. Das eine dieser Bilder besaß sie selbst, das andere war eine Kopie, die sich ihr Bruder, Graf Leo, bei demselben Maler bestellt hatte. Auch dies zweite Bild kam in ihren Besitz, als sie, nach dem Tod ihrer Schwägerin, der Gräfin Emilie von Schlabrendorf, die Gröbner Erbschaft angetreten. Aber davon ausgehend, daß ihr Andenken und Gedächtnis in keinem Herzen, ihre Siethner Gemeinde vielleicht ausgenommen, liebevoll fortleben werde, war es ihr widerwärtig, ihre Bilder in die Hände fremder und gleichgültiger Menschen übergehen zu sehen. Und so ließ sie denn im Sommer 66, in demselben Sommer, der ihrem Tode vorausging, beide Bilder wohlverpackt in eine Gondel bringen, stieg selbst hinein, fuhr mitten auf den Gröbner See hinauf und versenkte sie daselbst. Mit den Bildern zugleich allerhand Briefschaften und Erinnerungen aus ihrer Jugendzeit.«

Auf dem Siethner Kirchhofe ruht sie neben der ihr voraufgegangenen Tochter, und die Schöpfungen beider umstehen ihr Grab. An den Schluß ihrer Lebensschilderung aber stell ich folgende Worte: »Zu dem seltenen Glück einer harmonischen Übereinstimmung in Lebensauffassung, häuslichem Verkehr und Freundesumgang gesellte sich hier als seltenste der Gnaden eine jeden Tag neu gesegnete Tätigkeit, eine *Wirkungssphäre*, wie sie sich einer stillen und hingebenden Liebe zwar nicht ohne Müh und Arbeit, aber doch ihrer ganzen Natur nach fast wie von selber erschloß.«

III

Gröben und Siethen jetzt

Herr Karl von Jagow, Erbjägermeister der Kurmark, hatte, wie hervorgehoben, Gröben und Siethen im Herbst 1859 erworben. Er blieb aber persönlich auf seiner väterlichen Besitzung Rühstädt bei Wilsnack in der Prignitz und übertrug die Verwaltung der beiden Teltow-Güter einem ausgezeichneten Landwirte, der denn auch ohne Verzug allerlei Verbesserungen einleitete. Diese waren in der Tat nötig geworden, da, seit dem Tode Graf Leos, alles zurückgegangen oder doch ins Stocken geraten war. Das Interesse der Frauen drehte sich eben um andere Fragen als landwirtschaftliche. Mit Wiesenkulturen und Bruchentwässerungen, an die sich bald auch eine lohnendere Behandlung der Forstreviere schloß, wurde begonnen, und in rascher Reihenfolge folgten Wirtschaftsgebäude, Tagelöhnerhäuser und Etablissements aller Art. Auch eine neue Brennerei ward als unerläßlich hergerichtet, da das, was sich aus alter Zeit her noch so nannte, kaum noch diesen Namen verdiente.

Zugleich aber war der Wunsch des Herrn von Jagow, eines Besitzes wieder los und ledig zu sein, der viel Anforderungen und wenig Erträge mit sich brachte, von Jahr zu Jahr gewachsen, und er verkaufte deshalb beide Güter im Jahre 79 für die Summe von 180000 Talern an den Engroskaufmann Badewitz in Berlin. Seitens dieses letzteren ist, der kurzen Spanne Zeit unerachtet, bereits viel geschehen und (um nur eines zu nennen) ein geschmackvolles und modernen Ansprüchen mehr entsprechendes Herrenhaus in Siethen errichtet worden.

Gröben jetzt

Gröben gilt bei seinen Bewohnern und fast mehr noch bei seinen Sommerbesuchern als ein sehr hübsches Dorf. Ich kann aber dieser Auffassung, wenn es sich um mehr als seine bloße *Lage* handelt, nur bedingungsweise zustimmen. Gröben hat ein märkisches Durchschnittsansehen, ist ein Dorf wie andre mehr, und alles, was als bemerkenswert hübsch in seiner Erscheinung gelten kann, ist seine von einem hohen Fliedergebüsch, darin die Nachtigallen schlagen, umzirkte Kirche.

Diese Kirche wurde gegen Schluß des dreizehnten Jahrhunderts erbaut, und zwar aus Feldstein, wie die meisten unserer Dorfkirchen aus jener Epoche. Wie viele Wandlungen dieselbe während einer vielhundertjährigen Zeit erfahren hat, ist schwer festzustellen, und ich beschränke mich auf Hervorhebung der zuletzt erfolgten. Es war dies ein vollständiger Um- und Neubau, der in den fünfziger Jahren auf Veranlassung der Gräfin Schlabrendorf, gebornen von Ryssel, durch den damaligen Baumeister, jetzigen Geheimen Baurat Adler begonnen und 1860, zwei Jahre nach dem Tode der Gräfin, beendigt wurde. Baumeister Adler, bekanntlich auch Archäolog, hatte sich seiner Aufgabe pietätvoll unterzogen und nicht nur das alte Feldsteinmauerwerk aus dem dreizehnten Jahrhundert beibehalten, sondern auch alles neu Herzustellende, wie Kanzel*, Altar, Taufe, dem frühgoti-

* An dieser in Portlandzement ausgeführten *Kanzel* befinden sich die Statuetten von Luther, Melanchthon und *Calvin*, was, unmittelbar vor Einweihung der Kirche, eine Controverse herbeiführte. Da Gröben, von den Tagen der Reformation an, immer *lutherisch* gewesen war, so protestierte der Geistliche, trotz seiner intimen Stellung zur Patronin, aufs entschiedenste gegen die Zulassung Calvins. Aber Frau von Scharnhorst bestand darauf und drang mit ihrem Willen durch. Es scheint mir indessen unzweifelhaft, daß der Geistliche (Pastor Henschke, Freund und Erzieher Fräulein Johannas) im Rechte war. Es würde doch beispielsweise sehr auffallen und dem entschiedensten Widerspruch aller reformierten Geistlichen begegnen, wenn seitens einer zufälligen Majorität unserer »Kolonie« plötzlich der Beschluß gefaßt werden sollte, die Statue *Luthers* an den Kanzeln unserer französisch-reformierten Kirchen anzubringen.

schen Stile jener Epoche nachzubilden gewußt. In ebendiesem Stile wurde zuletzt auch eine jetzt rechts neben dem Altar hängende, vom Generallieutenant Grafen zu Dohna herrührende Tafel gestiftet, auf der wir folgender Inschrift in Goldbuchstaben auf dunklem Grunde begegnen: »Frau Gräfin Emilie von Schlabrendorf, geborne von Ryssel, stiftete durch Testamentslegat den Neubau der Kirche. Frau Johanna von Scharnhorst, geborne Gräfin von Schlabrendorf, ließ den Bau der Kirche *ausführen* und 1860 vollenden.«

Von so bemerkenswerter Schönheit alle diese Details sind, so werden sie doch an Interesse von *dem* übertroffen, was seitens des Baumeisters aus der alten Kirche mit in die neue hinübergenommen wurde: Grabsteine, Glasfenster, Schildereien.

An *Grabsteinen* war, als es an ein Abtragen und Niederreißen ging, eine Fülle vorhanden, die nur noch durch die Fülle von Särgen übertroffen wurde, die, dicht nebeneinander, in einer unterm Altar in Kreuzesform angelegten Gewölbereihe standen. Alle diese Gewölbe, weil sie mit Einsturz drohten, mußten zugeschüttet werden, und so kam es, daß uns verschiedene, mit mehr oder weniger interessanten Inschriften und Emblemen versehene Särge verlorengingen. Von den Grabsteinen dagegen sind uns an zehn oder zwölf erhalten geblieben, die, der Mehrzahl nach in den Chorumgang eingemauert, eine malerische Nischenwand hinter dem Altar bilden. Alle sind vorzüglich erhalten, und wenigstens eines derselben mag hier eingehender gedacht werden. Es ist dies der Grabstein eines jungen, schon in den Kirchenbuchauszügen erwähnten Schlabrendorfs, der bei Mollwitz fiel. Die Inschrift lautet: »Steh, Sterblicher, und betrachte die unvergängliche Kron, welche erlanget hat der hochwohlgeborene Ritter und Herr, Herr Johann Christian Siegmund von Schlabrendorf, Seiner Königlichen Majestät in Preußen bei dero Infanterie unter dem hochlöblichen Regiment Seiner Exzellenz des Herrn Generallieutenants von der Marwitz hochverdienter Lieutenant, Herr der Güter Gröben, Beuthen, Jütchendorf und Waßmannsdorf, welcher den 20. Dezember 1711 auf dem Hause Gröben geboren und den 10. April 1741 in der zwischen der preußischen und der österreichischen Armee bei Mollwitz in Schlesien vorgefallenen scharfen Aktion, in der auf seiten der Preußischen der Sieg geblieben, durch einen Musketenschuß, so ihn durch den Kopf getroffen, für Gottes, des Königs und des Vaterlandes Ehr und Rechte seinen Heldengeist aufgegeben, nachdem er sein Alter gebracht auf neunundzwanzig Jahr und vier Monat.«

Ein andrer Schlabrendorf, der fünfundfünfzig Jahre früher vor Ofen fiel und auch ebendaselbst begraben wurde, hat selbstverständlich keinen Grabstein in Gröben, sondern nur eine *Gedächtnistafel*, mit einer Malerei darüber. Man sieht einen Fluß (die Donau), an dessen Ufer hüben und drüben zwei bastionsartige Festungswerke: Pest und Ofen, liegen. Über dem einen Festungswerke steht eine große, rauchumhüllte Feuerkugel, die mutmaßlich als eine platzende Bombe gelten soll. Eine naive symbolische Darstellung eines durch Bombardement erlittenen Todes. Darunter steht: »Der hochedel geborene Herr, Herr Gustavus Albertus von Schlabrendorf, ist geboren Anno 1665 den 21. Juni, sein Leben aber hat er beschlossen am 15. Juli Anno 1686 als Fähnrich und tapfrer Soldat in Seiner Kurfürstlichen Durchlaucht von Brandenburg Armee vor der Festung Ofen in Ungarn.

So griff der tapfre Held zugleich den Erbfeind an,
Sein unerschrockner Mut ließ seine Kraft nicht fallen,
Es war ihm nur zur Lust, Kartaunen hören knallen,
Und rühmet jedermann, was dieser Held getan.
Wohl, seine Tapferkeit nun auch sein Leben zeigt,
Das er fürs Vaterland beherzt hat hingegeben,
Es soll sein Nam und Ehr bei Mit- und Nachwelt leben,
Unsterblich *der*, des Ruhm bis an die Wolken steigt.«

Soviel über die Schildereien und Grabsteine. Wichtiger ist das schon erwähnte Glasfenster mit dem Schlabrendorfschen Wappen und der Bischofsmütze darüber, das mit großer Wahrscheinlichkeit als ein Geschenk des Havelberger Bischofs, Johann von Schlabrendorf, anzusehen ist. Außer seinem historischen Interesse hat es auch ein kunsthistorisches, insoweit es uns ein Beispiel (deren es wohl nicht allzu viele mehr geben dürfte) von der Art und Weise der zu Beginn des sechzehnten Jahrhunderts in unsrer Mark in Übung gewesenen Glasmalerei gibt.

Aus der Kirche schreiten wir nunmehr dem Dorfausgange zu, wohin der *Kirchhof* ums Jahr 1811 verlegt wurde. Schon das Jahr darauf empfing der neue Begräbnisplatz ein Sandsteinmonument, dessen auffallende Stattlichkeit sich bei der in den Kriegsjahren überall herrschenden Armut einzig und allein aus der Aufregung erklären läßt, die damals in Veranlassung eines besonderen Unglücks- und Todesfalles in der Gröbener Gemeinde hervorgerufen wurde. Noch jetzt lebt die Geschichte fort und wird mit mutmaßlichen Ausschmükkungen wie folgt erzählt.

Es war die Zeit, wo wieder, wie alljährlich, das zu drei, vier Stämmen zusammengebolzte Floßholz in langer, langer Linie die Nuthe herunterkam, um erst bei Potsdam in die Havel und dann bei Havelberg in die Elbe zu gehn. Und wie gewöhnlich hatte man auch diesmal wieder allerlei Mannschaften an Bord kommandiert, die, mit Rudern und Stangen in der Hand, durch beständiges Abstoßen vom Ufer das Auf- und Festfahren des Floßholzes hindern mußten. Es waren ihrer elf, lauter junge Bursche von Trebbin und Thyrow her, darunter auch des Gröbener Kiezer-Schulzen ältester Sohn. Denn Gröben, trotzdem es nur ein kleines Dorf ist, hat doch ein wendisches Anhängsel, einen »Kiez«, auf dem die Fischer wohnen bis diesen Tag. Und auf dem Floße war gute Zeit, und immer die, die nicht Dienst hatten, hatten sich's bequem gemacht und lagen auf Strohbündeln in einer großen Bretterhütte. Da vergnügten sie sich und trieben allerlei Kurzweil und trieben es arg. Es war aber Sonntag, und um die neunte Stunde zog ein Wetter herauf, wie noch keines hier gewesen, und war ein Blitzen, als ob feurige Laken am Himmel hingen. Und einer, dem es bang ums Herz wurde, war vor die Hüttentür getreten und betete zu Gott, daß er sich ihrer erbarmen und ein Ende machen und ihnen den erlösenden Regen schicken möge. Denn es war ein Trockengewitter und noch kein Tropfen gefallen. Des Kiezer-Schulzen Sohn aber und ein Kossätensohn aus Thyrow, die verspotteten ihn und luden ihn wieder hinein (hell genug sei's ja), da wollten sie knöcheln. Und sie fingen auch an, und der Thyrower warf dreizehn, weil ihm der eine Würfel zersprang. Aber in selbem Augenblicke fuhr es auch nieder und warf Blitz und

Schlag, und alles entsetzte sich und stob auseinander – alles, was in der Hütte gelegen hatte. Nur die beiden Spötter nicht, die lagen tot auf dem Floß und lagen da bis an den andern Morgen, wo man sie zu holen kam. Auch von Thyrow kamen welche. Des Kiezer-Schulzen Sohn aber kam auf den Gröbener Kirchhof und war der erste, den sie da begruben, und kriegte den Stein und die Inschrift darauf. –

Fast unmittelbar neben diesem Stein ist die Grabstätte Graf Leo Schlabrendorfs und seiner Gemahlin. Es ist ein umgitterter Platz, und der Sockel eines in Sandstein ausgeführten Kruzifixes, das zu Häupten beider Gräber steht, trägt folgende Doppelinschrift. Links: »Ernst Leopold Graf von Schlabrendorf zu Gröben, geboren 13. Mai 1794, gestorben 27. Juli 1851.« Rechts: »Karoline Christiane Emilie Gräfin von Schlabrendorf, geborne von Ryssel, geboren 4. Oktober 1797, gestorben 2. September 1858.«

Das Kruzifix ist einer süddeutschen Arbeit nachgebildet und zeichnet sich durch Stil und Schönheit aus. Seine vergoldeten Nägelköpfe fielen ein paar vorüberziehenden Strolchen zum Raube, die hier mit frecher Hand eine Verstümmlung übten; aber die Verstümmlung hat dem Heilandsbild in nichts geschadet, und nur ernster und ergreifender sprechen seitdem seine dunklen Male.

Siethen jetzt

Auch Siethen hat nur ein märkisches Durchschnittsansehen, verfügt aber, ebenso wie Gröben, über Denkmäler, alte und neue, von einem gewissen historischen Interesse. Dahin gehören die Kirche, der Kirchhof und vor allem auch die Stiftungen, die die beiden Scharnhorstschen Frauen, Mutter und Tochter, hier ins Leben riefen.

Unter diesen Stiftungen steht das 1855 interimistisch, in seiner gegenwärtigen Gestalt aber erst 1860 als Erziehungs- und Waisenhaus gegründete *Tabea*-Haus obenan. Es ist ein schlichtes, einstöckiges Gebäude, das baulich wenig auffällt. In einem Vorgarten spielen Kinder und überraschen ebensosehr durch den freundlichen Ausdruck ihrer Augen wie durch die Sauberkeit und Gleichförmigkeit ihrer Tracht.

Über das Walten in diesem Hause, desgleichen über die Bestimmung, Einrichtung und Ausschmückung seiner Räume geh ich hinweg und begnüge mich, eines Bildes Erwähnung zu tun, das in dem in Front gelegenen Empfangszimmer hängt. Es ist ein von dem Maler Professor Remy herrührendes Bildnis Fräulein Johannas in Diakonissentracht, aus dem all das spricht, was ihr Wesen ausmachte: Güte, Demut, frommer Sinn und eine dem Irdischen bereits abgewandte Freudigkeit. Auch jene blühenden Farben fehlen nicht, die, mehr als damals geahnt, auf eine nur kurze Pilgerschaft hindeuteten.

Gegenüber dem Tabea-Hause liegt die (wie die gröbensche) wohl auch dem dreizehnten Jahrhundert entstammende Feldsteinkirche. Während aber die Gröbner in den fünfziger Jahren einen Neubau erfuhr, erfuhr die Siethner eine bloße Renovierung. Diese richtete sich unter anderm auch auf Wiederherstellung der sehr malerischen, aber zum Teil verblaßten und unscheinbar gewordenen *Wappenschilde*, die die Wandung der Emporen umkleideten und ungefähr einer Namensaufzählung aller Familien, mit denen die Schlabrendorfs einst versippt und verschwägert waren, entsprachen. Aus der Reihe dieser Familien nenn ich nur folgende: Pfuel, Hake, Katte, Waldenfels, Wuthenow, Schlieben, Putlitz, Krummensee, Burgsdorf, Schulenburg, Thümen, Blumenthal, Schöning, Arnim, Wedel, Bellin. Über minder gekannte geh ich hin und hebe nur noch hervor, daß es die beiden Cousinen Johanna von Scharnhorst und Agnes von Scharnhorst waren, die sich dieser mühevollen und Jahr und Tag in Anspruch nehmenden Arbeit unterzogen.

Aus der Kirche treten wir auf den schönen, im Schutze prächtiger Bäume gelegenen Kirchhof hinaus und werden an seiner nordwestlichen Einfassungsmauer eines ansehnlichen, in romanischem Stile gehaltenen Baues ansichtig, der unsere Neugier weckt. Auf unsre Frage hören wir, daß es die schon erwähnte Grabkapelle samt Leichenhalle sei, die Frau von Scharnhorst – auch darin einem von der Tochter geäußerten Wunsche willfahrend – um das Jahr 60, und zwar unter Aufwand ziemlich bedeutender Mittel, errichtet habe. Zu Nutz und Frommen der Siethner, aber – nur in Absicht und

Vorstellung. In *Wirklichkeit* ist noch kein Toter aus Siethen in diese Halle gestellt und noch kein Totengebet über ihn hin in der unmittelbar anstoßenden Kapelle gesprochen worden.

Und hier ist nunmehr die Stelle gegeben, wo Kritik geübt werden muß, ich weiß nicht, ob mehr an den Siethnern oder an den zwei frommen Frauen.

Dieser letzteren Tun und Wirken war unzweifelhaft in hohem Maße segensvoll und förderte nicht bloß, wie sich statistisch nachweisen ließe, *jegliches* Gute, sondern stimmte die Dorfbevölkerung auch zu ganz aufrichtigem und in mehr als einem Falle zu geradezu bewunderndem Dank. An dieser erfreulichen Hauptsache wird *nichts* geändert. Aber andrerseits gingen beide Damen in ihrem Hochfluge gelegentlich zu weit, und wie Kaiser Joseph einst dem österreichischen Volke mehr Aufklärung gab, als es haben wollte, so gaben hier die Scharnhorstschen Damen ihren Siethnern ein Maß von Fortschritt, Wohltat und Hilfe, das über das Verständnis und jedenfalls über Wunsch und Bedürfnis all derer hinausging, die dadurch beglückt werden sollten. Beide Damen verkannten die bäuerliche Natur, unterließen es, die Macht der Gewohnheit und Sitte gebührend in Rechnung zu stellen, und scheiterten deshalb in allem, was über die direkte *persönliche* Hilfe hinauslag und, im besten Sinne reformatorisch gemeint, aufs *Allgemeine* hin angesehen sein wollte.

Dies zeigte sich bei jeder ihrer Stiftungen: bei Grabkapelle, Leichenhalle, Tabea-Haus, und zwar in immer gleicher oder doch verwandter Weise.

Die Grabkapelle samt Leichenhalle war darauf berechnet, namentlich bei Typhusepidemien, vor den Gefahren der Ansteckung zu schützen. Aber das war lediglich im Sinne der Humanität und keineswegs im Sinne der Siethner gedacht. In Siethen verstieß es gegen das Herkommen, und jeder Tagelöhner und Büdner sagte: »Gefahr hin, Gefahr her. Es paßt sich nicht und ist schlecht und feige, solcher Gefahr aus dem Wege gehen zu wollen. Unser Vater oder Kind ist nun tot, ist uns genommen nach Gottes Willen, und ob wir's bequem haben oder nicht, dieser Tote, solang er über der Erde, gehört in unser Haus, und *uns* liegt es ob, an seinem

Sarge zu wachen, unbekümmert darum, ob er uns nachzieht oder nicht.« Es mag dies vor dem Verstande schlecht bestehen, vor dem Herzen desto besser, und ich habe nicht den Mut, einer Gemeinde zu grollen, die lieber ihre Leichenhalle zerfallen sehn, als ihre Toten *vor* dem Begräbnis aus dem Auge lassen will.

Ein Ähnliches ist es mit dem *Tabea-Haus.* Es kommt – darin seine Bestimmung erfüllend – allerdings Armen- und Waisenkindern zugut, aber immer nur Waisenkindern aus dieser oder jener, oft sehr entfernten Stadtgemeinde, während noch *kein* Siethner Kind als Pflegling in das Haus aufgenommen werden konnte, selbst *dann* nicht, wenn beide Eltern weggestorben waren. Es ist eben in solchem Falle der nächsten Anverwandten Amt und Ehrensache, für die Verwaisten einzutreten, und sie würden sich mit einem nicht zu tilgenden Makel behaften, wenn sie sich dieser Pflicht entschlagen wollten.

Und ablehnend wie gegen Tabea-Haus und Leichenhalle verhalten sich die Siethner auch gegen die Wohltat einer selbständigen *Pfarre,* trotzdem ihnen, wie schon hervorgehoben, ein sehr bedeutendes und vollkommen ausreichendes Kapital zu diesem Zwecke zugesichert wurde. Hier spricht nun freilich außer Gewohnheit und Pietät auch noch ein drittes und viertes mit: Argwohn und unendliche Schlauheit. Aus Tradition und eigner Erfahrung weiß der Bauer, daß sich an jedes Geschenk über kurz oder lang eine Pflicht zu knüpfen pflegt, und dieser aus dem Wege zu gehn ist er unter allen Umständen entschlossen. Ein Pfarrhaus ist bewilligt worden, gut; aber es kann doch eine Zeit kommen, ja, sie *muß* kommen, diese Zeit, wo die Fenster im Pfarrhause schlecht, die Staketenzäune morsch und die Dachziegel bröcklig werden. Und wer tritt *dann* ein? von wem erwartet man *dann* die Hilfe? Natürlich von der neuen Kirchengemeinde, der der neukreierte Herr Pfarrer nunmehr vielleicht seit lange schon, seit einem Menschenalter und länger, in Ehren und Würden vorgestanden hat. Und das *will* der Bauer nicht. Er weiß nichts von timeo Danaos, aber er hat alle darin verborgene Weisheit und Vorsicht in seinem Gemüte, und jederzeit abgeneigt, den Beutel zu ziehen, auch wenn es sich erst um weit, weit ausstehende Dinge handelt, bleibt er lieber Filial, als daß er sich der Auszeichnung eines eignen Pfarrsitzes* erfreuen sollte.

Der Kirchhof, auf den wir jetzt zurücktreten, ist reich an Steinen und Kreuzen, auf denen einzelne klangvolle Namen zu lesen sind. »Ernst Carl Leopold von Uslar-Gleichen« und an andrer Stelle: »Hier ruht Frau Clara von Chaumontet, geborne Gräfin zu Dohna.« Beide waren Scharnhorstsche Verwandte, die hier vom Tod überrascht oder doch zu früher Lebensstunde von ihm gebannt und festgehalten wurden.

Aber auch solche ruhen hier, die der Tod an diese Stelle nicht unerbittlich bannte, sondern die sich's umgekehrt als einen letzten Wunsch ausbaten, hier ruhen zu *dürfen.* »*Ihrem Wunsche gemäß* ruht hier Sophie Elisabeth Luise Honig, geboren zu Berlin den 17. März 1790, gestorben ebendaselbst den 21. November 1843.« Ihr Vater hatte Siethen bis Ende des Jahrhunderts besessen, und in Kindertagen hatte sie hier gespielt. Hier zwischen den Gräbern. Es war ihr in Erinnerung geblieben, und nun verlangte sie's nach *dieser* Stelle, der einzigen vielleicht, an der sie glücklich gewesen war.

Eine größre, von einem Eisengitter eingefaßte Grabstätte liegt in der Mitte des Kirchhofs, fast dem Tabea-Hause gegenüber. Es ist die Stätte, wo beide Johanna von Scharnhorsts, Mutter und Tochter, ruhn. Ein Steinkruzifix, wie das gröbensche, steht zu beider Häupten, und nur zu Füßen des Gekreuzigten erhebt sich an dieser Stelle noch eine *zweite* Figur: eine betende Maria. Blumen und Efeu wachsen über die Gräber hin, und Trauereschen umstehen das Gitter. In den Sockel des Kruzifixes aber sind folgende Namen und Daten eingetragen: »Johanna von Scharnhorst, geborne Gräfin von Schlabrendorf, geboren am 22. April 1803, gestorben am 6. Januar 1867.« Und links daneben: »Johanna von Scharnhorst, den 16. November 1825 zu Trier geboren, den 13. Oktober 1857 zu Wildbad dem Herrn entschlafen.«

* Während der Verhandlungen, die bereits vielfach über die Pfarrgründungsfrage stattgefunden haben, ist es bis jetzt ganz unmöglich gewesen, den Bauer aus dem Sattel zu heben. Auf die Bemerkung: »Und ihr werdet dann auch nicht länger nötig haben, eure Kinder bei Winterwetter eine halbe Meile weit zum Konfirmationsunterricht zu schicken«, antwortete man einmütig: »Ei, auf diese zwei Tage freuen sich ja die Kinder die ganze Woche; da haben sie Schlitterbahn und schneeballen sich und kommen immer frisch und munter nach Hause.«

Und nun nehmen wir Abschied und schreiten ohne weitre Säumnis aus dem Dorf auf die schmale Dammstelle zu, die, genau halben Wegs zwischen den Schwesterdörfern, eine mit wenig Bäumen bestandene Landenge bildet und nach rechts hin einen Blick auf den Siethner und nach links hin auf den Gröbener See gestattet.

In gleicher Schönheit breiten sich beide vor uns aus, aber während der mehr flachufrige Gröbener See sich endlos auszudehnen und erst am Horizont inmitten einer im blauen Dämmer daliegenden Hügelkette seinen Abschluß zu finden scheint, ist der Siethner enger und dichter umstellt, und die Parkbäume neigen sich über ihn und spiegeln sich darin. Auf beiden aber ruht derselbe Frieden und dieselbe Schwermut. Und diese Schwermut ist ihr Zauber. Ein matter Luftzug geht, und nur matter noch geht und klappert die Mühle. Die Wasserente taucht, und aus der Tannenschonung steigt ein Habicht auf, um die letzten Sonnenstrahlen einzusaugen – jetzt aber verflimmert es rot und golden im Gewölk, und im selben Augenblicke schießt er wieder ins Dunkel seiner Jungtannen nieder.

Auch die Mühle schweigt und der Wind. Und alles ist still.

DER SCHARNHORST-BEGRÄBNISPLATZ AUF DEM BERLINER INVALIDENKIRCHHOF

»Grüß euch Gott, ihr teuren Helden!
Kann euch frohe Zeitung melden:
Unser Volk ist aufgewacht.
Deutschland hat sein Recht gefunden,
Schaut, ich trage Sühnungswunden
Aus der heil'gen Opferschlacht.«

Max von Schenkendorf

Johanna von Scharnhorst ruht auf dem Dorfkirchhofe zu Siethen, alle anderen von Scharnhorsts aber, Kinder wie Enkel, ruhen auf dem Invalidenkirchhofe zu Berlin, und zwar in einem Halbkreis um das ihrem berühmten Vater beziehungsweise Großvater ebendaselbst errichtete Grabdenkmal her.

Dies Grabdenkmal entstand in den zwanziger Jahren, einer *Gegenströmung* unerachtet, an der es damals nicht fehlte und auch viel früher schon nicht gefehlt hatte. Die Anfänge davon zeigten sich bereits unmittelbar nach dem Tode Scharnhorsts im Hochsommer 1813, als sich's um Veröffentlichung eines bloßen *Nachrufs* handelte, den Clausewitz und Gneisenau gemeinschaftlich abgefaßt hatten. Es mag gestattet sein, bei diesem *Vor*ereignis einen Augenblick zu verweilen. Der Nachruf lautete:

»Am 28. Juni starb zu Prag an den Folgen der bei Großgörschen erhaltenen Wunde der königlich preußische Generallieutenant von Scharnhorst. Er war einer der ausgezeichnetsten Männer unserer Zeit. Das rastlose, *stetige*, planvolle Wirken nach einem Ziele, die Klarheit und Festigkeit des Verstandes, die umfassende Größe der Einsichten, die Freiheit von Vorurteilen des Herkommens, die stolze Gleichgiltigkeit gegen äußere Auszeichnungen, der Mut, in den unscheinbarsten Verhältnissen mit den schlichtesten Mitteln durch bloße Stärke des Geistes den größten Zwecken nachzustreben, jugendlicher Unternehmungsgeist, die höchste Besonnenheit, Mut und Ausdauer in der Gefahr, endlich die umfassendste Kenntnis des Kriegswesens machen ihn zu einem der merkwürdigsten Staatsmänner und Soldaten, auf welche Deutschland je stolz sein durfte.

Billig und gerecht im Urteil, sanft und ruhig in allen Verhältnissen mit anderen, freundlich, herzlich im ganzen Lebensumgange, war er einer der liebenswürdigsten Menschen, die den Kreis des geselligen Lebens zieren.

Was er dem Staate gewesen ist und dem Volke und der ganzen deutschen Nation, *mögen viele oder wenige erkennen, aber es wäre unwürdig, wenn einer davon gleichgiltig bliebe bei dem traurigen Todesfall.*

Es müßte keine Wahrheit und Tiefe mehr in der menschlichen Natur sein, wenn dieser Mann je von denen vergessen werden könnte, die ihm nahegestanden, ihn verehrt und geliebt haben.«

So der Nachruf, dessen staatlich-*offizielle* Veröffentlichung von seiten seiner Verfasser (Gneisenau und Clausewitz) im Hardenbergschen Cabinette gefordert wurde. Dort aber stieß diese Forderung auf Widerstand, weniger bei dem Staatskanzler selbst als bei seinen Räten I. und von B., und weil man nicht direkt ablehnen wollte, bemängelte man einzelnes und hob in einem an Gneisenau gerichteten Antwortschreiben hervor, »daß das zweitletzte, vorstehend gesperrt gedruckte Alinea dunkel und eine Änderung desselben wünschenswert sei; Scharnhorsts Verdienste seien allgemein gefühlt und anerkannt«.

Gneisenau jedoch war nicht umzustimmen und schrieb unterm 4. Juli von Patschkau aus: »In eine Abänderung der als ›dunkel‹ bezeichneten Stelle kann ich nicht willigen. Allgemein gefühlt und anerkannt ist Scharnhorsts Verdienst keineswegs. Und wenn es *nicht* allgemein anerkannt ist, warum dies nicht sagen? Jeder große Mann hat seine Freunde und seine Verunglimpfer, und gerade darin, daß er es nicht darauf anlegte, jedermann zu gefallen, liegt seine Größe. So etwas muß daher bei einem solchen Tode gesagt werden. Und wenn die bezweifelte Stelle, ungeachtet dessen, was ich zu ihrer Rechtfertigung anführe, *nicht* gedruckt werden soll, so bitte ich den ganzen Aufsatz zu unterdrücken.

von Gneisenau«

Man mag sich zu dieser Controverse* stellen, wie man will, *eines* erhellt daraus: ein Vorhandensein von Antagonismen und Gereiztheiten, über deren Ursachen ich mich an dieser Stelle nicht weiter verbreiten mag. Es war eben eine »Gegenströmung« da, das war unzweifelhaft, und diese dauerte fort, als einige Jahre später von seiten der Scharnhorst-Freunde der Plan angeregt wurde, seine irdischen Überreste von Prag her nach Berlin zu schaffen und ihm daselbst ein Denkmal zu setzen. »Anfangs«, so schreibt Minutoli, »flossen die Beiträge reichlich; aber die Wahrheit erfordert einzugestehen, daß sich beim Einsammeln auch Teilnahmlosigkeit, Engherzigkeit, ja sogar Mißgunst zu erkennen gab.«

Im Sommer 1819 hatten diese Sammlungen begonnen, indessen erst fünfzehn Jahre später, am 2. Mai 1834, wurde das Grabmonument, an dessen Herstellung unsere besten künstlerischen Kräfte mitgewirkt haben, beendigt. Von Schinkel war der Entwurf, insonderheit auch der architektonische Aufbau des Ganzen; Rauch hatte den berühmten schlafenden Löwen und Friedrich Tieck die den Sarkophag umziehenden Reliefbilder ausgeführt. Diese Reliefs sind die folgenden:

a) Graf von der Lippe entläßt den Zögling. 1777.
b) Festung Menin (Scharnhorst schlägt sich mit der hannoverschen Besatzung durch die französische Belagerungstruppe durch), den 30. April 1794.
c) Preußens Heer empfängt ihn, den 1. Mai 1801.
d) Preußisch-Eylau, den 8. Februar 1807.
e) Bewaffnung zum Kampfe von 1813.
f) Großgörschen, den 2. Mai 1813.

* In *dem* Punkte, daß man im Cabinet eine gewisse *Bestrittenheit* der Scharnhorstschen Verdienste wegleugnen wollte, hatte man gewiß unrecht, aber darin andererseits gewiß recht, daß es mindestens »unopportun« war, in *solcher* Zeit auf solche Meinungsverschiedenheiten oder auch Schlimmeres hinzuweisen. – (Einen eigentümlichen Eindruck macht es außerdem, aus dem Briefwechsel zwischen den streitenden Parteien zu ersehen, daß die beiden Räte I. und von B. auch *stilistische* Bedenken hatten und damit nicht hinter dem Berge hielten. So wollte man das gesperrt gedruckte Wort »stetig«, weil es nicht deutsch sei, gern weg haben und proponierte statt seiner das Wort »anhaltend«. Aber Gneisenau wollte auch von einer derartigen, bloß sprachlichen Änderung nichts wissen und antwortete: »›Stetig‹ will mehr sagen als ›anhaltend‹; jenes bezeichnet das Bewußtsein des Wollens und des Zweckes. Es ist das englische ›steady‹ und ist absichtlich gewählt.« Zuletzt wurde die Sache Hardenberg selbst zur Entscheidung vorgelegt, und dieser schrieb sehr fein an den Rand: »Das Wort ›stetig‹ kann als eine *neue Création* wohl gut sein. Ich kenn es aber noch nicht als deutsch.«

Dazu gesellen sich, in den Deckstein des Sarkophags eingeschnitten, folgende Daten:

Linke Breitseite: »Gerhard David von Scharnhorst, königlich preußischer Generallieutenant. – Seine Überreste wurden im Jahre 1826 von Prag hierhergeführt, um unter diesem, seinem Andenken gestifteten Denkmale zu ruhn.«

Hintere Schmalseite: »Geboren den 12. November 1756 zu Haemelsee* in Hannover.«

Vordere Schmalseite: »Bei Großgörschen verwundet. An dieser Wunde gestorben zu Prag, den 28. Junius 1813.«

Rechte Breitseite (Widmung): »Scharnhorst – die Waffengefährten von 1813.«

Um dies berühmte Denkmal her ruhen, wie schon eingangs hervorgehoben, die Kinder und Enkel des Generals, auch Graf Friedrich Dohna, sein Schwiegersohn, jeder unter einer mächtigen Platte von poliertem Granit, auf welche, neben dem Namen und den Daten von Geburt und Tod, einfach ein Kreuz und ein Bibelspruch eingegraben ist.

Zur *Linken* des Denkmals:

Juliane von Scharnhorst
Geboren den 28. Juli 1788; vermählt mit Graf Friedrich zu Dohna den 10. November 1809; dem Herrn entschlafen den 20. Februar 1827.
»So ist nun die Liebe des Gesetzes Erfüllung.«
Epistel Pauli an die Römer, Kap. 13, Vers 10.

Zur *Rechten* des Denkmals:

August von Scharnhorst
Geboren den 20. April 1795;

* Zeit und Ort ist an dieser Stelle nicht richtig angegeben. Er wurde *nicht* 1756, sondern 1755, und nicht in Haemelsee, sondern in Bordenau geboren. Ein solcher Fehler an solcher Stelle wird manchen überraschen; wer sich aber von Metier wegen viel um Biographisches gekümmert hat, weiß, daß nichts häufiger ist als derartig irrtümliche Angaben. Ein Befragen der Kirchenbücher unterbleibt, und auf Mitteilungen einzelner Familienglieder hin, »die's von Jugend auf so und nicht anders gehört haben«, entstehen die Fehler. Erst in neuerer Zeit ist man vorsichtiger in diesem Punkte geworden.

dem Herrn entschlafen den 11. Oktober 1826.
»Ich will euch wiedersehen, und euer Herz soll sich freuen, und eure Freude soll niemand von euch nehmen.«
Ev. Johannes 16, Vers 22.

Also je ein Stein zur Linken und Rechten des Denkmals.

In *Front* desselben aber ruhen *vier* Tote.

Friedrich Graf zu Dohna
Generalfeldmarschall und Oberstkämmerer Seiner Majestät des Königs;
geboren den 4. März 1784, gestorben 21. Februar 1859.
»Sei getreu bis in den Tod, so will ich dir die Krone des Lebens geben.«

Wilhelm von Scharnhorst*
Geboren den 16. Februar 1786, gestorben am 13. Juni 1854.
»Das kein Auge gesehen und kein Ohr gehöret hat und in keines Menschen Herz gekommen ist, das Gott bereitet hat denen, die ihn lieben.« 1. Korinther 2, Vers 9.

Gerhard von Scharnhorst
Königlich preußischer Premierlieutenant im 3. Husarenregiment; geboren 18. September 1819, gestorben den 9. Fe-

* Wilhelm von Scharnhorst, General der Infanterie, gestorben am 13. Juni 1854 zu Ems. Er besuchte das Gymnasium zum Grauen Kloster und trat in das preußische 3. Husarenregiment ein, ging aber bald danach (wahrscheinlich 1809) auf Wunsch seines Vaters nach England. In der Deutsch-Englischen Legion focht er unter Wellington in Spanien. 1813 kam er nach Preußen zurück. 1818 vermählte er sich mit der Tochter des späteren Feldmarschalls Grafen Gneisenau, kam in den Generalstab und wurde militärischer Zwecke halber 1827-1828 nach Griechenland, später nach Holland hin abkommandiert. Anfang der vierziger Jahre war er Inspecteur der Artillerie von Pommern und Preußen, danach in der Rheinprovinz, 1849 nahm er an dem badischen Feldzuge teil und wurde zuletzt zum Gouverneur von Rastatt ernannt. Bald darauf erbat er seinen Abschied und übersiedelte nach Berlin, um nur noch den Wissenschaften zu leben. Namentlich war er als Geograph bedeutend und mit Ritter sehr befreundet. Eine von ihm angelegte, viele Seltenheiten enthaltende Landkartencollection wurde nach seinem Tode vom Staat angekauft und der Königlichen Bibliothek unter dem Namen der »Scharnhorst-Sammlung« überwiesen. – Über den jüngeren Bruder, August von Scharnhorst († 1826), hab ich in dem Kapitel »Gröben und Siethen« ausführlicher berichtet.

bruar 1858. »Barmherzig und gnädig ist der Herr.« Psalm 103, Vers 8.

August von Scharnhorst
Platzmajor von Pillau, geboren 6. April 1821,
gestorben 11. November 1875.
»Das Alte ist vergangen; siehe, es ist alles neu geworden.«
2. Korinther 5, Vers 17.

Die beiden zuletzt Genannten (*Enkel* des 1813 gefallenen Generals) haben einen gemeinschaftlichen Grabstein. Der enge Raum innerhalb des nur zwölf Schritt breiten und fünfzehn Schritt langen Eisengitters gebot dies. In den vier Ekken stehen Trauereschen; aller weitere Schmuck ist vermieden, selbst Blumen fehlen.

Mit diesen beiden 1858 und 1875 kinderlos verstorbenen und im Laufe dieses Jahres (1881) nach Berlin hin übergeführten *Enkeln* des Generals:

dem Premierlieutenant Gerhard von Scharnhorst

und dem Platzmajor August von Scharnhorst, erlosch, nach genau hundertundzwanzigjährigem Bestehen – vom 12. November 1755 bis 11. November 1875 –, das erst 1802 geadelte Haus von Scharnhorst.

Von allen, die diesen berühmten Namen einst führten, lebt nur noch der ebengenannten Brüder, Gerhard und August, jüngere Schwester: Agnes von Scharnhorst (Cousine Johanna von Scharnhorsts), seit 1855 vermählt mit Baron Karl von Münchhausen, Oberst z. D. und Schloßhauptmann in Erdmannsdorf.

Ihrer vor keiner Mühe zurückschreckenden Anregung ist es zu danken, daß, seit dem Ablaufe dieses Sommers, ihr Ahnherr Gerhard David von Scharnhorst *alle* die Seinen an seiner Grabstatt um sich versammelt sieht.

AN DER NUTHE

SAARMUND UND DIE NUTHEBURGEN

Noch einmal hob er seinen Blick, dann sagt
er dumpf: »Die Spiegelung!
Ein Blendwerk, ärger als der Smum, bös-
artiger Geister Zeitvertreib«;
Er schwieg, das Meteor verschwand.

Freiligrath (»Mirage«)

Saarmund, ein Zauche-Städtchen, ist an dem Wiedervereinigungspunkte zweier Nuthe-Arme gelegen, von denen der kleinere, nur auf eine kurze Strecke hin abgezweigte den Namen der Saare führt. Daher denn also Saarmund.

Die Nuthe selbst entspringt auf dem Hohen Fläming bei Jüterbog, in Nähe des historischen Dorfes Dennewitz, wendet sich nordwärts und fließt endlich bei Potsdam, unter Sumpf und Wiesen versteckt, in die Havel. Wer tagelang an Rhin oder Finow, an Stobber oder Löcknitz, an Nieplitz oder Notte herumgewandert ist, der blickt, wenn er eines Flusses wie die Havel wieder ansichtig wird, auf ihre blauen und seenreichen Flächen, als zöge die Wolga an ihm vorüber. Der Maßstab ist eben alles.

Und zu diesen Kleinsten, denen die bescheidne Aufgabe zufällt, andre Kleine zu heben oder groß zu machen, gehört denn auch die Nuthe, die nur das eine vor ihresgleichen voraushat, schon in weit zurückliegender Zeit (ja damals mehr denn später) ein Grenzfluß, eine Trennungslinie gewesen zu sein.

Alles, was die Nuthe trennte, hieß zwar nur Teltow und Zauche, wird mithin in den großen Büchern nicht verzeichnet stehn; aber es traf sich nichtsdestoweniger, daß, auf ein ganzes Jahrhundert hin, diese zwei Namen zwei Welten bedeuteten und schieden. Die Zauche, durch Albrecht den Bären unterworfen, war christlich und deutsch, der Teltow, den alten Göttern treu verblieben, stak noch in Heiden- und Wendentum. Das war die Zeit, als die Nuthe ihre großen historischen Tage zählte; das war das Jahrhundert der »*Nuthe-*

burgen«. Ob diese letzteren Aggressiv- oder Defensivpunkte waren, ob sie die *Deutschen* bauten, um von der Zauche her den Teltow zu erobern, oder ob sie die *Wenden* bauten, um der vordringenden Eroberung einen Damm entgegenzusetzen – diese Fragen werden nie mehr gelöst werden; alle Aufzeichnungen fehlen, und die Schlüsse, die man aus diesem und jenem gezogen hat, bleiben einfach Hypothese. Die Nutheburgen jener ersten christlichen Epoche sind tot, hingeschwunden für immer. Aber um ebendeshalb vielleicht zählen sie zu den Lieblingen märkisch-archäologischer Forschung. Es ist wenig mehr als ihre Namen, was man kennt. An den Flügeln lagen: Potsdam und Trebbin, im Zentrum: Beuthen und Saarmund.

Saarmund, unter diesen vier Nutheburgen vielleicht die verschollenste, genoß dafür des Vorzugs eines poetischen Namens. Daß er an diesem Punkt überhaupt entstehen konnte, war das Resultat einer Nuthe-Großtat. Arm, aber edel und vielleicht auch all das Herrliche vorahnend, das hier einstens erblühen werde, zweigte die Nuthe selbstsuchtslos einen Wasserarm von sich ab, und wohl zugleich auch aus eigner schmerzlicher Erfahrung wissend, was eines Namens Wohlklang bedeute, gab sie diesem abgezweigten Arme den Namen Saare mit auf den Lebensweg. Und siehe da, die Vorahnung hatte nicht getrogen. An ebender Stelle, wo (wie schon erzählt) ins alte Nuthe-Bett die kaum geborene Saare wieder einmündet, erwuchs Saarmund. Im Rücken der Stadt aber, an den Südhängen der Zauche-Hügel, entstanden Weinberge über Weinberge, so daß Deutschland ein paar Jahrhunderte lang der Auszeichnung genoß, einen doppelten Saarwein zu produzieren: einen kur-trierschen bei Saar*brück* und einen kur-märkischen bei Saar*mund*. Unbestrittner an Ruhm waren freilich die Saare-Krebse, die die Chronisten nicht müde werden zu preisen, »insonderheit auch die großen Alande, die noch angenehmer sind als Zander«.

Um Saarmund und seine Saare, soviel muß zugegeben werden, schwebt ein gefällig-romantischer Klang, aber die tiefere Poesie dieser Gegenden ist doch alte Nuthen-Poesie. Die Nuthe herrscht hier, die Nuthe gibt den Charakter und breitet ihren Einsamkeitszauber über die sie begleitenden, endlosen Wiesengründe, gleichviel nun, ob sie der Rotampfer sommerlang überblüht oder ob im November die Krähen mit naßschwerem Flügel drüber hinschweben. Hier, in den Kolken am Flusse hin, war bis vor kurzem noch der Biber zu Haus, und der Fischadler tat reichen Fang. Sagenhafte Gestalten, groß und hager und an Jahren weit über das Gedächtnis der ältesten Leute hinausragend, zogen mit ihrem Springstock über die tiefen Moore; wie Schatten schritten sie im Nebel, der Regenvogel pfiff in langen Pausen, und das dumpfe Gurgeln der Rohrdommel klang vom Flusse her.

So war das Nuthe-Tal, und so ist es bis diesen Tag.

Zwei, drei Brücken haben wir noch auf der Saarmunder Straße zu passieren. Von der ersten aus, deren hochgewölbte Balken uns einen Blick nach rechts und links hin gestatten, schweift unser Auge das Tal hinauf und hinunter. Tiefe Stille; nur Wasser und Wiese; kein Floß, kein Kahn; nichts Lebendes, nichts als das weiße Gewölk, das, langsam ziehend, dem langsamen Zuge des Wassers folgt.

Nichts Lebendes. Und woher auch Leben? Wenn es wahr ist, daß man eine Großstadt auf Meilen hin in beinah rätselvoller Weise vorausfühlt, so muß die Wirkung, die Saarmund in die Ferne hin übt, eben die der Abgestorbenheit sein. Denn man kann nur mitteilen, was man hat. Und nichts Abgestorbneres und Stilleres als Saarmund. Über eine letzte Brücke hin rasselt unser Gefährt in die Stadt hinein; beschnittne Linden vor den Türen, über die Hof- und Gartenzäune strecken Holunderbäume die weißen Dolden, und wenn dann und wann eine Haustür sich öffnet und der eigentümliche Klapperton einer schadhaften Klingel über die Straße klingt, so horcht die ganze Stadt.

Unser Wagen war ein Ereignis. Einer stürzte halbrasiert ans Fenster, und der rückwärts gewandte Gruß, den ich ihm zuschickte, traf noch seine seifenschaumene Hälfte. Weiter. Endlich mündeten wir auf einen lindenumstellten Platz, der die »Freiheit« hieß. Wir nahmen es als selbstverständlich hin. Warum sollte *hier* nicht Freiheit sein?

Der Eindruck des Öden, den die ganze Stadt macht, an dieser Stelle steigert er sich, denn hier *war* einmal Leben. Unter den Fenstern des ersten Stockes hin ziehen sich lange

Wirtshausschilder: »Stadt Halle«, »Stadt Leipzig«, die sich fast wie Grabschriften lesen über einer Zeit, die nicht mehr ist. Hier führte vor fünfzig oder hundert Jahren die große Straße von Sachsen vorüber, hier war ein Hauptzollamt, und Saarmund hatte damals eine Bedeutung etwa wie Wittenberge heut oder irgend sonst ein Platz, an dem der Koffer untersucht und die Sprache des deutschen Biedermannes in der Maut- und Zollnuance gesprochen wird. Das ist nun alles dahin. Die geschlossenen Fenster zeigen nichts mehr als lange Rouleaux, deren in der Schräge schwebende Landschaften auf ein völlig gestörtes Roll- und Räderwerk deuten; alle Krippen stehen leer, und müde vom Warten, haben sie sich an die Wand gelehnt. Die Hühner picken drum herum. Wo sie's hernehmen, Gott weiß.

Ein eignes Geschick ist um gewisse Städte wie um gewisse Menschen her. Sie sind anmutig, alles scheint für sie zu sprechen, und sie können es nichtsdestoweniger zu nichts bringen. So Saarmund. Einer der vielen Orte, die nicht leben und nicht sterben können und nur dazu da sind, im Herzen eines Vorüberfahrenden ein sentimentales Gefühl zu wekken.

An einem der Prellsteine von »Stadt Leipzig«, wo der Weg nach rechts hin abbiegt, stand ein Mann in mittleren Jahren, mit einem guten, zuverlässigen Gesicht. Seine Kappe hatte den Schnitt einer alten Landwehrmütze, sein Rock aber einen Stehkragen von dunkler Farbe. Eine Art Nachtwächterblau. Mir lagen immer noch die »Nutheburgen« im Kopf, nach denen ich meine Suche nicht ohne weiteres aufgeben wollte. Das ist dein Mann, dacht ich, und ließ halten.

»Sind Sie von hier?«

»Ja.«

»Das ist schön. Da kennen Sie gewiß die Nutheburgen?«

Der Ausdruck seines Gesichts ließ keinen Zweifel darüber, daß dieses Wort mit dem balladesken Doppel-U zum ersten Male sein Ohr traf. In seiner Antwort geriet er vom Hundertsten ins Tausendste, stolperte zwischen allerhand Lokalbezeichnungen wie Burgwall und Nuthe-Brücke hin und her und erzählte mir Dinge, die, wie gewöhnlich, auf alles mögliche Rücksicht nahmen, nur nicht auf den Gegenstand meiner Sehnsucht. Ich sah bald, daß der älteren märkisch-wendischen Heimatskunde hier *keine* Quelle floß, und war denn auch rasch entschlossen, durch eine Diversion jeder weiteren Verwirrung vorzubeugen.

»Ist sonst nichts da, das sich verlohnte?«

»Nichts als der Galgenberg... Da haben Sie die beste Aussicht: das ganze Nuthe-Tal. Links Potsdam und rechts Trebbin. Es soll auch ein Schatz...«

»Gut, gut.« Ich grüßte, gab dem Kutscher einen leisen Schlag, und im nächsten Momente ging es vom Straßendamm hinunter in den mahlenden Sand hinein.

Eine kurze Strecke Weges, da stieg der Berg mit dem ominösen Namen vor uns auf. Es war ein heißer Tag und Mittagsstunde; wir hielten deshalb und stiegen aus. Die Sonne fiel glühend auf den Abhang, den wir hinauf mußten. Vor uns weideten ein paar magere Schafe, die sich ihrer Magerkeit an *dieser* Stelle nicht zu schämen hatten; nur halbverbranntes, moosartig kurzes Gras zog sich über den Sand hin, und nichts grünte als die Wolfsmilch. Endlich oben.

Es lohnte sich schon. Wie um dem Missetäter das Scheiden doppelt schwer zu machen, stellte das Mittelalter seinen Dreibaum immer auf die höchsten und schönsten Punkte.

Und wieder stand ein Dreibaum dort oben vor uns, aber freilich das Kind einer anderen Zeit: ein Vermessungsinstrument spreizte seine drei mageren Beine.

Das helle Licht hinderte den Blick; nur mitunter kam eine leise Trübung, und das Auge konnt alsdann die Landschaft umfassen. Zu Füßen Saarmund mit seinen roten Dächern und rotem Turm; dahinter die Wiesen und die Nuthe; jenseits aber die stillen Dörfer des Teltow und diesseits die stilleren Berge der Zauche.

Wer nach uns an diese Stelle tritt, der freue sich des Bildes und der allgemeinen Vorstellung: an diesem Wasserlauf entlang *lagen* also *die Nutheburgen*! Und er nehme dies Bild und diese Vorstellung in Dankbarkeit mit heim. Aber er hüte sich, auf weitere Forschungen und Entdeckungen ausziehen zu wollen. Die Nutheburgen necken ihn nur und sind wie die Fata Morgana dieser Zauche-Wüste. Wenn er sie zu haben glaubt, so hört er den Mittagsgeist lachen, das Bild zerrinnt, und – die Nutheburgen sind ihm ferner denn zuvor.

BLANKENSEE

> Da sagte die Mark: Eh bien, wohlan,
> Ich kann dasselbe wie Kanaan,
> Und will sich's seiner Sarah berühmen,
> So hab ich meine Frau von Thümen.

Eine halbe Stunde südlich von Saarmund, immer am Ufer der Nuthe hin, fahren wir in einen schmalen, spitz auslaufenden Landesteil ein, den wir am besten als den »Thümenschen Winkel« bezeichnen. Dieser Thümensche Winkel, in Zeiten, die nicht allzufern zurückliegen, hatte eine gewisse politische Bedeutung, denn er war *sächsisches* Land, das sich an dieser Stelle weit ins Brandenburgische hineinschob, so weit, daß die Entfernung bis Potsdam nicht voll zwei Meilen betrug. Das war denn, wie sich denken läßt, in den Tagen Friedrich Wilhelms I. eine Sache von »Importance«, jeder Deserteur wußte davon, und so unbequem der Thümensche Winkel für den König lag, so bequem lag er für den Flüchtling.

Von dieser »Importance« ist dem Thümenschen Winkel begreiflicherweise nichts geblieben, und er muß sich jetzt wieder mit *dem* begnügen, was er sonst noch aufzuweisen hat, meist Dinge, die viel weiter in unsere Geschichte zurückgehen als die »großen Blauen« von Potsdam.

Die Residenz dieses Fleckchens Erde heißt Blankensee. Hier haben die Thümens ihr Herrenhaus, hier ihre Kirche, ihre Gruft. Auch an Sagen fehlt es nicht, in denen irgendein Vorbesitzer, aber immer ein Thümen, seine halb spukhafte Rolle spielt. Wir werden in der Folge noch davon zu erzählen haben.

Es war Mittagsstunde, als wir vor dem Gasthause hielten. Der Wagen fuhr in den breiten Schatten einer Linde, während wir uns rüsteten und mit den Augen überallhin umherfragten. Unser erstes war ein Gang durch das Dorf. Am schönsten gelegen ist das Herrenhaus. In Front ein Elsenbruch, an den Flügeln zwei breite Seespiegel, und zwischen

Schloß und Park ein Wasserlauf, der diese beiden Seeflächen verbindet – das ist in großen Zügen die Szenerie. Das Gesträuch des Parkes wuchs weit über das Wässerchen hin und schuf einen Laubengang, unter dem die Enten auf und ab fuhren und sich's wohl sein ließen.

Inzwischen brannte die Sonne mehr und mehr, und die Schatten des Parkes luden uns zum Verweilen ein. Aber es war doch schließlich ein anderes, was uns hierhergeführt hatte, weshalb wir denn auch Park und Schloß aufgaben, um uns zunächst eines sagen- und landeskundigen Blankenseers zu versichern.

Der Zufall wollt uns wohl, und am Dorfrande wurden wir alsbald eines Mannes ansichtig, der, in einem offenen Torwege stehend, unserm unsichren Umhersuchen schon seit einiger Zeit gefolgt zu sein schien. Als er uns auf sich zukommen sah, kam er uns seinerseits unter artigem Gruß entgegen. Es war ein großer, schöner Mann von militärischer Haltung, dabei zugleich von jener ruhigen Sicherheit, wie sie die bibelfesten Leute zu haben pflegen. Es entspann sich folgendes Gespräch.

»Wir wollen auf den Kapellenberg. Können Sie uns den Weg zeigen?«

»Ich kenn ihn nicht. Aber nach dem, was ich gestern gehört, ist er nicht zu fehlen.«

»So sind Sie nicht von Blankensee?«

»Nein. Ich bin erst seit acht Tagen hier.«

»In der Schäferei?«

»Ja.«

»Der Schafmeister?«

»Nein. Ich bin sein Knecht.«

Mein Begleiter und ich sahen einander an, und eine kleine Pause trat ein. Der unumwundenen Erklärung: »Ich bin dieses oder jenes Mannes Knecht«, begegnet man in Städten niemals und auf dem Lande nicht allzu häufig. Man sucht sich ausweichend zu helfen, so gut es geht. »Ick bin bi Schulz Borchardten sine Peerd«, so oder ähnlich wird das Wort umgangen. Was uns aber in dem vorliegenden Falle noch ganz besonders frappierte, war das korrekte Deutsch und der männliche und zugleich bescheidene Freimut, in dem die Antwort gegeben wurde. Diese so seltene Demut und Wahrheitsliebe verfehlte nicht eines Eindrucks auf uns, und wir freuten uns, als unser neuer Bekannte darum bat, uns begleiten zu dürfen. Er war, wie sich bald ergab, aus der Provinz Sachsen, hatte in der Garde gedient und war dann sechs oder sieben Jahre lang der Diener in einem altlutherischen Hause und der Pfleger eines einzigen gichtbrüchigen Sohnes gewesen. So war denn vieles erklärt. Was ihn aus der großen Stadt in dies abgelegene Dorf geführt, erfuhren wir nicht.

Erst über ein breites Brachfeld hin und bald danach einen Waldweg hinauf, erreichten wir die Kuppe des unser nächstes Ziel bildenden *Kapellen*berges und betraten den alten Bau, der seinerzeit diesem Berge den Namen gegeben. Zwei Wände sind eingestürzt, zwei stehen noch, so daß es auch für den Laien ein leichtes ist, sich alles wieder in Vollständigkeit vorzustellen. Es war eine gotische Kapelle, zehn Schritt im Quadrat, nach allen vier Seiten hin offen, genau nach Art jener Baldachine, denen man in alten Domen so oft über dem Altar begegnet.

Ob dieser Bau vordem ein Wallfahrtsort war, ist schwerlich noch mit Sicherheit festzustellen, aber *das* scheint mir gewiß, daß er *kirchlichen* Zwecken und *nur* solchen diente. Die Konsolnische, darauf das Muttergottesbild stand, ist noch wohlerhalten, und so muß es denn einigermaßen überraschen, in selbst guten Büchern auf folgende Versicherungen zu stoßen: »Es verrät nichts hier, daß das Gebäude jemals *kirchlichen* Zwecken gedient haben könne. Der Zweck desselben war ein militärischer; es war eine *Burgwarte.* Das Gemäuer zeugt von hohem Altertum, und es ist mindestens möglich, daß es, wenn nicht aus der Slawenzeit, so doch aus der Zeit der deutschen Eroberung stammt. Es diente wohl als Zwischenstation für die Burgen Trebbin und Saarmund.« So viele Zeilen, so viele Fehler.* Der ganze Bau war niemals etwas anderes als eine rechtwinklige Zusammenstellung von vier offenstehenden Portalen, genau das Gegenteil von

* Solche Urteile datieren noch aus einer Zeit her, wo die Kenntnis über künstlerische, speziell über architektonische Dinge gleich Null war. Kugler, Schnaase, Lübke haben eine völlig »neue Ära« geschaffen. Während jetzt jeder aus Rund- oder Spitzbogen, aus Tonnen- oder Kreuzgewölbe den Stil und das Jahrhundert einer Kirche leidlich genau zu bestimmen weiß, stand man früher vor diesen Dingen wie vor einem Rätsel und unterschied das Alter zweier Gebäude oft rein nach dem Grade *äußerlichen*

Festung, Warte, Burg. Es ist ein Kapellchen aus dem vierzehnten oder vielleicht auch erst aus dem fünfzehnten Jahrhundert, so daß hier mutmaßlich ein Rechenfehler von dreihundert Jahren zu verzeichnen bleibt.

An diesen Kapellenberg knüpfen sich zahlreiche Sagen, die, wie verschieden auch in ihrer Einkleidung, doch sämtlich auf das alte, namentlich in unserer Mark beliebte Thema hinauslaufen, »daß daselbst ein Schatz vergraben sei«. Noch in diesem Jahrhundert kam ein Herr von Thümen ventre à terre von Berlin geritten, ließ Bauern und Tagelöhner wekken und zog in langer Kolonne den Berg hinauf, um unter dem alten »Bocksdornstrauch«, der die linke Kapellenecke mit seinem Gezweige füllt, bohren und graben zu lassen. Denn unter dem Bocksdornstrauche liegt der Schatz. Aber der Schatz kam nicht, und der tolle Herr von Thümen mußt es schließlich doch wieder aufgeben, gerade so, wie es hundert Jahre früher (noch in der sächsischen Zeit) auch sein Ahnherr, der alte Kreisdirektor von Thümen, hatte aufgeben müssen, »obwohlen der schon ganz nahe daran gewesen«. Die Sage von diesem alten Kreisdirektor aber, die noch von Mund zu Munde geht, ist die folgende: Es war wohl schon den dritten Tag, und sie gruben immer noch. Da kamen sie bis an eine eiserne Türe mit einem Schlüsselloch, und durch das Schlüsselloch konnten sie hineinkucken und eine mit Geld aufgehäufte Braupfanne sehen. Und auf dem Gelde saß der Böse. Der alte Kreisdirektor aber hat trotz alledem nicht ablassen wollen und hat angefangen zu parlamentieren und an den Bösen zu schreiben. Vorerst hat sich keiner finden wollen, um die Briefe zu bestellen, zuletzt aber hat sich doch einer gefunden, der Ebel hieß, und hat alle Nacht einen Brief vom alten Kreisdirektor auf den Kapellenberg getragen. Und immer, wenn er an die rechte Stelle gekommen, um den Brief hinzulegen, hat schon ein Brief vom Bösen dagelegen und ein Münzgroschen dabei als Botenlohn. So haben sie sich geschrieben hin und her, der Böse und der Herr Kreis-

Verfalls, dabei zur Architektur eine kaum wissenschaftlichere Stellung einnehmend wie die Kinder zur Pflanzenkunde, wenn sie die Blumen in blaue, rote und gelbe teilen. Dies muß man immer gegenwärtig haben. In jenen Zeiten absoluter baugeschichtlicher Unkenntnis sind durch im übrigen grundgescheite Leute grundfalsche Dinge zu Papier gebracht worden, die nun, ausgerüstet mit der Autorität eines Namens, von Buch zu Buch unsterblich weiterwandern.

direktor, und immer um die zwölfte Stunde war Ebel auf dem Kapellenberg. Und der Böse schrieb zuletzt: »Der Herr Kreisdirektor solle wahr und wahrhaftig alles haben; aber den Briefträger müß er ihm geben und den Arm vom See, der die ›Lanke‹ heißt, auch.« Das hat aber der Kreisdirektor nicht gewollt, weil es Ebeln sein Leben und wohl auch noch andere Menschenleben gekostet hätt. Denn wenn der Böse erst den Seearm gehabt hätt, so wäre mancher mit 'm Kahn verunglückt oder im Winter auf 'm Eis und hätt ertrinken müssen. Alle Jahr hätte wenigstens einer 'ran gemußt. Und so ist denn die Braupfanne voll Geld *nicht* gehoben worden und liegt heute noch.

So die Sage.

Wir unsrerseits aber, als wir uns an dem Bocksdornstrauche zu schaffen gemacht, erblickten unter seinem Gezweige nichts als einen Haufen allerfleißigster Ameisen. Ein Avis an alle müßigen Schatzgräber, den Schatz *da* zu suchen, wo er liegt.

Als wir noch plauderten und nach einem Aussichtspunkte suchten, zogen einige von Blankensee kommende Kirchgänger über den Berg, ihrem Nachbardorfe zu. Der Gottesdienst war also aus, und wir gingen nunmehro zurück, um auch unsrerseits unsern Besuch in der Kirche zu machen. Unser freundlicher Begleiter verabschiedete sich am Eingange, mutmaßlich um uns nicht länger zu behindern, vielleicht auch aus sektiererischem Geist.

Im Innern bot sich uns anfänglich nichts, was sich über den Durchschnittsinhalt alter Dorfkirchen erhoben hätte; bei nährer Betrachtung aber zeigte sich doch mancherlei: Grabsteine, Bilder und Schildereien. Ein Epitaphium galt einem alten Kreishauptmann im sächsischen Kurkreise, Herrn Christian Wilhelm von Thümen, dessen Portrait von zwei Engeln gehalten wurde. Weiter unterwärts erblickten wir eine sich in den Schwanz beißende Schlange, mit dem inschriftlichen Zusatze, »daß seine Ehe mit Sabine Hedwig von Schlieben durch *achtzehn* Kinder gesegnet worden sei«.

Wenn uns nun hier ein an Erzvater Jakob erinnernder Segen entgegentrat, so gemahnten dafür andre sich vorfindende Denkmäler: ein Grabstein und eine Schilderei, mehr an Abraham und Sarah. Auf dem Grabsteine lasen wir freilich nur die Worte: »daß Anna von Schlabrendorf, Kuno von Thümens ehelich Gemahl, in Kindesgeburt gottselig entschlafen sei«, das Bildnis aber vervollständigte diese kurze Mitteilung in einem ihm angefügten Reimspruche:

Hier liegt begraben ohne Qual
Kuno von Thümens ehlich Gemahl,
Die tugendsame Frau Anna gut
Von Schlabrendorf, das edle Blut,
Welche gegeben war von Gott
Dem Kuno von Thümen bis an den Tod.
Als ihm eine Tochter sie gebar,
Zählte sie *siebenundsechzig Jahr.*
Am ersten Jännertag es war.
Sei ihr gnädig, Herr und Gott,
Und helf auch uns aus aller Not.

Sowenig befriedigend diese Reime sein mögen, so trefflich ist das Bild, unter dem sie stehen. Es ist gute Lucas Cranachsche Schule. Nach Sitte der Zeit Sündenfall, Gesetzgebung, eherne Schlange, Kreuzigung und Auferstehung, alles dicht nebeneinanderstellend, gibt es auf engem Raume den Hauptinhalt der christlichen Heilslehre.

Dies Bild, zum Gedächtnis Anna von Schlabrendorfs gemalt, ist, wie das künstlerisch beste, so auch das interessanteste, was die Kirche bietet. Keineswegs aber ist die Reihe der Sehenswürdigkeiten und Erinnerungsstücke damit abgeschlossen. In einer Ecke, beinah unmittelbar über dem vorerwähnten Grabstein, hängen Schwert und Sporen* eines

* Schwert und Sporen hingen früher dem *herrschaftlichen Chore gegenüber*, zu dem eine Treppe *von außen* hinaufführt. Diese beiden Zufälligkeiten waren genug, um folgende Sage heranwachsen zu lassen. »Da war mal ein Edelmann, der kümmerte sich nicht um Gott und Menschen. Er dacht, er sei Herr über alles, und in seinem Übermut *ritt* er in die Kirche, gleich die Treppe hinauf, die zu dem Chore führt. Hier aber bäumte das Pferd und überschlug sich, so daß beide in das Schiff der Kirche stürzten und Hals und Beine brachen. Zum Zeichen des und zugleich zur Warnung sind Degen, Schwert und Sporen dem Chore gegenüber aufgehängt worden.« – So die Sage. Schon bei früheren Gelegenheiten hab ich ausgeführt, wie die »mythenbildende Kraft« des Volkes mit Vorliebe, ja vielleicht immer an solche rein äußerlich gegebenen Dinge anknüpft, vorausgesetzt, daß diese Dinge zugleich unklar und rätselvoll genug sind, um die Phantasie in Bewegung zu setzen und die freieste und selbst willkürlichste Auslegung zuzulassen. Aber so willkürlich die *Auslegung* sein mag, sie schwebt nie ganz in der Luft und haftet immer an etwas Gegebenem. Die ganze Gruppe von Sagen, um die sich's hier handelt, könnte man als poetische Mißverständnisse, noch richtiger als poetische Mißdeutungen bezeichnen. Mißdeutung im Sinne von *irrtümlicher* Deutung.

längst heimgegangenen von Thümen, und in der Höhe des neuerbauten Turmes befinden sich die durch den ganzen Thümenschen Winkel hin bei jung und alt bekannten »Glokken von Blankensee«, daran allerlei Sagen anknüpfen, wie an den Kapellenberg.

Es war um die vierte Stunde fast, als wir aus dem Kirchhofstor wieder in die Dorfgasse hinaustraten. Hier hatte sich inzwischen das Bild verändert: die Stille des Sonntagvormittags war hin, und die Heiterkeit des Nachmittags hatte begonnen. Um die Dorflinde drehte sich das junge Volk im Ringelreihen, und die Dirnen – wie immer tanzlustiger als das männliche Element – deckten jedes Defizit durch Anleihen bei sich selbst. Wir sahen auf das fröhliche Treiben, und hätt uns jemand die Ehre angetan, wir hätten's wohl auf jede Gefahr hin selber noch gewagt. Aber die Versuchung blieb aus, und unser Wagen fuhr vor.

Und nun mahlten wir wieder durch den Sand. Eine Weile noch, wenn wir uns umsahen, sahen wir die springende Bewegung und die roten Tücher. Dann aber kam eine Biegung des Weges, alles, was Bild gewesen, war hin, und nur die Posaunen markierten noch den Takt und erzählten uns von dem lustigen Volk in Blankensee, »der Residenz des Thümenschen Winkels«.

TREBBIN

Und ein Haus mit Giebelspitzen
Hat uns gastlich aufgenommen,
Läßt uns freundlich niedersitzen
Auf der Bank, der blanken, alten,
Die, mitsamt dem schmalen Tische,
Dem Jahrhundert standgehalten
Hier in dieser Fensternische.

G. Hesekiel

Ein junger Jurist, ein sogenannter Gardeassessor, war nach Trebbin verschlagen worden. Was ihn hierhergeführt, ob Schuld, ob Liebe, wer sagt es? Wahrscheinlich war es einfach die lockende Nähe der Hauptstadt, ein Fehler (un crime vaut mieux qu'une faute), für den er nun zu büßen hatte. Tag um Tag saß er an der »Table d'hôte« des damals einen und einzigen Gasthauses. So vergingen Monde. Die Zeit schien endlos.

Einmal, an einem stillen Sommersonntage, setzte man sich wieder zu Tisch. Die Fenster standen auf, und man hörte nichts als den Starmatz, der in seinem Käfig auf und ab sprang, und das Zusammenschlagen der Bälle vom dritten Zimmer her, wo zwei Trebbiner Commis sich im Billard und im Französischen übten. Es gab Kalbsbraten und Salat. Dem Assessor gegenüber saß die Wirtin, eine blasse Dame von dreiunddreißig, mit Korkzieherlocken, eine jener Hagern und Hochaufgeschossenen, die von alter Zeit her das Vorrecht haben, sich »unverstanden« zu fühlen. Und was das Schlimmste war, auch der Assessor hatte das Verständnis nicht finden können. Er schob eben eine Gartenschnecke, die sich beim Salatnehmen durch Klappern auf dem Teller bemerkbar gemacht hatte, leise-verlegen auf den Tellerrand, sah sich um und stellte zu besserer Cachierung (und vielleicht auch eine Vorahnung im Gemüte) die große Wasserkaraffe zwischen sich und die Wirtin. Aber was er vermeiden wollte, beschwor er nur herauf: die Wasserkaraffe begann als Vergrößerungsglas zu wirken, und die Schnecke nahm wahre Riesendimensionen an. Es war »Absicht«, der Affront erwiesen. So wenigstens schien es. Alle dreiunddreißig Lokken (sie gingen mit der Alterszahl) begannen zu zittern, und über den Tisch hin klang es in einem hohen und allerhöchsten Tone: »Herr Assessor, wenn es Ihnen bei mir nicht schmeckt, so muß ich Sie bitten, *anderswo* zu essen.«

Man muß an Ort und Stelle gewesen sein, um die ganze Tragweite dieses »anderswo« zu begreifen.

Dieser kleine Hergang ist mir immer als Signatur von Alt-Trebbin erschienen. Aber auch heute noch erinnert der Ort an jene Wirtin und ihre Rache, trotz Zuggerassel und Lokomotivenpfiff.

Ich passierte die Straßen, und überall bot sich dasselbe Bild: die Kirche so trist wie die Stadt und die Stadt so trist wie die Kirche. Hier und dort spreizte sich eine Toilette, das einzige, woran sich die Nähe der Hauptstadt erkennen ließ; aber dieser Flitter ließ die Stadt nur um so farbloser und die farblose Stadt hinwiederum den Flitter nur um so prahlerischer erscheinen.

Menschen, Häuser, Kirche, sie gaben nichts heraus!

Und doch *eine* Stelle hat auch der stillste, der verschwiegenste Ort, wo er zu dem Fremden sprechen *muß*, und erst wenn auch *hier* alles schweigt, darf man mit einiger Gewißheit vom Tode der Lebendigen sprechen.

Ich ging also hinaus. Links vorm Tore dehnt sich der Friedhof, ein ummauertes Feld. Es war ein Begräbnisplatz vor fünfzig Jahren und länger; dann gab man ihn auf, ließ die Stätte brachliegen und die Hügel verfallen. Endlich, als alles ein Grasplatz geworden, zog ein neues Geschlecht hier wieder ein. So ist der Friedhof ein ganz alter und ein ganz neuer. Der Interimsfriedhof liegt an anderer Stelle.

Nachmittagssonnenschein flimmerte um die Gräber. Auf den frisch aufgeschütteten Hügeln lagen halbverwelkte Kränze, die Blumen, die vorherrschten, waren Schwertlilien, und Akazienduft von umherstehenden Bäumen zog drüber hin. Das war anheimelnd genug. Aber nüchtern lagen die Steine, deutungslos standen die Kreuze; Nam an Name, Spruch an Spruch, nichts, was zu Herzen ging oder die Phantasie bewegte. Tot die Gräber wie drinnen die Häuser.

Und so wandt ich mich denn unwirsch in die Stadt zurück, um es drinnen unter den Menschen noch einmal zu versuchen.

Aber wohin? Man wies mir einen Metzgerladen, »dort geb es den besten Kaffee«. Wohlan; ich akzeptierte. Wenn man gar nichts mehr anzufangen weiß, ist das Klappern mit der Tasse noch immer das geratenste.

Des ersten Eindrucks wurd ich nicht froh. An der Ladentüre links und rechts blitzten die herkömmlichen zwei Messinghaken, und an einem dieser Haken hing ein Hammel. Ich setzte mich auf eine nebenstehende Bank und bestellte, was mir als »Spezialität« gerühmt worden war. Unter einer schattengebenden Pappel stand all die Zeit über der wohlwollend und distinguiert dreinschauende Besitzer von Haus und Hof, in dem sich mehr und mehr ein gewisses Unterhaltungsbedürfnis zu regen schien. Auch in mir. Aber ich konnte nicht über die Frage weg, ob ich ihn Wirt oder Meister anreden solle. Zu meinem Glücke wußt ich damals noch nichts von seiner »*Majors*schaft«, ich wäre sonst in der Étiquettenfrage steckengeblieben. Endlich entschied ich mich für Wirt.

»Eine schöne reine Luft, Herr Wirt.«

Dies war nun eigentlich nicht der Fall, denn der Hammel hing viel zu nah, als daß ich wahrheitsgemäß eine solche Versicherung abgeben durfte. Der Angeredete jedoch schien es aufrichtig zu nehmen und *konnt* es auch vom unverwöhnten Standpunkte seines Metiers aus. Er erwiderte mir deshalb freundlich:

»Eine schöne, reine Luft. Trebbin hat eine gute Luft.«

Dieser Lokalpatriotismus, was sich auch gegen das Tatsächliche sagen lassen mochte, tat mir wohl, und zwar um so wohler, als ich in betreff der wenigstens damals noch auf meinem Programme stehenden »Nutheburgen« allerlei Hoffnung an einen so lokalpatriotischen Ausspruch knüpfte. »Das ist dein Mann«, dacht ich. Und wirklich, was in Saarmund mißglückt war, hier konnt es gelingen. Ich fuhr also fort:

»Sie haben ja wohl eine alte Burg hier? Burg Trebbin. Die vierte der Nutheburgen.«

»Nicht daß ich wüßte. Das muß vor meiner Zeit gewesen sein.«

»Gewiß. 700 Jahre ... Und kein Burgwall? kein unterirdischer Gang? Keine Stelle, die hohl klingt?«

»Nicht daß ich wüßte. Mit Ausnahme der Schützengilde von 1577 ...«

»Und kein Denkmal? keine Mumie?«

»Nicht daß ich wüßte. Mit Ausnahme der ...«

Es wurde mir immer klarer, auf was er mit endlich doch siegreicher Beharrlichkeit hinauswollte. Ich ließ also den Strom seiner Rede fließen und warf erst ganz zuletzt und anscheinend ohne Zusammenhang die Frage dazwischen, »ob er jemals von dem Maler Wilhelm Hensel oder doch von dessen Vater, dem alten *Pastor* Hensel, gehört habe«.

Ein Kopfschütteln war die Antwort, und nur mit Mühe wurde festgestellt, daß der alte Pastor Hensel höchstwahrscheinlich schon vor seiner, des Wirts und Meisters, Geburt verzogen sein müsse, eine Sache, betreffs deren ich nie den geringsten Zweifel unterhalten hatte.

Das Vorfahren des Wagens und der Peitschenknips des Kutschers schnitten weitere Nachforschungen ab, wobei mich's trösten mußte, schwerlich etwas anderes als die chronologische Reihenfolge der Trebbiner Schützenkönige eingebüßt zu haben. Noch ein Hutlüpfen unsererseits, noch eine gegengrüßende militärische Handbewegung des »Majors« – und unser Jagdwagen klapperte über das Pflaster hin.

Die Kirchhofstüre stand noch offen, und die Schwertlilien blühten noch.

Über »Burg Trebbin« bin ich auch nachträglich ohne Mitteilung geblieben, aber von Wilhelm Hensel will ich erzählen.

WILHELM HENSEL

Wenn *zwei* Lose vor uns legt ein Beschluß der Zeit,
Schwer ist's, wirklichem Ruf folgen und falschen fliehn! . . .

Sieh, dich lockten indes heimische Triebe bald
Fernhin (wo in des Nords Winter ein edler Fürst
Aussät ein Athen des Geistes)
An die skythische, kalte Spree.

Platen

Wilhelm Hensel wurde den 6. Juli 1794 zu Trebbin geboren, wo sein Vater an der dortigen Marienkirche Geistlicher war. Schon einige Monate später übersiedelte man von Trebbin nach Linum, in dessen Pfarrhause wir denn auch unsern Wilhelm Hensel während seiner Knabenjahre zu suchen haben. Allen erforderlichen Unterricht gab ihm der Vater und bracht ihn, gut vorbereitet, auf die Bergakademie. Das war 1809. Dem schon damals geäußerten Wunsche des Sohnes, sich der Kunst widmen zu dürfen, hatte der Vater nicht nachgeben wollen.

Das Talent W. Hensels war aber zu ausgesprochen, als daß die Laufbahn, auf die seine Natur ihn anwies, ihm dauernd hätte verschlossen bleiben können. Seine eigenen Vorgesetzten ermunterten ihn, in seiner Beschäftigung mit den Künsten auszuharren, und als er bei bestimmter Gelegenheit ein Blatt in Wasserfarben ausführte, das innerhalb weniger Stunden eine ganze tropische Landschaft vor aller Augen hinzauberte, drang der Direktor des Instituts in ihn, das Bergfach aufzugeben und Maler zu werden.*

Den Widerstand des Vaters, der auch jetzt noch fortdauerte, brach endlich der Tod. Pastor Hensel starb 1811, und unser Wilhelm Hensel war nun Maler. Er studierte Anatomie und Perspektive, zeichnete nach der Antike und dem le-

* Dies Blatt befindet sich noch in den zahlreichen Mappen, die Sebastian Hensel aus dem reichen Nachlasse seines Vaters aufbewahrt. Ich komme weiterhin auf diesen Nachlaß zurück. Was speziell dies aquarellierte Blatt angeht, so stellt es eine Felsenpartie dar, und Palmen und Bautrümmer fassen ein Gewässer ein, in dem Mädchen baden. Es nimmt sich aus wie eine Farbenskizze zu einem großen Tapetenbilde. Als Arbeit eines in künstlerischen Dingen ohne jede Schule aufgewachsenen jungen Mannes mußte dieselbe damals überraschen. Heutzutage, wo jeder zeichnen und seinen Baumschlag machen kann, würde man dergleichen freilich ruhiger hinnehmen.

benden Modell und bewährte sich als so tüchtig, daß er schon 1812 die Kunstausstellung (die *erste*, die in Berlin überhaupt stattfand) beschicken konnte.

Der Frühling 1813 unterbrach die kaum begonnene Laufbahn. Von Jugend auf voll patriotischen Eifers, folgte er dem »Aufruf« und trat in das eben damals errichtete Garde-Kosaken-Regiment ein. Ein kleines Gouachebild, im Besitz der Familie, stellt ihn blondlockig unter einem schwarzen Barett in dieser phantastischen Uniform dar. Er machte in dem genannten Truppenteile, der sehr bald in Namen und Erscheinung sich borussifizierte, die Schlachten bei Lützen und Bautzen mit, trat dann zu den Freiwilligen Jägern über, nahm teil an den Kämpfen des Yorckschen Corps und war unter denen, die zweimal in Paris einzogen. 1815 als Offizier. Hier war es auch, wo er in den Bildersälen des Louvre die Bekanntschaft des Grafen Blankensee machte und den Grund zu einem Freundschaftsverhältnis legte, das bis zum Tode fortbestand.

Nach dem Friedensschlusse kehrte W. Hensel zu seiner Kunst zurück, freilich auch zu seinen Bedrängnissen. Seit dem Tode des Vaters war es ihm eine Ehrenpflicht gewesen, für Mutter und Geschwister zu schaffen und zu sorgen; in diese Pflicht trat er jetzt wieder ein. Er malte Bildnisse, radierte Blätter, fertigte Zeichnungen für Almanache und Kalender und sah sich durch Arbeiten dieser und ähnlicher Art in seinem Studium allerdings gehemmt; sein Fleiß indes und sein Vertrauen halfen über alles hinweg.

So vergingen Jahre, bis der Winter 1821 plötzlich Wandel schaffte.

Um die genannte Zeit (Januar 1821) war das russische Thronfolgerpaar, der spätere Kaiser Nikolaus und seine Gemahlin, zum Besuch in Berlin eingetroffen. Ein großes Fest sollte die Gegenwart beider feiern, und man beschloß, den eigentlichen Festesinhalt dem eben damals erschienenen und von aller Welt bewunderten Gedichte Thomas Moores: »Lalla Rookh«, zu entnehmen. Es war eine gute Wahl: der Gegenstand neu, die Situationen fesselnd, die Kostüme voll orientalischer Pracht. Und so schritt man sofort zur Ausführung.

Bei dem großen Interesse, das der Gegenstand damals erregte, mag es gestattet sein, bei dieser Lalla-Rookh-Feier rückblickend einen Augenblick zu verweilen.

Was zunächst die Dichtung selber angeht, die bereits wieder vom Schauplatz abgetreten ist (jede Zeit hat ihre Lieblinge), so ist der Rahmen derselben der folgende:

Abdallah, König der Kleinen Bucharei, kommt auf einer Pilgerreise, die er nach dem Grabe des Propheten unternimmt, auch nach Delhi in Indien. Hier nimmt ihn Aurengzeb, Beherrscher von Delhi, mit großer Gastfreundschaft auf. Die Vermählung ihrer ältesten Kinder: des bucharischen Prinzen Aliris und der indischen Prinzessin Lalla Rookh, wird beschlossen und soll demnächst in Kaschmir, wo Prinz Aliris zurückgeblieben ist, vollzogen werden. Lalla Rookh verläßt deshalb Delhi und begibt sich mit großem Gefolge nach Kaschmir. Unterwegs wird sie durch die poetischen Erzählungen eines jungen Dichters namens Feramors unterhalten, der sich unter den Personen befindet, die Prinz Aliris, von Kaschmir aus, zu ihrem Empfang ihr entgegengesandt hat. Vier Erzählungen sind es nun, die ganz besonders die Teilnahme der Prinzessin wecken: »Der verschleierte Prophet von Khorasan«, »Paradies und Peri«, die Geschichte »von den Ghebern« und »Nurmahal und Dschehangir«. Zuletzt fällt die Maske, und Feramors erweist sich als Prinz Aliris selbst.

So der Rahmen. Es ist bekannt, daß die vier poetischen Erzählungen, die wir eben nannten, den eigentlichen Inhalt der Dichtung bilden. Es wurde nun beschlossen, die Aufführung dahin zu regeln, daß das Erscheinen Abdallahs am Hofe Aurengzebs durch einen großen, aus Bucharen und Indern bestehenden *Festzug*, der Inhalt der vier Erzählungen aber durch *lebende Bilder*, unter Vortrag eines angepaßten musikalischen Textes, dargestellt werden solle. Und so geschah es.

Unter den Klängen eines eigens für diese Feier komponierten Marsches setzte sich der aus 168 Personen bestehende Festzug in Bewegung, durchschritt die bekannten Paradekammern des Schlosses, trat in den Weißen Saal ein und nahm hier vor der errichteten Bühne Platz. Nun ging der Vorhang auf, und in rascher Reihenfolge folgte Bild auf Bild, im ganzen zwölf. Der Erfolg war der glänzendste, wie bei den Kräften, die mitgewirkt hatten, nicht anders zu erwarten stand. Die Dekorationen waren das Werk Schinkels, die Musikstücke waren von Spontini komponiert; bei Feststellung der Kostüme waren die großen Werke von Forbes und Elphinstone benutzt worden. Alles, was Berlin an glänzenden Namen und bekannten Persönlichkeiten aufzuweisen hatte, war geladen. 4000 Gäste nahmen am Feste teil.*

* An dem aus *Bucharen* und *Indern* bestehenden Festzuge wirkten folgende Personen mit:

Bucharen: Aliris, Prinz von der Bucharei: Großfürst Nikolaus von Rußland; Abdallah, Vater des Aliris: Herzog von Cumberland; Abdallahs Gemahlin: Prinzessin Luise Radziwill; bucharische Prinzen: Prinz Karl, Prinz August. – *Herren im bucharischen Kostüm:* Fürst Putbus, Graf Hardenberg, von Adlerberg, von Knobloch, von Knobelsdorff, von Massow, von Bock, von Geusau, Graf Nostitz, Graf Meerfeldt, von Poten, von Stapleton, Graf Pückler, Graf Wartensleben, Graf Lynar, Graf Blumenthal. – *Damen im bucharischen Kostüm:* Gräfin Schuwalow, Miß Rose I., Fräulein von Jagow, Fräulein von Brockhausen I., Gräfin Moltke, Miß Rose II., Fräulein von Brockhausen II., Fräulein von Kamptz, Fürstin Lynar, Frau von Hedemann, Frau von Asseburg, Frau von Bülow, Frau von Witzleben, Gräfin Schlieffen, Frau von Clausewitz, Frau von Fouqué, Frau von Buddenbrock, Gräfin Haack, Fräulein von Massow. – *Herren aus Kaschmir:* Graf Brandenburg, von Germann, von Perowski, von Prittwitz, von Bülow, Graf Gröben, von Fouqué, von Buddenbrock, Graf Gneisenau, Graf Poninski. – *Damen aus Kaschmir:* Frau von Buch, Frau von Rochow, Frau von Ompteda, Fräulein von Viereck, Gräfin Hardenberg, Gräfin Gröben, Gräfin Pappenheim, Frau von Tronchin, Gräfin Neale, Fräulein von Schuckmann, Gräfin Häseler.

Inder: Aurengzeb, Großmogul: Prinz Wilhelm (Bruder Fr. W. III.). Lalla Rookh: die Großfürstin von Rußland (früher Prinzessin Charlotte von Preußen). Dschehanara, Roschinara, Suria Banu, indische Prinzessinnen: die Herzogin von Cumberland, die Prinzessin Wilhelm, die Prinzessin Alexandrine. Bahadur Schah, Dschehander Schah, Dara, Kinder Aurengzebs: der Kronprinz (Fr. W. IV.), Prinz Wilhelm (der jetzige Kaiser) und die Prinzessin Luise. – *Herren im indischen Kostüm:* Fürst Lynar, Graf Modène, von Witzleben, von Röder, von Tümpling, von Tronchin, von L'Estocq, von Thun, Graf Arnim, von Lucadou, von Kahlden, von Rochow, von Hopfgarten, von Thilau, Graf Hompesch, von Studnitz, von Möllendorff, Graf Schlieffen, Graf Moltke, von Alvensleben, von Heister, von Jordan, von Kaphengst, von Thümen, von Pourtales, von Meuron, Prinz von Rudolstadt, Prinz Solms, von Rauchhaupt, Graf Waldersee, Graf Blücher I., Graf Blücher II., Graf Bethusy, von Schöler, Graf Lynar, von Massow, von Ostau, von Heister. – *Damen im indischen Kostüm:* Fürstin Putbus, Lady Rose, Fürstin Carolath, Frau von Senden, Gräfin Brandenburg, Fräulein von Zeuner, Frau von Tümpling, Gräfin Voß, Gräfin Schlippenbach, Fräulein von Arnstädt I., Fräulein von Bergh, Fräulein von Kleist, Gräfin Haack, Fräulein von Knobelsdorff, Fräulein von Hünerbein, Gräfin von Lottum, Fräulein von Stegemann, Fräulein von Boguslawski, Fräulein von Schuckmann II., Fräulein von Röder, Fräulein von Fouqué, Fräulein von Arnstädt II., Fräulein von Heister I., Gräfin Kalckreuth, Fräulein von Wiedenbruch, Frau von Martens, Frau von Miaskowska, Gräfin Hardenberg I., Fräulein von Maltzahn I., Gräfin Hardenberg II., Fräulein von Senden, Fräulein von Maltzahn II., Fräulein von Adeleps.

In den im Text erwähnten vier *lebenden Bildern* waren die Hauptrollen wie folgt verteilt: der Prophet von Khorasan: Graf Gröben; die Peri: Prinzessin Elise Radziwill; der Engel des Lichts: Gräfin Mathilde Voß; der Emir: Fürst Radziwill; Nurmahal: Frau von Perponcher, und Dschehangir: Herzog Karl von Mecklenburg.

Wir kehren nun zu unserem W. Hensel zurück. Ihm war die Aufgabe zugefallen, die *lebenden Bilder* zu stellen, und das Geschick, das er dabei an den Tag legte, die Virtuosität vor allem, mit der er jeden Hauptmoment, über die Dauer des Festes hinaus, in Aquarellbildern festzuhalten wußte, verschafften ihm so viel Huld und Wohlwollen, daß man, von jenem Lalla-Rookh-Feste an, einen Wendepunkt in seinem äußern Leben datieren muß. Der König, in Betätigung seines Dankes, gab ihm die Möglichkeit, eine mehrjährige Reise nach Italien unternehmen zu können; was aber mehr als alles andere bedeutsam und entscheidend für ihn wurde, war, daß Fanny Mendelssohn im Kreise der Ihrigen der Aufführung des Festes beigewohnt und dadurch unserem Hensel Gelegenheit zu näherer Bekanntschaft mit dem Mendelssohnschen Hause geboten hatte. Hensel, alsbald eingeführt und mit dem Bruder (Felix) befreundet, glaubte schon im Sommer 1822 um die Hand Fanny M.s anhalten zu dürfen; die Familie jedoch, mit Rücksicht auf die bereits feststehende Reise Hensels nach Italien, hielt es für besser, beide Teile vorläufig *nicht* zu binden, und vertagte die Entscheidung. Die Neigung des Paares überdauerte die Trennung. 1828 kehrte Hensel nach fünfjähriger Abwesenheit zurück, und das Jahr darauf vermählte er sich mit seiner von ihm gefeierten Fanny.

Die nun folgenden achtzehn Jahre seiner Ehe, einschließlich der ihnen voraufgegangenen fünf Jahre in Rom, wie es die Tage seines Glückes waren, so auch die seiner künstlerischen Produktion. Alles Vorhergehende war Vorbereitung, alles Folgende Nachklang, halb virtuoses, halb geselliges Spiel. Alle seine *größeren* Arbeiten gehören der eben erwähnten Epoche seines Lebens an. Es sind die folgenden:

»Transfiguration«. Kopie nach Raffael. In Rom 1824–1828 gemalt. Befindet sich im Raffael-Saal in Sanssouci.

»Christus und die Samariterin«. Rom, 1827. Ehemals im Besitze Fr. W.s IV. Wahrscheinlich in Schloß Bellevue.

»Vittoria von Albano«. Berlin, 1829–1830.

»Die Genzaneserin«. Berlin, 1829–1830.

»Christus vor Pilatus«. Berlin, 1832–1838. Altarbild in der Berliner Garnisonkirche.

»Mirjam«. Berlin, 1836. Im Besitze der Königin Victoria von England.

»Christus in der Wüste«. Berlin, 1837-1838. Im Besitze König Fr. W.s IV.

»Der Herzog von Braunschweig auf dem Balle in Brüssel« (vor dem Treffen bei Quatre-Bras). Berlin. Im Besitze des Lord Egerton.

»Hirtin im Lande Gosen«, Motiv einer Figur aus der »Mirjam«. Berlin, 1839. Im Besitze der Herzogin von Sutherland.

Lebensgroßes Portrait des Prinzen von Wales. 1843. Zweimal gemalt. Das eine im Besitze König Fr. W.s IV., das andere im Besitze der Königin Victoria.

»König Wenzel«. Berlin, 1844. Befindet sich im Kaisersaale des Römer, Franfurt a. M.

»Römische Frauen am Brunnen«. Rom, 1845. Für den Berliner Kunstverein gemalt.

»Betende Römerinnen«. Rom, 1845. Im Besitze von Paul Mendelssohn Bartholdy.

»Felix Mendelssohn«. Berlin, 1845. Lebensgroßes Kniestück. Im Besitze von Sebastian Hensel. Öfter kopiert.

»Bivouac des Herzogs von Braunschweig auf seinem berühmten Zuge nach der Nordsee, vor dem von den Franzosen besetzten Braunschweig. Die Bürger huldigen ihm.« – Kolossalbild, für den Thronsaal in Braunschweig bestimmt gewesen. Unvollendet.

Des näheren auf diese Bilder einzugehen, müssen wir uns versagen. Nur wenige Worte. »Christus vor Pilatus« pflegt als seine beste Arbeit angesehen zu werden und wird in der Tat, in Stil und Komposition, von keinem andern seiner Bilder übertroffen; wir dürften indessen kaum fehlgreifen, wenn wir, unter voller Würdigung eines großen, ihm gewordenen *Aneignungstalentes* (dies Wort im besten Sinne genommen), dennoch der Ansicht sind, daß seine vorzüglichste Begabung nach einer andern Seite hin lag. In eine spätere Zeit gestellt, die, wenigstens in vielen ihrer besten Schöpfungen, idealisierend an das *reale* Leben herantrat, würd er ein geeigneteres Feld für seine Tätigkeit gefunden haben. Wir kommen weiterhin auf diesen Punkt zurück.

Den 14. Mai 1847 starb ihm die geliebte Frau, an der er,

vom ersten Tag ihrer Bekanntschaft an, in schwärmerischer, immer wachsender Neigung gehangen hatte. Hiermit war ein neuer Wendepunkt in seinem Leben gegeben. Er nahm Abschied von jenem heiteren Reiche der Kunst, in das die Lalla-Rookh-Tage ihn eingeführt, in welchem die *römischen* Tage ihn befestigt und die dreißiger Jahre ihn zu Ruhm und Ansehn erhoben hatten; er nahm Abschied von diesem heiteren Reiche, sag ich, wobei nur einzufügen bleibt, daß dieses Scheiden ein allmählich vorbereitetes Ereignis war. Cornelius' Erscheinen in Berlin, die gewaltige Tätigkeit desselben und vor allem die großartigen Entwürfe zum Camposanto, die gerade damals entstanden, hatten ihn bereits um die Mitte der vierziger Jahre fühlen lassen, daß es vergeblich sei, neben diesem Riesen zu ringen. Ein *andres* Gebiet sich untertan zu machen, dazu war es zu spät. Den Zeichenstift behielt er in der Hand, aber die *Palette* tat er beiseite.

Die bald eintretenden achtundvierziger Vorgänge, schmerzlich, wie sie für sein loyales, ganz an dem *alten* Preußen hängendes Herz waren, erleichterten ihm andrerseits in der Aufregung, die sie schufen, den Übergang aus einem Lebensabschnitt in den andern: aus seinem künstlerischen Schaffen in ein künstlerisches Farniente. Die Märztage sahen ihn in Waffen, der alte Jägeroffizier lebte wieder auf, und als Kommandierender stand er an der Spitze des »Berliner Künstler-Corps«.

Keiner war dazu berufener als er. Royalist und alter Militär auf der einen Seite, kannt er doch andererseits auch die Künstlernatur genau genug, um mit diesem Faktor zu rechnen. So gelang es ihm, dem ganzen Corps, das sich aus disparaten und zum Teil auch wohl desperaten Elementen zusammensetzte, einen preußisch-loyalen Charakter zu geben und eine Truppe heranzubilden, die wenigstens *so* zuverlässig war, wie's ein solches Freicorps überhaupt zu sein vermag.

Die politische Erregung Hensels überdauerte den Sommer 48, ja sie steigerte sich während des *Reaktions*fiebers und schwand erst, als auch *dieses* geschwunden war. Es kehrten ihm nun ruhigere Tage zurück, und an dieselbe Wand, an der die Büchse des Freiwilligen Jägers und die Palette des Malers bereits hingen, hing er nun auch das Rüstzeug des Parteikämpfers: die politische Broschüre, den Aufruf und das Wahlprogramm. Er war jetzt über sechzig, und die Zeit war da, wo man nicht mehr *vorwärts* und kaum noch *um* sich, sondern nur noch *rückwärts* blickt.

Nur in einem blieb er ganz und gar der alte: in seinen geselligen Beziehungen. Nicht mehr die Kämpfe der großen Stadt, auch nicht eigentlich ihre Bestrebungen bewegten ihn, aber dem Leben und Geplauder der mannigfachsten ihm befreundeten Kreise blieb er mit Vorliebe zugewandt. Er war nun ganz das geworden, was man eine »Figur« nennt. Jeder kannt ihn, jeder wußte dies und das von ihm zu erzählen: Guttaten und Schwänke, Bonmots und Impromptus. Er war in gewissem Grade »der alte Wrangel in Zivil«. Dies Gefühl der Zugehörigkeit zu Berlin, in dem er ein volles halbes Jahrhundert gelebt hatte, überkam ihn mit immer steigender Gewalt und nahm schließlich fast die Form einer Krankheit an. Der Aufenthalt bei den liebsten Personen, wenn diese nicht dem hauptstädtischen Verbande zugehörten, begann ihm nach wenig Tagen schon ängstlich und bedrücklich zu werden, und durch all seine Heiterkeit hindurch erkannte man dann eine Unruhe, die nichts anderes war als Heimweh. Ein Gefühl, das manchem ein Lächeln abnötigen wird. Aber es war so. Der Gedanke, von einem Provinzialarzt behandelt oder wohl gar auf einem ostpreußischen Dorfkirchhofe begraben zu werden, barg etwas Trostloses für ihn, und sein alter, unerkünstelter Frohsinn kam ihm erst wieder, wenn er die beiden Gensdarmentürme und die Schloßkuppel am Horizont auftauchen sah.

So erschien der Spätherbst 1861. Hensel sollt ihn nicht überdauern. Schön, wie er gelebt, so starb er. Eine menschenfreundliche Handlung wurde die mittelbare Ursache seines Todes. Ein Kind aufraffend, das in Gefahr war, von einem Omnibus überfahren zu werden, verletzte er sich selbst am Knie. Von da ab lag er darnieder. Am 26. November schloß sich sein Auge. Sein Tod weckte Trauer bei vielen, Teilnahme bei allen.

Soviel über den Gang seines Lebens. Wir werfen noch einen Blick auf seinen Charakter, seine Begabung, seine Arbeiten, immer nur bei dem Bemerkenswertesten verweilend.

Wilhelm Hensel gehörte ganz zu jener Gruppe märkischer Männer, an deren Spitze, als ausgeprägteste Type, der alte Schadow stand. Naturen, die man als doppellebig, als eine Verquickung von Derbheit und Schönheit, von Gamaschentum und Faltenwurf, von preußischem Militarismus und klassischem Idealismus ansehen kann. Die Seele griechisch, der Geist altenfritzig, der Charakter märkisch. Dem Charakter entsprach dann meist auch die äußere Erscheinung. Das Eigentümliche dieser mehr und mehr aussterbenden Schadow-Typen war, daß sich die Züge und Gegensätze ihres Charakters *nebeneinander* in Gleichkraft erhielten, während beispielsweise bei Schinkel und Winckelmann das Griechische über das Märkische beinah vollständig siegte. Bei Hensel blieb alles in Balance; keines dieser heterogenen Elemente drückte oder beherrschte das andre, und die Neuuniformierung eines Garderegiments oder ein Witzwort des Professor Gans interessierten ihn ebenso lebhaft wie der Ankauf eines Raffael.

Seine Begabung, wie schon hervorgehoben, war eine eminent *gesellschaftliche*. Das bewies sein Leben bis zuletzt. Er exzellierte am Festtisch, war ein immer gern gesehener Gast, heiter, gesprächig, jedem Scherze zugeneigt und zugleich doch voll jenes feinen Ehrgefühls, das, während es selber die Grenzlinie wahrt, die Linie des Schicklichen stillschweigend auch von anderen gewahrt zu wissen verlangt. So schrieb er, als er bei bestimmter Gelegenheit sich verletzt glaubte, folgendes an Graf B.:

»Gesellschaftliche Demütigungen sind das verletzendste, was es gibt! Du weißt, daß ich Standesunterschiede ehre und *liebe*, ihnen auch gern die äußere Anerkennung zolle; allein der Höhere, der mich durch Annäherung ehrt, muß auch die Überzeugung fühlen, daß ich meine eigene unantastbare Ehre habe. Nur diesem festen Gange meines Lebens, nie andringend, aber auch nie schmiegsam zurückweichend, hab ich wohl das reiche Maß von Huld und Güte zu danken, welches mir bisher geworden ist. Und wie ich war, werd ich bleiben.«

Er war heiter und gesprächig, so sagt ich. Die Anekdote, der Toast, der Versebrief, das Gelegenheitsgedicht – alles war ihm untertan. Seine eigentlichste Meisterschaft aber, zugleich seine vollste Eigenart, zeigte er auf dem Gebiete des *Impromptu*. Hier feierte er seine größten und entschiedensten Triumphe. »Bin Onkel Bonbonkel ...«, »Da kommt Abeken im Trabeken« – in solchen plötzlich aufschießenden Reimen war er groß, und das geschickte Operieren mit einem epigrammatisch zugespitzten Calembour verstand er besser als einer. Er war kein Dichter, aber man hätt ihn »Wilhelm den Reimer« nennen können. Eine Sammlung dieser »geflügelten Worte«, wenn es möglich wär, eine solche noch nachträglich zu veranstalten, würd ein Witz- und Anekdotenbuch und zugleich eine Personen- und Charakterschilderung aus dem zweiten Viertel dieses Jahrhunderts sein.

Von *gesellschaftlicher* Bedeutung war auch seine Kunstweise, zumal wenn wir von der Zeit absehen, wo er noch unmittelbar unter dem Einfluß Italiens und der großen Meister stand. Was er *in* der Gesellschaft und *für* die Gesellschaft schuf, das wird unter allem, was er künstlerisch geleistet, das Dauerndste sein. Es sind dies seine während eines Zeitraums von vierzig Jahren entstandenen Portraits, die, soweit meine Kenntnis reicht, eine in ihrer Art einzig dastehende Sammlung bilden.

Diese Sammlung, in Händen seines Sohnes Sebastian H. befindlich, besteht aus siebenundvierzig Jahresmappen, die in einem alten Schildpatt- oder Boulle-Schranke aufbewahrt werden und die ganze obere Hälfte desselben füllen. Schon die bloßen Mappendeckel bilden eine Sehenswürdigkeit. Bekanntlich gab es in früheren Jahrhunderten auch eine Buchbinde*kunst*, und einer solchen halb untergegangenen Kunstepoche scheinen diese Mappen anzugehören. Sie sind alle verschieden in Farbe wie Stoff; Samt, Seide, Maroquin wechseln ab; das Vergilbte und Verschossene kleidet ihnen gut; die Goldverzierungen sind schön erhalten; einzelne tragen auf dem oberen Deckel ein Mosaikbild oder eine Gemme. Darunter ein geschnittener Onyx von der Größe einer Damenuhr, die Entführung der Europa darstellend. Ebenso schön wie wertvoll.

Diese siebenundvierzig Mappen nun, die von 1815 bis 1861 reichen und je nach der Jahresausbeute dünn oder voluminös sind, enthalten nicht weniger als 1027 Portraitköpfe. Man darf sagen, alles oder doch fast alles, was in diesem langen Zeitabschnitt in ganz Mitteleuropa zu Ruhm und Ansehen gelangte, das gibt sich hier ein Rendezvous. Gruppieren wir den Gesamtinhalt nach den *Nationalitäten*, so finden wir, außer ungezählten Deutschen, 52 Engländer, 43 Italiener, 31 Franzosen, 17 Russen und Polen, und in Einzelexemplaren gesellen sich ihnen zu: Griechen, Fanarioten, Rumänier, Montenegriner, selbst ein indischer Fürst und ein Mexikaner. Lassen wir die Scheidung nach Nationalitäten fallen und gruppieren statt dessen nach *Beruf* und *Lebensstellung*, so geben die Mappen, unter Ausschluß der Fürstlichkeiten, die das stärkste Kontingent stellen, folgendes an Ausbeute: Dichter, Gelehrte, Schriftsteller 89; Architekten, Maler, Bildhauer, Komponisten 62; Staatsmänner und Generale 51; Schauspieler und Sänger 21.

Aus der Gruppe der Dichter, Gelehrten und Schriftsteller stehe hier etwa die Hälfte der Namen. Es sind: Bettina von Arnim; Maxe, Armgard, Gisela von Arnim; Boeckh; Clemens Brentano; Geheimer Rat Bunsen; Michael Beer; Dr. Carl Blum; Professor Droysen; Ehrenberg; La Motte Fouqué; Professor Gans; Goethe; Jacob Grimm; Paul Heyse; Henriette Herz; E. T. A. Hoffmann; Alexander von Humboldt; Klingemann; Th. Körner; Adam Müller; Wilhelm Müller; Müllner; Frau von Paalzow; Fürst Pückler; Leopold von Ranke; Oskar von Redwitz; Ernst Schulze (Dichter der »Bezauberten Rose«); Steffens; Tieck; Tiedge; Varnhagen und die Rahel. Wer unser Berliner Leben seit fünfzig Jahren verfolgt hat, wird hier so ziemlich jeden Namen wiederfinden, der, auf schönwissenschaftlichem Gebiet, auf längere oder kürzere Zeit in den Vordergrund getreten ist. Man beachte: Fouqué, Müllner, Hoffmann, Pückler, Dr. Carl Blum, Frau von Paalzow, Redwitz, Paul Heyse.*

* Künstler, Schauspieler und Sänger finden sich folgende: Bendemann, de Bièfve, Cornelius, David d'Angers, Genelli, Ingres, Kaulbach, de Keyser, Kiss, Kopisch, F. Mendelssohn Bartholdy, Fr. Tieck, Horace Vernet, Beethoven, Professor Wach, Carl Maria von Weber, Zelter, Franz Liszt, Loewe, Magnus, Moscheles, Paganini, Chr. Rauch, der alte Schadow, Wilhelm Schadow, Schinkel (dreimal), Schnorr, Jul. Schrader, Schwind, Thorwaldsen, Eduard Devrient, Viardot-Garcia, Grisi, Labla-

Noch einige kurze Bemerkungen. Hensel hatte keine Feinde, aber er hatte, gerade was diese Portraits anging, Zweifler. Diese haben durch Schelmereien und übermütige Witzworte (der alte Humboldt sei für den schönen Karlowa gehalten worden) die Bedeutung dieser Sammlung hinwegspötteln wollen. Aber sehr mit Unrecht. Alle diese Portraitköpfe sind *nicht* Phantasieschöpfungen, laufen auch nicht auf ein bequemes »corriger la nature« hinaus; sie verraten vielmehr, abgesehen von einer meisterhaften, unserem Hensel ganz eigentümlichen Technik, vor allem auch eine eminente Begabung für das Charakteristische. Sonderbarerweise haben wir uns neuerdings daran gewöhnt, das Charakteristische vorwiegend im Häßlichen zu suchen, anstatt uns zuzugestehen, daß das Übertreiben nach der einen Seite hin, also das Karikieren und Transponieren en laid, doch mindestens ebenso verwerflich ist als ein Zuviel en beau. Richtig geübt, ist dies eben nichts anderes als der *ideale* Zug in der Kunst, der doch immer der siegreiche bleiben wird.

Die neueste Kunst- und Weltepoche, die »lichtbildnerische«, ist dem Ruhme der Henselschen siebenundvierzig Mappen allerdings nicht allzu günstig geworden. Aber wie immer dem sein möge, der größte Teil dieser Sammlung gibt doch Aufschluß über eine *vor*-lichtbildliche Zeit und wird über kurz oder lang einen Wert repräsentieren, ähnlich den Initialenbüchern des Mittelalters, aus denen oft Städte, Stände, Persönlichkeiten allein noch zu uns sprechen. Die Mappen Wilhelm Hensels werden dann ein Bibliothekenschatz sein trotz einem, eine Quelle voll historischer Bedeutung, und der Name des Predigersohns aus Trebbin wird zu neuen Ehren erblühen.

Am 26. November 1861 war W. Hensel gestorben, und am 30. trugen ihn seine Freunde hinaus. Auf dem alten Dreifaltigkeitskirchhof, unmittelbar links vom Halleschen Tore, bereitete man ihm an der Seite Fanny Mendelssohns, deren Andenken er fast einen Kultus gewidmet hatte, die letzte Ruhestätte.

Sein Grab zu besuchen, zugleich auch über die Daten sei-

che, Lind-Goldschmidt, Milder, Clara Novello, Pasta, Rachel, Rebenstein, Pius Alex. Wolff, Schröder-Devrient, Seydelmann, Wilh. und Aug. Stich (Crelinger).

ner Geburt und seines Todes volle Gewißheit zu erlangen, bog ich, in diesen letzten Maitagen, in den dunklen, kastanienüberschatteten Gang ein, der bis an das Tor des alten Kirchhofes führt.

»Ist hier der Mendelssohnsche Begräbnisplatz?« fragt ich.

Ein zwölfjähriges, klug aussehendes Kind, an das ich die Frage gerichtet, nickte mir freundlich zu, setzte dann, als ob sich's von selbst verstünde, das ihrer Hut anvertraute Schwesterchen ins Gras nieder und sagte: »Kommen Sie nur. Es ist schwer zu finden.« Dabei lief sie vor mir her, ein Gewirr von Gängen und Steigen passierend und nur von Zeit zu Zeit sich umsehend, ob ich auch folge. Wirklich, es war schwer zu finden, schwerer noch, als ich gedacht hatte, denn drei, vier Kirchhöfe schoben sich hier mit ihren auslaufenden Spitzen so dicht und eng ineinander ein wie die Finger zweier gefalteten Hände.

Schließlich hielten wir vor einer umgitterten Stelle von mäßiger Größe.

»Hier das Mittelgrab ist das Grab von Felix Mendelssohn Bartholdy.« Sie gab ihm seinen *vollen* Namen. Daß ich Wilhelm Hensels wegen gekommen sein könne, *dieser* Gedanke lag ihr fern. Und danach knicksend und meinem Danke sich entziehend, lief sie wieder im Zickzack bis zu der Stelle zurück, wo ich sie gefunden hatte.

Die Mendelssohnsche Begräbnisstätte bildet einen Staat im Staat, einen Kirchhof auf dem Kirchhof. Es sind fünf Gräber, alle gleichmäßig von Efeu überwachsen. Darunter ruhen, neben andern Mitgliedern der Familie, Felix Mendelssohn, Fanny Mendelssohn (die Gattin Wilhelm Hensels) und endlich Wilhelm Hensel selbst. Dem Hause, dem er im Leben anhing, ist er auch im Tode treu geblieben.

Alle Arten von Immergrün fassen das Gitter ein: Efeu, Buchsbaum, Taxus, Lebensbaum, und eine hohe Zypresse überragt das Ganze. Die Gräber haben Marmorkreuze; nur zu Häupten Fanny Hensels steht ein zugeschrägter, schön polierter Granit, der, außer Namen und Datum, die Worte trägt:

Gedanken gehn und Lieder
Fort bis ins Himmelreich,
Fort bis ins Himmelreich.

Auch die *Noten* der Liedeskomposition sind in Goldschrift beigefügt, was einen sehr eigentümlichen Eindruck macht. Worin übrigens kein Tadel liegen soll. Im Gegenteil. Ich sehe nicht ein, weshalb nur Fahnen und Kanonen das Vorrecht genießen sollen, als denkmal- oder grabsteinberechtigt zu gelten. Je häufiger und konsequenter diese langweilige Tradition durchbrochen wird, desto besser.

W. H.s Grabschrift lautet: »Wilhelm Hensel, Professor und Hofmaler; geboren zu Linum den 6. Juli 1794, gestorben zu Berlin den 26. November 1861.«

Geboren zu *Linum*. Also doch! Und so bat ich denn meinem Trebbiner Schützenmajor ab, über den großen Sohn seiner Stadt, der sich nun schließlich als ein *Linumer* Kind herausstellte, so schlecht unterrichtet gewesen zu sein.

Aber auch diese reumütige Stimmung hatte keine Dauer und *konnte* sie nicht haben. Er war eben *doch* ein Trebbiner. Eine sich entspinnende Zeitungscontroverse ließ mir, nach Austausch einiger Pros und Contras, endlich keine Zweifel darüber, daß sich auch *dieser* Grabstein, in Geltendmachung traditioneller Vorrechte, geirrt habe.

Noch einmal also: W. Hensel, geboren zu *Trebbin*!

SCHLUSSWORT

Mit diesem IV. Bande nehm ich – wenigstens in meiner Wandereigenschaft – Abschied vom Leser, nicht weil der Stoff erschöpft wäre, wohl aber vielleicht die Geduld. Und ein Band zuviel ist wie ein Tag zuviel, der den guten Besuchseindruck wieder in Frage stellt.

Über zwanzig Jahre sind vergangen, seit ich im Sommer 59 mit diesen Wanderungen begann. Was den Anstoß dazu gab, darüber hab ich mich in dem Vorworte zu Band I ausführlicher ausgesprochen und wiederhole hier nur in aller Kürze, daß es auf einer Tour in Schottland, angesichts eines im Leven-See sich erhebenden alten Douglas-Schlosses, war, wo mir zuerst der Gedanke kam: »Je nun, so viel hat Mark Brandenburg auch. Geh hin und zeig es.«

Auf einer »Tour«, sagt ich, war mir dieser erste Gedanke zu den Wanderungen gekommen, und ausschließlich als »Tourist« gedacht ich daheim ihn auszuführen. Jede wissenschaftliche Prätension lag mir fern. Es drängte mich nur, das eingewurzelte Vorurteil von einer hierlandes auf alle Dinge sich erstreckenden Armut und Elendigkeit zu bekämpfen und durch Hinweis auf diesen oder jenen Schönheits- beziehungsweise Berühmtheitspunkt unsrem so gern in die Ferne schweifenden Märker zu Gemüt zu führen: »Sieh, das Gute liegt so nah.«

Und so fuhr ich denn in meine spezielle Heimat, ins *Ruppinsche*, hinein und begann in seinen Luch- und Bruchdörfern umherzuwandern, den Rhin und die Dosse hinauf und hinunter, und gleich das erste Kapitel, das ich schrieb, ergibt denn auch bis diese Stunde, wie lediglich touristenhaft ich meine Sache damals auffaßte.

Dies erste Kapitel behandelte »Wustrau«, das am Ruppiner See gelegene Herrenhaus des alten Zieten. Es fiel mir nicht ein, unter dieser Überschrift irgend etwas auf historischem Gebiete Neues über den berühmten alten Husarenvater erzählen zu wollen, vielmehr lief in meinem Vorhaben alles auf etwa folgende Betrachtung und Ansprache hinaus:

»Ihr kennt alle den alten Zieten, den Zieten aus dem Busch, der auf dem Wilhelmsplatze steht und zu dem der Alte Fritze sagte: ›Zieten, setz Er sich.‹ Und ist auch derselbe, der den Zieten-Ritt ausführte, den unser Scherenberg in wahren Steeplechase-Versen besungen hat, und ist endlich auch der, der bei Torgau nicht lockerließ und die Schlacht gewann, die der König schon verloren glaubte . . . Nun seht, dieser alte Zieten ist nicht so bloß spurlos aus dieser Zeitlichkeit geschwunden und sitzt auch nicht so bloß, wie's uns unser Chodowiecki, glaub ich, gezeichnet hat, oben im Himmel und regiert da mit Gott und dem Alten Fritzen um die Wette, nein, nein, er ist auch noch *diesseits* zu finden, und wenn ihr nur an den rechten Fleck Erde kommt, so wird sich euch noch allerhand auftun, Kleines und Großes, das an ihn erinnert. Und dieser Fleck Erde liegt am Ruppiner See. Da geht nur hin, und wenn ihr erst da seid, so werdet ihr daselbst nicht bloß das Herrenhaus sehen, das er gebaut, und den Park, den er angelegt hat, sondern zugleich auch seinen Grab*stein* an der äußeren Kirchenwand und sein stattliches Grab*denkmal* im Innern der Kirche. Ja, wenn ihr Glück habt und es trefft, daß die Herrschaften oben ausgefahren oder wohl gar verreist sind, so könnt ihr am End auch den Säbel sehen, den der Alte nie zog (ein einzig Mal abgerechnet, wo's ihm ans Leben ging), und könnt auch vielleicht in den Husaren-Ahnensaal eintreten, in dem all die rotröckigen und schnauzbärtigen Zietenschen Offiziere hängen, die den Siebenjährigen Krieg mit durchgefochten haben. All das könnt ihr da sehen und nebenher auch noch dies und jenes hören, allerlei Schnurren und Anekdoten, die von Mund zu Munde gehn. Und wenn ihr dann weiterfahrt, dann werdet ihr ungefähr dasselbe denken, was ich seinerzeit gedacht habe: ›Weit hinaus über alles Erwartete!‹ «

Ja, vorfahren vor dem Krug und über die Kirchhofsmauer klettern, ein Storchennest bewundern oder einen Hagebuttenstrauch, einen Grabstein lesen oder sich einen Spinnstubengrusel erzählen lassen — *so* war die Sache geplant, und *so* wurde sie begonnen. Und sehr wahrscheinlich auch, daß es dabei geblieben wäre, wenn es dabei hätte bleiben *können*. Allein, dies verbot sich. Ein Vorgehen, wie das eben geschilderte, hatte doch immer ein bestimmtes Maß von

Kenntnis und Interesse zur Voraussetzung und mußte von dem Augenblick an hinfällig werden, wo die Voraussetzung selbst es ward und mich im Stiche ließ. In dem Wustrau-Kapitel lagen die Dinge bequem, Wustrau war ein Idealstoff, aber solcher Stoffe gab es in ganz Mark Brandenburg eigentlich nur noch drei: Rheinsberg, Küstrin und Fehrbellin. Über diesen Kreis hinaus versagte sofort das Vorweg-Interesse, weil das Wissen zu versagen anfing, und schon bei Tamsel und Alt-Möglin, bei Friedersdorf und Friedland ergaben sich arge Verlegenheiten. In ihnen waren einerseits die Schönings und Barfus' und andrerseits die Marwitz' und die Lestwitz' zu Hause. Wer aber waren die Schönings' und die Barfus'? Und wer waren die Marwitz' und die Lestwitz'? Und das Recht zu dieser Frage nur einen Augenblick zugestanden, war auch die Pflicht zugestanden, sie zu beantworten.

Eine Folge davon war, daß ich aus dem ursprünglichen Plauderton des Touristen in eine historische Vortragsweise hineingeriet, und Band II (»Oderland«) ist denn auch mehr oder weniger ein Zeugnis und Beweis dafür geworden, indem er aus einer Anschauungs- und Arbeitsepoche stammt, in der mir diese veränderte Vortragsweise, will sagen das Vorherrschen des Historischen, als unerläßlich erschien.

Aber nicht lange, so bemerkt ich den Irr- und Gefahrsweg, auf den ich geraten war, und bestrebte mich, mich in die frühere Weise zurückzufinden, ein Bestreben, das in den beiden Schlußbänden, so hoff ich, deutlich erkennbar zutage tritt. Auch *sie* noch weisen genug des Historischen auf, aber es verbirgt sich oder sucht sich wenigstens zu verbergen, und so haben denn Band III und IV auf dem Wege der Kritik und Reflexion etwa wieder *die* Form und Gestalt empfangen, die mir bei Niederschreibung der ersten Kapitel, aus dem bekannten »dunklen Drange heraus«, als die richtigste, jedenfalls als die wünschenswerteste vorschwebte.

Der Hinweis auf diese Dinge schien mir geboten, und zwar in Abwehr gegen Bemängelungen, denen diese Reisefeuilletons (so vielleicht darf ich sie nennen) ausgesetzt gewesen sind. Irgendwo hieß es einmal: »Die nach mehr als einer Seite hin überschätzten ›Wanderungen‹ sind Arbeiten, an denen der Mann von Fach, also der Berufshistoriker, achselzuckend oder doch mindestens als an etwas für ihn Gleichgültigem vorübergeht.« Es mag in diesem Satze sehr viel Richtiges enthalten sein, aber insoweit irrt er und benachteiligt er mich, als er mir Absichten und Strebungen unterstellt, die mir, ein *paar* der von mir selber angedeuteten Ausnahmefälle zugegeben, absolut ferngelegen haben. Er stellt mich rein willkürlich, ohne meinen Wunsch und ohne mein Zutun, in die Prachtfront der großen Grenadiere, bloß um hinterher auf eine bequemste Weise meine Füsilierschaft, meine Zugehörigkeit zur letzten Rotte der 12. Compagnie vor aller Welt Augen beweisen zu können. Ich hab aber nie mehr *beansprucht* als fünf Fuß, fünf Strich altes Maß. Wer sein Buch einfach »Wanderungen« nennt und es zu größerer Hälfte mit landschaftlichen Beschreibungen und Genreszenen füllt, in denen abwechselnd Kutscher und Kossäten und dann wieder Krüger und Küster das große Wort führen, der hat wohl genugsam angedeutet, daß er freiwillig darauf verzichtet, unter die Würdenträger und Großcordons historischer Wissenschaft eingereiht zu werden. Ich habe »mein Stolz und Ehr«, und zwar mit vollem Bewußtsein, auf etwas anderes gesetzt, aufs bloße Plaudernkönnen, und erkläre mich auch heute noch für vollkommen zufriedengestellt, wenn mir *dies* als ein Erreichtes und Gelungenes zugestanden werden sollte. Freilich bleibt daneben bestehen, daß in ebendiesen Kapiteln, und zwar unter Zutun und Hülfe meiner über die halbe Provinz hin zerstreuten *Mitarbeiter*, auch ein bestimmtes Quantum historischen Stoffes niedergelegt worden ist, das eben nur *hier* existiert* und an dem mißachtend vorübergehen zu wollen ein Fehler wäre, den, so mein ich, niemand aus freien Stücken begehen wird, niemand, dem neben dem exakten Contour auch das *Kolorit* in der Kunst etwas bedeutet.

* Es liegt mir begreiflicherweise daran, einen so diffizilen Punkt nach Möglichkeit klargestellt zu sehen, weshalb ich mich auch noch in diese Anmerkung flüchte. Was an *Historischem* in diesen »Wanderungen« enthalten ist, gruppiert sich: in *allgemein* Gekanntes, in *wenig* Gekanntes und in *gar nicht* Gekanntes. Es ist selbstverständlich, daß der Mann von Fach an der ersten, räumlich sehr überwiegenden Gruppe vorübergehen *muß* und an der zweiten (in der sich übrigens einige Raritäten vorfinden) vorübergehen *kann*. Aber die *dritte* Gruppe der beispielsweise alle Kirchenbuchaufzeichnungen angehören, hat Anspruch auf Beachtung auch von seiten des Berufshistorikers. Dies im Hinblick auf *Einzelheiten* aussprechen ist etwas sehr andres, als mit dem *Ganzen* historische Prätensionen erheben.

Ich erwähnte meiner *Mitarbeiter* und möchte der hauptsächlichsten derselben etwas eingehender gedenken dürfen.

Da sind vorerst die märkischen alten Familien: der *Land-* und *Landesadel* aus den Tagen der Putlitz, Quitzow und Rochow her. Die Gefühle für sie sind im Laufe von vierhundert Jahren ziemlich unverändert geblieben, ziemlich unverändert wie sie selbst. Und aus gleicher Ursach die gleiche Wirkung. Wirklich, es lebt in unserm Adel nach wie vor ein naives Überzeugtsein von seiner Herrscherfähigkeit und Herrscherberechtigung fort, ein Überzeugtsein, das, zum Schaden ebensowohl des Ganzen wie der einzelnen Teile, noch auf lange hin das Zustandekommen einer auf Prinzipien und nicht bloß auf Vorurteil und Interesse basierten Tory-Partei verhindern muß. Eine solche bedarf eben *durchaus* des dritten Standes. Es wird aber nur wenige bürgerliche »Honoratiores« geben, die nicht – auch bei konservativster Schulung und Naturanlage – durch den Pseudokonservatismus unsres Adels, der schließlich nichts will als sich selbst und das, was ihm dient, in peinlichste Verlegenheit und hellste Verzweiflung gebracht worden wären. Immer wieder bricht es durch, erweist eben noch gehegte Hoffnungen als ebenso viele Täuschungen und macht ein herzliches Zusammengehn auf die Dauer unmöglich.

Indessen, es gilt politisches und gesellschaftliches Auftreten zu scheiden, und was seinerzeit vom Engländer galt und eigentlich immer noch gilt: »in der Fremde bedrückend, aber zu Haus entzückend«, ebendasselbe geflügelte Wort ist auch anwendbar auf unsren Adel. Und weshalb? Einfach deshalb, weil er sich daheim, an seinem eignen Herd, in sein volles Gegenteil zu verkehren und aus der Starrheit seines non possumus in ein alle Welt sympathisch berührendes laisser passer überzulenken weiß. Er ist eben über Nacht ein andrer geworden. Nicht mehr in die Defensive gestellt, nicht mehr ein kreis- oder reichstäglich Belagerter, der sich, in strikter Befolgung alter Taktik, am besten durch Ausfälle zu schützen glaubt, entäußert er sich einer ihm schließlich selbst unbequem werdenden Stachelrüstung und kleidet sich in das Selbstgespinst seiner vorvorderlichen Tugenden. Und diese Tugenden heißen: ein gut Teil Gutmütigkeit, ein noch größeres von gesundem Menschenverstand und ein allergrößtes von Kritik. Und diese Kritik ist das Beste. Mit einem seiner Zuhörerschaft sich alsbald mitteilenden Behagen beginnt er plötzlich alles unter die Loupe seiner ihm angebornen Skepsis zu nehmen und dabei Radikalismen laut werden zu lassen, Urteile von einer Fortgeschrittenheit, als flösse nicht die Nieplitz oder die Notte, sondern mindestens der Hudson oder Potomac an seinem alten Feldsteinturm vorüber. All das freilich nur als jeu d'esprit, ohne die geringste Neigung, sich anderntags in allernüchternster Morgenfrühe daran erinnern oder wohl gar beim Worte nehmen zu lassen, aber auch als bloßes *Spiel* schon erweist es sich als bemerkenswert und verrät uns zur Genüge, daß etwas Helles und Gewitztes, etwas Esprit-fort-haftes in ihm steckt und daß die Wurzel jener *Selbstsucht*, die so vorzugsweis an ihm mißfällt, in allem möglichen, nur nicht in der Enge seines Geistes zu suchen ist. Er ist vielmehr umgekehrt von einem scharfen und eindringenden, ja, soweit lediglich praktische Dinge mitsprechen, von einem umfassenden Blick und führt seinen Existenzkampf nicht *deshalb* so hart und erbittert, weil er des Gegners Recht verkennte, sondern gerade deshalb, *weil* er es erkennt. Er vermag nur nicht den einen letzten Schritt zu tun, *den* vom *Er*kennen bis zum *An*erkennen.

Alles in allem: sie sind doch anders als ihr Ruf, diese so viel verklagten »Junker«, anders und besser, und es ist nur Pflicht und Wahrheit, wenn ich an dieser Stelle versichere, daß ich einer langen Gesprächsreihe mit ihnen eine Zahl allerglücklichster Stunden verdanke, Stunden voller Anregung und Belehrung, in betreff deren es gleich war, ob das Gespräch in Haus oder Heide, vorm Kamin oder auf dem Pirschwagen geführt wurde. Zu welchem allem ich auch *das* noch hinzufügen möchte, daß sich mir diese liebenswürdige Verkehrsseite, diese Welt ansprechender und gefälliger Formen unter teilweis sehr erschwerenden Umständen erschloß, und zwar zu Zeiten, als ich mich noch als ein absolut Fremder unter unsren ruppinisch-havelländischen und barnim-lebusischen Familien bewegte. Mit einer Dankbarkeit, in die sich etwas von Bewundrung mischt, muß ich jener ersten sechziger Jahre gedenken, wo meine Besuche vollkommen überfallartig stattfanden und ich, Mal auf Mal, auf gut Glück hin die herrschaftliche Rampe hinauffuhr, in der Tat um kein Haarbreit introduzierter oder empfohlener als irgendein Feuer- oder Hagel-Assekuranz-Agent. Oft schlug mir das Herz, und mit nur *zu* gutem Grund, aber niemals bin ich einer Unfreundlichkeit oder Verspottung begegnet, zu der die Situation eigentlich ausnahmelos herausforderte.

Vor Köckeritz und Lüderitz,
Vor Krachten und vor Itzenplitz
Bewahr uns, lieber Herre Gott –

das mag *politisch* auch noch so weiterklingen; gesellschaftlich und persönlich aber haben es die »Raubritter« von ehedem an nichts wirklich Ritterlichem jemals fehlen lassen* und, alles Gegensatzes gegen den *Inhalt* des vorigen Jahrhunderts unerachtet, die *Form* und den *Ton* ebendieses Jahrhunderts (dem des unsrigen so sehr überlegen) immer zu wahren und immer zu treffen gewußt.

Und nun ihr, meine Geliebtesten, ihr meine *Landpastoren* und Vicars of Wakefield! Ach, auch *euch* lacht nicht eigentlich die Sonne der Volksgunst, und wirklich, wer euch so zur Synode ziehen sieht, angetan mit jenem Frack und jenem Blick, die zu zeitigen unsrem norddeutschen Protestantismus innerhalb seiner andren Aufgaben vorbehalten war, und wer euch dann sprechen hört über den Zeitgeist, den ihr ändern möchtet und nicht ändern könnt, und über die Juden, die bekehrt werden sollen und doch am Ende

* Wie gut es mir auf den alten Herrensitzen ergangen ist, davon legen die vier Bände Zeugnis ab. Auf eines aber möcht ich eigens noch hinweisen dürfen, und zwar auf den für mich sehr wichtigen Umstand, daß ich bei den Mitteilungen, die mir zuteil wurden, niemals durch *Ängstlichkeiten* gequält worden bin. Es kam nie vor, daß die linke Hand wieder zu nehmen trachtete, was mir die rechte Hand eben gegeben hatte. Jene so häufigen Kautelen und Einengungen, die bekanntlich viel grausamer sind als Vorenthaltung, blieben mir sämtlich erspart. Ich empfing alles »auf Diskretion«, ohne daß mir diese Diskretion jemals zur Bedingung gemacht worden wäre. Ja, was noch mehr überraschen wird, ich bin auch *nachträglich* niemals eines Vertrauensbruchs oder eines faux pas oder einer Ungeschicklichkeit bezichtigt worden. Was alles ich nicht dankbar genug anerkennen kann. Aber freilich, wenn es mir einerseits glückte, mich vor einem direkten In-Ungnade-Fallen zu schützen, so hat es mir doch andrerseits (einen einzigen Fall abgerechnet) auch nie gelingen wollen, in eine direkte Gnade zu kommen. Es war eben immer nur »a hairbreadth's escape«. So wenigstens glaub ich aus einem gewissen *elegischen* Ton schließen zu dürfen, in dem diese Dinge, wenn das Kapitel schließlich vorlag, behandelt zu werden pflegten. Es kann aber auch kaum anders sein, und berühmte Historiker, wie mir versichert worden ist, haben Schlimmeres erfahren müssen.

nicht wollen – der betet auch wohl wieder: »Bewahr uns, lieber Herre Gott.«

Aber mit wie großem Unrechte! Der in die Residenz verschlagene Landpastor ist eben ein sich selbst Entfremdeter, der morgens vor seinem Spiegelbild erschrickt, und erst von dem Augenblick an, wo die Wichtigkeit und die weiße Binde wieder von ihm abfällt und das schwarzsamtne Hauskäpselchen in sein Recht tritt, erst von diesem Augenblick an ist er wieder er selbst und kehrt zurück in den Urstand aller ihm eignenden guten Dinge. Der ex cathedra sprechende Pastor und der Lehn- und Sorgenstuhlpastor sind so grundverschieden wie Roi Henri, wenn er in die Schlacht zieht, und Roi Henri, wenn der Dauphin auf ihm reitet. Der eine ganz Schwert und Rüstung, der andre ganz Idyll. Und nur den letztren hab ich kennengelernt. Kennen und lieben, was ein und dasselbe bedeutete. Denn auch *hier* wieder nahm ich das Gegenteil von *dem* wahr, was sich l'opinion publique als das Kriterium eines Landgeistlichen herausgeklügelt hat, und wenn ich weiter oben sagen durfte, daß ich bei dem *Adel* auf dem Lande nie der ihm vorgeworfenen Enge der Anschauungen begegnet sei, so bei dem *Pastor* auf dem Lande nie der ihm vorgeworfenen Unduldsamkeit. Es wird Einzelfälle davon gegeben haben und noch geben, aber sie zu beobachten blieb mir erspart. Ich habe weder die Rationalisten über die Strenggläubigen noch die Strenggläubigen über die Rationalisten in *wirklich* gehässigen Worten aburteilen hören, auch nicht in Zeiten brennendster Gegnerschaft, offenster Fehde, gleichviel nun, ob Ära Mühler oder Ära Falk auf der Tagesordnung stand. Überall vielmehr bekundete sich ein bestimmter guter Wille, den Gegner auch in *dem*, was ihn zum Gegner machte, gelten zu lassen, und was abwich von dieser Regel, erwies sich schließlich immer nur als Schein, als ein Ausnahmefall, der lediglich im *Temperament* und nicht in der Gesinnung seine Wurzel hatte. Der Sanguiniker hielt nicht jederzeit mit seinem Witzwort und der Choleriker nicht jederzeit mit seinem Kraft- und Kernwort zurück, aber all das schuf nur Ausdrucks- und Disputationsformen, die hinter einer hervorblitzenden Kampfeslust eine letzte Friedensgeneigtheit nie vermissen ließen. Ein Zug allgemeinen Wohlwollens, entsprossen aus der richtigen

Würdigung einer auf Versöhnung und Liebe gestellten Berufs- und Lebensaufgabe, bekundete sich in allem, in Großem und Kleinem, und rief mir die ganze Landpastoren-Schwärmerei meiner jungen Jahre wieder ins Leben zurück. Und aus *ihren* Reihen war es denn auch, daß mir meine recht eigentlichsten Mitarbeiter erwuchsen, *solche*, die sich's nicht bloß angelegen sein ließen, mir den *Stoff*, sondern ebendiesen Stoff auch in der ihm zuständigen Form zu geben.

Und dabei welch erstaunliches Wissen im Detail. Immer neue Seiten in Historie, Natur- und Volksleben erschlossen sich mir und vergewisserten mich in der übrigens längst gehegten Überzeugung, daß der Glückliche, dem es dermaleinst beschieden sein sollte, die *Gesamtheit* dieses in hundert Einzelforschungen eruierten und extrahierten Materials in sich zu vereinigen, der Sanspareil sein wird auf dem Gebiete märkischer Spezialgeschichte.

Soviel über unsere Landpastoren.

Und nun ahnt der Leser bereits, vor wem ich mich, als vor dem Dritten im Bunde, zu verneigen haben werde, natürlich vor dem *Lehrer*, der sich mir, unbekümmert darum, ob ich ihn bei seinen Schulstunden oder bei seinen Bienen- und Rosenstöcken störte, von einem immer gleichen Entgegenkommen erwies. Einen einzigen Ausnahmefall abgerechnet, über den ich in dem Kapitel »Malchow« des weiteren berichtet habe, hieß es allezeit und allewege: »Klopfet an, so wird euch aufgetan«, und selbst auf brieflich gestellte Fragen, aus denen sich mehr als einmal eine vollständige Korrespondenz entwickelte, bin ich zu keiner Zeit ohne den gewünschten und oft sehr eingängigen Bescheid geblieben.

Und mit diesen Lehrern auf dem Lande wetteiferten die Lehrer in der *Stadt*, aus deren Reihen ich wenigstens eines hier unter Nennung seines Namens gedenken möchte: Garnisonschullehrer Wagener in Potsdam.

Unter seinem im Anfange sowohl ihm wie mir unbewußt bleibenden Einflusse war es, daß ich mich aus der historischen Vortragsweise, wie schon eingangs hervorgehoben, in die genrehafte zurückfand und den ursprünglichen Plauderton in sein ihm zuständiges Recht wieder einsetzte. Die ganze Gruppe der Kapitel aus der Umgegend von Potsdam, also Bornstedt, Sacrow, Fahrland, Falkenrehde, Marquardt, Uetz und Paretz am Nordufer der Havel und ebenso Werder, Glindow, Petzow, Caputh etc. am Südrande hin, entstanden unter *seiner* Führung, und was von ernsten und heitren Geschichten unter all diesen Kapitelüberschriften enthalten ist, entnahm ich zu sehr wesentlichem Teile seinem immer frischen und anschaulichen, weil überall aus der Erlebnisfülle schöpfenden Unterwegs-Gespräche. Mit einer wahren Herzensfreude denk ich an jene Sommernachmittage zurück, wo wir, von den Dörfern und Ziegelöfen am Schwielow-See heimkehrend, auf einer vor ein paar ausgebauten Häusern von Alt Geltow liegenden Graswalze zu rasten und unser sehr verspätetes Vesperbrot aus freier Hand einzunehmen pflegten, ohne daß der Redestrom auch nur einen Augenblick gestockt hätte. Da vergaßen wir denn der Flüchtigkeit der Stunde, bis die Mondsichel über den kleinen Giebelhäusern stand und uns erinnerte, daß es höchste Zeit sei, wenn wir, oder doch wenigstens *ich*, den Zug noch erpassen wollten. Und immer rascher und geängstigter ging es vorwärts, jetzt über die Gewehrfabrik und jetzt über den öden und sommerstaubigen Exerzierplatz hin, und nun hörten wir das erste Läuten. Oh, wie das ins Ohr gellte, denn die vollgestopfte Brücke lag noch zwischen uns und unsrem Ziel. Also Trab, Trab! Und ein ewiges und verzweifeltes »Pardon« auf der Lippe, das uns freilich vor dem üblen Nachruf aller Karambolierten nicht schützen konnte, ging es endlich, zwischen den pickenden Sperlingen hin, entlang den Droschkenstand, entlang den Perron und nun hinauf die Treppe, bis ich keuchend und atemlos und mit eingebüßtem Taschentuch in das nächst offenstehende Coupé hineinstürzte. »Gute Nacht.« Und fort rasselte der Zug.

Es war wie Dauerlauf und Turnerfahrt aus alten Schul- und Ferientagen her und gab einem auf Augenblicke das Gefühl einer ach auch damals schon auf lange hin zurückliegenden Jugend wieder. Und schon *das* war ein Glück.

Und von manch ähnlichem Tage könnt ich noch berichten! Aber die »Wanderungen« selbst erzählen davon, und so brech ich denn ab und schließe mit dem Wunsche, den ich schon einmal, und zwar bei Beginn des Werkes, aussprechen durfte, »daß das Lesen dieser Dinge dem Leser wenigstens einen Teil der Freude bereiten möge, den mir das Einsammeln seinerzeit gewährte«.

Berlin, 14. November 1881 *Th. F.*

ANHANG

ZU DIESER AUSGABE

Obwohl Fontane lediglich vier Bände mit der Sammelbezeichnung »Wanderungen durch die Mark Brandenburg« herausgegeben hat, gruppiert die vorliegende Edition insgesamt sieben Bände unter diese Überschrift. Sie bietet in den Bänden 1 bis 4 die »Wanderungen durch die Mark Brandenburg«, wie sie Fontane von 1862 bis 1882 unter den Titeln »Die Grafschaft Ruppin« (so erst von der zweiten Auflage an), »Das Oderland«, »Havelland« und »Spreeland« veröffentlichte. Band 5 bringt das Buch »Fünf Schlösser. Altes und Neues aus Mark Brandenburg«, das Fontane im Herbst 1888 (mit der Jahreszahl 1889) erscheinen ließ, Verwandtschaft und zugleich Unterschiede zu den »Wanderungen« betonend. Die Bände 6 (»Dörfer und Flecken im Lande Ruppin. Unbekannte und vergessene Geschichten aus der Mark Brandenburg I«) und 7 (»Das Ländchen Friesack und die Bredows. Unbekannte und vergessene Geschichten aus der Mark Brandenburg II«) schließlich vereinigen erstmals jene über 60 Texte, die in einem direkten oder indirekten Kontext mit den »Wanderungen« stehen, bisher in keiner Ausgabe systematisch erfaßt und zu beachtlichen Teilen noch nie gedruckt worden sind; in einer »Nachlese« sind ausgeschiedene, vorbereitende und vorgesehene Texte zusammengestellt, eine zweite Abteilung erfaßt »Arbeiten und Entwürfe zum thematischen Umfeld«, eine dritte bietet »Anzeigen und Rezensionen Fontanes« zum Thema Mark Brandenburg/Berlin.

Diese siebenbändige Edition der »Wanderungen« bildet die zweite Abteilung in der Fontane-Ausgabe des Aufbau-Verlages. Sie schließt sich an die »Romane und Erzählungen in acht Bänden« an, herausgegeben von Peter Goldammer, Gotthard Erler, Anita Golz und Jürgen Jahn (zuerst 1969; zweite Auflage 1973; dritte Auflage 1984). Die dritte Abteilung, »Autobiographische Schriften«, erschien dreibändig (in vier Teilen) 1982, herausgegeben von Gotthard Erler, Peter Goldammer und Joachim Krueger, die vierte, sämtliche »Gedichte« umfassend, in drei Bänden 1989, herausgegeben von Joachim Krueger und Anita Golz.

Die Textgrundlage bildet für die Bände 1 bis 4 der »Wanderungen« die jeweils letzte Auflage, an der Fontane nachweislich durch Änderungen oder Durchsicht der Korrekturfahnen mitgewirkt hat; beim Band 4, »Spreeland«, ist das (wie aus den Anmerkungen hervorgeht) die erste Auflage von 1882. Der Text von »Fünf Schlösser« folgt der einzigen zu Fontanes Lebzeiten erschienenen Ausgabe (1889). Über die Textgrundlagen in den Bänden 6 und 7 geben die Anmerkungen detailliert Auskunft.

Die Texte werden vollständig und kritisch geprüft dargeboten. Orthographie und Interpunktion haben wir – unter sorgfältiger Wahrung des Lautstandes und unter Beibehaltung Fontanescher Eigenheiten (z. B. Anführung von indirekter Rede; Doppelpunkt vor Apposition) – dem heutigen Gebrauch weitgehend angeglichen, nachweisbare Druckfehler stillschweigend beseitigt und fehlende Anführungszeichen ergänzt. Die Modernisierung der Schreibweise betrifft auch – ausgenommen einige wenige Brief-, Tagebuch- oder amtliche Dokumente, bei deren Abdruck Fontane selbst auf das historische Kolorit Wert legte – Zitate und Inschriften, die der Autor oft nicht originalgetreu wiedergibt. Konserviert wurden die französischen Formen zahlreicher Wörter (z. B. Billet, Cabinet, Compagnie, Corps, Lieutnant) sowie die für Fontane charakteristischen Mischformen (z. B. Affairen, Défiléen, Domainen, Façaden, Gensdarmen). Zahlen bis 100 wurden (außer bei statistischen Aufzählungen, Datumsangaben oder Regimentsnumerierungen) ausgeschrieben, häufig (und uneinheitlich) gebrauchte Abkürzungen (v., geb., z. B., d. h., vgl., resp., S. K. M. [Seine Königliche Majestät] bei der Wiedergabe gedruckter Texte aufgelöst, bei Texten, die aus den Handschriften übernommen wurden, dagegen erhalten. In der Vorlage gesperrt gedruckte Textstellen werden (sofern es sich um echte Hervorhebungen handelt) kursiv, Orts- und Personennamen in der heute üblichen Schreibweise wiedergegeben.

Da Fontane ständig nicht nur an der Gruppierung des Stoffes, sondern auch an der Textkonstitution gearbeitet hat, wurden für die Bände 1 bis 4 die einschlägigen, textgeschichtlich relevanten Publikationen (namentlich alle Buchausgaben; in einzelnen Fällen auch die Zeitungs- und Zeitschriftenvorabdrucke) zum Vergleich herangezogen. Die dabei ermittelten Varianten werden für die Bände 1 bis 4 im Zusammenhang der Textanmerkungen mitgeteilt, soweit sie interessante inhaltliche oder stoffliche Ergänzungen oder Veränderungen bieten. Auch für die Bände 5, 6 und 7 wurden sämtliche Abdrucke ausgewertet; über wichtige Abweichungen informieren die jeweiligen entstehungsgeschichtlichen Vorbemerkungen. Bei der Wiedergabe von nur handschriftlich überlieferten Texten werden Varianten in [] direkt im Text mitgeteilt; stehen mehrere komplette Versionen nebeneinander, wurde im Prinzip die vermutlich letzte Fassung übernommen. Die innerhalb der Textanmerkungen von Band 4 bei den Quellenangaben der Varianten verwendeten Abkürzungen bedeuten:

W I[1] – Wanderungen durch die Mark Brandenburg [mit den Abschnitten: Die Grafschaft Ruppin, Der Barnim, Der Teltow, Anmerkungen = Die Grafschaft Ruppin, 1. Auflage,] Berlin 1862;

W II[1] – Wanderungen durch die Mark Brandenburg. Zweiter Teil: Das Oderland. Barnim. Lebus. [1. Auflage,] Berlin 1863;

W III[1] – Wanderungen durch die Mark Brandenburg. Dritter Teil: Ost-Havelland. Die Landschaft um Spandau, Potsdam, Brandenburg. [1. Auflage,] Berlin 1873.

Die Anmerkungen, für die u. a. Fontanes Notizbücher im Theodor-Fontane-Archiv Potsdam (FAP) ausgewertet werden konnten, geben jeweils die Entstehungs- und (sofern möglich) die Wirkungsgeschichte der Bände beziehungsweise der Kapitel und Entwürfe und bringen alle zum Textverständnis notwendigen sachlichen Erläuterungen. Dabei werden Erklärungen zu Personennamen nur gegeben, wenn sie zum Verständnis der Textstelle unbedingt erforderlich sind. Knappe biographische Angaben und Auskünfte über alle weiteren Personennamen sind für ein gesondertes Personenregister vorgesehen. Um die Praktikabilität des Gesamtwerkes für den Benutzer zu erhöhen, haben wir uns bemüht, bei den von Fontane beschriebenen oder erwähnten Baulichkeiten knappe Angaben über Bauzeit und Baustil, Erhaltungszustand und heutigen Verwendungszweck mitzuteilen; nach den Veränderungen auf dem Gebiet der ehemaligen DDR können solche Informationen in zahlreichen Fällen nur vorläufigen Charakters sein.

Mit Auskünften und Nachforschungen waren uns für den vorliegenden Band in dankenswerter Weise behilflich: Herr Pfarrer Rolf Bedorf (Blumberg), Herr Albert Burkhardt (Berlin), Herr Pfarrer Ludwig Burmeister (Berlin-Blankenfelde), Herr Peter Cheret (Fürstenwalde), Frau Ingrid Fischer (Beeskow), Herr Dr. Heinz Gebhardt (†; Berlin), Herr Sven Gustavs (Potsdam), Herr Pfarrer Gerhard Henseler (Friedersdorf), Herr Gerhard Krüger (Lübbenau), Herr Dieter Mehlhardt (†; Kleinmachnow), Herr Pfarrer Siegfried Menthel (Berlin-Schmöckwitz), Herr Pfarrer Friedrich Wilhelm Merkel (Berlin-Malchow), Herr Pfarrer i. R. Arnold Niemann (Mittenwalde), Herr Dr. Gottfried Riemann (Berlin), Herr Pfarrer Wolfgang Rieth (Werneuchen), Herr Peter P. Rohrlach (Berlin), Herr Dr. Bernd Rühle (Berlin), Herr Christoph Wätzel (Gröben). Besonderer Dank gilt Herrn Bibliotheksrat Joachim Schobeß (†), dem Leiter des Theodor-Fontane-Archivs, der unsere Arbeit wiederum großzügig förderte, und Frau Anita Golz (Weimar), die die Ausgabe der »Wanderungen« bisher mit größter Umsicht lektoriert und mich nach dem frühen Tod meines Mitarbeiters Rudolf Mingau (1979) bei der Schlußredaktion des vorliegenden Bandes unermüdlich unterstützt hat.

Für die Anmerkungen zu dieser Ausgabe haben wir u. a. folgende Publikationen dankbar genutzt:

Theodor Fontane: Werke, Schriften und Briefe, Abteilung II: Wanderungen durch die Mark Brandenburg, Band 1–3. Herausgegeben von Walter Keitel und Helmuth Nürnberger, Anmerkungen von Jutta Neuendorff-Fürstenau. Carl Hanser Verlag, München 1977 (2. Auflage);

Jutta [Neuendorff-]Fürstenau: Fontane und die märkische Heimat. Germanische Studien, Heft 232. Berlin 1941. (Auf dieser Publikation fußt auch das im Anschluß an die Anmerkungen abgedruckte Literaturverzeichnis.);

Georg Dehio, Handbuch der deutschen Kunstdenkmäler. Bezirke Berlin/DDR und Potsdam. Bearbeitet von der Abteilung Forschung des Instituts für Denkmalspflege. Akademie-Verlag, Berlin 1983.

Aus der Vielzahl der Lage- und Umrißskizzen, die Fontane während seiner Fahrten durch die Mark in den Notizbüchern festhielt, bietet unsere Ausgabe eine kleine Auswahl. Wir veröffentlichen sie mit freundlicher Genehmigung des Theodor-Fontane-Archivs; die Fotos für die Druckvorlagen stellte Eberhard Renno, Weimar, her. Zum vorliegenden Band gehören:

1. Schloß Köpenick. Bleistiftskizze im Notizbuch A 21, Blatt 22. (Zu S. 96f.)
2. Die Köpenicker Schloßkapelle. Bleistiftskizze im Notizbuch A 21, Rückseite von Blatt 28. (Zu S. 104.)
3. Lageskizze von Köpenick, Müggelsee und Müggelbergen. Bleistiftskizze im Notizbuch A 21, Blatt 23. (Zu S. 110.)
4. Kirche in Buch. Bleistiftskizze im Notizbuch A 11, Blatt 9. (Zu S. 170.)
5. Kirche in Werneuchen. Bleistiftskizze im Notizbuch A 3, Rückseite von Blatt 10. (Zu S. 219.)
6. Schloß in Königs Wusterhausen. Bleistiftskizze im Notizbuch A 4, Rückseite von Blatt 8. (Zu S. 255.)
7. Lageskizze von Teupitz-Schwerin. Bleistiftskizze im Notizbuch A 4, Rückseite von Blatt 61. (Zu S. 267.)
8. Berliner Tor in Mittenwalde (»Kopie nach Kroepsch«). Bleistiftskizze im Notizbuch A 4, Rückseite von Blatt 25. (Zu S. 270.)
9. Aufzeichnungen über Yorck in Mittenwalde. Notizbuch A 4, Rückseite von Blatt 24. (Zu S. 278.)
10. Lageskizze von Gröben und Siethen. Tintenskizze im Notizbuch A 21, Blatt 1. (Zu S. 347.)

Am Schluß dieses Bandes ist, ebenfalls nach einem Exemplar des Theodor-Fontane-Archivs, der »Prospectus« für die »Wanderungen« faksimiliert. Außerdem geben wir mit freundlicher Genehmigung der Forschungs- und Gedenkstätten der klassischen deutschen Literatur in Weimar den Verlagsvertrag vom 19. Februar 1881 wieder (S. 461).

Die vorliegende Ausgabe setzt die 1976 begonnene Edition fort und schließt sie mit den Bänden 6 und 7 zugleich ab. Die Bände 1 bis 4 liegen bereits in drei, der Band 5 in zwei Auflagen vor, die Bände 6 und 7 kommen zum erstenmal heraus. Der Verlag hat sich entschlossen, Ausstattung und Format zu ändern und alle Bände in der neuen Version vorzulegen.

In den Anmerkungen ist, entsprechend den historischen Umständen während der Entstehung der Edition, stets vom Theodor-Fontane-Archiv der Deutschen Staatsbibliothek in Potsdam die Rede (FAP). Inzwischen gehört das Archiv in Potsdam (wie die Deutsche Staatsbibliothek Unter den Linden) zur Stiftung Preußischer Kulturbesitz.

1978/1991

G. E.

SPREELAND

Entstehung und Überlieferung

Entstehung und Auflagen im Überblick

31. August, 1. und 3. September 1859: als erstes märkisches Reisefeuilleton Fontanes erscheint in der »Preußischen Zeitung« die Kapitelfolge »In den Spreewald. 4 Reisekapitel von Th. F.«

November 1861: in dem Band »Wanderungen durch die Mark Brandenburg [Teil 1]« erscheint eine umfassende Kapitelgruppe, die später in den Band »Spreeland« übergeht

November 1863: in dem Band »Das Oderland« werden weitere Kapitel des späteren »Spreeland«-Komplexes veröffentlicht

16. Mai 1864: Fontane schlägt seinem Verleger Wilhelm Hertz vor, die »Wanderungen« auf vier Bände zu verteilen; Band 2 trägt den Titel »Teltow und Nieder-Barnim«

Oktober 1872: in dem Band »Havelland« erscheinen neue »spreeländische« Kapitel

24. September 1873: endgültige Disposition der »Wanderungen« und damit Festlegung eines abschließenden Bandes »Spreeland«

9. Januar 1881: Beginn der Arbeiten an »Spreeland«

19. Februar 1881: Abschluß des Verlagsvertrages mit Wilhelm Hertz. Vgl. S. 492.

März bis November 1881: Redaktion der älteren Kapitel, Niederschrift neuer Aufsätze, Korrektur

ab Mitte August 1881: sukzessive Übergabe des Manuskripts an die Druckerei von Friedrich August Eupel in Sondershausen

26. November 1881: Fontane erhält die ersten Exemplare des Bandes »Spreeland. Beeskow-Storkow und Barnim-Teltow«, der auf 1882 vordatiert ist

August 1886: zweite, unveränderte Auflage (mit der Jahreszahl 1886)

Anfang November 1892: dritte, unveränderte Auflage im Rahmen der »Wohlfeilen Ausgabe« der »Wanderungen«

Komplizierte Vorgeschichte

Der Band »Spreeland« hat eine zweiundzwanzigjährige Entstehungsgeschichte. Obwohl er den Abschluß der »Wanderungen durch die Mark Brandenburg« bildete, stammte etwa die Hälfte seiner Beiträge aus den Anfangsjahren des Unternehmens, ja das Eröffnungskapitel des jüngsten Teils (»In den Spreewald«) ist Fontanes ältestes märkisches Reisefeuilleton überhaupt; es stand bereits im Spätsommer 1859 in der »Preußischen Zeitung«. Da die Gesamtkonzeption der »Wanderungen« lange unklar blieb und sich der Plan zu einem selbständigen Band über das »Spreeland« erst allmählich entwickelte, gingen die meisten dieser frühen Texte 1861 zunächst in die Erstausgabe der »Wanderungen [Teil 1]« ein (von der zweiten Auflage an »Die Grafschaft Ruppin«). Unter der Überschrift »Der Teltow« waren folgende Kapitel zusammengestellt: »Schloß Köpenick«, »Die Müggelsberge«, »Der Müggelsee«, »Das Schildhorn bei Spandau« (später gänzlich ausgeschieden), »Kleinmachenow oder Machenow auf dem Sande«, »Großbeeren«, »Löwenbruch«, »Schloß Beuthen« und »Saalow«; die Kapitel »Buch«, »Blumberg« und »Werneuchen« fanden sich in der Abteilung »Der Barnim«. Gegenüber dem ersten Gliederungsversuch für »Wanderungen durch Mark Brandenburg«, der im Abschnitt »Die erste Buchausgabe …« im Anhang von Band 1 dieser Ausgabe abgedruckt ist, gab es demnach eine Reihe von Veränderungen. 1863 nahm Fontane auch in den zweiten Band, »Das Oderland«, zum Spreeland gehörende Teile auf (»Kienbaum« und die Abschnitte über Königs Wusterhausen, Teupitz und Mittenwalde, die im Inhaltsverzeichnis mit dem Zusatz »Teltow« versehen waren).

Als eigenständiger Band kam »Spreeland« erstmals 1864 zwischen Fontane und seinem Verleger Wilhelm Hertz in die Debatte. Im Zusammenhang mit der Neugestaltung des ersten Bandes bei der zweiten Auflage schlug der Autor vor, die »Wanderungen« auf vier Bände zu berechnen; für Band 2 gab er folgende Disposition (vgl. den Abschnitt »Die Metamorphosen des Bandes …« im Anhang von Band 1 dieser Ausgabe):

II. *Teltow* und Nieder-Barnim

Köpenick bis Saalow. Wie im Buch: Daran reiht sich:
Königs Wusterhausen }
Teupitz } aus dem 2. Bande
Mittenwalde }
Ferner:
Trebbin (Hensel und General Reyher)
Gröben und Siethen
Friedrichsfelde bei Berlin (interessanter Stoff)
Im ganzen etwa 300 Seiten.

Dieser Plan, der schon in einer Liste von (vermutlich) 1861 einen Vorläufer hat (vgl. den Abschnitt »Frühe Konzeption …« im Anhang von Band 2 dieser Ausgabe), wurde indes nicht weiter verfolgt, und so ordnete Fontane 1872 »spreeländische« Kapitel auch dem dritten »Wanderungen«-Band, »Havelland«, zu: »Saarmund und die Nutheburgen«, »Blankensee«, »Trebbin« und »Friedrichsfelde«. Erst im Laufe des Jahres 1873 fiel die Entscheidung über die Vierteiligkeit der »Wanderungen« und das durchgängige geographische Ordnungsprinzip (vgl. dazu den Abschnitt »Die Metamorphosen des Bandes ...« im Anhang von Band 1 dieser Ausgabe). In einem Brief an Hertz vom 24. September 1873 nannte Fontane die Titel:

»1. Ruppin
2. Barnim-Lebus
3. Barnim-Teltow
4. Havelland

Soll das Wort ›Oderland‹ beibehalten werden, was manches für sich hat, so würden die Titel lauten:

1. Ruppin
2. Oderland (Barnim-Lebus)
3. Spreeland (Barnim-Teltow)
4. Havelland.«

Von der Reihenfolge der Bände 3 und 4 abgesehen, hält dieser Plan die endgültige Disposition der »Wanderungen durch die Mark Brandenburg« fest.

Zwar hatte Fontane dem Verleger schon am 14. Januar 1873 geschrieben: »Früher oder später werd ich dem 3. Bande einen 4. folgen lassen, über den jetzt schon eingängig zu verhandeln überflüssig wäre«; aber in den nächsten Jahren ist von »Spreeland« nicht mehr die Rede, obwohl einige einschlägige Feuilletons, darunter »Rahnsdorf« (1874), »Die Wendische Spree« (1878) und »Malchow« (1879), in diese Zeit fielen. Erst Anfang 1879, als neue Auflagen von »Oderland« und »Havelland« nötig zu werden begannen, tauchte das Projekt wieder auf. Am 23. Januar 1879 schrieb der Autor an Friedrich Wilhelm Holtze: »Ich gehe damit um, etwa im nächsten Jahr, einen *vierten* Band meiner ›Wanderungen‹ herauszugeben, der wie Band II das Oder-Land, Band III das Havel-Land so seinerseits das *Spree*-Land behandeln soll. Zweiter Titel ›Teltow und Beeskow-Storkow‹ [dazu als Fußnote: »hierzu brauche ich *Wohlbrück*«]. Ich denke, dieser Band soll mir glücken; denn fast kann ich sagen: je pauvrer die Gegend, desto besser das Buch. Moos- und Grashalm-Kollektionen geben die hübschesten Herbarien. / Vorläufig sollen – so teilt mir W. Hertz mit – neue Auflagen erscheinen, in diesem Jahre von Band II, im nächsten von Band III.«

Die erste Buchausgabe (1882)

Nachdem Fontane bereits bei der Vorbereitung der dritten Auflage von »Oderland«, die im Dezember 1879 erschien, die auf das Spreeland bezogenen Passagen ausgeschieden hatte (»Kienbaum« sowie die Abschnitte über Königs Wusterhausen, Teupitz und Mittenwalde), eliminierte er auch aus der zweiten Auflage von »Havelland«, die im Frühjahr 1880 vorlag, jene Kapitel, die in den Schlußband gehörten (»Saarmund und die Nutheburgen«, »Blankensee«, »Trebbin« und »Friedrichsfelde«). Offensichtlich brachte die Arbeit an diesen weitgehend umgestalteten Ausgaben den letzten Anstoß, den noch ausstehenden Band in Angriff zu nehmen – jedenfalls notierte Fontane am Sonntag, dem 9. Januar 1881, im Tagebuch: »Den 4. Band ›Wanderungen‹ inhaltlich vorbereitet.« (Wir zitieren nach dem noch unveröffentlichten Tagebuch für die Jahre 1866 bis 1882 mit freundlicher Genehmigung des Theodor-Fontane-Archivs der Deutschen Staatsbibliothek, Potsdam.) Unter dem 17. Februar verzeichnete Fontane, ebenfalls im Tagebuch, den »Besuch von Herrn Hans Hertz [dem Sohn von Wilhelm Hertz], der mir in bezug auf ›Grete Minde‹, ›Adultera‹ und die ›Wanderungen‹ gute Nachrichten bringt. Der 1. Band erlebt die 4. Auflage, und vorher soll ein 4. Band in 1. Aufl. erscheinen.« Bei diesem Besuch wurden wahrscheinlich die Modalitäten besprochen, denn am 19. Februar erhielt Fontane den Vertrag, den er am folgenden Tage unterschrieben zurückschickte: »Zugleich die Versicherung, daß mich Ihre Begleitzeilen aufrichtig erfreut haben und daß ich es zu den Glück- und Erfreulichkeiten meines Lebens zähle, neben Ihrer Geneigtheit, es mit mir zu wagen, in Ihnen auch immer eines wohlwollenden und anerkennenden Lesers sicher gewesen zu sein. In unsren modernen Zeiten werden sich nicht allzu viele Schriftsteller dieses Vorzuges rühmen dürfen.« Der Vertrag, der sich heute im Goethe- und Schiller-Archiv in Weimar befindet und auf S. 461 dieses Bandes faksimiliert ist, legte eine Auflage von 1500 Exemplaren und ein Honorar von 1800 Mark fest.

Etwa drei Wochen danach begann Fontane mit der eigentlichen Arbeit. Am 12. März 1881 vermerkte er im Tagebuch: »Ich lasse vorläufig den Roman fallen [»Graf Petöfy«, an dem er gleichzeitig arbeitete] und nehme den 4. Band meiner ›Wanderungen‹ vor«, und am 20. März heißt es: »Gearbeitet. Den Stoff zum 4. Bande ›Wanderungen‹ geordnet.« Zahlreiche weitere Tagebuch-Eintragungen bis in den Mai hinein belegen intensive Arbeit am neuen Band.

Fontane stöberte zunächst, wie er am 27. März 1881 an Hertz schrieb, »noch ein verstaubtes, ungebundenes Exemplar [der

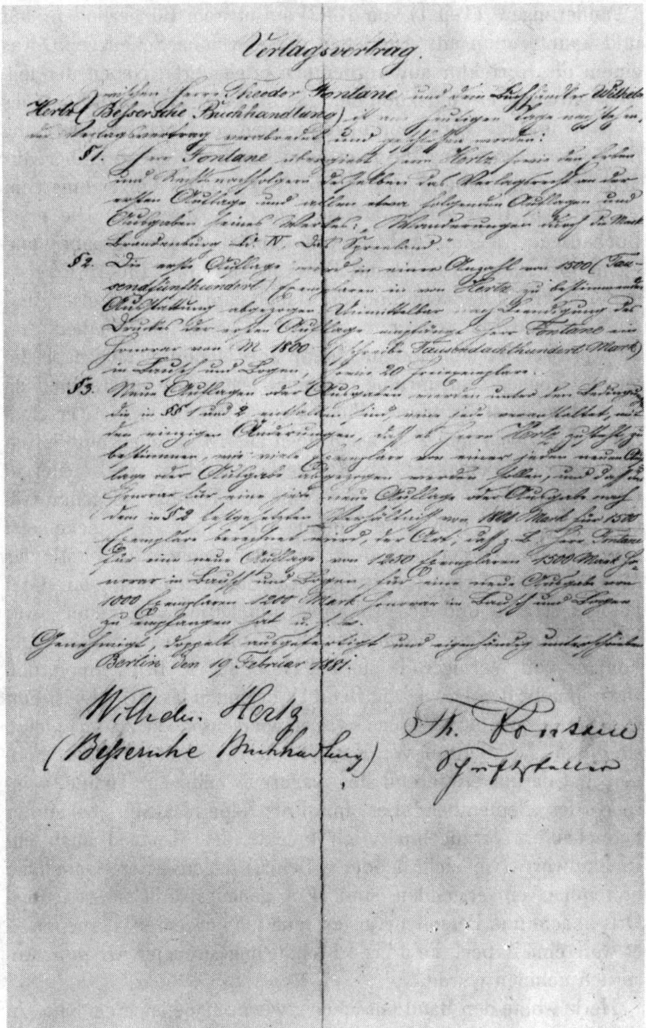

Verlagsvertrag.

Hertz (Zwischen Herrn Theodor Fontane und dem Buchhändler Wilhelm Hertz (Bessersche Buchhandlung) ist am heutigen Tage nachstehender Verlagsvertrag verabredet und geschlossen worden:

§1. Herr Fontane übergiebt Herrn Hertz, sowie den Erben und Rechtsnachfolgern desselben das Verlagsrecht an der ersten Auflage und allen eventuell folgenden Auflagen und Ausgaben seines Werkes: „Wanderungen durch die Mark Brandenburg Bd. IV. Das Spreeland."

§2. Die erste Auflage wird in einer Anzahl von 1500 (Tausendfünfhundert) Exemplaren in von Hertz zu bestimmender Ausstattung abgezogen. Unmittelbar nach Beendigung des Druckes der ersten Auflage empfängt Herr Fontane ein Honorar von M 1800 (Achtzehnhundert Mark) in Bausch und Bogen, sowie 20 Freiexemplare.

§3. Neue Auflagen oder Ausgaben werden unter den Bedingungen, die in §§1 und 2 enthalten sind, von hier vereinbart, mit der einzigen Änderung, daß es Herrn Hertz zusteht zu bestimmen, wie viel Exemplare von einer jeden neuen Auflage oder Ausgabe abgezogen werden sollen, und daß sich das Honorar für eine jede neue Auflage oder Ausgabe nach dem in §2 festgesetzten Verhältniß von 1800 Mark für 1500 Exemplare berechnet wird, derart, daß z. B. Herr Fontane für eine neue Auflage von 1250 Exemplaren 1500 Mark Honorar in Bausch und Bogen, für eine neue Ausgabe von 1000 Exemplaren 1200 Mark Honorar in Bausch und Bogen zu empfangen hat u. s. w.

Genehmigt, doppelt ausgefertigt und eigenhändig unterschrieben
Berlin den 19 Februar 1881.

Wilhelm Hertz
(Bessersche Buchhandlung)

Th. Fontane
Schriftsteller

›Wanderungen‹ (Teil 1) von 1862] auf unsrem Bücherboden« auf und konnte »nun ans Aufkleben der einzelnen Seiten gehn, was einem die Korrektur außerordentlich erleichtert«. Neben der teilweise ausgiebigen Redaktion der alten Aufsätze (vgl. dazu Fontanes Vorwort und die Vorbemerkungen zu den einzelnen Kapiteln) ging die Materialsammlung für zwei neue Kapitelkomplexe einher: für »Gröben und Siethen« (das schon im erwähnten Verzeichnis vom 22. Februar 1861 aufgeführt ist; vgl. den Abschnitt »Die erste Buchausgabe ...« im Anhang von Band 1 dieser Ausgabe) und »Eine Osterfahrt in das Land Beeskow-Storkow«. Im April reiste der Autor über Fürstenwalde und Rauen zum Scharmützelsee, und im April und Mai war er mehrfach in Gröben und Siethen. Am 23. April schrieb Fontane an Philipp zu Eulenburg: »Ich habe die letzten Wochen sehr unruhig verbracht, fast immer auf Reisen, weil zu Weihnachten ein vierter Band meiner ›Wanderungen‹ erscheinen soll, zu welchem Zweck ich noch allerhand sehen mußte. Ich war in dem fabelhaften Lande ›Beeskow-Storkow‹ und später in Gröben und Siethen, zwei in der Nähe von Trebbin gelegenen Gütern ...« Am 10. Mai teilte Fontane Hertz mit: »Ich stecke jetzt ganz drin [in »Spreeland«], in lauter neuen Kapiteln, und hoffe das M.S. bis 1. Juli fertig zu haben.« Da Fontane gleichzeitig an »Graf Petöfy« schrieb und »Ellernklipp« zum Druck vorbereitete, war dieser Termin nicht einzuhalten. Erst am 8. August 1881 fragte Fontane von Wernigerode aus bei Hertz an: »Paßt es Ihnen, daß wir nunmehr den Druck von Band IV beginnen lassen? / Es ist nun alles fertig, und das Wenige, was meinerseits noch zu tun bleibt, sind bloße Korrekturen von Kapiteln aus der zweiten Hälfte.« Fontane bat darum, »während des August in mäßigem Tempo, während des September aber im Fritz-Käpernick-Stil [bekannter Schnelläufer] vorzugehn«. »Ich möchte dem Ganzen auch ein ›Schlußwort‹ (vielleicht 4 oder 5 Seiten) folgen lassen, womit Sie hoffentlich einverstanden sind. Ein genaues Inhaltsverzeichnis: Orts-, Sach- und Personenregister, muß ich mir leider verkneifen – es wäre eine Arbeit, die 3 bis 4 Monate angestrengter Arbeit in Anspruch nehmen würde.«

Hertz wollte den Band tatsächlich, wie Fontane angeregt hatte, in der Druckerei von Friedrich August Eupel in Sondershausen herstellen lassen, und Fontane versicherte am 12. August, er werde Sorge tragen, »daß am Montag früh [15. August] etwa der Stoff zu 8 bis 10 Druckbogen in seinen [Eupels] Händen« sei. Bis etwa Mitte November zogen sich nun die Arbeiten hin. Im Tagebuch, das Fontane für Sommer und Herbst 1881 nur resümierend führte, heißt es dazu: »Inzwischen hatte der Druck von ›Ellernklipp‹ begonnen und der der ›Wanderungen‹ war in Vorbereitung. Das gab denn ein beständiges Umarbeiten und Korrigieren, was über drei Monate, bis Ende Oktober, gedauert hat. ... Nach Berlin Ende August zurückgekehrt, setzte sich die in Wernigerode begonnene Korrektur-Arbeit fort. Es war *sehr* anstrengend, da ich die alten Kapitel in ihrer frühren Fassung nicht gebrauchen konnte.«

Da Fontane für den »Gröben und Siethen«-Komplex den für Oktober bis Dezember vorgesehenen Abdruck in »Nord und Süd« als Satzvorlage verwenden wollte, bat er die Redaktion mehrfach um entsprechende Bürstenabzüge; »die ganze Druckgeschichte gerät hier sonst ins Stocken«, bemerkte er am 4. Oktober. Das »Schlußwort«, dessen Formulierung sich als schwierig erwies (vgl. S. 654), entstand erst im November. Dadurch verzögerte sich offensichtlich der Druck des Bandes. Am 23. November erhielt der Autor die letzten Revisionsbogen, und unter dem 26. November 1881 konstatierte er im Tagebuch den Eingang seiner Belegexemplare (nachdem er, ebenfalls laut Tagebuch, bereits am 14. November das Honorar erhalten hatte). Der Band führte die Sammelbezeichnung »Wanderungen durch die Mark Brandenburg. Vierter Teil« und trug den Haupttitel »Spreeland. Beeskow-Storkow und Barnim-Teltow« (mit der Jahreszahl 1882).

Neben Vorarbeiten, die teilweise im Zusammenhang mit anderen Manuskripten überliefert sind, und neben überaus zahlreichen Aufzeichnungen und ersten Niederschriften, die sich in den Notizbüchern finden, bewahrt das Theodor-Fontane-Archiv größere Teile vom Brouillon des Kapitels »Die Wendische Spree« sowie eine frühe Fassung des Kapitels »Saarmund und die Nutheburgen«. Teile des »Spreeland«-Manuskripts haben sich auch im Märkischen Museum zu Berlin erhalten. Über alle diese Handschriften geben die Anmerkungen zu den einzelnen Kapiteln nähere Auskunft.

Die weiteren Auflagen (1886 und 1892)

In einem bekenntnisreichen Brief an Hertz ist am 11. Dezember 1885 erstmals von einer zweiten Auflage von »Spreeland« die Rede. Fontane schrieb: »Über kurz oder lang soll nun also – wie mir Ihr Herr Sohn zu meiner Freude mitteilte – der Druck der 2. Auflage von ›Spreeland‹ beginnen. Was ich damals zu sagen vergaß, möcht ich, ehe mich der erste Korrektur- oder selbst Revisions-Bogen überrumpelt, heute schon aussprechen dürfen, nämlich die herzliche Bitte, daß ich mit Korrektur resp. Revision gar nichts mehr zu tun habe, so daß die Sache den Charakter gewinnt, als wäre ich schon tot. Ihre Güte wird gewiß für eine gute und gewissenhafte Durchsicht, sei's bei Freund Buchbinder in Ruppin, sei's bei einem andern, sorgen. *Ich* kann nicht mehr; es ist *zu* langweilig für mich und bei meiner vielleicht kindischen Peniblität in Drucksachen *so* zeitraubend, daß das Honorar beinah wieder draufgeht. Dreiviertel meiner ganzen literarischen Tätigkeit ist überhaupt Korrigieren und Feilen gewesen. Und vielleicht ist $\frac{3}{4}$ noch zu wenig gesagt. Hätte ich die Kunst des ›Festhinsetzens‹ zu üben verstanden, so hätte ich vielleicht auch eine Stube mit Atlas-Tapeten. Die ich übrigens nicht sehr entbehre.« Obwohl Fontane mit der Korrektur nichts zu tun haben wollte, suchte er doch, wie zwei Briefe an den Verleger vom 11. und 17. Januar 1886 ausweisen, einige statistische Angaben im Spreewald-Kapitel auf den neuesten Stand zu bringen, gab es aber schließlich auf (vgl. S. 479 dieses Bandes).

Über Satz und Druck ist nichts weiter zu ermitteln, da von Mitte Februar bis Mitte August 1886 keine Briefe an Hertz überliefert sind und auch das Tagebuch keine Hinweise gibt. Am 19. August 1886 bedankte sich Fontane von Krummhübel aus für das Honorar, das Hertz in Höhe von 1200 Mark für die zweite Auflage überwiesen hatte, und fragte an, ob er nach seiner Rückkehr um den 10. September noch »ein ganz, ganz kurzes Vorwort zur 2. Auflage« unterbringen könne. Hertz antwortete am 20. August, daß die neue Auflage bereits ausgedruckt sei und er die alte Vorrede übernommen habe. Danach dürfte die zweite, unveränderte Auflage noch im August ausgeliefert worden sein; gedruckt wurden, wie Hans Hertz später, am 8. Dezember 1892, einmal mitteilte, 1000 Exemplare. In der rückschauend geschriebenen und daher nicht unbedingt zuverlässigen Tagebuch-Passage für die Zeit vom 16. September bis 31. Dezember 1886 vermerkte Fontane: »W. Hertz edierte eine neue Auflage von Band IV meiner ›Wanderungen‹, sonst erschien nichts von mir zu Weihnachten ...« Am 9. Februar 1887 kam Fontane beiläufig noch einmal auf diese Ausgabe zurück; er schrieb an Hertz, er habe (»hoffentlich mache ich keinen Fehler«) »keine Frei-Exemplare gekriegt« und würde, wenn er nicht Bücher für eine Tombola zu spenden hätte, sich gar nicht gemeldet haben, »da sie halb wertlos für mich sind«.

Eine dritte, wiederum unveränderte Auflage erlebte »Spreeland« im Rahmen der »Wohlfeilen Ausgabe« der »Wanderungen« im Jahre 1892 (vgl. den Abschnitt »Die weiteren Auflagen ...« im Anhang von Band 1 dieser Ausgabe). »Spreeland« erschien in dieser »Lieferungsausgabe« der vier Bände (20 Fortsetzungen zu je 1 Mark) Anfang November 1892. Es wurden 1500 Exemplare gedruckt, Fontane erhielt 1200 Mark Honorar.

Zeitgenössische Resonanz

Fontanes »Glaube an die Wirksamkeit von Preßnotizen« war längst erschüttert (an Hertz, 24. September 1872), zumal er das miserable Niveau der literarischen Kritik seiner Zeit nur allzu genau kannte. Dennoch gab er am 21. November 1881 eine Liste an Hertz, nach der die Rezensionsexemplare von »Spreeland« verschickt werden sollten. Sie ist aufschlußreich für den Kreis der Blätter, zu denen der Autor entweder Beziehungen unterhielt oder von denen er sich etwas versprach:

»1. ›Kreuz-Zeitung‹. *Zwei* Exemplare. Eins davon für Dr. Heffter.
2. ›Norddeutsche Allgemeine Ztg.‹
3. ›National-Ztg.‹ *Zwei* Exemplare. Eins davon an Julius Grosser.
4. ›Vossische Ztg.‹ *Zwei* Exemplare. Eins davon für Friedr. Stephany.
5. ›Post‹.
6. ›Tribüne‹.
7. ›Berliner Tageblatt‹.
8. ›Deutsches Tageblatt‹.
9. ›Gegenwart‹. G. Stilke – ›Bär‹. Emil Dominik.
10. ›Johanniter-Blatt‹. ›Magazin für die Literatur des Auslands‹. Dr. Engel.
11. ›Augsb. Allg. Ztg.‹
12. ›Kölnische Ztng.‹ (Aber *nicht*, wenn ich bitten darf, an H. Kruse, der für seine Dr ... Kritik immer gleich verlangt, daß ich 3 Stücke von ihm durchlesen und eingehend besprechen soll. Außerdem glaub ich nicht, daß ganz Rheinland 3 Exemplare kauft.)
13. ›Schwäbische Merkur‹. Wichtig, weil W. Lübke meine Sachen immer im ›Schwäb. Merkur‹ bespricht und sogar erfolgreich.
14. ›Weser-Ztng.‹
15. ›Schlesische Ztg.‹
16. ›Schlesische Presse‹. Schottländer.
17. ›Neue Freie Presse‹.
18. ›Hamburger Nachrichten‹.
19. ›Elsaß-Lothring. Ztng.‹ Chef-Red. Jacobi.

Sind Sie mit Vorstehendem einverstanden, so würd ich mir erlauben, Ihnen zu gef. Beilage zu den Exemplaren acht Briefe zugehen zu lassen, und zwar an: Dr. Heffter, Friedr. Stephany, Jul. Grosser, G. Stilke, Emil Dominik, Dr. Engel, Herrn Schottländer in Breslau und Chef-Red. Jacobi. / Das Exemplar für Lübke – der übrigens wohl auch für die ›Augsb. Allg.‹ schreiben wird – nehm ich von meinen Frei-Exemplaren, ebenso noch 2 andre für die ›Vossin‹ (Landgerichtsdirektor Lessing und Dr. Kletke). – Die Monatsschriften mit ihrem wichtigtuerischen Gequatsch können mir gestohlen werden, die Rodenbergsche ›Rundschau‹ an der Spitze.«

Am 22. November ergänzte Fontane das Verzeichnis mit folgendem Brief an Hertz: »Wahrscheinlich hab ich mehrere Blätter resp. Personen aufzuzeichnen vergessen. Zwei sind mir über Nacht eingefallen:

Dr. Jensch bei d. ›Magdeb. Ztng.‹

Herr v. Koschkull [Fontane schreibt irrtümlich: v. Koscielski] bei d. ›Schles. Ztng.‹

Die ›Schles. Ztng.‹ hab ich zwar als solche genannt, ich kann aber auch an Herrn v. K. *persönlich* heran, weil ich diesen Sommer mit ihm korrespondiert habe. – / Die ›Magdeb. Ztng.‹ ist viel wichtiger als die ›Kölnische‹, welche letztre aus zehn Gründen gar keine Bedeutung für meine Bücher hat. Da lieber ›Der Bote aus dem Riesengebirge‹ oder ähnliches. / Auch an *Gildemeister* könnt ich mich – wegen der ›Weser-Ztng.‹ – persönlich wenden.«

Am 24. November heißt es im Tagebuch: »Elf Briefe geschrieben an verschiedne Zeitungs- und Journal-Redakteure; alle elf an W. Hertz geschickt zur Beilage bei den Exemplaren.« Darunter könnte der bemerkenswerte Brief an H. Harrys vom 24. November gewesen sein, den Brinkmann aus den Beständen des Kestner-Museums veröffentlicht hat: »Wenn Ihre oder eines Kollegen Freundlichkeit in der ›Nat. Ztg.‹ ein Wort darüber zu sagen gedenkt, so möcht ich freundlichst gebeten haben, Ihre Aufmerksamkeit auf das Schlußwort zu richten, in dem ich mich über unsren Landadel und unsre Landpastoren halb kritisch, halb huldigend auslasse. Ein kleiner politischer Essay.« Am 28. November reichte Fontane ein Schreiben an von Koschkull nach (»der, glaub ich, Gerant der ›[Schlesischen] Zeitung‹ ist«).

Fontanes Engagement bei der Versendung der Rezensionsexemplare blieb nicht ohne Wirkung, wenn der Autor auch recht ironisch über die möglichen Ursachen urteilte. »Das Erscheinen dieses 4. Bandes«, schrieb er am 19. Dezember 1881 an Mathilde von Rohr, »ist mit besondrem Trara begrüßt worden, vielleicht weil das Publikum aus dem Schlußwort ersehen hat: es ist der *letzte* Band. Feiert ein Pastor sein 50jähriges Jubiläum, so kriegt auch der dummste den roten Adlerorden 4. Klasse. Wenn etwas aufhört oder nicht mehr lange dauern kann, wird die Welt wieder gnädig.«

Tatsächlich mag der Abschluß des vierbändigen Werkes dazu beigetragen haben, daß um den Jahreswechsel 1881/82 ungewöhnlich viele Blätter über »Spreeland« und die »Wanderungen« insgesamt Artikel veröffentlichten. Die »Kreuz-Zeitung« reagierte besonders rasch: Fontane notierte am 14. Dezember 1881 im Tagebuch: »Die ›Kreuz-Ztng.‹ bringt eine *zweite* kurze Besprechung über ›Spreeland‹, diesmal von Ludchens [Ludovica Hesekiels] Hand; *sehr* freundlich.« In dem kurzen Beitrag, der mit + gezeichnet war, hieß es: »Aus der ›Weihnachtswanderung nach Malchow‹ sah uns noch einmal der ganze Fontane an, und wir sind gewiß, gleich uns wird manchem unserer Leser das Auge feucht werden, wenn er das ›Schlußwort‹ liest. Wir halten es geradezu für klassisch; so hat wohl selten ein Dichter an sein Publikum geschrieben. Es ist alles darin, was man nur will; Herz, Geist, scharfe Beobachtung, Humor; wahrlich, wenn man nicht die Hoffnung hätte, dem ›Dichter‹ und dem ›Novellisten‹ wenigstens noch ferner zu begegnen – denn dem ›Kriegshistoriker‹ möchten wir keine neue Aufgabe wünschen –, der Abschied vom ›Wanderer‹ möchte uns noch schwerer werden.«

Ebenfalls am 14. Dezember 1881 wurde »Spreeland« im »Wochenblatt der Johanniter-Ordens-Ballei Brandenburg« (Jg. 22, Nr. 50, S. 300) angezeigt. Fontane habe »im Gewande zwangloser, anmutiger Plauderei« gezeigt, »wie sehr das nicht zum mindesten unter den Bewohnern der Mark selbst seit jeher verbreitete Vorurteil der Begründung entbehrt, als könne diese Provinz einen Vergleich mit vielen andern Ländergebieten nicht aushalten und sei von Natur und Geschichte in jedem Betracht stiefmütterlich behandelt worden. / Durchaus fern gelegen hat Fontane dabei die Absicht, mit seinem Buche ein historisch-wissenschaftliches Monumentalwerk zu liefern oder den vorhandenen Stoff irgendwie zu erschöpfen, und ruhig darf er daher mehrfache Bemängelungen seitens der Kritik hinsichtlich des historischen Wertes seiner ›Reise-Feuilletons‹, wie er selbst die ›Wanderungen‹ am treffendsten charakterisiert, zurückweisen. … / Nun, ohne Übertreibung darf behauptet werden, daß diese Feuilletons dem Inhalte wie der Form nach zu dem Vorzüglichsten und Frischesten gehören, was in diesem Genre bisher geschrieben worden. / In wahrhaft künstlerischer Weise ist der Stoff gestaltet und nur *das* berücksichtigt worden, was geeignet war, das Bild stimmungsvoll zu beleuchten und einheitlich abzurunden. Der Charakter der Landschaft wie die Eigenart ihrer Bewohner sind mit einer Feinheit der Beobachtung, einer Plastik und Anschaulichkeit der Darstellung wiedergegeben, welche das Nichterschöpfen des Materials mehr als aufwiegt, da alle wesentlichen Züge in der landschaftlichen und volkstümlichen Erscheinung der Mark zu einem harmonischen Gesamtbilde vereinigt sind. Zu jeder Jahreszeit hat der gemütvolle ›Tourist‹ das brandenburgische Gebiet durchstreift, in jeder Beleuchtung es beobachtet, alle Typen der Bevölkerung sind in dem Buche vertreten und bilden stets eine lebendige, charakteristische Staffage zu der landschaftlichen Szenerie. / Die schwerfällige Rüstung gelehrter Methode ist vermieden und ihr die Form geistvoller Causerie vorgezogen, ohne daß dadurch die Gediegenheit des Inhalts den mindesten Abbruch erlitte.«

Fontane quittierte am gleichen Abend noch die »freundlichen Worte« in ein paar Zeilen an den Redakteur Karl Herrlich, der im gleichen Hause wohnte: »Seien Sie schönstens dafür bedankt, insonderheit auch Ihr Herr Neffe, der sich der Mühe eines solchen Referats mit großer Freundlichkeit unterzogen hat.«

In der Abendausgabe des »Berliner Tageblatts« vom 20. Dezember 1881 stand, gezeichnet J. B., ein salbungsvoller, mit ausgiebigen Zitaten und Kryptozitaten operierender Aufsatz, in dem zu Beginn zu lesen war: »Trauter Heimatsboden, auf dem die süßen Träume unserer Kindheit wieder lebendig werden, wie sprichst du stumm und doch so beredt zum Manne, wenn er nach langer Irrfahrt des Lebens dich wieder betritt! / Und sind es auch keine schneebedeckten Alpen, nicht rebenbekränzte Weingelände des Rheins, ist es auch nur ein norddeutsches Dorf am stillen, lindenbeschatteten Weiher, das Auge leuchtet dennoch freudig auf, wenn der Heimat Zauber den Menschen wieder umweht. / Wir Bewohner der Mark Brandenburg sind von der Natur nur bescheiden bedacht worden, ja es gab eine Zeit, wo wir uns selbst unterschätzten und vergaßen, daß duftige Fichtenwälder weithin die Ufer der Havel und der Spree umkränzen, daß grüne Wiesenmatten die Ebene mit ihrem blühenden Teppich überdecken und blaue Seen wie große, unergründliche Augen den Himmel widerspiegeln. Aber es war nicht immer so. Auch unsere Mark Brandenburg wurde geschätzt und fand sogar ihre Sänger. Freiherr von Canitz und vor allem Schmidt von Werneuchen haben ihre geräuschlose Anmut in Liedern gepriesen. Dann kam die Zeit der Eisenbahnen und führte die Menschen schnell und bequem weit hinaus in alle Lande. Man begann sich der Heimat zu schämen, und nur eine kleine Gemeinde blieb ihr treu. Doch auch der Mark Brandenburg sollte ein Ehrenretter erstehen. Mit der Begeisterung des Propheten erhob anfangs der sechziger Jahre Theodor Fontane, das Ruppiner Kind, seine Stimme, und Tausende und Abertausende von Bekehrten jubelten ihm zu.«

Fontane kommentierte am 21. Dezember im Tagebuch: »Das ›Berl. Tageblatt‹ bringt eine lange, aber freilich auch sehr unbedeutende Besprechung meines ›Spreeland‹. Eine desto kürzere bringen die ›Preußischen Jahrbücher‹ mutmaßlich aus der Feder des Stehuff Julian Schmidt.« Fontanes Vermutung stimmte. In der Zeitungsausschnitt-Sammlung des Theodor-Fontane-Archivs findet sich ein von Julian Schmidt unterzeichneter »Abdruck« aus Band 48 der »Preußischen Jahrbücher«. Schmidt bemerkte, daß die »Wanderungen« in »alle Kreise unserer Gesellschaft eingedrungen« seien; »diesmal haben sich die Märker wirklich dankbar erwiesen. Und sie haben allen Grund dazu, denn sie kommen sehr gut heraus.«

Gegen Ende Dezember 1881 (das exakte Datum war nicht zu ermitteln; dem folgenden Zitat liegt ein Zeitungsausschnitt aus dem Theodor-Fontane-Archiv zugrunde) publizierte auch die »Weser-Zeitung« einen durchaus anerkennenden Aufsatz, der allerdings mit einem kritischen Einwand begann: »... daß aber nur der Geschlossenheit des Titels halber ein gutes Drittel dieses vierten Bandes der ›Wanderungen‹ aus der ersten Auflage der drei ersten Bände entnommen ist, überrascht doch den Besitzer dieser ersten Ausgaben in unangenehmer Weise. Die Veränderungen, welche die einzelnen älteren Kapitel erfahren haben, gehörten in neue Auflagen der ersten Bände, die deshalb ruhig ihre alten Titel weiter führen mochten, nicht in einen neuen. Wo gar Weglassungen vorgenommen sind, wie bei Erwähnung des ›Zanderzuges‹ im Teupitzsee, da fühlt sich der mit gutem Gedächtnis ausgerüstete Leser der früheren Bände geradezu enttäuscht. Schriftsteller und Verleger werden nicht müde, über die Kaufunlust des bücherlesenden Publikums zu sprechen: Ja, meine Herren, solltet ihr nicht gelegentlich die Schuld bei euch zu suchen haben?«

Fontane bemerkte dazu in einem Brief an Wilhelm Hertz vom 2. Januar 1882: »Aus dem alten Jahre her habe ich Ihnen noch für Zusendung der ›Weser-Ztng.‹ zu danken, in der ein Wohlmeinender nicht umhin kann, sein Lob mit einer Abkanzelung einzuleiten. Von *seinem* Standpunkt aus hat er unbedingt recht, aber ich habe *auch* recht gehabt, daß ich, ohne Rücksicht auf solche Reprimanden, die nicht ausbleiben konnten, an Klärung und Ordnungmachung ging. In ganz kurzer Zeit wird der Tadel schweigen, dem in Zukunft – da, wenn auch Zusätze, so doch keine Hin- und Herschiebungen mehr kommen werden – all und jede Veranlassung fehlen dürfte. Die Welt kann sich dann des Besseren ohne trübe Nebengedanken freun.«

Unter dem 14. Januar 1882 vermerkte Fontane im Tagebuch: »Die ›Gegenwart‹ bringt endlich die lang in Aussicht gestellte Besprechung meines ›Spreeland‹, freundlich, ausreichend, unbedeutend.« Die Rezension stammte von August Trinius, der u.a. hervorhob: »Sind nun auch die Teile [der »Wanderungen«] unter sich verschieden, in einem gleichen sie sich alle: in der ungeteilten, treuen Liebe zur freundlichen Heimat des Verfassers, in dem berechtigten Stolze, einem Vaterlande anzugehören, welches aus den bescheidensten Anfängen sich zu ungeahnter Herrlichkeit emporschwang. Und diese Liebe zur Geschichte seiner Heimat fordert er auch von denen, welche sich entschließen, seinen Pfaden nachzuwandeln. Er hat recht darin. Denn nur wenige Stellen der Mark sind es, welche durch Landschaft allein voll und zu jeder Stunde auf uns einwirken. So vieles hängt von Beleuchtung, Stimmung des Tages wie des Gemütes ab; was heute unsere Sinne gefangennimmt, erscheint schon morgen vielleicht nüchtern und trostlos. Fontane ist ein Märker, jede Zeile verrät uns dies. Und wie sein Charakter, so auch sein Stil. Letzterer ist knapp, schlagend, dabei nicht ohne einen gewissen Bilderreichtum und vor allen Dingen frei von falscher Sentimentalität.«

In den letzten Februartagen 1882 (auch hier war das Erscheinungsdatum nicht zu ermitteln; der Text liegt in der Zeitungsausschnitt-Sammlung des Theodor-Fontane-Archivs vor) befaßte sich die »Schlesische Zeitung« in einem sechsspaltigen, den Inhalt paraphrasierenden Artikel (gezeichnet Fr.) mit »Spreeland«. Der Verfasser betonte: »Jedes dieser Elemente der Landschaft, sei es der Natur angehörig oder sei es der Mensch mit seinen Werken, bekommt unter der Hand des Autors, der sich als schlichten Touristen einführt, noch dazu einen höheren Wert und tiefere Bedeutung, indem wir auch die Geschichte, das Werden dessen, was er uns zeigt, kennenlernen und nun wissen, was für Mühe und Arbeit, was für Kämpfe und Schicksale gleichsam als Kapital in der Landschaft drinstecken.« Laut Tagebucheintragung vom 28. Februar 1882 bedankte sich Fontane für die Rezension.

In der Zeitungsausschnitt-Sammlung des Theodor-Fontane-Archivs finden sich ferner »Spreeland«-Besprechungen aus der »Frankfurter Zeitung« (gezeichnet M.S.) und aus den »Hamburger Nachrichten«, beide auf 1882 datiert. In der »Frankfurter Zeitung« heißt es: »Wie Fontane allmählich aus dem Plauderton des Touristen zu einer mehr historischen Vortragsweise überging und wie er dann doch wieder endete, wie er begonnen, das muß man lesen mit all dem reizvollen Detail, mit dem er seine ›Wanderungen‹ auszustatten wußte. Dann wird man erkennen, wieviel ernste Arbeit, gepaart mit liebevollem Sichversenken in die vaterländische Vergangenheit, in den vier Bänden der ›Wanderungen‹ niedergelegt ist, und man wird sich an ihnen erfreuen, auch wenn man gerade nicht von besonderer Vorliebe für das Borussentum erfüllt ist.«

In den »Hamburger Nachrichten« las man: »Hätte jede deutsche Landschaft einen so eifrigen, mit allem historischen und kritischen Werkzeug ausgerüsteten Historiographen, wie die Mark Brandenburg an Theodor Fontane besitzt, die Spezialgeschichte der deutschen Länder würde Großes dabei gewinnen. Freilich tut es das

Wissen und Suchen nicht allein, man muß für diese Aufgabe auch die Geschicklichkeit, den Mut und auch in manchen Fällen die Dreistigkeit mitbringen, an allen Türen anzuklopfen, bei dem Landadel und den Landpfarrern, bei den Bürgern und Bauern, denn überall kann man Körnchen aufsammeln, aus deren sorgsamer und sparsamer Zusammentragung dann ein reiches Material erwächst, aus denen ein kluger und denkender Kopf und eine darstellungsfähige Hand solche Schilderungen aufbauen kann, die das materielle und geistige Wesen eines ganzen Gaues und seiner Insassen in größter Deutlichkeit und Glaubwürdigkeit von der Vergangenheit bis in die Gegenwart klar aufrollen. Theodor Fontanes Forschungen gereichen der historischen und topographischen deutschen Literatur zur hohen Zierde und verdienen die Beachtung auch über die Grenzen der Mark hinaus.«

Obwohl Fontane (wie oben zitiert) auf das »wichtigtuerische Gequatsch« der Monatsschriften, speziell der »Deutschen Rundschau«, keinen Wert legte, erschien gerade in dieser Zeitschrift, und zwar aus der Feder des Herausgebers Julius Rodenberg, die substanzreichste Rezension (»Deutsche Rundschau«, Band 32, September 1882, S. 474 bis 477). Es heißt darin u. a.: »›Mit diesem IV. Bande nehm ich – wenigstens in meiner Wanderer-Eigenschaft – Abschied vom Leser‹, sagt der Verfasser im Schlußwort seines nunmehr in stattlicher Vierzahl vor uns stehenden Werkes; und auch uns ergreift eine Art von Abschiedsstimmung. Denn wir sind gerne mit Fontane gewandert an den Flüssen und Seen, durch die Heiden und Kiefernwälder, die seitab gelegenen Dörfer und Landstädtchen der Mark Brandenburg. Er war ein guter Geleitsmann, der Gegend kundig, einer, der mit den Leuten, Bauern und Fischern, Kutschern und Kossäten in ihrer eigenen Sprache zu reden verstand und, ohne pietätlos zu sein, doch ›den Humor davon‹ begriffen hatte. Mit einer leichten Dosis Schalkhaftigkeit, die ihn vor Übertreibungen bewahrte, verstand er seinen Gegenstand zu behandeln; ein stets willkommener Gast in den alten Herrensitzen und bemoosten Pfarrhäusern, wußte er denselben in der angenehmsten Weise von der Welt ihre Geheimnisse zu entlocken und diese mit so viel Anmut und Gutherzigkeit weiter zu erzählen, daß niemand Verdruß und viele Vergnügen davon hatten. Manches hat er in seine Blätter gerettet, was in der Wirklichkeit nicht mehr ist. Die kleinen Feldsteinkirchen unserer märkischen Dörfer, neuerdings restauriert oder renoviert, leben mit ihrem Dreizehnten-Jahrhundert-Aussehen in seiner Schilderung fort; und manch ein Stück Dorfgeschichte, derb, zuweilen grob und immer drollig in der Fassung, aber zumeist von ernstem und nicht selten von tragischem Inhalt gibt er aus den Kirchenbüchern. Manch ein ergreifendes Menschenschicksal liest er von den überwachsenen Grabsteinen. Heldenhafte Charaktere lernen wir kennen und opferwillig entsagende Frauen. Wir blicken in das innerste Herz eines weiten, ursprünglich dürftigen Kulturgebiets, dessen Bewohner wenig der begünstigenden Natur, fast alles der eigenen Tätigkeit verdanken; der Boden Sand und Sumpf, ohne Festigkeit, ohne Zusammenhalt, aber mitten hineingestellt ein Menschenschlag, stark und entschlossen, jeder einzelne kämpfend um die Scholle, die Grenzen verteidigend und erweiternd – der einzelne das Prototyp des Ganzen. Der Fremde, der jetzt nach Berlin kommt und unsere macadamisierten Straßen, unsere Paläste, das Brandenburger Tor, den Tiergarten und den Königsplatz bewundert, der weiß es nicht. Aber wir, die wir, nicht zwei Stunden weiter, unsere Dörfer besuchen, die nichts von der niedersächsischen oder westfälischen Opulenz, nichts von der fränkischen Heiterkeit, der alemannischen Zierlichkeit haben; die wir an den Waldrändern und Flußufern tief im Sande waten, um irgendeinen Hügel zu erreichen, bei dessen Besteigung der Weg hinter uns sich zu verschütten scheint: wir wissen es. Und doch – wer möchte, wenn er es einmal kennengelernt – das mühsame Vergnügen einer solchen Wanderung missen? Wer liebte diese Landschaft nicht, die kaum einen Reiz hat außer ihrer Schwermut? Wer hielte nicht gerne Rast unter dem Lindenbaum vor irgendeinem Dorfwirtshaus in dem bescheidenen Gärtchen, mit grünangestrichenen Bretterbuden statt der Lauben, mit dem Blick auf ein steriles Ufer gegenüber, an welchem nichts wächst, nicht einmal Unkraut, oder auf die benachbarte Gemarkung, durch deren dünnen Haferstand überall der Sand durchschimmert? / ... Hier [mit »Spreeland«] verläßt uns der Wanderer, nachdem er in zweiundzwanzigjähriger Arbeit sein Vorhaben ausgeführt und uns eine Heimatkunde geliefert hat, wie sie treuer und ergreifender gewiß kein anderer deutscher Landstrich besitzen mag; und hier, wo scheinbar unsere Wege sich trennen, geziemt es sich wohl, daß wir ihm unseren Dank aussprechen und mit einem herzlichen ›Glück auf!‹ von ihm scheiden. / Es ist nicht einfache Beschreibung oder systematische Geschichtserzählung, welche Fontane gibt; innerhalb der großen Grenzen, welche die Natur durch die Flußläufe gezogen und die Hand des Menschen in Krieg und Frieden fixiert hat, folgt er mehr seinem Herzen und seinem Auge als irgendeinem vorbestimmten Plan. Aber es ist ein Herz voll Liebe zur Heimat und das Auge des Poeten, welches auch dem Kleinen und Unscheinbaren seinen Reiz abzusehen versteht. Darum ruht es wie warmer Sonnenschein über diesen Schilderungen. ... Reich an Anekdoten aus erster Hand, an charakteristischen Erinnerungen ist dieses Buch. Kein mittelalterlicher Rest in jenen kleinen, ehemals befestigten

Städten auf der Grenze zwischen Mark und Lausitz entgeht dem Blick Fontanes; keine zurückgebliebene Spur aus fernen Tagen, bis zu jenen fernsten, wo die Slawen, die Wenden, immer mehr vor der deutschen Kultur weichend, in ihren Spreewaldwinkel getrieben wurden, wird übersehen. Aber stets ist der Hauptgesichtspunkt der künstlerische, der dichterische; man begreift noch einmal, wie gerade hier, aus dem Lande, welches nach landläufigen Begriffen nichts weniger als ›romantisch‹ war, die romantische Schule hervorgewachsen ist, aus dem Eckhause der Roßstraße zu Berlin, in welchem Ludwig Tieck geboren worden.«

Fontane erhielt das Septemberheft der »Deutschen Rundschau« am 27. August 1882 und bedankte sich am gleichen Tage bei Rodenberg »für die reizende Besprechung, die zu den alten Tugenden der Rodenbergschen Schreibweise noch *die* des eignen Engagiert- und vollkommenen Zu-Hause-Seins auf dem betr. Gebiete gesellt. Man merkt, daß es der Schilderer von ›Neukölln am Wasser‹ ist, der spricht, ein Mann, der jeden Augenblick auch diese ›Wanderungen‹ hätte schreiben können, wenn er gewollt hätte.« Ebenfalls am 27. August schrieb Fontane seiner Frau: »Heute früh schickte mir Rodenberg die einliegende Besprechung; wieder sehr fein. Ich habe nicht viel für ihn übrig, aber es ist doch ein ordentliches Labsal, einen gebildeten und artigen Mann so sprechen zu hören.« Am 30. August kam der Dichter, wiederum in einem Brief an seine Frau, auf Rodenbergs Aufsatz zurück: »So fein und verbindlich ich die Kritik finde und so aufrichtig ich ihm meinen Dank dafür ausgesprochen habe, so bleibt doch *das* bestehn, daß seine Gesamthaltung gegen mich höchst sonderbar ist. Das Gefühl davon ist *so* stark in mir, daß ich auch meinen Dank auf einen sehr ruhigen Ton hin gestimmt habe. Merkt er es, tant mieux, und stellt er in Folge davon die Lobpreisung meiner ›Wanderungen‹ ein, so hab ich nichts dagegen. *Die* fressen sich nun schon selber durch und bedürfen keiner Paten. Ich lasse mir natürlich auch über die ›Wanderungen‹ gern Freundliches sagen, aber mich ein für allemal auf sie annageln wollen, *das* verdrießt mich.«

Sehr spät schließlich brachte das »Zentral-Organ für die Interessen des Realschulwesens« (X/1882) eine eingehende Rezension zum Abschluß der »Wanderungen«. Ludwig Freytag sagte darin: »Fontane … führt uns persönlich durch *seine* Mark, zeigt uns die landschaftlichen Reize, die Städte, die Dörfer, die Kirchen und die übrigen Denkmale alter Zeit, führt uns als herzlich teilnehmende Freunde ein in das Leben des Volkes, der alten Geschlechter und der bedeutenden Männer und läßt uns ein Gesamtbild schauen, das keiner von allen, die es mit seinen Augen gesehen, je wieder vergißt. Fontane sieht zu gleicher Zeit mit den Augen des Dichters, des

Malers, des Kulturhistorikers und des *Menschen* im edelsten Sinne des Wortes; unter seinen Händen gewinnt das Bild, das uns selbst die besten Reisehandbücher als zerschlagenes Mosaik stückweise vorlegen, ein wahrhaftiges Leben, und es wird an seiner Hand dem Leser, dem Beschauer so innig wohl ums Herz, daß selbst einem Preußenhasser nach Art des Dr. Sigl hier das Gemüt auftauen, erwarmen und sich befruchten müßte und daß jeder, mag er dieser oder jener politischen oder religiösen Partei angehören, genötigt wird, dem in seinem Patriotismus so festen, doch nie chauvinistischen, in seiner religiösen Anschauung so herzlich milden, in seiner edlen, volkstümlichen Menschlichkeit so liebenswürdigen und in seinem Wissen so umfassenden Autor das ehrlichste Lob zuzuerkennen, dessen ein dankbarer Leser, ein Freund des Volkstums und ein Patriot fähig sind. Wer von den Deutschen die Mark Brandenburg liebgewinnen will, lese Fontanes Werk, denn dieses kann zustande bringen, was die preußischen Waffen, die preußische Staatskunst und die preußische Bureaukratie nie vermöchten: es kann die Herzen moralisch erobern. Wenn W. Alexis mit seinen märkischen Romanen längst bloß der Literaturgeschichte noch angehört, wird Fontanes Buch in den Herzen der Deutschen fortleben. Exegit monumentum aere perennius.«

Fontane äußerte sich zu diesem Beitrag in einem Brief an Wilhelm Hertz vom 2. Dezember 1882: »Schönsten Dank für das Bücherpaket und die L. Freytagsche Besprechung meiner ›Wanderungen‹. ›Liebt mir doch einer‹, sagte meine Schwester Lise mal, als ihr einer einen Bonbon schenkte. Damals war sie 4 Jahr, jetzt – eine gewesene Schönheit. Wie alt *ich* werde, werden Sie daraus ersehen, daß ich jede freundlichst mir zugehende Sendung mit einer ›Erinnerung‹ begleite. ... An L. Freytag schreib ich, um ihm zu danken. Wär es nicht *zu* schmeichelhaft für mich, so würd ich sagen: in dem *politischen* Punkt (der allmählichen Herzens-Eroberung) liegt der Schwerpunkt der ganzen Geschichte.«

Überblickt man die Masse der publizistischen Reaktionen, so kann man Fontane verstehen, der am 8. Oktober 1882 seinem Verleger schrieb: »Seit gestern von meinem Ausfluge wieder zurück, hab ich mich heute dabei gemacht, das Gequatsche durchzusehn, das sich schwarz auf weiß in einem Haufen Zeitungsblätter vorfand. Es macht einen trübseligen Eindruck. Das nennt man in Deutschland Kritik! Was Rodenberg geschrieben (ich hab es nicht zur Hand), ist unter dem neuerdings Erschienenen das weitaus Beste, zum Teil sehr gut, vielleicht aber nicht brauchbar für den in Rede stehenden Zweck.«

Der »in Rede stehende Zweck« war offensichtlich ein vierseitiger »Prospectus« für die »Wanderungen durch die Mark Brandenburg«, der nach Abschluß des Werkes und wohl im Hinblick auf die vierte Auflage der »Grafschaft Ruppin« (die Ende November 1882 herauskam) vorbereitet wurde. Fontane fuhr in seinem Brief an Hertz fort: »Ganz dunkel entsinn ich mich, ein- oder zweimal einer Kritik begegnet zu sein, die darauf aus war, die *Bedeutung* und *Eigenart* der ganzen Geschichte festzustellen – ich hab aber keinen Schimmer mehr, *wo* das war. Und doch kommt es darauf an, *Derartiges* zu finden und, wenn es *nicht* gefunden wird (was mir sehr wahrscheinlich), es neu zu schaffen. Am besten könnt ich es selbst schreiben, aber ich mag nicht, es widersteht mir geradezu. *Zwei* Dinge müßten nach meiner Meinung vor allem hervorgehoben werden: / 1. daß es, durch Verquickung von Geographischem und Historischem, eine ganz *neue Art* ist, Geographie und Geschichte zu lehren, eine neue Art, die, allem Systematischen ein Schnippchen schlagend, darauf aus ist, spielend und in novellistischer Form, die Geschichte dieses Landes von Czernebog bis Bismarck oder von Juthriegotz bis Gütergotz (Bleichröder) zu erzählen. / 2. müßte hervorgehoben werden, wie man nicht bloß Mark und Märker daraus kennen, sondern auch, aller Ruppigkeit und Unausstehlichkeit unbeschadet, unter der Vorführung dieser Pflichttrampel und Dienstknüppel einsehen lernt, daß diese letzte Nummer Deutschlands berufen war, seine erste zu werden.«

Da Fontane in einem Brief vom 7. September 1883 an Hans Hertz noch einmal die Formel »von Czernebog bis Jüterbogk und von Juthriegotz bis Gütergotz« empfiehlt, wurde der Prospekt, der auf S. 665–668 dieses Bandes nach einem Exemplar des Theodor-Fontane-Archivs faksimiliert ist, möglicherweise erst im Herbst 1883 ausgegeben.

ANMERKUNGEN

Vorwort

Wie das Vorwort zur dritten Auflage von »Oderland« und das zur zweiten Auflage von »Havelland« (vgl. die Vorbemerkungen dazu im Anhang von Band 2 und Band 3 dieser Ausgabe) ist auch das Vorwort zu »Spreeland« erst unmittelbar vor der Auslieferung des Buches entstanden.

5 *ins Beeskow-Storkowsche* – Vgl. die zweite Anm. zu S. 23.
Barnim und ... Teltow – Vgl. die fünfte Anm. zu S. 188.
Gabriel Lukas Woltersdorf – Vgl. S. 152–155 sowie S. 523.
Tagebücher der Gräfin Voß – »Neunundsechzig Jahre am preußischen Hofe ...«; vgl. das Literaturverzeichnis, S. 662.

6 *Abschiedswort* – Vgl. S. 437–447. Daß Fontane nicht endgültig »Abschied« nahm von seiner spezifischen Art feuilletonistischer Darstellung der Mark Brandenburg, zeigen vor allem der 1888 erschienene Band »Fünf Schlösser« (Band 5 dieser Ausgabe) sowie »Das Ländchen Friesack und die Bredows« (Band 7 dieser Ausgabe).

In den Spreewald

War das allererste Reiseziel Fontanes in seiner Eigenschaft als Wanderer durch die Mark Brandenburg seine »spezielle Heimat«, die »Grafschaft Ruppin«, gewesen, so führte bereits die zweite Reise in den Spreewald, der durch seine topographischen und ethnischen Besonderheiten von jeher eine Sonderstellung unter den märkischen Landschaften einnahm. Der Autor unternahm dieses »ganz kleine Seitenstück zu dem Ruppiner Ausfluge« (Juli 1859), wie er die Spreewald-Fahrt im Brief an seine Schwester Elise vom 5. August 1859 bezeichnete, vom 6. bis 8. August dieses Jahres.

Wie schwer es Fontane fiel, in jener von besonderer finanzieller Not geprägten Zeit die Reisekosten für solche Unternehmungen aufzubringen, deren literarischer Erfolg zunächst ganz ungewiß war, geht aus dem eindrucksvollen Brief hervor, den er am 20. September 1859 an seine Frau schrieb. Darin heißt es: »Der Spreewald hat 10 Rtl. gekostet und 21 Rtl. eingebracht, geschäftlich genommen also ein ziemlich trauriges business, denn acht Tage Zeit waren nötig, um die vier Kapitel zu schreiben. Ich darf aber die Dinge nicht so auffassen; ich muß solche Aufsätze als Visitenkarten ansehn, die ich bei den Redaktionen abgebe. Wenn man auch nicht an Ansehn wächst, so bleibt man wenigstens im Gedächtnis der Leute und hält sich die Möglichkeit eines angemessenen Placements offen. Außerdem weißt Du, daß alle diese Dinge Vorstudien für meine große Arbeit sind. Dies alles zu meiner Rechtfertigung vorausgeschickt, auch *das* noch, daß man im Winter nicht reisen und Stoff sammeln kann, so bleibt doch immer noch eine halbe Übereilung, eine halbe Unzufriedenheit übrig. Ich kann aber nicht zurück. Ich halt es für klug, mich von der prompten und zuverlässigen Seite zu zeigen, nicht à la Eggers oder Lucae, die heute ›ja‹ sagen und morgen ›nein‹. Wenn du wieder hier bist, werd ich Dir noch weiter auseinandersetzen können, warum ich, nachdem mal das Wort gesprochen war, auch ein Wort ein Mann sein mußte.«

Die Spreewald-Kapitel – die nicht nur zu den »reise-frischesten« (an Wilhelm Hertz, 26. Februar 1861), sondern auch zu den schönsten märkischen Feuilletons Fontanes gehören – wurden, soeben fertiggestellt, unter dem Titel »In den Spreewald. 4 Reisekapitel von Th. F.« in der »Preußischen Zeitung«, Nr. 405 vom 31. August, Nr. 407 und 408 vom 1. September (Morgen- und Abendausgabe) sowie Nr. 411 vom 3. September 1859, vorabgedruckt. Ihre Überschriften lauteten: »I. Von Berlin bis Lübben. Lübbenau. Die Wenden. Wendischer Gottesdienst und wendische Kostüme«; »II. Die Spreewaldsfahrt. Lehde, ein Dorf-Venedig. Der Kanal. Der Ur-Spreewald. Frau Schenker und das Wirtshaus Zur Eiche«; »III. Die Irrfahrt. Nixen im Sonnenschein. Kätner Post. Das Terzett. Dorf Leipe. Rückfahrt nach Lübbenau«; »IV. Der Lynarsche Park. Warwick-Castle und Schloß Lübbenau. Die Prophezeiungen. Das Wappen der Lynars und das Märchen vom Schlangenkönig. Schluß«. (Vgl. Band 6 dieser Ausgabe, wo der Spreewald-Komplex in seiner ursprünglichen Gestalt abgedruckt ist.)

Im Jahre 1881 hat Fontane die Texte dem »Spreeland«-Band zugeordnet. Dabei verzichtete er auf das vierte Kapitel, während er die ersten drei umarbeitete, vor allem kürzte, und mit neuen Überschriften versah (»1. Lübbenau«; »2. Lehde«; »3. ›Die Leber ist von einem Hecht‹ «; »4. In Kätner Posts Garten«).

Dieser Erstveröffentlichung in der Buchausgabe von 1882, die im November 1881 ausgeliefert wurde, war am 5. und 6. August 1881 in der »Vossischen Zeitung«, Nr. 359 und 361, ein zweiter Vorabdruck unter dem Titel »In den Spreewald« vorausgegangen, der mit der Textfassung im »Spreeland«-Band nahezu übereinstimmt.

9 *Und daß dem Netze …* – Die Verse stammen wahrscheinlich von Fontane.

Kirchturm – Die Lübbenauer Kirche wurde von 1738 bis 1741 erbaut; der Turm stammt aus dem Jahre 1778. Innen- und Außenarchitektur sind seither kaum verändert worden.

hochgewölbter Torweg – Das Gebäude mit der Durchfahrt ist das 1850 erbaute ehemalige Rathaus, das schon in den neunziger Jahren des vorigen Jahrhunderts Sitz des Kreisgerichts Calau wurde.

»jede Stelle hat ihre Elle« – Soviel wie: die Maßstäbe variieren nach den Umständen von Zeit und Ort.

Ich gebe diese Zahlen ohne Gewähr – Bevor die zweite Auflage von »Spreeland« in Satz ging (vgl. dazu S. 464 dieses Bandes), suchte Fontane die Angaben in dieser Anmerkung auf den neuesten Stand zu bringen. Er schrieb, wohl Ende Dezember 1885, an den »Kaufmann und Sauregurkenhändler Grohmann« in Lübbenau, der bis 1900 in der heutigen Karl-Marx-Straße sein Geschäft hatte und bei dem Fontane jedes Jahr ein »Fäßchen« bezog. Zwar schaltete Fontane am 11. Januar 1886 auch seinen Verleger Hertz ein, gab die Recherchen aber schließlich auf; er schrieb am 17. Januar 1886 an Hertz: »… man vertrödelt damit ein kolossales Quantum von Zeit und mitunter auch von Briefmarken, ohne etwas davon zu haben.« In der »Mappe für die ›Wanderungen‹, alle 4 Teile (Bei *jeder* neuen Auflage durchzusehn)«, die sich im Theodor-Fontane-Archiv befindet, hat Fontane einen Zeitungsausschnitt mit einer Meldung aus Lübbenau aufbewahrt, nach der »jährlich 20–25 Millionen Gurken als Lübbenauer ›Saure‹ verspeist« wurden, wobei ein hoher Anteil von Gurken aus Liegnitz und Calbe ebenfalls als Spreewald-Erzeugnis verkauft wurde.

10 *Gasthof »Zum braunen Hirsch«* – Er wurde bereits vor Jahrzehnten vom damaligen Besitzer des daneben gelegenen Restaurants »Zum Deutschen Haus« hinzuerworben und beherbergte nach 1945 die »Spreewald«-Lichtspiele.

11 *Zitz* – Baumwollstoff.

Geistlicher – Als Fontane 1859 Lübbenau besuchte, amtierte dort Oberpfarrer Christian Friedrich Stempel, der energisch für die Sorben eintrat und zahlreiche sorbische Fabeln, Sagen und Märchen aufzeichnete. Er war der letzte sorbisch predigende Geistliche in Lübbenau.

Klingestein – Christian August Klingestein war von 1834 bis 1876 Kantor in Lübbenau. Er gründete einen renommierten Männerchor.

12 *Stern* – Heck des Bootes.
Butomus – Schwanenblume (Wasserliesch).
Sagittaria – Pfeilkraut.
14 *Convolvulus* – Winde.
15 *»Eiche«* – Das Gasthaus ist heute noch eine Touristenattraktion; der Spruch über der Eingangstür ist nicht mehr vorhanden.
16 *Puck* – Elfenartiges Wesen aus der nordischen und angelsächsischen Sagenwelt; auch eine Gestalt aus Shakespeares »Sommernachtstraum«.
Leberreim – Scherzhafte zweizeilige Stegreifgedichte, die im 17. Jahrhundert aufkamen und nach dem von Fontane vorgeführten Schema entstanden.
ein Stück Hügelland … Schloß des letzten Wendenkönigs – Der Schloßberg, etwa 800 Meter vom Spreehafen entfernt, ist das älteste sorbische Bodendenkmal. Nach einer noch heute lebendigen Sagentradition soll dort vor 1000 Jahren ein Wendenkönig gelebt haben, der nach einer verlorenen Schlacht gegen deutsche Ritter in seiner Holzburg letzte Zuflucht fand.
17 *wie Blücher auf dem Marsche nach Waterloo* – Bei strömendem Regen und auf aufgeweichtem Boden marschierten die preußischen Truppen, von Blücher, dem »Marschall Vorwärts«, angefeuert, nach Waterloo, wo sie gerade noch rechtzeitig eintrafen, um die Schlacht gegen Napoleon entscheiden zu helfen (18. Juni 1815).
Columbus … unerschütterlich gegen Westen – Christoph Kolumbus versuchte, auf dem Westweg nach Indien zu gelangen (wobei er 1492 Amerika, das heißt einige westindische Inseln, entdeckte).
rekolligieren – sich fassen.
18 *Konventikler* – Angehöriger einer religiösen Gruppierung außerhalb der jeweiligen Landeskirche.
Jesu, geh voran – Kirchenlied von Nikolaus Ludwig Graf von Zinzendorf, dem Gründer der pietistischen Brüdergemeine Herrnhut.
19 *Nestor unseres Kreises … Fachblatt* – Fontane reiste 1859 in Begleitung des Pädagogen Karl Bormann (1802–1882), der von 1849 bis 1872 Provinzialschulrat in Berlin war und das verbreitete »Schulblatt für die Provinz Brandenburg« mit herausgab. Im 11./12. Heft des 19. Jahrgangs (November/Dezember 1854, S. 761f.) veröffentlichte Bormann Text und Noten des »Seelenbräutigams (Für Männerchor)« und leitete sie mit folgender Bemerkung ein: »Auf einer Inspektionsreise habe ich jüngst zum erstenmal den Choral ›Seelenbräutigam‹ mit

dem Text ›Jesu, geh voran!‹ rhythmisch singen hören, und er hat nach Text und Melodie auf mich einen so erhebenden Eindruck gemacht, daß ich nicht umhin kann, ihn zu weiterer Erbauung in Kirche und Schule hier mitzuteilen.«

20 *Lynarsche Parkbäume* – Im Zusammenhang mit dem Neubau des Schlosses (1817–1820), den der damalige Graf Hermann Rochus zu Lynar (1797–1878) veranlaßte, erhielt der Lübbenauer Park seine heutige Gestalt.

Horn und Spieß – Requisiten eines Nachtwächters.

Eine Osterfahrt in das Land Beeskow-Storkow

Den Plan zu diesem Aufsatz faßte Fontane Anfang 1879. Am 10. Januar schrieb er an Friedrich Wilhelm Holtze, der in seiner Eigenschaft als Generalsekretär des Vereins für Geschichte der Mark Brandenburg die Arbeit an den »Wanderungen« durch Hinweise, Ratschläge und Literatur vielfach unterstützte: »Es prickelt mich, in diesem Winter noch eine ›Wanderung zu Schlitten und Schlittschuh‹ zu machen, und nach langem Schwanken, was wohl ein gutes Ziel sei, bin ich auf das seenreiche *Beeskow-Storkow* verfallen; denn Schlitten und Schlittschuh haben nur da ihr Recht, wo Eisflächen sind. / Wo findet man nun aber Belehrung über *Beeskow-Storkow*! Berghaus [»Landbuch der Mark Brandenburg ...«], ein erbärmliches Buch, läßt mich, wie immer, im Stich; man kann sagen, er hat 2000 Seiten mit Stoff gefüllt, der in Akten, aber nicht in Bücher gehört; alles tot und ledern. Die Weltgeschichte vom Registrator-Standpunkt aus angesehn. / Ich denke mir, daß unser alter Freund Wohlbrück wohl wieder der richtige Mann sein wird. Er läßt einen eigentlich nie im Stich und ist gerade so gut, wie Berghaus schlecht ist. Hab ich mit Wohlbrück recht, so wend ich mich wieder an Ihre Güte und bitte um alle zwei oder drei Teile [der »Geschichte des ehemaligen Bistums Lebus ...«]. Es liegt mir besonders an Markgrafpieske, an den Markgrafensteinen [Fußnote: »Von denen ich annehme, daß sie in jener Gegend liegen; doch bin ich wieder unsicher geworden.«] und am Großen Scharmützel-See, event. an Storkow und dem Dolgen-See. Vielleicht gibt es eine Topographie von Beeskow-Storkow, mit eingestreuten historischen Notizen, *das* wäre so recht eigentlich, was ich brauche.«

Da Wilhelm Hertz drei Tage später die »höchst erfreuliche Mitteilung« machte, daß er eine dritte Auflage von »Oderland« drukken lassen wolle, ließ der Autor – um sich der Überarbeitung dieses Bandes widmen zu können – zunächst von dem neuen Vorhaben ab und kam erst zwei Jahre später, nach dem Vertragsabschluß mit Hertz über »Spreeland« (19. Februar 1881), darauf zurück.

Im Tagebuch von 1881 ist unter dem 26. März vermerkt: »Gearbeitet: Wanderungen (›Eine Osterfahrt ins Land Beeskow-Storkow‹).« Im Brief an den Verleger vom 27. März heißt es dann: »Kurz *vor* und kurz *nach* Ostern will ich noch ein paar unerläßliche Ausflüge in den Teltow und das Land Beeskow-Storkow machen.« Die »Osterfahrt«, auf der Fontane von dem Fürstenwalder Apotheker Gustav Roggatz, dem Schwiegersohn seiner Schwester Jenny, begleitet wurde, fand vom 7. bis 9. April statt. Die Tagebucheintragungen aus dieser Zeit lauten: »7. April: Um 6 Abfahrt nach Fürstenwalde, um 7½ angekommen. Roggatz empfängt mich. Reizendes Haus. Beim Tee bis gegen Mitternacht geplaudert. / 8. April: Frühstück mit dem Roggatzschen Paare. Dr. Dallmann spricht vor und gibt einige Direktiven. In die Fürstenwalder Kirche. Um 10 Abfahrt ins Land Beeskow-Storkow; erst nach Rauen, dann über Markgrafensteine, ›Schöne Aussicht‹, Saarow, Pieskow nach Groß-Rietz. Um 7½ von dort zurück, um 10 wieder in Fürstenwalde. Bis Mitternacht geplaudert. / 9. April: Spaziergang durch Fürstenwalde; Markttreiben. Um 10 ab; um 12 wieder daheim.«

Offenbar noch im April wurde die bereits im März begonnene Niederschrift beendet, Ende Juni – nach Fertigstellung von »Gröben und Siethen« (vgl. S. 621) – für den vorgesehenen Zeitschriften-Vorabdruck noch einmal überarbeitet. »Das erste Drittel meines … Aufsatzes hab ich heute durchkorrigiert, und ich schick es Dir morgen, so daß Du's am *Mittwoch* früh in Händen hast«, schrieb Fontane am 27. Juni 1881 von Thale aus an seine Frau. »Wenn es Deine Zeit erlaubt, so bitt ich Dich, es womöglich am Mittwoch noch abzuschreiben, denn am Donnerstag früh soll schon das *zweite* Drittel in Deinen Händen sein. Nur *so* kann ich die Geschichte bis zum Sonntag oder Montag früh zwingen, denn ich muß ja doch Deine Abschrift auch noch wieder durchsehn. Wenn mich nicht alles täuscht, so macht es sich in seinem leichten novellistischen Plauderton ganz nett; wenn es wahr ist, was Hertz mir mal sagte: ›es läge an *mir* und nicht an der *Mark*‹, so ist hier vielleicht ein Musterstück davon [ge]geben. Jedenfalls kann von Mark-Verherrlichung keine Rede sein.«

Der Vorabdruck erfolgte in »Die Gegenwart. Wochenschrift für Literatur, Kunst und öffentliches Leben«, Band 20, Nr. 30–33 vom 23., 30. Juli, 6. und 13. August 1881, S. 52ff., 70–73, 86ff., 99–102, und zwar unter dem Titel »Eine Osterfahrt in das Land Beeskow-Storkow. Ein märkisches Kapitel. 1. Rauen und die Markgrafensteine. 2. Am Schermützel. 3. Groß Rietz. 4. Blossin«.

Als Buchkapitel erschien das Feuilleton zum erstenmal in der

Erstausgabe von »Spreeland« (1882), die im November 1881 ausgeliefert wurde.

Aufzeichnungen unter der Überschrift »Rauen«, die, den Schriftzügen nach, während der Fahrt mit Kutscher Moll niedergeschrieben sein dürften, finden sich in Fontanes Notizbuch A 20, Blatt 1 ff. Das Märkische Museum, Berlin, bewahrt überdies das stark korrigierte, teilweise mit älteren aufgeklebten Manuskriptteilen durchsetzte Brouillon auf, das in einem Pappdeckel liegt, auf dem Fontane den Titel notiert hat. Folgende Abschnitte sind enthalten: »Der Schermützel« (auf den Rückseiten vielfach Vorarbeiten zum ersten Abschnitt »Rauen und die Markgrafensteine«), »Groß-Rietz« und »Blossin«; es handelt sich jeweils um das komplette Brouillon, das darstellerisch noch vielfach von der endgültigen Fassung abweicht. Auf dem Umschlagdeckel zum Abschnitt »Groß-Rietz« findet sich, mit Blaustift geschrieben, die Notiz: »Jetzt liegt alles in richtiger Reihe und fehlt auch inhaltlich nichts.« Darunter ist mit Rotstift vermerkt: »Enthält das Ganze. Noch einmal durchsehn.«

Für die Arbeit an dem Aufsatz hat Fontane folgende Literatur benutzt (die vollständigen Angaben finden sich jeweils im Literaturverzeichnis; vgl. S. 658): Riehl und Scheu, »Berlin und die Mark Brandenburg ...«. – Berghaus, »Landbuch der Mark Brandenburg ...«. – Kneschke, »Neues allgemeines deutsches Adelslexikon« (über die Löschebrands). – Wohlbrück, »Geschichte des ehemaligen Bistums Lebus ...«. – Angelus, »Annales Marchiae Brandenburgicae ...« (zur Minckwitz-Fehde).

23 *Arm oder reich ...* – Die Verse stammen wahrscheinlich von Fontane.

ehemalig lausitzischer Landesteil – Die von slawischen Stämmen besiedelte Niederlausitz war im 10. Jahrhundert im Zuge der feudalen deutschen Ostexpansion von sächsischen Markgrafen erobert worden. Im 12. Jahrhundert setzte die Kolonisation ein, in deren Verlauf zwischen Dahme und Spree zunächst durch die Ritter von Strele die Herrschaft Storkow gegründet wurde, später die Herrschaft Beeskow mit Burg und Stadt. 1349 wurden beide zur Herrschaft Beeskow-Storkow vereinigt. Die Lausitz bestand aus mehreren Herrschaften und hatte bis zur Einverleibung in die Länder der böhmischen Krone (vgl. die dritte Anm. zu S. 49) verschiedene Markgrafen, zunächst die Wettiner (sächsische Markgrafen), zeitweise auch die Markgrafen von Brandenburg. Seit 1556 gehörte die Herrschaft Beeskow-Storkow endgültig zur Neumark und seit 1576 zur Kurmark. (Vgl. die Anm. zu S. 79.)

24 *Jeder ein Ritter Sankt Georg* – Anspielung auf den selbstlosen Mut des katholischen Heiligen Georg, der nach der christlichen Legende im Jahre 303 als Märtyrer starb. Er wurde in der bildenden Kunst gewöhnlich als junger Ritter dargestellt, der mit seiner Lanze einen Drachen tötet, womit ursprünglich wohl der Teufel gemeint war.

ehemalige Bischofsstadt – Fürstenwalde war seit 1385 die Residenz der Bischöfe von Lebus (vgl. die zweite Anm. zu S.49).

Palmsonntagskätzchen – Weidenkätzchen, die um die Osterzeit blühen. Palmsonntag: Der Sonntag vor Ostern.

Wo die Braunkohlen herkommen – In den Rauenschen Bergen befanden sich damals Braunkohlenlager, die für die Brennstoffversorgung Berlins genutzt wurden.

25 *Hinterpommern* – Der rechts der Oder gelegene östliche Teil der ehemaligen preußischen Provinz Pommern.

Gollenberg – Bewaldeter Berg in der Nähe von Köslin (Pommern), auf dem sich seit 1829 ein Kreuz zur Erinnerung an die in den Befreiungskriegen (1813–1815) gefallenen Hinterpommern befand.

Nachbar von Bismarck – Die märkische Adelsfamilie Bismarck besaß in Pommern zahlreiche Güter.

Rummelsburg und Schlawe – Kreisstädte im ehemaligen preußischen Regierungsbezirk Köslin (Hinterpommern).

Bockmühle – Eine Art der Windmühle, bei der sich das gesamte Mühlengebäude in die entsprechende Windrichtung drehen ließ.

26 *pauvre* – (franz.) armselig, dürftig.

rauensche Kirche – Ein spätgotischer Bau aus dem 15. Jahrhundert, der die typischen Merkmale der dörflichen Wehrkirche zeigt.

27 *Tempelberger Wulffen* – Vgl. »Das Oderland«, Kap. »Steinhöfel«; Band 2 dieser Ausgabe.

Wohlbrück in seinem Geschichtswerke – »Geschichte des ehemaligen Bistums Lebus ...«; vgl. das Literaturverzeichnis, S.662.

einer der berühmten Markgrafensteine – Der »Markgrafenstein« genannte Findling aus Granit wurde während der Eiszeit in den 148 Meter hohen Rauener Bergen, einer Stauchendmoräne, abgelagert. Der Stein, der aus Mittelschweden stammt, hat einen Umfang von 21 Metern und eine Höhe von fast 6 Metern. Ein zweites, größeres Exemplar, das einen Umfang von 29,5 Metern und eine Höhe von 8,5 Metern aufwies, wurde 1827 geteilt und zu einer Granitschale verarbeitet

(1834 vollendet). Sie steht heute wieder an der ursprünglichen Stelle vor der Freitreppe des Alten Museums.

27 *memnonssäulenartig* – Memnonssäulen: Zwei kolossale, je 21 Meter hohe altägyptische Sitzbilder des Königs Amenophis III. (2. Jahrtausend v. u. Z.) vor dem Totentempel in Theben, die nach Annahme der alten Griechen im Auftrag des legendären äthiopischen Königs Memnon errichtet wurden.

28 *Freischießen* – Nach Campe, »Wörterbuch der deutschen Sprache« (1808): »Ein feierliches, von der Obrigkeit freigegebenes Schießen nach einer Scheibe oder einem Vogel.«
absträngen – abspannen.

29 *Stonehenge* – (engl.) Steinhang; in der frühen Bronzezeit errichtete Sonnen- und Totenkultanlage nördlich von Salisbury (Südengland). Sie besteht aus mehreren konzentrischen Steinkreisen, die fünf mächtige, hufeisenförmig angeordnete Trilithen (je zwei aufgerichtete Steine und ein aufgelegter Deckstein) sowie einen sogenannten Altarstein einschließen.

30 *Kolonie von des Alten Fritzen Zeiten her* – Gemeint ist eine der sogenannten Pfälzerkolonien, landwirtschaftliche Niederlassungen von Einwanderern aus Sachsen, Süd- und Südwestdeutschland, die Friedrich II. unter wirtschaftlich günstigen Bedingungen in den infolge seiner Kriege verwüsteten sowie neu erschlossenen (z. B. Oderbruch) oder annektierten Gebieten (z. B. Westpreußen) ansiedelte. (In einer möglichst raschen Vermehrung der Bevölkerung sah der König das Hauptmittel zur ökonomischen Stärkung Preußens.)
Türkenglocken – Bezeichnung für Glocken, die man aus den in den Türkenkriegen erbeuteten Geschützen (vgl. die elfte Anm. zu S. 281) gegossen hatte. Vgl. »Stine«, Kap. 16.
Schermützel – Gemeint ist der Scharmützel-See (im Unterschied zum Schermützel-See bei Buckow).
Glücksrad – Symbol für den ewigen Umschwung der Dinge und für den Wechsel des Glücks; in der mittelalterlichen Kunst häufig als ein von der Glücksgöttin gedrehtes Rad dargestellt, an dessen Kranz sich menschliche Gestalten festhalten, die entsprechend der Bewegung in die Höhe steigen bzw. in die Tiefe sinken.

31 *als die Franzosen im Lande gewesen* – In den Jahren 1806 bis 1813, als große Teile der Mark Brandenburg von Napoleonischen Truppen besetzt waren.
Mausoleum – Die Reste des inzwischen völlig zerfallenen »Mausoleums« der Löschebrands wurden vor kurzem beseitigt. Die Särge sind schon vor längerer Zeit auf dem Saarower Friedhof beigesetzt worden.

31 *das hohe rote Herrenhausdach* – Das barocke Herrenhaus der Familie Löschebrand in Saarow stammt aus dem Jahre 1723. Zu Beginn des 20. Jahrhunderts wurde es durch den damaligen Besitzer, Dr. Grabley, zu einem Sanatorium umgebaut, in dem u.a. auch Maxim Gorki, der 1922/23 in Bad Saarow weilte, medizinisch behandelt wurde. Seit 1948 diente das »Eibenhof« benannte Gebäude, dessen historische Fassade erhalten geblieben ist, als zentrales Schulungs- und Erholungsobjekt des Kulturbundes der DDR.

Seelenverkäufer – Bezeichnung für schlecht gebaute bzw. überalterte Boote und Schiffe.

33 *schnaaksch* – lächerlich, komisch.

35 *Mischung von Backsteinsauberkeit und Stiljammer* – Eine der zahlreichen Reprimanden Fontanes über den unter König Friedrich Wilhelm I. eingeführten Kasernenstil in der Architektur, der vielleicht am treffendsten im Roman »Der Stechlin«, Kap. 18, charakterisiert wird, wo der Autor den Superintendenten Koseleger im Gespräch mit Pastor Lorenzen ironisch äußern läßt: »Ja, das Ästhetische. Für manchen ist es ein Unglück. Ich weiß davon. Das hier vor uns ist wohl Ihr Schulhaus? Weiß gestrichen und kein Fetzchen Gardine, das ist immer 'ne preußische Schule. So wird bei uns die Volksseele für das, was schön ist, großgezogen. Aber es kommt auch was dabei heraus! Mitunter wundert's mich nur, daß sie die Bauten aus der Zeit Friedrich Wilhelms I. nicht besser konservieren. Eigentlich war *das* doch das Ideal. Graue Wand, hundert Löcher drin und unten großes Hauptloch. Und natürlich ein Schilderhaus daneben. Letzteres das Wichtigste.«

die Kirche ... ein Neubau – Die Kirche in Pieskow wurde 1911 wiederum völlig neu aufgebaut. Von dem »Türmchen«, das Fontane erwähnt, gibt es keine Überreste mehr; auch das genannte Abendmahlsbild ist nicht mehr vorhanden.

Totenkronen – Mit Perlen, farbigen Steinen und Flittern besetzte Kronen, die Kindern und ledig gestorbenen Frauen auf den Sarg gesetzt und dann in der Kirche aufbewahrt wurden.

Feldmarschall Illo – Gemeint ist der kaiserliche Offizier Christian Freiherr von Ilow (auch Illo), einer der berühmtesten Heerführer des Dreißigjährigen Krieges. Vgl. auch »Das Oderland«, Kap. »Das Oderbruch«; Band 2 dieser Ausgabe.

Fehrbellin – In der Schlacht bei Fehrbellin (28. Juni 1675) schlugen die brandenburgischen Truppen unter Kurfürst Friedrich Wilhelm die Schweden, die während des Krieges zwischen dem expansiven Frankreich und den niederländischen Generalstaaten (1672–1678) in das mit Holland verbündete Brandenburg eingefallen waren. Mit dem Sieg bei Fehrbellin wurde die Mark Brandenburg von der schwedischen Besetzung befreit. Vgl. die ausgeschiedenen Kapitel »Fehrbellin« und »Fehrbellin in Sage, Kunst und Dichtung«; Band 6 dieser Ausgabe.

35 *gegen die Türken ... Köprülü* – Gemeint ist die Schlacht bei Szlankamen (an der Theißmündung; Ungarn) am 19. August 1691, in der das türkische Heer von den deutschen Reichstruppen, zu denen auch ein brandenburgisches Korps gehörte, vernichtend geschlagen wurde. Dabei soll von den Brandenburgern u.a. die Heeresfahne des Großwesirs Köprülü, der die türkische Infanterie anführte, erbeutet worden sein. Vgl. »Das Oderland«, Kap. »Prädikow«, Abschnitt »Hans Albrecht von Barfus«; Band 2 dieser Ausgabe.

36 *Schwertmagen* – Im Mittelalter Bezeichnung für die männlichen Verwandten im Mannesstamm.

Kriegsgurgeln – (rotwelsch) rohe Soldaten.

Kettenkugel – Ein zu Beginn des 16. Jahrhunderts erfundenes Geschoß aus zwei mit einer Kette verbundenen Hohlkugeln, die aus einem Geschütz gleichzeitig abgefeuert wurden.

gênable – genierlich, peinlich (falsche französische Form für »gênant«).

38 *Hutsche* – Fußbank.

In olle Tiden – (niederdeutsch) In alten Zeiten.

Tüg – (niederdeutsch) Zeug.

39 *upp Mosess'n passen* – auf Moos sehen. Moos: (rotwelsch) Geld.

Kapperfolium – Caprifolium: Geißblatt.

Robinson und Freitag – Hauptgestalten in Daniel Defoes Roman »The Life and Strange Surprising Adventures of Robinson Crusoe of York, Mariner, Written by Himself« (1719; deutsch: »Leben und seltsame, wunderbare Abenteuer des Matrosen Robinson Crusoe aus York«, 1720).

Kaiser Napoleon ..., als er aus Rußland kam – Napoleon I. war im Juni 1812 mit seiner Großen Armee in Rußland eingefallen und bis September unter großen Verlusten nach Moskau vorgedrungen. Durch den Abwehrkampf des russischen Volkes im Oktober zum Rückzug gezwungen, erlitt das französische Heer in der Schlacht an der Beresina (26.–28. November 1812) eine vernichtende Niederlage und löste sich auf. Nur wenige Truppenteile konnten sich – vom Kaiser, der sich am 5. Dezember nach Paris abgesetzt hatte, im Stich gelassen – über die preußische Grenze retten.

als Studente ... in Griechenland – Im März 1821 hatte sich das griechische Volk gegen die jahrhundertelange türkische Fremdherrschaft erhoben. Der bis 1827 andauernde, mit wechselhaftem Erfolg geführte Freiheitskampf löste in ganz Europa eine prohellenistische Sympathiewelle aus. Auch in Deutschland wurden – vornehmlich in bürgerlich-liberalen Kreisen – umfangreiche Hilfsaktionen organisiert und Freiwilligenverbände gebildet. In mehreren Expeditionen zogen einige hundert Freischärler (vor allem Studenten) nach Griechenland, die sich aktiv am Kampfgeschehen beteiligten.

40 *Starbrille* – Nach der Operation des grauen Stars getragene Brille, die die Brechkraft der entfernten Augenlinse ersetzt.

41 *In Frankreich ... datiert alles von quatre-vingt-treize* – Auf Grund eines Konventsdekrets vom 5. Oktober 1793 (franz.: quatre-vingt-treize) wurde in Frankreich die christliche Zeitrechnung aufgehoben und am 24. November offiziell der sogenannte Revolutionskalender eingeführt, der das Jahr in zwölf neubenannte Monate zu je dreißig Tagen bzw. drei Dekaden und fünf zu Nationalfesten geweihte Ergänzungstage einteilte. Das Jahr I begann rückwirkend mit dem 22. September 1793. Der Revolutionskalender wurde 1805 von Napoleon aufgehoben, und am 1. Januar 1806 trat der Gregorianische Kalender wieder in Kraft.

42 *Garde du Corps* – Eigentlich die (von Friedrich II. 1740 geschaffene) berittene Leibwache des Monarchen. Das Regiment Garde du Corps (Garde-Kürassierregiment) galt als preußische Elitetruppe und war wegen der dünkelhaften, reaktionären Gesinnung seiner Offiziere berüchtigt.

Gensdarmes – Preußisches Kürassierregiment, das nach dem Vorbild der gleichnamigen Haustruppe der französischen Könige geschaffen worden war; es galt als vornehme Elitetruppe. 1807 wurde es bei der Reorganisation des preußischen Heeres aufgelöst.

43 *Pauvresein ... Armsein* – Vgl. die erste Anm. zu S. 26. Fontane mißt dem französischen Wort eine negative Bedeutungskomponente zu (im Sinne von charakterlich bedingter Armseligkeit), dem deutschen eine positive (im Sinne von sozial bedingter Besitzlosigkeit).

Die Not lehrt beten – Das Sprichwort geht auf den Ausspruch »Adversae res admonuerunt religionum« des römischen Geschichtsschreibers Titus Livius zurück (»Römische Geschichte« V, 51, 8).

44 *Amöne* – amön: angenehm, anmutig.

Minister Wöllner ... in Ungnade gefallen – Johann Christoph (von) Wöllner, seit 1788 preußischer Justizminister und Chef der geistlichen Angelegenheiten, gehörte zu den politisch einflußreichsten, reaktionärsten Günstlingen Friedrich Wilhelms II. Er war u.a. der Verfasser des berüchtigten, gegen die Aufklärung gerichteten Religionsedikts vom 9. Juli 1788, das Friedrich Wilhelm III. nach seiner Thronbesteigung 1797 wieder aufhob. Im Jahre 1798 aus dem Staatsdienst entlassen, lebte Wöllner bis zu seinem Tode (10. September 1800) zurückgezogen in Groß Rietz.

44 *Hokuspokus vorgemacht und Geister und Gespenster* – Wöllner förderte, ebenso wie der Minister und General Johann Rudolf von Bischoffwerder, durch sogenannte Geisterbeschwörungen die okkultistischen Neigungen Friedrich Wilhelms II. Vgl. »Havelland«, Kap. »Geheime Gesellschaften im achtzehnten Jahrhundert«; Band 3 dieser Ausgabe.

Glasharmonika – Ein im späten 18. und frühen 19. Jahrhundert beliebtes Musikinstrument mit großem Tonumfang (vier Oktaven) und zartem, »mystischem« Klang.

45 *die beiden Wöllner-Portraits* – Sie befinden sich seit 1972 im Biologischen Heimatmuseum Beeskow. Das größere Bild stellt Wöllner als Lehrer dar (er war nach seinem Theologiestudium in Halle bis 1755 Hofmeister bei dem Generalmajor von Itzenplitz auf Groß Behnitz bei Nauen), das kleinere zeigt ihn in der Tracht des Rosenkreuzerordens, dem er angehörte.

Borsig – Johann Karl Friedrich August Borsig war Besitzer des größten eisenverarbeitenden Unternehmens Berlins, der 1837 gegründeten Maschinenfabrik in der Chausseestraße, in der seit 1841 auch Lokomotiven hergestellt wurden.

46 *Roquelaure* – (franz.) Überrock; Reisemantel.

zwei Frauenbilder – Zwei aus Groß Rietz stammende Frauenporträts, die vermutlich mit den von Fontane genannten identisch sind, gehören ebenfalls zum Bestand des Biologischen Heimatmuseums Beeskow. Sie tragen auf der Rückseite die Beschriftung »Sibilla Elisabeth von der Marwitz, gest. 1740« bzw. »Charlotte Luise von Viereck, 1722–1770«.

Domainenrat – Wöllner war von 1770 bis 1786 Kammerrat bei der Domänenkammer (Finanzverwaltungsbehörde) des Prinzen Heinrich von Preußen.

Schloß – Um 1700 im Auftrage von Hans Georg von der Marwitz (wahrscheinlich von einem italienischen Architekten) errichteter zweigeschossiger Barockbau mit starkem Mittelrisalit, der mit einem prächtigen Portal und einem Giebeldach versehen ist. Von der Innenausstattung sind die schönen Stuckdecken sowie das große Treppenhaus mit einer zweiarmigen Holztreppe erhalten. Das Schloß wurde nach 1945 als Wohnhaus und Kindergarten genutzt. Es steht (zusammen mit dem Park und der Kirche von Groß Rietz) auf der Denkmalliste.

46 *Rabatten* – Ärmel- oder Kragenumschläge an Uniformen.

47 *Pesne* – Der französische Rokokomaler Antoine Pesne war seit 1711 preußischer Hofmaler. Er schuf vor allem Porträts und Historienbilder, unter Friedrich II. auch mythologisch-allegorische Gemälde für zahlreiche Schlösser. Vgl. »Die Grafschaft Ruppin«, Kap. »Rheinsberg«, Abschnitt 3; Band 1 dieser Ausgabe.

Kirche ... Epitaphien – Die Groß-Rietzer Kirche, ein schlichter Ziegelbau mit hohem Turmdach, wurde 1703/04 im Auftrag von Hans Georg von der Marwitz errichtet. Der frühklassizistische Kirchturm entstand erst 1791. Das Kircheninnere enthält eine wertvolle Barockausstattung (Schlüter-Schule). Erhalten sind auch das (barocke) Epitaph des Hans Georg von der Marwitz sowie mehrere Grabdenkmäler aus dem 16. und 17. Jahrhundert.

Doppelgrabstein – Er ist noch vorhanden.

48 *Filial* – Gemeinde ohne eigenen Geistlichen, die von dem Pfarrer eines Nachbarortes kirchlich betreut wird.

Schloß oder Herrnhaus – Vgl. die zweite Anm. zu S. 58.

Fehde ... des Michel Kohlhaas – Gemeint ist der Rechtsstreit zwischen dem Kaufmann Hans Kohlhase aus Cölln an der Spree und dem sächsischen Junker Günther van Zaschwitz (1532/33), der sich seit 1534 zu einer Fehde mit politischem Charakter ausweitete (da die Kurfürsten von Brandenburg und Sachsen darein verwickelt wurden) und der 1540 mit der Hinrichtung Kohlhases in Berlin endete. Fontane weist mit dem Namen *Michel* auf Heinrich von Kleists Novelle »Michael Kohlhaas« (1810) hin, durch die der Streitfall in die Weltliteratur einging.

Aufzeichnungen Wohlbrücks und Engels – Wohlbrück, »Geschichte des ehemaligen Bistums Lebus ...«, und Angelus, »Annales Marchiae Brandenburgicae ...«; vgl. das Literaturverzeichnis, S. 662 und 658. Engel: Deutsche Form für Angelus.

49 *Lehnsträger* – Ein Lehnsträger empfing das Lehen als Vertreter einer nicht »lehnswürdigen« Person und erfüllte an deren Stelle die damit verbundenen Verpflichtungen. Lehen: Vom Lehnsherrn auf Grund geleisteter Dienste auf den Lehnsmann als nutzbares (später vererbbares) Eigentum übertragenes Gut, das auch zurückgenommen oder wieder »heimfallen«

konnte. Der Lehnsherr mußte seinem Vasallen Schutz und Hilfe gewähren.

49 *Bischof von Lebus* – Lebus an der Oder war seit 1125 Bistum, das 1555 an den Kurfürsten Joachim Friedrich von Brandenburg fiel und von diesem 1571 säkularisiert wurde.

Königreich Böhmen ... Landvogt der Niederlausitz – Die (Nieder-) Lausitz, im Besitz verschiedener Markgrafen (vgl. die zweite Anm. zu S. 23), war 1367 von Kaiser Karl IV. gekauft und dem Königreich Böhmen (Karls Stammland) einverleibt worden. Die böhmischen Herrscher ließen das Gebiet durch Landvögte regieren – Statthalter, die die gesamte Verwaltung innehatten und die hohe Gerichtsbarkeit besaßen.

50 *Geschichte der Bischöfe von Lebus* – Vgl. die vierte Anm. zu S. 48.

Universität zu Frankfurt – Die 1506 von Kurfürst Joachim I. gestiftete Universität (»Viadrina«) in Frankfurt/Oder, die im 16. und 17. Jahrhundert hohes Ansehen genoß, wurde 1811 nach Breslau verlegt. Bemühungen um eine Neugründung sind im Gange.

beide Rechte – »Positives« Recht (das die staatlichen Rechtssatzungen umfaßte) und kanonisches Recht (katholisches Kirchenrecht, das sich damals auch auf zivil- und strafrechtliche Bereiche erstreckte).

Kurfürst Joachim – Joachim I. Nestor, der von 1499 bis 1535 Kurfürst von Brandenburg war.

53 *Patenen* – Hostienteller.

Domkapitel – Aus Domherren (Kapitularen) bestehendes Kollegium an einer bischöflichen Kirche, das bei der Verwaltung des Amtsgebietes mitwirkte.

Grimnitz – Das »Jagdhaus Grimnitz« (am Grimnitz-See), eine Mitte des 13. Jahrhunderts als Grenzveste gegen die damals von den Pommern besetzte Uckermark errichtete und nach dem Aussterben der brandenburgischen Askanier (1319) in Vergessenheit geratene Burg, war ein bevorzugter Aufenthaltsort von Kurfürst Joachim I. (1529 wurde hier ein Erbvertrag zwischen Brandenburg und Pommern abgeschlossen, der die jahrhundertelangen Streitigkeiten zwischen beiden Ländern beilegte.) Die Hohenzollern bauten 1571–1575 die Burg zu einem Schloß aus, das im Dreißigjährigen Krieg teilweise zerstört wurde und nach 1730 endgültig verfiel. Vgl. »Das Oderland«, Kap. »Am Werbellin«; Band 2 dieser Ausgabe.

54 *Détachement* – (franz.) Für besondere Aufgaben zeitweilig zusammengestellter Truppenteil.

55 *Gulden* – Ursprünglich Gold-, seit Ende des 15. Jahrhunderts in Deutschland geprägte Silbermünze.

Reichskammergericht – Im Jahre 1495 auf Veranlassung Kaiser Maximilians I. geschaffenes, neben dem Reichshofrat höchstes Gericht des alten Deutschen Reiches. Es tagte von 1689 bis zu seiner Auflösung 1806 in Wetzlar.

Reichsacht – In der mittelalterlichen Gesetzgebung durch den König bzw. Kaiser ausgesprochene Ächtung, die die straflose Tötung des Gebannten durch jedermann erlaubte.

57 *Schloß zu Cölln an der Spree* – Vorläufer des königlichen Schlosses in Berlin, dessen Baugeschichte mit der 1451 vollendeten Burg des Kurfürsten Friedrich II. beginnt. (Berlin und Cölln waren de jure bis 1709 selbständige Städte.)

58 *Si pervenisset …* – (lat.) Wenn er in meine Gewalt gekommen wäre, hätte ich selbst ihm die bischöflichen Hoden abgeschnitten.

ein verhältnismäßig moderner Bau – Das ehemalige Herrenhaus in Blossin, das 1955 renoviert und vergrößert wurde, dient heute als Ferienheim.

Tempora mutantur – (lat.) Die Zeiten ändern sich.

An Bord der »Sphinx«

»Ich reise nämlich, binnen jetzt und zwei Stunden, in einem Segelboot nach Teupitz, zehn Meilen von hier, an Köpnick und Wusterhausen vorbei, immer flußaufwärts«, schrieb Fontane am 7. Juli 1874 an Mathilde von Rohr. »Der Fluß ist die Dahme oder Wendische Spree. Das Segelboot ist übrigens keine bloße Nußschale, sondern eine Art englische Yacht mit zwei Kajüten und allem möglichen Komfort (sogar Eiskeller) eingerichtet. Das Ganze reizt mich sehr. Nur ist meine Freude wie die der Kinder am Weihnachtsabend, eh es losgeht. ›Krieg ich die Kanone, so ist es der schönste Tag meines Lebens, krieg ich sie nicht, so verschwenden die Lichter vergeblich ihren Glanz, und der Gewürzpfefferkuchen schmeckt wie die Judenmatze.‹ So ist auch meine Lage. Wirft mir das Ganze nicht einen *brillanten* Beschreibungsstoff ab, so beklag ich es, drei Tage aus meiner Kriegsbuch-Arbeit – die gerade jetzt eine so pressante ist – gerissen worden zu sein.« Die dreitägige Fahrt (7.–9. Juli) auf der »Sphinx« wurde ein so eindrucksvolles Erlebnis, daß sie eines der schönsten und lebendigsten Kapitel des gesamten »Wanderungen«-Zyklus initiierte. (Wie notwendig für Fontanes Arbeit die Originalität des Sujets war, geht aus einem Brief hervor, den er während seiner Italienreise am 22. Oktober 1874 von Rom aus an Hermann Kletke, Redakteur der »Vossischen Zeitung«, schrieb. Es sei ihm zwar »gut ergangen«, heißt es dort, »nur *schreiben* kann ich über nichts! Es widersteht mir von Grund aus, hundertfältig Gesagtes noch einmal zu sagen. Man muß diese Sachen *kennen*, aber man muß es aufgeben, sich darüber vor versammeltem Volk vernehmen lassen zu wollen. Nach *dieser* Seite hin war eine kleine Fahrt, die ich vier Wochen vor meiner Reise von Köpenick nach Teupitz spreeaufwärts machte, unendlich ergiebiger als Venedig, Florenz und Rom zusammengenommen.«)

Ausgearbeitet hat Fontane den Aufsatz auf der Grundlage seiner Notizen erst zwei Jahre nach der Reise, im August 1876 – am 9. August kündigte er ihn seiner Frau für »nächsten Montag« an, »mit der Bitte, ihn abzuschreiben«; am 16. August ersuchte er August Peege vom Hofjagdamt Berlin um Spezialauskünfte über den »Reiherhorst in der Duberow[-Forst]« (vgl. S. 82 ff.) –, und Anfang September bot er die fertige Arbeit Julius Rodenberg, dem Herausgeber der »Deutschen Rundschau«, zur Veröffentlichung an. Rodenberg nahm das Manuskript zwar mit »freundlichen Worten« entgegen, ließ es jedoch zwei weitere Jahre lang liegen.

Der Vorabdruck erfolgte von Juli bis September 1878 im Band 16 der »Deutschen Rundschau«, S. 268–287, und zwar unter dem Titel »Die Wendische Spree oder Von Köpenick bis Teupitz an Bord der ›Sphinx‹ «. – Einen Zweitdruck publizierte 1880 die Berliner Heimatzeitschrift »Der Bär«, Jg. 6, S. 252–257 und 265–269.

Als Buchkapitel erschien das Feuilleton zum erstenmal in der Erstausgabe von »Spreeland« (1882), die im November 1881 ausgeliefert wurde.

Detaillierte Notizen, die vermutlich während der Reise niedergeschrieben wurden, finden sich in Fontanes Notizbuch A 19, Blatt 1 bis 21. Daran schließen sich (Blatt 21, Rückseite, bis Blatt 23, Rückseite) Stichworte für die Disposition des Kapitels an. Da diese »Einteilung« überschriebenen Aufzeichnungen für Fontanes Arbeitsweise aufschlußreich sind, teilen wir sie im folgenden mit:

»*Einteilung* / 1. Einleitung. Brief. Erscheinen in Köpenick. An Bord. Lage des Schiffes dort. Ich kam, als man eben zur Proviantierung schritt. Teilnahme daran. Rückkehr durch den Park an Bord. Die Abendmahlzeit. Die Personen. Der Komfort. Das Platznehmen in der Kabine bei Hängelampe etc. Schilderung der Einrichtung der ›Sphinx‹. Ganz Cunard- oder Lloyd-Dampfer, nur en petit, ›in der Westentasche‹. Nun ausführen, *was* alles da ist, und doch immer das Diminutive oder die komische Wirkung schildern, die aus dieser Transponierung ins kleine geschaffen wird. / 2. *Der erste Tag.* Abfahrt. Korso- und Regatta-Terrain. [Danach gestrichen: Kahniswall.] Allgemeines über den Segler-Club, sein Lokal (Fischerbrücke, Kohlhaases Haus), seine Gesetze, seine Freuden, aber auch seine Leiden (Heineckes Tod; Details), Kahniswall. Die betr. Geschichte. Schmöckwitz. Beschreibung. Die Holzmeiler. Nun *Landschaftsschilderung* unter Aufzählung einzelner Örtlichkeiten wie z. B. Hanke[l]s Ablage. Durchführung, wodurch diese Dörfer wirken; aber auch durchführen, daß all dies durch die Modernität verliert. [Vier Wörter nicht entziffert.] Eigentümliches, Poetisches geht verloren, ohne daß Künstlerisches irgend etwas gewonnen würde. Alles steht auf der niedrigsten Stufe. Alles wild gewordner Maurermeister, der prätentiös seine kümmerlichen Reminiszenzen zu einem ›Chateau mit Louvre-Dach‹ zusammenrührt. – Nach diesem erst ›Hanke[l]s Ablage‹? Oder vielmehr *bei* dieser Gelegenheit, wo ich Hanke[l]s Ablage beschreibe, obige Betrachtung anfügen. – Keine Historie, kein Adel, keine *Kirch*dörfer, selbst dann nicht, wenn Kirchen da sind. Kurzes über Cablow; Entenjagd; dann Ankunft in aller Dunkelheit in Dolgendorf [!]. Musik im Dorf. Szenerie im Rohr, unter den Schiffen. Der Komet. Geplauder. Zu Ruh. / *Der andere Tag.* Der frühe Morgen. Der Fischfang. ›Eingeborner Wende, was gelten die Fische.‹ Fischkauf. Frisch Wasser an Bord. Vorher Schilderung des Dorfes in aller Morgenfrühe. *Dies* ausarbeiten. Von Dolgenbrod aus südlich tritt [?] man nun in das große Jagdrevier von Wusterhausen ein, das 13 Quadrat-Meilen [?] umfaßt, darunter 6 Meilen Wald und 1 Meile Wasser. Dann die ›Duberow‹. Schilderung. Anlegen. *Reiherhorst.* Um 5 Uhr Weiterfahrt. Die Seen mit den unpoetischen Namen, aber zum Teil poetischer Erscheinung. Festgefahren. Entballastung. Schleusen; Brücken. Ankunft im Teupitzer See. Kurze Nacht-Schilderung. Häuser. Böllerschuß. Rakete. Gestalten am Ufer. ›Im Angesicht von Teupitz, dunkel und rätselvoll, lag die *Sphinx*.‹ «

Reste vom Brouillon des Kapitels – etwa die Hälfte der Blätter fehlt seit 1945/46 – werden im Theodor-Fontane-Archiv aufbewahrt (Kd 4).

Für die Arbeit an dem Kapitel hat Fontane das Werk »Friedrich Wilhelm I., König von Preußen« von Friedrich Foerster (vgl. das Literaturverzeichnis, S. 659) benutzt. Ferner hat er sich – wohl im Hinblick auf eine mögliche spätere Ergänzung des Kapitels – einen Zeitungsausschnitt aus der »Täglichen Rundschau« (Unterhaltungsbeilage, Nr. 118) vom 22. Mai 1886 aufbewahrt, der einen Bericht von W. Lackowitz mit dem Titel »Ausfahrt in eine Reiherkolonie. Ein Stück Natur der Mark Brandenburg« enthält.

61 *Daß ich des Großen Werdepunkt erseh* … – Die Verse stammen wahrscheinlich von Fontane.

61 *Vordringen bis zu den See- und Quellgebieten des Nils* – Der Vergleich ist nicht willkürlich gewählt. Afrika-Expeditionen, namentlich Forschungsreisen in die Quellgebiete des Nils, waren im 19. Jahrhundert »in Mode« und wurden in der zeitgenössischen Presse ausführlich reflektiert. Vgl. Fontanes Schilderung der Ägypten-Reise des Malers Wilhelm Gentz (1850) in »Die Grafschaft Ruppin«, Kap. »Neuruppin«, Abschnitt 11/III; Band 1 dieser Ausgabe.

Rappardsche Karte – F. von Rappard, »Topographisch-statistische Karte des Regierungsbezirkes Potsdam« (19 Blatt), 1864/65.

Berghaus – »Landbuch der Mark Brandenburg ...«; vgl. das Literaturverzeichnis, S. 658.

62 *um die Schloßinsel herum bis an die Ankerbucht* – Die »Sphinx« lag demnach im »Frauentog« östlich der Schloßinsel.

63 *Supercargo* – Vom Eigentümer eines Handelsschiffes zum Beaufsichtigen der Fracht eingesetzter Experte.

nom de guerre – (franz.) Kriegsname; Deckname.

Köpenicker Schloßpark – Die älteste Parkanlage ist offenbar mit dem Bau des Barockschlosses entstanden; vorher war das Terrain der heutigen Insel meist überschwemmt. Die älteste Karte von der Anlage stammt aus dem Jahre 1776. Schmettau ließ von 1804 bis 1806 den Park in einen englischen Landschaftsgarten umgestalten, der dann freilich bei der unterschiedlichen Verwendung des Schlosses nicht mehr weiterentwickelt wurde. Erst nach der Neugestaltung wurde der Park 1964 der Öffentlichkeit zugänglich.

64 *Scharlachberger* – Rheinhessenwein von einem gleichnamigen Weinberg bei Bingen.

Seglerklub – Eine erste Seglervereinigung gab es seit 1835 in Berlin. Daraus entstand 1867 der hier gemeinte Berliner Seglerklub, dessen Begründer Sehlmann mit Fontane befreundet gewesen sein soll.

65 *»Eierhäuschen«* – Bereits 1834 ist südöstlich von Treptow an der Spree eine Schiffsanlegestelle bezeugt, deren Wächter Eier verkaufte. 1837 entstand dann das einst sehr beliebte Gasthaus »Zum Eierhäuschen«. Nach mehreren Bränden wurde von 1890 bis 1892 der noch heute erhaltene Backsteinbau errichtet, der 1902 um Veranda und Saal erweitert und zwischen 1970 und 1973 rekonstruiert wurde. Der Wirt des »Eierhäuschens« überreichte den Siegern beim alljährlichen »Anrudern« eine Mandel Eier. Vgl. dazu auch »Der Stechlin«, Kap. 14.

66 *Oxford und Cambridge … Wettkampf* – Gemeint ist das Oxford-Cambridge Boat Race, das seit 1845 auf der Themse (in der Nähe des Londoner Vororts Twickenham) zwischen den Universitätsmannschaften von Oxford und Cambridge über eine Distanz von 4,5 Meilen (7241,85 Meter) ausgetragene traditionelle Achterrennen im Rudern.
Schauplatz dieser Wettkämpfe – Es handelt sich um die inzwischen international bekannte, 2000 Meter lange Regattastrecke für Rudern, Kanu- und Motorboot-Rennsport auf der Dahme (dem Langen See) bei Berlin-Grünau, wo schon im 19. Jahrhundert große Berliner Ruderregatten stattfanden.
»Café Lubow« – Beliebtes Ausflugslokal an der Dahme (in Höhe der Einmündung des Teltowkanals); es existiert nicht mehr.
Krampenbaude – Ein Vorläufer der späteren Krampenburg.
Meile – In Preußen etwa 7,5 Kilometer.
Flottenruhm der Nation. Lord Nelson – Die Seesiege des englischen Admirals Nelson, der u.a. 1798 vor Abukir die französische Expeditionsflotte in Ägypten vernichtete und 1805 bei Trafalgar die vereinigte französisch-spanische Flotte schlug, sicherten Großbritannien für ein Jahrhundert die Vorherrschaft auf den Weltmeeren.

68 *… des von Vater und Bruder her ererbten Ruhmes* – Viktor Leopold Stanislaus von Graefes Vater war der Chirurg und Augenarzt Karl Ferdinand von Graefe, sein Bruder der berühmte Augenarzt Albrecht von Graefe.
dritthalb – zweieinhalb.

69 *Schloß Köpenick* – Vgl. S. 93–98.
camera-obscura-artig – Camera obscura: (lat.) Dunkle Kammer; Vorform der fotografischen Apparate, deren Mattscheibe ein schwach erleuchtetes, umgekehrtes Bild des äußeren Gegenstandes in natürlichen Farben liefert.

70 *Bindlochstecher* – Stechnadel aus Horn für Lochstickereien u. ä.
Kolossalbauten der Berliner Eiswerke – Maurermeister Bolle hatte als erster in Berlin Kunsteis hergestellt. 1872 verkaufte er seine Fabrik an die Aktiengesellschaft »Norddeutsche Eiswerke«; die Köpenicker Niederlage befand sich etwa zwischen Funkwerk Köpenick und Jachtwerft (parallel zur heutigen Wendenschloßstraße, südlich des ehemaligen Bolleschen Marienhains) und brannte 1901 ab.
Vorbilder Schinkels und seiner Schule – Vgl. »Die Grafschaft Ruppin«, Kap. »Neuruppin«, Abschnitt 7 (Band 1 dieser Aus-

gabe) sowie »Havelland«, Kap. »Petzow« (Band 3 dieser Ausgabe).

77 *Villenstraßen des Tiergartens* – Das sogenannte Geheimratsviertel am Südrande des Tiergartens galt damals als vornehmste Wohngegend der Stadt.

71 *Donjon* – (franz.) Türmchen; turmartiger Erker.

Belfroi – (altfranz.) Bergfried.

Entreprise – (franz.) Übernahme (von Bauaufträgen).

Nürnberger Spielkasten – Holz- oder Steinbaukasten, der vorgefertigte Teile für verschiedene Gebäude enthielt.

Tudor-Turm – Im Tudorstil, dem Baustil der englischen Spätgotik, errichteter Turm. Der Tudorstil – benannt nach dem Königsgeschlecht der Tudors, das ihn während seiner Herrschaftszeit (1485–1603) pflegte – wurde seit dem 18. Jahrhundert, als die englischen Landschaftsgärten in Mode kamen, an Gartenhäusern, Villen und Schlössern in vielen Ländern nachgeahmt.

York und Lancaster – Englische Herzogsgeschlechter (Nebenlinien der Dynastie Plantagenet), die in den sogenannten Rosenkriegen (1455–1485; benannt nach ihren Wappen: der weißen und roten Rose) um den Besitz des Throns kämpften, den Haus Lancaster von 1399 bis 1461, Haus York von 1461 bis 1485 innehatte. Die dabei erfolgte Ausrottung fast des gesamten englischen Hochadels erleichterte unter der nachfolgenden Regierung der Tudors den Aufstieg des Bürgertums.

Schmöckwitzer Brücke – Vgl. die erste Anm. zu S. 77.

Tubus – Fernrohr.

Philippshütte – Fischerhütte an der Großen Krampe. Heute befindet sich dort ein Campingplatz.

»Robins Eiland« – Die Insel heißt heute Seddinwall. Der früher gebräuchliche Name »Robins Eiland« geht auf den Gosener Kaufmann Rubbin zurück, der die Insel bis 1861 in seinem Besitz hatte.

Kolonistenanlage – Staatlich gelenkte und zum Teil geförderte landwirtschaftliche Ansiedelung auf neu erschlossenem bzw. noch nicht genutztem Ackerland. Vgl. die Anm. erste zu S. 30.

72 *Zivilstandsregister* – Personenstandsregister; Verzeichnisse, die den Familienstand (Geburt, Eheschließung, Tod) der Bürger beurkunden. (Sie werden seit 1876 ausschließlich von Standesbeamten geführt.)

durch Güte eines Freundes davon erfahren – Wahrscheinlich durch Bernhard von Lepel.

73 *Oktober 1806 ... Unglücksmonat* – Am 14. Oktober 1806 wurde die preußische Armee in der Schlacht bei Jena und

Auerstedt von den Truppen Napoleons I. vernichtend geschlagen. Die Niederlage hatte den Zusammenbruch des morschen absolutistischen Staatsapparates, eine panikartige Auflösung der Armee sowie die Besetzung des preußischen Territoriums durch die Franzosen zur Folge.

73 *Fuß* – Altes Längenmaß; etwa 30 Zentimeter.

74 *Im Spätsommer Anno 8 hieß es: »Jetzt ziehen sie ab«* – Auf Grund des Pariser Vertrages vom 8. September 1808 wurde Preußen (mit Ausnahme der Festungen Stettin, Küstrin und Glogau) von den französischen Besatzungstruppen geräumt, jedoch zur Zahlung einer Kriegskontribution von 140 Millionen Francs (am 5. November auf 120 Millionen ermäßigt) verpflichtet.

75 *Leipzig* – Gemeint ist die »Völkerschlacht« bei Leipzig (16. bis 19. Oktober 1813), in der Napoleon I. von der russischpreußisch-österreichisch-schwedischen Koalition besiegt wurde.

Waterloo – Vgl. die erste Anm. zu S. 17.

der große Frieden kam – Nach der Unterzeichnung des zweiten Pariser Friedensvertrages (20. November 1815), der die endgültige Niederlage Napoleons besiegelte.

in Lutheri Catechismo – in Luthers Katechismus. Der »Kleine« und der »Große Katechismus« (1529) Martin Luthers sind Lehrstücke des christlichen Glaubens, die als Anleitung zur evangelischen Volkserziehung dienen.

76 *1848 … Wrangel* – Am 18. März 1848, auf dem Höhepunkt der bürgerlich-demokratischen Revolution in Deutschland, hatten Berliner Arbeiter, Handwerker, Bürger und Studenten das preußische Militär im Barrikadenkampf besiegt und am 19. März dessen Abzug aus Berlin erzwungen. Am 29. März wurde eine liberale preußische Regierung gebildet, am 22. Mai in der Singakademie eine preußische Nationalversammlung eröffnet, die eine demokratische Verfassung ausarbeiten sollte. Nach dem Sieg der Konterrevolution in Paris (Juni) und Wien (Oktober) setzte König Friedrich Wilhelm IV. am 1. November auch in Preußen wieder ein konterrevolutionäres Kabinett ein, verfügte am 9. November die Verlegung der konstituierenden Versammlung in die Provinzstadt Brandenburg und ließ – da sich die Mehrzahl der Abgeordneten weigerte, der Anordnung Folge zu leisten – am 10. November konterrevolutionäre Truppen unter dem Befehl des Generalfeldmarschalls Friedrich Heinrich Ernst Graf von Wrangel in Berlin einmarschieren, die das Parlament mit Gewalt auflösten. Am 12. November 1848 wurde der Belagerungszustand über Berlin ver-

hängt. – Fontane hat die revolutionären Ereignisse als Augenzeuge miterlebt; vgl. »Von Zwanzig bis Dreißig«, Abschnitt »Der achtzehnte März«, Kap. 1.

76 *»Ei, du frommer und getreuer Knecht ...«* – Neues Testament, Matthäus 25, 21.

77 *Schmöckwitzer Brücke ... Brückenklappen* – Nachdem 1813 die 1757 errichtete Holzbrücke abgebrannt war, wurde 1818–1820 eine hölzerne Portalzugbrücke gebaut (1907 wurde sie durch eine Eisenbrücke ersetzt; die jetzige Schmöckwitzer Brücke stammt aus den Jahren 1958 bis 1962).

terra firma – (lat.) festes Land.

Kirche – Die Schmöckwitzer Kirche wurde 1799 von Maurermeister Bocksfeld an Stelle einer 1734/35 errichteten Fachwerkkirche gebaut (die ihrerseits eine mittelalterliche Kapelle zur Vorgängerin hatte). Die Kirche, ein Putzbau, wurde 1979/80 umfassend rekonstruiert, der ehemalige, längst nicht mehr genutzte Friedhof zu einer Parkanlage umgestaltet. Kronleuchter und Landsturmfahne sind noch vorhanden.

die üblichen Gedächtnistafeln – Gedenktafeln, die die Namen der aus der jeweiligen Gemeinde stammenden Kriegsgefallenen verzeichnen.

die Jahre 13, 14 und 15 – Die Zeit der Befreiungskriege von der Napoleonischen Fremdherrschaft.

Form einer Kosakenmütze – Zur Erinnerung an die preußisch-russische Waffenbrüderschaft während der Befreiungskriege. Eine aus Kosaken bestehende Vorausabteilung der russischen Armee war im Februar 1813 über die Oder in die Mark vorgedrungen und von der Bevölkerung als Befreier begrüßt worden.

Eisernes Kreuz – Preußische Kriegsauszeichnung (1813 gestiftet, 1870 erneuert).

Landsturmfahne – Landsturm: Laut Kabinettsverordnung vom 17. März 1813 im Rahmen der allgemeinen Volksbewaffnung in Preußen gebildete Guerillatruppe; sie umfaßte alle wehrfähigen Männer zwischen dem siebzehnten und fünfzigsten Lebensjahr, die nicht dem stehenden Heer oder der Landwehr (vgl. die sechste Anm. zu S. 278) angehörten.

78 *»Hankels Ablage«* – Anlegestelle und Ausflugsort am Westufer des Zeuthener Sees. Das dort befindliche Wirtshaus (ein ehemaliges Fischerhaus) brannte Anfang der achtziger Jahre des 19. Jahrhunderts ab. Vgl. Fontanes Zeitungsnotiz über die »Kolonie Zeuthensee« (»Vossische Zeitung« vom 28. Mai

1885) im Band 6 dieser Ausgabe; vgl. ferner »Irrungen, Wirrungen«, Kap. 11.

79 *der teltowsche und der beeskow-storkowsche Kreis* – Preußen war bis zum Ende des zweiten Weltkrieges verwaltungsmäßig in Regierungsbezirke und Kreise unterteilt. Die »Provinz Brandenburg« umfaßte die Regierungsbezirke Frankfurt/Oder und Potsdam; der Regierungsbezirk Frankfurt/Oder untergliederte sich in 22, der Regierungsbezirk Potsdam in 20 Kreise (darunter Teltow und Beeskow-Storkow).

80 *diese drei »großen Christophs«* – Wahrscheinlich Anspielung auf den christlichen Heiligen Christophorus, der nach der Legende ungewöhnlich groß und stark gewesen sein soll.

81 *Pfahlbauzeiten* – Urgeschichtliche Zeiten (Jungstein- und Bronzezeit), in denen bäuerliche Wohn- und Wirtschaftsbauten an See- oder Flußufern wegen häufiger Überschwemmungsgefahr meist auf frei über dem Boden stehenden Pfahlrosten errichtet wurden.

83 *»Soldatenkönig«* – Friedrich Wilhelm I., der Preußen in einen absolutistisch regierten Militär- und Beamtenstaat umwandelte, in dem die Armee der wichtigste Machtfaktor war.

Bei einem zeitgenössischen Schriftsteller ... – In Friedrich Foersters Werk »Friedrich Wilhelm I. ...«; vgl. das Literaturverzeichnis, S. 659.

Königin – Sophie Dorothea von Hannover, die Gemahlin Friedrich Wilhelms I.

Wurstwagen – Eigtl. Munitionswagen mit Reitsitz (Wurst) für Bedienungsmannschaften.

Falkoniers – Falkonier oder Falkner: Abrichter oder Halter von Jagdfalken.

84 *high-life* – (engl.) vornehme Gesellschaft.

Kronprinz – Friedrich Wilhelm, der spätere (1888) deutsche Kaiser Friedrich III.

86 *Datura* – Stechapfel; eine Giftpflanze.

87 *dienender Bruder* – Scherzhafte Verwendung der Bezeichnung für den niedrigsten Grad (»Lehrling«) in der hierarchischen Struktur einer Freimaurerloge. Die »dienenden Brüder« sind bei Beschlußfassungen nicht stimmberechtigt.

Scharlachberger – Vgl. die erste Anm. zu S. 64.

Perle der Kleopatra – Die ägyptische Königin Kleopatra VII. (69–30 v. u. Z.) soll die größte im Altertum bekannte Perle in Weinessig aufgelöst und getrunken haben.

Hier an der Bergeshalde ... – Zitat aus Theodor Storms Gedicht »Im Walde«, wobei Fontane die Verse 1–3 der Strophe 1 und die Verse 3 und 4 der Strophe 2 zusammengezogen hat.

88 *Accident* – (franz./engl.) Zufall, Unfall.

nomen et omen – (lat.) Name und (zugleich dessen) Bedeutung.

Schloß Köpenick

Fontanes Besuch in Köpenick und die Arbeit an dem Aufsatz – den er zu dem »Besten« zählte, »was über die betreffenden Dinge und Personen existiert, weil eben nichts existiert als das, was ich darüber gesagt habe« (an Hertz, 24. November 1861) – gehören in die früheste »Wanderungen«-Zeit. Am 21. September 1860 besichtigte der Autor Schloß und Kapelle, und am 30. Oktober unternahm er nochmals eine Reise nach Köpenick, Grünau und auf die Müggelberge. Ein dritter Besuch fand schließlich am 15. September 1861 statt.

Die Niederschrift des Aufsatzes, mit der Fontane bereits im März begonnen hatte, wurde wahrscheinlich im November 1860 abgeschlossen. Zu dieser Zeit fanden Verhandlungen mit Heinrich Pröhle, dem Herausgeber der (soeben gegründeten) Zeitschrift »Unser Vaterland«, über einen Vorabdruck statt. »Was meine Mitarbeiterschaft an dem neuen Unternehmen angeht (das gewiß prosperieren wird, wenn der Verleger nur einen passabel langen Atem hat)«, heißt es im Brief an Pröhle vom 3. November, »so bin ich gern bereit, ein oder zwei ›Märkische Bilder‹, jedenfalls nicht über einen Druckbogen hinausgehend, zu schreiben, wenn ich meinerseits der Erfüllung einer doppelten Bitte sicher bin, und zwar 1.) unveränderter Abdruck meiner Beiträge und 2.) Honorierung der Arbeiten unmittelbar nach Ablieferung des Manuskripts. Meine Verhältnisse, zumal in diesem Weihnachts-Vierteljahr, gestatten mir nicht, von dieser letztren Fordrung abzugehn. / Ich würde, wenn wir uns über diese Dinge einigten, 1) Schloß Köpnick (zirka zwölf Seiten) und 2) die Müggelberge (zirka vier Seiten) wählen.« Am 4. Dezember 1860 schickte der Autor das Manuskript an Pröhle, mit der Auflage, es – im Hinblick auf die geplante Buchveröffentlichung – »vom 1. Oktober 1861 an … wieder als mein Eigentum ansehen« zu dürfen.

Der Vorabdruck erfolgte im Spätsommer 1861 im Band 1 von »Unser Vaterland. Bilder aus der deutschen Geschichte, Kultur und Heimatkunde«, S. 291–303. Kurze Zeit darauf ging »Schloß Köpenick« als Buchkapitel in die Erstausgabe der »Wanderungen [Teil 1]« ein, die im November 1861 erschien und auf 1862 vordatiert war. Im Jahre 1881 wurde der Aufsatz dann in veränderter Form – die Ausführungen über das Köpenicker Kriegsgericht und die Katte-Affäre hatte Fontane 1879 bei der Neugestaltung des »Oderland«-Kapitels »Küstrin« dort eingearbeitet (vgl. Band 2 dieser Ausgabe) – in den »Spreeland«-Band (1882) übernommen.

Aufzeichnungen und Skizzen zu diesem Kapitel finden sich in Fontanes Notizbuch A 21, Blatt 20–31.

Für die Arbeit an »Schloß Köpenick« hat Fontane folgende Literatur benutzt (die vollständigen Angaben finden sich jeweils im Literaturverzeichnis; vgl. S. 658:) Fidicin, »Die Territorien der Mark Brandenburg ...«. – Berghaus, »Landbuch der Mark Brandenburg ...«. – [Merian,] »Topographia Electorat[us] ...«. – König, »Versuch einer historischen Schilderung ... der Stadt Berlin«. – Vehse, »Geschichte der deutschen Höfe seit der Reformation«. – Poellnitz, »Mémoires ...«. – Foerster, »Friedrich Wilhelm I. ...«. – Preuß, »Friedrich der Große ...«. – Hesekiel, »Ehren-Krohne«. – »Vollständige Protokolle des Köpenicker Kriegsgerichts ...«. – »Mündliche und briefliche Mitteilungen« (laut Anmerkung am Schluß der Erstausgabe der »Wanderungen [Teil 1]« von 1862).

93 *»Wo liegt Schloß Köpenick?«* ... – Die Verse stammen wahrscheinlich von Fontane.

Schlösser ... unter ... französischen Namen – Zum Beispiel Sanssouci, Bellevue, Monbijou.

verschollenen Existenzen – In W I[1], S. 341, heißt es statt dessen: »verschollenen Residenzen«, und es folgt der Zusatz: »die ihre Existenz immer neu beweisen müssen«.

... ein neues unterscheiden – In W I[1], S. 341 f., folgt der in zwei Abschnitte gegliederte Zusatz: »Schloß Köpenick liegt an der Einmündung der Wendischen Spree (auch Dahme genannt) in die eigentliche Spree. Lange bevor sich hier eine Stadt erhob (das jetzige Köpenick), stand hier bereits eine *Burg* und beherrschte das Land. Die natürliche Sicherheit, die ein Netz von Seen und Flußarmen der großen Waldinsel gibt, an deren äußerster Westecke Schloß Köpenick gelegen ist, mußte in ältesten Zeiten schon dahin führen, eine ›Burg‹ hier zu errichten, eine weit hinauslugende Veste zur Verteidigung der Spree-Territorien, des ›Gaus Spriavana‹. Die Lage von Stadt und Schloß ist der des weiter flußabwärts gelegenen Spandau in vielen Stücken so verwandt, daß man sich fast wundern muß, die von der Natur gebotene Gelegenheit zur Anlage einer Spree-Festung auch in der *rechten* Flanke der

Hauptstadt so gar nicht benutzt zu sehen. / Keine Festung, aber *drei verschiedene Schlösser* haben sich im Lauf der Jahrhunderte auf der Sumpf- und Waldinsel erhoben, die von der Wendischen und der eigentlichen Spree an dieser Stelle gebildet wird, und haben dadurch drei bestimmte Perioden in der Geschichte Schloß Köpenicks vorgezeichnet. Wir unterscheiden ein *altes* Schloß Köpenick bis 1550, ein *mittleres* Schloß Köpenick bis 1677 und ein *neues* Schloß Köpenick von 1677 bis auf diesen Tag. Von den beiden ältren Schlössern werden wir in aller Kürze, vom *neuen* Schloß aber ausführlicher zu sprechen haben.« Zwischen 825 und 925 soll auf der Schloßinsel bereits eine slawische Burganlage vorhanden gewesen sein. Fürst Jacza hatte dort im 12. Jahrhundert seinen Sitz. Danach soll eine gotische Burg errichtet worden sein, die Kurfürst Joachim II. 1558 von Wilhelm Zacharias durch ein Jagdschloß im Renaissancestil ersetzen ließ. Das Barockschloß entstand ab 1681 (vgl. die dritte Anm. zu S. 97).

93 *als die Deutschen unter Albrecht dem Bären ins Land kamen* – Albrecht der Bär aus dem altsächsischen Geschlecht der Grafen von Ballenstedt, auch Anhaltiner oder Askanier (nach der Burg Ascania bei Aschersleben) genannt, war 1134 von Kaiser Lothar III. mit der Nordmark (dem westlichen Brandenburg) belehnt worden. Von hier aus betrieb er seine Expansionspolitik gegen die Elbslawen, die bis 1157 völlig unterworfen wurden.

Jaczko … Schildhornsage – Fontane rekapituliert die erst im 18. und 19. Jahrhundert aufgetauchte Schildhornsage, die von der Niederlage des »Wendenfürsten« Jaczko gegen Albrecht den Bären bei Spandau (Mitte des 12. Jahrhunderts) und seiner Bekehrung zum Christentum berichtet, in seinem Aufsatz »Das Schildhorn bei Spandau«, der zunächst in W I[1] abgedruckt war und später ausgeschieden wurde; vgl. Band 6 dieser Ausgabe.

Nach seiner Unterwerfung … Hohenzollern war – in W I[1], S. 342, heißt es an dieser Stelle ausführlicher: »Nach seiner Unterwerfung wurde die alte Wendenveste eine markgräfliche Burg und endlich ein kurfürstliches Schloß. Ob askanische Markgrafen und hohenzollernsche Kurfürsten einfach in das alte Steinnest einzogen, das Jaczko ihnen leer gelassen hatte, oder ob die Jahrhunderte siegreich vordringenden Deutschtums aus der alten heidnischen Veste einen gotischen Schloßbau schufen, muß dahingestellt bleiben; wir wissen es nicht. Unsere Archive geben uns Aufschluß über die Besitzverhältnisse des alten Schlosses; aber nicht Bild, nicht Beschreibung sind auf uns gekommen, die uns veranschaulichen könnten, *wie* Schloß Köpenick war.«

93 *Zeit der Askanier oder Bayern oder ersten Hohenzollern* – Die askanischen Markgrafen herrschten in Brandenburg von 1134 bis 1319. Nach ihrem Aussterben übertrug Kaiser Ludwig IV., der Bayer, die Mark 1323 seinem Sohn Ludwig dem Älteren, der sie seinerseits 1351 seinen Stiefbrüdern Ludwig dem Römer und Otto dem Faulen überließ. 1373 verkauften die Wittelsbacher, die der innenpolitischen Kämpfe nicht Herr werden konnten, das Land an Kaiser Karl IV. aus dem Hause Luxemburg, der es seinem Sohn Sigismund vererbte. Sigismund, seit 1410 römisch-deutscher Kaiser, setzte 1411 den Burggrafen Friedrich VI. von Nürnberg aus der fränkischen Linie der Hohenzollern zum erblichen Statthalter in Brandenburg ein, der nach der Niederwerfung der aufständischen Junker (vgl. die erste Anm. zu S. 253) 1415 Markgraf und 1417 Kurfürst von Brandenburg wurde. Seitdem blieb die Mark in der Hand der Hohenzollern, die ihr Territorium ständig vergrößerten und es 1701 als Stammland in das neugegründete Königreich Preußen einbrachten.

94 *Otterstedt* – Ein Ritter Otterstedt soll das Haupt einer Adelsverschwörung gegen Joachim I. gewesen sein. Er wurde hingerichtet, sein Kopf am Köpenicker Tor in Berlin auf eine Stange gesteckt.

Meriansche »Topographie« – In W I[1], S. 343, folgt der Zusatz: »dies interessante und verdienstvolle Werk, dem wir, neben so vielem andern, auch eine bildliche Darstellung des alten Berlin verdanken«. – Gemeint ist die »Topographia Electorat[us] Brandenburgici ...« des Schweizer Kupferstechers Matthäus Merian; vgl. das Literaturverzeichnis, S. 660.

»die schöne Gießerin« – Anna Sydow, die Geliebte Joachims II., war die Frau eines Geschützgießers.

95 *Weissagung des alten Simeon* – In W I[1], S. 344, folgt der Zusatz: »(Paul Luther, ein Sohn des Reformators, war Leibarzt des Kurfürsten)«. – Simeon: Nach dem Neuen Testament, Lukas 2, 25–35, ein Jude hohen Alters, der bei der Darstellung Jesu im Tempel die Rettung des Volkes Israel durch Jesus prophezeit.

»Das ist gewißlich wahr« – »Das ist gewißlich wahr und ein teuer wertes Wort, daß Christus Jesus gekommen ist in die Welt, die Sünder selig zu machen, unter welchen ich der vornehmste bin«; Neues Testament, 1. Timotheus 1, 15.

Joachimsthalsches Gymnasium – Im Jahre 1607 in dem ukkermärkischen Städtchen Joachimsthal (bei Angermünde) gegründete Internatsschule, die 1655 nach Berlin und 1880 nach Deutsch-Wilmersdorf (Berlin) verlegt wurde.

95 *Denkmal* – Das Denkmal, bei Grünau direkt an der »Görlitzer Bahn« gelegen, wurde abgerissen. Ein Foto befindet sich im Heimatgeschichtlichen Kabinett in Berlin-Köpenick.

Kurhut – Hutförmige purpurrote Kappe mit Hermelinbesatz; Kennzeichen der Kurfürstenwürde.

bekannte Zusammenkunft – Die Zusammenkunft zwischen dem brandenburgischen Kurfürsten und dem schwedischen König (seinem Schwager) fand am 13. Mai 1631 statt. Durch den Vertrag vom 21. Juni 1631 wurde Georg Wilhelm gezwungen, den Truppen Gustav Adolfs freien Durchzug durch brandenburgisches Gebiet zu gewähren, die Festungen Küstrin und Spandau auszuliefern und sich auf seiten der Schweden am Dreißigjährigen Krieg zu beteiligen. (1637 schloß sich der Kurfürst enger an den Kaiser an, woraufhin die Mark von den Schweden verwüstet wurde.)

96 *nicht länger behaupten* – In W I[1], S. 346, folgt der Zusatz: »Sie schienen nicht ebenbürtig mehr und räumten das Feld.«

die Chaussee entlang – In W I[1], S. 346, folgt der Zusatz: »in das Wäldchen hinein. Die Bäume um uns her sind noch jung, kaum älter als wir selbst, aber sie führen uns doch ...«

den jugendlichen Joachim aufzuheben – Die Adelsverschwörung (vgl. die erste Anm. zu S. 94) fand zu Beginn der Regierungszeit Joachims I. statt, der 1499 als Sechzehnjähriger Kurfürst geworden war.

aufheben – gefangennehmen.

97 *rollt der Wagen* – In W I[1], S. 347, folgt der Zusatz: »verkündigt seine Ankunft durch lautes Glockenläuten, als hielte eine Abteilung Feuerwehr ihren Einzug in die Stadt«.

ein freundliches Ansehn leihn ... heimisch waren – In W I[1], S. 347f., heißt es an dieser Stelle ausführlicher: »... ein freundliches Ansehn leihn, wenden uns aber, nach kurzem Aufenthalt, sofort wieder nach rechts hin, wo unmittelbar vor uns Schloß Köpenick mit allen seinen Dependenzien emporsteigt. Wir passieren die Brücke des Schloßgrabens, dann das dahinter gelegene Sandsteinportal und befinden uns nun auf einem viereckigen, vielfach mit Blumenbeeten eingefaßten Platz, der nach rechts und links hin von Schloß und Schloßkapelle, nach vorn und hinten zu von den alten Bäumen des Parks und dem Sandsteinportal, das wir eben passierten, gebildet wird. Wir blicken einen Augenblick in die schattigen Gänge des Parks hinein, auf dessen taufeuchtem Rasen schon mehr abgefallenes Laub als heitrer Sonnenschein liegt, dann aber machen wir eine Schwenkung nach rechts und haben die Hauptfront des Schlosses, den alten stattlichen Bau vor uns, den Rütger von Langerfeld 1677 an dieser Stelle begann und 1682 beendete. / Das gegenwärtige Schloß Köpenick hat drei Stockwerke und besteht aus einem corps de logis und zwei Seitenflügeln. Die Stellung dieser Seitenflügel ist eigentümlich, indem dieselben nicht nach einer Seite hin (wie gewöhnlich), sondern nach vorn *und* hinten zu kurz vorspringen und dadurch den übrigens beabsichtigten Eindruck verstärken, daß das Schloß *zwei* Fronten habe, die eine nach dem Platz hinaus, auf dem wir stehen, die andere nach dem Flusse hin, dessen lange, höchst malerische Brücke wir bei unserer Ankunft passierten. Das Ganze unverkennbar eine venezianische Reminiszenz: die Façaden ziemlich einfach und schmucklos und nur das Frontispice mit Reliefs und Statuen geschmückt. Dabei der Dachfirst zu einem Balustradengange, zu einer Art Kolonade abgeflacht. Das Äußere des Schlosses, stattlich, wie es ist, deutet doch in nichts auf die Pracht und Munifizenz hin, die man bei Herrichtung seiner inneren Räume hat walten lassen. Nirgends ein Geizen mit dem Raum, die Treppen breit, die Flure und Korridore hell und licht, die Zimmer hoch, luftig, geräumig; – es ist, als habe der Baumeister nichts so ängstlich vermeiden wollen als die Enge und Gedrücktheit der Turm- und Erkerstuben, die sonst hier heimisch waren.«

97 *Das gegenwärtige Schloß Köpenick* – Dreigeschossiger Frühbarockbau mit starkem Mittelrisalit, Seitenrisaliten und schmalem zweigeschossigem Nordflügel; errichtet 1681–1688 von Rütger von Langerfeld aus Nymwegen. Vgl. auch die zweite Anm. zu S. 109 und Fontanes Skizze, S. 508.

Diana ... Zorn über Aktäon ... Liebe zum Endymion – Nach der griechischen Sage verwandelte die Jagdgöttin Artemis (römisch Diana) den Jäger Aktaion, weil er sie und ihre Nymphen beim Bade belauscht hatte, voll Zorn in einen Hirsch, so daß ihn seine eigenen Hunde zerrissen. – Der schöne junge Jäger oder Hirte Endymion war nach der griechischen Sage der Geliebte der (später vielfach mit der Artemis/Diana gleichgesetzten) Mondgöttin Selene, die ihn in Schlaf versenkte, um ihn heimlich küssen zu können. Beide Legenden wurden in der Malerei häufig dargestellt.

nur wenige dieser Gemälde – In W I[1], S. 348, folgt der Zusatz: »wahrscheinlich Schöpfungen eines italienischen oder französischen Meisters«.

98 *immer nur der Prosa* – In W I[1], S. 348, folgt der Zusatz: »oder doch der bloßen Nützlichkeit«.

99 *Feindschaft mit seiner Stiefmutter ...* – Die Differenzen zwischen Kurfürst Friedrich III. und seiner Stiefmutter Dorothea von Holstein-Glücksburg waren allgemein bekannt geworden durch das Schauspiel »Das Testament des Großen Kurfürsten« (1858) von Gustav Heinrich Gans, Edler Herr von und zu Putlitz, das Fontane am 22. März 1871 sowie am 30. September 1884 im Königlichen Schauspielhaus in Berlin gesehen und in der »Vossischen Zeitung« Nr. 461 vom 2. Oktober 1884 rezensiert hat.
hessische Prinzessin – Elisabeth Henriette von Hessen-Kassel, die erste Gemahlin Friedrichs III.
Stätte heitrer Flitterwochen – In W I[1], S. 350, folgt der Zusatz: »und die Übersiedlung selbst glich mehr einer ängstlichen Flucht als ruhiger Wahl und Überlegung. Trostlose Tage müssen diese ersten Tage des neuen Schlosses gewesen sein, trostloser, trüber, als die alten Schlösser, die vordem hier heimisch waren, sie jemals gekannt hatten, trüber als die Tage, in denen Otterstedt seinen Reimspruch an die Tür des kurfürstlichen Zimmers schrieb, und trüber als der Winterabend, an dem der todesahnende Joachim gläubig und ergeben das Kruzifix auf die schwere, eichene Tischplatte malte.«
... und immer dunkler und schwerer hing es über Schloß Köpenick – In W I[1], S. 350, heißt es statt dessen: »... die alten Verdächtigungen wurden laut; nichts änderte sich, die bleierne Schwere blieb.«
Sophie Charlotte, »die philosophische Königin« – Sophie Charlotte von Hannover, die an Wissenschaft und Kunst interessierte zweite Gemahlin (seit 1684) Friedrichs III., regte zusammen mit Gottfried Wilhelm Leibniz die Gründung der Berliner Societät (Akademie) der Wissenschaften (1700) an.
100 *Schloß Charlottenburg* – Aus dem ehemaligen Lustschloß Lietzenburg hervorgegangene, zweieinhalb Stockwerke hohe barocke Dreiflügelanlage; in den letzten Jahren des 17. Jahrhunderts nach Plänen von Johann Arnold Nering begonnen, bis um 1713 von Johann Friedrich Eosander vollendet; später mehrfach erweitert. Auf der Kuppelspitze steht die Nachbildung der antiken Siegesgöttin Nike. Im November 1943 brannte das Schloß bei einem Bombenangriff aus; inzwischen ist es längst wiederaufgebaut worden.
Schloß Köpenick war tot – In W I[1], S. 351, folgt der Zusatz: »an die zwanzig Jahre und drüber«.
der soldatische Sohn – Friedrich Wilhelm I., der sogenannte Soldatenkönig; vgl. die erste Anm. zu S. 83.

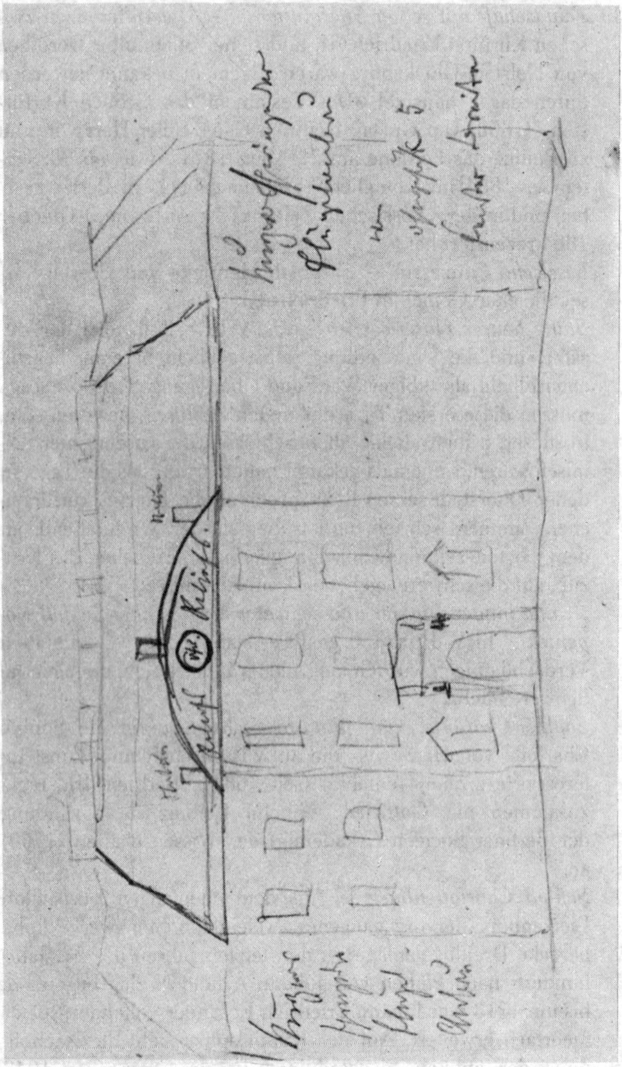

Schloß Köpenick

100 *Ritterlichkeit ..., die an den Hof Franz' I. erinnert* – Franz I., 1515–1547 König von Frankreich, war der eigentliche Begründer der absoluten Monarchie in seinem Lande. Er verstand es, den Adel in seinen Dienst zu stellen und für die Ziele einer starken, gefestigten Zentralgewalt zu interessieren, die in der europäischen Politik der Zeit einen Machtfaktor ersten Ranges darstellte. Franz entfaltete ein glänzendes, kostspieliges Hofleben und beförderte nach dem Beispiel der italienischen Renaissancefürsten die humanistische Wissenschaft, Dichtung und Baukunst. Im persönlichen Umgang galt er als liebenswürdig und ritterlich.

101 *Regiment Gensdarmes* – Vgl. die zweite Anm. zu S. 42.
Wappensaal – Vgl. die zweite Anm. zu S. 109.

102 *In dem Kapitel »Küstrin« ...* – In W I[1], S. 353 f., rekapituliert Fontane an dieser Stelle die Ereignisse der Kriegsgerichtssitzung. Bei der Umgestaltung des Kapitels »Küstrin« im Jahre 1879 übernahm er das Material sowie einen Teil der in seinen Anmerkungen zu W I[1] (S. 465–469) wiedergegebenen Gerichtsprotokolle in »Das Oderland«; vgl. Band 2 dieser Ausgabe.
nicht völlig aufgeklärt – In W I[1], S. 354, folgt der Zusatz: »so wie denn z. B. die Angaben von Preuß und Foerster in manchen Stücken untereinander abweichen«.
großer König – Friedrich II.
am Berliner Hofe – In W I[1], S. 354, folgt der Zusatz: »(wenn damals von einem solchen die Rede sein konnte)«.
Die Seitenlinie Brandenburg-Schwedt – In W I[1], S. 355, folgt der Zusatz: »die, zum wenigsten was ihre Besitzverhältnisse anging, erst den Einflüsterungen und Machinationen der zweiten Gemahlin des Großen Kurfürsten ihre Entstehung verdankte«.
»wie's in den Wald hineinschallt ...« – Variation des Sprichwortes »Wie man in den Wald schreit, so schallt es wieder heraus«.

103 *chronique scandaleuse* – (franz.) Klatschgeschichte, böse Nachrede; sprichwörtlich gewordener Titel einer Schrift über den französischen König Ludwig XI.
Mesquinerie – (franz.) Kleinlichkeit, Knauserei.
Leben im Köpenicker Schlosse – In W I[1], S. 355, folgt der Zusatz: »(die Zeiten der Wolfsjagden und der Kriegsgerichte waren vorüber)«.
Biographie des Freiherrn von Krohne – George Hesekiels Schrift »Ehren-Krohne«; vgl. das Literaturverzeichnis, S. 659.
Fortune – (franz.) Glück.

103 *Plénipotentiaire* – (franz.) Bevollmächtigter; bevollmächtigter Gesandter.

»Bellevue« ... »Schlößchen« – 1766 schenkte Prinzessin Henriette Marie dem Hofprediger Saint Aubin das Gelände eines ehemaligen Weinbergs nordöstlich des Köpenicker Schlosses (heute noch Bellevue-Park zwischen Damm-Vorstadt und Hirschgarten). Saint Aubin ließ sich dort im Rokokostil das Schlößchen »Bellevue« bauen. 1836 kam es in den Besitz der Familie von Lepel, und Fontane, mit Bernhard von Lepel befreundet, hat es in den vierziger Jahren mehrfach besucht. 1919 erwarb es die Stadt Köpenick und richtete darin das Steueramt ein. Im zweiten Weltkrieg schwer beschädigt, mußte »Bellevue« abgetragen werden.

104 *»Die Zauberin Kirke«* – Versepos (1850) von Bernhard von Lepel.

113 *in der Schloßkapelle* – In W I[1], S. 357, folgt der Zusatz: »einem äußerlich unscheinbaren Gebäude, das dem Schlosse selbst gegenüberliegt«. – Die Köpenicker Schloßkapelle, eines der wenigen Zeugnisse des Berliner Barockstils vor Schlüter, wurde nach den Plänen Johann Arnold Nerings von 1682 bis 1685 als Zentralbau mit Kuppel und Laterne (vgl. die zweite Anm. zu S. 170) errichtet. Sie diente und dient der evangelisch-reformierten Gemeinde und wird für Konzerte genutzt. In den sechziger Jahren wurde die reiche Innenausstattung der Entstehungszeit, darunter die von Fontane erwähnte »prächtige Tafel von poliertem schwarzen Marmor«, restauriert. Vgl. Fontanes Skizze, S. 512.

... Prinzessin als Mumie – In W I[1], S. 357, folgt der Zusatz: »Sie ist wohlerhalten, aber viel aufgetrockneter als z. B. die Mumien in der Kirche zu Buch (in Niederbarnim).«

schließen den Sargdeckel wieder – Der Sarg verfiel seit Fontanes Besuch und wurde 1973 bei der Restaurierung eingeäschert. Die Urne mit den Überresten wurde hinter der erwähnten schwarzen Marmortafel aufgestellt.

105 *»... Herzogin von Württemberg und Teck«* – In W I[1], S. 358, folgt der Zusatz: »Schwerlich ahnte die Tochter, als sie in gebotener Pietät dieses Denkmal aufrichten ließ, daß nach so kurzer Zeit schon diese Marmortafel das einzige Zeichen sein würde, das wenigstens die Stelle angibt, wo ihre Mutter gelebt.«

106 *nach Thüringen* – Vgl. S. 108.

Roßbach ... Siegesbotschaft – Vgl. die zweite Anm. zu S. 107.

... Besucher werden entziehen können – In W I[1], S. 359f., folgt der Zusatz: »Höchstes und Niedrigstes, das Ewigste und

Hinfälligste, durch die Wunderhand von Zeit und Zufall hier zusammengestellt.«

107 *Bataille und Belagerung von Prag* – Am 6. Mai 1757 siegte die preußische Armee bei Prag über die Österreicher, die sich in die Stadt zurückzogen und von den Preußen eingeschlossen wurden. Die Belagerung mußte nach der preußischen Niederlage bei Kolin (18. Juni 1757), die Friedrich II. zum Rückzug aus Böhmen zwang, aufgehoben werden. – Bataille: (franz.) Schlacht.

Roßbach – In der Schlacht bei Roßbach (Thüringen) besiegten die Truppen Friedrichs II. am 5. November 1757 die Franzosen und die Reichsarmee.

Lobositz – Bei Lobositz an der Elbe (Nordböhmen) schlugen preußische Truppen am 1. Oktober 1756 (zu Beginn des Siebenjährigen Krieges) die Österreicher zurück, die das bei Pirna eingeschlossene sächsische Heer entsetzen wollten. Am 15. Oktober 1756 kapitulierte die gesamte sächsische Armee.

Zorndorf – In der Schlacht bei Zorndorf (nordöstlich von Küstrin) errang Friedrich II. am 25. August 1758 einen knappen Sieg über die Russen, verlor dabei allerdings ein Drittel seines Mannschaftsbestandes.

Liegnitz – In der Schlacht bei Liegnitz siegten die Preußen am 15. August 1760 über die Österreicher.

Torgau – In der Schlacht bei Torgau besiegten die Truppen Friedrichs II. am 3. November 1760 die Österreicher.

Leuthen – In der Schlacht bei Leuthen (westlich von Breslau) besiegten die Preußen am 5. Dezember 1757 die österreichische Armee, die durch die Niederlage gezwungen wurde, Schlesien aufzugeben.

... die nicht mehr war – In W I[1], S. 361, folgt der Zusatz: »Wir billigen diesen Kultus nicht, denn es steht geschrieben: ›Du sollst keine andern Götter haben neben mir‹, aber wir begreifen ihn.«

108 *Unglückstag von Auerstedt* – Vgl. die erste Anm. zu S. 73.

erstürmte ... die Höhen von Hassenhausen – Vgl. »Die Grafschaft Ruppin«, Kap. »Regiment Prinz Ferdinand Nr. 34«, Abschnitt »Das Regiment Prinz Ferdinand bei Auerstedt, 14. Oktober 1806«; Band 1 dieser Ausgabe.

unter Eugen und Marlborough – Prinz Eugen von Savoyen, seit 1696 Oberbefehlshaber der kaiserlichen (österreichischen) Armee, und John Churchill, Duke of Marlborough, 1702–1711 Oberbefehlshaber der englischen Armee, waren im Spanischen Erbfolgekrieg (1701–1714) – einer militäri-

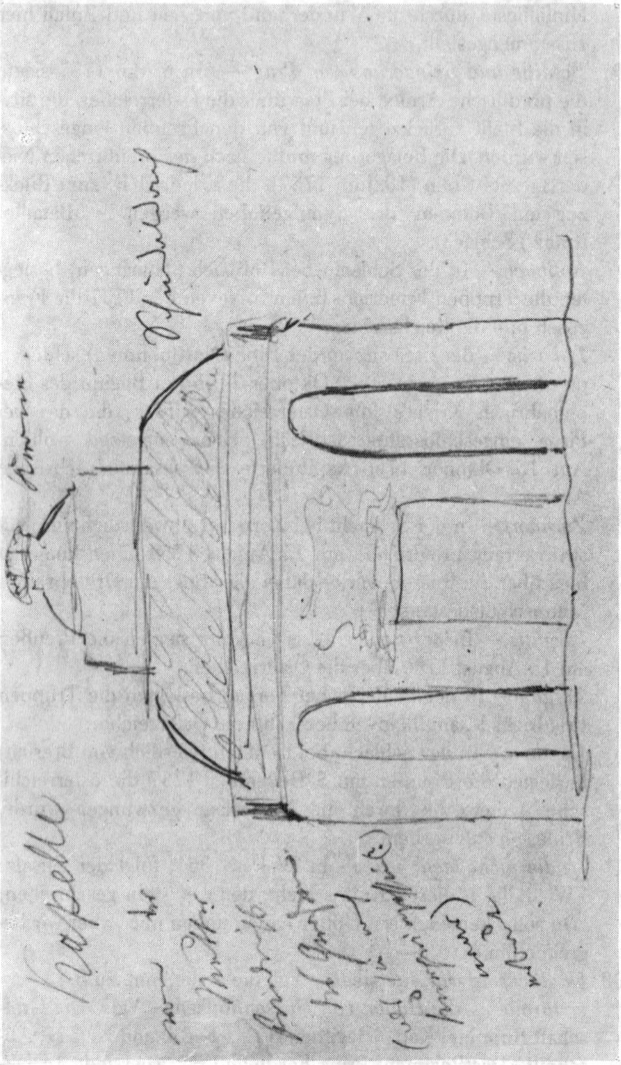

Die Köpenicker Schloßkapelle

schen Auseinandersetzung um das Erbe des 1700 gestorbenen letzten spanischen Habsburgers, Karls II. – die befähigtesten und erfolgreichsten Heerführer der »Großen Allianz«, die England, die niederländischen Generalstaaten, Österreich, Preußen, Savoyen und Portugal gebildet hatten, um die drohende Hegemonie Frankreichs auf dem europäischen Kontinent wirksam zu bekämpfen. Vereint operierten beide Feldherrn in den Schlachten bei Höchstädt (13. August 1704), Oudenaarde (11. Juli 1708) und Malplaquet (11. September 1709), in denen die Franzosen geschlagen wurden.

Die Krone kaufte … – In W I[1], S. 361, folgt der Zusatz: »im Jahre 1811«.

108 *ein finstrer Geist … »Demagogen« in Untersuchungshaft* – Auf Grund der Karlsbader Beschlüsse der zehn führenden deutschen Staaten (September 1819), die Maßnahmen zur Unterdrückung der bürgerlichen, insbesondere der studentischen Opposition festlegten (Verbot aller studentischen Verbindungen, Entlassung oppositioneller Professoren, Einführung der Pressezensur u. a.), wurden in fast ganz Deutschland Gesetze erlassen (in Preußen bereits am 18. Oktober 1819), die jede öffentliche politische Kritik untersagten. Viele Demokraten und Liberale wurden sogenannter demagogischer (»volksverführerischer«) Umtriebe bezichtigt und streng überwacht, gerichtlich belangt, verhaftet oder zur Emigration gezwungen. Die Demagogenverfolgungen gipfelten in der Zeit des Vormärz in einem System des Justiz- und Polizeiterrors.

kein Spielen und Lachen mehr – In W I[1], S. 362, folgt der Zusatz: »das die Knabenspiele früherer Jahre so laut und herzlich begleitet hatte«.

109 *… von seinen Mauern ausgeschlossen* – In W I[1], S. 362, folgt der Zusatz: »Das war in den zwanziger Jahren dieses Jahrhunderts …«

Seminar – Im Schloß Köpenick wurde 1852 ein Lehrerseminar eingerichtet, das dort bis 1926 bestand. Danach wurde das Gebäude zu unterschiedlichen Zwecken genutzt. 1950 wurde es Heimstatt des Staatlichen Volkskunstensembles; zugleich begann man mit der umfassenden und höchst aufwendigen Restaurierung, bei der all das wieder freigelegt wurde, was Fontane zu Recht »hinter einer Gips- und Mörtelverkleidung« verborgen wähnte (vgl. S. 101.). 1963 wurde das Schloß als Kunstgewerbemuseum der Staatlichen Museen zu Berlin eröffnet.

… wenn die Morgensonne darauffiel – In W I[1], S. 362, folgt

der Zusatz: »das Gestrüpp verschwand, das den Park zu einer halben Wildnis gemacht hatte«.

109 *»Ein feste Burg ist unser Gott«* – Evangelisches Kirchenlied (1528; nach Psalm 46) von Martin Luther.

Die Müggelsberge

Am 31. Oktober 1860 schrieb Fontane an Wilhelm Hertz: »Gestern war ich auf den Müggelsbergen und verbrachte daselbst einen kostbaren Tag.« Ein Jahr darauf, am 15. September 1861, besuchte er die Müggelberge noch einmal (vgl. S. 501).

Der Aufsatz entstand im Dezember 1860; am 16. Dezember dieses Jahres hat ihn der Autor bei Fräulein von Rohr vorgelesen.

Der Vorabdruck erfolgte nicht, wie vorgesehen (vgl. den Brief an Pröhle vom 3. November 1860, S. 501.), in »Unser Vaterland«, sondern (des höheren Honorars wegen) in der »Neuen Preußischen (Kreuz-)Zeitung«, Nr. 5 vom 6. Januar 1861, und zwar unter dem Titel »Märkische Bilder: Die Müggelberge«.

Zum erstenmal als Buchkapitel erschienen »Die Müggelsberge« in der Erstausgabe der »Wanderungen [Teil 1]« von 1862. Im Jahre 1881 schließlich wurde das Feuilleton dem »Spreeland«-Band (1882) zugeordnet.

Aufzeichnungen zu diesem Kapitel, schon mit Brouilloncharakter, finden sich in Fontanes Notizbuch A 21, Blatt 33, Rückseite, bis Blatt 37.

Für die Arbeit an dem Aufsatz hat Fontane Adalbert Kuhns »Märkische Sagen und Märchen ...« (vgl. das Literaturverzeichnis, S. 660) sowie – laut Anmerkung am Schluß der Erstausgabe der »Wanderungen [Teil 1]« von 1862 – »Mündliches« benutzt.

110 *Es rührt kein Blatt sich ...* – Christian Friedrich Scherenberg, »Waldesnacht«, Schlußverse. Sie lauten bei Scherenberg: »Kein Blatt rührt sich, und alles schläft und träumt – / Nur je zuweilen knistert's in den hohen Föhren, / Die Nadel fällt. – Es ruht der Wald.«

als sich die großen Fluten der Vorzeit verliefen – Die Müggelberge wurden in der letzten Eiszeit von Gletschern aufgestaucht. Sie erheben sich bis zu 115 m über dem Meeresspiegel und 82 m über dem Spiegel des Müggelsees. Die Müggelberge sind Landschaftsschutzgebiet.

bevor die Wendenfürsten in die Spreegegenden kamen – Vgl. »Havelland«, Kap. »Die Wenden in der Mark«, Abschnitt 1; Band 3 dieser Ausgabe.

110 *Brennibor* – Brandenburg. Der älteste schriftlich überlieferte Name für die Havel-Stadt ist Brendanburg. (Das Original der Gründungsurkunde für das Bistum Brandenburg aus dem Jahre 948 ist im Brandenburger Domstiftsarchiv erhalten.) Bei dem Geschichtsschreiber Widukind von Corvey findet sich die Schreibung Brennaburg (um 967). Brennibor und Brennabor sind Bezeichnungen aus spätmittelalterlicher Zeit.

eines seiner bedeutendsten Bilder – Gemeint ist das Gemälde »Semnonenlager am Müggelsee« (1828), das um 1860, als Fontane es kennenlernte, zur Blechen-Kollektion des Berliner Kommerzienrats Brose gehörte und 1891 in die Nationalgalerie gelangte. 1945 ging es verloren. Wie sehr Fontane den »Vater der märkischen Landschaftsmalerei« geschätzt hat, geht bereits aus dem am 22. Februar 1861 an Wilhelm Hertz gesandten ursprünglichen Plan für eine zweiteilige »Wanderungen«-Ausgabe hervor, der ein Kapitel über »Cottbus (Blechen)« vorsieht (vgl. den Abschnitt »Die erste Buchausgabe ...« im Anhang von Band 1 dieser Ausgabe), insbesondere jedoch aus dem umfangreichen Blechen-Aufsatz von 1882. Im Zusammenhang mit Blechens Bild gab Fontane am 21. August 1881 von Wernigerode aus folgende, in der Zeitschrift »Der Bär« (1881, Nr. 51) publizierte Erklärung ab: »Das berühmte Bild Carl Blechens, ›Ein Semnonenlager auf den Müggelsbergen‹, ist oder war wenigstens die Perle der früher im Besitze des Kommerzienrats Brose befindlichen Blechen-Kollektion. Ich sah das Bild vor etwa 20 Jahren, wie – die kleinen Blätter mitgerechnet – wohl hundert andre, die damals der Sammlung angehörten. Ob sich diese letztere noch an früherer Stelle befindet, und zwar *in* oder *neben* dem alten Hause der Bischöfe von Lebus in der Klosterstraße, vermag ich in diesem Augenblicke von hier aus nicht festzustellen.« Vgl. auch Fontanes Gedicht »Auf der Kuppe der Müggelberge«.

das Charakteristische ... – In W I[1], S. 365, heißt es statt dessen: »das Charakteristische, das er in bloßer Wiedergabe des Alleräußerlichsten, in Darstellung halb knorriger, halb schlank-majestätischer Fichtenstämme nicht finden konnte, schuf er die Landschaft zu einem *historischen Bilde* um. Was ihm dabei dienen mußte, war kein Zufälliges, kein Willkürliches; er wählte das, was seiner Phantasie als das einzige Richtige erschien, und griff in die alten Traditionen der Müggelsberge zurück.«

111 *... eine Heide wie andere mehr* – In W I[1], S. 365, folgt der

Zusatz: »der Fahrweg mit tiefgefurchtem Geleise zieht sich wie ein braunes Band neben uns her«.

111 *neben der großen Fahrstraße* – In W I^{1}, S. 366, folgt der Zusatz: »die sich unmittelbar an der Südwestecke des hinter Tannen versteckten Müggelsees entlangzieht«. Die Chaussee von Köpenick nach Müggelheim, die zwischen Müggelsee und Müggelbergen hindurchführt, entstand erst 1890.

112 *Elsen* – Erlen.

die wohlbekannten drei von der schottischen Heide – Gemeint sind die drei Hexen in Shakespeares »Macbeth«.

... lichtet sich der Wald – In W I^{1}, S. 367, folgt der Zusatz: »ein Sumpf- und Wiesenplan liegt vor uns, dessen Anblick uns an die Stelle bannt, an der wir stehen«.

... ein See ruht – In W I^{1}, S. 367, folgt der Zusatz: »während im Hintergrunde eine Bergwand steil aufsteigt, in deren sonnenbeschienenem Tannengrün das Gelb der Birken in hundert Schattierungen schimmert«.

Johannisnacht – Die Nacht zum 24. Juni, dem Geburtstag Johannes des Täufers. In frühgeschichtlicher Zeit war es die Nacht, in der nach dem Volksglauben (im Zusammenhang mit der Sommersonnenwende) böse Geister eine besondere Macht haben.

113 *Die Kuppen ...* – In W I^{1}, S. 368, folgt der Zusatz: »die den Bergrücken überragen und deren wohl ein halbes Dutzend vorhanden sind«.

114 *... kreisrunde Plattform* – In W I^{1}, S. 369, heißt es: »... kreisrundes Plateau, das wie eine Warte ins Land hinaus sieht«. Heute befindet sich dort das vielbesuchte Müggelturm-Restaurant. Bereits 1889/90 war an dieser Stelle ein hölzerner Aussichtsturm in der Form einer chinesischen Pagode gebaut worden, der 1958 abbrannte. 1960/61 entstand der 30 m hohe neue Müggelturm.

115 *und die Müggelsberge ... Phantasie gesehn* – In W I^{1}, S. 370, heißt es statt dessen: »Es braut und quirlt und kommt und schwindet, bis endlich das Bild in klaren Umrissen neu vor uns steht. Die Bäume sind wieder hoch aufgeschossen und ragen im Halbkreis in die Luft.«

Semnonen – Germanischer Stamm, der die Hauptgruppe der Sueben bildete und im 1. Jahrhundert im Gebiet der heutigen Altmark sowie der unteren Spree und Havel ansässig war.

Es war ein Pirol – Die Zugzeit des Pirols liegt im August, spätestens Anfang September; Fontane dürfte also Ende Oktober keinen »nordischen Wundervogel« mehr gesehen haben.

Der Müggelsee

Am Müggelsee war Fontane – im Zusammenhang mit seinen Reisen nach Köpenick bzw. auf die Müggelberge (vgl. S. 501 und S. 514) – am 21. September und 30. Oktober 1860 sowie am 15. September 1861.

Der Autor hat Mitte September 1861 an dem Aufsatz gearbeitet, der dann im November desselben Jahres in der Erstausgabe der »Wanderungen [Teil 1]« (1862) zum erstenmal publiziert wurde. Ein Vorabdruck war angesichts der kurzen Zeitspanne, die zwischen der Entstehung des Feuilletons und seiner Veröffentlichung als Buchkapitel lag, nicht möglich.

Für die Arbeit an dem Kapitel hat Fontane dasselbe Material benutzt wie für »Die Müggelsberge«.

116 *Glatt ist der See …* – August Schnezler, »Mummelsees Rache« aus dem Zyklus »Zehn Romanzen vom Mummelsee im Schwarzwald«, Strophe 1.

… der mit zu den größten … märkischen Seen zählt – In W I[1], S. 372, heißt es statt dessen ausführlicher: »Ob erst die Spree war und auf ihrem Laufe diesen See schuf oder ob beide zu gleicher Zeit geboren wurden und die Spree nur, als bloßer Passant, ihren Lauf durch das nahm, was schon da war, muß ich dahingestellt sein lassen. Genug, die Müggel ist einer der größten unter allen märkischen Seen, und ein eigner Zauber webt um ihn her. Man kann seine Ufer und das Waldland, das ihn einfaßt, nicht durchwandern, ohne an Sinn und Herz zu empfinden, daß dies ein Boden ist, der seine Sagen getragen haben muß.« Der Müggelsee, wie die Müggelberge in der letzten Eiszeit entstanden, ist 4,3 km lang und 2,6 km breit. Vgl. Fontanes Skizze, S. 519.

Wendenzeit – Gemeint ist die Zeit zwischen der Völkerwanderung (4.–6. Jahrhundert), als slawische Volksstämme zwischen Elbe und Oder siedelten, und der Eroberung dieses Gebietes durch deutsche Territorialfürsten (10.–12. Jahrhundert).

Kolonie aus der Zeit des großen Königs – Friedrichshagen wurde 1753 durch die Ansiedlung böhmischer und schlesischer Siedler gegründet, die zur Pflanzung von Maulbeerbäumen für die Seidenraupenzucht verpflichtet waren. Vgl. die erste Anm. zu S. 30.

sie liegen … nicht am Ufer der Müggel – Inzwischen sind beide Orte an den See herangewachsen.

Müggelbude – Die »Müggelbude« befand sich einst dort, wo

heute der 1926 erbaute Spreetunnel (gegenüber vom Müggelpark in Friedrichshagen) beginnt. Die Anlage brannte 1866 ab, und 1872 wurde an gleicher Stelle die Gaststätte »Müggelschlößchen« errichtet. Sie fiel im zweiten Weltkrieg einem Bombenangriff zum Opfer.

117 *... seine Ufer zu überblicken* – In W I[1], S. 373, folgt der Zusatz: »Den See in Front, den Wald im Rücken, so liegt die Müggelbude da, Fährhaus und Gasthaus zugleich und in dunklen Sturmnächten ein Leuchtturm für die geängstigten Schiffer. Denn die Müggel ist ein gefürchtetes Wasser, und im November, wenn die Sturmzeit kommt, oder im Frühjahr, wenn das Eis aufgeht, werden hier Abenteuer bestanden, die wohl Anspruch darauf hätten, ihren Erzähler zu finden. Ein Seeroman in der Mark!«

daß uns das Unglück ... zu seltsamen Schlafkameraden führt – Adaption des Shakespeare-Zitats »Die Not bringt einen zu seltsamen Schlafgesellen«; »Der Sturm« II, 2 (Übersetzung von August Wilhelm Schlegel).

118 *zweite Prinzessin dieser Gegenden ...* – Fontane stützt sich auf die Geschichte von der »Verwünschten Prinzessin auf den Müggelsbergen«, die Adalbert Kuhn in seinen »Märkischen Sagen und Märchen«, Nr. 111 (vgl. das Literaturverzeichnis, S. 660), wiedergibt: »Auf dem Kiez bei Köpenick wohnte vor vielen Jahren ein Fischer namens Buke, welcher die Fischerei auf der Müggel hatte. Der sah oft, wenn er am hellen Mittag seine Netze warf, einen mit vier Pferden bespannten Wagen, auf dem eine weiße Gestalt saß, von den Müggelsbergen herunterfahren; alle vier Pferde aber hatten keine Köpfe. Nachdem er nun mehrmals diese Erscheinung gehabt und er sie eines Tages abermals sah, war's ihm, als höre er eine Stimme, die ihm zurufe, er solle nachts um 12 Uhr auf den Kirchhof zu Köpenick kommen und warten, da würde die Prinzessin erscheinen, und wenn er diese dreimal um die Kirche herumgetragen, ohne sich umzusehen, so würde dieselbe erlöst sein und er den großen Schatz bekommen, der unter dem Steine liege. Da ist er denn auch nachts hingegangen und hat seinen Marsch mit der Prinzessin auf dem Rücken begonnen, aber kaum war das geschehen, so sah er einen großen, gewaltig schwer beladenen Heuwagen heranfahren, den zogen vier kleine Mäuse, und das war ihm so grausig, daß er dem Wagen im Vorbeifahren unwillkürlich mit den Augen folgte und sich endlich ganz umsah; aber in demselben Augenblick bekam er ein paar derbe Ohrfeigen, und Prinzessin und Wagen waren verschwunden. Andere sagen auch, er hätte keinen weiteren

Lageskizze von Köpenick, Müggelsee und Müggelbergen

Spuk gesehen, aber seine Frau, die schon längst auf ihn eifersüchtig war, hätte ihn durch die Ohrfeigen zum Umsehn gebracht und ihn tüchtig ausgescholten.«

119 *... haschen sich noch die Wellen* – In W I[1], S. 376, folgt der Zusatz: »als flöge ein Zug weißer Möwen dicht über die Oberfläche hin«.

Rahnsdorf

Der Ort war Fontane wahrscheinlich von seinen Besuchen in Köpenick, auf den Müggelbergen und am Müggelsee her bekannt. Vgl. Albert Burkhardt, »Auf Fontanes Spuren. Wanderungen in Oderland und Spreeland«, Leipzig 1978, S. 89f.

Der Aufsatz, dessen Entstehungszeit nicht nachgewiesen werden kann, wurde am 23. August 1874 unter dem Titel »Alexander Anderssen. Fähnrich im 4. Ulanenregiment (Erschossen zu Thionville am 29. Oktober 1870)« in der »Vossischen Zeitung« Nr. 196 (Sonntagsbeilage Nr. 34) vorabgedruckt. Als Buchkapitel erschien er zum erstenmal in der Erstausgabe von »Spreeland« (1882).

Für die Arbeit an »Rahnsdorf« hat Fontane das »Landbuch der Mark Brandenburg ...« von Berghaus (vgl. das Literaturverzeichnis, S. 658) benutzt.

120 *Gestern noch auf stolzen Rossen ...* – Wilhelm Hauff, »Reiters Morgenlied«, Strophe 2, Vers 3ff.
Müggelbude – Vgl. die sechste Anm. zu S. 116.
Landbuch vom Jahre 1375 – Das sogenannte Landbuch, das Kaiser Karl IV., in dessen Besitz sich die Mark Brandenburg von 1373 bis 1378 befand, in den Jahren 1375/76 anlegen ließ, hatte den Zweck, eine Übersicht über die gesamten Eigentumsverhältnisse des Landes zu schaffen. Es gliedert sich in zwei Teile: ein Verzeichnis der aus der Landeshoheit resultierenden Einkünfte des Kaisers und ein Dorfregister. Vgl. auch das Literaturverzeichnis, S. 659 (Fidicin).
Fischereigerechtigkeit – Berechtigung zum Fischfang in einem Gewässer, das einem nicht gehört.

121 *Alexander Anderssen, der Blondkopf ...* – Im Vorabdruck in der »Vossischen Zeitung« ist dem Kapitel folgende Einleitungspassage vorangestellt, auf die Fontane in der Buchausgabe verzichtet hat: »Der Tod des im Monat Juni d. J. [1874] von den Karlisten [den ultraroyalistischen Anhängern des vormaligen französischen Königs Karl X.] erschossenen Hauptmann Schmidt hat mir, aus den Tagen der Metzer Belagerung

her, einen Hergang neu ins Gedächtnis gerufen, der damals viel besprochen wurde und unter verwandten Ereignissen mich am tiefsten erschüttert hat. Es war dies der Tod von Alexander Anderssen, Fähnrich im 4. Ulanenregiment. Am tiefsten erschüttert mit gutem Grund, und zwar deshalb, weil auch in diesen, furchtbar-*wirklich* vor unsern Augen in Szene gehenden Dingen ein ästhetisches Gesetz waltet, das, je nach dem Maß und der Reinheit, darin es sich vollzieht, auch das Maß und die Reinheit des *Eindrucks* bestimmt, den wir empfangen. Wo das Geschehene verworren oder mit plumper Willkürlichkeit an uns herantritt, da läßt auch das Furchtbarste nur geringe Spuren in unserem Herzen zurück, wo aber umgekehrt die Tatsachen in Klarheit und Folgerichtigkeit zu uns sprechen, wo wir aus einer schönen oder jugendlichen oder doch uns allen begreiflichen Schuld eine gerechte Strafe sich entwickeln und den Schuldigen sich dieser seiner Strafe ohne Kleinmut und ohne zweifelndes Murren unterwerfen sehen, da fühlen wir uns, im Leben wie in der Kunst, aufs tiefste getroffen. Schönheitsvoll und deshalb unabgeschwächt in seiner Wirkung geschieht, was geschehen *muß.* / Ein solcher Fall war der Fall Alexander Anderssens, den ich nachstehend erzählen will. Der Gedanke einer Verherrlichung liegt mir dabei fern, Leichtsinn und Fähnrichsübermut sollen nicht künstlich zu Großtaten heraufgeschraubt werden. Ein Lebens- und Charakterbild will ich geben, *nicht* ein Vorbild. Nur in *einem* war der Held meiner Erzählung wirklich ein Held: *er verstand zu sterben.«*

121 *Werdersches Gymnasium* – Gemeint ist das Friedrichwerdersche Gymnasium.

122 *Meile* – In Preußen etwa 7,5 Kilometer.

Hasenheide – Wäldchen im Süden Berlins (nordöstlich des Tempelhofer Feldes); damals Garnisonsschießplatz. In der Hasenheide hatte Friedrich Ludwig Jahn 1811 den ersten deutschen Turnplatz eingerichtet.

Pariser Ausstellungssommer – Gemeint ist offenbar die Pariser Weltausstellung von 1867.

Studiosus juris – (lat.) Student der Rechte.

Gulden – Vgl. die erste Anm. zu S. 55.

Cabfahrten – cab: (engl.) Droschke.

Véry … Frères Provençaux – Vornehme Pariser Gaststätten.

123 *Kreuzer* – Alte österreichische und süddeutsche Silbermünze von geringem Wert; seit dem 18. Jahrhundert als Kupfermünze geprägt; in Deutschland 1871 abgeschafft.

terra firma – (lat.) fester Boden.

123 *Volontairjahr* – Freiwilligenjahr. Gemeint ist die zuerst in Preußen eingeführte, 1867 auf den Norddeutschen Bund und 1871 auf das Deutsche Reich ausgedehnte, auf ein Jahr beschränkte Militärdienstzeit für junge Männer mit höherer Schulbildung. Die Einjährig-Freiwilligen, die sich auf eigene Kosten kleiden und verpflegen mußten, wurden zu Offizieren oder Unteroffizieren der Reserve oder der Landwehr ausgebildet.

Avantageurzeit – Avantageur: (franz.) Bevorzugter, Begünstigter; im deutschen Heer bis 1899 Bezeichnung für Fahnenjunker (Offiziersanwärter). Vgl. auch die erste Anm. zu S.131.

Ausbruch des Siebziger Krieges – Mit der französischen Kriegserklärung an den Norddeutschen Bund (19. Juli 1870) begann der Deutsch-Französische Krieg (1870/71).

Metzer Zernierungslinie – In den Schlachten bei Vionville und Mars-la-Tour (16. August 1870) sowie bei Gravelotte und St-Privat (18. August 1870), die die deutschen Truppen zu ihren Gunsten entscheiden konnten, wurde die Armee des französischen Marschalls Bazaine in Metz eingeschlossen (zerniert). Das Scheitern aller Ausbruchsversuche zwang Bazaine am 27. Oktober 1870 zur Kapitulation.

124 *Maire* – (franz.) Bürgermeister.

125 *die persönlich ... auf dem Kriegsschauplatz anwesend waren* – Anspielung Fontanes auf seine Tätigkeit als Kriegsberichterstatter.

dame du comptoir – (franz.) Ladenmädchen.

Prussien – (franz.) Preuße.

126 *Imperialistisches* – Hier (wörtlich): Kaisertreues. Gemeint sind die Anhänger des französischen Kaisers Napoleon III., dessen Regime am 4. September 1870 durch einen Volksaufstand in Paris gestürzt wurde, nachdem er zwei Tage zuvor in deutsche Gefangenschaft geraten war.

Gambettistisch-Republikanisches – Gemeint sind die Anhänger des kleinbürgerlich-radikalen Politikers Léon Gambetta (1838 bis 1882), der nach dem Sturz des bonapartistischen Kaiserreichs am 4. September 1870 die Republik ausrief und als Innen- und Kriegsminister der neugebildeten bürgerlichen »Regierung der nationalen Verteidigung« den Widerstand gegen die deutschen Truppen organisierte, die Paris eingeschlossen hatten.

127 *Prokurator der Republik* – Procureur de la république: Bezeichnung für Staatsanwälte bei den höheren französischen Gerichten.

127 *Kommissar der Republik* – Commissaire de la république: Mit besonderen staatlichen Aufgaben und Befugnissen ausgestatteter Justizbeamter an einem französischen Sondergericht (hier Kriegsgericht).

Garde mobile – Reaktionäre bewaffnete Einheiten in Frankreich, die 1870/71 (wie schon 1848) vor allem zur Niederschlagung der revolutionären Erhebungen der Arbeiterklasse eingesetzt wurden.

128 *»Est puni de mort …«* – (franz.) »Es ist jeder Feind mit dem Tode zu bestrafen, der verkleidet in einen befestigten Ort eindringt.«

129 *maison d'arrêt* – (franz.) Gefängnis.

Code militaire – (franz.) Kriegsgesetz.

130 *Präliminarfriede* – Gemeint ist der Präliminarfriede zwischen der Französischen Republik und dem (am 18. Januar 1871 proklamierten) Deutschen Reich, der am 26. Februar 1871 in Versailles unterzeichnet wurde. Er zwang Frankreich, das Elsaß und einen großen Teil Lothringens abzutreten sowie eine Kriegsentschädigung von fünf Milliarden Francs an Deutschland zu zahlen.

131 *Portepee-Fähnrich* – Degenfähnrich (nach franz. portépée = Degengehenk); im deutschen Heer bis 1899 Bezeichnung für Fahnenjunker (Offiziersanwärter).

Ruh aus, tapfres Herz – Im Vorabdruck des Kapitels in der »Vossischen Zeitung« folgt die Schlußpassage: »An deinem Grabe habe ich gestanden in tiefer Bewegung. Was war es? Nichts davon! / In uns verschlossen ist unser Bestes, ausgesprochen – Schall und Rauch.«

Friedrichsfelde

Den Plan, ein Kapitel über das »Charlottenburg des Ostends« zu schreiben, faßte Fontane bereits im Sommer 1862. Am 24. August dieses Jahres besuchte er – einer Einladung folgend – Schloß Friedrichsfelde, und wenige Tage später, am 29. August, fuhr er zum Schulzen Loeper nach Lichtenberg, der ihm die für die Darstellung der Geschichte des Schlosses benötigten Auskünfte über die Prinzessin von Holstein-Beck (vgl. S. 144–147) erteilte.

Der im August 1862 begonnene Aufsatz blieb dann mehrere Jahre lang unvollendet liegen und wurde erst im Mai/Juni 1870 – im Zusammenhang mit den Vorarbeiten für den »Havelland«-Band, in den er aufgenommen werden sollte – fortgesetzt. »In den ersten Tagen der nächsten Woche schreibe ich ›Friedrichsfelde‹ …«, teilte der Autor am 13. Mai 1870 seiner Frau mit, und am 14. Mai: »Heute vormittag hab ich … mir ›Friedrichsfelde‹ …für die nächste Woche zurechtgelegt; vorher werde ich wahrscheinlich noch mal einen Nachmittag in Friedrichsfelde zubringen.« Dieser zweite Besuch in Friedrichsfelde – Fontane unternahm die Fahrt gemeinsam mit dem damaligen Schloßbesitzer, Carl von Treskow – fand am 18. und 19. Mai 1870 statt, und im Anschluß daran, wahrscheinlich im Juni, wurde der Aufsatz fertiggestellt.

Der Vorabdruck erfolgte – in zwei Teilen – im »Wochenblatt der Johanniter-Ordens-Ballei Brandenburg«: der erste Teil in Nr. 8–10 vom 22. Februar, 4. und 8. März 1871, S. 57–60, 62ff. und 68f., der zweite Teil (»Ernst Gottlieb Woltersdorf«) in Nr. 24 vom 12. Juni 1872, S. 141ff.

Zum erstenmal als Buchkapitel erschien »Friedrichsfelde« in der Erstausgabe von »Havelland«, »Ost-Havelland« (1873). Vor der Übernahme in den »Spreeland«-Band (1882) hat Fontane das Feuilleton stark überarbeitet (vgl. das Vorwort, S. 5), namentlich den zweiten Abschnitt, der nochmals unterteilt wurde in »Gabriel Lukas Woltersdorf« und »Ernst Gottlieb Woltersdorf« und in den der Autor außerdem einen Teil der Verse aus Woltersdorfs »Geistlichen Liedern« einbezog, die in »Ost-Havelland« in den »Anmerkungen« aufgeführt waren.

Aufzeichnungen zu diesem Kapitel sowie eine eingeklebte Lagekarte vom Dorf Friedrichsfelde finden sich in Fontanes Notizbuch A 13, Blatt 35–52. – Das Märkische Museum, Berlin, bewahrt überdies die Handschriften zu den beiden Abschnitten des Kapitels auf. Der erste Manuskriptteil entspricht dem Text von Anfang des Abschnitts I bis »Friedrichsfelde von 1800 bis 1810« (vgl. S. 132–147); er scheint zu großen Teilen als Satzmanuskript gedient zu haben (Notiz auf S. 1: »zu setzen. H.«), ist bis Blatt 35 eine Reinschrift, danach ein aufgeklebtes und stark korrigiertes Manuskript und weicht im Detail noch erheblich von der Buchfassung ab. Der zweite Manuskriptteil, ebenfalls eine Reinschrift mit gelegentlichen Korrekturen, umfaßt – noch stark abweichend – den gesamten Abschnitt 2.

Für die Arbeit an »Friedrichsfelde« hat Fontane folgende Literatur benutzt (die vollständigen Angaben finden sich jeweils im Literaturverzeichnis; vgl. S. 658): Berghaus, »Landbuch der Mark Brandenburg …«. – Fidicin, »Die Territorien der Mark Brandenburg …« (Band »Niederbarnim«). – Brecht, »Geschichte des Dorfes Friedrichsfelde bei Berlin«. – Winterfeldt, »Geschichte des ritterlichen Ordens St. Johannis …«. – Bekmann, »Beschreibung des ritterlichen Johanniter-Orden …«. – Tiedge, »Anna Charlotte Dorothea – die letzte Herzogin von Kurland«. – Cruse, »Kurland unter den Herzögen«. – Poellnitz, »Mémoires ...«. – Bülau, »Geheime Geschichten und rätselhafte Menschen ...«. – Besser, »Schriften«. – Canitz, »Des Freiherrn von Canitz satirische und sämtliche übrige Gedichte ...«. – Droysen, »Das Leben des Feldmarschalls Grafen Yorck von Wartenburg«. – [Zu »Ernst Gottlieb Woltersdorf«:] Hagenbach, »Die Kirchengeschichte des 18. und 19. Jahrhunderts ...«. – Koch, »Geschichte des Kirchenlieds und Kirchengesangs ...«. – Besser, »Leben Ernst Gottlieb Woltersdorfs«. – Woltersdorf, »Sämtliche Neue Lieder ...«. – Wolzogen, »Aus Schinkels Nachlaß ...«. – »Mündliche und briefliche Mitteilungen, besonders des Herrn v. Treskow, Hofrat Herrlich und Hofrat Hesekiel« (laut Anmerkung am Schluß von »Ost-Havelland«).

132 *Und nahe hör ich ...* – Schiller, »Die Braut von Messina«, Vers 990f.
Gegrüßet seid mir ...! – Goethe, »Der Sänger«, Strophe 2, Vers 1f.
Wen ein Sommernachmittag ... – In W III[1], S. 398, folgt der Zusatz: »statt in die Parkgänge des Tiergartens«.
... und allsonntäglich ... – In W III[1], S. 398, geht der Zusatz voran: »Alte Eichen und frischer Rasen, im Stil einer großen englischen Parkwiese, legen sich, wie schützend, um die eine Seite des Dorfes herum ...«
sich ... divertieren – sich belustigen, vergnügen.
unter den weitschattigen Parkbäumen – In W III[1], S. 398, heißt es ausführlicher: »unter den weitschattigen Bäumen des Parks, zu dem der gegenwärtige Besitzer niemandem den Zutritt weigert«.
Es ist eine Reise ... – In W III[1], S. 399, folgt der Zusatz: »und nicht eben die angenehmste«.
Hauderer-Traditionen – Hauderer: Mietkutsche.
Friedrichsfelde bis 1700 – In W III[1], S. 399, heißt es statt dessen: »Friedrichsfelde bis 1698«.

133 *Schäferspiele* – In der Zeit des Barock und des Rokoko modisches Rollenspiel, in dem ein primitives Hirtenleben als ungetrübtes Idyll dargestellt wurde und das eine eigene literarische Gattung, die sogenannte Schäferdichtung, hervorbrachte.
1319 ... Waldemar – Mit dem Tod des Markgrafen Waldemar (14. August 1319) erlosch die Herrschaft der Askanier in Brandenburg. (Der letzte märkische Askanier, Waldemars minderjähriger Vetter Heinrich der Jüngere, starb 1320.) Vgl. auch die achte Anm. zu S. 93.
Lehn – Vgl. die erste Anm. zu S. 49.
in seinem an die Witwe gerichteten Trauergedicht – »Der sel.

Herr Oberhofmarschall von Gromkau an seine Gemahlin, geborne von Grote, über seinen plötzlichen Todesfall. Geschehen den 26. Dez. 1690 ...«. Die von Fontane zitierte Stelle findet sich nicht in diesem Gedicht.

133 *Pöllnitz ... Memoiren* – Vgl. das Literaturverzeichnis, S. 661.

Blankenfelde – Heute zu Berlin-Pankow gehörig. Fontane besuchte den Ort am 16. Juni 1860.

Kirche ... Gruft ... Grabstein ... Inschrift – Die Kirche in Blankenfelde, ein rechteckiger Feldsteinbau aus dem 13./14. Jahrhundert, erhielt um 1680 auf Veranlassung Joachim Ernst von Grumbkows einen Putzanbau auf der Südseite, in dem die Gutsloge untergebracht war und über dessen Eingang die erwähnte lateinische Inschrift über dem Grumbkow-Wappen steht. Die Inschrift lautet: »Has ego divinas posui Grombkowius aedes / Pro queis coelestes tu mihi Jova dabis« (Dieses irdische Gotteshaus habe ich, Grumbkow, gebaut, damit du, Jehova, mir ein himmlisches geben wirst). Fontane schloß aus der Inschrift des Anbaus irrtümlich auf Grumbkows Urheberschaft für die ganze Kirche, die er übrigens in der Umgestaltung von 1854 kennenlernte, bei der die Feldsteine verputzt worden waren. Sie wurden bei einer durchgreifenden Renovierung 1938–1941 wieder freigelegt. Bei dieser Gelegenheit wurde der Grabstein über der Gruft (die zum Heizungskeller umgebaut wurde) entfernt und in die Nordwand der Kirche eingelassen. Fontane gibt den Wortlaut der Inschrift (bis auf eine Ausnahme: statt Kunow ist Lupo zu lesen) korrekt wieder und stellt die Angelegenheit auch sonst richtig dar: Grumbkows Leiche hat offenbar während der Überführung von Wesel nach Runow (wo sie am 1. Februar 1691 beigesetzt wurde) nur eine Nacht in Blankenfelde gestanden. Aufzeichnungen über die Sehenswürdigkeiten in der Kirche finden sich in Fontanes Notizbuch A 9.

Geheimer Etats[rat] – Geheimer Staatsrat; wahrscheinlich Mitglied der 1689 gegründeten Geheimen Hofkammer, einer Zentralbehörde der Domänen- und Zollverwaltung.

134 *Generaldirektor des Seewesens* – Der holländische Reeder Benjamin Raule war Generaldirektor der von Kurfürst Friedrich Wilhelm geschaffenen brandenburgischen Marine. Er förderte vor allem den Überseehandel, insbesondere die ökonomische Ausbeutung der von Brandenburg erworbenen Kolonie an der Guineaküste in Westafrika durch die 1682 gegründete Brandenburgisch-Afrikanische Compagnie.

»Raules Hof« – Das im holländischen Stil errichtete Haus im Durchgang zwischen der Alten Leipziger Straße und der Ad-

lerstraße in Berlin wurde in den dreißiger Jahren des 20. Jahrhunderts abgerissen; an seiner Stelle entstand ein Erweiterungsbau der Reichsbank.

134 *Joachimische Zeit* – Regierungszeit der brandenburgischen Kurfürsten Joachim I. Nestor (1499–1535) und Joachim II. Hektor (1535–1571).

der jetzige Park – Die ursprünglich barocke Gartenanlage wurde 1821 von Peter Joseph Lenné erweitert und in einen Landschaftspark umgestaltet. 1954 beschloß der Magistrat von Groß-Berlin, auf diesem 160 ha großen Gelände einen Tierpark einzurichten. Die Bauten und Anlagen wurden nach der Konzeption von Professor Dr. Heinrich Dathe, der den Tierpark seit der Gründung leitete (gest. 1991), von den Teams des Chefarchitekten Heinz Graffunder und der Gartenarchitektin Editha Bendig geschaffen.

Regierungszeit Friedrichs III. – 1688–1713.

135 *Herrenmeister des Johanniterordens* – Oberhaupt des (aus einem 1113 vom Papst bestätigten geistlichen Ritterorden hervorgegangenen) Johanniterordens, der sich vor allem der Krankenbetreuung im Heer widmete und feudale Überlieferungen pflegte. (1810 wurde die Ballei Brandenburg des Ordens aufgelöst; an ihre Stelle trat 1812 der Königlich Preußische Johanniterorden, der sich seit 1852 erneut als Ballei Brandenburg bezeichnen durfte, die eingezogenen Güter aber nicht zurückerhielt.) Der Titel »Herrenmeister« war erst im Königlich Preußischen Johanniterorden üblich; im alten Johanniterorden hieß der Ordensvorgesetzte einer Ballei (Provinz) »Heermeister« (nach seiner mittelalterlichen Funktion als Anführer der ihm unterstehenden Ordensritter im Kriege). Die Heermeister der Ballei Brandenburg residierten von 1514 bis 1811 in Sonnenburg bei Küstrin.

Kapitel – Hier: Versammlung der Ordensmitglieder.

1719 ... neues Schloß – Das 1719 von Martin Böhme errichtete Barockschloß geht auf ein Ende des 17. Jahrhunderts entstandenes Lusthaus zurück. Die Schäden aus dem zweiten Weltkrieg wurden bei einer umfassenden Rekonstruktion beseitigt (1981 abgeschlossen). Das Schloß wird seitdem zu kulturellen Veranstaltungen genutzt.

Spanischer Erbfolgekrieg – Vgl. die dritte Anm. zu S. 108.

136 *Regiment Gensdarmes* – Vgl. die zweite Anm. zu S. 42.

sukzedieren – (im Amt) nachfolgen.

Schlesische Kriege – Kriege Friedrichs II. gegen Österreich (1740 bis 1742) bzw. gegen Österreich und Sachsen (1744/45) um den Besitz Schlesiens.

136 *1741 bei Mollwitz* – In der Schlacht bei Mollwitz (nahe Brieg) siegten die Preußen am 10. April 1741 über die Österreicher.

1744 vor Prag – Am 11. September 1744 erstürmten preußische Truppen den Ziškaberg bei Prag. Die befestigte Stadt selbst wurde den Österreichern am 16. September 1744 entrissen.

137 *Daher war nicht alles ersten Ranges* – In W III^1, S. 403, folgt der Zusatz: »aber das Gute überwog«.

Johanniterordenspalais ... am Wilhelmsplatz – Es wurde 1737 errichtet und 1828 von Schinkel umgebaut. Im zweiten Weltkrieg wurde das Gebäude, in dem Goebbels sein »Reichspropaganda-Ministerium« etabliert hatte, zerstört.

an dessen Vollendung ihn der Tod hinderte – In W III^1, S. 404, folgt der Zusatz: »Die Erben scheuten den Weiterbau.«

Da befahl der König ... – In W III^1, S. 404, folgt der Zusatz: »der die Friedrichsstadt mit schönen Häusern verziert haben wollte«.

Rudera – Überbleibsel.

Pertinenzien – Zubehör; zugehörige Grundstücke.

138 *großer König* – Friedrich II.

von 1744 an in Ruppin residiert – Vgl. »Die Grafschaft Ruppin«, Kap. »Neuruppin«, Abschnitt 5/I; Band 1 dieser Ausgabe.

von 1756 bis 1763 ... im Kriegslager – Während des Siebenjährigen Krieges.

Hubertusburger Friede – Der am 15. Februar 1763 auf dem sächsischen Jagdschloß Hubertusburg zwischen Preußen, Österreich und Sachsen abgeschlossene Friedensvertrag beendete den Siebenjährigen Krieg.

Schloß Bellevue (im Berliner Tiergarten) – Das Gelände, auf dem sich seit 1710 eine Maulbeerpflanzung befand, erwarb 1743 Knobelsdorff, der sich dort ein Wohnhaus baute. An dessen Stelle wurde 1785 das klassizistische Schloß Bellevue errichtet, von 1786 bis 1790 der Park angelegt. Nach der Zerstörung im zweiten Weltkrieg wurde das Schloß bis 1959 wieder aufgebaut.

Rheinsberg an die Stelle von Bellevue – Prinz Ferdinand residierte von 1802 bis zu seinem Tode (2. Mai 1813) zeitweilig im Schloß Rheinsberg. Vgl. »Die Grafschaft Ruppin«, Kap. »Rheinsberg«, Abschnitt 3; Band 1 dieser Ausgabe.

Geist und Gaben – In W III^1, S. 405, heißt es statt dessen: »Originalität«.

138 *wenn auch nichts von Eigenart* – In W III[1], S. 405, heißt es statt dessen: »wenn auch nicht Selbständigkeit«.

139 *Wachtlokal* – Es ist auch heute noch vorhanden und dient als Kassengebäude des Tierparks.

Wachthäuser am Halleschen Tor – In W III[1], S. 406, folgt der Zusatz: »die, beiläufig, nun auch ihren Dienst eingestellt haben«.

insipide – albern, abgeschmackt.

wo die gesamte hohenzollernsche Deszendenz auf zwei Augen stand – In W III[1], S. 406, folgt der Zusatz: »Das war um 1770.« – Auf zwei Augen stehen: nur jeweils einen männlichen Erben haben.

verwitwete Königin von Schweden – Luise Ulrike, eine Schwester Friedrichs II.; seit 1744 Gemahlin des schwedischen Königs Adolf Friedrich, nach dessen Tod (1771) sie sich mit ihrem Sohn Gustav III. überwarf und nach Preußen zurückkehrte.

des Pastors Lindenberg – In W III[1], S. 407, heißt es statt dessen: »des Pastors Damerow«.

140 *der »Saalfelder«* – Populäre Bezeichnung für den Prinzen Louis Ferdinand, der am 10. Oktober 1806 bei Saalfeld in einem Gefecht mit Napoleonischen Truppen fiel, das der Schlacht bei Jena und Auerstedt (vgl. die erste Anm. zu S. 73) vorausging.

Reorganisator der preußischen Artillerie – August Friedrich Wilhelm Heinrich Prinz von Preußen, ein Neffe Friedrichs II.; seit 1808 Chef der preußischen Artillerie, die er nach 1815 vollständig umgestaltete und ergänzte.

141 *... bezog auch Friedrichsfelde* – In W III[1], S. 408, folgt der Zusatz: »Dieser erste Aufenthalt war höchstwahrscheinlich nur ein gelegentlicher, oft unterbrochener (auch in der Stadt hatte man eine Wohnung) und umfaßte im ganzen einen Zeitraum von etwa sechs Monaten.«

high-life – (engl.) vornehme Gesellschaft.

152 *Tiedgesches Buch* – Vgl. das Literaturverzeichnis, S. 662.

sein Neffe – Friedrich Wilhelm II.

142 *Der große König war inzwischen gestorben* – Am 17. August 1786.

Herzog von York – Friedrich, der zweite Sohn König Georgs III. von England; seit 1784 Herzog von York und Albany.

Erbstatthalter – In der Republik der Vereinigten Niederlande bis 1795 der oberste Staatsbeamte; zugleich Oberbefehlshaber des Heeres und der Flotte (Generalkapitän). Im Jahre 1791 war Wilhelm V. aus dem Hause Oranien Erbstatthalter.

142 *remonstrieren* – einwenden.
Fackeltanz – Seit dem Altertum gebräuchlicher polonaisenartiger Tanz, bei dem die männlichen Tänzer Wachsfackeln trugen; in Preußen bis 1913 Repräsentationstanz, der den Abschluß von Hochzeitsfeierlichkeiten innerhalb der königlichen Familie bildete.
143 *Semgallen* – Der südöstlichste Teil des ehemaligen Herzogtums Kurland.
die Dinge in Kurland ... russische Provinz – Kurland, seit dem Aussterben der herzoglichen Familie Kettler (1737) zunehmend unter russischen Einfluß geraten, wurde 1795 – nach der dritten Teilung Polens (das die Lehnshoheit über das Herzogtum besaß) durch Rußland, Österreich und Preußen – vom derzeitregierenden Herzog Peter Reichsgraf von Biron gegen ein Jahresgehalt von 50000 Dukaten an Katharina II. von Rußland abgetreten, die es dem Zarenreich als Gouvernement eingliederte.
berühmter Talleyrand – Gemeint ist der französische Staatsmann und Diplomat Charles-Maurice de Talleyrand-Périgord, der Frankreich 1814/15 auf dem Wiener Kongreß vertrat.
Sagan – Mittelbares Fürstentum in Niederschlesien, das 1786 durch Kauf an Herzog Peter Biron von Kurland gefallen war.
Werk Cruses – Vgl. das Literaturverzeichnis, S. 658.
in Königsberg mit Kant, Hamann, Hippel – Immanuel Kant, der philosophische Schriftsteller Johann Georg Hamann und der Aufklärungsromancier Theodor Gottlieb von Hippel haben das geistige Leben in Königsberg in der zweiten Hälfte des 18. Jahrhunderts entscheidend mitgeprägt.
in Neapel mit Hackert – Der klassizistische Landschaftsmaler Jakob Philipp Hackert lebte seit 1786 als Hofmaler in Neapel.
in Herrenhut mit ... Spangenberg – August Gottlieb Spangenberg war seit 1744 Bischof der Herrnhuter »Brüdergemeine« (vgl. die zweite Anm. zu S. 156).
144 *»Vue de Friedrichsfelde«* – (franz.) »Ansicht von Friedrichsfelde«.
»Dédié à Son Altesse ...« – (franz.) »Gewidmet Ihrer durchlauchtigsten Hoheit, der Herzogin von Kurland und Semgallen«.
Schwarz fecit – (lat.) Schwarz hat es angefertigt.
145 *1809 von Königsberg und Memel wieder in Berlin eingetroffen* – Mitte Oktober 1806 war Friedrich Wilhelm III. mit seinem Hof vor den Napoleonischen Truppen, die am 27. Oktober Berlin besetzten, zunächst nach Küstrin und nach deren weiterem Vordringen nach Memel (in den äußersten Nord-

osten Ostpreußens) geflüchtet. Im Januar 1808, nachdem sich die Franzosen aus Ostpreußen zurückgezogen hatten, übersiedelten der Hof und die preußische Staatsregierung nach Königsberg, von wo sie im Dezember 1809, nach dem endgültigen Abzug der französischen Besatzungstruppen (vgl. die Anm. zu S. 74), nach Berlin zurückkehrten.

145 *Friedrich Wilhelm III. und Königin Luise waren in Petersburg gewesen* – Im Januar 1809. Ziel der Reise war die Wiederherstellung der Allianz zwischen Rußland und Preußen, die Zar Alexander I. 1807 im Frieden von Tilsit aufgegeben hatte, um sich mit Napoleon zu arrangieren und das europäische Festland zwischen Frankreich und Rußland aufzuteilen.

146 *man divertierte sich* – man vergnügte sich.
ähnlich dem Rheinsberger – Vgl. »Die Grafschaft Ruppin«, Kap. »Rheinsberg«, Abschnitt 4; Band 1 dieser Ausgabe.
»Erntekranz« – Nach Abschluß der Roggenernte für die Gutsarbeiter ausgerichtete Vergnügung (mit Tanz und freier Bewirtung), wobei dem Gutsherrn ein Roggenkranz übergeben wurde.

147 *Pariser Platz* – Am Brandenburger Tor in Berlin gelegener Platz, in den die Straße Unter den Linden einmündet.
französisches Gesandtschaftshotel – Das Gebäude wurde im zweiten Weltkrieg zerstört.
Einnahme Leipzigs durch die Verbündeten – Nach der »Völkerschlacht« (vgl. die erste Anm. zu S. 75).

148 *Tage von Großbeeren und Dennewitz* – In den Gefechten bei Großbeeren (23. August 1813) und Dennewitz (6. September 1813) wurden die Napoleonischen Truppen von den Preußen entscheidend geschlagen. Dadurch konnte der geplante Vorstoß der Franzosen auf Berlin vereitelt werden. Vgl. dazu S. 289–297.
Bürgergardisten – Aus loyalen Bürgern bestehende Hilfstruppe zur Aufrechterhaltung der innerstädtischen Ordnung. (Die Bezeichnung stammt eigentlich aus späterer Zeit. Bürgergarde oder Bürgerwehr wurden die bewaffneten Formationen des liberalen Bürgertums genannt, die während der Volksaufstände 1830/31 und der Revolution 1848/49 die revolutionär-demokratische Bewegung bekämpften.)
Dichter – Der vor allem durch seine Schicksalsdramen bekannt gewordene Schriftsteller Ernst von Houwald.
die Sahrsche Division ... bei Großbeeren – Vgl. S. 293.

149 *Gelder seiner Schatulle* – Das Privatvermögen des Königs.
Protokoll ..., das über das Schicksal Sachsens entschied – Gemeint ist die am 9. Februar 1815 auf dem Wiener Kongreß

zur territorialen Neugliederung Europas (September 1814 bis Juni 1815; nach der Abdankung Napoleons I. im Frühjahr 1814) von den europäischen Großmächten Österreich, Rußland, England, Preußen und Frankreich unterzeichnete Vereinbarung über die Teilung Polens und Sachsens, der zufolge das Königreich Sachsen, bereits seit 1814 von einem preußischen Gouverneur verwaltet, drei Fünftel seines Territoriums an Preußen abtreten mußte.

149 *Kaiser von Österreich* – Franz II.

150 *fünf Arbeiten Schinkels* – Die genannten fünf Gemälde sind verschollen.

151 *Wagnersche Galerie* – Gemeint ist die aus 262 Bildern zeitgenössischer Künstler bestehende Sammlung des Berliner Kaufmanns Joachim Heinrich Wagener, die nach dessen Tod (1861) durch Schenkung an den preußischen Staat fiel und den Grundstock der Nationalgalerie bildete, die 1876 das neuerrichtete Gebäude nördlich des Alten Museums bezog. Wageners Schinkel-Bilder waren seit 1931 Bestandteil des Schinkel-Museums. Etwa 4500 Zeichnungen und Entwürfe werden heute im Kupferstichkabinett (im Alten Museum), die erhaltenen Gemälde in der Nationalgalerie Berlin aufbewahrt. (Die genannten Kopien von Ahlborn befinden sich nicht darunter; sie sind 1945 verlorengegangen.)

Wolzogen in seinem »Leben Schinkels« – Gemeint ist das Werk »Aus Schinkels Nachlaß«; vgl. das Literaturverzeichnis, S.662.

152 *Verfolgt, verlassen und verflucht* ... – Vgl. S.161.

Gildemeister – Hier wahrscheinlich: Zunftmeister.

153 *Halle, ... »das Herz ..., dessen Schläge man weit und breit fühlte«* – Die 1694 gegründete Universität in Halle, das seit 1680 zu Brandenburg-Preußen gehörte, war im 18. Jahrhundert die wichtigste Ausbildungsstätte für die (oft mittellosen) preußischen Theologiestudenten. Hier wirkten so namhafte Aufklärer wie Christian Thomasius, Christian Wolff und Johann Salomo Semler; gleichzeitig war Halle jedoch eine Hochburg des Pietismus, jener protestantischen Bewegung, die sich anfangs gegen die dogmatisch erstarrte Orthodoxie richtete und für ein »tätiges« Christentum engagierte, später jedoch zu religiöser Schwärmerei, Bekehrungseifer und Wissenschaftsverachtung führte.

Francke stand eben damals in der Blüte seines Wirkens – Der pietistische Theologe und Pädagoge August Hermann Francke hatte in den letzten Jahren des 17. Jahrhunderts in Halle die sogenannten Franckeschen Stiftungen begründet, die ein Waisenhaus, verschiedene Schulen und Internate, eine Lehrerausbildungsanstalt (»Pädagogium«) sowie bestimmte gewerbliche Betriebe (Papiermanufaktur, Buchdruckerei, Verlag und Buchhandlung) umfaßten. Dadurch wurde die Stadt zum organisatorischen und ideologischen Zentrum des frühen Pietismus, der vor allem über Franckes ständig wachsenden Schülerkreis eine weite Verbreitung fand und bis ins Ausland wirkte. Vgl. auch die dritte Anm. zu S. 161.

153 *Adjunktur* – Beigabe eines für die Amtsnachfolge vorgesehenen Stellvertreters.

remonstrieren – einwenden, Gegenvorstellungen machen.

154 *Reformierte* – Angehörige der im 16. Jahrhundert von den Schweizern Zwingli und Calvin begründeten reformierten Kirche, die von den orthodoxen Lutheranern heftig angefeindet wurden. Die Hohenzollern waren Anhänger der reformierten Kirche und erstrebten eine Union der beiden protestantischen Kirchen, die aber erst 1817 zustande kam. (Vgl. die erste Anm. zu S. 272.)

äußerlich ist wohl ein großer Unterschied – Charakteristisch für die reformierte Kirche sind die strenge Bindung an die Bibel, schlichte gottesdienstliche Formen (unter Verzicht auf Altäre, Orgeln, Bilder, Kerzen) sowie eine Presbyterialverfassung (Leitung durch Gemeindeälteste; der Geistliche ist nur »primus inter pares«, »der Erste unter Gleichen«).

Gnadenwahl – Gemeint ist die um 400 von dem christlichen Heiligen und Kirchenlehrer Aurelius Augustinus aufgestellte, auch von Calvin und Luther vertretene Glaubenslehre von der Prädestination; danach sind diejenigen aus der mit der Erbsünde belasteten Menschheit vorherbestimmt, die durch Gottes Gnade zur ewigen Seligkeit oder Verdammnis gelangen.

155 *Vocation* – Berufung.

Sankt-Georgen-Kirche – Stammte in der ältesten Form aus dem 13. Jahrhundert, wurde ab 1693 stark verändert und erhielt 1713 einen mehrstöckigen Turm. 1780 und 1889 wurde die am späteren Alexanderplatz gelegene Kirche durch Neubauten ersetzt; sie existiert seit dem zweiten Weltkrieg nicht mehr.

Graues Kloster – Ältestes Berliner Gymnasium; 1574 von Kurfürst Johann Georg in einem aufgehobenen Kloster der Franziskaner (Grauen Brüder) gegründet. Das Gebäude in der Klosterstraße wurde im zweiten Weltkrieg zerstört.

die sieben fetten Jahre – Geflügeltes Wort nach 1. Mose 41, 29ff., im Alten Testament.

155 *Rationalismus* – Gemeint ist die um die Mitte des 18. Jahrhunderts von Johann Salomo Semler begründete, von der Aufklärungsphilosophie beeinflußte sogenannte historisch-kritische Theologie, die die Vernunft als oberstes religiöses Erkenntnisvermögen betrachtete und demzufolge den im kirchlichen Dogma verankerten übernatürlichen Offenbarungs- und Wunderglauben ablehnte.

Franckesches Waisenhaus – Vgl. die zweite Anm. zu S. 153.

156 *Da saß ich an den Wassern zu Babel* ... – Nach dem Alten Testament, Psalm 137,1.

Herrenhuter – Gemeint ist die 1727 von Nikolaus Ludwig Graf von Zinzendorf gegründete pietistische »Brüderunität« (Brüdergemeine), ein aus der 1722 auf dem Zinzendorfschen Gut Berthelsdorf (Oberlausitz) gebildeten Handwerkerkolonie Herrnhut hervorgegangenes christliches Gemeinwesen mit demokratischer Tendenz, das sich anfangs unabhängig von der evangelischen Landeskirche entwickelte und eine umfassende Erziehungsarbeit sowie eine rege Missionstätigkeit in allen Teilen der Welt entfaltete. Vgl. »Vor dem Sturm«, 2. Band, Kap. 16.

... *um den Spreewaldwenden das Evangelium predigen zu können* – In W III[1], S. 423, heißt es ausführlicher: »... um auch den Wenden (die im Spreewald und anderen Gegenden der Lausitz zum Teil bis heute noch kein Deutsch verstehen) das Evangelium predigen zu können.«

Trinitatis – Der Sonntag nach Pfingsten. Im Kirchenjahr werden die Sonntage nach dem Trinitatisfest (»Fest der heiligen Dreieinigkeit«) bis zum ersten Advent als Trinitatissonntage gezählt.

»Der Herr sprach zu mir ...« – Altes Testament, Jeremia 1,7.

... *daß er die ganze Gemeinde mit sich fortriß* – In W III[1], S. 423, folgt der Zusatz: »Immer neue Erbauungsversammlungen mußten abgehalten werden ...«

157 *Über die Art, wie dieselben entstanden* ... – In W III[1], S. 424, folgt der Zusatz: »über seine Dichtungsweise überhaupt«. Fontane hat die folgenden Auszüge aus Woltersdorfs Vorrede zur 1. Sammlung seiner »Evangelischen Psalmen« (datiert: Bunzlau, 27. August 1750) frei kompiliert.

Lehr – Nach Fontanes Angabe in den »Anmerkungen« zu W III[1], S. 460, war der Köthener Diakonus Leopold Franz Friedrich Lehr, der zusammen mit Johann Ludwig Konrad Allendorf (1693–1773) die »Köthnischen Lieder« herausgab (1. Sammlung 1733), Woltersdorfs »besonderes Vorbild«.

157 *des seligen Lau »Leben und letzte Stunden«* – Wahrscheinlich meint Woltersdorf die Schrift »Christliches Denkmal ... Samuel Lau ... aufgerichtet ...« (1746), die außer zwei Gedächtnispredigten einen »Lebenslauf« und eine Darstellung der »Seelenführung« sowie einen Bericht über die »Letzten Stunden« des Wernigeroder Hofpredigers und Kirchenlieddichters enthält.

Erhöhung – In Woltersdorfs Vorrede heißt es: Erhörung.

158 *berühmter Günther ...* – Gemeint ist Johann Christian Günther, der bedeutendste Lyriker der deutschen Frühaufklärung. Woltersdorfs Verdikt richtet sich vor allem gegen die unkonventionelle, bekenntnishafte Liebeslyrik Günthers, die der deutschen Literatur neue Gefühlsbereiche und Ausdrucksmöglichkeiten erschloß.

Improvisator – Hier: Stegreifdichter.

159 *Psychographendichter* – Psychograph: Seelenschreiber. – Vgl. Fontanes Äußerung über seinen Roman »Effi Briest« im Brief an Paul Schlenther vom 11. November 1895: »Ich habe das Buch wie mit dem Psychographen geschrieben. Nachträglich, beim Korrigieren, hat es mir viel Arbeit gemacht, beim ersten Entwurf gar keine. Der alte Witz, daß man Mundstück sei, in das von irgendwoher hineingetutet wird, hat doch was für sich ...«

Vorrede – Vgl. die erste Anm. zu S. 157.

Sein Biograph schreibt – Rudolf Besser in »Leben Ernst Gottlieb Woltersdorfs«; vgl. das Literaturverzeichnis, S. 662.

... wenn er auch über Macht beschweret ist – Anklang an die Bibelstelle: »Denn wir wollen euch nicht verschweigen, liebe Brüder, unsere Trübsal, die uns in der Landschaft Asien widerfahren ist, wo wir über die Maßen beschwert waren und über Vermögen [nach älterer Übersetzung: über Macht], so daß wir auch am Leben verzagten ...«; Neues Testament, 2. Korinther 1,8.

nun war er frei – In W III[1], S. 427, folgt der Zusatz: »Seine Hoffnung erfüllte sich.«

160 *Dichtung unter Zinzendorfschem Einfluß* – Zinzendorf war selbst ein außerordentlich produktiver Lyriker. Er hat etwa 2000 geistliche Lieder verfaßt, von denen einige (z. B. »Jesu, geh voran« und »Herz und Herz vereint zusammen«) Eingang in die evangelischen Gesangbücher fanden.

Koch schreibt – In »Geschichte des Kirchenlieds ...«; vgl. das Literaturverzeichnis, S. 660.

Hagenbach – »Die Kirchengeschichte des 18. und 19. Jahrhunderts ...«; vgl. das Literaturverzeichnis, S. 659.

161 *... nicht ohne Erhebung gelesen* – In W III[1], S. 428, folgt der Zusatz: »Unsere Laienschaft kommt uns dabei zustatten.«

Wer ist der Braut des Lammes gleich? ... – Woltersdorf, »Die Kirche Christi, ein Wunder«, Strophe 1, 4 und 7 (mit leichten Veränderungen). In seinen »Anmerkungen« zu W III[1], S. 460, führt Fontane noch weitere Beispielverse aus dem Kirchenliedschaffen Woltersdorfs an. – Lamm: Lamm Gottes (Agnus Dei); nach Johannes 1,29 im Neuen Testament Bezeichnung für Jesus.

hallensisch-pietistischer Dichterkreis – Nach Koch, »Geschichte des Kirchenlieds ...« (vgl. das Literaturverzeichnis, S. 660), gehörten der jüngeren hallensisch-pietistischen Dichterschule, deren Kirchenliedschaffen sich von dem der älteren Schule (u. a. Johann Anastasius Freylinghausen, August Hermann Francke) durch »Empfindelei« und eine »Verzärtelung der Frömmigkeit« unterschied, außer Woltersdorf u. a. Carl Heinrich von Bogazky (1690–1774), Johann Jakob Rambach (1693–1735), Johann Sigmund Kunth (1700–1779), Christian Ludwig Scheitt (1709 bis 1761), Lehr, Lau und Allendorf (vgl. die zweite und die dritte Anm. zu S. 157) an. Lieder von Kunth und Scheitt enthielt auch die Sammlung der »Köthnischen Lieder«.

162 *gegensätzlich gegen alles* – In W III[1], S. 429, heißt es statt dessen: »ablehnend gegen alles«.

Buch

»Ich freue mich recht sehr auf die Partie und flehe die Reisegötter um gutes Wetter an«, schrieb Fontane am 13. Juni 1860 an Wilhelm Hertz. »Um zwei Uhr oder, wenn es Ihnen besser paßt, um zweieinhalb steh ich zu Befehl. – Das Beste aber ist doch wohl, ich spreche morgen zwischen eins u. zwei bei Ihnen vor, und wir machen alles noch Nötige mündlich ab.« Wie gründlich der Autor diese für den 16. und 17. Juni 1860 anberaumte Wochenend-»Partie« vorbereitete, auf der er von Hertz begleitet wurde und in deren Mittelpunkt ein Besuch in Buch stehen sollte, bezeugt sein Brief an den Verleger vom 14. Juni. »Heut nachmittag ... hab ich bei Blitz und Donner nochmals Karte und Bücher durchstudiert«, heißt es darin. »Resultat (mit Ihrer Zustimmung natürlich) folgendes. / 1) Um zwei Uhr nach Pankow. Kein Aufenthalt in Pankow und Schönhausen, sondern gleich weiter / 2) nach Rosenthal und Blankenfelde (alte Kirche. Grumbkow etc.). / 3) Von Blankenfelde nach Buch. Kommen wir um sechs in Buch an, so haben wir vielleicht noch Zeit, Kirche, Schloß, Park zu mustern, sonst brechen wir die Arbeit ab, nehmen die Exterieurs noch am Abend und die Interiora *früh* am andern Morgen, *vor* der Kirchzeit. / 4) Von Buch nach Zepernick und Schönow, zwei Dörfer mit sehr alten Kirchen, beide eine halbe Meile von Bernau. / 5) Von Schönow nach Bernau. / 6) In Bernau: Kirche, Speis und Trank und Rückkehr per Dampf zu geeignet[er] Zeit nach Berlin. / Der Ausflug nach Tasdorf etc. geht nicht; ist zu weit ab, ums mit ›Buch‹ zu vereinen. / ... / Also Sonnabend um eins bei Ihnen. / Nachtquartier *in Buch.*«

Fontane muß den Aufsatz – der zu seinen frühen märkischen Feuilletons gehört, denen noch jener später aufgegebene »Touristen-« bzw. »gemütliche Wandrer-Ton« eigen war – bald nach der Reise niedergeschrieben haben; denn bereits am 3. September 1860 schrieb er an Hermann Hauff, den Redakteur des Cottaschen »Morgenblatts für gebildete Leser«: »Anbei erlaub ich mir, Ihnen abermals zwei Skizzen aus unsrer Mark zu übersenden: *Buch* und *Gusow*, letztres die schöne, reiche Besitzung des alten Derfflinger, jenes das in dunklem Schatten gelegene Dorf (zwei Meilen von Berlin), in dem die schöne Gräfin Ingenheim geboren wurde und frühzeitig, nach kurzem Glanze, starb. Es wäre mir wohl lieb, gelegentlich von Ihnen zu erfahren, ob ich mit ähnlichen Zusendungen fortfahren darf.« Hauff veröffentlichte den Text – unter dem Titel »Bilder und Geschichten aus der Mark Brandenburg« – am 4. November 1860 im »Morgenblatt«, Jg. 54, Nr. 45, S. 1069–1074.

Zum erstenmal als Buchkapitel erschien »Buch« in der Erstausgabe der »Wanderungen [Teil 1]« von 1862. Im Jahre 1881 hat der Autor den Aufsatz, bevor er ihn in das Manuskript des »Spreeland«-Bandes (1882) übernahm, vollständig umgearbeitet (vgl. das Vorwort, S. 5f.).

Aufzeichnungen und Skizzen zu diesem Kapitel finden sich in Fontanes Notizbuch A 11, Blatt 3–13.

Für die Arbeit an »Buch« hat Fontane folgende Literatur benutzt (die vollständigen Angaben finden sich jeweils im Literaturverzeichnis; vgl. S. 658): Fidicin, »Die Territorien der Mark Brandenburg ...« (Band »Niederbarnim«). – Berghaus, »Landbuch der Mark Brandenburg ...«. – König, »Versuch einer historischen Schilderung ... der Stadt Berlin ...«. – Mirabeau, »Histoire secrète de la cour de Berlin ...«. – Poellnitz, »Mémoires ...«. – Foerster, »Neure und neuste preußische Geschichte ...«. – Voß, »Neunundsechzig Jahre am preußischen Hofe ...«. – Ranke, »Die deutschen Mächte und der Fürstenbund ...«. – Zedler, »Großes vollständiges Universal-Lexikon ...«. – »Mündliches« (laut Anmerkung am Schluß der Erstausgabe der »Wanderungen [Teil 1]« von 1862).

165 *Was sonst in Ehren stünde* … – Storm, »Elisabeth« (aus der Novelle »Immensee«), Strophe 2, Vers 3ff.

Zwei Meilen … vor Buch ein – In W I[1], S. 235, heißt es am Beginn des Kapitels etwas abweichend und ausführlicher: »Zwei Meilen nordöstlich von Berlin liegt das Dorf Buch, reich an jenen stillen, aber anziehenden Landschaftsbildern, wie sie unsere Mark so vielfach bietet, noch reicher aber an historischen Erinnerungen. Einer unserer Lustgarten-Omnibusse führt den Reiselustigen über Pankow und Schönhausen, dessen Villen und Gärten wie im Fluge mitgenommen werden, bis nach Französisch-Buchholz, von wo aus das Wandern beginnt und die Füße das Beste tun müssen. / Wir unsererseits, in jenem stolzen Reisegefühl, das sich nach Strapazen sehnt und jeden Schweißtropfen mit einem Lächeln der Zufriedenheit begleitet, hatten den Omnibus verschmäht und trafen, nach gewissenhafter Absuchung einiger Dorfkirchhöfe, erst mit der untergehenden Sonne in Buch ein.«

Französisch-Buchholz – Heute Berlin-Buchholz (Pankow). Der Ort erhielt den Beinamen »Französisch«, weil sich hier nach der 1685 durch Ludwig XIV. verfügten Aufhebung des Ediktes von Nantes (1598), das den französischen Protestanten Religionsfreiheit und Rechtsgleichheit gewährt hatte, besonders viele der in ihrer Heimat grausam verfolgten Hugenotten ansiedelten, denen Kurfürst Friedrich Wilhelm durch das Potsdamer Edikt vom 8. November 1685 in der Mark Brandenburg Schutz und Gastrecht gewährte.

Park – Ursprünglich ein (um 1670 angelegter) barocker Lustgarten; im 19. Jahrhundert in einen Landschaftspark umgewandelt.

»Gasthaus« – Es existiert noch inmitten des Neubaugebietes.

»Hier ist es gut sein« – Zitat nach Matthäus 17,4 im Neuen Testament: »Herr, hier ist für uns gut sein! Willst du, so wollen wir hier drei Hütten machen, dir eine, Mose eine und Elia eine« (im Volksmund verkürzt zu der Redensart »Hier ist gut sein, hier laßt uns Hütten bauen«).

… erfüllen unser Herz – In W I[1], S. 236, heißt es im folgenden ausführlicher: »Wir tragen der Wirtin unser Anliegen vor: ein Abendbrot, ein Zimmer, ein paar Betten, und verfolgen nicht ohne Bangen den Ausdruck der Verlegenheit, der auf dem freundlichen Gesicht der jungen Frau den Vortrag unserer Wünsche begleitet. Die Verlegenheit findet endlich Worte. Ein Abendbrot wird zu beschaffen sein, aber Zimmer und Betten sind vergeben; anderer Besuch kam uns zuvor. Wir bitten und beschwören, alles vergeblich; endlich führen wir die

letzten Reserven unserer Liebenswürdigkeit ins Feld, und der verzweifelte Stand unserer Angelegenheiten bessert sich wenigstens insoweit, daß uns ein Strohlager und zwei Deckbetten zugestanden werden. Ultra posse nemo obligatur [Niemand ist zu weiterem verpflichtet]; wir danken der Wirtin für ihren guten Willen, beurlauben uns auf eine halbe Stunde und machen unsern ersten Gang in den Park.«

166 *... die diesem Parke kleiden* – In W I[1], S. 236, folgt der Zusatz: »Es gibt andere Parks, die man bei Sonnenlicht besuchen muß.«

... auf und ab zu schreiten – In W I[1], S. 237, folgt der Zusatz: »und des heitern Bildes voll Klang und Farbe sich zu freuen«.

Es war neun ... wartete – In W I[1], S. 237, heißt es statt dessen: »Wir waren eine halbe Stunde lang die dunkeln Gänge auf und ab geschritten und kehrten nun ins Wirtshaus zurück. Das Abendessen harrte unser bereits, und Schwarzbrot und Bernauer Bier halfen über alle sonstigen Mängel hinweg.«

167 *Die Röbels ...* – An Stelle des Abschnittes über die Familie Röbel findet sich in W I[1], S. 237f., folgende zusammenfassende historische Reminiszenz: »Als die Hohenzollern ins Land kamen, gehörte Buch der Familie von Röbel; dieselbe blieb fast volle drei Jahrhunderte im Besitz des Gutes und verkaufte es erst um 1675 an den Freiherrn Gerhard Bernhard von Pöllnitz. Wir werden weiter unten von ihm hören. – Die Familie von Pöllnitz besaß Buch nur kurze Zeit. Die Söhne des Freiherrn veräußerten es bereits 1724 an den Staatsminister von Viereck. Nach Ableben des letzteren ging das Gut an seinen Schwiegersohn, den nachherigen Staatsminister von Voß, über, dessen Nachkommen es noch jetzt besitzen. Der gegenwärtige Besitzer ist der Graf von Voß-Buch. / Vier Familien in vier Jahrhunderten: die Röbel, Pöllnitz, Viereck, Voß. Den drei letztgenannten werden wir auf unserem Umgang noch mannigfach begegnen; nicht so dem Namen der Röbel. Alles, was Schloß und Kirche bieten, ist aus ›nach ihrer Zeit‹, mit Ausnahme eines wertvollen Besitztums im Kirchenarchiv, das den Namen dieser Familie wenigstens mittelbar zu ehrendem Gedächtnis aufbewahrt. Es sind dies die zehn Tomi [Bände] Wittenbergenses Lutheri ...«

mit den Askaniern in die Mark – Vgl. die fünfte Anm. zu S. 93.

Landbuch von 1375 – Vgl. die dritte Anm. zu S. 120.

niederbarnimscher Kreis – Der Kreis Niederbarnim gehörte zum preußischen Regierungsbezirk Potsdam; vgl. die Anm. zu S. 79 und die fünfte Anm. zu S. 188.

167 *Beginn der hohenzollerschen Zeit* – Vgl. die achte Anm. zu S. 93.
Werke Luthers ... zehn Bände – Gemeint ist die Wittenberger Ausgabe (deutsch und lateinisch) von 1539–1561.
»Lasset das Wort Christi unter euch reichlich wohnen ...« – Neues Testament, Kolosser 3,16.
Bucher Kirchenarchiv – Die Luther-Ausgabe mit der Melanchthon-Widmung befindet sich noch im Pfarrhaus in Buch.
Hof zu Cölln a. d. Spree – Die Burg in Cölln (vgl. die erste Anm. zu S. 62) war seit Johann Cicero (1486–1499) beständig Residenz der brandenburgischen Kurfürsten.
wie dem heiligen Apostel Paulus geschehen ist – Anspielung auf die Worte des Paulus an die Korinther (Neues Testament, 2. Korinther 11,24): »... von den Juden habe ich fünfmal empfangen vierzig Streiche weniger einen ...«

168 *Schlacht bei Sievershausen ... Kurfürst Moritz' Zug nach Innsbruck* – Die aufgezählten »Kriegstaten« Röbels sind im Zusammenhang zu sehen mit den verwirrenden Machtkämpfen des 16. Jahrhunderts zwischen den protestantischen deutschen Reichsständen, die im Namen der Reformation ihre partikularistischen politischen Ziele durchzusetzen versuchten, und Kaiser Karl V., der mit Hilfe der Gegenreformation das Heilige Römische Reich, vor allem im Interesse seiner habsburgischen Hausmacht, erhalten wollte. Dabei waren beide Seiten in ihrer Bündnispolitik nicht wählerisch (wie auch der genannte häufige »Frontwechsel« Röbels zeigt): Einzelne Reichsstände verbündeten sich je zuweilen mit Frankreich gegen den Kaiser oder mit dem Kaiser gegen ihresgleichen, und Karl V. mußte gegen Konzessionen mit ihnen Koalitionen schließen, wenn das Reich von den Türken oder seine Hegemonie vom Papst bedroht war. Das beste Beispiel für die damalige Realpolitik liefert der von Fontane erwähnte Moritz von Sachsen. Er ergriff als protestantischer Fürst im Schmalkaldischen Krieg (1546/47) Partei für Karl V. gegen die protestantischen Reichsstände und erhielt dafür vom Kaiser die sächsische Kurwürde und den Kurkreis Wittenberg. Da ihm nicht alle zugesagten Gebiete übergeben worden waren, verbündete er sich mit dem französischen König, stellte sich an die Spitze der Fürstenverschwörung von 1551/52 gegen den Kaiser, besetzte am 23. Mai 1552 Innsbruck und nötigte Karl zum Passauer Friedensvertrag vom 15. Juli 1552. In der Schlacht bei Sievershausen (Lüneburg), in der er tödlich verwundet wurde, besiegte er am 9. Juli 1553 seinen einstigen Verbündeten Albrecht Alcibiades von

Brandenburg-Kulmbach, der den Vertrag nicht anerkannt hatte.

168 *Spandauer Nikolaikirche ... Denkmal ... Reime* – Vgl. »Havelland«, Kap. »Sankt Nikolai zu Spandau« und die Anmerkungen dazu; Band 3 dieser Ausgabe.

169 *»Röbelsches Erbbegräbnis« ... in der Marienkirche zu Berlin* – Vgl. Fontanes Fußnote auf S. 203. – Marienkirche: Dreischiffige gotische Hallenkirche. Das ursprünglich frühgotische Bauwerk aus dem letzten Drittel des 13. Jahrhunderts ist 1380 abgebrannt und wurde im 15. Jahrhundert in spätgotischen Formen wiederaufgebaut. Den neugotischen Turmhelm schuf Carl Gotthard Langhans der Ältere 1789/90. Die Marienkirche wurde im zweiten Weltkrieg beschädigt, inzwischen aber wiederhergestellt.

vor Wien und Ofen – Im Jahre 1683 hatten die Türken die kaiserliche Armee aus Ungarn und dem östlichen Niederösterreich vertrieben und waren bis nach Wien vorgedrungen. Die vom 15. Juli bis 12. September belagerte Stadt konnte, dank der Unterstützung seitens polnischer und Reichstruppen, durch den Sieg über die Türken in der Schlacht am Kahlenberge (12. September) entsetzt werden. Dieser Sieg eröffnete den Angriffskrieg gegen die nach Ungarn zurückweichenden Türken. Am 2. September 1686 wurde Ofen (deutsche Bezeichnung für die Stadt Buda, die 1872 mit Pest zu Budapest vereinigt wurde) durch kaiserliche, bayrische, sächsische, fränkische, schwäbische und brandenburgische Truppen befreit. Vgl. »Das Oderland«, Kap. »Tamsel«; Band 2 dieser Ausgabe.

Battalgen – Bataillen: (franz.) Schlachten.

kleine Steinkirche – Gemeint ist die im Kern frühgotische, im 15. Jahrhundert zur zweischiffigen Anlage umgebaute Taborkirche in Hohenschönhausen (heute Berlin-Weißensee), die mit einem spätgotischen Flügelaltar (15. Jahrhundert), zwei Schnitzfiguren (um 1420) sowie Kanzel und Orgelempore aus dem Anfang des 17. Jahrhunderts ausgestattet ist. Die genannten Fahnen, Feldzeichen und Wappenschilder sind nicht mehr vorhanden.

an andrer Stelle – Vgl. S. 171 ff.

Schloß zu Buch – Nachdem Adam Otto von Viereck 1723 das Gut Buch erworben hatte, ließ er das einfache Gutshaus zu einem Schloß mit zwei Seitenflügeln umbauen, das heute nicht mehr existiert.

170 *Reichtum und Vornehmheit* – In W I[1], S. 239, heißt es statt dessen: »Reichtum und adelige Gesinnung«.

Und dieser Eindruck ... – In W I[1], S. 239, ist der Satz voran-

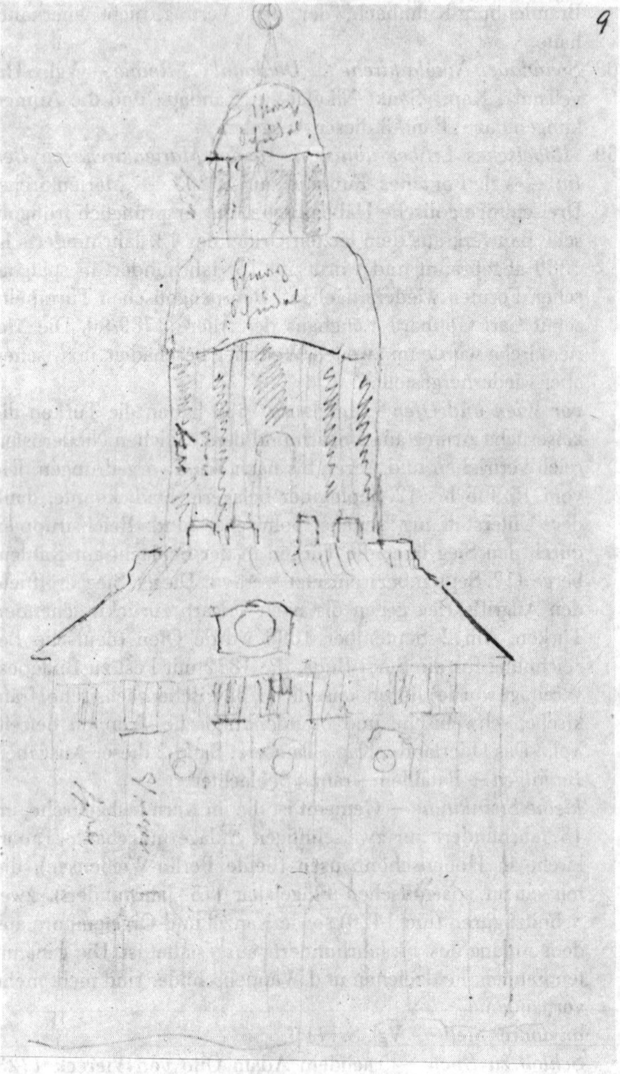

Kirche in Buch

gestellt: »Der Eintritt in das Schloß wird uns freundlich gestattet.«

170 *... nicht passen würde* – In W I[1], S. 239f., folgt der Zusatz: »Wir sind nicht unempfindlich gegen das heitere Neue, wir lassen es nicht nur gelten, wir freuen uns auch desselben; aber jene toten Dinge, die, je älter sie werden, mehr und mehr in wirkliches Leben hineinzuwachsen scheinen, an ihnen haftet doch immer der wahre Reiz, und die Pflege dieses Überlieferten ist der Zug wirklichster Vornehmheit, dem man in Schlössern und Häusern begegnen kann. So auch hier. / Die Rokokozeit, draußen in der Welt seit hundert Jahren begraben, hier tritt sie uns in aller Echtheit entgegen, und könnten die Gestalten aus ihren Rahmen heraustreten, sie würden sich nicht verwundert umschauen in diesen Räumen, in denen Stoff und Form, Schmuck und Kunst, alles beim alten geblieben. Porzellanornamente, mit denen der Geschmack unserer Urgroßväter die Zimmereinrichtung zu verzieren liebte, haften noch in Gestalt von Knöpfchen und Täfelchen, von Blatt und Figur an Tischen und Kästen, und in den obern Zimmern teilen sich schwere Kachelöfen, auf Eichenfüßen ruhend, und große Himmelbetten mit Zitzgardinen in die Herrschaft des Raums. Aber nicht bloß in allgemeinen Umrissen tritt die alte Zeit an uns heran, auch das Besondere ist da, Portraits und Schildereien, die auf bestimmte Personen hindeuten, die seit hundert Jahren hier gingen und kamen.«

Kirche zu Buch – Nachdem die alte Bucher Kirche, ein mittelalterlicher Fachwerkbau, im Frühjahr 1731 wegen Baufälligkeit abgerissen worden war, begann Friedrich Wilhelm Dieterichs, der Schöpfer des Berliner Prinzessinnen-Palais, im Auftrag Adam Ottos von Viereck im Sommer 1731 mit dem Bau der neuen Kirche, der 1736 abgeschlossen wurde. Die Kirche, 1891 restauriert, wurde im zweiten Weltkrieg stark beschädigt und 1950 bis 1953, allerdings ohne Turm und mit Veränderungen im Inneren, wiederhergestellt. Seit 1960 werden darin Kirchenmusiktage veranstaltet. Vgl. Fontanes Skizze, S. 542.

In einer alten Beschreibung Berlins ... – Fontane bezieht sich auf Nicolais »Beschreibung der königlichen Residenzstädte ...« (vgl. das Literaturverzeichnis, S. 661); im Band 3, S. 1089, heißt es: »Buch, ein Dorf zwei Meilen von Berlin, dem Hrn. Domprobst von Voß gehörig. In demselben ist eine schöne Kirche, 1726 und 1727 [!] auf Kosten des damaligen Besitzers, des Staatsministers Hrn. von Viereck, von Dieterichs gebauet.«

170 *die »schöne Kirche« genannt* – In W I[1], S. 240, folgt der drastische Zusatz: »Dieser Ausspruch mag statthaft gewesen sein, als es in der ganzen Mark Brandenburg keine zehn Menschen gab, die eine häßliche Kirche von einer schönen unterscheiden konnten, in jener Epoche allgemeiner Geschmacksverirrung, wo man durch Laternentürme und Kuppeln wie Butterglocken die einfach nobeln Formen der frühen Gotik, wie sie sich ganz besonders in den Feldsteinkirchen unserer Dörfer erhalten hatte, ersetzen zu können glaubte.«

Laternen- und Butterglockentürme – Vgl. die vorige Anm. Laterne: durchbrochenes Türmchen auf dem Scheitel einer Kuppel. Fontanes Verdikt gegen die nachgotischen Kirchenbauten findet sich auch im »Havelland«, Kap. »Bornstedt«; Band 3 dieser Ausgabe.

griechisches Kreuz – In der griechisch-orthodoxen Kirche gebräuchliches Kreuz; es hat vier gleichlange Arme (im Unterschied zum lateinischen Kreuz der römisch-katholischen und protestantischen Kirche, bei dem ein Arm verlängert ist).

171 *holländische Bauten aus dem Anfange des achtzehnten Jahrhunderts* – Ein Musterbeispiel dafür bietet das 1732–1742 errichtete Holländische Viertel in Potsdam. Daneben gab es in der Mark zahlreiche dilettantische Nachahmungen der holländischen Baukunst, die von Fontane mehrfach kritisiert wurden.

Gruft – Es handelt sich tatsächlich um Reste der alten Kirche. Hans Dietrich von Röbel hatte die Gruft für die Bucher Patronatsfamilie bauen lassen.

der Minister – Adam Otto von Viereck, unter Friedrich Wilhelm I. preußischer Kultusminister.

... ist noch nicht aufgeklärt – In W I[1], S. 241 f., folgt der Zusatz: »Es herrscht keine Spur von Luftzug, aber es fehlt auch jene dumpfe Feuchte, die sonst an solchen Orten heimisch ist.«

Zeit der Hardenbergschen Verwaltung ... Prinzipien und Interessen einer konservativen Politik – Karl August von Hardenberg, seit 1791 preußischer Staatsminister, führte nach seiner Ernennung zum Staatskanzler (Oktober 1810) die 1807 vom Ministerium Stein begonnenen (seit der Entlassung Steins im November 1808 unterbrochenen) bürgerlichen Reformen im Bereich der Wirtschaft und der Staatsverwaltung fort. Durch Steuererhebungen und -umverteilungen sowie durch die Säkularisation geistlicher Güter und den Verkauf von Domänen gelang es ihm, Preußen vor dem drohenden Staatsbankrott zu retten. Vor allem durch die Neubelebung des inneren Handelsverkehrs und die Einführung der Gewerbefreiheit (1811) konnte die wirtschaftliche Situation des Staates verbessert werden. Alle diese Maßnahmen stießen in den reaktionären Junkerkreisen auf heftigen Widerstand, der zum Beispiel die Durchführung des Gesetzes über die Aufhebung der bäuerlichen Feudallasten vom 14. September 1811 weitgehend verhinderte. In der Restaurationsperiode nach den Befreiungskriegen gewann die Adelspartei auch in der Regierung wieder die Oberhand (1819), so daß die Pläne Hardenbergs zur Einführung einer Verfassung scheiterten.

171 *Tod Hardenbergs* – Am 26. November 1822.

172 *Staatsrat* – Durch königliche Verordnung vom 20. März 1817 geschaffene höchste beratende Behörde der preußischen Krone.

Jenaer Schlacht – Vgl. die erste Anm. zu S. 73.

Kampehl … Mumie des Herrn von Kalbutz – Fontane berichtet darüber in seinem Aufsatz »Dörfer und Flecken im Lande Ruppin«, Stichwort »Campehl«; vgl. Band 6 dieser Ausgabe.

173 *divertissant* – (franz.) unterhaltsam, belustigend.

dessen Memoiren – Vgl. das Literaturverzeichnis, S. 661.

»daß sie leichter zu tadeln als zu entbehren sind« – In W I[1], S. 244, folgt der Zusatz: »In dem Aufsatze ›Schloß Oranienburg‹ hab ich seiner ausführlich erwähnt.«

174 *Sie zeigt sich geräumig …* – Ein Verzeichnis der Sehenswürdigkeiten in der Bucher Kirche findet sich in Fontanes Notizbuch A 11.

Eichenschnitzwerk an Kanzel und Altar – Kanzel und Altar, die aus der Oranienburger Schloßkapelle stammen sollen, sind erhalten.

… ersetzt ihn mehr als genügend – In W I[1], S. 245, heißt es statt dessen: »… an Chor und Kirchenstühlen leiht dem Ganzen etwas Gediegenes, wenn auch freilich der Eindruck protestantischer Nüchternheit bleibt.«

Sinaitafeln – Nach dem Alten Testament die zwei steinernen Gesetzestafeln (mit den Zehn Geboten), die Gott auf dem Berg Sinai (Ägypten) dem Mose für das Volk Israel übergab.

büßende Magdalena – Gemeint ist die »Sünderin« Maria Magdalena, die Jesus die Füße salbt und der er die »Sünden vergibt« (vgl. Neues Testament, Lukas 7, 36–50); sie wurde in der Malerei und bildenden Kunst häufig als Einzelfigur (Büßerin) dargestellt.

Camposanto – (ital.) heiliges Feld; Friedhof. Speziell Bezeichnung für die mit künstlerisch geschmückten, nach innen offenen Arkaden umgebenen Begräbnisstätten berühmter Personen.

174 *Marmordenkmal des Ministers von Viereck* – Das Denkmal, das Johann Georg Glume 1763 schuf, ist erhalten. Es befindet sich über der Gruft an der Ostwand der Kirche.

Geschmack ..., der ... vielleicht etwas zu weit ging – In W I[1], S. 245, heißt es statt dessen: »Geschmack ..., der ... vielleicht nicht wesentlich einseitiger war, als wir es mit unserem Glauben an den alleinseligmachenden Realismus sind«.

175 *sich meritieret machen* – sich verdient machen.

L'hombre – Spanisches Kartenspiel für drei Personen.

diligent – sorgfältig; fleißig.

Gräfin Ingenheim – In W I[1], S. 246f., steht dazu (an Stelle der folgenden Biographie der Julie von Voß) die Fußnote: »Die Beziehungen des Königs Friedrich Wilhelms II. zur Rietz-Lichtenau und – wie eine Episode – zum Fräulein von Voß muß ich als bekannt voraussetzen. Es lag dem Hofe daran, die allmächtige Favoritin (die Rietz) zu beseitigen, und die Huldigungen und Aufmerksamkeiten, die der König der schönen Julie von Voß erwies, schienen das geeignetste Mittel dazu zu bieten. Julie von Voß aber war kalt und von einer, für jene Zeit wenigstens, herben Moral, die es verschmähte, die Nachfolgerin einer Madame Rietz zu sein. Endlich gab sie nach, aber nur unter der Bedingung, daß sie dem Könige an die linke Hand angetraut werde. Diese Antrauung erfolgte am 22. Dezember 1786. Der König indes kehrte bald zu seiner ›lieben Rietz‹ zurück, und diese Demütigung zehrte am Leben Juliens von Voß, die inzwischen (1787) zur Gräfin Ingenheim erhoben worden war. Sie starb am 25. März 1789, bald nach der Geburt eines Sohnes, des Grafen Gustav von Ingenheim, wie man sich damals erzählte, infolge einer vergifteten Orange, die ihr, auf Anstiften ihrer Rivalin, im Theater gereicht worden war. Die Unglaubwürdigkeit dieser Erzählung ist längst dargetan, am eklatantesten durch die Rietz-Lichtenau selbst, in ihren ›Memoiren‹. Alles, was sie sagt, ist schlagend. Wenn der Volksglaube nichtsdestoweniger bei seiner Vorstellung von einer stattgehabten Vergiftung beharrt und als Beweis anführt, daß die Leiche der Gräfin, nach ihrer Beisetzung im Erbbegräbnis, nicht in Verwesung übergegangen sei, so zeigt dies, neben andrem, wie wenig stichhaltig die ganze Anklage ist. Selbst wenn die Gräfin in der Familiengruft wirklich beigesetzt *wäre*, so würde die Nichtverwesung nichts zu bedeuten haben, da eben alle Toten in dieser Gruft zu Mumien werden; Julie von Voß ist aber, auf ihren ausdrücklichen Wunsch, in der Familiengruft *nicht* beigesetzt worden, sondern ruht, wie oben erzählt, unter der Kuppel der Kirche, in einem übermauerten Grabe. Es ist zu wünschen, daß diese Stelle später einen Grabstein erhält, was, der Vertiefung im Boden nach zu schließen, ursprünglich gewiß beabsichtigt war.«

175 *... beigesetzt* – In W I[1], S. 247, folgt der Zusatz: »Ihr letzter Wunsch war gewesen, *nicht* in die Mumiengruft der Familie gestellt zu werden. Ihr Wunsch wurde erfüllt. Hier unter der Kuppel der Kirche ruht die schöne Frau in einsamer Gruft, sicher vor dem Auge zudringlicher Neugier, ja selbst der Teilnahme derer entzogen, die an dieser Stelle vorübergehen und keine Ahnung haben, was die Vertiefung in den Steinen des Fußbodens bedeutet.«

176 *Tagebuchblätter* – Voß, »Neunundsechzig Jahre am preußischen Hofe ...«; vgl. das Literaturverzeichnis, S. 662.

Kirchenbuch zu Buch – Es ist noch vorhanden.

Schönhauser Hof ebendieser alten Königin – Friedrich II. lebte seit seiner Thronbesteigung (1740) getrennt von seiner Gemahlin, der er das Schloß Niederschönhausen bei Pankow als Wohnsitz angewiesen hatte, wo sie einen eigenen kleinen Hof hielt.

Mansfelder Seekreis – Kreis im preußischen Regierungsbezirk Merseburg.

Im Hause derselben ... – In W I[1], S. 248, wo sich diese Fußnote schon vorfindet, folgt die nähere Bezeichnung: »(Behrenstraße 70)«. Ebendort heißt es statt »die Fülle blonden Haares«: »die Fülle gelbgepuderten, krausen Haares«.

Memoirenschriftsteller ... Mirabeau – Mirabeau hielt sich von Juli 1786 bis Januar 1787 als französischer Beobachter am preußischen Hof auf. Den Bericht über seine Eindrücke (vgl. das Literaturverzeichnis, S. 660) hat Fontane des öfteren benutzt.

Prinz von Preußen – Titel des präsumtiven Thronfolgers, sofern er nicht Sohn oder Enkel des Königs (d. h. Kronprinz) war.

177 *enchantiert* – entzückt.

Tagebuch ... Aufzeichnungen – Fontane zitiert mit leichten Kürzungen und Veränderungen (Wegfall der zahlreichen Datumsangaben u. a.).

Prinzessin von Preußen – Luise von Hessen-Darmstadt, die zweite Gemahlin (seit 1769) des späteren Königs Friedrich Wilhelm II.

178 *die Rietz, spätere Lichtenau* – Wilhelmine Encke, Tochter eines Musikers, 1782 der Form halber mit dem Kammerdie-

ner Ri(e)tz verheiratet und 1795 zur Gräfin von Lichtenau erhoben, war eine der zahlreichen Mätressen Friedrich Wilhelms II.

179 *en surprise* – (franz.) überraschend.

180 *par courtoisie* – (franz.) auf Grund der Hofsitte.

ihr Bruder – Otto Karl Friedrich von Voß.

brouilliert – entzweit, überworfen.

181 *Antrauung zur linken Hand* – Morganatische Ehe oder (nach der Trauungsform so genannte) Ehe zur linken Hand: Durch das Preußische Landrecht gestattete, die Zustimmung des Landesherrn erfordernde Eheschließung eines Mitgliedes des Hochadels mit einer standesmäßig unebenbürtigen Frau. Vgl. aber »Jahrbuch für brandenburgische Landesgeschichte«, Bd. 28, Berlin-West 1977, S. 119 ff.

Konsistorium – Oberste staatliche Behörde zur Verwaltung und Leitung der Kirche. Die Konsistorien wurden im 16. Jahrhundert von den Landesfürsten eingesetzt, an die nach der Reformation in den protestantischen deutschen Ländern die kirchliche Oberhoheit übergegangen war.

182 *Stiftsstelle* – Hier: Stelle in einem der Versorgung unverheirateter weiblicher Adliger dienenden sogenannten Fräulein- oder Damenstift.

183 *bravieren* – trotzen, nicht scheuen.

Kronprinz – Friedrich Wilhelm, der spätere (seit 1797) preußische König Friedrich Wilhelm III.

185 *blickt ein Frauenbild* – In W I[1], S. 247, folgt der Zusatz: »auffallend durch Schönheit und stille Majestät der Züge«.

»Soror optima, amica patriae« – (lat.) »Die beste Schwester, die Freundin des Vaterlandes«.

Falkenberg

Fontane erwähnt Falkenberg – im Zusammenhang mit dem »Erbbegräbnis« der Familie Humboldt – bereits in seinem »Havelland«Kapitel »Tegel« (vgl. Band 3 dieser Ausgabe), das im Frühjahr 1860 entstanden ist. Weitere Nachforschungen über die Falkenberger Kirche scheinen ihn zur Abfassung einer kurzen Notiz veranlaßt zu haben, von der allerdings weder die Entstehungszeit noch ein Vorabdruck nachweisbar sind. Der Text ist offenbar in der Erstausgabe von »Spreeland« (1882) zum erstenmal gedruckt worden.

186 *Kirche zu Falkenberg ... Leichenhalle* – Die Kirche, die 1375 im Landbuch der Mark schon erwähnt ist und Ende des 18. Jahrhunderts umgebaut wurde, ist im zweiten Weltkrieg zerstört worden. Die Humboldtsche Familiengruft ist erhalten geblieben. In der ehemaligen Leichenhalle (neben der Ruine), die jetzt als Kapelle dient, sind die Originaltafeln der alten Särge aufbewahrt. Vgl. auch »Havelland«, Kap. »Tegel«; Band 3 dieser Ausgabe.

187 *Horaz, Ode 24* – Gemeint ist das Trauergedicht »Totenklage« aus dem Ersten Buch der Horazischen »Oden«. Es ist dem Poeten und Kunstrichter Quintilius Varus aus Cremona (gest. 24/23 v. u. Z.), einem Freund des Horaz und des Vergil, gewidmet, dessen »Zucht«, »Wahrheit, die nichts verhehlt«, und »unbestechliche Treu, Schwester der Rechtlichkeit«, es preist.

Blumberg

Fontane besuchte Blumberg (und Werneuchen) – gemeinsam mit Wilhelm Hertz und (wahrscheinlich) mit dem Historiker und Sagensammler Wilhelm Schwartz (damals Lehrer am Friedrich-Werderschen Gymnasium in Berlin) – am 28. und 29. März 1861. Wie die meisten seiner märkischen Reisen hat er auch diese Fahrt gründlich vor- und nachbereitet. So schrieb er schon am 25. Februar 1861 an Schwartz: »Am nächsten Sonnabend möcht ich meine Wanderungen wieder beginnen, und zwar zuerst nach *Blumberg* und *Werneuchen*. Die Gegend werden Sie bereits kennen, denn Sie haben über den ›Blumenthal‹[-Wald], Prötzel etc. bereits viel Hübsches erzählt. Ich will nach Blumberg, um die dortige Kirche zu sehen und einen landschaftlichen Rahmen für den Poeten von Canitz zu gewinnen – in Werneuchen den Rahmen für den alten, würdigen Repräsentanten der ›Musen und Grazien in der Mark‹ [Friedrich Wilhelm August Schmidt]. / Meine Anfrage und mein lebhafter Wunsch gehen dahin, daß Sie mit von der Partie sein möchten. Herr Hertz begleitet uns vielleicht. Nachtquartier in Blumberg oder Werneuchen, ganz nach Gefallen.« Am 12. März teilte er Hertz mit: »Die nächste Tour, wohl nicht früher als Sonnabend über acht Tage (vielleicht noch eine Woche später), geht nach Blumberg. Sind Sie vielleicht mit von der Partie?«, und am 26. März wandte er sich mit folgendem Schreiben an den Verleger: »Dr. Schwartz und ich wollen am Donnerstagabend eine kleine Reise (vierundzwanzig Stunden) nach Bernau, Blumberg und Werneuchen antreten. Sind Sie mit von der Partie? Es wäre sehr reizend. Ich bin nicht ganz ohne Hoffnung. / *Reiseplan.* / Um sechsdreiviertel abends per Eisenbahn nach Bernau. (Zweck: den das Haus und den *Kar*-Freitag störenden *Früh*aufbruch, der sonst nötig sein würde, zu vermeiden.) / Nachtquartier in Bernau. Um sieben auf. Um acht nach Blumberg (eineinviertel Meile). Besuch des Parks. *Nach* der Kirche *in* die Kirche. / Etwa um eins Aufbruch nach Werneuchen (wieder eineinviertel Meile). Dort Kirche, Kirchhof, Pfarrhaus etc. besucht und das Eintreffen von Post oder Hauderer abgewartet. Dann direkt zurück. / Wenn irgend möglich, rechnet auf Ihre Teilnahme (nicht im Sinne von *Mitleid*) Ihr / Th. Fontane.« Am 30. März schickte der Autor seinem Reisebegleiter vom Vortag die Mitteilung: »Viel Arbeit auf der Zeitung und endlich um zwei ein rasender Hunger (nachdem Schmalhans, noch dazu unter groben Werneuchner Formen, gestern Küchenmeister gewesen war) ließen mich nicht dazu kommen, heute nachzufragen, ob alles wohl bekommen sei. Hoffentlich. Ein Tag mit so schönem Wetter und mit dem allerdings hoch anzuschlagenden Segen, ›dat de ollen Peerd stunnen‹, kann nicht schließlich noch trübe verlaufen sein. Klares Bier hat keine Hefen.« Im Brief an Hertz vom 2. April schließlich heißt es: »In der [Berliner] Marienkirche befinden sich die Grabdenkmäler des Freiherrn von Canitz und seiner Frau (Doris von Arnim), außerdem – das sei beiläufig bemerkt – ein schönes Grabdenkmal des Feldmarschall Sparre; hätten Sie wohl Lust, als Ergänzung für Blumberg, diese Denkmäler mit in Augenschein zu nehmen? Wenn überhaupt, so je eher, je lieber.«

Der im März 1861 begonnene Aufsatz wurde gleich im Anschluß an die Reise, im April, vollendet; denn laut Tagebuchvermerk schickte ihn Fontane bereits am 28. April an die Redaktion der Zeitschrift »Unser Vaterland. Bilder aus der deutschen Geschichte, Kultur und Heimatkunde«. Der Vorabdruck erfolgte dort im Spätsommer 1861 im Band 1, S. 385–397. – Auf die vorausgegangenen, von Herausgeber Heinrich Pröhle (offenbar bei der Übersendung der Korrekturbogen) gegenüber dem Autor geäußerten Einwände hatte Fontane am 14. Juni 1861 geantwortet: »Anbei die Korrekturbogen; mit dem Fortlassen der bewußten Stelle bin ich schließlich sehr einverstanden, auch schon deshalb, um nicht zu viel Anmerkungen zu bringen. / Die Überschrift scheint mir, ehrlich gestanden, nicht nur ausreichend, sondern sogar hübsch und anziehend. ›Blumberg‹ – das bloße Wort spricht an; außerdem geben die zwei Mottos und gleich die erste Zeile des Aufsatzes selbst genügende Auskunft. Wer dadurch nicht zum Weiterlesen verführt wird, den müssen wir überhaupt aufgeben und werden ihn durch ein: ›*Blumberg*, ein märkisches Dorf‹ oder: ›Blumberg, ein Herrensitz im Lande Barnim‹ oder: ›Blumberg und Canitz, der Poet‹

schwerlich einfangen können. Mir ist das einfache ›Blumberg‹ bei weitem das liebste, doch biet ich Ihnen das Obige zur Auswahl, wenn auch contre-cœur [ungern].«

Zum erstenmal als Buchkapitel erschien »Blumberg« in der Erstausgabe der »Wanderungen [Teil 1]« (1862), die im November 1861 ausgeliefert wurde. 1881 hat der Autor den Aufsatz dann geringfügig überarbeitet und in den »Spreeland«-Band (1882) übernommen.

Aufzeichnungen zu diesem Kapitel finden sich in Fontanes Notizbuch A 3, Blatt 2–7.

Für die Arbeit an »Blumberg« hat Fontane folgende Literatur benutzt (die vollständigen Angaben finden sich jeweils im Literaturverzeichnis; vgl. S. 658): Canitz, »... satirische und sämtliche übrige Gedichte ...«. – Varnhagen von Ense, »Freiherr Friedrich von Canitz«. – König, »Versuch einer historischen Schilderung ... der Stadt Berlin«. – Poellnitz, »Mémoires ...«. – Klein, »Die St. Marienkirche zu Berlin«. – »Mündliche Mitteilungen« (laut Anmerkung am Schluß der Erstausgabe der »Wanderungen [Teil 1]« von 1862).

188 *Die alten Namen ...* – Die Verse stammen wahrscheinlich von Fontane.

Zu Blumberg ist mein Sitz ... – Canitz, »Vorzug des Landlebens. In einem Einladungsschreiben an den Herrn von Brand«, Vers 5f. Vers 6 lautet bei Canitz: »Mit dem, was Gott beschert, ich mich recht glücklich preise.«

Herrenhaus – Es existiert seit 1945 nicht mehr.

Oppidum – In den lateinischen Urkunden des Mittelalters Bezeichnung für einen Ort, der Stadtrechte hatte.

die Nachfolger Albrecht des Bären ... Herren im Teltow und Barnim – Die askanischen Markgrafen (vgl. die fünfte und achte Anm. zu S. 93) hatten im 13. Jahrhundert ihre Herrschaft auf den Teltow (das Gebiet zwischen Nuthe, Notte und Dahme) und den Barnim (das Gebiet zwischen Oder, mittlerer Spree und Havel) ausgedehnt (vgl. die Anm. zu S. 79 und die vierte Anm. zu S. 167).

Bischöfe zu Brandenburg – Das 948 im Zuge der deutschen Ostexpansion gegründete Bistum Brandenburg (Havel) gehörte zu den ältesten und einflußreichsten Bistümern in Deutschland.

189 *Versprechen ..., das er ... hatte leisten müssen* – Joachim II. hatte seinem Vater, dem Kurfürsten Joachim I., der ein erklärter Gegner der Reformation gewesen war, vor dessen Tod (1535) den Eid geleistet, katholisch zu bleiben. Trotz seines

Eides trat er am 1. November 1539 in Spandau öffentlich zum Protestantismus über.

189 *alte Blumberger Kirche* – Ein frühgotischer Bau aus dem 13. Jahrhundert, der in der zweiten Hälfte des 14. Jahrhunderts in eine zweischiffige Anlage umgestaltet wurde. Nach Fontanes Besuch ist die Kirche 1878, 1881 und 1957 renoviert worden, und von der »beträchtlichen Anzahl alter Bildwerke« ist heute nur noch weniges zu finden. Die Sandsteinplatte mit der Krummensee-Inschrift ist erhalten; sie liegt aber nicht mehr vor dem Altar, sondern ist in die Nordwand eingelassen, wo auch das Canstein-Denkmal angebracht ist. Das Porträt von Cansteins »betrübter Gattin«, das Fontane S. 192 beschreibt, hängt gegenüber an der Südwand. Die Turmhalle, die als Leichenhalle dient, schmücken zwei Bildnisse, von denen das eine Margaretha von Löben (gest. 1662) zeigt und das andere das Porträt Johanns von Löben ist, das S. 193 erwähnt wird.

190 *erster König* – Friedrich I., König von Preußen seit 1701.

Werk Franckes und Speners – Der protestantische Theologe Philipp Jakob Spener gilt als Begründer des Pietismus, dessen Grundgedanken er in der Schrift »Pia desideria oder Herzliches Verlangen nach gottgefälliger Besserung der wahren evangelischen Kirche« (1673) zusammengefaßt hat. Er förderte die Gründung der Universität Halle und das Wirken August Hermann Franckes. Vgl. die erste und die zweite Anm. zu S. 153.

Cansteinsche Bibelanstalt zu Halle – Im Jahre 1712 von Karl Hildebrand Freiherr von Canstein, einem begeisterten Anhänger der pietistischen Lehren Speners und Franckes, gestiftete Anstalt für die Herstellung und Verbreitung der Bibel (zu einem geringen, auch für Ärmere erschwinglichen Preis). Das Unternehmen wurde nach Cansteins Tod (1719) mit den Franckeschen Stiftungen vereinigt.

Spanischer Erbfolgekrieg ... Malplaquet ... Oudenaarde – Vgl. die dritte Anm. zu S. 108.

Munifizenz – Freigebigkeit, Großzügigkeit.

191 *Die Inschrift* – Fontane hat sie im Notizbuch A 3 verzeichnet.

Gensdarmes – Hier: die berittene Leibwache des Kurfürsten.

... sechs Väter im ganzen – In W I[1], S. 253, folgt der Zusatz: »(Der Große Kurfürst war zweimal, der alte Derfflinger zweimal, König Friedrich I. dreimal verheiratet; so viele andere noch.)«

... Ehelosigkeit nicht wohl denken konnte – In W I[1], S. 253, folgt der Zusatz: »und einzelne Ausnahmefälle abgerechnet, sprach sich in dem allen viel weniger eine Frivolität als eine Fülle des Lebens aus«.

192 *Wie Macbeth in der bekannten Hexenkesselszene die Könige Schottlands an sich vorüberziehen sieht* – Vgl. Shakespeare, »Macbeth« IV,1.

193 *der eigentlichen Zeit Blumbergs* – In W I[1], S. 254, folgt der Zusatz: *»seinem historischen* Jahrhundert (eben dem siebzehnten)«.

Glücklicherweise gewann er – In W I[1], S. 255, folgt der Zusatz: »ein Umstand, den wir nicht hoch genug anschlagen können, weil wir ohne denselben um die ganze Erzählung gekommen wären«.

194 *Geheimer Rat* – Seit dem späten Mittelalter, besonders in der Zeit des Absolutismus, das höchste Beratungs- und Regierungsorgan eines Herrschers. Aus dem Geheimen Rat gingen später einerseits die Ministerien, andererseits der Staatsrat (vgl. die erste Anm. zu S. 172) hervor.

Herzogtum Preußen – Ostpreußen; seit 1525 weltliches Herzogtum, das 1618 an den Kurfürsten von Brandenburg fiel.

»procul negotiis« – (lat.) »fern den Geschäften«; Zitat nach Horaz, »Epode« 2, Vers 1.

195 *ich weiß nicht aus welchem Grunde* – In W I[1], S. 256, heißt es statt dessen: »in unerklärlicher Verblendung«.

Alexandriner – Zwölfsilbiges Versmaß der französischen Klassik.

ähnlich guter Klang wie Wandsbek oder Gohlis oder Altengleichen – Wandsbek (bei Hamburg) war bekannt geworden durch das Wirken von Matthias Claudius, der hier 1770–1775 die Tageszeitung »Der Wandsbecker Bote« leitete, die die zeitgenössische junge Literatur förderte. In Leipzig-Gohlis dichtete Friedrich Schiller im Sommer 1785 das Lied »An die Freude«. In Altengleichen (bei Göttingen) bekleidete der von Fontane hochgeschätzte Balladendichter Gottfried August Bürger von 1772 bis 1784 die Stelle eines Amtmanns.

Der lebensvolle Kopf ... – In W I[1], S. 257, geht der Zusatz voraus: »Das Bild (wie wir aus der Unterschrift schließen müssen, erst *nach* dem Tode der alten Dame gemalt) ist wahrscheinlich die Kopie nach einem früheren Gemälde, das bereits bei ihren Lebzeiten existierte ...«

196 *An diesen war kein Mangel gewesen* – In W I[1], S. 258, heißt es statt dessen: »Nichts Weichliches, nichts Sinnliches in den Zügen; die ganze Erscheinung streng und wohlwollend zugleich. Von schweren und harten Schlägen, die so leicht eine angeborne Milde in Herbigkeit umwandeln, war sie freilich vielfach betroffen worden.«

Libertin – Zügelloser Mensch.

196 *als er … ins Land kam …* – Friedrich Wilhelm hatte sich, bevor er 1640 als Zwanzigjähriger die Regierung übernahm, vier Jahre lang in den Niederlanden aufgehalten und dort ein hochentwickeltes Staatswesen kennengelernt, das ihm bei der mit Hilfe Burgsdorfs durchgeführten Umgestaltung des durch den Dreißigjährigen Krieg verwüsteten, ökonomisch völlig zerrütteten und außenpolitisch bedeutungslosen Kurfürstentums Brandenburg in einen funktionierenden absolutistischen Staat als Vorbild diente.

Verbannung vom Hofe – Burgsdorf, vor allem für finanzielle Mißwirtschaft verantwortlich gemacht, wurde 1651 vom Hoflager in Kleve verwiesen und 1652 »ungnädig« aus dem Staatsdienst entlassen.

197 *coûte que coûte* – (franz.) koste es, was es wolle.

198 *Aufzeichnungen* – Die »Lebensbeschreibung«, die Johann Ulrich König der Ausgabe der Gedichte Canitz' (1727) vorangestellt und die Varnhagen von Ense für seine Biographie verwendet hat (vgl. das Literaturverzeichnis, S. 662). Fontane zitiert Varnhagen.

spöttisch – Bei König und Varnhagen: höhnisch.

199 *Rührung zu Spener* – Vgl. die zweite Anm. zu S. 190.

»Es wird gesäet …« – Neues Testament, 1. Korinther 15,42 f.

… dem Herrenhause zu – In W I[1], S. 261, folgt der Zusatz: »… das von der andern Seite der Dorfstraße her, zwischen Pappeln und Linden hindurch, freundlich seinen Herrn grüßt.«

Lagunenstadt – Venedig.

Tag der Meervermählung … – Gemeint ist das Fest der »Vermählung des Dogen mit dem Meere«, das alljährlich zur Erinnerung an den Himmelfahrtstag des Jahres 1000 gefeiert wurde, an dem der Doge Pietro II. Orseolo mit einer Flotte ausgelaufen war, um durch die Eroberung von Istrien und Dalmatien den Machtbereich Venedigs zu erweitern und die Oberherrschaft der Adelsrepublik im adriatischen Raum zu festigen. Höhepunkt des Festes war die symbolische Ausfahrt des prunkvoll geschmückten Staatsschiffes (Bucentoro), wobei der Doge mit den Worten »Desponsamus te mare in signum veri perpetuique dominii« (Wir verloben uns mit dir, Meer, zum Zeichen wahrer und ewiger Herrschaft) einen Ring in die Wellen warf.

200 *Ludgate Hill* – Hügel im Zentrum von London (nördlich der Themse).

die neue Paulskirche – Im Jahre 1666 war London durch eine Feuersbrunst zu vier Fünfteln zerstört worden. Die City wurde von dem Architekten Christopher Wren wiederaufgebaut, nach dessen Entwürfen 1675–1710 auch die barocke Sankt-Pauls-Kathedrale, eines der größten Bauwerke Europas, entstand.

200 *Lord-Mayors-Prozession* – Seit 1219 alljährlich am 9. November anläßlich des Amtsantritts des neuen Oberbürgermeisters von London (Lord Mayor) veranstalteter Festzug von Westminster nach Guildhall, der den Auftakt des traditionellen Volksfestes bildet.

aus Eichenholz geschnitzt – In W I[1], S. 263, folgt der Zusatz: »die Kutscherperücken steif und wulstig und die Bedientenröcke schwer von Golde«.

Teint, der der Schönheit nahekommt – In W I[1], S. 263, folgt der Zusatz: »der wie ein Schleier ist, hinter dem die Unregelmäßigkeit der Züge sich lieblich versteckt oder in Zauber und Reiz sich verwandelt«.

201 *... halb aufgelöst im Winde* – In W I[1], S. 263, folgt der Zusatz: »Die blauen Augen leuchten wie der Himmel über ihnen, und der Ausdruck jedes Zuges ist Liebe und Güte, ist Glück und Genügen.«

»Nun gehe hin und tue desgleichen« – Neues Testament, Lukas 10,37.

ein fruchtbarer Weinstock – Anspielung auf die Bibelstelle: »Dein Weib wird sein wie ein fruchtbarer Weinstock drinnen in deinem Hause ...«; Altes Testament, Psalm 128,3.

202 *Schlagfluß* – Schlaganfall.

Marienkirche – Vgl. die erste Anm. zu S. 169.

Spener in der Nikolaikirche – Spener (vgl. die zweite Anm. zu S. 190) war seit 1691 Propst und Inspektor der Sankt-Nikolai-Kirche in Berlin, die im zweiten Weltkrieg zerstört, in den achtziger Jahren wiederaufgebaut und 1987 als Museum eröffnet wurde (zum Märkischen Museum gehörend).

203 *Röbelsches Erbbegräbnis* – Vgl. S. 169.

Kleins »Geschichte der Marienkirche« – Vgl. das Literaturverzeichnis, S. 659.

... Aufschluß geben würden – In W I[1], S. 266, folgt der Zusatz: »Über dem jetzt zugemauerten Eingang zur Röbelschen Gruft befindet sich übrigens ein stattliches Monument, das die vor dem Kruzifix knienden, lebensgroßen Figuren Ehrenreichs von Röbel und seiner Gemahlin Anna, gebornen von Gollnitz, enthält.«

aufbewahrte Charakteristik seines Wesens – In Königs »Lebensbeschreibung«, zitiert von Varnhagen in seiner Biographie Canitz'; vgl. die erste Anm. zu S. 198.

204 *Tod des Großen Kurfürsten* – Am 9. Mai 1688.
Kaiser Leopold – Leopold I., römisch-deutscher Kaiser von 1658 bis 1705.
Rijswijker Friedensschluß – Infolge des Pfälzischen Erbfolgestreits (seit 1685) waren 1688 zu wiederholtem Male französische Truppen in Deutschland eingedrungen, gegen die das Deutsche Reich, die Niederländischen Generalstaaten, England, Spanien und Savoyen 1689/90 ein Defensivbündnis schlossen. Der Pfälzische Erbfolgekrieg wurde 1697 durch den Frieden von Rijswijk (Südholland) beendet, den die Niederlande, England und Spanien am 20. September, Kaiser und Reich erst am 30. Oktober dieses Jahres unterzeichneten. (Savoyen hatte bereits 1696 einen Separatfrieden mit Frankreich geschlossen.) Ludwig XIV. mußte auf die nach dem Frieden von Nijmegen (1678) in Deutschland, Katalonien und den Niederlanden eroberten bzw. reunierten Gebiete (mit Ausnahme des Elsaß) verzichten, Wilhelm III. von Oranien als englischen König anerkennen und den Niederlanden Handelsprivilegien gewähren.
205 *Plotho, der zu Regensburg ... den kaiserlichen Notar ... die Treppe hinunterwarf* – Der seinerzeit großes Aufsehen erregende Vorfall (Goethe berichtet darüber im Fünften Buch seiner Autobiographie »Aus meinem Leben. Dichtung und Wahrheit«) ereignete sich am 14. Oktober 1757, als der kaiserliche Hofgerichts-Notar Aprill dem preußischen Gesandten von Plotho in Regensburg eine »Vorladung des Kurfürsten und Markgrafen von Brandenburg« (Friedrichs II.) vor den Reichstag übergeben wollte, »zu sehen und zu hören, wie er werde in des Reiches Acht und Aberacht erkläret und aller seiner Lehen, Rechte, Gnaden, Freiheiten und Anwartschaften beraubt werde« (Franz Kugler, »Geschichte Friedrichs des Großen«, Kap. 27). Die Ächtung Friedrichs II. war wegen dessen Einfall in Sachsen (Oktober 1756, zu Beginn des Siebenjährigen Krieges) erfolgt.
insinuieren – gerichtlich zustellen, vorlegen.
resp. – respektabel (ehrenwert).
Caro vecchio ... – (ital.) Lieber Alter, Ihr habt einen großen Scheißdreck gemacht.
Schlacht von Fehrbellin – Vgl. die fünfte Anm. zu S. 35.
206 *Band seiner Dichtungen* – Vgl. das Literaturverzeichnis, S. 658.
Sturm auf Ofen 1686 – Vgl. die zweite Anm. zu S. 169.
207 *Opitz ... Gesamtentwicklung deutscher Sprache und Dichtung* – Der schlesische Dichter und Literaturtheoretiker Mar-

tin Opitz (1597–1639) war die einflußreichste deutsche Schriftstellerpersönlichkeit seiner Zeit. Bleibendes Verdienst erwarb er sich als Förderer der deutschen Sprache und einer eigenständigen deutschen Nationalliteratur, für deren Entwicklung er mit seinem Hauptwerk »Buch von der deutschen Poeterei« (1624) das theoretische Fundament schuf.

207 *... wie andre angenehme Unterhaltung trieb* – In W I[1], S.271, folgt der Zusatz: »wie Spiel und Zeitvertreib«.

Bodmer sagte von diesen Gedichten ... – In der Vorrede zu seiner Edition der Gedichte von Canitz; vgl. das Literaturverzeichnis, S.658.

208 *Schlegel* – August Wilhelm Schlegel.

»Leonore« – »Lenore« (1773); Ballade von Gottfried August Bürger, die außerordentliche Popularität erlangte und die auch Fontane als Vorbild für sein eigenes Balladenschaffen ansah (vgl. »Von Zwanzig bis Dreißig«, Abschnitt »Der Tunnel über der Spree«, Kap. 2 und 8).

Desperation – Verzweiflung.

Werneuchen

Zu Fontanes erstem Aufenthalt in Werneuchen vgl. S. 549f. Ein zweiter Besuch fand während der größeren Reise vom 2. bis 6. Mai 1862 statt, die nach Beeskow, Kossenblatt, Fürstenwalde, Steinhöfel, Buckow, Werneuchen und Bernau führte.

Der Autor arbeitete an dem Aufsatz – den er »nach literarhistorischer Seite hin« zum »Besten« zählte, »was über die betreffenden Dinge und Personen existiert« (an Hertz, 24. November 1861) – von März bis Juni 1861. In dieser Zeit hat er sich durch die Vermittlung seines Verlegers mehrfach neues Material über den märkischen Heimatdichter Friedrich Wilhelm August Schmidt, die Zentralgestalt seines Feuilletons, zu beschaffen gesucht. So heißt es im Brief an Hertz vom 1. April 1861: »In No. 33 und 34, Jahrgang 1859 der ›*Zeitung zur Verbreitung naturwissenschaftlicher Kenntnis* und Naturanschauung für Leser aller Stände‹ (Halle, Schwetzkescher Verlag) befindet sich einiges über Schmidt von Werneuchen – heißt es Ihre Güte mißbrauchen, wenn ich Sie bitte, wegen der zwei Nummern schreiben zu lassen? Privatpersonen erhalten solche Nummern fast nie; schreibt eine Buchhandlung, so tun die Leute ein übriges.« Und unter dem 12. April: »Haben Sie eine leise Ahnung, ob und wann wohl die beiden Nummern über Schmidt von Werneuchen eintreffen?«

Der Vorabdruck erfolgte vom 17. bis 20. Juli 1861 in der

»Neuen Preußischen (Kreuz-)Zeitung«, Nr. 164–167. Über diesen Vorabdruck ist eine kritische Äußerung von Fontanes Freund Bernhard von Lepel überliefert, der an der Entstehung der »Wanderungen« lebhaft Anteil nahm und selbst mehrfach mit »von der Partie« war. Er schreibt im Brief vom 22. Juli 1861: »Der Werneuchen-Artikel ist sehr hübsch. Die beiden ersten Nummern ein sehr anmutiges Geplauder. Ich hätte es aber doch kürzer gehalten. Zur Unterhaltung im Feuilleton sehr nett, aber eigentlich doch ein furchtbarer Umweg über eine hübsche Wiese, auf der jedes Gänseblümchen gepflückt wird. Der *Eindruck* des Ganzen, um den es nur zu tun ist, hätte auf kürzerem Wege erreicht werden können. Dies Bedenken kam mir nach Lesung der ersten beiden Nummern. / Immermann [Wilhelm von Merckel] schießt wie gewöhnlich ganz vorbei, wenn er die Tarnkappe moniert. Das gehört alles mit zum anmutigen Spaß des Plauderers, der immer bedacht ist, nur nicht langweilig zu sein. / Das ›Hoch‹, was zuletzt dem alten Werneucher gebracht wird, gönn ich ihm von Herzen, es scheint mir aber doch, daß er es nicht ganz in *dem* Sinn verdient, in dem Du es an der Stelle meinst. Er ist weniger der Dichter der märkischen Heimatsliebe, wie Du sie empfindest und entzünden willst, als der Lobsänger des idyllischen Lebens im Gegensatz zum großstädtischen. Diesen Eindruck hab ich aus Deiner Darstellung und aus weiterem Verfolg dieser pastoralen Muse empfangen.«

Zum erstenmal als Buchkapitel erschien »Werneuchen« in der Erstausgabe der »Wanderungen [Teil 1]« von 1862. Im Jahre 1881 wurde der Aufsatz dann in den »Spreeland«-Band (1882) übernommen.

Im September 1869 hatte sich Fontane aus der Königlichen Bibliothek (Berlin) sechs Bände mit Gedichten Schmidts von Werneuchen schicken lassen (vgl. das Literaturverzeichnis, S. 662), die er für das »Havelland«-Kapitel »Fahrland« (vgl. Band 3 dieser Ausgabe, speziell die Anmerkungen dazu), wahrscheinlich aber auch für die Vorarbeiten zu seinem Roman-Erstling »Vor dem Sturm« (1878) benutzte, wo dem »märkischen Poeten par excellence« ein eigenes Kapitel (Erster Band, Kap. 15) gewidmet ist; denn in beiden Arbeiten werden Verse Schmidts zitiert und erörtert. Daß Fontane sie auch während der Vorbereitung von »Spreeland« zu Rate zog – wie Jutta Neuendorff-Fürstenau angibt –, ist indes nicht zu belegen; denn sämtliche im »Werneuchen«-Kapitel dargebotenen Gedichtauszüge befanden sich bereits in der Erstausgabe der »Wanderungen [Teil 1]« von 1862. Schon damals hatten ihm nämlich fünf Gedichtausgaben Schmidts zur Verfügung gestanden (vgl. S. 223f.), während anderes den »mündlichen und brieflichen Mitteilungen« zuzurechnen sein mag, auf die er in den »Anmerkungen« zu jener Ausgabe verweist.

Aufzeichnungen zu diesem Kapitel finden sich in Fontanes Notizbuch A 3, Blatt 8–10.

209 *Wenn vor des Pfarrhofs kleinen Zellen* ... – Aus Friedrich Wilhelm August Schmidts Gedicht »An Friederike Brendel« (1795).

Barnim – Vgl. die fünfte Anm. zu S. 188.

Herstammung des Wortes »Werneuchen« – Die neuere Forschung hält die Ableitung von Warnow (= umfriedeter Ort) für wahrscheinlicher.

... *Reputation emporarbeiteten* – Im Vorabdruck des Kapitels (»Neue Preußische Zeitung«, Nr. 164, 17. Juli 1861) schließt sich folgende Betrachtung Fontanes an, die in der ersten Buchveröffentlichung (W I[1]) bereits nicht mehr vorhanden war: »Alle diese kleinen Stationsörter aus der Zeit der Naglerschen Fahr- und Schnellpost her machten ihr Glück in ähnlicher Weise wie jener alte Generalstabsarzt, der, vom schlichten Compagnie-Chirurgus aus, ein angesehener und fast ein berühmter Mann wurde, nur weil er, als die Königin Luise in Ohnmacht fiel, das Glück gehabt hatte, mit einem Fläschchen Hoffmannstropfen herzuspringen zu können. Durch ähnliche Bande, durch das Bewußtsein einer in schwerer Stunde empfangenen Tröstung oder Dienstleistung, fühlen sich zahllose Reisende bis diesen Augenblick an jene oben genannten Städte und Flecken geknüpft, Städte, deren bedenklichere Seiten selten Gelegenheit fanden, die günstig gehobene Empfindung wieder herabzustimmen. Denn der Zufall oder eine weise Anordnung pflegte es so zu fügen, daß man diese Städte fast immer nur um mitternächtige Stunden passierte, wo sie nicht schlechter aussahen als andere ihres Geschlechts; wohl aber blieben ihre Namen für immer dem dankbaren Gedächtnis aller derer eingeprägt, die, wie der Verfasser dieses Aufsatzes, drei Tage vorm Weihnachtsheiligabend, wenn es zu Kuchen und Christbaum nach Hause ging, als mantel- und fußsacklose Gymnasiasten, im Postwagen über das Straßenpflaster hinrasselten und erst mit Hülfe reichlich genossenen Warmbiers ihre erstarrten Glieder wieder ins Leben zurückkehren fühlten. Es gibt wenige Dinge, bei denen meine zurückblickende Phantasie mit größerem Behagen verweilt als bei solchen Passagierstuben aus der guten alten Zeit.«

210 ... *was es vorher gewesen war* – im Vorabdruck (ebenda) folgt der (in W I[1] ebenfalls eliminierte) Zusatz: »trotzdem der

Adler mit der Umschrift ›Post-Expedition‹ heruntergenommen und durch einen bloßen Briefkasten, zu dem der Landpostbote den Schlüssel hat, ersetzt wurde.«

210 *... nicht weniger, sondern mehr* – In W I[1], S. 274, folgt der Zusatz: »Das Städtchen wächst und gedeiht, und wem die Ziegeldächer und die Jalousien als Beweis nicht genügen, der richte sich an der neu entstandenen ›Schützengilde‹ auf, die seit dem April 1849 ihre Schüsse ins Schwarze und gelegentlich auch wohl – ins Blaue tut.«

Chaussee ... noch gar nicht vorhanden ... erst im Bau – Die gepflasterte Straße von Berlin nach Werneuchen wurde 1806 gebaut (nach Freienwalde bis 1816 weitergeführt).

sein unter Tannen geborgenes Häuschen – Das Forsthaus existiert nicht mehr.

... keinen Veteranenverein – In W I[1], S. 275, folgt der Zusatz: »(denn all die Schlachten, die zwischen Großgörschen [1813] und Belle-Alliance [1815] liegen, waren noch ungeschlagen)«.

Femgericht – Im Mittelalter (ursprünglich öffentliches, später geheimes) königliches Gericht zur Aburteilung mit der Todesstrafe bedrohter Verbrechen.

211 *Wröh* – (niederdeutsch) Rüge; Anzeige eines Verbrechens beim Femgericht. – Die Wröh-Linde in Werneuchen steht noch; die Steine sind nicht mehr vorhanden.

das bekannte Messer in den Baum am Kreuzweg gebohrt – Nach dem Zeremoniell der Femgerichte wurde die Vorladung eines Angeklagten durch einen Schöffen besorgt, der sie unter symbolischen Zeichen (meist mit einem Messer) an dessen Haustür, am Stadttor oder an einem Kreuzweg-Baum befestigte.

Allgemeines Landrecht – »Allgemeines Landrecht für die preußischen Staaten«, ein zusammenfassendes Gesetzeswerk, das von 1794 bis zum Inkrafttreten des Bürgerlichen Gesetzbuches (1900) für fast alle preußischen Gebiete verbindlich war.

Superintendenz – Oberaufsicht.

die Hansa und ihre Ostseeherrschaft – Die Hanse war eine Vereinigung von etwa 200 niederdeutschen und einigen bedeutenden ausländischen Handelsstädten unter der Führung von Lübeck, die seit Ende des 13. Jahrhunderts eine Vormachtstellung im Nord- und Ostseeraum gewann und nach erfolgreichen Kämpfen gegen Dänemark und Norwegen ein Jahrhundert lang die Seeherrschaft und das Zwischenhandelsmonopol in Nordeuropa innehatte. (Sie verlor im 16. Jahrhundert ihre Bedeutung und löste sich im 17. Jahrhundert auf.)

212 *... neckt uns noch immer* – In W I[1], S. 276, folgt der Zusatz:

»und wenn wir ihm näher zu sein glauben, entzieht er sich wieder unserem Blick«.

à deux mains – (franz.) mit beiden Händen; doppelt, auf zwei Arten.

212 *Reisenecessaire* – Reisebedarf.

213 *der »Janitschar«* – In W I[1], S. 277, heißt es: » ›die Janitschar‹ oder der ›halbe Mond‹ «. – Die Bezeichnung weist auf die mit Schlag- und Schüttelinstrumenten ausgeführte, lärmende Militärmusik der Janitscharen, der (1826 aufgelösten) Infanterie-Kerntruppe der türkischen Sultane, hin.

unzweifelhaft Zwillinge – In W I[1], S. 277f., folgt der Zusatz: »wenigstens sehen sie einander so ähnlich wie die beiden schon genannten Kirchtürme zu Seefeld und Löhme, die sich im Lohme-See spiegeln«.

... hübschen blonden Frau – In W I[1], S. 278, folgt der Zusatz: »die ihr Embonpoint wie ihr Schicksal trägt«.

Die beiden Braunen traben tüchtig weiter – In W I[1], S. 278, folgt der Zusatz: »(man merkt, daß es Amtspferde sind)«.

Werneuchener Pfarre ... Fachwerkbau – Das ehemalige Pfarrhaus, 1737/38 gebaut, wurde 1930 abgerissen und durch einen Neubau ersetzt.

214 *Bis zum Gamen-Grund* – In W I[1], S. 279, folgt der Zusatz: »dem Weststück jener reizenden Waldpartie, die den Namen ›Blumenthal‹ führt«.

Elsen – Erlen.

215 *mit raschem Ruck ... in die Waldestiefe hinein* – In W I[1], S. 280, heißt es ausführlicher: »mit raschem Ruck aus dem Wagen in den Fahrweg hinein und eilen voraus, immer dem Gesange nach, der, frisch wie der Wald selber, uns aus der dunklen Tiefe entgegenklingt«.

jene weitbauchigen braunen Kannen ... – Gemeint sind die seinerzeit viel benutzten, braun glasierten Steingut-Kaffeekannen, die seit dem 16. Jahrhundert in der schlesischen Stadt Bunzlau (heute Bolesławiec) hergestellt wurden.

pastor loci – (lat.) Ortspfarrer.

Wettkampf ... zwischen den Horatiern oder Curiatiern – Der Sage nach kämpften unter König Tullus Hostilius (7. Jahrhundert v. u. Z.) Drillingsbrüder aus dem altrömischen Patriziergeschlecht der Horatier mit Drillingsbrüdern aus dem Geschlecht der Kuriatier von Alba Longa um die Herrschaft über diese frühgeschichtliche Hauptstadt des Latinischen Bundes. Als bereits zwei Horatier gefallen waren, gelang es dem dritten durch eine List, seine Feinde einzeln zu töten.

216 *der Held des Tages* – In W I[1], S. 281, folgt der Zusatz: »... ;

er hält sein Geburtstagsgeschenk in beiden Händen, und immer wenn er den halben Mond hin und her schüttelt, schüttelt er unwillkürlich auch den Kopf, und seine Locken tanzen hin und her nach dem Takte der Glöckchen und Schellen.«

216 *Bacchuszug* – In der griechischen und römischen Antike kultischer Festumzug zu Ehren des Fruchtbarkeits- und Weingottes Dionysos (römisch Bacchus), dessen Teilnehmer (Bacchanten) lärmend und tanzend durch die Wälder streiften.

Besingkraut – Heidelbeerkraut.

Berliner Zeitung – Gemeint ist entweder die liberale »Vossische Zeitung« (1704–1934), die eigentlich »Königlich privilegierte Berlinische Zeitung von Staats- und gelehrten Sachen« hieß, oder die 1740 gegründete »Haude und Spenersche Zeitung«, die sich »Berlinische Nachrichten von Staats- und gelehrten Sachen« nannte.

Wagram ... Erzherzog Karl – In der Schlacht bei Wagram (Niederösterreich) wurde die österreichische Armee unter Erzherzog Karl am 5./6. Juli 1809 von Napoleon vernichtend geschlagen. Die Niederlage zwang Österreich zum Abschluß eines Waffenstillstandsvertrages mit Frankreich (12. Juli) und schließlich zur Unterzeichnung des Friedens von Wien (14. Oktober 1809), der die Monarchie zu einschneidenden Gebietsabtretungen, einer Reduzierung der Armee sowie zur Zahlung einer hohen Kriegskontribution verpflichtete.

während unsere Freunde vor der Pfarre halten – In W I[1], S. 282, heißt es ausführlicher: »unsere Freunde aber halten alsbald unter den alten Pfarrhaus-Kastanien, und ›Pastor Schmidt von Werneuchen‹ (denn er ist es), vorantretend, lüftet nunmehr im Hausflur sein schwarzes Käppchen, und dem nach ihm eintretenden Paare seine Hand entgegenstreckend, begrüßt er sie mit einem herzlichen ›Gesegnet sei euer Eingang‹. Dann schließen sich Tür und Laden, nur flüchtig schimmert noch Licht und klingen noch Stimmen.«

217 *Diese Fahrland-Kapitel wurden später geschrieben* – Nach 1870; vgl. die Vorbemerkung zu diesen Kapiteln im Anhang von Band 3 dieser Ausgabe.

Ach, ich kenne dich noch ... – »An das Dorf Fahrland«, Vers 4ff.

das Schindlersche Waisenhaus ... Berlin – Severin Schindler und seine Frau Maria Rosina hatten 1730 auf dem Rittergut Schöneiche bei Friedrichshagen ein Waisenhaus gegründet, das 1746 in die Berliner Wilhelmstraße und 1834 an die Friedrichsgracht verlegt wurde. Die Stiftung bestand bis in die zwanziger Jahre des 20. Jahrhunderts.

217 *Staatsrat ... Stägemann* – Stägemann hatte als hoher Verwaltungsbeamter im preußischen Finanzministerium maßgeblichen Anteil an der Steinschen und Hardenbergschen Reformgesetzgebung (vgl. die fünfte Anm. zu S. 171).
Graues Kloster – Vgl. die dritte Anm. zu S. 155.
nach Halle – Vgl. die erste Anm. zu S. 153.
Du, mir teuer ... – »An Herrn Prediger C. H. Schultze in Döbritz«, Strophe 1, Vers 1 ff.

218 *Berliner Invalidenhaus* – Eine 1747/48 von Friedrich II. gegründete, militärisch geführte Pflegeanstalt für verdiente kriegsinvalide Offiziere und Soldaten. Sie befand sich in der Scharnhorststraße.
das Denkmal ... auf dem Werneuchner Kirchhof – Kreuz und efeuüberwachsene Grabstätte sind wohlerhalten, allerdings wird das Gelände um die Kirche längst nicht mehr als Friedhof genutzt, an den übrigens neben dem Denkmal für Otto von Arnim (1787–1815) auch ein originaler Schinkel-Bau erinnert. Das »schlichte Holzgitter« wurde durch ein Eisengitter ersetzt. Von der Kreuzinschrift hat Fontane die Zeile »Ritter des roten Adlerordens 4ter Kl.« weggelassen.
»Ich will euch wiedersehen ...« – Neues Testament, Johannes 16,22.
... Mitteilungen folgen – In W I¹, S. 284 f., folgt der Zusatz: »die ich der Freundlichkeit derer verdanke, die dem Hingeschiedenen im Leben am nächsten standen. Es sind besonders Aufzeichnungen seines noch lebenden Sohnes. Sie werden am ehesten geeignet sein, das Charakterbild des Mannes, wie ich es eingangs zu zeichnen suchte, durch eine Reihenfolge kleiner Züge zu vervollständigen. Ich gebe die Mitteilungen, wie sie mir zugegangen sind, ohne weitere Zutat meinerseits als die einer übersichtlichen Gruppierung.«

219 *alter Birnbaum, der noch jetzt existiert* – Er wurde 1950 gefällt.
schrieb mir der Sohn – Fontane hatte ihn mit Hilfe von Wilhelm Schwartz ausfindig gemacht.

220 *Nußknacker stehn mit dickem Kopf ...* – »Der Heilige Abend vor Weihnachten«, Strophe 4 und 5 (zusammengezogen).
Sansfaçon – (franz.) Grobian.
in jener geldarmen Zeit – In W I¹, S. 287, folgt der Zusatz: »(zwischen 1806 und 13)«.

222 *Bucolica* – Hirtengedichte.
O wie freut es mich ... – Goethe, »Musen und Grazien in der Mark« (1796), Strophe 2, Vers 1–4.

222 *Vor-Klaus-Grothsche Tage* – Der niederdeutsche Dialektlyriker Klaus Groth (1819–1899) ist vor allem durch seine Gedicht-, Lieder-, Kinderreim- und Balladensammlung »Quickborn« (1853) bekannt geworden.

223 *altmärkischer Landsmann Bornemann* – Johann Wilhelm Jakob Bornemann, Generallotteriedirektor in Berlin, hatte zwei Bände »Plattdeutsche Gedichte« (1810 und 1816) veröffentlicht, von denen zu Fontanes Lebzeiten mehrere Auflagen erschienen.

... vermißte man Idealität – In W I[1], S. 289, folgt der Zusatz: »(die dem Volksgeist nicht mit Unrecht als das entscheidende Merkmal für ›ob Dichter oder nicht‹ erscheint)«.

... seines Ruhmes bezahlen müssen – In W I[1], S. 290, steht dazu die Fußnote: »Es werden ihm auch folgende Zeilen, die mir in diesem Sommer zitiert wurden, zugeschrieben: ›Und bei unsren Bohnen / Kennen wir die Qualen nicht, / Die in Torten wohnen‹; doch mag ich für die Echtheit dieser Zeilen keine Bürgschaft übernehmen.«

»Romantisch-ländliche Gedichte« – Der Titel des Bandes lautet richtig: »Almanach romantisch-ländlicher Gemälde für MDCCIC« (vgl. das Literaturverzeichnis, S. 661).

224 *der bekannte eine Schritt vom Erhabenen zum Lächerlichen* – Anspielung auf den Ausspruch Napoleons I.: »Du sublime au ridicule il n'y a qu'un pas« (Vom Erhabenen zum Lächerlichen ist es nur ein Schritt).

225 *trotz einem* – Hier: wie kaum ein anderer.

»Ich hab ein treu-holländisch Herz« – Mit diesem Zitat weist Fontane in seinem Werk mehrfach auf die Vorliebe Friedrich Wilhelms I. »für alles Holländische« hin, der (wie schon seine Vorgänger, Kurfürst Friedrich Wilhelm und König Friedrich I.) beim Ausbau des Landes (bei Kanalbauten, Gartenanlagen, öffentlichen und privaten Gebäuden) die Erfahrungen holländischer Spezialisten genutzt hat. Vgl. auch die erste Anm. zu S. 171.

Adriaen von Ostade – In W I[1], S. 292, heißt es statt dessen: »Teniers«. Beide niederländischen Maler des 17. Jahrhunderts haben mit Vorliebe Szenen aus dem Bauernleben dargestellt.

grober Realist – Hier: Naturalist.

226 *»Pfarrerstochter zu Taubenhain«* – »Des Pfarrers Tochter von Taubenhain« (1773–1781), eine der populärsten Balladen Gottfried August Bürgers.

Es sauste der Herbstwind ... – »Graf Wolf von Hohenkrähen. Ballade«, Strophe 1.

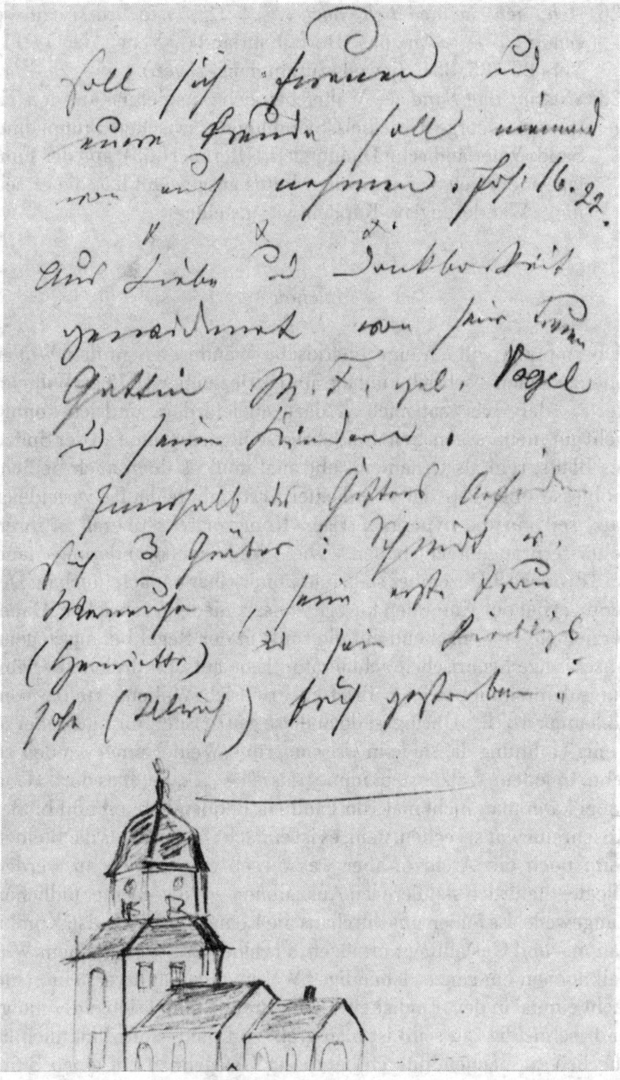

soll sich freuen und
euere Freude soll niemand
von euch nehmen. Joh. 16.22.

Aus Liebe und Dankbarkeit
gewidmet von seiner treuen
Gattin M. F. geb. Vogel
und seinen Kindern.

Innerhalb des Gotteshauses
sind 3 Gräber: Schmidt v.
Werneuchen, seine erste Frau
(Henriette) und sein Lieblings-
sohn (Ulrich) früh gestorben und

Kirche in Werneuchen

226 *Ach, ich kenne dich noch … / Oh, wie warst du so schön …* – »An das Dorf Fahrland«, Vers 4f., 7–11; Vers 80–85, 89ff. (jeweils zusammengezogen).

228 *»Sumpf und Sand«* – Wahrscheinlich Anspielung auf den Titel von George Hesekiels Sammlung »Zwischen Sumpf und Sand. Vaterländische Dichtungen« (Berlin 1863), aus der Fontane mehrfach Verse für die Mottos ausgewählt hat, die er seinen »Wanderungen«-Kapiteln voranstellte.

Malchow

»Übermorgen will ich eine ›märkische Wanderung‹ in den Winter hinein machen«, schrieb Fontane am 16.Dezember 1878 an Wilhelm Hertz: »der ›Bär‹ hat mich … dazu aufgefordert, und ich konnte nicht gut ›nein‹ sagen. Seit drei Jahren steht mein Name an der Spitze des Blatts, rein als Ornament, und mal muß es doch auch heißen: ›noblesse oblige‹ [Adel verpflichtet]. Ein mir beiläufig verleideter Satz, seit ihn die hyperknausrigen Königsmarcks überall in ihren Schlössern angebracht haben.« Die »Weihnachtswanderung« fand am 18. oder 19.Dezember statt, und unmittelbar danach (noch im Dezember) hat der Autor den kurzen Aufsatz niedergeschrieben. Dabei verzichtete er weitgehend auf die sonst in der Regel herangezogene einschlägige historische Fachliteratur. Eine aufschlußreiche Begründung dafür findet sich im Brief an Friedrich Wilhelm Holtze vom 28.Januar 1879. »Dürftig ist doch diese ganze Literatur und dabei so wenig Hoffnung da, sie je in ›frische grüne Weide‹ umgewandelt zu sehn. In jedem Wälzer steht immer dasselbe …«, heißt es dort. »Und dabei kann man nicht mal von Faulheit, Bequemlichkeit und bloßer Abschreibewut sprechen, nein, es ist einfach weiter nichts da. Bleiben dann noch die Archive; aber was diesen entnommen zu werden pflegt – natürlich statuiere ich Ausnahmen –, ist von einer tödlichen Langeweile. Es fehlen uns durchaus die Leute, die, voll Geist, Kombinations- und Gestaltungsvermögen, aus einer Kralle oder einem Wirbelknochen ein ganzes lebendiges Wesen aufzubaun verstehn. Und nicht einmal in der ›Findigkeit‹ (jeder Preuße bildet sich ein, ›findig‹ und ›schneidig‹ zu sein) ist man groß. Auf die Gefahr hin, mich lächerlich zu machen, bitt ich bei dieser Gelegenheit auf einen Bummel-Aufsatz hinweisen zu dürfen, den ich zu Anfang d.M. im ›Bär‹ habe drucken lassen. Aus dem Kirchenbuche stellt ich zwanzig Namen zusammen, weiter nichts, und so blutwenig dies ist, so frag ich doch jeden nur mit einer Spur von Phantasie Begabten, ob sich ihm daraus nicht eine *Art* von Lebensbild erschlossen hat. Man erkennt Lebens-, Verkehrs- u. Umgangsformen und erfährt, was in mehr als einer Beziehung damals ›Sitte‹ war. Ich wollte mich verpflichten, mit Hülfe von so geringfügigem, aber in jedem Einzelfalle immer wieder einen Zoll oder meinetwegen auch nur einen Zentimeter weiterführenden Material eine Kulturgeschichte zu schreiben und gute Portraits zu malen.* [*Fußnote: »Wenn Sie mich fragen: ›warum ich's nicht tue?‹ Weil man davon nicht leben kann. Das können nur Wohlsituierte, Leute wie Graf Lippe, der in der Tat auch Ähnliches geleistet hat.«] Die Historiker müßten von den Naturhistorikern lernen; statt dessen beschränken sie sich einseitig auf Bücher u. Archive. Das genügt aber nicht, wenigstens nicht immer.«

Mit dem »Bummel-Aufsatz« war der Vorabdruck von »Malchow« gemeint, der am 1. und 15. Januar 1879 in der Zeitschrift »Der Bär. Berlinische Blätter für vaterländische Geschichte und Altertumskunde«, Jg. 5, Nr. 1f., S. 5ff. und 17ff., erfolgt war.

Als Buchkapitel erschien das Feuilleton zum erstenmal in der Erstausgabe von »Spreeland« (1882).

Für die Arbeit an »Malchow« hat Fontane Salpius' Buch »Paul von Fuchs ...« (vgl. das Literaturverzeichnis, S. 658) und – wie im Brief an Holtze erwähnt – Auszüge aus dem Malchower Kirchenbuch benutzt.

229 *Staub wird zu Staub ...* – Die Verse stammen wahrscheinlich von Fontane.

Der Deutsche lügt, wenn er höflich ist – Adaption des Goethe-Verses »Im Deutschen lügt man, wenn man höflich ist«; »Faust«, Zweiter Teil, II, Vers 6771.

Fellahs – Fellachen: Die (arme) bäuerliche Bevölkerung in den arabischen Ländern.

Duncker und Humblot – Im Jahre 1809 gegründete, renommierte Verlagsbuchhandlung in Berlin (seit 1866 in Leipzig).

Biographischer Essay von ... Salpius – Vgl. das Literaturverzeichnis, S. 661.

Etatsminister – Staatsminister.

König – Friedrich I.

Königin – Sophie Luise von Mecklenburg, die dritte Gemahlin Friedrichs I.

Porstsches Gesangbuch – Johann Porst, seit 1705 Konsistorialrat und Dompropst in Berlin, hatte 1708 ein Gesangbuch veröffentlicht, das sich bald großer Beliebtheit erfreute.

230 *née de Friedeborn* – (franz.) geborene von Friedeborn.

... anders beschlossen – Im Vorabdruck des Aufsatzes (»Der Bär«, 1. Januar 1879, S. 6) folgt der Zusatz: »der ›Bär‹, in schmeichlerischer Weise (denn er ist ein Honigtier), bestand schon früher auf seinem Fuchs«.

230 *per pedes apostolorum* – (lat.) zu Fuß, wie die Apostel; »auf Schusters Rappen«.
die fliegenden Söhlkes mit dem »Schäfchen« und dem »Schaukelmann« – G. Söhlke hatte 1819 in der Markgrafenstraße eine Spielwarenfabrik gegründet. Die »fliegenden Söhlkes« waren offenbar ambulante Händler; der »Schaukelmann« war ein Stehauf-Männchen.
... am Wege lagen – Im Vorabdruck des Aufsatzes (»Der Bär«, 1. Januar 1879, S. 6) folgt der Zusatz: »... und ohne sonderlich logischen Zusammenhang, aber desto mehr durch ihren farblichen Eindruck mich an das bekannte Heinesche Wort erinnerten: ›daß unser Berliner Sommer eigentlich nur ein grün angestrichener Winter sei‹.«

231 *Dörp* – Dorf.
Laternenturm – Vgl. die siebente Anm. zu S. 170.
Hebestellen – Stellen, bei deren Passieren früher Wegezölle erhoben wurden. (Erst im 19. Jahrhundert wurden die Zollerhebungen auf Grund des zunehmenden Warenverkehrs an die Landesgrenzen verlegt.)
wie Ibykus »des Gottes voll« – Anspielung auf Schillers Ballade »Die Kraniche des Ibykus«, wo es in Strophe 1, Vers 7f. heißt: »So wandert er, an leichtem Stabe, / Aus Rhegium, des Gottes voll.«
maison rouge – (franz.) rotes Haus.
höhere Titulatur – Den Titel »Kantor« (Sänger) trugen nur diejenigen Volksschullehrer, die zugleich Leiter des Kirchenchors und der Kirchenmusik waren.
milzfarben – blaurot bis bräunlichrot.

232 *décontenanciert* – verwirrt, aus der Fassung gebracht.
rekolligieren – sich sammeln, erholen.
maître d'école – (franz.) Schulmeister.
»Geheimnisse von Paris« – »Les mystères de Paris« (1842/43), zehnbändiger, sozial engagierter Sensationsroman von Eugène Sue, der damals, in mehreren französischen Zeitungen als Fortsetzungsreihe gedruckt, eine weite Verbreitung fand.

233 *Pfarrhaus* – Das Gebäude ist erhalten und dient noch dem gleichen Zweck.

234 *Grecborte* – (franz. grec: griechisch) Antikisierende Borte (meist mit Mäandermuster).
Thorwaldsenscher Christus – Eine der zahlreichen Nachbildungen der kolossalen Christusstatue (den segnenden Christus darstellend), deren Modell der dänische Bildhauer Bertel Thorvaldsen 1821 in Rom angefertigt hat und die 1839 in der Kopenhagener Frauenkirche aufgestellt wurde.

234 *»Kreuz-Zeitung«* – »Neue Preußische Zeitung« (1848 bis 1938), nach dem Eisernen Kreuz im Titelkopf meist »Kreuz-Zeitung« genannt; christlich-konservative Tageszeitung, an der Fontane seit 1856 freier und von 1860 bis 1870 festangestellter Mitarbeiter war.

der freundliche Pfarrer – Adalbert Hosemann war bis Herbst 1885 Pfarrer in Malchow.

Kirche – Die Kirche stammte aus der Mitte des 13. Jahrhunderts. Der breite Westturm war noch erhalten, als Paul von Fuchs 1691 das im Dreißigjährigen Krieg verwahrloste Gebäude erneuern ließ. Die Kirche wurde 1945 zerstört; die Ruinenteile (mit drei Grabplatten) sind saniert. Von alten Ausstattungsstücken blieben erhalten: ein Kelch (1606), eine Taufschale, die Wetterfahne von 1688 sowie drei Glocken.

235 *wenn Macbeth den Dolch sieht* – Vgl. Shakespeare, »Macbeth« II, 1 (Monolog des Macbeth).

236 *Plätteisen ... Bolzen* – Bügeleisen wurden damals durch Einlegen glühend gemachter Bolzen erhitzt.

Malchower Kirchenbuch – Die Malchower Kirchenbücher, auch der von Fontane erwähnte Teil, sind erhalten und befinden sich im evangelischen Pfarramt.

Fuchsiana – Schriften von und über Paul von Fuchs.

Moses-Stab, der den Quell aus dem Stein weckt – Anspielung auf die Bibelstelle: »Und Mose erhob seine Hand und schlug den Felsen mit dem Stab zweimal. Da kam viel Wasser heraus, so daß die Gemeinde trinken konnte und ihr Vieh«; Altes Testament, 4. Mose 20,11.

237 *Appellationsgerichtsrat* – Appellationsgericht: Gericht, das die gegen Entscheidungen eines untergeordneten Gerichts eingelegten Rechtsmittel (z.B. Berufung) überprüft.

Geheimer Rat – Vgl. die dritte Anm. zu S. 193.

heimgefallene Lehngüter – Vgl. die erste Anm. zu S. 49.

238 *Der Feldmarschall von Sparr baute Kirchen ...* – Vgl. »Das Oderland«, Kap. »Von Sparren-Land und Sparren-Glocken«; Band 2 dieser Ausgabe.

Derfflinger ließ eine stattliche Dorfkirche aufführen – Vgl. »Das Oderland«, Kap. »Gusow«; Band 2 dieser Ausgabe.

der ältere Schwerin – Otto Reichsfreiherr von Schwerin.

Grumbkow gründete ein Kloster – Am 3. März 1690.

239 *der jüngere Jena ...* – Gottfried von Jena. Das Fräuleinstift und das Hospital wurden in Halle errichtet.

das gespenstische Wappen derer von Fuchs – Es zeigte einen halben schwarzen Adler und einen Fuchs.

Kienbaum

Fontane besuchte den Ort wahrscheinlich im Frühjahr oder Sommer 1863, als er mehrere Kurzfahrten auf den Barnim unternahm, um letzte Recherchen für den »Oderland«-Band zu machen, dessen Druck im Juli dieses Jahres begann. Das vorläufige Inhaltsverzeichnis dafür, das der Autor am 29. Juni seinem Verleger Hertz sandte, weist als vorletztes (21.) Kapitel »Kienbaum (Das Kongreßdorf der Bienenzüchter in alter Zeit)« aus; vgl. den Abschnitt »Die erste Buchausgabe ...« im Anhang von Band 2 dieser Ausgabe.

Fertiggestellt und den bereits abgelieferten Partien des Manuskripts nachgesandt hat Fontane den Aufsatz »über märkische Dorfschulmeister, Bienen-, Blumen- und Seidenraupenzucht – ein kleines Idyll, womit die Sache schließen soll« (an Hertz, 17. August 1863), erst Anfang Oktober 1863, unmittelbar vor dem Abschluß des Druckes. Zu einem Vorabdruck war keine Zeit mehr verblieben.

Im Jahre 1881 wurde das Feuilleton aus »Oderland« in den »Spreeland«-Band (1882) übernommen.

Aufzeichnungen zu diesem Kapitel finden sich in Fontanes Notizbuch A 14, Blatt 4–5 und 8–11.

Für die Arbeit an »Kienbaum« hat Fontane folgende Literatur benutzt (die vollständigen Angaben finden sich jeweils im Literaturverzeichnis; vgl. S. 658): Feßler, »Rückblende auf seine siebzigjährige Pilgerschaft«. – Fidicin, »Die Territorien der Mark Brandenburg ...«. – Berghaus, »Landbuch der Mark Brandenburg ...«. – Hesekiel, »Die Kurprinzenbraut«.

240 *Ich hatt als Kind eine Tanne lieb ...* – Die Verse stammen wahrscheinlich von Fontane.

Laufkäfer hasten durchs Gesträuch ... – Storm, »Abseits«, Strophe 2, Vers 1–4, und Strophe 1, Vers 5f. (zusammengezogen; in dieser Reihenfolge).

Kienbaum ... »Kiehne« – Kiefer.

früheste Zeit deutscher Kolonisierung – Vgl. die fünfte Anm. zu S. 93.

hielt man ihn als Paten – In W II[1], S. 493, heißt es ausführlicher: »hielt man ihn wie einen Hüter und Talisman, wie einen alten Paten«.

Das ganze Dorf ... – In W II[1], S. 493, folgt der Zusatz: »das überhaupt einen guten Sinn hat«.

Elle – Altes Längenmaß; in Preußen 0,6669 Meter.

Es bewahrt jenes anheimelnde Stück Romantik – In W II[1], S. 494, heißt es ausführlicher: »Es zählt zu jenen stillen Heidedörfern, um die ein ganz besondrer Zauber waltet, jenes anheimelnde Stück Romantik …«

241 *Hospizcharakter* – Hospiz: Ursprünglich kleines Ordenshaus zur Aufnahme durchreisender Mönche; später (von Mönchen betriebenes) Rasthaus an entlegenen Punkten von Verkehrsstraßen.

242 *nicht die Poesie seiner stillen Häuschen* – In W II[1], S. 495, folgt der Zusatz: »auch nicht das Verlangen, den Baum zu sehen oder doch von ihm zu hören, der einst dem Dorfe den Namen gab«.

Bienenwirte von Lebus und Barnim – In W II[1], S. 495, folgt der Zusatz: »sowie der Neumark und der Lande Beeskow-Storkow«. *… widerspricht sich untereinander* – In W II[1], S. 495, folgt der Zusatz: »Alle diese Dinge klingen nur eben noch halb sagenhaft in Kienbaum fort …«

Fachmännerversammlung – In WII[1], S. 496, folgt der Zusatz: »(nach Art moderner Versammlungen der Art)«.

243 *Neben dem Allgemeinen …* – In WII[1], S. 496, ist der Zusatz vorangestellt: »Man einigte sich über allgemeine Sätze und Normen, über das, was man pachten könne und was nicht; …«

Kienbaum gehörte in alten Zeiten zu Kloster Zinna – In Fontanes »Anmerkungen« zu WII[1], S. 548, findet sich in diesem Zusammenhang folgende Bemerkung über »Dorf und Kloster Kagel«: »In nächster Nähe von Kienbaum, am Liebenberger See, liegt das alte Dorf Kagel (früher, wie Kienbaum, dem Kloster zu Zinna zugehörig), das in neuerer Zeit zu einer interessanten Kontroverse Veranlassung gegeben hat. Nach Ansicht der einen wäre es dies alte Dorf Kagel, in dem sich das *allererste* märkische Kloster befunden hätte, und zwar ein sogenanntes ›Feldkloster‹, das im Jahre 1160, so meinen sie, durch den zum Christentume übergetretenen Wendenfürsten Jaczko gegründet und mit Zisterziensermönchen besetzt wurde. Die Mönche dieses Feldklosters in Kagel waren es dann, die elf Jahre später (1171) das neugegründete, größere und besser dotierte Kloster in Zinna besetzten. Von der Hagen und Berghaus teilen diese Ansicht; Fidicin hingegen will von der *Priorität* eines *›Klosters Kagel‹* nichts wissen und meint, daß die betreffende Stelle im Zinnaer Erbregister von von der Hagen falsch ausgelegt worden sei.«

… den Honig … zu »beuten« – In W II[1], S. 497, folgt der Zusatz: »(Die Kunst der Beutner bestand darin, den in die hohlen Bäume gelegten Honig, die sogenannte Honigbeute, zu gewinnen.)«

243 *Lehnschulze* – Dorfschulze (Gemeindevorsteher), dem ein Lehngut (vgl. die erste Anm. zu S. 49) überantwortet war.

wogegen das Amt seinerseits die Pflicht hatte ... – In W II[1], S. 497, ist der Zusatz vorangestellt: »So hatten sie unter anderm für ihre Bienen- oder Zeidelweide am ›Gerichtstage‹ eine *Tonne Honig* zu entrichten ...«

Rentamtskasse – Rentamt: Örtliche Finanzverwaltung, insbesondere für die Steuerverwaltung.

244 *von besonderer Vorzüglichkeit* – In W II[1], S. 497, folgt der Zusatz: »und dieser Umstand, neben der günstigen Lage des Dorfes, hatte wohl teil daran, daß Kienbaum zu einem regelmäßigen Sammelort der Bienenwirte wurde«.

quadratmeilengroß – Quadratmeile: Altes Flächenmaß; in Deutschland 56,25 Quadratkilometer.

... *Wässerchen in unsrer Mark* – In W II[1], S. 498, folgt der Zusatz: »(wie zum Beispiel die Nuthe, die Notte, die Finow, der Stobber oder Stobberow)«.

Rotes Luch – Erosionstal auf der Wasserscheide zwischen Oder und Spree bei Müncheberg.

in ... den Rüdersdorfer Kalkbergen verschwindet – In W II[1], S. 498f., folgt der Zusatz: »Die Löcknitz ist nur vier Meilen lang, aber auf ihrer ganzen Länge führt sie einen sich schlängelnden Streifen von Park- und Gartenland neben sich her, zu dessen beiden Seiten der Wald wie eine Terrasse langsam ansteigt.«

... *heißt »der Dämeritz«* – In W II[1], S. 499, folgt der Zusatz: »Freilich auch *›Löcknitz‹* selber könnte wohlklingender sein, aber freuen wir uns wenigstens des ck und adoptieren wir nie die Aussprache der Anwohner des Flusses, die breit und häßlich ›die Löknitz‹ sprechen.«

Werft – Salweide.

245 *Quart* – Altes deutsches Flüssigkeitsmaß; in Preußen 1,145 Liter.

... *daß auch dies bald anders wird* – In W II[1], S. 500, folgt der Zusatz: »Schon ist die Zeidelwiese nicht mehr die alte Zeidelwiese von vormals, man hat sie halbiert und die eine Hälfte zu einer Art Küchengarten gemacht.«

Wie wohl tut Menschenangesicht ... – Zitat aus Nikolaus Lenaus Gedicht »Seemorgen«.

Eine Pfingstfahrt in den Teltow

Der in drei Abschnitte (»Königs Wusterhausen«, »Teupitz« und »Mittenwalde«) gegliederte Aufsatz ist die literarische Ausbeute von zwei Reisen, die Fontane im Juni 1862 unternahm. Die eigentliche »Pfingstreise« (7.–9. Juni) führte nach Königs Wusterhausen und Mittenwalde, die zweite Fahrt (20. und 21. Juni) nach Teupitz. Über beide »Wanderungen« hat der Autor – jeweils nach der Rückkehr – in Briefen an seine Frau, die zu dieser Zeit ebenfalls »auf Reisen« war, ausführlich berichtet.

»Ich reiste um sechs (Sonnabend [7. Juni]) nach Königs Wusterhausen, wo ich's sehr reizend fand, besonders am Abend (Pfingstheiligabend)«, heißt es unter dem 10. Juni 1862. »Die Einfahrt war entzückend und höchst poetisch. Am andren Morgen, wo die Sonne an die Stelle unsichrer Mondbeleuchtung trat, erwies sich vieles als kümmerlich, aber es war doch interessant. Von da nach *Mittenwalde,* wo Paul Gerhardt vier Jahre Prediger war und ›Befiehl du deine Wege‹ dichtete. Yorck stand als Oberst sieben Jahre lang dort in Garnison; und ich logierte im ›Hotel Yorck‹. Nach Teupitz kam ich nicht. In der Nacht Gewitter und Wanzen. Um zwei zu Bett, um vier wieder auf; auf zehn Uhr vormittags (zweiter Feiertag) wieder in Berlin, wo ich erst wieder was Ordentliches zu essen und zu trinken kriegte.« Am 17. Juni schrieb Fontane seiner Frau, er sei, einige Besuche und »zwei Spaziergänge nach dem Kreuzberg abgerechnet, seit gestern vor acht Tagen (wo ich von Mittenwalde zurückkehrte) gar nicht aus dem Haus gekommen. Auch in meiner Wohnung hat mich niemand gestört, so daß ich stramm habe arbeiten können. Ich werde, vorausgesetzt daß er sie haben will, drei Kapitel an Brachvogel [damals Redakteur am »Johanniterblatt«] abliefern: 1) ›Königs Wusterhausen‹, 2) ›Mittenwalde‹, 3) ›Teupitz‹; alle drei unter der gemeinschaftlichen Überschrift *›Eine Pfingstreise im Teltow‹*. Das Honorar wird 50 Rtl. betragen. Es wird nun auch Zeit, daß etwas einkommt. Dabei fällt mir ein, daß mich vorgestern Cotta mit einer kleinen Anweisung von 25,15 für den Aufsatz, den ich im Gustav-Adolf-Verein vorgelesen hatte, überraschte. Diese Summe kommt mir sehr zupaß; ich hätte sonst in den letzten acht Tagen dieses Monats nicht reisen können, was mir sehr unangenehm gewesen wäre. ... Mein Reiseplan (wenn das Regenwetter bis dahin aufhört) ist folgender: am Freitagabend nach Teupitz, wo ich denn, sei's per Post oder zu Fuß (dies bezieht sich auf die Strecke von Zossen bis Teupitz, zwei Meilen), frühmorgens eintreffe. Vielleicht kehr ich schon am Sonnabendabend wieder zurück, jedenfalls am Sonntag früh. Dann will ich am Sonntag und Montag den Teupitz-Aufsatz schreiben.« (An diesem Aufsatz hatte er schon im März 1860 zu arbeiten begonnen, während »Mittenwalde« im Juni, »Königs Wusterhausen« im Juli 1862 entstand.) Eine aufschlußreiche »Auswertung« dieser »trotz windigen Wetters« angetretenen Teupitz-Reise findet sich im Brief an Emilie Fontane vom 23. Juni 1862. Darin heißt es: »Ich reiste am Freitagabend um acht hier ab und war um vier Uhr morgens in Teupitz, schlief drei Stunden in einem Bett, in dem *wenigstens* schon einer geschlafen hatte, fuhr dann über den schönen See, besuchte Schloß und Kirche, zuletzt einen Berg, von dem aus man die ganze Herrschaft Teupitz mit ihren Bergen und Seen überblickt, fuhr um zweieinhalb wieder ab und war um neuneinhalb schon wieder in Berlin. Trifft sich's so, daß man die Posten benutzen kann, so spart man viel Zeit und Geld. Die Fahrt war sehr angenehm, und da man auch, wenn man für zwanzig oder fünfundzwanzig Personen ein Dampfschiff (das Köpnicker) mietet, zu *Wasser* nach Teupitz fahren kann, so hat die Merckel den lebhaften Wunsch geäußert, daß wir, bald nach Deiner Rückkehr, eine solche Fahrt machen. Es geht an Stralow, Köpenick, Müggelsbergen, Königs Wusterhausen etc. [vorbei,] immer fast auf breiten Seen, Berge rechts und links, so daß es wirklich sehr schön sein muß. Kein Mensch ahnt, daß man in der *Mark* solche Fahrten machen kann, die wahrscheinlich mit den Fahrten auf dem Loch Ness und Loch Lochy (der sogenannte Kaledonische Kanal von Inverneß aus) die größte Ähnlichkeit haben. Die Fahrt wird ohngefähr sechs Stunden dauern, von sechs bis zwölf; von zwölf bis vier in Teupitz, von vier bis zehn wieder zurück. Wein, pie [Pastęte] und tarts [Torten] muß man mitnehmen und in Teupitz nur Zander essen, der dort sehr schön ist.«

Der Vorabdruck der drei Feuilletons erfolgte im »Wochenblatt der Johanniter-Ordens-Ballei Brandenburg«, Nr. 29, 32–35 und 37f. vom 16. Juli, 6., 13., 20. und 27. August, 10. und 17. September 1862, S. 146ff., 163f., 168, 172ff., 174 (Seitenzahl verdruckt) f., 185f., 189. Er trug den Sammeltitel »Eine Pfingstreise in den Teltow«.

Zum erstenmal als Buchkapitel erschienen die Aufsätze – ohne die gemeinsame Überschrift – in der Erstausgabe von »Das Oderland« (1863). Im Jahre 1881 wurden sie unter der (leicht veränderten) zusammenfassenden Überschrift »Eine Pfingstfahrt in den Teltow« in den »Spreeland«-Band (1882) übernommen.

Aufzeichnungen zu »Königs Wusterhausen« finden sich in Fontanes Notizbüchern A 21, Blatt 39–41, und A 4, Blatt 1–8. Bei dem Text in A 4 handelt es sich um eine brouillonartige erste Niederschrift, die, von der endgültigen Fassung noch stark abweichend, folgendermaßen beginnt: *»Nach Königs Wusterhausen* / Pfingstsonnabend: Schwüle, Staub, Hauderer, Maien und Heiter-

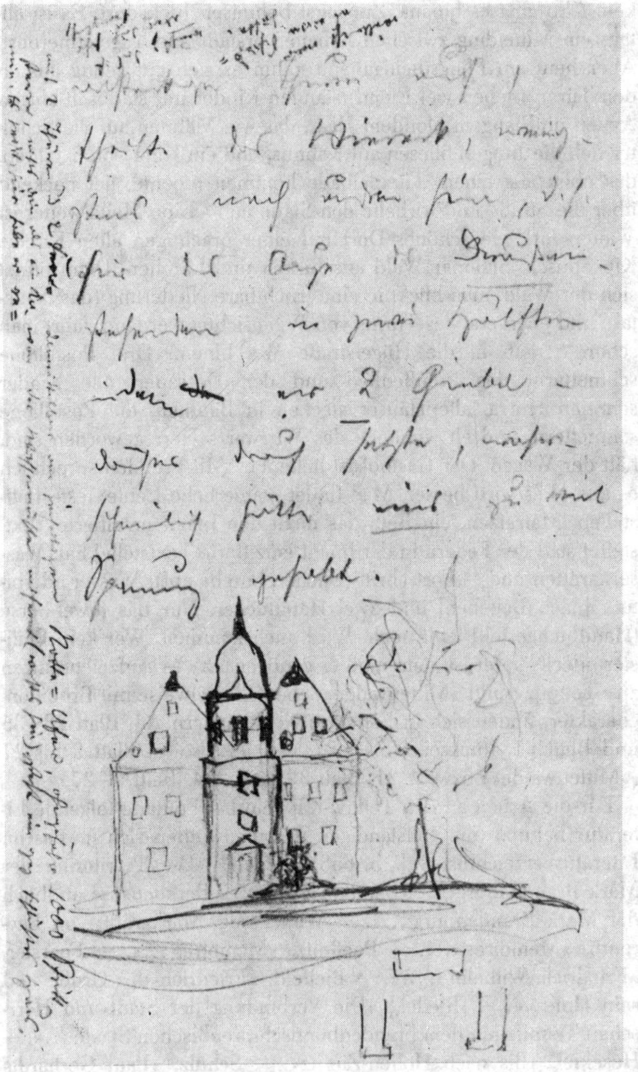

Schloß in Königs Wusterhausen

keit. / So ging es hinaus. Zunächst böhmisch Ricksdorf. Es ist alltags ein Mittelding zwischen Arbeitervorstadt und Tagelöhnerdorf. Aber heut am Pfingstheiligabend nahm es sich gut genug aus, in den Türen (neben viel Elend) standen Kinder mit städtisch-klugen Augen und langem blondem Haar, das wie Mähnen auf die Schulter fiel, die Jungen bliesen auf Kalmus, und ein Kind von 3 Jahren, das eben aus einem Tümpelbade kommen mochte, lief nackend über die Straße und wirbelte den Staub auf. / Eine Meile weiter ist Waltersdorf, ein schönes Dorf mit einer prächtigen alten Kirche. Kiekebusch. Schöner Wald aus Birken und Lärchen. Dann öffnet sich der Wald, man blickt in eine fruchtbare Niederung (das Nottetal), und eben erst des Turms von W. ansichtig werdend, fährt man schon bergab in die Hügelstraße W.s hinein. Drei Postillione schmettern: das Preußenlied und den Dessauer, alle Kinder schreien Hurra, alle Häuser stecken in Bäumen, die Postillione schmettern, und eh wir noch des Wirrwarrs Herr geworden sind, hält der Wagen. Der Gasthof ist nebenbei. Mit Freuden sprech ich es aus – es wird besser. Man findet manierliche Leute, feste Bettstellen, Matratzen, ein Bett, das nicht den [nicht entzifferte Textstelle] statt der Federn in der [nicht entzifferte Textstelle] hat, Wasserkaraffen und – Fortschritt (Bucher, horche auf): Wasser ad libitum [nach Belieben] und zwei Handtücher. Nur das towel-horse [Handtuchgestell] fehlt noch. Wird auch kommen. Wer kein Philister oder Nörgler ist, dem muß es genügen. ...« – Aufzeichnungen zu »Teupitz« und »Mittenwalde«, ebenfalls teilweise mit Brouilloncharakter, finden sich in Fontanes Notizbüchern A4, Blatt 28–35 und Blatt 61, Rückseite, bis 65 (»Teupitz«) sowie Blatt 9 bis 27 (»Mittenwalde«) bzw. A 21, Blatt 39, und A 4, Blatt 9–27.

Für die Arbeit an den Teltow-Kapiteln hat Fontane folgende Literatur benutzt (die vollständigen Angaben finden sich jeweils im Literaturverzeichnis; vgl. S. 658): Fidicin, »Die Territorien der Mark Brandenburg ...« (Band »Teltow«). – Berghaus, »Landbuch der Mark Brandenburg ...«. – Wilhelmine, Markgräfin von Bayreuth, »Mémoires ...«. – Poellnitz, »Mémoires ...«. – Foerster, »Friedrich Wilhelm I. ...«. – Bielfeld, »Friedrich der Große und sein Hof ...«. – [Riedel,] »Die Verbindung der Stadt und Herrschaft Teupitz mit dem brandenburgisch-preußischen Staate ...«. – Hesekiel, »Bis nach Hohen-Zieritz«. – Schulz, »Paul Gerhardts geistliche Andachten ...«. – Droysen, »Das Leben des Feldmarschalls Grafen Yorck von Wartenburg«. – »Mündliches« und (zum Abschnitt »Mittenwalde«) »Victor Strauß: ›Paul Gerhardt‹ « (laut Anmerkung am Schluß der Erstausgabe von »Oderland«, 1863).

249 *Teltow* – Vgl. die fünfte Anm. zu S. 188.
Es reist sich schön ... – In W II[1], S. 118, beginnt der Vorspann – dort allein dem Kapitel »Königs Wusterhausen« zugeordnet – mit folgendem Abschnitt: »Mehr noch als Schloß Kossenblatt, das ich im vorigen Kapitel geschildert, war, wie männiglich bekannt, Königs Wusterhausen ein bevorzugter Aufenthalt König Friedrich Wilhelms I. Wir dürfen an diesem (an Wusterhausen) nicht vorbeigehen, nachdem wir jenes (Kossenblatt) kennengelernt haben, und wählen zu unserem Ausflug das Pfingstfest, das Fest der Maien.«
als schäm er sich seines Namens – In W II[1], S. 118 f., heißt es statt dessen: »(so ändern sich die Zeiten)«.

250 *Finstrer Ort ...* – Die Verse stammen wahrscheinlich von Fontane.
Wir halten vor einem Gasthofe ... – In W II[1], S. 119, beginnt der Absatz abweichend und ausführlicher: »Wir halten vor der Post; drüben ist ein Gasthof mit Staubrouleaux, Waschtoiletten und Klingelzügen, alles großstädtisch, und während ...«
Memoiren der Markgräfin von Bayreuth – Wilhelmine, Markgräfin von Bayreuth, »Mémoires ...«; vgl. das Literaturverzeichnis, S. 662.
König – Friedrich Wilhelm I.
Schloß – Zweigeschossiger Renaissancebau; errichtet Mitte des 16. Jahrhunderts, 1717/18 und 1862 erneuert und verändert, 1965–1970 wiederhergestellt. Das ehemalige Jagdschloß und seine Umgebung werden in den nächsten Jahren wieder in den alten Zustand versetzt. Vgl. Fontanes Skizze, S. 575.

251 *Ähnliche Klagen wiederholen sich* – In W II[1], S. 120, heißt es statt dessen: »Es scheint fast, daß sie die Entsagung, die ihr ihr Krankheitszustand auferlegte, die Kärglichkeit der königlichen Tafel zur Last legen will.«
»Leben und leben lassen« – Sprichwörtlich verwendetes Zitat aus »Wallensteins Lager« (6. Auftritt).
mit der friedlichsten Miene von der Welt – In W II[1], S. 121, folgt der Zusatz: »seine Spitze (eine Art Flaggenstock) so krumm wie ein Elefantenzahn«.

252 *»Wustrow«* – In W II[1], S. 122, folgt der Zusatz: »das heißt ›umflossener Ort‹. Die Bezeichnung findet sich vielfach in der Mark bis diesen Tag, zum Beispiel das Zietensche Wustrau.«
in einem der nächsten Kapitel – Vgl. S. 270.
Grenzburgen zwischen der Mark und der Lausitz – In diesem Gebiet stießen im 13. Jahrhundert die Interessensphären der brandenburgischen Askanier und der sächsisch-meißnischen Wettiner zusammen.

253 *Quitzow-Zeit* – Ende des 14., Anfang des 15. Jahrhunderts, als sich der märkische Adel unter Führung der Brüder Dietrich und Johann von Quitzow durch zahlreiche Fehden und Raubzüge die Macht in Brandenburg gesichert hatte und das Land tyrannisierte. Die »Quitzow-Zeit« endete mit der Niederschlagung des Aufstandes der reaktionären Junker (1412 bis 1414) gegen den neuen Statthalter Friedrich VI. von Hohenzollern, der 1411 in die Mark gekommen war (vgl. die achte Anm. zu S. 93). Vgl. auch »Fünf Schlösser«, Teil »Quitzöwel«, Kap. 1–12; Band 5 dieser Ausgabe, und Fontanes Gedicht »Der Quitzowen Fall und Untergang«.

Schenken von Landsberg – Schenk: Am Hofe der Merowinger Bevollmächtigter über den Weinkeller; an den deutschen Königshöfen hohes, mit bestimmten Privilegien verknüpftes, meist innerhalb einer Familie erbliches Ehrenamt, das auch einzelne Landesherren einführten.

Affection – Gunst, Wohlwollen.

»Soldatenkönig« – Vgl. die erste Anm. zu S. 83.

Kadetten – Jugendliche Offiziersanwärter, die zur Zeit Friedrich Wilhelms I. in speziellen Kadettenkompanien zusammengefaßt waren.

einige Jahre später – In W II[1], S. 123, folgt der Zusatz: »(von 1705 an, wo er ein Regiment erhalten hatte)«.

Parforcehunde – Jagdhunde.

254 *Piqueurs* – (franz.) reitende Jagdgehilfen.

Schlacht bei Malplaquet – Vgl. die dritte Anm. zu S. 108.

Hubertusfest – Mit großen Jagden begangenes Fest (3. November) zur Erinnerung an den heiligen Hubertus (Bischof von Lüttich; um 656–727), der als Schutzpatron der Jäger gilt.

Abschiedsfest von Wusterhausen – In W II[1], S. 124, folgt der Zusatz: »Bei diesen Festen ging es hoch her, zumal beim Hubertusfest.«

Kriegsgericht ..., das über Kronprinz Friedrich und Katte befinden sollte – In W II[1], S. 124f., schließt sich folgende Passage an, deren Inhalt Fontane 1879 in das »Küstrin«-Kapitel eingearbeitet hat (vgl. »Das Oderland«, Band 2 dieser Ausgabe): »In Wusterhausen saß derweilen der erzürnte König und wartete auf ›Tod‹. Das Kriegsgericht sprach ›Schuldig‹, aber es verweigerte den Ausspruch ›Tod‹. Da griff der König selbst in den Gang des Prozesses ein, er stieß das Urteil um, und jene berühmte Cabinetsordre wurde erlassen, die da schließt: / ›S.K.M. seynd in der Jugend auch die Schule durchgelauffen und haben das lateinische Sprüchwort gelernet: Fiat justitia et pereat mundus [Die Gerechtigkeit nehme ihren Lauf, wenn auch die Welt dabei zugrunde geht]. Also wollen Sie hiermit, und zwar von Rechts wegen, daß der Katte, ob er schon nach denen Rechten verdienet gehabt, wegen des begangenen crimen laesae majestatis [Majestätsverbrechens] mit glühenden Zangen gerissen und auffgehänget zu werden, Er dennoch nur, in Consideration [Rücksicht] seiner Familie, mit dem Schwert vom Leben zum Tode gebracht werden solle. Wenn das Kriegsrecht dem Katten die Sentenz [Urteil] publicirt, soll ihm gesagt werden, daß es S.K.M. leydt thäte, es wäre aber besser, daß er stürbe, als daß die Justiz aus der Weldt kähme.‹ / Diese Cabinetsordre trägt als Ort und Datum: ›Wusterhausen, den 1. November 1730‹.«

254 *Hof- und Heiratsintriguen* – In W II[1], S. 125, folgt der Zusatz: »zwischen Schwester und Schwester (Prinzessin Wilhelmine und Prinzessin Charlotte) und Tochter und Mutter (Prinzessin Wilhelmine und Königin)«. – Wilhelmine Friederike Sophie, die älteste Tochter Friedrich Wilhelms I., wurde 1731 mit dem späteren Markgrafen Friedrich von Bayreuth verheiratet, nachdem sich der Plan ihrer Vermählung mit dem Prinzen von Wales zerschlagen hatte.

... zwischen Rauchen und Malen – In W II[1], S. 125, folgt der Zusatz: »Es war dann in Wusterhausen wie in Schloß Kossenblatt (seinem eigentlichen Atelier), nur mit dem Unterschied, daß Kossenblatt der *auserwählte* Ort für Podagra und Malerei gewesen zu sein scheint, während in Potsdam und Wusterhausen nur gemalt wurde, wenn die Gicht wie von ungefähr, das heißt ohne Anmeldung und unerwartet, erschien. Dies ist auch der Grund, weshalb sich in Potsdam und Wusterhausen viel weniger Bilder von der Hand des Königs vorfinden als in Schloß Kossenblatt. Man könnte vielleicht sagen, daß seine Malerei in Kossenblatt chronisch, in Potsdam und Wusterhausen bloß akut gewesen sei. Schon hier übrigens sei bemerkt, daß sich im Wusterhausener *Schlosse* zur Zeit keine Bilder des Königs mehr vorfinden (seit Sommer 1863 geändert ...), doch hängen einige auf dem Oberflur des nachbarlichen Posthauses – Erinnerungsstücke an die Kunst und die Gicht des königlichen Malers. / Bei diesem Geplauder war es spät geworden. Die Stille in den Straßen mahnte zur Ruh. Ein schwaches Wetterleuchten zuckte dann und wann am Himmel und versprach einen schönen Tag; so schlief ich ein.«

... vielleicht auch nichts wissen wollte – In W II[1], S. 126, folgt der Zusatz: »Seine Nase spielte ins Rötliche.«

256 *... zwischen zwei Reihen Zimmern hinläuft* – In W II[1],

S. 127, folgt der Zusatz: »In dieser Halle befinden sich, nach Art dieser Lokalitäten, sechs oder acht Hirschgeweihe, an denen nichts Besonderes wahrzunehmen ist.«

256 *Compagnie langer Grenadiere* – Die Leibgarde Friedrich Wilhelms I. bestand ausschließlich aus sehr großen Soldaten, den sogenannten »langen Kerls« oder (nach ihrer Uniform) »großen Blauen«, die meist mit Gewalt oder List zum Dienst gepreßt wurden.

... bei Dresden befinden – In W II^1, S. 127, findet sich dazu die Fußnote: »An der Stelle (vier Meilen von Fürstenwalde), wo der Hirsch erlegt wurde, befindet sich noch jetzt ein steinernes Monument, welches den Hirsch in liegender Stellung darstellt.«

... eine kleine Garnison – In W II^1, S. 128, folgt der Zusatz: »eine Benutzung, gegen die der ›Soldatenkönig‹ vielleicht am wenigsten einzuwenden haben würde«.

Es befindet sich in demselben ... – In W II^1, S. 128, folgt der Zusatz: »– fast das einzige, was diesem Schlosse aus jener Zeit her erhalten geblieben ist –«.

257 *... mehr schmücken als stützen soll* – In W II^1, S. 128, folgt der Zusatz: »ist aber zu beiden gleich unfähig«.

Eugen und Marlborough – Vgl. die achte Anm. zu S. 93.

Der »starke Mann« mußte ... seine Kunststücke machen – Gemeint ist der Akrobat Johann Karl Eckenberg, dessen athletische Leistungen Friedrich Wilhelm I. so beeindruckten, daß er ihn zum Hofkomödianten ernannte.

Königin – Sophie Dorothea von Hannover.

Lyra – Hier: Sinnbild der Dichtkunst.

258 *esprit fort* – (franz.) Freigeist.

259 *Winde hauchen ...* – Lenau, »Asyl«, Strophe 4, Vers 1 f.

Teupitz verlohnt ... – In W II^1, S. 131, beginnt das Kapitel: »Kossenblatt führte uns mittelbar nach Königs Wusterhausen, und Königs Wusterhausen führt uns nunmehr nach dem nahe gelegenen Teupitz. Die alten Herrn des ›Schenkenländchens‹ besaßen beide Städtchen; – das eine haben wir kennengelernt, machen wir auch dem andren, dem historisch älteren, unsren Besuch. / Teupitz verlohnt allerdings eine Nachtreise (die Posten dahin meiden das Tageslicht), wiewohl ...«

Silbergroschen – Preußische Silbermünze ($^1/_{30}$ Taler bzw. 12 Pfennige), die von 1821 bis zur Einführung der Markwährung (1876) in Umlauf war.

260 *Solche vielbedauerten »kleinen Leute«* – In W II^1, S. 132, folgt der Zusatz: »(wer kennte ihrer nicht!)«.

daß »geben seliger sei denn nehmen« – »Geben ist seliger als

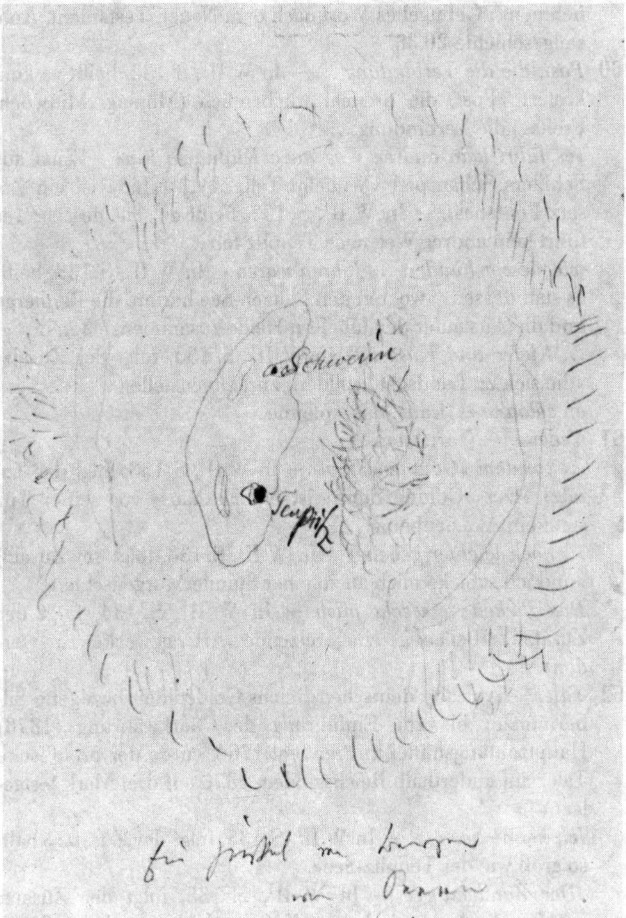

Lageskizze von Teupitz-Schwerin

nehmen«: Geflügeltes Wort nach dem Neuen Testament, Apostelgeschichte 20,35.

260 *Post, die die Verbindung* ... – In W II^{1}, S. 132, heißt es konkreter: »Post, die dreimal wöchentlich (Montag, Mittwoch, Freitag) die Verbindung ...«

»es führt kein andrer Weg nach Küßnacht hin« – Zitat aus Schillers Schauspiel »Wilhelm Tell«, IV,3 (»hin« ist ein Zusatz Fontanes). – In W II^{1}, S. 132, heißt es statt dessen: »es führt kein andrer Weg nach Teupitz hin«.

wie sie vor hundert ... Jahren waren – In W II^{1}, S. 133, heißt es statt dessen: »wo, um den Plötzen-See herum, die Rehberge und die Ausläufer der Jungfern-Heide zusammenstoßen«.

... *Kiefer und Kussel* – In W II^{1}, S. 133, folgt der Zusatz: »die sich zu Landschaftsbildern zusammenstellen«.

en colonne – (franz.) als Kolonne.

261 *Vedetten* – Vorposten.

... *vor dem »Goldnen Stern«* – In W II^{1}, S. 133, folgt der Zusatz: »Der ›Goldne Stern‹ ist ein Eckhaus; vor seiner Tür steht ein Akazienbaum ...«.

... *noch leichter gebettet* – In W II^{1}, S. 133, folgt der Zusatz: »und ich schicke mich an zu einer Stunde Morgenschlaf«.

Das Picken ... weckt mich – In W II^{1}, S. 134, folgt der Zusatz: »(beiläufig eine reizende Art, geweckt zu werden)«.

262 *Taler* – Auf den deutschen Reichs-Goldgulden bezogene Silbermünze; bis zur Einführung der Markwährung (1876) Hauptzahlungsmittel in Preußen. 1764 wurde der preußische Taler auf anderthalb Reichsgulden, 1876 auf drei Mark festgelegt.

Ich kenne Seen ... – In W II^{1}, S. 135, folgt der Zusatz: »halb so groß wie der Teupitz-See«.

»Der Zanderzug?« – In W II^{1}, S. 135, folgt der Zusatz: »... fragte ich, komisch betroffen durch den an hohe Dinge der Kunst anklingenden Namen.«

263 *Gleich ... auf die Anlegestelle zu* – In W II^{1}, S. 136, heißt es statt dessen: »Ich trat auf den Marktplatz hinaus und passierte einen schmalen Gang, der, unmittelbar neben dem ›Goldenen Stern‹ gelegen, in leiser Schrägung dem See zu führte.«

... *lag auch das Boot* – In W II^{1}, S. 136, folgt der Zusatz: »in das ich leidlich trocknen Fußes hineingelangte«.

Meile – In Preußen etwa 7,5 Kilometer.

Teupitzer Kirche – Einschiffiger spätgotischer Backsteinbau aus dem 14./15. Jahrhundert, angeblich 1566 erweitert; 1855–1859 umfassend erneuert (vgl. S. 266).

264 *Überreste des alten Teupitz-Schlosses* – Von der ursprünglich spätgotischen Burg (vermutlich 15. Jahrhundert), die im 17. Jahrhundert verfiel, sind nur noch Teile der Mauer, ein niedriger Turm neben dem Eingang an der Südseite sowie ein ehemaliges Burghaus an der Nordwestecke erhalten. Die gesamte Anlage ist um 1950 umgestaltet worden.
Einfall der Hussiten ... (Friedrich I.) – Kurfürst Friedrich I. von Brandenburg hatte mehrere Reichsfeldzüge gegen die sozialrevolutionäre böhmische Hussitenbewegung geleitet. Zur Vergeltung fielen die Hussiten mehrfach, besonders in den Jahren 1431/32, in die Mark ein. Am 23. April 1432 wurden sie auf dem sogenannten Rutenfelde bei Bernau von den Brandenburgern entscheidend geschlagen.
wenige Jahre später – In W II[1], S. 138, folgt der Zusatz: »(1440)«.

265 *Amtskammer* – Mit der Finanzverwaltung des (königlichen) Amtes betraute Behörde.
Seit einer Reihe von Jahren ist Schloß Teupitz ... – In W II[1], S. 138, folgt der Zusatz: »(zu dem jetzt nur noch wenig Ländereien, aber viel Wiesen und die zweiunddreißig Seen gehören)«.
Amt, ... an der Stelle des alten Schlosses – Das ehemalige Amtshaus, ein 1769 errichteter eingeschossiger Barockbau mit schlichter Pilastergliederung, existiert noch.
Donjon – (franz.) Türmchen; turmartiger Erker.
... wuchs »Unserer Lieben Frauen Bettstroh« ... über die Mauerkrone fort – In W II[1], S. 139, heißt es statt dessen: »... neigten sich gelbe Büschel jenes Unkrauts über das Mauerwerk, das den legendenhaft klingenden Namen führt: ›Unserer Lieben Frauen Bettstroh‹.«
Terraineigentümlichkeiten – In W II[1], S. 139, folgt der Zusatz: »(wie etwa Schmalheit der Landzunge, abweichende Bodenbeschaffenheit oder niedriger gelegenes Erdreich)«.

266 *... unter diesen Neuerungen gelitten* – In W II[1], S. 139, folgt der Zusatz: »und die eigentümliche Art, wie der Turm aus Dach und Giebelwand aufwächst, wird auch jetzt noch den Fachmann interessieren«.
Der gegenwärtige Geistliche – In W II[1], S. 140, folgt der Zusatz: »der einen Sinn für die historischen Überlieferungen seiner Stadt und Kirche hat«.
nobilis vir – (lat.) Edelmann. Die Inschrift lautet exakt: nobil d otto schenk de lādsb.

267 *... erwartet uns ein gedeckter Tisch* – In W II[1], S. 141, heißt es statt dessen: »... wird ein frugales Mahl serviert (›wir ha-

ben den Karpfen im Wappen, aber nicht auf dem Tisch‹, so sagte die Wirtin)«.

267 *Und diesmal allein* – In W II[1], S. 141, folgt der Zusatz: »Ich habe selber die Ruder genommen.«

268 *»Befiehl du deine Wege ...«* ... – Vgl. die zweite Anm. zu S. 275.

287 *Und kaum das Lied vernommen* ... – Georg Philipp Schmidt (genannt Schmidt von Lübeck), »Paul Gerhardt«, Strophe 9, Vers 8 ff.

... der äußerste Punkt unserer Pfingstfahrt – In W II[1], S. 142, heißt es statt dessen ausführlicher: »... der äußerste Punkt, bis zu dem uns unser Kossenblatter Ausflug geführt hat, und wir kehren nunmehr auf unser eigentliches Reiseterrain, in die Odergegenden von Barnim und Lebus, zurück.«

288 *... als ob all diese Dinge noch sichtbarlich vor ihnen stünden* – In W II[1], S. 143, heißt es statt dessen: »Alle diese Punkte liegen niedriger als das heutige Mittenwalde und umzirken die Stadt, in nächster Nähe derselben, in einem enggezogenen Halbkreis.«

Es finden sich ... Münzen – In W II[1], S. 143, heißt es ausführlicher: »Außer Steinfundamenten auf dem Terrain der alten ›Stadtstelle‹ finden sich Münzen ...« – Der Pennigsberg, eine slawische Burganlage mit dichtbesiedeltem Innenraum, ist von A. Kiekebusch 1926–1935 teilweise ausgegraben worden.

269 *... ohne daß eine Lösung bisher gefunden wäre* – In W II[1], S. 143, heißt es statt dessen: »... und ihre Beantwortung ist versucht worden. Aber mit sehr unausreichendem Erfolg. Es liegt zu wenig Material vor, um zu anderen als vagen Resultaten gelangen zu können.« – Auf der Gemarkung von Mittenwalde befinden sich mehrere Fundplätze, die die slawische Besiedlung des Gebietes beweisen, als unmittelbare Vorläufer der Stadt Mittenwalde aber kaum in Frage kommen. Bei der Renovierung der Sankt-Moritz-Kirche (1958/59) gemachte Funde lassen annehmen, daß die Kirche auf dem Platz einer wendischen Kult- und Opferstätte errichtet worden ist. Eine endgültige Klärung könnten nur neuere archäologische Untersuchungen bringen.

... der nötigen Mittel – In W II[1], S. 144, folgt der Zusatz: »So bleibt beinah alles dem Zufall überlassen. Andere Staaten überflügeln uns (ich spreche zunächst nur von unserer *Mark*) nach dieser Seite hin bedeutend. ›Hier, wo nicht viel war, kann auch nicht viel zu finden sein‹, so denken die meisten unter uns und vergessen dabei, daß eben da, wo stets nur wenig war, dies Wenige um so weniger entbehrt werden kann.«

269 *Da haben wir die Mauer … Lausitz hineinblickte* – In W II[1], S. 144, heißt es ausführlicher, eine historische Betrachtung anschließend: »Da ist die Mauer mit ihren Tortürmen, da ist die alte Propsteikirche, und da ist (mehr ein Platz als ein Bau) der Schloßberg oder »Hausgrabenberg«, von dessen Höhe aus (freilich nur mutmaßlich) ›Schloß Mittenwald‹ in die Mark und die Lausitz hineinblickte. Ich sage mutmaßlich, denn die Überlieferungen, die an Schloß Mittenwalde anknüpfen, halten die Mitte zwischen Sage und Geschichte. / Historisch ist die *Existenz* des Schlosses, sagenhaft ist die *Stelle*, wo es stand. Vielfach wird in Urkunden des ›festen Schlosses zu Mittenwalde‹ Erwähnung getan; schon 1240 legten die brandenburgischen Markgrafen eine Besatzung hinein, und 1374 verordnete Kaiser Karl IV. vom ›Schloß Mittenwalde‹ aus, ›daß alle Vesten der Mark Brandenburg in gleich guten Stand gesetzt werden sollten‹. All dies beweist die *Existenz* des Schlosses genugsam. Aber *wo* stand es? Nur mit Wahrscheinlichkeit läßt sich antworten: auf dem ›Hausgrabenberg‹.«
… das Urteil wieder schwankend machte – In W II[1], S. 145, folgt der Zusatz: »Die Bewohner des Berges erzählen sogar, daß die wenigen Feldsteine, die jetzt als Treppenstufen zu beßrer Ersteigung des Hügels dienen, von anderswoher mühsam herbeigeholt seien.«

270 *… ein reizendes Haus* – In W II[1], S. 145, folgt der Zusatz: »und eine reizende Aussicht«. – Das Häuschen ist erhalten geblieben.
der alte Torturm – Rechteckiger spätgotischer Backsteinbau (15. Jahrhundert). Außen- bzw. Vortor, das zur Stadtseite offen, an der Feldseite mit Ecktürmen und Giebeln versehen ist. Vgl. Fontanes Skizze, S. 586.
… in einen Außen- und Innenturm ausliefen – In W II[1], S. 145, folgt der Zusatz: »Der Steindamm, ohne den kein Aus- und Eingang möglich wäre, existiert natürlich noch; das Außentor und die Mauerlehnen sind ebenfalls noch vorhanden, aber nur zur Hälfte; das Innentor fehlt ganz. Eine bloße Maueröffnung, das moderne Zwei-Pfeiler-Tor, ist an die Stelle getreten, und ein alter, etwas zur Seite stehender Rundturm, der einst den Brückenübergang flankierte, blickt wie verwundert auf die kümmerlichen Änderungen, die ihm zu Füßen vorgegangen sind.« – Der runde Turm des Haupttores ist erhalten geblieben; von den Zwingermauern, die Vor- und Haupttor verbunden haben, finden sich nur noch Reste.
… ebenso viele … Giebel trug – In W II[1], S. 146, heißt es statt dessen: »ebenso viele Pfeiler trug, die, reich ornamentiert

Berliner Tor in Mittenwalde

und zierlich durchbrochen, die vier Rundtürme weit überragten.«

270 *Sankt-Moritz-Kirche* – Dreischiffige spätgotische Backstein-Hallenkirche mit Sterngewölben. Das Schiff, in Feldstein begonnen, in Backstein weitergeführt, mit sechseckigen Pfeilern (13. Jahrhundert), der Chor mit Achteckpfeilern (15. Jahrhundert); Sakristeianbau (etwa 1500); Turmunterbau in Feldstein (13. Jahrhundert). Der Turmoberteil, wie ihn Fontane beschreibt (1773 erbaut, entworfen von J. C. Barnick), ist nach der Restaurierung des Kircheninnern (1862) 1877 durch einen neugotischen Turmoberteil (Entwurf von Eduard Jakobsthal nach dem Vorbild der Brügger Liebfrauenkirche) ersetzt worden. Die im folgenden genannten Ausstattungsstücke sind erhalten; der spätgotische Flügelaltar mit eingesetztem Mittelstück (Kreuzabnahme Christi), eine Schnitzarbeit der Frührenaissance aus Antwerpen, wurde 1514 von Elisabeth von Dänemark, der Frau Joachims I., gestiftet; die »Bilder auf der Kehrseite« zeigen die Verkündigung an Maria, die heilige Elisabeth und die heilige Barbara; das Christus-Gemälde (die Verspottung Christi) stammt aus dem Jahre 1628, das Chorgestühl und die gemalten Epitaphe (Kreuzigung Christi, der barmherzige Samariter, das Jüngste Gericht) aus dem 16. Jahrhundert. 1958/59 ist der Kircheninnenraum renoviert worden; Einbauten von 1862 wurden entfernt; Kanzel und Taufstein erneuert.

... in bestimmter Höhe – In W II[1], S. 146, folgt der Zusatz: »ich möchte sagen, rücksichtslos«.

271 *Grabsteine von Burgemeister und Rat* – Die erhaltenen Grabsteine der Bürgermeister stehen jetzt im Aufgang zum Kirchturm.

Christuskopf auf dem Schweißtuche der heiligen Veronika – Nach der christlichen Legende reichte die heilige Veronika dem von Schweiß und Blut überströmten Jesus auf seinem Gang zur Hinrichtung ein dreifach gefaltetes Tuch zum Abtrocknen, worin sich dreifach sein Gesicht abgedrückt habe. Die Abdrücke sollen nach Jerusalem, Rom und nach Spanien (oder Frankreich) gekommen sein. – Das Bild war Anlaß für Paul Gerhardts Lied »O Haupt voll Blut und Wunden«.

Bildnis Paul Gerhardts ... zum Geschenk gemacht – Die Kopistin des Gemäldes, Emma Matthieu, hat das Lübbener Altersbild in das Bild eines fünfzigjährigen Mannes gewandelt. Das Gemälde wurde 1827 der Kirche zu Mittenwalde vom Ministerium für geistliche Angelegenheiten in Berlin gestiftet.

272 *Paulus Gerhardus theologus ...* – (lat.) Der Theologe Paul

Gerhardt, im Siebe des Teufels geschüttelt und als gehorsam befunden, starb später zu Lübben im Jahre 1676, siebzig Jahre alt. – Die Distichen stammen von dem Wittenberger Professor Gottlieb Wernsdorff. – Gerhardt, ein orthodoxer Lutheraner, war nach seiner Weigerung, den Revers zu unterschreiben, der ihn zur Einhaltung des Toleranzedikts verpflichtete (das eine Einigung zwischen Lutheranern und Reformierten ermöglichen sollte), 1666 von Kurfürst Friedrich Wilhelm seiner Stelle als zweiter Diakonus an der Berliner Nikolaikirche enthoben worden (vgl. die erste Anm. zu S. 154). 1667 wieder zugelassen, hatte er auf weitere Amtsausübung verzichtet und war schließlich 1669 als Archidiakon in das sächsische Lübben gegangen, wo er bis zu seinem Tode blieb.

272 *Assaph* – Nach dem Alten Testament, 1. Chronik 25, Leiter einer der von König David gebildeten vierundzwanzig Sängerabteilungen, die »im Hause des Herrn mit Zimbeln, Psaltern und Harfen für den Dienst im Hause Gottes nach Anweisung des Königs« sangen. Er gilt als Verfasser der Psalmen 50 und 73–83.

... und es ist höchst wahrscheinlich ... – In W II[1], S. 148, folgt der Zusatz: »(wenn auch nicht mit absoluter Sicherheit zu beweisen)«. – 1653 erschienen in der 5. Auflage von Johann Crügers Gesangbuch »Praxis pietatis melica, das ist: Übung der Gottseligkeit in christlichen und trostreichen Gesängen ...« 63 neue Lieder von Paul Gerhardt, von denen wohl der größere Teil in Mittenwalde entstanden ist (die 2. Auflage von 1647 enthielt 18 Lieder Paul Gerhardts, die 3. und 4. Auflage sind nicht erhalten geblieben).

als die Kirchenvorstände ... sich an das Ministerium der Sankt-Nikolai-Kirche zu Berlin wandten – Der Rat der Stadt Mittenwalde wandte sich an Petrus Vehr, Propst der Sankt-Nikolai-Kirche und Mitglied des kurfürstlichen Konsistoriums, mit dem Ersuchen, einen geeigneten Nachfolger für Propst Goede vorzuschlagen. Paul Gerhardt wurde nach seiner Gastpredigt vom Rat der Stadt akzeptiert, der Konsistorialpräsident bestätigte die Berufung. Die Mittenwalder Kirche gehörte zum Verwaltungsbezirk des kurfürstlichen Konsistoriums, dessen Leitungsgremium das Entscheidungsrecht über die Neubesetzung von Pfarrstellen hatte.

273 *im Hause des ... Andreas Berthold* – Paul Gerhardt war vermutlich Erzieher des Stiefsohnes von Bertholds Tochter Sabina, die 1643 den verwitweten Pfarrer Joachim Fromm geheiratet hatte. Als Paul Gerhardt 1643 nach Berlin kam, war

die jüngste Tochter Bertholds und spätere Frau Paul Gerhardts, Anna Maria, bereits 21 Jahre alt.

273 *Aufmerksamkeit aller Kirchlichen* – In W II[1], S. 148, folgt der Zusatz: »auch der Behörden und Vorstände«.

»Auf den Nebel ...« – »Danklied. Nach ausgestandenem großen Kummer und Betrübnis«, Strophe 1, Vers 1 f.; es erschien bereits 1653 in Crügers Gesangbuch.

empfing er die Vocation – In W II[1], S. 149, heißt es statt dessen: »verließ er Berlin«. – Vocation: Berufung.

Alborn – Christian Alborn, seit 1638 Diakonus in Mittenwalde, war nicht Propst geworden, da er von der Kanzel herab die Finanzpolitik des Bürgermeisters und des Rates kritisiert hatte. Es war sonst allgemein üblich, daß nach dem Tode oder Weggang eines Geistlichen der nächstfolgende diese Stelle erhielt. Nach der Berufung Paul Gerhardts an die Nikolaikirche in Berlin wurde Alborn Propst in Mittenwalde.

tiefere Texteswortе – In W II[1], S. 149, heißt es statt dessen: »tiefere Worte, einen anderen, christlichen Text«.

Nun ruhen alle Wälder ... – Das Lied (»Evangelisches Kirchen-Gesangbuch«, Berlin 1975, Nr. 361) ist bereits 1647 in Crügers Gesangbuch veröffentlicht worden. Die Anlässe, die nach Fontane zur Entstehung der Lieder geführt haben, gehören dem Bereich der Legende an.

274 *älteste Tochter* – Vgl. die erste Anm. zu S. 273.

den hohen Freudensang – In W II[1], S. 150, folgt der Zusatz: »(den ›Antimelancholicus‹, wie ihn einer seiner Ausleger genannt hat)«.

Warum sollt ich mich denn grämen? ... – Das Lied (1666 von Johann Georg Ebeling vertont; »Evangelisches Kirchen-Gesangbuch«, Berlin 1975, Nr. 297) erschien 1653 in Crügers Gesangbuch.

... sollt ihm nicht zufallen – In W II[1], S. 150, folgt der Zusatz: »(auch *jetzt* nicht)«.

selbst äußere Not gesellte sich – In W II[1], S. 150, heißt es statt dessen: »zu Krankheit, Tod und Kränkung gesellte sich Not«. Es gibt keinen Beweis dafür, daß Paul Gerhardt in Mittenwalde »äußere Not« gelitten hat.

275 *»Befiehl dem Herrn deine Wege ...«* – Altes Testament, Psalm 37,5.

»Befiehl du deine Wege« – Das Lied (»Evangelisches Kirchen-Gesangbuch«, Berlin 1975, Nr. 294) erschien 1653 in Crügers Gesangbuch. (Die Melodie stammt von Bartholomäus Gesius, 1603.)

Das Propsteigebäude ... Nachbargärten – In W II[1], S. 152,

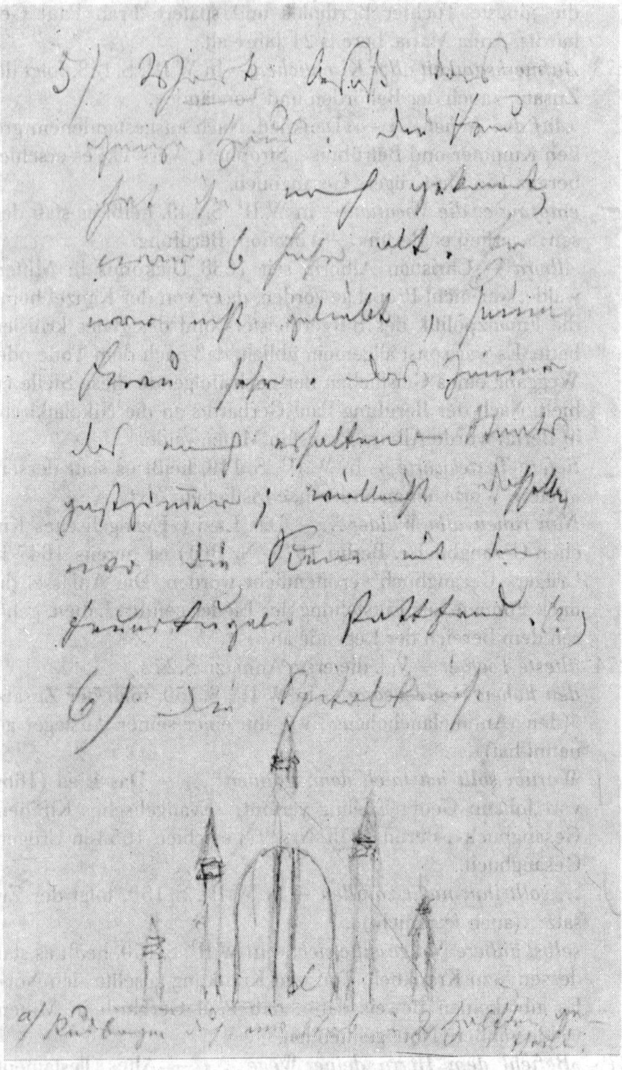

Aufzeichnungen über Yorck in Mittenwalde

heißt es statt dessen: »Das Propsteigebäude, das noch vor fünfzig Jahren bewohnt und noch vor zwanzig Jahren wenigstens eine Ruine war, ist seitdem abgebrochen und ein Schulhaus an seiner Stelle errichtet worden; der Garten aber, in dessen Gängen mutmaßlich das schönste und volkstümlichste aller unserer Lieder entstand, liegt, wüst geworden, ohne Zaun und Einfassung zwischen zwei Nachbargärten; eine Kalkgrube in der Mitte, etwas Gänsekraut an den Seiten, das Ganze der designierte Turnplatz der Mittenwalder Schuljugend.«

275 *Steintafel … Inschrift* – Die Holztafel ist noch vorhanden. Sie hängt jetzt neben dem Bilde Paul Gerhardts an der Südwand der Kirche.

276 *Genesis* – (griech.) Entstehung, Entstehungsgeschichte; Bezeichnung für das 1. Buch Mose im Alten Testament, das die biblischen Schöpfungsberichte enthält.

Mittenwalder Kirchenbuch – Das Kirchenbuch ist erhalten geblieben. Paul Gerhardts Eintragungen beginnen am 26. Dezember 1651 und schließen mit der Jahreszahl für 1657.

Bilderbibeln – Bildliche Darstellungen des Bibelinhalts (meist mit kurzem Text versehen), die vor allem im 15. und 16. Jahrhundert (in der Frühdruckzeit) als religiöses Bildungsmittel in den unteren Volksschichten weit verbreitet waren.

… seit 200 Jahren hinzugesellt – In W II[1], S. 153, folgt der Zusatz: »die Altarbilder, die Chorstühle, die Grabsteine, es sind dieselben noch«.

Abführung nach Küstrin, ein erstes Verhör – Vgl. »Das Oderland«, Kap. »Küstrin«, Abschnitt »Die Katte-Tragödie«; Band 2 dieser Ausgabe.

277 *Garnison stand damals noch nicht in Mittenwalde* – In W II[1], S. 154, folgt der Zusatz: »es hatte eine solche (Jäger) nur von 1780 bis 1806«.

Johannisburg – Kreisstadt im ehemaligen preußischen Regierungsbezirk Gumbinnen (Ostpreußen).

278 *capabel* – fähig, geschickt.

Tag von Jena – Vgl. die erste Anm. zu S. 73.

Altenzaun – Im Gefecht bei Altenzaun (nahe Osterburg/Altmark) deckte Yorck am 26. Oktober 1806 den Elbübergang der Truppen Karl Augusts von Sachsen-Weimar, die in der Schlacht bei Jena und Auerstedt auf seiten der Preußen gekämpft hatten, gegen den Napoleonischen Marschall Soult. Erst auf dem weiteren Rückzug führte er die Nachhut des Blücherschen Korps bis nach Lübeck. Vgl. auch »Die Grafschaft Ruppin«, Kap. »Regiment Prinz Ferdinand Nr. 34«, Abschnitt

»Das Regiment Prinz Ferdinand bis zur Kapitulation von Pasewalk, 29. Oktober«; Band 1 dieser Ausgabe.

278 *Droysen erzählt* – In »Das Leben des Feldmarschalls Grafen Yorck von Wartenburg«; vgl. das Literaturverzeichnis, S. 658.

... nach Königsberg – Vgl. die erste Anm. zu S. 145.

Landwehr – Im Februar 1813 zuerst in Ostpreußen aufgestellte, auf Grund der am 17. März 1813 veröffentlichten, von Scharnhorst entworfenen Landwehrordnung in ganz Preußen gebildete milizartige Organisation zur Landesverteidigung. Sie umfaßte alle wehrfähigen Männer vom siebzehnten bis zum vierzigsten Lebensjahr, soweit sie nicht dem stehenden Heer angehörten, und war in Bataillone und Brigaden gegliedert. Vgl. auch die achte Anm. zu S. 77.

Gedächtnistafel in der Kirche – Die Tafel hängt jetzt im Vorraum der Kirche.

Freiwilliger Jäger – Angehöriger eines der von Februar bis April 1813 in Preußen auf der Basis der Selbstausrüstung gebildeten Freikorps, denen sich Tausende von jungen Deutschen (auch aus nichtpreußischen Gebieten) anschlossen, um gegen die Napoleonische Fremdherrschaft zu kämpfen.

»Hotel Yorck« – Es existiert noch. Im Notizbuch A 4, Rückseite von Blatt 24, heißt es: »*Yorck* besaß das ganze Haus. Die Frau [Wirtin] hat ihn noch gekannt, war 6 Jahr alt. Er war nicht geliebt, seine Frau sehr. Das Zimmer, das noch erhalten – Staatsgastzimmer; vielleicht dasselbe, wo die Szene mit den Feuerkugeln stattfand.« Vgl. S. 590.

279 *der Kaulbach-Muhrsche Jeremias* – Der alttestamentliche Prophet Jeremias war auf dem Gemälde »Die Zerstörung von Jerusalem«, einem der sechs monumentalen Fresken, dargestellt, die Wilhelm von Kaulbach, unterstützt von Julius Muhr und Michael Echter, 1847–1863 für das Treppenhaus des (im zweiten Weltkrieg zerstörten) Neuen Museums in Berlin geschaffen hatte.

Kamphinlampe – Lampe, die mit einem kohlenwasserstoffhaltigen Öl (Kamphen) betrieben wurde; Vorläufer der Petroleumlampe.

Gohlis ... Lied »An die Freude« – Vgl. die dritte Anm. zu S. 195.

Kleinmachenow oder Machenow auf dem Sande

Fontanes Besuch in Kleinmachnow (so die heutige Schreibung) und die Arbeit an dem Aufsatz gehören in die frühe »Wanderungen«-Zeit. Aufgesucht hat der Autor den Ort am 17. und 18. Mai 1860 sowie – gemeinsam mit dem Historiker und Sagensammler Wilhelm Schwartz – am 5. Oktober 1861, und entstanden ist das Feuilleton Ende Mai 1860 sowie zwischen August und Oktober 1861.

Zum erstenmal veröffentlicht wurde »Kleinmachenow« in der Erstausgabe der »Wanderungen [Teil 1]« von 1862. Ein Vorabdruck ist nicht nachweisbar. Im Jahre 1881 hat Fontane den Aufsatz umgearbeitet (vgl. das Vorwort, S. 5) und in den »Spreeland«-Band (1882) übernommen.

Eine Seite mit Aufzeichnungen zu diesem Kapitel findet sich in Fontanes Notizbuch A 9, Blatt 32.

Für die Arbeit an dem Aufsatz hat Fontane die »Historisch-genealogische Beschreibung des ... Geschlechts derer von Hake ...« von Hake-Genshagen (vgl. das Literaturverzeichnis, S. 659) sowie »Mündliches« (laut Anmerkung am Schluß der Erstausgabe der »Wanderungen [Teil 1]« von 1862) benutzt.

280 *Bei Warschau, bei Wien* ... – Die Verse stammen von Fontane.

Warschau – In der Schlacht bei Warschau (28.–30. Juli 1656) – während des Schwedisch-Polnisch-Brandenburgisch-Dänischen Krieges (1655–1660) – besiegte das vereinigte schwedisch-brandenburgische Heer die Polen.

Wien – Vgl. die zweite Anm. zu S. 169.

Fehrbellin – Vgl. die fünfte Anm. zu S. 35.

Leuthen – Vgl. die siebente Anm. zu S. 107.

Lützen – In der Schlacht bei Lützen, bekannter als Schlacht bei Großgörschen (südlich von Leipzig), siegte Napoleon I. am 2. Mai 1813 über die verbündete russisch-preußische Armee, die – am 20./21. Mai 1813 bei Bautzen abermals geschlagen – zum Rückzug aus Sachsen gezwungen wurde.

Dennewitz – Vgl. die erste Anm. zu S. 148.

vom Telte-Fließ gebildeter See – Ob der Machnower See vom Telte-Fließ, bekannter als Bäke, gebildet wurde, ist umstritten, da der See nur durch einen kleinen Graben mit dem Flüßchen verbunden war, das am Fichteberg in Steglitz entsprang und sich durch ein versumpftes Tal bis zum Griebnitzsee erstreckte. Mit dem Bau des Teltow-Kanals (1901–1906), der durch den Machnower See geführt wurde, verschwand die Bäke; erhalten blieb nur ein Reststück bei Kleinmachnow, östlich des Sees (heute Landschaftsschutzgebiet).

280 *Die Häuser …* – In W I[1], S. 383, folgt der Zusatz: »(aus Lehm und Strohdach)«.

alter Besitz der von Hakes – Über diese Familie, ihre Verzweigungen und ihre einzelnen Mitglieder unterrichtet das zweibändige Werk »Die Geschichte der brandenburgischen Familie von Hake« (Görlitz 1928) von Dietlof von Hake.

281 *auf einem groben Fehler ertappte* – In W I[1], S. 384, heißt es statt dessen konkreter: »eine falsche Schabracke auflegen sah«.

Über ihn, diesen Obersten … – Die Fußnote ist in W I[1] noch nicht vorhanden; statt dessen folgt dort im Text (nach: »›… prügeln Sie die Schurken‹«) eine wesentlich knapper gehaltene Kurzbiographie von Hakes.

Drost – Adliger Verwalter einer Vogtei (zugleich Verwaltungsbeamter und Richter).

Pour le mérite – (franz.) Für das Verdienst; 1740 von Friedrich II. gestifteter preußischer Kriegsorden.

Schlacht bei Mollwitz – Vgl. die vierte Anm. zu S. 136.

Schwarzer Adlerorden – Höchster preußischer Orden; gestiftet 1701 durch König Friedrich I.

»Spandauer Vorstadt« – Die Gegend, nördlich der Spree, um die Berliner Sophienkirche.

Königin Elisabeth – Elisabeth Christine, die Gemahlin Friedrichs II.; vgl. die dritte Anm. zu S. 176.

Kaiserin Augusta – Augusta Marie Luise Katharina, die Gemahlin des preußischen Königs und (seit 1871) deutschen Kaisers Wilhelm I.

das Erbschenkenamt … bekleidet – In W I[1], S. 385, folgt der Zusatz: »(Der gegenwärtige Erbschenk ist Wilhelm Joachim Friedrich von Hake, Generalmajor a. D.)«. – Erbschenk: Vgl. die zweite Anm. zu S. 253.

Türkenkriege – Die osmanischen Sultane führten seit dem 14. Jahrhundert zahlreiche Eroberungskriege gegen fast alle Staaten Ost- und Südosteuropas. Hier sind speziell die Türkenkriege des 17. Jahrhunderts (1662–1664 und 1683–1699) gegen das habsburgische Kaiserreich gemeint, in denen auch brandenburgische Truppen auf seiten des kaiserlichen Heeres kämpften. Vgl. die zweite Anm. zu S. 169.

Spanischer Erbfolgekrieg – Vgl. die dritte Anm. zu S. 108.

282 *Schlesische [Kriege]* – Vgl. die dritte Anm. zu S. 136.

Siebenjähriger Krieg – 1756–1763.

282 *Befreiungskriege* — 1813—1815.
Castellammare — Stadt am Golf von Neapel.
Diese drei Hakes ... — In W I[1], S. 386, folgt der Zusatz: »die es nahzu zu den höchsten militärischen Ehren brachten«.
Ablaßkrämer Tetzel — Der Dominikanermönch Johann Tetzel zog von 1502 bis 1518 als päpstlicher Ablaßprediger durch Deutschland und verkaufte unter der Devise »Sobald das Geld im Kasten klingt, die Seele aus dem Fegefeuer [oder »in den Himmel«] springt« Zettel, die den »Sünden«-Erlaß gewährleisten sollten. (Diesen Mißbrauch kritisierte Luther in den 95 Thesen, die er am 31. Oktober 1517 an der Schloßkirche in Wittenberg anbrachte, woraus sich ein ideologischer Streit mit der römischen Kurie entwickelte, der die Reformation einleitete.) Den geschilderten Überfall auf Tetzel hat Daniel Chodowiecki (1726 bis 1801) auf einem Kupferstich dargestellt.
Kasten ... in der Kirche zu Jüterbog — Sogenannte Tetzelkästen werden außer in Jüterbog auch in der Klosterkirche Zinna sowie in anderen Orten aufbewahrt; sie stammen jedoch durchweg aus späterer Zeit.
Alexis hat ihm ... einen Abschnitt gewidmet — Kap. 9 des dreibändigen Romans »Der Werwolf« (1848). In seinem Aufsatz über Alexis (»Der Salon«, Band 10, 1872) hebt Fontane die Darstellung der Überfall-Episode besonders lobend hervor.
... sittlichen Gehalt geprüft hat — In W I[1], S. 386, folgt der Zusatz: »Ist es doch ein Hergang, der, wohl oder übel, etwas Leben und Farbe in die ziemlich farblose Frühgeschichte unsrer Marken bringt.«
Das Herrenhaus ... — In W I[1], S. 386, folgt der Zusatz: »von den Gebrüdern von Hake bewohnt«. — Das Herrenhaus ist 1796—1800 nach Entwürfen von David Gilly, dem Lehrer Schinkels und Mitbegründer der Berliner Bauakademie, als Lehmbau auf einem Feldsteinsockel errichtet worden. Bis 1914 war es regelmäßig bewohnt. Durch Vernachlässigung im ersten Weltkrieg stürzte 1918 die Westwand ein; sie wurde in Backstein wieder errichtet. Das danach erneut bewohnte Gebäude wurde 1943 von Brandbomben zerstört.

283 *ionische Säulen* — Säulen mit leicht verziertem Kapitell, wie sie im 6. Jahrhundert v. u. Z. in antiken griechischen Tempeln bevorzugt wurden.
Medusenkopf ... Minerva ... Schlangen — Nach der griechischen Sage schlug Perseus dem weiblichen Ungeheuer Medusa den Kopf ab und gab ihn der Göttin Athene (römisch Minerva), die ihn an ihrem Schild befestigte. Der Medusen-

kopf, der jeden Betrachter versteinerte, wurde in der bildenden Kunst meist mit fratzenhaft verzerrten Zügen und schlangenhaarig dargestellt.

283 *... rätselhaften Etwas anzupassen* – In W I^1, S. 387, folgt (als erstes Beispiel): »Der Kopf am Panzer des Großen Kurfürsten hat zu der schönen Sage vom geretteten Dorfkind Veranlassung gegeben, die ich am Schluß des [später ausgeschiedenen] Kapitels ›Fehrbellin‹ ... erzählt habe ...« Vgl. Band 6 dieser Ausgabe.

»Adonis-Statue mit dem Eberkopf« im Schloßparke zu Köpenick – Die Statue ist erhalten und im Schloßhof, am Übergang zum Park, aufgestellt.

Das alte Schloß – Das »alte Schloß«, bekannter unter dem Namen »Alte Hakeburg«, war eine mittelalterliche Befestigung und Zollstelle am Übergang der alten, von Mitteldeutschland nach Spandau führenden Handelsstraße über die Bäke. Das Bauwerk, um 1600 teils aus Feld-, teils aus Backsteinen neu errichtet und 1907 zum letztenmal restauriert, wurde 1944/45 beschädigt, die Ruine 1954 abgetragen.

284 *Die Wassermühle* – Die erste Wassermühle stand auf dieser Stelle wahrscheinlich bereits vor 1400. Im Jahre 1695 wurde eine neue errichtet, »weilen die alte gantz zerfallen«, wie auf der heute noch vorhandenen Sandsteintafel vermerkt ist. 1800 erhielt Wilhelm von Hake die Konzession, auf dem Gelände seiner Wassermühle noch eine Holländer-Windmühle zu errichten, die zugleich ein Pumpwerk für die Wasserversorgung des Gutsbetriebes antreiben sollte. Diese Windmühle wurde 1862 abgerissen, und die Wassermühle erhielt einen Dampfmotor. Am 23. Februar 1864 brannte sie ab und wurde in neugotischem Stil (ohne Motor) wiederaufgebaut. Seit dem Bau des Teltowkanals (1901–1906), der ihr die Wasserkraft entzog, stillgelegt, wurde die Mühle nach 1945 (mit Elektroantrieb) nochmals genutzt, zuletzt als Schrotmühle der Landwirtschaftlichen Produktionsgenossenschaft Stahnsdorf (bis etwa 1970).

Die alte Kirche – Einschiffiger spätgotischer Backsteinbau mit quer-rechteckigem Turm; begonnen um 1500, vollendet 1597/98. Die Inschrift des Maurermeisters Kaspar Jacke aus Potsdam sowie die genannten Grabmäler und Gedenktafeln sind erhalten, nicht jedoch die zehn verwitterten Fahnen. Der Degen und die Sporen des im Duell getöteten Lorenz von Schlabrendorf waren vor einigen Jahren noch vorhanden.

Steinkreuz – Das Steinkreuz, ein Sühnekreuz, wurde beim

Abriß der letzten Wirtschaftsgebäude des ehemaligen Gutes im April 1967 von seinem einstigen Standort entfernt und auf dem Kirchhof neu aufgestellt.

285 *... wahrscheinlich nur restauriert* – In W I[1], S. 389, folgt der Zusatz: »gewisse Ornamente scheinen mir nämlich auf eine frühere Zeit zu deuten«.

k. k. ... spanisches Regiment – k. k.: kaiserlich (und) königlich. Das Königreich Spanien wurde 1516–1700 vom Hause Habsburg regiert, das zu dieser Zeit auch den Thron des römisch-deutschen Kaiserreichs besetzte.

1662 ... Erstürmung von Serinvar – Die Festung Serinvar (Ungarn) wurde am 7. Juli 1664 von den Türken erobert.

1664 ... Körmend – In der Nähe von Körmend (West-Ungarn), bei St. Gotthard (Szentgotthárd) an der Raab, fand am 1. August 1664 eine blutige Schlacht statt, in der die Türken von den kaiserlichen Truppen unter Feldmarschall Montecuccoli besiegt wurden.

Zipser Land – Szepes, ehemaliges Komitat (Grafschaft) in Nord-Ungarn.

Zwolle – Hauptstadt der niederländischen Provinz Overijssel.

Bestürmung und Eroberung der Festung Ofen – Vgl. die zweite Anm. zu S. 169.

286 *Die Mark gehörte noch zum »Reich«* – Das »Heilige Römische Reich Deutscher Nation« bestand formal bis 1806, hatte aber bereits im 17. Jahrhundert kaum noch Einfluß auf die Regierungsgewalt in den Territorialfürstentümern.

vom General von Schöning kommandiertes Kontingent – Vgl. »Das Oderland«, Kap. »Tamsel. I«, Abschnitt »Hans Adam von Schöning«; Band 2 dieser Ausgabe.

Erbfeind – Gemeint sind die Türken.

»Ornat Virtus Heroem« – (lat.) »Mannhaftigkeit schmückt den Helden.«

»Coelum Est Vera Habitatio« – (lat.) »Der Himmel ist unsere wahre Wohnung.«

»Abimus Hinc Veluti Hospites« – (lat.) »Wir scheiden von hier wie Gäste.«

Höchstädt – Vgl. die dritte Anm. zu S. 108.

Fehrbellin – Vgl. die fünfte Anm. zu S. 35.

Obristwachtmeister – Alte Bezeichnung für Major.

»... in der dalimschen Kirche beigesetzt« – In W I[1], S. 391, folgt der Zusatz: »Dies Banner ist insofern nicht ohne Interesse, als man selbst in unmittelbarer Nähe des Fehrbelliner Schlachtfelds, also in Hakenberg, Linum, Karwesee etc., wenig

oder nichts findet, was sich mit Sicherheit auf jenen Tag oder auch nur auf jene Zeit zurückführen ließe.«

286 *Jagdgerechtigkeit* – Jagdrecht (auf nichteigenem Grundbesitz).

287 *Successoribus* – successor: (lat.) Nachfolger, Erbe.

»... ohne Entgelt reichen lassen« – In W I[1], S. 391, folgt der Zusatz: »(Die *hohe* Jagd [Jagd auf Hochwild] war nämlich für etwa 500 Taler an den Kurfürsten verpachtet, und nur die niedre Jagd war den Hakes verblieben.)«

Aufhebung des Jagdrechts – Infolge der bürgerlichen Revolution von 1848/49 wurde in Deutschland das Jagdvorrecht des Hochadels aufgehoben und jedem Grundeigentümer Jagdfreiheit auf seinem Besitz gewährt.

(erfüllten sich seitdem) – Statt dieser bei der Übernahme des Kapitels in »Spreeland« (1881) eingefügten Bemerkung heißt es in W I[1], S. 392, konkreter: »mit Hülfe einer Havel-Eisenbahn«.

Großbeeren

Geist von Beeren

Berlin in den Tagen der Schlacht von Großbeeren

Fontane kannte Großbeeren seit seiner Kindheit, da er mütterlicherseits mit dem damaligen Besitzer des Gutes, Mumme, verwandt war. (Vgl. »Mein Erstling: Das Schlachtfeld von Großbeeren«, Band 6 dieser Ausgabe.) Weitere Besuche in dem Ort fanden am 17./18. Mai 1860 sowie im Jahre 1861 statt.

Obwohl die drei Kapitel thematisch zusammengehören, sind sie nicht zur selben Zeit entstanden und zunächst auch nicht gemeinsam veröffentlicht worden. An »Geist von Beeren« arbeitete Fontane bereits Anfang April 1860, an der Darstellung der Schlacht bei Großbeeren erst im April und Juli 1881.

Der Aufsatz »Geist von Beeren« wurde am 22. und 23. August 1860 unter dem Sammeltitel »Märkische Bilder« in der »Neuen Preußischen (Kreuz-)Zeitung«, Nr. 196f., vorabgedruckt und im darauffolgenden Jahre in die Erstausgabe der »Wanderungen [Teil 1]« (1862) übernommen.

Die erste Veröffentlichung der 1881 entstandenen Schlachtschilderung erfolgte unter dem Titel »Die Schlacht bei Großbeeren« am 23. August 1881 – dem Jahrestag der Schlacht – in der »Vossischen Zeitung«; sie wurde offenbar unmittelbar danach zu dem Kapitel »Großbeeren« für den »Spreeland«-Band (1882) umgearbeitet. Dieses Kapitel ist weitgehend mit dem Vorabdruck der »Schlacht bei Großbeeren« identisch; lediglich den Hinweis auf den Jahrestag der Schlacht hat der Autor eliminiert und durch eine Einleitungspassage (vgl. S. 309f.) ersetzt, die eine komprimierte Fassung jenes drei Abschnitte umfassenden Textes darstellt, der das in W I[1] abgedruckte Kapitel »Geist von Beeren« eröffnete, das seinerseits – mit Ausnahme des anderweitig verwendeten Anfangs – im wesentlichen unverändert in »Spreeland« übernommen wurde.

Eine ausgearbeitete, vom Buchtext erheblich abweichende und sehr viel ausführlichere Fassung des Komplexes »Großbeeren«/»Geist von Beeren« – von der Hand Emilie Fontanes (mit gelegentlichen Korrekturen des Autors) – findet sich im Notizbuch A 9, Blatt 1–24. Dieser Text ist im Band 6 dieser Ausgabe publiziert.

Das dritte Kapitel, »Berlin in den Tagen der Schlacht bei Großbeeren« – von dem weder die genaue Entstehungszeit noch ein Vorabdruck nachweisbar sind –, hat Fontane wahrscheinlich im Herbst 1881 eigens für den »Spreeland«-Band hinzugeschrieben, in dem es zum erstenmal veröffentlicht wurde.

Für die Arbeit an den Großbeeren-Aufsätzen hat Fontane die Schrift »Bunte Erinnerungen ...« von Friedrich Tietz (vgl. das Literaturverzeichnis, S. 662), auf die ihn Wilhelm Schwartz im Brief vom 24. August 1860 aufmerksam gemacht hatte, sowie (laut Anmerkung am Schluß der Erstausgabe der »Wanderungen [Teil 1]« von 1862) »mündliche und briefliche Mitteilungen« benutzt.

288 *»Unsre Gebeine ...«* – Vgl. S. 292.

die berühmten Felder von Großbeeren – In W I[1], wo der Vorspann dem Kapitel »Geist von Beeren« zugeordnet war (vgl. S. 598f.), folgt der Zusatz (S. 393): »Freund und Feind kennen den Namen.«

Ah, c'est le champ de bataille de Großbeeren! – (franz.) Ah, das ist das Schlachtfeld von Großbeeren! – In W I[1], S. 393, folgt der Zusatz: »Ist doch die französische Sprache noch immer die Allerweltsmünze, die sicher sein darf, akzeptiert und ausgewechselt zu werden.«

... heiß gestritten ward – In W I[1], S. 394, folgt der Zusatz: »und den sie selber nun bewohnen. Ein wahres Glück ist es, daß beide taub sind, der eine halb, der andere ganz. Wenn Fremde kommen und ihre Fragen unbeantwortet finden, so werden sie's auf die Schwerhörigkeit der beiden Alten schieben und vielleicht die freundliche Vorstellung mit heim neh-

men, daß der ›Schlachtendonner‹ die Trommelfelle der beiden Helden für immer zum Schweigen gebracht habe. Wir sollten es aber doch auf so freundliche Interpretationen nicht ankommen lassen.«

289 *als der Waffenstillstand abgelaufen* – Der Waffenstillstand, den die Alliierten (Rußland und Preußen) am 4. Juni 1813 mit Napoleon I. geschlossen hatten, da beide Seiten Zeit für die Bereitstellung von Reserven benötigten, lief am 11. August 1813 ab. Am selben Tag erklärte Österreich Frankreich den Krieg und schloß sich der antinapoleonischen Koalition an.

Landwehr – Vgl. die sechste Anm. zu S. 278.

Kronprinz von Schweden (Bernadotte) – Der französische Marschall Jean-Baptiste Bernadotte hatte 1810 mit Einwilligung Napoleons die Ernennung zum schwedischen Thronfolger angenommen, seitdem die Interessen Schwedens gegen Frankreich vertreten, sich mit dem Kaiser überworfen und im Frühjahr 1813 der antinapoleonischen Koalition angeschlossen. (1818 wurde Bernadotte als Karl XIV. Johan König von Schweden und Norwegen.)

290 *Réfractairs* – (franz.) Widerspenstige; Wehrdienstverweigerer.

l'enfanterie – Wortspiel mit »infanterie« (Fußvolk) und »enfant« (Kind).

prussienne – (franz.) preußisch.

291 *degagiert* – befreit; hier: entlastet.

Meile – In Preußen etwa 7,5 Kilometer.

292 *Bivouac* – (franz.) Biwak, Feldlager.

Luckau – Bei Luckau (Niederlausitz) hatte General von Bülow am 4. Juni 1813 die Truppen des Marschalls Oudinot zurückgeschlagen. Während des Waffenstillstands von den Franzosen befestigt, wurde die Stadt im August 1813 von den Verbündeten beschossen und zur Übergabe genötigt.

293 *soutenieren* – unterstützen.

294 *demontiert* – Hier: zerstört.

295 *neue, nach einem Schinkelschen Plan erbaute [Kirche]* – Neugotischer Zentralbau in Form eines griechischen Kreuzes, mit Nordturm; errichtet 1818–1820.

gußeisernes Monument – Das 1817 nach einem Entwurf von Karl Friedrich Schinkel ausgeführte und auf dem ehemaligen Friedhof (nördlich der Kirche) errichtete Siegesdenkmal, ein auf einem Sandsteinsockel stehender gußeiserner Obelisk, ist erhalten.

296 *Schlacht bei Dennewitz* – Vgl. die erste Anm. zu S. 148.

Siebenjähriger Krieg – 1756–1763.

296 *König* – Friedrich Wilhelm III.

297 *wie bei Fehrbellin ... ein Prinz von Hessen-Homburg* – In der Schlacht bei Fehrbellin (vgl. die fünfte Anm. zu S. 35) hat Friedrich (II.) von Hessen-Homburg, 1670–1678 General der brandenburgischen Kavallerie, durch einen Reiterangriff entscheidend zum Sieg über die Schweden beigetragen. (Vgl. »Die Grafschaft Ruppin«, Kap. »Neustadt a. D.«, Abschnitt »Prinz Friedrich von Hessen-Homburg«; Band 1 dieser Ausgabe.) – In der Schlacht bei Großbeeren befehligte Ludwig Friedrich Wilhelm von Hessen-Homburg, seit 1788 in preußischen Diensten, eine Infanteriebrigade.

298 *Von allen Geistern ...* – Goethe, »Faust« (»Prolog im Himmel«), Vers 338f. Vers 339 lautet richtig: »Ist mir der Schalk am wenigsten zur Last.«

König – Friedrich II.

300 *Kammergericht* – Früher Bezeichnung für das höchste Gericht eines Territoriums. Das Kammergericht in Berlin war bis 1879 Appellationsgericht für den Stadtbezirk Berlin und den Regierungsbezirk Potsdam (danach Oberlandesgericht für die Provinz Brandenburg).

Okularinspektion – Besichtigung.

Pupillenkollegium – Behörde, die die Aufsicht in Vormundschaftsangelegenheiten führte. (Pupille: frühere Bezeichnung für Mündel.)

Bonité – Bonté: (franz.) Güte. Hier: Qualität des Bodens.

der Reformator unserer Landwirtschaft, der berühmte Thaer – Vgl. »Das Oderland«, Kap. »Möglin«; Band 2 dieser Ausgabe. Vgl. ferner Band 6 dieser Ausgabe.

Repartie – (franz.) Erwiderung, Abfertigung.

301 *Probatum est!* – (lat.) Es ist bewährt!; es hilft!

Reskript – Verordnung.

natürliche Feindschaft gegen den Städter – In W I[1], S. 398, heißt es: »natürliche Abneigung ...«.

302 *Alle waren geputzt* – In W I[1], S. 399, folgt der Zusatz: »und schienen sehr heiter«.

303 *Zoll* – Altes Längenmaß; in Preußen 2,6 Zentimeter.

Alräunchen – Alraun: Wurzelstock von menschenähnlicher Form, der im Altertum als Zauberpflanze bekannt war und sich im Volksglauben als Zaubermittel erhalten hat.

Diese Version läßt sich ... in Einklang bringen – In W I[1], S. 400, heißt es statt dessen: »Diese Version kann *halb* richtig sein.«

304 *Der nächste Besitzer verlor sein Vermögen* – Gemeint ist Fontanes Großonkel Mumme, der das Gut 1824 gekauft und es

1827, nachdem sein Vermögen durch Renommiersucht aufgebraucht war, wieder veräußert hatte. Im Notizbuch A 9 finden sich über Mumme (ebenso wie über den »letzten Besitzer ..., Rittmeister Briesen«) ausführliche Aufzeichnungen, auf deren Veröffentlichung Fontane wohl aus Rücksicht auf die Familie verzichtete. Vgl. auch »Meine Kinderjahre«, Kap. 1.

305 *Wallmoden-Kürassiere* – Gemeint ist das österreichische 6. Kürassierregiment, dessen Inhaber der Kavalleriegeneral Ludwig Georg Thedel, Graf von Wallmoden (1769–1862) war.

... von alten Zeiten plaudern – In W I[1], S. 402, folgt der Zusatz: »von der Zeit ihrer Väter und Großväter«.

306 *Tietz ... Aufzeichnungen* – »Bunte Erinnerungen ...«; vgl. das Literaturverzeichnis, S. 662.

307 *»Vossische [Zeitung]«* – Vgl. die vierte Anm. zu S. 216.

»Fremdenblatt« – »Berliner Fremdenblatt«, 1862 von Rudolf Decker gegründete Zeitung.

»Kreuz-Zeitung« – Vgl. die dritte Anm. zu S. 234.

Prinz Wilhelm – Der spätere (1888) deutsche Kaiser Wilhelm II.

Großer Fritze – Friedrich II.

»Spenersche Zeitung« – Vgl. die vierte Anm. zu S. 216.

Waffenstillstand – Vgl. die erste Anm. zu S. 289.

Schaumünzen – Münzen mit besonderer, künstlerischer Prägung, zumeist als Erinnerung an Zeitereignisse oder als Geschenk hergestellt.

damals oft von Mattausch auf der Königlichen Bühne gehörte Worte – Der Heldendarsteller Franz Mattausch gehörte damals, wie alle im folgenden genannten Schauspieler und Schauspielerinnen bzw. Sänger und Sängerinnen, zu den Spitzenkräften der Berliner Bühnen.

»Wir werden mit den Schweden uns verbinden ...« – Schiller, »Wallensteins Tod« II, 2.

308 *Kronprinz von Schweden, ... früher kein Preußenfreund* – Vgl. die dritte Anm. zu S. 289. Bernadotte hatte 1806 das französische 1. Armeekorps befehligt und nach der Schlacht bei Jena und Auerstedt Blücher bei Lübeck zur Kapitulation gezwungen (7. November 1806).

Königliches Schauspielhaus – Am Gendarmenmarkt (heute noch Platz der Akademie). Das Gebäude brannte am 29. Juli 1817 ab; 1818–1821 errichtete Karl Friedrich Schinkel an der gleichen Stelle ein neues Schauspielhaus, in dem Fontane später als Theaterkritiker der »Vossischen Zeitung« fast zwanzig Jahre lang den Parkettplatz 23 innehatte. Dieses Theater,

1945 stark beschädigt, wurde wiederaufgebaut und 1984 als Konzerthaus eröffnet.

308 *Himmels »Fanchon«* – »Fanchon, das Leiermädchen« (1804), populäres dreiaktiges Singspiel von Friedrich Heinrich Himmel (seit 1795 Hofkapellmeister in Berlin) nach dem von August Kotzebue aus dem Französischen übersetzten gleichnamigen Stück von Jean-Nicolas Bouilly.

auf die verewigte Königin Luise bezügliches Couplet – Die Schlußverse des Liedes »Auf alle Namenstag im Jahr« lauten: »Doch wenn das Herz den Reim diktiert, steht im Kalender Luise«. Die preußische Königin Luise war 1810 gestorben.

Couplet – Hier: refrainartiger Liedabsatz.

Rochus Pumpernickel – Komische Hauptfigur in dem gleichnamigen Singspiel von Matthäus Stegmayer (1771–1820).

Iffland ... aufs Repertoire gesetzt – Der Schauspieler und Dramatiker August Wilhelm Iffland war seit 1796 Direktor des Königlichen Nationaltheaters, seit 1811 Generaldirektor der Königlichen Schauspiele in Berlin.

309 *Gubitz* – Der Berliner Schriftsteller, Publizist und Holzschneider Friedrich Wilhelm Gubitz war später (ab 1823) Vorgänger Fontanes als Theaterkritiker an der »Vossischen Zeitung«.

»bei Georges« – Nach seinem aus der französischen »Kolonie« in Berlin (vgl. die dritte Anm. zu S. 165) stammenden Besitzer benanntes, vielbesuchtes Lokal mit Kaffeegarten in der Bellevuestraße / Ecke Lennéstraße (südlich des Tiergartens). Fontane feierte dort am 16. Oktober 1850 seine Hochzeit; vgl. »Von Zwanzig bis Dreißig«, Abschnitt »Im Hafen«, Kap. 2.

Haus No. 46, jetzt »Victoria-Hotel« – Es stand Unter den Linden/ Ecke Friedrichstraße.

berühmte Sängerin – Caroline Seidler, geborene Wranitzky, Frau des Violinisten Christian August Seidler; 1816–1838 hochdotierte Sängerin an der Königlichen Oper in Berlin.

chambre garnie – (franz.) möbliertes Zimmer.

311 *Habelsche Weinstube* – Vornehmes Restaurant Unter den Linden, zwischen Friedrich- und Charlottenstraße. Das Haus wurde im zweiten Weltkrieg zerstört.

Trifolium – (lat.) Klee; hier in der Bedeutung: dreiblättriges Kleeblatt.

312 *»Sonne«* – »Zur Sonne«, Restaurant Unter den Linden 23 (später in »Russischer Hof« umbenannt).

bei Jagors – Bekanntes Speiselokal.

Löwenbruch

Auch Löwenbruch war – ebenso wie Großbeeren – Fontane durch zahlreiche Besuche bei Freunden und Bekannten seit seiner Jugend vertraut (vgl. »Mein Erstling: Das Schlachtfeld von Großbeeren«; Band 6 dieser Ausgabe). Dennoch suchte er den Ort im Rahmen seiner märkischen Wanderungen erneut mehrfach auf: am 5. April, am 30. Juni/1. Juli und im August 1860 sowie im Jahre 1861.

Der Aufsatz entstand im August 1860. Der Vorabdruck erfolgte unter dem Sammeltitel »Märkische Bilder« in der »Neuen Preußischen (Kreuz-)Zeitung«, Nr. 254 vom 28. Oktober 1860.

Als Buchkapitel erschien »Löwenbruch« zum erstenmal in der Erstausgabe der »Wanderungen [Teil 1]« von 1862. Im Jahre 1881 wurde das Feuilleton dem »Spreeland«-Band (1882) zugeordnet.

Aufzeichnungen zu diesem Kapitel finden sich in Fontanes Notizbuch A 11, Blatt 18–21, Rückseite.

Für die Arbeit an »Löwenbruch« hat Fontane Carl Friedrich von dem Knesebecks »Bruchstücke aus den hinterlassenen Papieren ...« (vgl. das Literaturverzeichnis, S. 660) sowie (laut Anmerkung am Schluß der Erstausgabe der »Wanderungen [Teil 1]«) »mündliche und briefliche Mitteilungen« benutzt.

313 *»Wie heißt Er? ...* – Zitat aus den Memoiren Carl Friedrichs von dem Knesebeck (vgl. das Literaturverzeichnis, S. 660). Fontane hat den vollständigen Dialog zwischen Friedrich II. und Knesebeck in dem Kapitel »Karwe. II« wiedergegeben; vgl. »Die Grafschaft Ruppin«; Band 1 dieser Ausgabe.

auf dem Kirchhofe ... Grabsteine mit allerhand Figuren und Inschriften – Davon ist heute nichts mehr zu finden.

das jetzt wirtschaftlichen Zwecken dienende Haus – In W I[1], S. 403, heißt es statt dessen: »das Haus, und zwar völlig unverändert«. – Dieser »schlichte Fachwerkbau« existiert nicht mehr.

jetziges Herrenhaus – Vgl. die zweite Anm. zu S. 321.

... ausgebessert werden sollte – In W I[1], S. 404, heißt es statt dessen: »... zu einer Wohnung für den Meier oder Verwalter des Gutes eingerichtet werden sollte.«

314 *Löwenbrucher Kirche* – Rechteckiger Putzbau mit Westturm; errichtet 1716. Zahlreiche wertvolle Ausstattungsstücke, darunter der erwähnte Kanzelaltar von 1719, sind erhalten.

Regiment Gensdarmes – Vgl. die zweite Anm. zu S. 42.

... ausschließlicher widmen wollte – In W I[1], S. 405, folgt der Zusatz: »als es der Dienst gestattete«.

315 *Krauses Kaffeehaus ..., das jetzige »Hôtel de Brandebourg«* – Es befand sich in der Charlottenstraße.
Hydropathie – Wasserheilkunde.
incredibile dictu – (lat.) unglaublich zu sagen.
Donquichotterie und Eulenspiegelei – In W I[1], S. 405, folgt der Zusatz: »vielleicht eine bloße Querköpfigkeit«.
Tag von Austerlitz – Am 2. Dezember 1805 wurde die russisch-österreichische Armee bei Austerlitz von Napoleon I. vernichtend geschlagen. Rußland zog daraufhin seine Truppen ab, Österreich schloß einen Waffenstillstand mit Frankreich (6. Dezember 1805).
316 *Feldmarschall* – Carl Friedrich von dem Knesebeck.
der Pulsschlag beider – In W I[1], S. 406, folgt der Zusatz: »das Agens [die wirkende Kraft]«.
den unbesiegbaren Imperator durch die bloße Macht des Raumes ... zu vernichten – Knesebeck reiste im Februar 1812 im Auftrag des preußischen Königs Friedrich Wilhelm III. nach Petersburg. Dort soll er Zar Alexander I. von dem strategischen Plan überzeugt haben, Napoleon einen Krieg auf russischem Territorium aufzuzwingen, um die französischen Streitkräfte mit Hilfe von »Raum und Zeit« (der Weiträumigkeit des Landes und des »russischen Winters«) zu vernichten. Vgl. »Die Grafschaft Ruppin«, Kap. »Karwe. I«; Band 1 dieser Ausgabe.
... Talente waren verschieden – In W I[1], S. 406, folgt der Zusatz: *»aber die Charaktere waren gleich«.*
Rheincampagne – Zu Beginn des ersten Koalitionskrieges der europäischen Monarchien gegen das revolutionäre Frankreich (1792/93–1797) fielen preußische Truppen im Sommer 1792 in die Champagne ein. Nach der erfolglosen Kanonade von Valmy (20. September 1792) wurden sie zum Rückzug gezwungen. Bis 1795 gelang es der französischen Revolutionsarmee, nach erbitterten Gefechten mit unterschiedlichem Ausgang, das gesamte linksrheinische Gebiet an sich zu bringen. Preußen schied durch den Baseler Friedensvertrag vom 5. April 1795 aus der konterrevolutionären Koalition aus.
Tage von Jena und Auerstedt – Vgl. die erste Anm. zu S. 73.
Am Tage Allerheiligen – Am 1. November (1806).
Chasseurs – (franz.) Jäger.
Qui-vive? ... – (franz.) Wer da? – Ein Bürger des Städtchens.
317 *douceur* – (franz.) Geschenk.
Ah, monsieur sait ... – (franz.) Ah, der Herr weiß, auf welche Art man mit den Soldaten verhandelt. – In W I[1], S. 407, heißt

es abweichend: »Ah, monsieur savait traiter avec les soldats [Ah, der Herr wissen mit den Soldaten zu verhandeln].«

317 *Louisdor* – Dem französischen Louis d'or nachgeahmte Goldmünze von hohem Wert (fünf Goldtalern entsprechend).

Détachements – Vgl. die Anm. zu S. 54.

Kleiner Krieg – Militärische Operationen schwacher Abteilungen, die den Gegner zu schädigen suchen, ohne eine Entscheidung herbeiführen zu können.

... setzte seine Reise fort – In W I[1], S. 408, heißt es: »... setzte seine Reise nach Berlin hin fort.«

... damals die oberste Polizeileitung – In W I[1], S. 408, heißt es: »... damals (in Berlin) die oberste Polizeileitung«.

Contre la force ... – (franz.) Gegen die Macht ist kein Widerstand möglich.

318 *Savary war ... ernannt* – In W I[1], S. 408, heißt es statt dessen: »Savary wurde schon bei Marengo (1800) Napoleons Generaladjutant, war also im Dezember 1806 *mindestens* Generallieutenant, wenigstens wurde er sechs Monate später (nach der Schlacht bei Friedland) bereits zum *Herzog von Rovigo* ernannt.«

décontenanciert – verblüfft, außer Fassung.

Taisez-vous! ... – (franz.) Schweigen Sie! Dieser Mann hat wie (ein) Ritter gehandelt; ihm ist nichts vorzuwerfen.

Endlich kam Frieden – Vgl. die Anm. zu S. 74.

Napoleons-Tag (15. August) – Der (alljährlich als Feiertag begangene) Geburtstag Napoleons I.

319 *bei früheren Aktionen* – In W I[1], S. 410, heißt es statt dessen: »bei den Szenen früherer Feldzüge«.

auf der Mainzer Schanze – Nach der Wiedereroberung der von Frankreich besetzten rechtsrheinischen Gebiete begannen preußische Truppen am 10. April 1793 mit der Belagerung von Mainz, das sich am 18. März unter revolutionär-demokratischer Führung als Republik konstituiert hatte. Am 23. Juli 1793 mußte die tapfer verteidigte Stadt kapitulieren; die Mainzer Republik wurde zerschlagen, die Jakobiner grausam verfolgt.

Kapitulation von Bailén – In der Schlacht von Bailén (Südspanien) wurde die französische Armee unter General Dupont im Juli 1808 von den Spaniern unter General Castaños besiegt und zur Kapitulation gezwungen (22. Juli). Diese erste große Niederlage der Franzosen hatte große moralische Bedeutung für den antinapoleonischen Widerstandskampf in Spanien.

Knesebeck wußte davon, nicht aber Vilatte – In W I[1], S. 410, heißt es statt dessen: »Knesebeck wurde zu Vilatte beschieden, um die Angelegenheiten des Tages, die neuesten Nachrichten vom Kriegsschauplatz, mit ihm durchzusprechen.«

319 *Château* – (franz.) Schloß.

Eh bien, parlez! – (franz.) Nun, sprechen Sie!

320 *Eh bien, nous verrons* – (franz.) Nun, wir werden sehen.

Das war 1808 – In W I[1], S. 411, heißt es genauer: »Das war in den ersten Augusttagen 1808.«

Fünf Jahre später ... mitkämpfen zu können – In W I[1], S. 411, heißt es abweichend: »König Friedrich Wilhelm kehrte aus den östlichen Provinzen nach Berlin zurück; bange Friedensjahre kamen, endlich die Tage erneuten Kampfes und der Hoffnung auf Erlösung. Knesebeck jubelte; er hoffte den großen Kampf mitkämpfen zu können; eine Compagnie war ihm zugesichert ...«

ständischer Kommissar – Beauftragter der Landstände, der nach ständischer Gliederung (Rittergutsbesitzer, Stadtobrigkeit, zuweilen auch Bauern) zusammengesetzten Vertretung des Landes.

Landwehr – Vgl. die sechste Anm. zu S. 278.

Rückkehr Napoleons ... Ligny, Sombreffe und Wavre – Napoleon I., nach seiner Abdankung (11. April 1814) auf die Mittelmeerinsel Elba verbannt, war am 1. März 1815 an der südfranzösischen Küste gelandet und am 20. März mit den zu ihm übergelaufenen Truppen wieder in Paris eingezogen. Daraufhin wurde auch die preußische Armee erneut mobil gemacht und unter dem Oberbefehl Blüchers nach Belgien entsandt, wo die französischen Streitkräfte inzwischen standen. Bei Ligny und Sombreffe nahm Blücher am 16. Juni eine Schlacht an, in der er den Franzosen unterlag. Bei Waver (franz. Wavre) lieferte das preußische Korps Thielmann am 18. Juni 1815 dem französischen Marschall Grouchy ein Gefecht, das diesen hinderte, Napoleon in der gleichzeitigen Entscheidungsschlacht bei Waterloo zu unterstützen.

Bonjour, général! – (franz.) Guten Tag, General!

Mon Dieu, Knesebeck, c'est vous – (franz.) Mein Gott, Knesebeck, Sie sind's.

ererbte bald danach ... – In W I[1], S. 411, heißt es: »ererbte 1823 ...«.

Bürgerkrone – Eine den Griechen und Römern nachgeahmte Auszeichnung für verdienstvolle Bürger; sie bestand aus einem Eichenlaubkranz und verlieh dem Gekrönten gewisse Ehrenrechte.

321 *Als in den Tagen des Grams ...* – Zitat (Vers 53–56) aus dem »*Festgedicht* zu Ehren des Herrn von dem Knesebeck

und des Bürgermeisters Beiersdorf, das (vom Superintendenten Bolte in Fehrbellin gedichtet) am Silvesterabend 1808 [!] den genannten beiden Herren überreicht wurde« und das Fontane in seinen »Anmerkungen« zu W I[1], S. 470ff., vollständig wiedergibt. Im Anschluß an den Abdruck der 76 Verse findet sich dort der Kommentar: »Sehen wir von einzelnen Wendungen ab, die man jetzt vielleicht als ›Zopfigkeiten‹ bezeichnen würde, so müssen wir nicht ohne Beschämung zugestehn, daß wir in den fünfzig Jahren, die seitdem vergangen sind, schwerlich Fortschritte gemacht haben und daß die kleinen Städte sich heute mutmaßlich zählen lassen, in denen man noch imstande ist, zwei bewährt gefundene Männer in gleich guten Versen zu feiern. Auch bei *feierlicheren* Gelegenheiten wird jetzt schlechter gedichtet. Exempla sunt odiosa [Beispiele sind widerwärtig].«

321 *Herrenhaus zu Löwenbruch* – Das ehemalige Gutshaus, ein zweigeschossiger Putzbau aus den Jahren 1796 bis 1800, der 1889/90 umgebaut wurde, beherbergt heute den Rat der Gemeinde und kommunale Einrichtungen. Der Park ist nicht mehr vorhanden.

Serpentinkrug – Serpentin: Grün oder braun getöntes, oft geflecktes oder geadertes Mineral.

Friedenskongreß ... in der heitern, alten Kaiserstadt – Gemeint ist der Wiener Kongreß; vgl. die erste Anm. zu S. 149.

322 *... über den Tannen ist hin* – In W I[1], S. 413, folgt der Zusatz: »Dämmerstunde herrscht«.

... die nicht mehr sind – In W I[1], S. 413, folgt der Zusatz: »Glücklich die Häuser und Plätze, die *mehr* haben als leuchtende Tapeten und farbige Schildereien.«

Schloß Beuthen

Fontane besuchte das Schloß im Rahmen einer seiner frühen märkischen Wanderungen – jener Fahrt, die ihn vom 1. bis 3. September 1860 nach Großbeuthen, Gröben und Siethen führte.

Geschrieben wurde der Aufsatz Anfang November 1860. Der Vorabdruck erfolgte unter dem Sammeltitel »Märkische Bilder« in der »Neuen Preußischen (Kreuz-)Zeitung«, Nr. 272 vom 18. November 1860. (Fontanes Freund Bernhard von Lepel bemerkte dazu in seinem Brief vom 22. November 1860: »Dein Beuthen-Artikel ist sehr hübsch. Ich hörte gestern abend in einer Gesellschaft davon reden.«)

Als Buchkapitel erschien »Schloß Beuthen« zum erstenmal in

der Erstausgabe der »Wanderungen [Teil 1]« von 1862. 1881 wurde das Feuilleton dem »Spreeland«-Band (1882) zugeordnet.

Aufzeichnungen zu diesem Kapitel (unter der Überschrift »Groß-Beuthen«) finden sich in Fontanes Notizbuch A 11, Blatt 24–27.

Für die Arbeit an »Schloß Beuthen« hat Fontane folgende Literatur benutzt (die vollständigen Angaben finden sich jeweils im Literaturverzeichnis; vgl. S. 658): Fidicin, »Die Territorien der Mark Brandenburg ...«. – Berghaus, »Landbuch der Mark Brandenburg ...«. – König, »Biographisches Lexikon ...« (laut Hinweis im Notizbuch A 11). – »Aufsätze von Hesekiel [»Joachim Ernst von Görtzke ...«] und L. Schneider [nicht nachweisbar]. Mitteilungen aus dem von der Marwitzschen Familien-Archiv in Friedersdorf. Mündliches« (laut Anmerkung am Schluß der Erstausgabe der »Wanderungen [Teil 1]«). – Bei der Darstellung des Besuches von Friedrich Wilhelm IV. auf Schloß Beuthen stützte sich Fontane auf briefliche Aufzeichnungen des Majors von Görtzke.

323 *Kühnlich darf mein Haupt ich legen ...* – Justinus Kerner, »Der reichste Fürst«, Strophe 6, Vers 3f. Vers 3 lautet bei Kerner: »Ich mein Haupt kann kühnlich legen«. Vgl. die sechste Anm. zu S. 328.

Teltow – Vgl. die fünfte Anm. zu S. 188.

Zauche – Soviel wie: Dürrland; Bezeichnung für die Kiefern- und Heidelandschaft südlich der Havel (zwischen Nuthe im Osten, Buckau im Westen und Fläming im Süden).

Schloß Beuthen ... Die Quitzows ... gegen den Nürnberger Burggrafen – Vgl. »Fünf Schlösser«, Teil »Quitzöwel«, Kap. 9 und 10 (Band 5 dieser Ausgabe), sowie die erste Anm. zu S. 253. – Ein ausführlicher Bericht über Burg und Schloß Beuthen findet sich in dem historischen Exkurs über »Die Nutheburgen«, den Fontane in seinen »Anmerkungen« zum Kapitel »Saarmund und die Nutheburgen« am Schluß von W III[1], S. 452ff., gibt. Vgl. die erste Anm. zu S. 408.

Lehnsleute – Vgl. die erste Anm. zu S. 49.

Hans von Torgau – In W I[1], S. 415, folgt der Zusatz: »der Vogt zu Zossen war«.

324 *Goswin von Brederlow* – In »Fünf Schlösser«, Teil »Quitzöwel«, Kap. 9, gibt Fontane, einer anderen Quelle folgend, den »Quitzowschen Hauptmann« Götz von Predöhl als Kommandanten der belagerten Burg Beuthen an.

die Bürger von Jüterbog und Treuenbrietzen – In W I[1], S. 415, folgt der Zusatz: »die's nicht eilig hatten«.

»Faule Grete« – Großkalibriges Bronzegeschütz, aus dem Steinkugeln von sieben Zentnern Gewicht abgefeuert wurden.

324 *Schlacht von Großbeeren* – Vgl. S. 289–297.

325 *Dörfer entstanden* – In W I[1], S. 416, heißt es: »Dörfer und Herrensitze entstanden«.

die preußischen Fahnen – Sie hatten die Farben Schwarz und Weiß.

über den Hof hin ... – In W I[1], S. 416, heißt es ausführlicher: »über den Hof hin in die Dorfstraße hinein, und jede Miene und Bewegung drückt die Frage aus: ›Ob sie kommen?‹ Aber sie kommen noch immer nicht.«

326 *König und Königin* – Friedrich Wilhelm IV. und seine Gemahlin Elisabeth, geborene Prinzessin von Bayern.

hinter Pyramiden von Riesenmais versteckt – In W I[1], S. 417, folgt der Zusatz: »und die alten Kastanien selbst wachsen wie eine phantastische Tropenvegetation aus tausendspitzigen Kelchen hervor, die sich bei näherer Betrachtung als hoch aufgerichtete Garben erweisen und nichts *mehr*«.

Die trotzigen Tage liegen weit zurück – In W I[1], S. 418, folgt der Zusatz: »Wo Goswin von Brederlow den Einzug wehren wollte, da haben die Görtzkes Blumenpforten gebaut, um diesen Einzug zu feiern ...«

Sonnenschein über der Tafel – In W I[1], S. 418, folgt der Zusatz: »Blumen und Mädchengesichter üben ihre alte Macht.«

327 *In der Luft ist kaum ein Zittern* – In W I[1], S. 418, heißt es statt dessen: »Die Luft ist wie ein leiser Wellenschlag, langsam und ruhig, ohne Schwanken und Zittern.«

»Was lesen wir?« fragt der König – In W I[1], S. 419, folgt der Zusatz: »der, ohne die Antwort abzuwarten, mit gehobener Stimme fortfährt: ›Wir sitzen hier unterm gastlichen Dach eines uralten märkischen Hauses; alte Geschlechter haben ihre Geschichte ...‹ «

... rückt an den Tisch – In W I[1], S. 419, folgt der Zusatz: »während der König Papier und Bleistift ergreift, wie er immer zu tun pflegt, wenn das Vorlesen beginnt«.

Joachim Ernst von Görtzke ... »Paladin« – Vgl. »Das Oderland«, Kap. »Schloß Friedersdorf«; Band 2 dieser Ausgabe. Dort hat Fontane 1879 (für die dritte Auflage, 1880) auch die Beschreibung des Görtzke-Gemäldes aus der Friedersdorfer Schloßhalle eingefügt, die in W I[1], S. 472 f., in knapperer Form in der »Anmerkung« zu »Schloß Beuthen« abgedruckt war.

Page Marie Eleonorens – In W I[1], S. 419, folgt der erläuternde Zusatz: »(der brandenburgischen Prinzessin, die sich dem Gustav Adolf vermählte)«.

327 *Leipzig … Lützen* – Schlachten im Dreißigjährigen Krieg zwischen der katholischen Liga und den Schweden. Nördlich von Leipzig, bei Breitenfeld, erlitt das Heer der Liga unter Tilly auf Grund der modernen Kampfesweise der Schweden unter König Gustav Adolf am 17. September 1631 eine katastrophale und folgenschwere Niederlage; in der Schlacht bei Lützen (nahe Merseburg), wo Gustav Adolf den Tod fand, siegten die Schweden am 16. November 1632.
wie er ein großer Feldoberst wurde – In W I[1], S. 419, folgt der Zusatz: »an Oder und Weichsel, am Rhein und Rhin«.
bei Rathenow und Fehrbellin – Die von den im Dezember 1674 in die Mark eingefallenen Schweden unter Wrangel besetzte Stadt Rathenow an der Havel wurde am 25. Juni 1675 von brandenburgischen Truppen unter Derfflinger gestürmt und zurückerobert. Daraufhin mußten sich die Schweden zurückziehen und am 28. Juni bei Fehrbellin ihren Verfolgern zur Schlacht stellen, in der sie eine vernichtende Niederlage erlitten. Vgl. die fünfte Anm. zu S. 35.
… ein Meister geworden – In W I[1], S. 419, folgt der Zusatz: »wie er trotz Krücke und Hinkefuß doch fest genug stand, um die Schweden über das Eis des Kurischen Haffs zu jagen«.
328 *wie der Kurfürst …* – In W I[1], S. 420, folgt der Zusatz: »überwältigt von der Tapferkeit des Alten«.
Friedersdorf, das er gekauft – Im Jahre 1652.
… Segens um ihn her – In W I[1], S. 420, folgt der Zusatz: »beides wärmte und labte sein Herz«.
In der Friedersdorfer Kirche … sein steinern Bild – Der Grabstein Görtzkes in der 1945 teilweise zerstörten, nicht mehr genutzten Friedersdorfer Kirche ist noch erhalten.
Der Vorleser schwieg – In W I[1], S. 420, folgt der Zusatz: »Der *König* war dem Vortrage aufmerksam gefolgt.«
jener »reichste Fürst«, den der Dichter besungen – Anspielung auf das Kerner-Gedicht »Der reichste Fürst«; vgl. die erste Anm. zu S. 323. Der »reichste Fürst«: Eberhard I., Herzog von Württemberg.
Ein klarer Oktoberhimmel … – In W I[1], S. 421, geht der Zusatz voraus: »Wochen sind vorüber. Wir stehen noch einmal in dem geräumigen Saal, dessen Tür auf die Gartentreppe führt. Der Herbst ist gekommen …«
Geschenke kommen von nah und fern – In W I[1], S. 421, folgt der Zusatz: »und jene gekritzelten Mädchenbriefe, die ein frohes Fest wünschen und ein glückliches neues Jahr«.
329 *weil jeder sie teilt* – In W I[1], S. 421, heißt es statt dessen: »weil sie jedem der Ausdruck der eigenen Stimmung ist, lang-

sam und mit unwillkürlichen Pausen, um die Schauer der Erwartung nicht zu kürzen«.

329 *Ein jeder blickt auf die Zeichen übergroßer Huld* – In W I[1], S. 421, heißt es statt dessen: »Keiner ist vergessen. Jung und alt stehen da und blicken, während derselbe Schlag durch alle Herzen geht, auf die Zeichen hoher Huld und Gnade …«

Saalow. Ein Kapitel vom alten Schadow

Mit der Stoffsammlung und -zusammenstellung für diesen Aufsatz befaßte sich Fontane im Dezember 1860. Am 18. Dezember 1860 schrieb er an seinen »Tunnel«- und »Rütli«-Kollegen Friedrich Eggers: »Ich komme Dir heute mit einer doppelten Bitte, die wenigstens zur Hälfte leicht zu erfüllen ist. Sei so freundlich und laß die Selbstbiographie des alten Schadow (die Du, soviel ich weiß, besitzt) bei Lucae abgeben – er besucht mich morgen nachmittag und ist gewiß bereit, mir bei der Gelegenheit das Buch zu überbringen. / Nr. 2 ist etwas mühevoller. Im ›Rütli‹ hat man mir erzählt, daß die alte Frau Carsten (die Mutter unsers Cicero) den alten Schadow sehr genau gekannt hätte und gewiß im Besitz charmanter Anekdoten wäre; – ich möchte doch zu ihr gehn. Aus Erfahrung weiß ich aber, daß solche Visiten bei wildfremden Leuten, auch wenn sie noch so liebenswürdig sind, zu fast gar keinem Resultate führen. Ich möchte Dich deshalb – wenn Du Dir eine Stunde Zeit zu solchen Allotriis nehmen kannst – statt meiner ins Feuer schikken. Du kennst die alte Dame, weißt aus Erfahrung, worauf es bei Auspumpung solcher anekdotischen Züge ankommt, und wirst gewiß einen guten Fischzug tun. Je kürzer, knapper die Geschichten sind, desto besser. – Übrigens besitz ich bereits einen leidlichen Vorrat, und ein frischer Zuzug von drei oder vier kleinen Anekdoten würde mir genügen. … Das will ich doch noch bemerken, daß es Geschichten des *alten* Schadow (aus seinen letzten fünfzehn Jahren) sein müssen und daß mir – da mein Schnurrenlager über ihn ziemlich wohl assortiert ist – solche Züge, die ihn in einer gewissen künstlerischen Würde und Hoheit zeigen (wenn auch meinetwegen schadowisch-derb), besonders angenehm sein würden.«

Der Vorabdruck erfolgte unter dem Titel »Märkische Bilder: Dorf Saalow. (Ein Kapitel vom alten Schadow)« in der »Neuen Preußischen (Kreuz-)Zeitung«, Nr. 76 vom 31. März 1861.

Als Buchkapitel erschien »Saalow« zum erstenmal in der Erstausgabe der »Wanderungen [Teil 1]« (1862), die im November 1861 ausgeliefert wurde. Darin hatte Fontane irrtümlicherweise Saalow als Geburtsort Johann Gottfried Schadows angegeben, der, wie der Historiker Preuß in der »Vossischen Zeitung« (Nr. 32) vom 7. Februar 1862 anhand der Kirchenbucheintragung nachwies, tatsächlich in Berlin geboren war. Über diese kleinliche publizistische Erörterung eines geringfügigen Fehlers – der dann in der zweiten Auflage korrigiert wurde – äußerte sich Fontane am selben Tage ironisch in einem Brief an Wilhelm Hertz: »Preuß, wie Sie gelesen haben werden, ehrt mich und mein Buch heut durch eine Berichtigung, die ›möglichen Verdunkelungen‹ vorbeugen soll. Ich werde morgen an den alten Jungen schreiben und ihm *danken*. Das ist wohl das beste. – Als linderndes Öl auf die brennende Wunde wird mir eben die Mitteilung geträpfelt, daß die Königinwitwe in Charlottenburg sich allabendlich aus meinem Buche vorlesen läßt und wenigstens nicht dabei einschläft. / Da die Welt von diesem Lob nichts erfährt, so wird Preuß's Reprimande dadurch allerdings nicht aufgewogen.« Am 12. Februar 1862 schrieb er an Hertz folgende Zeilen, die – von der Preußschen »Reprimande« über das »Saalow«-Kapitel ausgehend – grundsätzlich auf das Unverständnis Bezug nehmen, mit dem die zeitgenössische »Fachwissenschaft« seinen »Wanderungen« begegnete: »Preuß hat meinen Brief gleich beantwortet und fast vier Seiten voll geschrieben. Das ist immer schon alles Mögliche. Der Brief enthält eine Menge Wahrheiten – einzelne mit einem bittren Beigeschmack – und hält die Mitte zwischen Freundlichkeit und Wohlwollen auf der einen Seite und superiorem Bewußtsein auf der andern. Persönlich fühl ich mich nicht im geringsten verletzt; nur allgemein und prinzipiell beklag ich es, daß mit diesen ›Männern der Forschung‹ kein Kompromiß, keine Anerkennung *gegenseitiger* Rechte möglich scheint. Während unsereins jeden Moment bereit ist, Gerechtigkeit zu üben und der ›Forschung‹ (die doch mitunter trocken und ledern genug ist und in ihren Resultaten ebenfalls jeden Tag widerlegt werden kann) allen möglichen Respekt zu bezeugen, kann sich der alte Zopf-Professor nicht zu der Vorstellung erheben, daß die freie, *künstlerische* Behandlung eines Stoffs, um des Künstlerischen willen, ein Recht der Existenz hat, auch wenn die strikte historische Wahrheit dabei in die Brüche geht. Ich schreibe dies nicht mit Rücksicht auf meinen Aufsatz, sondern weil ich ganz allgemein da eine Versöhnung wünschte, wo jetzt ein Konflikt ist.«

Im Frühjahr 1881 hat sich Fontane erneut gründlich mit dem Saalow-Aufsatz beschäftigt, der nun – wie zahlreiche der frühen »Wanderungen«-Kapitel – dem Manuskript des »Spreeland«-Bandes zugeordnet wurde, das er zu dieser Zeit zusammenzustellen begann. Bei der Umarbeitung, die »Saalow« bei dieser Gelegenheit erfuhr (vgl. das Vorwort, S. 5), legte der Autor besonderes Gewicht darauf, zu klären, ob Schadow platt- oder hochdeutsch gesprochen habe. Aber selbst bei diesen – wie man meinen sollte – unverfänglichen Recherchen stieß er (wie so oft in seiner jahrzehntelangen Tätigkeit als märkischer Chronist) auf dünkelhafte Ressentiments. Im Brief an Wilhelm Hertz vom 20. März 1881 heißt es dazu: »Die Familie zeigt in diesem Punkt eine geradezu lächerliche Empfindlichkeit. Ich würde stolz sein, wenn mein Vater ein Schadow-Platt gesprochen hätte. Um das zu können, dazu müßte man eben ein alter Schadow sein. Ich gebe in dieser Angelegenheit nur *dann* nach, wenn ich von allen Seiten her erfahre: ›Nein, er hat *nicht* platt gesprochen.‹ Bis dato hab ich von Nicht-Verwandten immer nur versichern hören: ›Er hat gerade so gesprochen, wie Sie (ich) ihn haben sprechen lassen.‹« Am 27. März 1881 teilte Fontane seinem Verleger mit: »In der Schadow-Angelegenheit hab ich alles in allem zwölf Briefe empfangen, die, mit Ausnahme eines, der von dem vor Geckenhaftigkeit halb übergeschnappten [Maler] Steffeck herrührt, alle darin übereinstimmen: er sprach, wenn ihm wohl wurde, berlinisch-platt. / Die Familie ist in diesem Punkt fast so geckenhaft wie Steffeck und hat unter der Hand – aber in längst zurückliegender Zeit – eine kleine Leibtruppe geworben, die nun den Kampf zu Gunsten eines *hochdeutschen* alten Schadow durchfechten soll. Sie werden aber unterliegen.«

Zwei Seiten aus einer frühen Manuskriptstufe des Kapitels werden im Theodor-Fontane-Archiv aufbewahrt (Kd 2); darin findet sich u. a. das Gespräch Schadows mit einem Schüler (vgl. S. 334f.).

Für die Arbeit an »Saalow« hat Fontane folgende Literatur benutzt (die vollständigen Angaben finden sich jeweils im Literaturverzeichnis; vgl. S. 658): Schadow, »Kunstwerke und Kunst-Ansichten« sowie »Aufsätze und Briefe ...«. – Eggers, »Johann Gottfried Schadow und seine Werke« sowie – bei der Umarbeitung 1881 – weitere Arbeiten dieses Kunstschriftstellers. – »Mündliche Mitteilungen« (laut Anmerkung am Schluß der Erstausgabe der »Wanderungen [Teil 1]« von 1862).

330 *Ihr wolltet lebend ...* – Platen, »Sonette aus Venedig«, Sonett XXIII, Vers 10ff. Vers 12 lautet bei Platen: »Verbrüdert mögt ihr noch die Hände reichen. – In W I[1], S. 422, ist dem Kapitel das Motto »Der Deutsche lügt, wenn er höflich ist« vorangestellt, das Fontane in »Spreeland« für »Malchow« verwendet hat (vgl. die zweite Anm. zu S. 229).

... liegt das Dörfchen Saalow – In W I[1], S. 422, folgt der Zusatz: »Es ist ein Dorf wie andere Dörfer mehr, aber seinen märkischen Charakter deutlich zur Schau tragend.«

Elsbruch – Mit Erlennieder- oder -hochwald bedeckte sumpfige Niederung.

330 *Eben Saalow* – In W I[1], S. 422, folgt der Zusatz: »Es ist ein Bauerndorf, das zu Amt Zossen gehört.«
um die Mitte des vorigen Jahrhunderts ... – In W I[1], S. 423, heißt es im folgenden abweichend und ausführlicher: »Aus Lehmwänden und Strohdächern, die im Laufe der Zeit zu Moosdächern geworden waren, baute sich damals die Dorfstraße auf, und ein weiß gestrichenes Häuschen, das auf den Platz und den Wasserpfuhl hinaussah, während Obstgarten und Ziehbrunnen in seinem Rücken lagen, hatte nichts als die weiße Tünche seiner Wände, als eine Zitzgardine und einen Zeisigbauer hinterm Fenster vor dem Rest der Hütten und Häuser voraus.«
331 *Winter 63, wo der Krieg auf die Neige ging* – Gemeint ist der Winter 1762/63, der letzte des Siebenjährigen Krieges, der mit der Unterzeichnung des Hubertusburger Friedens (vgl. die vierte Anm. zu S. 138) beendet wurde.
wir treten heut in die Werkstatt ... – In W I[1], S. 423f., spielt die Schneiderwerkstatt-Episode in Saalow. Zu Fontanes Änderung vgl. S. 613.
... Stück Tuch – In W I[1], S. 423, folgt der Zusatz: »Es ist blaues Tuch; märkische Bauern tragen nur blaue Röcke.«
dessen markiertes Profil er ... – In W I[1], S. 424, folgt der Zusatz: »wie einen scharf gegebenen Schattenriß«.
332 *... den ihm der Vater entgegenhält* – In W I[1], S. 424, folgt der Zusatz: »um ihn draußen am Brunnen zu füllen«.
Berliner Akademie – Die Königliche Akademie der Künste. Das Gebäude befand sich an der Stelle, wo heute die Deutsche Staatsbibliothek steht (Unter den Linden).
333 *rocher de bronze* – (franz.) eherner Felsen. Friedrich Wilhelm I. schrieb am 25. April 1716 als Randbemerkung auf eine Eingabe des Landadels (der eine Reform des Kriegssteuersystems forderte), er werde »die Souveränetät« der Krone gegen die Ansprüche des Adels »fest wie einen rocher von bronce« stabilieren.
Da tritt ein junges Bürschchen ein ... – In W I[1], S. 426, folgt der Zusatz: »den wir Lindenolt nennen wollen, keiner aus der Provinz, dem sich die Verlegenheit wie ein Alp auf die Zunge legt, sondern ...« – In »Spreeland« hat Fontane auf den Decknamen für seinen Freund Richard Lucae verzichtet, nachdem dieser 1877 gestorben war.
334 *Bauakademie* – Die Königliche Bauakademie in Berlin. Das Gebäude in der Nähe des Schlosses wurde 1945 stark beschädigt und nach dem Krieg abgetragen.
Dankesbriefe ... – Sie sind (in etwas abweichender Form) in

W I[1] unter der Überschrift »Zwei Briefe des alten Schadow an ›Lindenolts‹ Mutter« in den »Anmerkungen« am Schluß des Bandes (S.474f.) abgedruckt.

335 *... fährt der Alte fort* – In W I[1], S. 427, folgt der Zusatz: »nachdem er sich inzwischen in seinem riesigen Taschentuche geschneuzt hat«.

336 *das Kind einer glücklicheren Zone* – In W I[1], S.427, heißt es statt dessen: »das Kind der Grazien«.

was sich draus machen ließ – In W I[1], S. 428, folgt der Zusatz: »eine aparte Figur«.

der Alte Dessauer – Der preußische Feldmarschall Leopold I., Fürst von Anhalt-Dessau, der die Armee Friedrich Wilhelms I. reorganisierte. Er hatte sich besonders im Spanischen Erbfolgekrieg (vgl. die dritte Anm. zu S. 108) hervorgetan; bei seinem Einzug in Turin (1706) war er mit einer Marschmelodie empfangen worden, die später als Dessauer Marsch berühmt geworden ist.

unser großer Kanzler – Der preußische Ministerpräsident Otto Fürst von Bismarck, der von 1871 bis 1890 deutscher Reichskanzler war.

Bürgersinn und Bürgertrotz – In W I[1], S. 428, folgt der Zusatz: »(Dinge, die immer rarer werden)«.

»Es ist immerhin eine Arbeit ...« – Fontanes Quelle für diesen Ausspruch, den er mehrfach zitiert (vgl. »Von Zwanzig bis Dreißig«, Abschnitt »Der Tunnel über der Spree«, Kap. 7), scheint George Hesekiel gewesen zu sein, der mit Tieck persönlich bekannt war.

»Der Arbeiter ist seines Lohnes wert« – Neues Testament, Lukas 10,7.

»Kuppern bezahlt, kuppern gemalt« – Soviel wie: »Schlecht (mit Kupfermünzen) bezahlt, schlecht gemalt.«

337 *chef-d'œuvre* – (franz.) Meisterwerk.

Carnation – (franz.) Fleischfarbe; Nachahmung der menschlichen Hautfarbe in der Malerei.

Tractation – (franz.) Behandlung.

introduzieren – einführen.

Tottleben, Tschernyschew – Russische Feldherren im Siebenjährigen Krieg. Tottleben hatte im Oktober 1760 Berlin besetzt, Sachar Tschernyschew in der Schlacht bei Zorndorf (25. August 1758) die russischen Grenadiere befehligt.

Zarewna – (russ.) Zarentochter.

Belling – Wilhelm Sebastian von Belling, preußischer Reitergeneral im Siebenjährigen Krieg, seit 1758 Kommandeur der »Schwarzen Husaren«.

337 *Fridericus Rex* – (lat.) König Friedrich (II.).

338 *Autobiographie* – Gemeint ist das Werk »Kunstwerke und Kunst-Ansichten«; vgl. das Literaturverzeichnis, S. 661.

Denkmal Tauentziens – Schadow schuf um 1793 die Kriegsgöttin und das Relief für das von Carl Gotthard Langhans entworfene Tauentzien-Denkmal in Breslau. Tauentzien hatte 1760 die Festung Breslau erfolgreich gegen die Österreicher verteidigt.

Statue Friedrichs II. in Stettin – Das Marmororiginal des Stettiner Denkmals (1793) wurde später magaziniert und durch eine Bronzenachbildung ersetzt.

das Rauchsche Kolossalwerk – Gemeint ist das 1839–1851 von Christian Daniel Rauch geschaffene Reiterdenkmal Friedrichs II., das ursprünglich Unter den Linden in Berlin stand, sich seit 1962 im Park von Potsdam-Sanssouci befand und 1981 wieder am alten Standort aufgestellt wurde.

Reliefs am Berliner Münzgebäude – Schadow (und Gilly) hatten für die alte »Münze« am Werderschen Markt (1800) ein Sandsteinrelief geschaffen, das Motive aus der Erzgewinnung und Münzprägung darstellte. Beim Neubau der »Münze« (1871 an der Unterwasserstraße) wurden die Flachreliefs dort angebracht. Kopien einiger Teile davon bilden den Fries an jenem Münzgebäude, das um 1935 dem ehemaligen Schwerinschen Palais am Molkenmarkt angebaut wurde und in der Zeit der DDR Sitz des Kulturministeriums war.

339 *Ein Tausendkünstler aus der Schadowschen Bekanntschaft* – Gemeint ist der Vater von Richard Lucae, Inhaber der Apotheke zum Roten Adler Unter den Linden in Berlin.

340 *Voltairianismus König Friedrichs II.* – Anspielung auf die philosophischen Ambitionen Friedrichs II., der sich – Verehrer Voltaires (den er für kurze Zeit an seinen Hof zu ziehen verstand) – als »aufgeklärter Monarch« ausgab und sich selbst als »Philosophen von Sanssouci« zu bezeichnen pflegte.

Mischung ... mit französischen und jüdischen Elementen – In Berlin hatten sich, neben den »Kolonie«-Franzosen (vgl. die dritte Anm. zu S. 165), auf Grund der relativ toleranten preußischen Gesetzgebung in der zweiten Hälfte des 18. Jahrhunderts auch zahlreiche Juden angesiedelt (darunter viele Intellektuelle), die einen wesentlichen Anteil an der wirtschaftlichen und kulturellen Entwicklung des Landes hatten. (Weitgehende staatsbürgerliche Gleichstellung erlangten die Juden allerdings erst durch das »Edikt, die bürgerlichen Verhältnisse der Juden betreffend« vom 11. März 1812.)

340 *Die Sache selbst war Notwehr* – In W I[1], S. 430, folgt der Zusatz: »war das Produkt der Unfreiheit«.
... *ein ganz eigenartiges Endresultat* – In W I[1], S. 431, folgt der Zusatz: »dessen hervorstechendster Zug eine vernichtende Grobheit war«.

341 *Figur der Königin zu Charlottenburg* – Gemeint ist das 1815 von Rauch geschaffene Marmorgrabdenkmal der Königin Luise für das 1810 nach Plänen von Heinrich Gentz erbaute Mausoleum im Charlottenburger Schloßpark, wo sich die Grabstätten mehrerer Hohenzollern befinden.

342 *Grabmonument des jungen Grafen von der Mark* – In W I[1], S. 432, folgt der Zusatz: »(Schadows erste berühmte Arbeit ...)«. – Das Denkmal wurde 1790 errichtet. Der »Graf von der Mark«, ein Sohn Friedrich Wilhelms II. und der Wilhelmine Encke (Gräfin Lichtenau), war 1787 im Alter von neun Jahren gestorben. Die Dorotheenstädtische Kirche (in der damaligen Dorotheen und heutigen Clara-Zetkin-Straße) wurde im zweiten Weltkrieg (1944) stark beschädigt und 1968 abgerissen. Das Grabmonument befindet sich jetzt in der Nationalgalerie.
... *Charlottenburg genannt wird* – In W I[1], S. 432f., folgt der Zusatz: »das die Liebe der Einheimischen und die Bewunderung der Fremden ist«.
Marmorstatuen Scharnhorsts und Bülows – Die von Rauch geschaffenen Standbilder der preußischen Generale Gerhard Johann David von Scharnhorst und Friedrich Wilhelm Freiherr von Bülow wurden 1822 vor der Neuen Wache Unter den Linden in Berlin aufgestellt, wo sie sich bis 1950 befanden. Das Scharnhorstdenkmal steht heute auf der Grünanlage vor dem Operncafé Unter den Linden und das Bülowdenkmal in der Nationalgalerie.
Standbilder Zietens und Leopolds von Dessau – Die von Schadow geschaffenen Marmordenkmäler für die preußischen Generale Hans Joachim von Zieten und Leopold I. von Anhalt-Dessau, 1794 bzw. 1800 auf dem Wilhelmsplatz in Berlin aufgestellt, wurden 1862 ins Museum gebracht und durch Bronzekopien ersetzt.

343 *Prinz Wilhelm* – Gemeint ist der *Bruder* Friedrich Wilhelms III. (nicht zu verwechseln mit dessen nur vierzehn Jahre jüngerem Sohn, dem späteren Kaiser Wilhelm I.).
Friedensklasse des Pour le mérite – Als Pendant zu dem gleichnamigen Kriegsorden (vgl. die vierte Anm. zu S. 281) am 31. Mai 1842 von Friedrich Wilhelm IV. gestiftete Auszeichnung für (dreißig) verdienstvolle Wissenschaftler und Künstler.

343 *Düsseldorfer Akademie* – Im Jahre 1819 gegründete Kunstakademie, an der bis um 1840 – unter dem Direktorat von Peter Cornelius (1821–1824) und Wilhelm von Schadow (1826–1859) – eine von romantischen Auffassungen bestimmte Richtung in der Malerei dominierte, die vornehmlich Historienbilder von sentimentaler und heroischer Wirkung hervorbrachte.

bekannte Szene zwischen Friedrich dem Großen und dem alten Zieten – Die Begebenheit wird u.a. in Franz Kuglers »Geschichte Friedrichs des Großen« (1840), Kap. 43, mitgeteilt: »Im Jahr 1784, als Friedrich zur Karnevalszeit Berlin besuchte, erschien Zieten, vierundachtzig Jahre alt, im Parolesaale des Schlosses. Sowie ihn Friedrich bemerkte, trat er auf ihn zu, begrüßte ihn und sagte: ›Es tut mir leid, daß Er sich die Mühe gegeben hat, die vielen Treppen zu steigen; ich wäre gern zu Ihm gekommen. Wie steht's mit der Gesundheit?‹ – ›Die ist gut, Ew. Majestät, mir schmeckt noch Essen und Trinken, aber ich fühl's, daß die Kräfte abnehmen.‹ – ›Das erste hör ich gern; aber das Stehen muß Ihm sauer werden.‹ Friedrich befahl, einen Stuhl herbeizubringen. Zieten weigerte sich, davon Gebrauch zu machen, versichernd, er sei nicht müde; der König aber bestand darauf, mit den mehrmals wiederholten Worten: ›Setz Er sich, alter Vater! setz Er sich, sonst geh ich fort, denn ich will Ihm durchaus nicht zur Last fallen.‹ Zieten gehorchte endlich, und Friedrich unterhielt sich stehend noch geraume Zeit mit ihm.« Bekannt geworden ist die »Szene« wohl vor allem durch einen Kupferstich Daniel Chodowieckis (»Zieten sitzend vor seinem König, den 25. Januar 1785«), der »auch im Auslande viele Käufer gefunden hat« (Luise von Blumenthal).

344 *Berechtigung ... des altenfritzig Zopfigen* – In W I[1], S. 434, folgt der Zusatz: »des realistisch Modernen«.

Realismus – Hier wohl im Sinne von: Naturalismus.

Lebensbeschreibung des alten Helden – Luise Johanne Leopoldine von Blumenthal, »Lebensbeschreibung Hans Joachims von Zieten (nebst Abbild seiner Statue)«, Berlin 1797.

so war er – In W I[1], S. 435, folgt der poetische Zusatz (den Fontane streichen mußte, nachdem sich seine Annahme, Schadow sei in Saalow geboren, als Irrtum erwiesen hatte): »›In jedem Dorfe wird ein Napoleon geboren‹, sagt das Sprichwort. Aber nicht in jedem Saalow – ein Schadow.«

Gröben und Siethen
Der Scharnhorst-Begräbnisplatz auf dem Berliner Invalidenkirchhof

Fontane besuchte Gröben und Siethen (sowie Großbeuthen; vgl. S.608) vom 1. bis 3. September 1860 sowie mehrmals im April und Mai 1881.

Über die thematische Anregung zu diesem Aufsatz, der im Frühjahr 1881 entstand, über Fontanes Reisen und deren Ergebnisse sowie über den Fortgang der Arbeit, die im Laufe des Sommers durch das »Appendix«-Kapitel »Der Scharnhorst-Begräbnisplatz auf dem Berliner Invalidenkirchhof« erweitert wurde, geben Korrespondenz und Tagebuch aus dieser Zeit (März bis Oktober 1881) lückenlos Auskunft. Da nur bei ganz wenigen märkischen Feuilletons Fontanes eine so ausführliche Dokumentation des Entstehungsprozesses möglich ist, werden die wichtigsten Partien daraus hier wiedergegeben.

An Wilhelm Hertz, 16. März 1881: »Es waren grenzenlos unruhige Tage für mich: am Montagabend, in ›Wanderungs‹-Angelegenheiten, eine vierstündige Sitzung bei Frau Oberst v. Münchhausen, geb. v. *Scharnhorst*, die die große Güte hatte, mir über ihre in ›Gröben und Siethen‹ – zwei wundervoll gelegene Güter im Süden von Großbeeren – verlebte Jugend ausführlich zu berichten … Sie wollen hieraus gütigst ersehn, daß dies meine ersten freien Minuten sind, da ich den gestrigen Vormittag natürlich dazu benutzte, alles über Gröben und Siethen Gehörte, und es war nicht wenig, zu Papier zu bringen. Und so bin ich denn wohl exkulpiert.«

An Philipp Graf zu Eulenburg, 23. April 1881: »Ich habe die letzten Wochen sehr unruhig verbracht, fast immer auf Reisen, weil zu Weihnachten ein vierter Band meiner ›Wanderungen‹ erscheinen soll, zu welchem Zweck ich noch allerhand sehen mußte. Ich war in dem fabelhaften Lande ›Beeskow-Storkow‹ und später in Gröben und Siethen, zwei in der Nähe von Trebbin gelegenen Gütern, die – von ihrer entzückenden Lage ganz abgesehn – dadurch ein Interesse haben, daß die ostpreußischen Gröbens dort herstammen, denen durch drei Jahrhunderte hin die Schlabrendorfs und zuletzt zwei Scharnhorstsche Damen, Mutter und Tochter, im Besitze folgten.«

An Wilhelm Hertz, 11. Mai 1881: »Auf meinen letzten Wanderungen – wiederholentliche Fahrten nach den Schwesterdörfern Gröben und Siethen – habe ich Ihrer jedesmal gedacht, weil ich das Gefühl hatte, daß eine Teilnahme daran Sie vor tausend anderen interessiert und vielleicht selbst, wie mich, gerührt oder doch bewegt haben würde. Siethen ist nämlich das Dorf, in dem Frau von Scharnhorst, Witwe des jüngsten Sohnes des berühmten Scharnhorst, über vierzig Jahre lang lebte und in Gemeinschaft mit ihrer Tochter Johanna Scharnhorst nicht nur Stiftung über Stiftung – aber immer ihren doch nur bescheidenen Mitteln angemessen – ins Leben rief, sondern auch, unter dem stillen Einfluß *wahrhaft* christlichen Tuns, beide Dörfer auf eine seltene Stufe des Anstands, guter Gesinnung und guter Sitte hob. Ich denke mir, daß Sie in zurückliegenden Stahl-Gerlachschen Tagen oft von diesen beiden Damen und auch von Johannas schöner Cousine *Agnes* v. Scharnhorst, jetzt Frau v. Münchhausen in Erdmannsdorf, gehört haben müssen.«

An Martha Fontane, 3. Juni 1881: »Seit vier Wochen heißt es in meinem Tagebuche täglich: ›Gearbeitet – Gröben und Siethen‹, aber seit gestern fehlt diese Zeile, ›Gröben und Siethen‹ ist fertig ...«

An Mathilde von Rohr, 6. Juni 1881: »Mir geht es leidlich. Ich habe in diesen letzten sechs Wochen einen großen Aufsatz geschrieben: *›Gröben und Siethen‹*, zu dem mir, außer Dorf und Kirchenbuch, vor allem Frau v. Münchhausen, geb. v. Scharnhorst, und Graf Siegmar Dohna, Zwillingsbruder der verstorbenen Frau v. Chaumontet und jüngerer Bruder der alten vorerwähnten Gräfin Dohna in Potsdam, den Stoff gegeben haben.«

An Julius Grosser (Redakteur der von Paul Lindau herausgegebenen Zeitschrift »Nord und Süd«), 9. Juni 1881: »Anbei endlich das märkische Kapitel, dem Ihre Güte einen Platz in ›Nord und Süd‹ in Aussicht gestellt. Es wird zweieinhalb Bogen sein. Darf ich mir pro Bogen 300 Mark erbitten und zugleich Abdruck bis spätestens zum 1. Oktober proponieren, da das Kapitel einem etwa zum 15. November erscheinenden vierten Bande meiner ›Wanderungen durch Mark Brandenburg‹ eingefügt werden soll. / Erscheint es Ihnen wünschenswert, den Artikel zu halbieren, so, glaub ich, muß die erste Hälfte mit ›Gräfin Schlabrendorf‹ abschließen und die zweite Hälfte mit ›Frau v. Scharnhorst‹ beginnen. / Entscheiden Sie sich für diese Halbierung, so möcht ich bitten, noch ein kleines Appendix-Kapitel, aber unter dem selbständigen Titel: *›Die Begräbnisstätte der Scharnhorsts‹*, anführen zu können, nur drei bis vier Seiten lang. Ich ordne mich in diesem Punkt aber Ihren vielleicht abweichenden Entschlüssen unter. / ... / Ihnen den Überblick über die Arbeit zu erleichtern, leg ich einen Orientierungsbogen bei.«

An Paul Lindau oder Julius Grosser, 2. September 1881: »Gleichzeitig mit diesen Zeilen geb ich die Korrekturfahnen zur Post; ich darf doch wohl auf Revision rechnen und bitte, derselben die heute zurückerfolgenden Fahnen beizuschließen. Es erleichtert mir sehr die Durchsicht. Ich schicke *beides* wieder zurück, und zwar umgehend.«

An Paul Lindau oder Julius Grosser, 5. September 1881: »Darf ich Ihnen als einen ›Appendix‹ zu meinem *Gröben-und-Siethen-*Aufsatz noch das beiliegende Aufsätzchen: ›Die *Begräbnisstätte der Scharnhorsts* auf dem Invalid[en]-Kirchhofe zu Berlin‹, unterbreiten? / Der Gröben-und-Siethen-Aufsatz behandelt in seiner zweiten Hälfte zwei Scharnhorstsche Damen, Mutter und Tochter, und begleitet sie durchs Leben hin bis auf den Siethner Kirchhof. Es muß sich aber dem Leser die Frage aufdrängen: Wo sind die Scharnhorsts überhaupt geblieben? Gibt es ihrer noch? Hatte der berühmte Vater berühmte Söhne? etc. Auf all diese Fragen antwortet das Beiliegende. Läßt es sich irgendwie machen, so geschähe mir ein Dienst – und vielleicht auch dem Leser –, wenn dieser Appendix, versteht sich, als selbständiger Artikel, aber doch in unmittelbarem Anschluß an den andern, noch mit in das Oktober-Heft aufgenommen werden könnte. Es sind nur vier Druckseiten. In dreimal vierundzwanzig Stunden ließ es sich mit Korrektur und allem erledigen.«

An Paul Lindau oder Julius Grosser, 23. September 1881: »Ergebensten Dank für die Separatabdrücke der ersten Hälfte meines Gröben-und-Siethen-Aufsatzes, die mir Ihre Güte hat zugehen lassen. / Ich würde mich Ihnen noch ganz besonders verpflichtet fühlen, wenn Sie mir auch die zweite Hälfte, incl[usive] des Appendix-Kapitels ›Scharnhorst-Begräbnisplatz‹, in wenigstens *einem* Abzuge zugehen lassen wollten, da der Druck des dicken Buches, in das das Kapitel hineinkommt, fast schon bis zu betreffender Stelle vorgedrungen ist. / Eine Kollision mit ›Nord und Süd‹ findet übrigens nicht statt, da das Buch vor Anfang Dezember nicht ausgegeben werden wird.«

An Paul Lindau oder Julius Grosser, 4. Oktober 1881: »Pardon, wenn ich noch mal mit einer Bitte komme: Bürstenabzüge der zweiten Hälfte meines [Aufsatzes?]. Die ganze Druckgeschichte gerät hier sonst ins Stocken. Ich käme nicht wiederholentlich damit, wenn ich's umgehen könnte.«

An Paul Lindau oder Julius Grosser, 7. Oktober 1881: »Ergebensten Dank für die Bürstenabzüge, die mir Ihre Güte zugehen ließ. / Auf der beifolgend ausgeschnittenen Stelle hab ich noch einen kleinen Fehler beseitigt, außerdem aber zu *eventueller* Benutzung ein Motto für *›Der Scharnhorst-Begräbnisplatz‹* beigefügt. / Ob Sie dies Motto nehmen oder fallenlassen, ist mir gleich recht, ich lege kein Gewicht darauf, das aber wäre mir lieb, wenn Sie die letzten vier Seiten *nicht* als Appendix zu dem großen Gröben-und-Siethen-Aufsatz, sondern als einen selbständigen Aufsatz mit allen

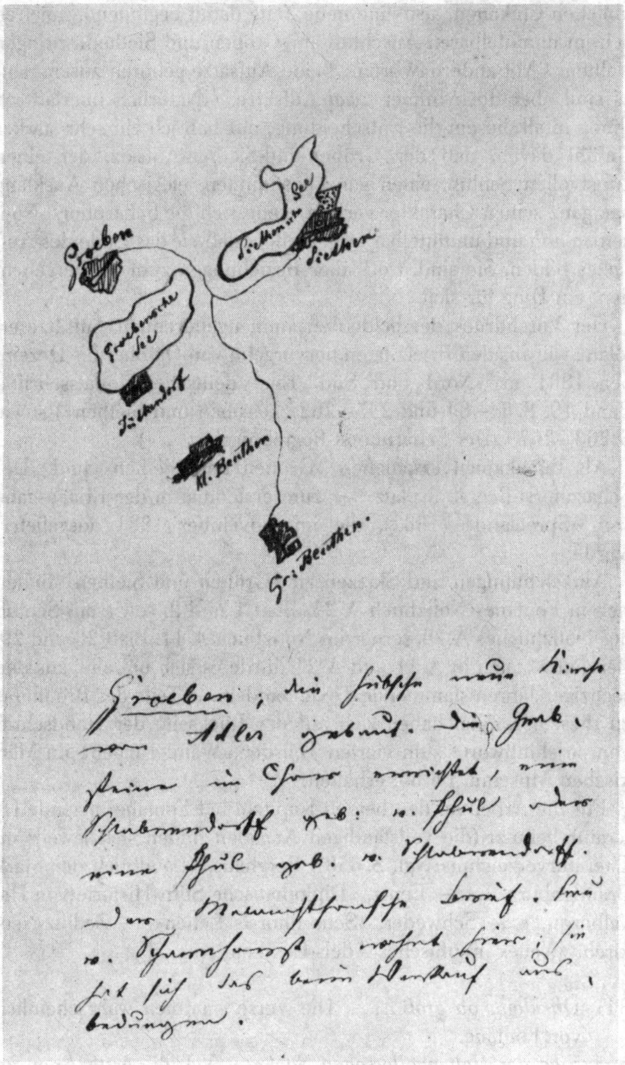

Lageskizze von Gröben und Siethen

üblichen Chikanen, also eine neue Seite damit beginnend, nur freilich im unmittelbaren Anschluß an ›Gröben und Siethen‹, bringen wollten. / Mit andern Worten: Beide Aufsätze gehören zusammen; es sind aber doch immer *zwei* Aufsätze. / Natürlich überlaß ich Ihnen in all diesem die Entscheidung; nur hab ich ein sehr starkes Gefühl davon, daß der Gröben-und-Siethen-Aufsatz, der einen kunstvollen Schluß, einen ganz bestimmten, elegischen Ausklang hat, ganz seinen Charakter verliert, wenn sich die Scharnhorst-Notizen *so nah* und unmittelbar anschließen, daß *sie* das Ende des Aufsatzes bilden. Sie sind, trotz aller Beziehungen zum Vorhergehenden, ein Ding für sich.«

Der Vorabdruck der beiden zusammengehörenden Aufsätze erfolgte, wie aus den Briefzitaten hervorgeht, von Oktober bis Dezember 1881 in »Nord und Süd. Eine deutsche Monatsschrift«, Band 19, S. 64–84 und 245–262 (»Gröben und Siethen«) sowie S. 263–267 (»Der Scharnhorst-Begräbnisplatz ...«).

Als Buchkapitel erschienen »Gröben und Siethen« und »Der Scharnhorst-Begräbnisplatz ...« zum erstenmal in der Erstausgabe von »Spreeland« (1882), die im November 1881 ausgeliefert wurde.

Aufzeichnungen und Skizzen zu »Gröben und Siethen« finden sich in Fontanes Notizbuch A 21, Blatt 1 und 2, sowie am Schluß des Notizbuches A 20, ferner im Notizbuch A 11, Blatt 28 und 29. Bei den Notaten in A 11 und A 21 dürfte es sich um alte, aus den sechziger Jahren stammende Texte handeln. – Teile des Brouillons zu diesem Kapitel haben sich auf der Rückseite der Handschrift vom »Schlußwort« zum vierten Teil der »Wanderungen« im Märkischen Museum, Berlin, erhalten.

Für die Arbeit an den beiden Kapiteln hat Fontane folgende Literatur benutzt (die vollständigen Angaben finden sich jeweils im Literaturverzeichnis; vgl. S. 658): Berghaus, »Landbuch der Mark Brandenburg ...«. – Lentz, »Diplomatische Stifts-Historie von Havelberg ...«. – Schweder, »Scharnhorsts Leben«. – Zedlitz-Neukirch, »Neues preußisches Adels-Lexikon ...«.

347 *Ob klein, ob groß ...* – Die Verse stammen wahrscheinlich von Fontane.

Sieg der Hohenzollerschen Sache – Vgl. die erste Anm. zu S. 253.

Markgraf Ludwig der Römer – Vgl. die achte Anm. zu S. 93.

Teltow – Vgl. die fünfte Anm. zu S. 188.

Kämpfe des Deutschen Ordens ... Deutsch-Ritter-Schlacht bei Tannenberg – Der während der Kreuzzüge (Ende des 12. Jahrhunderts) entstandene, seit 1225/26 im Kulmer Land (heute: Polen) ansässige Deutsche Ritterorden, der 1230 bis 1237 im Rahmen der Ostexpansion das Gebiet der baltischen Pruzzen, Livland und Kurland unterworfen hatte, führte 150 Jahre lang beständig Kämpfe um den Erwerb Samaitens (eines Teils von Litauen) sowie gegen den aufständischen Landesadel, das wirtschaftlich gehemmte Städtebürgertum und die Bauern der eroberten Territorien. In der Schlacht bei Grunwald (auch bekannt als Schlacht bei Tannenberg) erlitten die Ordensritter am 15. Juli 1410 gegen das Heer der 1386 gegründeten polnisch-litauischen Union eine vernichtende Niederlage.

348 *Lehn* – Vgl. die erste Anm. zu S. 49.

Auftreten Luthers – Vgl. die sechste Anm. zu S. 282.

Prämonstratenser – Angehörige eines 1120 von Norbert (später Erzbischof von Magdeburg) gegründeten kirchlichen Ordens, der nach dem Gründungsort Prémontré (Frankreich) benannt wurde. Ihre Klöster waren Stützpunkte der feudalen Ostexpansion. Vgl. Fontanes Aufsatz »Erzbischof Norbert und die Prämonstratenser in der Mark«; Band 6 dieser Ausgabe.

Tracht – Die Ordenstracht der Prämonstratenser bestand aus Soutane, Skapulier (Schulterkleid) und weißem Umhang, die Straßenbekleidung aus weißem Mantel und weißem Barett.

Lentz ... »Stifts-Historie ...« – Vgl. das Literaturverzeichnis, S. 660.

horas canonicas – horae canonicae: (lat.) vorgeschriebene Stundengebete (in Klöstern).

abgewartet – Hier: abgehalten.

Canonicis – Canonicus: (lat.) Chor-, Domherr.

convenabel – angemessen.

Glasfenster ... Bischofsmütze – Vgl. S. 390f. und die zweite Anm. zu S. 388.

349 *Gröbener Kirchenbuch* – Es ist erhalten und wird im Pfarramt Gröben aufbewahrt. Fontane hat die Auszüge durchweg sehr frei nach den vorhandenen Aufzeichnungen kompiliert. Die zahlreichen Bleistiftanstreichungen im Kirchenbuch gehen vermutlich auf Fontane zurück.

Lunen – Lumen: rundes Loch, das zum Fischfang ins Eis gehauen wurde.

350 *Dignität* – Würde.

Zedlitz' »Adels-Lexikon« – Vgl. das Literaturverzeichnis, S. 663.

Krieg ... Böhmen – In Böhmen hatte, ausgelöst durch die nationale Erhebung der (protestantischen) Stände unter Führung des Grafen Heinrich Matthias von Thurn gegen die habsburgische Herrschaft (23. Mai 1618), der Dreißigjährige Krieg begonnen.

350 *salva venia* – (lat.) mit Erlaubnis zu sagen.

Podicem – podex: (lat.) After, Hintern.

Wie wunderbar handelt Gott mit uns Menschen! – Adaption des Bibelverses: »Kommt her und sehet an die Werke Gottes, der so wunderbar ist in seinem Tun an den Menschenkindern«; Altes Testament, Psalm 66,5.

351 *Ihre Kurfürstliche Hoheit* – Kurfürst Georg Wilhelm von Brandenburg.

Gevatter – Taufpate.

Scheffel – Altes deutsches Hohlmaß für schüttbare Güter; in Preußen 54,962 Liter.

der moskowitische Zar Peter – Peter I. von Rußland, der bis zur Verlegung des Regierungssitzes in das neugegründete Petersburg (1712) in Moskau residierte.

Seine Kurfürstliche Durchlaucht – Kurfürst Friedrich III. von Brandenburg (seit 1701 als Friedrich I. König von Preußen).

352 *Hoc anno celebratum ...* – (lat.) In diesem Jahr ist das evangelisch-lutherische Jubiläum begangen worden. (Gemeint ist der 200. Jahrestag der Lutherschen Thesenveröffentlichung; vgl. die sechste Anm. zu S. 282.)

Matthäus 22,5 – »Aber sie verachteten das und gingen hin, einer auf seinen Acker, der andere zu seiner Hantierung.«

kondemniert – verurteilt.

Mollwitz ... scharfe Aktion – Vgl. die vierte Anm. zu S. 136.

König – Friedrich II.

353 *Avancement* – (franz.) Beförderung.

Beginn des Siebenjährigen Krieges – 1756.

Attacke bei Zorndorf – Vgl. die vierte Anm. zu S. 107.

Gleich zu gleich gesellt sich gern – Das Sprichwort geht auf mehrere antike griechische und römische Quellen zurück, zum Beispiel auf Platons »Symposium« (Das Gastmahl; p. 195 B) und Ciceros »Cato maior« (Cato der Alte; 3,7).

Trinitatis – Vgl. die vierte Anm. zu S. 156.

eingesperrt – Hier: mit Quarantäne belegt.

Reichsarmee – Gemäß der Reichsmatrikel von 1681 ein 40000 Mann starkes Truppenkontingent, das die einzelnen Reichsstände im Falle eines Reichskrieges dem Kaiser zu stellen hatten.

Brandschatzung[sgelder] – Durch Androhung von Brandstiftung und Plünderung von einer Stadt oder Landschaft erpreßte Kontributionen.

354 *Klingebeutelgeld* – Durch Kirchenkollekte eingenommenes Geld.

Gotteskasten – An Kircheneingängen angebrachter Behälter für freiwillige Geldspenden; auch das Bargeld-Vermögen einer Kirche.

O tempora, o mores – (lat.) O Zeiten, o Sitten; sprichwörtlich verwendetes Zitat nach Marcus Tullius Cicero, der den Ausspruch in seinen Reden mehrfach verwendete.

alle Weinberge ... erfroren – Mitte des 18. Jahrhunderts wurden in der Mark fast sämtliche Weinstöcke durch Frosteinwirkung vernichtet. Die Weinernten waren indes auch vorher nie sehr ertragreich, der Wein von schlechter Qualität.

355 *c.a.* – currentis anni: (lat.) des laufenden Jahres.

Freibataillon – Meist aus Freiwilligen bestehendes Bataillon, das von einem durch den Kriegsherrn dazu ermächtigten Offizier nur für die Dauer eines Krieges oder eines Feldzugs aufgestellt wurde.

Inflammation – Entzündung; Fieber.

Er hat große Dinge an ihm getan ... – Zitat nach dem Neuen Testament, Lukas 1,49.

356 *französische Kolonie* – Vgl. die dritte Anm. zu S. 165.

Explication – (franz.) Erklärung, Auslegung.

seine Schriften ... – Der Militärschriftsteller Karl Theophilus Guichard (genannt Quintus Icilius), der seit 1758 zum Gefolge Friedrichs II. gehörte, hatte 1757–1760 das Werk »Mémoires militaires sur les Grecs et les Romains« (Militärische Betrachtungen über die Griechen und die Römer) und 1773 die Caesars Feldzüge in Spanien behandelnde Schrift »Mémoires critiques et historiques sur plusieurs points d'antiquités militaires« (Kritische und historische Betrachtungen über verschiedene Fragen, die das Kriegswesen der Alten betreffen) veröffentlicht.

der letzte Krieg – Gemeint ist der Siebenjährige Krieg.

in politicis – (lat.) in Staatsangelegenheiten.

Centurio – Hauptmann einer altrömischen Heeresabteilung (Hundertschaft).

Legion – Größte Truppeneinheit des altrömischen Heeres (5000 bis 6000 Krieger).

Nur ein Beispiel ... – Fontane führt es mehrfach an, u. a. im »Oderland«-Kapitel »Schloß Friedersdorf« (Band 2 dieser Ausgabe).

357 *Alexander ... Hephästion* – Hephaistion aus Pella war der vertrauteste Freund Alexanders des Großen von Makedonien. Er begleitete den König, der ihn (nach Homers »Ilias«) seinen

»Patroklos« nannte, auf allen Feldzügen. Als er starb (324 v. u. Z.), ließ ihn Alexander in Babylon feierlich bestatten und in die Reihe der Halbgötter aufnehmen.

357 *Kaiser Joseph* – Joseph II.; vgl. die zweite Anm. zu S. 394.

deistischer Glaube – In England begründete religionsphilosophische Strömung, die den dogmatischen christlichen Offenbarungsglauben verwirft und Gott nur als abstraktes Urprinzip anerkennt, seinen Einfluß auf das Weltgeschehen jedoch bestreitet. Der Deismus, der in der europäischen Aufklärung bestimmenden Einfluß erlangte, war u. a. das Vorbild des von Fontane oft erwähnten kirchlichen Rationalismus (vgl. die fünfte Anm. zu S. 155).

Lehns- und Gerichtsherr – Die Rittergutsbesitzer, die ihre Ländereien als kaiserliches oder landesherrliches Lehen (vgl. die erste Anm. zu S. 49) erhalten hatten, waren bis ins 19. Jahrhundert (als sich die kapitalistische Produktionsweise auf dem Lande durchsetzte) mit verschiedenen Privilegien ausgestattet. Dazu gehörte (neben dem Jagdrecht und Steuervergünstigungen) vor allem die Gerichtsbarkeit.

Creditoribus – creditor: (lat.) Gläubiger.

358 *complaisant* – (franz.) gefällig, willfährig.

»A l'anniversaire …« – (franz.) »Zum Jahrestag der Geburt von Fräulein Julie, Komtesse von Brandenburg, am 4. Januar zu Siethen gefeiert von Pastor Redde. ›Eure Jugendblüten / Mögen sich vermehren von diesem Tage an, / Die Früchte der Weisheit / Kommen dann zu ihrer Zeit. / O hütet jede Knospe, damit sie gut blühe, / Damit jede Blüte zur Frucht für Euch reife.‹ «

359 *Nimrod, ein gewaltiger Jäger vor dem Herrn* – Nach dem Alten Testament, 1. Mose 10, 8 f.

Aetate – aetas: (lat.) Lebensalter.

360 *Zorndorf* – Vgl. die vierte Anm. zu S. 107.

361 *durch seine Schriften … berühmt geworden* – Gustav Graf von Schlabrendorf, der seit 1788 in Paris lebte, hat seine politischen Schriften anonym (»Napoleon Bonaparte und das französische Volk unter seinem Konsulate«, 1804) oder unter Pseudonym (Hans Heinrich von Held) veröffentlicht (bei den pseudonym publizierten Schriften ist Schlabrendorfs Autorschaft nicht gesichert). Seine sprachtheoretischen Ansichten sind durch Carl Gustav Jochmann, der sie aufgezeichnet und in seine Schrift »Über die Sprache« (1829) aufgenommen hat, überliefert worden (»Über den Rhythmus. Bruchstück aus den Denkwürdigkeiten des Grafen S. …«). Bekannt geworden sind Schlabrendorfs philosophische, politische und ökonomische

Ansichten vor allem durch historisch-biographische Aufzeichnungen demokratisch gesinnter Zeitgenossen, die in Paris mit ihm verkehrt hatten, wie Karl August Varnhagen von Ense, Wilhelm von Humboldt, Carl Gustav Jochmann und Konrad Engelbert Oelsner.

361 *Girondisten* – Bezeichnung für die während der Französischen Revolution in die Gesetzgebende Nationalversammlung gewählten gemäßigten Republikaner, die die Interessen der Bourgeoisie vertraten und die Unverletzlichkeit des bürgerlichen Eigentums forderten. Nach dem Machtantritt der Jakobiner (Juni 1793) aus dem Konvent ausgeschlossen, organisierten sie konterrevolutionäre Erhebungen; 29 ihrer einflußreichsten Führer wurden hingerichtet.

Schreckenstage – Abfällige Bezeichnung für die Jakobinerdiktatur, die radikal-demokratische Phase der Französischen Revolution (Juni 1793 bis Juli 1794).

Eh bien; demain matin – (franz.) Nun wohl; morgen früh.

Sturz Robespierres – Am 27. Juli 1794 wurden die Jakobiner durch einen Putsch der Bourgeoisie in Paris gestürzt, am 28. Juli Robespierre und seine Anhänger hingerichtet.

Befreiungskriege – 1813–1815.

Eisernes Kreuz – Vgl. die sechste Anm. zu S. 77.

362 *Braune oder Ohlausche Husaren* – Gemeint ist das preußische Husarenregiment Nr. 4, das in Ohlau (Schlesien) stationiert war.

363 *»ihm seine Kreise nicht zu stören«* – Anspielung auf den hellenistischen Mathematiker Archimedes, der, als nach der Eroberung seiner Heimatstadt Syrakus durch die Römer (212 v. u. Z.) ein Soldat in sein Haus stürmte, wo er am Sandtisch mit dem Zeichnen geometrischer Figuren beschäftigt war, geäußert haben soll: »Noli turbare circulos meos!« (Zerstöre meine Kreise nicht!)

Bostontisch – Boston: Kartenspiel für vier Personen.

364 *Isabellen* – Pferde mit gelber Deckhaarfärbung und hellen Hufen.

Heiducken – Livrierte Diener.

Leidener Flaschen – Glasflaschen mit metallischem Innen- und Außenbelag; älteste Form des elektrischen Kondensators. Die Erfindung wurde nicht nur in Leiden (von Canaeus, 1746), sondern etwa gleichzeitig auch in Preußen gemacht (von dem Domherrn von Kleist in Cammin, 1745; deshalb auch »Kleistsche Flasche«).

invitieren – einladen.

366 *Anregungen … durch Thaer und Koppe* – Albrecht Daniel

Thaer, der Reformator der preußischen Landwirtschaft, hatte 1811 mit Hilfe seines Wirtschaftsführers Johann Gottlieb Koppe auf dem »Mustergut« Möglin mit der Schafzucht begonnen und in den folgenden Jahren durch neue Kreuzungsverfahren große Erträge an hochwertiger Wolle erzielt. Vgl. »Das Oderland«, Kap. »Möglin«; Band 2 dieser Ausgabe.

366 *Drehkrankheit* – Durch infiziertes Futter oder Trinkwasser hervorgerufene Krankheit bei Schafen, die Zwangsbewegungen verursacht.

Hoffmannstropfen – Nach dem Mediziner Friedrich Hoffmann (1660–1742) benanntes Anregungsmittel aus Alkohol und Äther, das gegen Schwächezustände und Ohnmachten verwendet wird.

367 *citissime* – sehr eilig, schleunigst.

368 *kameralistisch* – Kameralismus: Ökonomische Lehre von der Hebung der Staatseinkünfte durch Förderung der Wirtschaft und Vervollkommnung des Steuersystems im Interesse der feudalen Landesherren.

Volontair – Hier: Freiwilliger.

»alte Armee« – Gemeint ist die Armee Friedrichs II.

General Günther – Johann Heinrich Günther, 1794–1803 Befehlshaber der preußischen Kavallerie in den annektierten zentralpolnischen Gebieten (»Südpreußen«). Vgl. »Die Grafschaft Ruppin«, Kap. »Neuruppin«, Abschnitt 6; Band 1 dieser Ausgabe.

Divisionäre – Divisionskommandeure.

Großbeeren – Vgl. S. 289–297.

Invasionsepoche – Vgl. die erste Anm. zu S. 31.

370 *Auch das Jahr 1848 ...* – Anspielung auf die bürgerlich-demokratische Revolution von 1848; vgl. die erste Anm. zu S. 76.

Herrenhaus – Dort ist heute der Kindergarten untergebracht.

Brennerei – In der Mark wurde Branntwein aus Kartoffeln hergestellt. Die Brennereirückstände konnten als Futtermittel genutzt werden.

Berliner Bibliothekinschrift – Die Worte »Nutrimentum Spiritus« (Nahrung des Geistes; vom Berliner Volksmund als »Spiritus is ooch Nahrung« übersetzt) befinden sich am Gebäude der Alten Bibliothek am heutigen Bebelplatz in Berlin (»Kommode« genannt). Das Haus wurde 1774–1780 nach Plänen von Georg Christian Unger von Boumann dem Jüngeren nach einer Idee Fischers von Erlach erbaut, im zweiten Weltkrieg zerstört und von 1967 bis 1969 wiederaufgebaut. Heute wird es von der Humboldt-Universität genutzt.

371 *briefliche Mitteilungen* – Wahrscheinlich von Frau von Münchhausen oder Graf Dohna; vgl. S.621.
die Goethesche Leonore – Gemeint ist wahrscheinlich die Gräfin Leonore Sanvitale in Goethes Schauspiel »Torquato Tasso«.
373 *Gröbener Kirche* – Vgl. S.388f.
374 *in Doberan ... der Hof* – Doberan (bei Rostock) und das sechs Kilometer von der Stadt entfernte Ostseebad Heiligendamm (das älteste in Deutschland) waren in der Sommersaison bevorzugte Aufenthaltsorte des preußischen Königshofes.
Kaiserswerth – In Kaiserswerth (bei Düsseldorf) wurde 1836 von dem Theologen Theodor Fliedner die erste evangelische Diakonissenanstalt gegründet, nach deren Muster mehr als achtzig selbständige Diakonissenhäuser entstanden. Die ursprünglich nur zur Krankenpflege bestimmte Einrichtung widmete sich bald auch der Betreuung Gemütskranker sowie der Kindererziehung und Lehrerinnenausbildung.
379 *»daß mir ein lieblich Los gefallen sei«* – Adaption des Bibelverses »Das Los ist mir gefallen auf liebliches Land; mir ist ein schönes Erbteil geworden«; Altes Testament, Psalm 16,6.
Geschichte von Küppels Michel – »Knüppels Michael«, Erzählung des protestantischen Pfarrers Rudolf Ludwig Oeser (1807 bis 1859), der unter dem Pseudonym Otto Glaubrecht Geschichten aus dem hessischen Volksleben schrieb.
383 *Thomas a Kempis' »Nachfolge Christi«* – Die dem deutschen Mystiker Thomas a Kempis (1380–1471) zugeschriebene Erbauungsschrift »Libri quatuor de imitatione Christi« (um 1415; Vier Bücher von der Nachfolge Christi), die mehr als fünftausend Mal aufgelegt und in alle bekannten Sprachen übersetzt wurde, galt außer der Bibel als das verbreitetste Buch der Welt.
»Tabea-Haus« ... Kirchhof ... Grabkapelle – Vgl. S.392f.
briefliche Mitteilungen – Vgl. die erste Anm. zu S.371.
388 *Herrenhaus in Siethen* – Das Gebäude dient heute als Kinderheim.
Kirche – Die Gröbener Kirche, ein spätgotischer Feldsteinbau, der um 1500 errichtet und 1858–1860 in neugotischem Stil verändert worden war, ist Heiligabend 1908 abgebrannt. Sie wurde 1909 nach Plänen des Berliner Architekten Franz Heinrich Schwechten unter Verwendung der ruinösen Teile sowie Hinzufügung einer Sakristei und einer Vorhalle neu erbaut. Von der alten Innenausstattung sind lediglich ein silberner Abendmahlskelch aus der ersten Hälfte des 16. Jahrhunderts sowie eine barocke Gedenktafel (für G.A. von Schla-

brendorf, gest. 1686) und zwei Grabdenkmäler (für C. E. von Schlabrendorf, gest. 1694, und G. A. von Schlabrendorf, gest. 1703) erhalten geblieben. Nach den Aufzeichnungen des Gröbener Pfarrers E. Lembke, die sich im Pfarramt befinden, sollen das Glasfenster mit Wappen und Bischofsmütze sowie die Gedächtnistafel für den vor Ofen gefallenen Schlabrendorf nach dem Brand noch vorhanden gewesen sein. Im Gröbener Pfarramt befindet sich ein Foto von 1905, das den von Fontane geschilderten Zustand des Kircheninnern zeigt.

388 *»Kolonie«* – Gemeint ist die französische »Kolonie« in Berlin; vgl. die dritte Anm. zu S. 165.

389 *bei Mollwitz* – Vgl. die vierte Anm. zu S. 136.

390 *vor Ofen* – Vgl. die zweite Anm. zu S. 169.

Seine Kurfürstliche Durchlaucht – Friedrich Wilhelm von Brandenburg, der sogenannte Große Kurfürst.

Erbfeind – Gemeint sind die Türken.

391 *Sandsteinmonument* – Es ist nicht mehr aufzufinden.

knöcheln – würfeln.

392 *Grabstätte Graf Leo Schlabrendorfs* – Sie ist nicht mehr vorhanden.

Tabea-Haus – Das Gebäude – benannt nach der »Jüngerin« Tabea, die sich durch »gute Werke« und Almosenspenden ausgezeichnet hatte und die durch Petrus vom Tode erweckt wird (vgl. Neues Testament, Apostelgeschichte 9, 36–43) – existiert noch und dient als Kindergarten.

393 *Feldsteinkirche* – Die rechteckige Feldsteinkirche in Siethen (mit quer-rechteckigem Westturm) stammt aus dem 13. Jahrhundert, das Turmoberteil wohl aus dem Anfang des 19. Jahrhunderts, die Apsis von 1914. Veränderungen am Schiff und im Innern wurden 1851 und 1941 vorgenommen. Die genannten Wappenschilde sind nicht mehr vorhanden.

394 *Grabkapelle samt Leichenhalle* – Das kleine Gebäude ist noch vorhanden.

Kaiser Joseph ... Aufklärung – Der römisch-deutsche Kaiser Joseph II., seit dem Tode der Kaiserin Maria Theresia im Jahre 1780 auch Alleinherrscher in den österreichischen Erblanden, war ein Anhänger des aufgeklärten Absolutismus. Er verfügte seit 1781 eine Reihe von Reformen, die objektiv dem Bürgertum zugute kamen: Gewährung der Glaubensfreiheit; Ausschaltung des päpstlichen Einflusses auf die Kirche (Aufhebung aller Klöster und Orden, die sich nicht der Krankenpflege oder der Jugenderziehung widmeten); Beseitigung der Leibeigenschaft in Böhmen; Einführung einer einheitlichen Grundsteuer für Adel, Klerus und Bauern; Vereinheitlichung der Justiz; wirtschaftliche Förderung des Bürgertums; Einführung einer siebenjährigen Schulpflicht. Die durch straffe Zentralisierungsmaßnahmen angestrebte Durchsetzung dieser Reformen scheiterte vielfach an den Interessengegensätzen des Nationalitätenstaates.

395 *timeo Danaos* – Anspielung auf den damals als Mustersatz in den höheren Schulen gelehrten Vers aus Vergils »Aeneis« (II, 49): »Quidquid id est, timeo Danaos et dona ferentes« (Was es auch sei, ich fürchte die Danaer [Griechen], selbst wenn sie Geschenke bringen), der sich auf das Trojanische Pferd bezieht.

Filial – Vgl. die erste Anm. zu S. 48.

halbe Meile – In Preußen etwa 3,75 Kilometer.

Clara von Chaumontet – Der Grabstein ist noch vorhanden.

Grabstätte ... Steinkruzifix ... betende Maria – Die Grabstätte ist noch vorhanden; die Inschriften weichen in unbedeutenden Details von Fontanes Text ab.

398 *»Grüß euch Gott ...«* – Max von Schenkendorf, »Auf Scharnhorsts Tod«, Strophe 5.

Großgörschen – Vgl. die sechste Anm. zu S. 280.

399 *Hardenbergsches Cabinet* – Vgl. die fünfte Anm. zu S. 171.

400 *proponieren* – vorschlagen.

schreibt Minutoli – Das Zitat stammt wahrscheinlich aus den »Militärischen Erinnerungen« (1845) des Schweizer Altertumsforschers Heinrich Freiherr Menu von Minutoli (1772–1846), der zeitweilig als General in preußischen Diensten stand.

Grabmonument – Es ist noch vorhanden.

Graf von der Lippe entläßt den Zögling – Scharnhorst, der einer niedersächsischen Bauernfamilie entstammte, wurde durch Vermittlung des Grafen Wilhelm von Schaumburg-Lippe 1773 bis 1777 auf der Kriegsschule in Wilhelmstein im Steinhuder Meer ausgebildet.

Festung Menin ... 1794 – In den Jahren 1793/94 nahm Scharnhorst als hannoverscher Artilleriehauptmann am ersten Koalitionskrieg gegen das revolutionäre Frankreich teil. Im April 1794 verteidigte er die Festung Menin (Westflandern) gegen die Franzosen. Diese eroberten Menin, aber Scharnhorst und seine Truppe brachten sich in Sicherheit.

Preußens Heer empfängt ihn ... 1801 – Scharnhorst trat 1801 aus dem hannoverschen Generalquartiermeisterstab als Oberstleutnant in das 3. preußische Artillerieregiment über und wurde bald darauf zum Direktor der Lehranstalt für junge Infanterie- und Kavallerieoffiziere ernannt.

400 *Preußisch-Eylau ... 1807* – Bei Eylau in Ostpreußen fand am 7./8. Februar 1807 eine verlustreiche Schlacht zwischen Napoleonischen und russischen Truppen statt. Durch das Eingreifen eines (von General L'Estocq befehligten) preußischen Korps, dessen Stab auch Scharnhorst angehörte, wurden die Russen vor der drohenden Niederlage bewahrt.

Bewaffnung zum Kampfe von 1813 – Scharnhorst, der seit 1807 als Vorsitzender der Militär-Reorganisationskommission das preußische Heerwesen reformiert hatte, organisierte 1813 die allgemeine Volksbewaffnung für den antinapoleonischen Befreiungskampf.

402 *»Sei getreu ...«* – Neues Testament, Offenbarung 2,10.

Gymnasium zum Grauen Kloster – Vgl. die dritte Anm. zu S. 155.

Deutsch-Englische Legion ... – Nach der Besetzung Hannovers und der Auflösung der dort stationierten, unter englischem Befehl stehenden Truppen durch Napoleon I. (1803) wurden diese – gemeinsam mit anderen aus Deutschland entkommenen »Freikorps« (vgl. die dreizehnte Anm. zu S. 428) – zu einer Deutschen Legion zusammengestellt und 1808 der Armee des Herzogs von Wellington zugeteilt, die in Spanien den (bis 1813 währenden) antinapoleonischen Volksbefreiungskampf unterstützte.

badischer Feldzug – Gemeint ist die militärische Intervention preußischer Truppen zur Niederschlagung der revolutionären Volkserhebung in Baden (Juni/Juli 1849). Vgl. »Die Grafschaft Ruppin«, Kap. »Regiment Mecklenburg-Schwerin Nr. 24«; Band 1 dieser Ausgabe.

Ritter – Carl Ritter, seit 1820 Professor der Geographie an der Berliner Universität; Begründer der vergleichenden Geographie.

»Scharnhorst-Sammlung« – Die »Scharnhorst-Sammlung«, rund 30 000 Kartenblätter umfassend, wurde 1856 angekauft und 1859 der Königlichen Bibliothek angegliedert. Sie bildet eine Vorstufe der heutigen Kartenabteilung der Deutschen Staatsbibliothek Unter den Linden.

Saarmund und die Nutheburgen

Fontane besuchte Saarmund wahrscheinlich im Sommer 1869, im Anschluß an eine Reise nach Gütergotz.

Der Vorabdruck des Aufsatzes, dessen Entstehungszeit nicht nachgewiesen werden kann, erfolgte am 6. September 1871 im

»Wochenblatt der Johanniter-Ordens-Ballei Brandenburg«, Nr. 36, S. 227 ff.

Als Buchkapitel erschien das Feuilleton zum erstenmal 1872 in der Erstausgabe des »Havelland«-Bandes, »Ost-Havelland« (1873). Im Jahre 1881 hat es der Autor dann in »Spreeland« (1882) übernommen.

Stichworte zu diesem Kapitel finden sich in Fontanes Notizbuch A 15, Blatt 15. Das Theodor-Fontane-Archiv bewahrt überdies (Kd 3) ein vollständiges Brouillon des Aufsatzes auf, das – wie die zahlreich aufgeklebten Teile eines offenbar älteren Manuskripts erkennen lassen – bereits eine zweite Arbeitsstufe dokumentiert und gleichwohl von der endgültigen Fassung noch vielfach abweicht. – Auch im Märkischen Museum, Berlin, ist ein komplettes Brouillon erhalten, das offensichtlich aus verschiedenen Arbeitsstadien stammt, ebenfalls noch vielfach beträchtlich mit der Buchfassung differiert und teilweise von der Hand Emilie Fontanes stammt. (Diese Teile dürften als Satzmanuskript verwendet worden sein.)

Für die Arbeit an »Saarmund und die Nutheburgen« hat Fontane folgende Literatur benutzt (die vollständigen Angaben finden sich jeweils im Literaturverzeichnis; vgl. S. 658): Fidicin, »Die Territorien der Mark Brandenburg ...« (Teil »Die Zauche«). – Berghaus, »Landbuch der Mark Brandenburg ...«. – Reinhard, »Sagen und Märchen aus Potsdams Vorzeit«.

407 *Noch einmal hob er seinen Blick ...* – Freiligrath, »Mirage«, Vers 54 ff. – Mirage: (franz.) Luftspiegelung.
Smum – Samum: heißer Wüstenwind.
Saarmund, ein Zauche-Städtchen ... – In W III[1], S. 363, beginnt das Kapitel mit folgender (an das vorhergehende, später aus den »Wanderungen« ausgeschiedene Kapitel »Gütergotz« anschließenden) Einleitungspassage: »Unser Ausflug nach Gütergotz hatte uns in den ›Teltow‹ geführt, wir kehren heute in das eigentliche Gebiet unserer Wanderungen, in Havelland-Zauche, zurück. Nach etwa halbstündiger Fahrt mündet der über ein Plateau führende Weg in ein breites, von Nord nach Süd sich hinziehendes Tal ein und durchschneidet es *quer*, in der Richtung von Ost nach West. Dies Tal ist das *Nuthetal.*«
historisches Dorf Dennewitz – Vgl. die erste Anm. zu S. 148.
wendet sich nordwärts – In W III[1], S. 363, folgt der Zusatz: »bildet die Grenze zwischen Teltow und Zauche«.
... die nur das eine ... gewesen zu sein – In W III[1], S. 363 f., heißt es statt dessen ausführlicher: »aber sie hat nebenher dies und das vor ihresgleichen voraus, manches, das sie – als genösse sie alle Vorzüge einer höheren Geburt – ohne

weiteres in die ›Gesellschaft‹, in den Kreis der Eigentlichen einreiht. Dies, was sie voraushat, ist ihr *historisches* Gepräge, ist der Umstand, daß sie, bis in allerfrühste Zeiten zurück (ja damals mehr denn später), ein Grenzfluß war und es dadurch, weit über Löcknitz und Stobber hinaus, zu einer politischen Bedeutung brachte. Man könnte die Nuthe nach dieser Seite hin mit der Königsau vergleichen, die, auch nur ein Wässerchen von kaum Nuthe-Bedeutung, doch als Grenzlinie zwischen deutscher und skandinavischer Welt zu einem Ansehn kam, um das sie mancher Großstrom beneiden könnte.« – Die Nuthe war in slawischer Zeit kein Grenzfluß, sondern die Mittellinie eines auf beiden Seiten besiedelten Gebietes.

407 *Teltow* – Vgl. die fünfte Anm. zu S. 188.

Zauche – Vgl. die dritte Anm. zu S. 323.

... zwei Welten bedeuteten und schieden – In W III^1, S. 364, folgt der Zusatz: »die germanische und die slawische«.

durch Albrecht den Bären unterworfen – Vgl. die fünfte Anm. zu S. 93.

Jahrhundert der »Nutheburgen« – In W III^1, S. 364, folgt der Zusatz: »Diese (die Nutheburgen) wuchsen auf, als aus Brennibor ein Brandenburg wurde. Sie waren Mittelpunkte und Zeugen des Kampfes, der damals das christliche Vorland zwischen Elbe und Oder bewegte.«

408 *Die Nutheburgen ... sind tot* – In seinen Anmerkungen zum »Saarmund«-Kapitel am Schluß von W III^1 gibt Fontane (S. 452 ff.) folgenden historischen Exkurs über »Die Nutheburgen«: »Es gab ihrer vier, wie schon im Text hervorgehoben. Diese vier waren, von der Mündung der Nuthe, am Flußufer aufwärts, gerechnet: *Potsdam, Saarmund, Beuthen, Trebbin.* Alle vier sind verschwunden, denn was von Burg *Beuthen* noch steht, gehört einer viel spätern Epoche an. / Burg *Potsdam* stand auf einem Inselvorsprung, der der Einmündung der Nuthe in die Havel gerade gegenüberliegt. Nach allgemeiner, freilich sagenhafter Annahme ist die jetzige *Heiligegeistkirche* auf ebendieser Stelle errichtet worden. Das Bestehen der alten Burg schcint von kürzester Dauer gewesen zu sein. Schon 1228 trat die sogenannte Neue Burg (Novum Castrum oder ›de Nüve Huus‹) zwischen Potsdam und Saarmund an ihre Stelle, bis auch diese Neue Burg verschwand. Schon mit Beginn des vierzehnten Jahrhunderts war mutmaßlich das ›Nüve Huus‹ wie das alte hinüber und *Schloß* Potsdam, das, als gotisch mittelalterlicher Bau, in der zweiten Hälfte des vierzehnten Jahrhunderts an die Stelle trat, hatte bereits jede Ver-

wandtschaft, in Zweck wie Erscheinung, mit der Nutheburg gleiches Namens abgestreift; – es stand nicht mehr, als Wächter gegen die Wendenlandschaft, der Nuthemündung gegenüber, sondern bereits an selber Stelle, wo das *gegenwärtige* Schloß Potsdam sich erhebt. / *Saarmund* und *Trebbin* traten gleichzeitig ab vom Schauplatz. Ohne Sang und Klang, ja ohne daß auch nur die Stelle mit Bestimmtheit anzugeben wäre, wo sie gestanden. Burg *Saarmund* erhob sich vielleicht da, wo viel, viel später das Amtsgebäude errichtet wurde; über Burg *Trebbin* gingen mir folgende Angaben zu: ›Nach Meinung des Oberamtmanns Reyne, der, während der Kriegsjahre und später, die Domaine Trebbin in Pacht hatte, stand die alte Burg auf dem sogenannten *Amtsberge.* Man findet dort noch Mauerwerk und einen Keller unter dem Berg, die auf ein altes Gebäude von größerm Umfang hindeuten. Der Sage nach soll von ebendiesem Amtsberg ein unterirdischer Gang nach dem etwa zehn Minuten entfernten *Burgwall* geführt haben, der an der Nuthe liegt und bei hohem Wasser zu einer Insel wird.‹ Dies ist alles, was man an Ort und Stelle von den Burgen Saarmund und Trebbin anzugeben weiß; alles Hypothese. / Die Burg *Beuthen* ist die einzige, die noch existiert. Ihre Trümmer ragen noch übermannshoch auf und lassen den Grundriß es alten Baues ohne Mühe erkennen. Freilich war dieser alte Bau das *Schloß* Beuthen des fünfzehnten, nicht die *Burg* Beuthen des zwölften Jahrhunderts; es ist aber mindestens wahrscheinlich, daß das Schloß der Waldemar- und Quitzow-Zeit an *ebenderselben* Stelle errichtet wurde, an der vorher die Burg gestanden hatte. Die Natur wies hier beiden ein und denselben Platz an. Dieser Platz ist eine kleine Insel in der Nuthe, etwa eine Viertelmeile vom Dorfe Großbeuthen entfernt. Der frühere Besitzer des letztgenannten Dorfes, Major von Görtzke, schrieb mir folgendes über das Schloß: / ‚Ich habe das alte Schloß Beuthen noch als eine stattliche Ruine gekannt. Nicht nur die fünf Fuß dicken, aus Feldstein aufgeführten, etwa zwanzig Ellen hohen Umfassungsmauern, sondern auch die inneren Wände und der Raum, welchen die Kapelle einnahm, waren noch kenntlich und gut erhalten. Meine Vorfahren und namentlich der Domherr von Görtzke, welcher 1598 das Schloß von den Minorennen von Götze kaufte, hat noch dort gewohnt und wahrscheinlich auch noch seine Nachfolger, bis zur Zeit, wo das jetzige Wohnhaus in Großbeuthen erbaut worden ist. Es sind wohl hierbei die wirtschaftlichen Interessen maßgebend gewesen. Soviel steht fest, daß noch 1687 Schloß Beuthen bewohnt worden ist. In dem mir vorliegenden

Erbrezeß von Beuthen und den dazugehörigen Dörfern, aufgenommen durch den Notar und Bürgermeister zu Beelitz, Johannes Lilo, Actum Großbeuthen, den 30. November 1687, heißt es: »Klein Beuthen; Christoff Görtzke (ein Hauptmann) sitzt auf dem Schlosse; gibt jetzt jährlich – 2 Thlr.« Auch fand ich vor einigen Jahren in einem andern Aktenstücke Notizen über ein altes Fräulein, welches noch in späterer Zeit auf dem Schlosse Beuthen gewohnt hat. Noch zu Anfang des vorigen Jahrhunderts wurden Trauungen und Taufen in der Schloßkapelle zu Beuthen vollzogen. Die gröbenschen Kirchenbücher werden dies auch nachweisen. / Wie bemerkt, war die alte Burg (Schloß) Beuthen bis zum Jahre 1813 noch eine stattliche Ruine, wo ich in meiner Jugend unzählige Male gewesen bin, da es von Großbeuthen ein hübscher Spaziergang dahin war. Erst im Jahre 1813 wurde durch die Truppen des Bülowschen Corps die Ruine demoliert und Trebbiner Arbeiter dazu verwandt, die unsägliche Mühe hatten, da der Kalk fest wie Stein war. Auf den Trümmern des Schlosses wurde eine Schanze gebaut, um den Damm, der hier durch das Nuthetal führt, zu beherrschen. Weitere Schanzen wurden zur Sicherung der Übergänge über die Nuthe bei Trebbin, Kerzendorf und Wittstock gebaut. Von den Ruinen des alten Schlosses ist jetzt nichts mehr sichtbar als die Fundamente, welche noch zutage treten und den Umfang des Schlosses zeigen; auch die Wallgräben des Schlosses sind noch sehr kenntlich.‹ «

408 *Beuthen und Saarmund* – In W III[1], S. 365, findet sich dazu die Fußnote: »Alle vier Nutheburgen gingen in *veränderter Gestalt* (in der sie allerdings, mit Ausnahme einer, *auch* nicht mehr existieren) in spätere Jahrhunderte über. Doch waren dies eben, in Zweck wie Erscheinung, die alten Nutheburgen nicht mehr. Sie modelten sich, sie wurden andere, und aus den markgräflichen Vogteien, die eine allgemeine politische Bedeutung, wenn man so will, eine Mission gehabt hatten, wurden Landes- und Ritterburgen wie andere mehr. Über sie berichten wir an anderer Stelle. Der Umstand, daß die Nuthe ein natürliches Defilee von Sachsen nach der Mark war, lieh auch in diesen späteren Zeiten noch, in denen der Kolonisationskampf längst ausgelärmt hatte, dem ganzen Flußtale eine gewisse ›importance‹ [Bedeutung], aber mit Ausnahme verhältnismäßig neuer Zeit (1813) scheint man die Bedeutung desselben doch nie ernsthaft betont zu haben.«

das Herrliche vorahnend – In W III[1], S. 365, heißt es statt dessen: »das städtische Idyll vorahnend«.

408 *... erwuchs Saarmund* – Saarmund wird 1217 als befestigter Platz mit Zollstelle zum erstenmal urkundlich erwähnt.
Im Rücken der Stadt aber ... – In W III[1], S. 365, folgt der Zusatz: »(um ein Ereignis späterer Jahrhunderte vorwegzunehmen)«.
Weinberge – Vgl. die vierte Anm. zu S. 354.
ein paar Jahrhunderte lang – In W III[1], S. 365, heißt es statt dessen: »zu den Zeiten des Großen Kurfürsten«.
Saarbrück – Saarbrücken. – In W III[1], S. 365, folgt der Zusatz: »Tempi passati [vergangene Zeiten]«.
Poesie dieser Gegenden – In W III[1], S. 366, folgt der Zusatz: »die eben höher steht als der bloße Klingklang des Namens«.
mit ihrem Springstock – In W III[1], S. 366, heißt es statt dessen: »mit ihrer Büchse«.
410 *schwebende Landschaften* – In W III[1], S. 367, folgt der Zusatz: »(immer Alpen)«.
alte Landwehrmütze – Die Angehörigen der 1813 gebildeten preußischen Landwehr (vgl. die sechste Anm. zu S. 278) trugen Schirmmützen (die später von Tschakos abgelöst wurden).
411 *Dreibaum* – Galgen.
Vermessungsinstrument – Gemeint ist ein trigonometrisches Signal, ein Holz- oder Metallturm über einem trigonometrischen Punkt.
an diesem Wasserlauf entlang ... – In W III[1], S. 369, geht der Zusatz voraus: »*das* ist das Terrain«.
Aber er hüte sich ... – In W III[1], S. 369, folgt der Zusatz: »(wir sprechen aus Erfahrung)«.

Blankensee

Fontane besuchte den Ort wahrscheinlich im Sommer 1869, im Zusammenhang mit seiner Reise nach Gütergotz und Saarmund (vgl. S. 634).

Der Vorabdruck des Aufsatzes, dessen Entstehungszeit nicht nachgewiesen werden kann, erfolgte am 30. August 1871 im »Wochenblatt der Johanniter-Ordens-Ballei Brandenburg«, Nr. 35, S. 221–224.

Als Buchkapitel erschien das Feuilleton zum erstenmal 1872 in der Erstausgabe des »Havelland«-Bandes, »Ost-Havelland« (1873). 1881 hat es der Autor dann in »Spreeland« (1882) übernommen.

Aufzeichnungen und Skizzen zu diesem Kapitel finden sich in Fontanes Notizbuch A 15, Blatt 16–24. – Das Märkische Museum, Berlin, bewahrt überdies das komplette Manuskript von der

Hand Emilie Fontanes auf, das als Satzgrundlage für den Vorabdruck gedient hat (Notiz: »zu setzen. H.«), gelegentliche Korrekturen und die Fußnote »Solche Urteile datieren noch aus einer Zeit her ...« (vgl. S.414) von Fontanes Hand aufweist.

Für die Arbeit an »Blankensee« hat Fontane das Werk »Der Volksmund in der Mark Brandenburg ...« von Engelien und Lahn (vgl. das Literaturverzeichnis, S. 659) benutzt. Außerdem bestand die Absicht, eine Chronik der Berliner Nikolaikirche aus dem 18. Jahrhundert heranzuziehen.

412 *Da sagte die Mark ...* – Die (auf den Reimspruch, S.417, Bezug nehmenden) Verse stammen von Fontane.
Eh bien – (franz.) Nun.
Kanaan – Nach dem Alten Testament das Gelobte Land (ein Teil Palästinas), das den Israeliten von Gott verheißen wurde und das sie später in Besitz nahmen.
Sarah – Vgl. S.416 und die sechste Anm. dazu.
immer am Ufer der Nuthe hin – In W III^1, S. 370, heißt es statt dessen: »zwischen zwei Seen hindurch«.
in den Tagen Friedrich Wilhelms I. – In W III^1, S. 370, folgt der Zusatz: »in den Tagen der Desertionen und Lärmkanonen«.
Importance – (franz.) Wichtigkeit, Bedeutung.
die »großen Blauen« – Vgl. die zweite Anm. zu S.256.
Die Residenz dieses Fleckchens Erde ... – In W III^1, S. 370, heißt es ausführlicher: »Die Residenz und der Mittelpunkt dieses Zipfels, der auch jetzt noch eine Art Zwischenland ist, aber nur ein Streifen zwischen zwei brandenburgischen Kreisen, ...«
Gang durch das Dorf – In W III^1, S. 371, folgt der Zusatz: »das eine gewisse pittoreske Bauanlage, Schlängellinien und schöne Baumgruppen vor manchem anderen voraushat«.
Herrenhaus – Zweigeschossiger Putzbau aus dem Jahre 1701 mit jüngeren niedrigen Flügelanbauten. Das Gebäude, bis 1928 Wohnsitz des Schriftstellers Hermann Sudermann, dient heute als Schule.
Elsenbruch – Vgl. die dritte Anm. zu S.330.

413 *Park* – Er enthält eine reiche Skulpturensammlung aus dem Besitz Sudermanns (darunter italienische Barockplastiken).
eines ... Blankenseers zu versichern – In W III^1, S.371, folgt der Zusatz: »der wohl geeignet und geneigt sein möchte, die Dienste eines Führers bei uns zu übernehmen«.
die bibelfesten Leute – In W III^1, S. 371, folgt der Zusatz: »besonders die Sektierer«.

413 *seltene Demut und Wahrheitsliebe* – In W III[1], S. 372, folgt der Zusatz: »(jeder will über sich hinaus)«.

414 *aus der Provinz Sachsen* – In W III[1], S. 372, folgt der Zusatz: »(die in Schulbildung und gutem Deutsch immer einen Schritt voraushat)«.

Ob dieser Bau … Versicherungen zu stoßen – In W III[1], S. 373, heißt es an dieser Stelle ausführlicher: »Ob die Kapelle eine Station oder ein Wallfahrtsort war, ob sie, weit ins Land hinein sichtbar, zugleich auch ein Wegweiser, ein Markpunkt sein sollte, darüber wird es unfruchtbar sein sich in Hypothesen zu ergehen. Nur daß es ein Bau war, der, verhältnismäßig spät entstanden, in erster Reihe immer *kirchlichen* Zwecken diente, darüber kann kein Zweifel sein (die Konsolnische, die einst das Muttergottesbild trug, ist noch wohlerhalten), und so hat es denn für jeden, der jemals an dieser Stelle gestanden und mit Augen gesehen hat, etwas allerdings Verwunderliches, in guten Büchern folgender Versicherung zu begegnen: …«

Zeit der deutschen Eroberung – Vgl. die fünfte Anm. zu S. 93.

Tonnen- oder Kreuzgewölbe – In W III[1], S. 373, folgt der Zusatz: »zahlreicher anderer Zeichen ganz zu geschweigen«.

… zu bestimmen weiß – In W III[1], S. 373, folgt der Zusatz: »beides von den Steinen ablesen kann«.

415 *»daß daselbst ein Schatz vergraben sei«* – In W III[1], S. 374, folgt der Zusatz: »Und wie glaublich oder unglaublich es sich im übrigen mit diesem Spuk verhalten möge, soviel ist gewiß, daß der Schatz selber in den Köpfen aller Blankenseer eine Rolle spielt.«

ventre à terre – (franz.) Bauch (des Pferdes) am Boden; im gestreckten Galopp.

unter dem Bocksdornstrauche – In W III[1], S. 374, folgt der Zusatz: »aber brunnentief«.

416 *Kreisdirektor* – Soviel wie Landrat.

Wir unsrerseits … Ameisen – In W III[1], S. 375, heißt es an dieser Stelle ausführlicher: »Wir kannten sie noch nicht, als wir oben waren, wir würden sonst den Bocksdornstrauch, den Schatzhüter *über* der Erde (den Vorposten, den der Schatzhüter da unten als Schildwacht ausgestellt hat), mit mehr Respekt behandelt und minder rücksichtslos in seinem Gezweige umhergestampft haben. Neben dem Strauch, inmitten der Kapelle, war ein Ameisenhaufe, und im Sonnenschein, der von oben hereinfiel, hasteten die Betriebsamen auf und nieder in sprichwörtlichem Ameisenfleiß.«

Kirche – Putzbau mit eingezogenem Chor und quadratischem

Westturm; im Kern mittelalterlich, im 16./17. Jahrhundert verändert. Der Nordanbau stammt aus dem Jahre 1940. Das Sandstein-Epitaph für Christian Wilhelm von Thümen (gest. 1741) sowie das Grabdenkmal und das Tafelbild für Anna von Schlabrendorf (gest. 1567) sind erhalten.

416 *sächsischer Kurkreis* – Obersachsen (mit den Kurfürsten von Sachsen und Brandenburg) war einer der zehn Kreise, in die Kaiser Maximilian I. im Jahre 1512 das Deutsche Reich eingeteilt hatte, um – angesichts der zunehmenden territorialen Zersplitterung – Forderungen an die Reichsstände (Heerdienst, Steuern) leichter durchsetzen zu können.

Wenn uns nun hier … angefügten Reimspruche – In W III[1], S. 376 f., heißt es an dieser Stelle ausführlicher: »Wenn nun hier ein Segen vorlag, von dem wir übrigens nicht wissen, ob er, *selbst damals*, als ein solcher empfunden wurde, so knüpfen beinahe alle anderen Denkmäler der Kirche (und zwar die besten) an eine andere von Thümensche Ehe an, die in derselben Weise an die Tage Abrahams, wie jene an Jakobs, erinnerte. Wir werden gleich zeigen, wie. Es war dies eine Ehe zwischen Kuno von Thümen und Anna von Schlabrendorf. Von dieser letzteren finden wir Grabstein, Bildnis und Schildereien, die ihrem Begräbnis gewidmet sind. / Der Stein steht hinter dem Altar, in eine der Ecken eingemauert, und trägt folgende Inschrift: ‚Anno 1567, den 1. Januar, gegen Abend, ist die edle und vieltugendsame Anna von Schlabrendorf, Kuno von Thümens eheliche Hausfrau, mit und in Kindesgeburt gottselig entschlafen. Derselben Gott gnädig sei.' Ihr in Lebensgröße und in flachem Relief auf dem Stein ausgemeißeltes Bildnis zeigt eine breite Binde um die Unterhälfte des Gesichts, was der ganzen Erscheinung auf den ersten Blick das Ansehen gibt, als trüge sie einen Ritterhelm mit herabgelassenem Visier. Ich sah dies, so viele Dorfkirchen ich auch besucht habe, hier zum ersten Male. Der Geistliche des Dorfs, der sich uns inzwischen zugesellt hatte, erklärte mir: das weiße Tuch um den Mund sei nach alttestamentarischer Weisung das gebotene Abzeichen der Sechswöchnerin. Er fügte hinzu, daß diese Sitte bis den heutigen Tag in seiner Gemeinde bestehe. / Soviel über den Grabstein. Aber erst einem Ölbilde von mittleren Dimensionen, das an der einen Längswand der Kirche seine Stelle gefunden hat, entnehmen wir, was es mit ‚Kuno von Thümens ehelichem Gemahl' auf sich hatte und warum ihr seinerseits durch Grabstein, Portraitbild und Erinnerungstableau eine so besondere Aufmerksamkeit gewidmet wurde. Zu Füßen des Bildes heißt es: …«

416 *an Erzvater Jakob erinnernder Segen* – Jakob, nach der hebräischen Sage einer der drei Erzväter der Israeliten, hatte nach dem Alten Testament zwölf Söhne (vgl. 1. Mose 35,22).
Abraham und Sarah – Abraham, dem Stammvater der Israeliten, und seiner Frau Sara(h) wurde nach Gottes Verheißung im hohen Greisenalter ein Sohn geboren (vgl. Altes Testament, 1. Mose 21).

417 *Dem Kuno von Thümen bis an den Tod* – Zwischen diese und die folgende Verszeile ist in W III[1], S. 377, der Absatz eingeschoben: »Nun folgen Details, die wir insonderheit unseren Leserinnen lieber vorenthalten und aus denen wir nur ersehen, daß Frau Anna, wie eine zweite Sarah, in ihrem siebenundsechzigsten Jahre eines Töchterleins genas.«
Sündenfall, Gesetzgebung, eherne Schlange – Gemeint sind die biblischen Erzählungen vom »Sündenfall« Adams und Evas, die entgegen Gottes Verbot Früchte vom Baum der Erkenntnis (von Gut und Böse) essen (vgl. Altes Testament, 1. Mose 3), vom Empfang der Gesetzestafeln durch Mose (vgl. die vierte Anm. zu S. 174) sowie von der »ehernen Schlange« (Schlange aus Erz), die Mose auf Gottes Geheiß an einer Stange aufrichtet, um das Volk Israel vor dem Tod zu bewahren (vgl. Altes Testament, 4. Mose 21, 4–9).

418 *Glocken von Blankensee* – Im Turm der Blankenseer Kirche befinden sich drei alte Glocken; zwei stammen aus dem Anfang des 15. Jahrhunderts (die eine von 1408), die dritte aus dem Jahre 1517.
Um die Dorflinde ... – In W III[1], S. 378, folgt der Zusatz: »(ein Anblick, den ich lange nicht gehabt)«.
nur die Posaunen ... Thümenschen Winkels – In W III[1], S. 378, heißt es statt dessen: »Nur der Baßton der Posaune begleitete uns noch. Jetzt setzte er aus. Eine Weile noch horchten wir auf, ob er's war oder nicht. Bis endlich alles still.«

Trebbin

Wann immer Fontane Trebbin besucht haben mag (vermutlich war es Ende der sechziger Jahre) – er tat es wohl kaum um des Städtchens selbst willen, sondern um *den* Ort gesehen zu haben, der ihm als Ausgangspunkt und literarischer »Aufhänger« für eine biographische Würdigung dienen sollte. Denn wie »Saalow« ein Kapitel über Johann Gottfried Schadow ist, so ist »Trebbin« ein Kapitel über den Maler Wilhelm Hensel, den Fontane im »Cercle intime« der »Kreuz-Zeitung« kennen- und schätzengelernt hatte (vgl. »Von

Zwanzig bis Dreißig«, Abschnitt »Der Tunnel über der Spree«, Kap. 7).

Fontanes Absicht, im Rahmen der »Wanderungen« über Hensel zu schreiben, bestand schon 1863: Das vorläufige Inhaltsverzeichnis für den ab Sommer dieses Jahres gedruckten »Oderland«-Band, das er am 29. Juni seinem Verleger Hertz sandte, weist als 11. Kapitel »Trebbin. Wilhelm Hensel (heiter)« aus. Das Vorhaben wurde indes damals nicht ausgeführt und erst im Zusammenhang mit den Vorbereitungsarbeiten für »Havelland« realisiert. Am 13. Mai 1870 teilte Fontane seiner Frau mit: »Mit vier *großen* Kapiteln, die mir etwas schwer auf der Seele lagen, bin ich nun fertig: *›Trebbin‹* (Wilhelm Hensel), *›Marquardt‹*, *›Illuminatentum und Rosenkreuzerei‹* und *›Paretz‹*.« Da der Abschluß dieses dritten »Wanderungen«-Bandes durch die Arbeit an den Büchern »Kriegsgefangen. Erlebtes 1870«, »Aus den Tagen der Okkupation. Eine Osterreise durch Nordfrankreich und Elsaß-Lothringen 1871« und »Der Krieg gegen Frankreich 1870/71« seinerseits aufgeschoben wurde, blieb auch der »Trebbin«-Aufsatz weitere zwei Jahre liegen. Fontane hat ihn schließlich am 5. Mai 1872 – zusammen mit den Feuilletons über »Das Belvedère bei Charlottenburg« und »Die Pfaueninsel« (vgl. die Vorbemerkungen zu diesen Kapiteln im Anhang von Band 3 dieser Ausgabe) – dem Chefredakteur der »Vossischen Zeitung«, Hermann Kletke, angeboten. Dieser stimmte der Veröffentlichung zu, und der Autor lieferte das Manuskript Ende Mai ab. Im Brief an Kletke vom 20. Mai 1872 heißt es dazu: »Zwei der mehrgenannten Aufsätze gebe ich, mit Ihrer gütigen Erlaubnis, am Mittwochnachmittag auf der Druckerei ab. Erregt in dem ›Trebbin‹-M. S. die beiliegende Stelle irgendein Bedenken, so bitt ich sie zu streichen.«

Der Vorabdruck erfolgte unter dem Titel »Trebbin und Wilhelm Hensel« in den Sonntagsbeilagen der »Vossischen Zeitung« vom 2., 9. und 23. Juni 1872 (Nr. 22, 23 und 25).

Als Buchkapitel erschien »Trebbin« zum erstenmal in der Erstausgabe von »Havelland«, »Ost-Havelland« (1873). Allerdings wäre seine Veröffentlichung an dieser Stelle, und zwar aus Umfangsgründen, beinahe erneut unterblieben; denn in Fontanes Brief an Wilhelm Hertz vom 14. August 1872 heißt es: »Der Druck ist bis zum neunzehnten Bogen vorgerückt, heute oder morgen erwarte ich den zwanzigsten. Ich fürchte fast, daß wir mit dem Raum etwas in die Brüche kommen; über neunundzwanzigeinhalb Bogen, eingedenk Ihrer Wünsche, möchte ich nicht hinausgehn, wovon etwa zwei oder zweieinhalb Bogen auf Titel, Einleitung, Anmerkungen kommen. Sind Sie damit einverstanden, daß ich nötigenfalls das Kapitel ›Trebbin‹ fortlasse? Es ist dasjenige, das sich, nach der

Gesamtanlage, am ehsten ausscheiden läßt.« – Im Jahre 1881 hat der Autor den Aufsatz dann in »Spreeland« (1882) übernommen.

Aufzeichnungen zum einleitenden Text dieses Kapitels (vgl. S. 419–422), schon mit Brouilloncharakter, finden sich in Fontanes Notizbuch A 15, Blatt 25–29. Diese offenbar erste, von der endgültigen Fassung stark abweichende Niederschrift lautet: *»Trebbin* / Trebbin ist nicht mehr das alte Trebbin. Es liegt nicht mehr bloß an der Nuthe, es liegt auch an der Eisenbahn, 14 Züge kommen, 14 Züge gehn, und sonntags – der Berliner hat eine Vorliebe für schattenlose, laublose Plätze – ziehen Berliner in ▭-Trupps durch die Straßen; ein Konrektor, der seinen Wochenstaub abschüttelt, Töchter im Kostüm, eine Kleine in türkischrotem Tuch und ein 7jähriger Nachkömmling, der bereits eine äußerste Desappointiertheit [Enttäuschung] ausdrückt. Dazu knallen die Büchsen im Schützenhause, und Equipagen, mit rotem Tuch ausgeschlagen, halten vor den Gasthöfen. / Es ist noch nicht lange, da war es nicht möglich, von Gasthöfen in der Mehrheit zu sprechen. Es gab *einen* Gasthof, und der ganze Druck des Monopols lastete auf der Stadt. Damals kam folgendes vor. / Ein Garde-Assessor, den die Nähe der Hauptstadt gelockt haben mochte, saß in Trebbin. Er aß im ›Greifen‹, wie wir auf gut Glück hin den Gasthof bezeichnen wollen. Es gab aufgewärmten Kalbsbraten und Salat. Der Assessor nahm; ihm gegenüber saß die Wirtin, eine Dame von 36, wo Damen anfangen, gereizt [darüber: reizbar] zu werden. Der Assessor nahm; es war ihm, als klapperte es auf seinem Teller. Richtig – eine Schnecke im Salat. Der Erschrockene schob den zoologischen Besitz auf den Tellerrand und mühte sich, die grünen Blätter, die plötzlich entzaubert waren, hinunterzuschlucken. Er sah nicht auf. Er fühlte, daß Augen auf ihm ruhten. Die Dame erhob sich und sagte mit landesüblichem Akzent: ›Herr Assessor, wenn es Ihnen *bei mir nicht schmeckt*, so mögen Sie woanders essen.‹ / Das war das Trebbin alter Tage. Jetzt etc. / Vieles hat sich geändert, Gasthöfe sind da, Menschen, alles, aber es ist doch ein schlimmer Platz geblieben, der nicht einmal auf seinem Kirchhof einen Zauber bietet. Alles reizlos. An diesem Platz wurde Wilh. Hensel geboren.«

Für die Arbeit an »Trebbin« hat Fontane folgende Literatur benutzt (die vollständigen Angaben finden sich jeweils im Literaturverzeichnis; vgl. S. 658): Hensel (Sebastian), »Die Familie Mendelssohn …«. – Hensel (Wilhelm), »Die lebenden Bilder und pantomimischen Darstellungen bei dem Festspiel ›Lalla Rûkh‹ …«. – »Mündliche und briefliche Mitteilungen von Minna Hensel, Sebastian Hensel, Maler Löffler« (laut Anmerkung am Schluß von »Ost-Havelland«).

419 *Und ein Haus …* – George Hesekiel, »Out-of-the-way-places« (Ungewöhnliche Orte; aus der Sammlung »Zwischen Sumpf und Sand. Vaterländische Dichtungen«, 1863), Vers 85–91.

Ein junger Jurist … – In W III[1], S. 379, beginnt das Kapitel mit folgender Einleitungspassage: »Trebbin, trotz vierzehn Züge, die kommen, und vierzehn Züge, die gehen, ist immer noch Trebbin, das heißt ein Stück Erde, auf dem nur leben kann, was darauf geboren ist. Die Zahl seiner Gasthäuser hat sich verdreifacht, aber der Ton, der über dem Ganzen liegt, ist unverändert derselbe geblieben wie in den Ein-Gasthaus-Tagen der Vor-Eisenbahn-Epoche. Aus diesen Ein-Gasthaus-Tagen wird folgendes berichtet.«

Nähe der Hauptstadt – In W III[1], S. 379, folgt der Zusatz: »die ihm zugeredet hatte, es an dieser Stelle zu versuchen«.

un crime vaut mieux qu'une faute – (franz.) ein Verbrechen ist besser als ein Fehler. Anspielung auf den Ausspruch des französischen Polizeiministers Fouché angesichts der von Napoleon angeordneten Hinrichtung des einer royalistischen Verschwörung verdächtigten Herzogs von Enghien (1804): »C'est plus qu'un crime, cLLLLest une faute« (Das ist mehr als ein Verbrechen, das ist ein Fehler).

… einzigen Gasthauses – In W III[1], S. 379, folgt der Zusatz: »die Verhältnisse gestatteten weder Wechsel noch Wahl«.

an einem stillen Sommersonntage – In W III[1], S. 379, folgt der Zusatz: »(ach, sie waren alle still)«.

die von alter Zeit her … nicht finden können – In W III[1], S. 380, heißt es statt dessen: »die ihren unbefriedigten Empfindungen durch Schärfe der Stimme Ausdruck geben. An dem Assessor war bisher alles gescheitert. Das war sein Unglück. Längst lauerte die Rache.«

420 *die ganze Tragweite* – In W III[1], S. 380, heißt es statt dessen: »den schneidenden Hohn«.

Kirche – Pfarrkirche St. Marien; einschiffiger, ursprünglich gotischer Bau, der um 1740 im Barockstil umgebaut wurde und 1755 einen Turm erhielt.

… sie gaben nichts heraus – In W III[1], S. 380 f., folgt der Zusatz: »in dieser Not griff ich zu einem letzten Mittel – ich ging hinaus zu jenem stillen Garten vorm Tor, wo ich so oft schon stille Städte, Städte, ›die nichts sagen wollten‹, unvergeßlich liebgewonnen hatte. Das Beste, was ein Ort hat, verbirgt er oft am tiefsten, und der flüchtig Reisende kann nicht erwarten, daß, im Momente seines Eintritts, sich ihm dies Beste auf offenem Platze erschließen soll.«

421 *Metzgerladen* – Der Laden befand sich in der Kommandan-

tenstraße 9 (heute: Puschkinstraße) und gehörte dem Schlächtermeister Carl Wilhelm Koeppen (geb. 1804). Ein Foto des damaligen Hauses (das 1892 umgebaut wurde) ist noch vorhanden, ebenso ein anderes, das den Meister als Schützenkönig zeigt. Die Fleischerei bestand bis in die fünfziger Jahre unseres Jahrhunderts; danach wurde sie als Wohnung ausgebaut.

421 *ich akzeptierte* – In W III^{1}, S. 381, heißt es statt dessen: »Es war ohnehin die gesegnete Kaffeestunde.«

ist das Klappern ... noch immer das geratenste – In W III^{1}, S. 381, folgt der Zusatz: »Manche essen in solchen Stunden belegte Butterbrote; aber dies setzt Jugend oder eine starke Konstitution voraus.«

Des ersten Eindrucks ... gerühmt worden war – In W III^{1}, S. 381 f., heißt es abweichend: »Die Environs [Umgebung] ließen zu wünschen übrig. Links hing ein Kalb, rechts ein Hammel, ein sehr entfernter Vetter jener Southdowns [beste englische Schafrasse], an denen einst in ›bygone days‹ [vergangenen Tagen] meine Seele hing. Zu beiden Seiten der Tür stand eine Bank; wir (mein Reisegefährte und ich) nahmen auf der Kalbseite Platz und bestellten also Kaffee. Er kam gut genug.«

422 *Ich ließ also den Strom seiner Rede fließen* – In W III^{1}, S. 382 f., heißt es im folgenden ausführlicher: »horchte auf, lernte dies und das (die Büchsenschüsse aus dem nahen Schützenhause accompagnierten) und raffte mich erst nach halbstündigem Martyrium zu der Frage auf, ...«

Handbewegung des »Majors« – In W III^{1}, S. 383, folgt der Zusatz: »in der sich die angeborne militärische Natur mit den Allüren bürgerlicher Hantierung glücklich verschwisterte«.

423 *Wenn zwei Lose ...* – Platen, »An August Kopisch« (Ode XXVI), Strophe 1, Vers 1 f., und Strophe 3. Statt »Sieh, dich lockten ...« heißt es bei Platen: »Doch dich lockten ...«.

Baumschlag – In der Zeichenkunst Bezeichnung für die Darstellung des Laubwerks der Bäume.

424 *»Aufruf«* – Gemeint ist der von Friedrich Wilhelm III. (auf Drängen der patriotischen Kräfte) am 17. März 1813 erlassene Aufruf »An mein Volk«, mit dem sich der preußische König an die Spitze der Volkserhebung gegen die Napoleonische Fremdherrschaft stellte.

Garde-Kosaken-Regiment – Nach dem Vorbild der russischen Kosakenregimenter gebildete Kavallerie-Elitetruppe. Die Garden waren mit besonders prachtvollen Uniformen ausgestattet.

Schlachten bei Lützen und Bautzen – Vgl. die sechste Anm. zu S. 280.

424 *Freiwillige Jäger* – Vgl. die achte Anm. zu S.278.
Kämpfe des Yorckschen Corps – Vgl. »Die Grafschaft Ruppin«, Kap. »Regiment Mecklenburg-Schwerin Nr. 24«; Band 1 dieser Ausgabe.
zweimal in Paris einzogen – Ende März 1814 und Anfang Juli 1815 (nach Napoleons Niederlage bei Waterloo).
Bekanntschaft des Grafen Blankensee – Georg Graf von Blankensee, Besitzer des Gutes Wugarten (Neumark); Hensel gab 1816 mit ihm und anderen Kriegsteilnehmern die Gedichtsammlung »Bundesblüten« heraus.
Friedensschluß – Vgl. die dritte Anm. zu S. 75.
der spätere Kaiser Nikolaus und seine Gemahlin – Großfürst Nikolai Pawlowitsch, der 1825 als Nikolaus I. Zar von Rußland wurde, war seit 1817 mit Charlotte, der ältesten Tochter Friedrich Wilhelms III., verheiratet.
»Lalla Rookh« – Die orientalische Dichtung »Lalla Rookh« (Prosa-Rahmenerzählung mit vier eingelegten Verserzählungen) des irischen Romantikers Thomas Moore hatte nach ihrem Erscheinen (1817) in vielen Ländern Europas ungewöhnliches Aufsehen erregt. Die für das Festspiel benötigten Strophen wurden – wie Fontane in seinen Anmerkungen zu W III[1], S. 457, angibt – von dem Berliner Bibliothekar Samuel Spiker (1786–1858) ins Deutsche übertragen. (Eine vollständige Übersetzung des Werkes erfolgte erstmals 1843.)

425 *Kleine Bucharei* – Bezeichnung für Ost-Turkestan, ein historisches Gebiet in Mittelasien (heute zur Volksrepublik China gehörend).
Peri – Nach der persischen Sage ein überirdisches Wesen, das sowohl als Inkarnation des Guten als des Bösen überliefert ist. In Moores Dichtung ist Peri eine aus dem Paradies gewiesene Fee, die in der Träne eines Reuigen die kostbarste irdische Gabe findet, die ihr den Himmel wieder öffnet. Der Stoff wurde vor allem durch Robert Schumanns weltliches Oratorium »Das Paradies und die Peri« (1841) berühmt.
Dschehangir – Dschahangir: 1605–1627 indischer Großmogul.
Schloß – Das königliche Schloß in Berlin, seit 1699 unter Andreas Schlüters und Johann Friedrich Eosanders Leitung aus vorhandenen ungleichartigen Bauten (vgl. die Anm. zu S. 57) zu einem einheitlichen Bauwerk umgestaltet, wurde im zweiten Weltkrieg beschädigt und 1950 abgetragen. Das barocke Westportal von Eosander wurde in die Vorderfront des ehemaligen DDR-Staatsratsgebäudes (1962–1964) eingebaut.
von Spontini komponiert – Der italienische Opernkomponist

Gasparo Spontini war von 1820 bis 1841 Generalmusikdirektor und Erster Hofkapellmeister in Berlin.

426 *die großen Werke von Forbes und Elphinstone* – James Forbes, »Oriental Memoirs ... Written during Seventeen Years Residence in India« (London 1813; Orientalische Erinnerungen ..., geschrieben während eines siebzehnjährigen Aufenthalts in Indien), und Mountstuart Elphinstone, »Account of the Kingdom of Cabul and its Dependencies« (London 1815; Bericht über das Königreich Kabul und seine Dépendancen).

Prinzessin Wilhelm – Gemeint ist Maria Anna von Hessen-Homburg, die Gemahlin des Prinzen Wilhelm (des Bruders von Friedrich Wilhelm III.).

Prinzessin Alexandrine – Friederike Wilhelmine Alexandrine Marie Helene, die zweite Tochter Friedrich Wilhelms III.

Prinz Wilhelm (der jetzige Kaiser) – Der zweite Sohn Friedrich Wilhelms III.; 1871–1888 Kaiser des Deutschen Reiches.

In den ... vier lebenden Bildern ... die Hauptrollen – In seinen Anmerkungen zu W III[1], wo das Personenverzeichnis ursprünglich abgedruckt war, gibt Fontane auch von den Mitwirkenden an den lebenden Bildern eine vollständige Liste.

427 *König* – Friedrich Wilhelm III.

»Transfiguration« ... im Raffael-Saal in Sanssouci – Das Bild befindet sich im Raffael-Saal der Potsdamer Orangerie.

Schloß Bellevue – Vgl. die fünfte Anm. zu S. 138.

Garnisonkirche – Sie war 1701–1703 von Grünberg an der späteren Littenstraße errichtet, bei der Explosion des Pulvermagazins 1720 jedoch zerstört worden. Ein turmloser Neubau, 1722 eingeweiht, wurde im 19. Jahrhundert mehrfach verändert und brannte 1908 ab. Die Kirche wurde äußerlich in alter Gestalt wieder aufgebaut; 1943 fiel sie einem Bombenangriff zum Opfer; vermutlich ist das Altarbild auch vernichtet worden.

428 *Mirjam* – Nach dem Alten Testament Schwester von Mose und Aaron; sie galt als Prophetin und gottgesandte Befreierin ihres Volkes.

Treffen bei Quatre-Bras – Bei der belgischen Meierei Quatre-Bras lieferte der französische Marschall Ney am 16. Juni 1815 der englisch-braunschweigisch-niederländischen Armee ein Gefecht, das diese verhinderte, sich mit den preußischen Truppen zu vereinigen, die zur gleichen Zeit bei Ligny (vgl. die sechste Anm. zu S. 320) gegen Napoleon kämpften.

Land Gosen – Nach dem Alten Testament eine fruchtbare Landschaft in Unterägypten (östlich vom Mündungsgebiet des

Nils), in der die Israeliten in der Zeit ihrer »Gefangenschaft« lebten.

428 *Römer* – Das alte Rathaus der ehemals Freien Reichsstadt Frankfurt am Main, wo seit dem Mittelalter die meisten Kaiserwahlen (durch die sieben Kurfürsten), seit 1562 auch alle Kaiserkrönungen stattfanden. Der Kaisersaal im ersten Stock des Bauwerks enthält die lebensgroßen Porträts der deutschen Kaiser.

Berliner Kunstverein – Der 1841 gegründete »Verein Berliner Künstler«, der Ausstellungen und den Verkauf von Kunstwerken organisierte, oder der 1825 gegründete Verein der Kunstfreunde im preußischen Staat.

Felix Mendelssohn – Die Kopie des Gemäldes, die sich in Schloß Monbijou befand, ist 1945 vernichtet worden.

Bivouac – (franz.) Biwak, Feldlager.

berühmter Zug nach der Nordsee – Ende Juli 1809 brach der von Napoleon abgesetzte Herzog Friedrich Wilhelm von Braunschweig mit seinem Freikorps »Schwarze Schar« in das (1807 vom französischen Kaiser unter Einbezug des liquidierten Herzogtums Braunschweig gegründete und seinem Bruder Jérôme Bonaparte übergebene) Königreich Westfalen ein. Unterstützt von der Bevölkerung, schlug er sich bis zur Nordsee durch, wo ihn englische Schiffe aufnahmen. In England wurde seine Truppe in die Deutsche Legion (vgl. die dritte Anm. zu S. 402) eingegliedert.

429 *Cornelius' Erscheinen in Berlin … Entwürfe zum Camposanto* – Der Maler Peter Cornelius wurde 1841 von Friedrich Wilhelm IV. nach Berlin berufen, um u. a. das geplante Camposanto, eine prunkvolle Fürstengruft der Hohenzollern (die nie gebaut wurde), mit Fresken auszustatten. Der Künstler hat 1843–1845 die ersten Bleistiftentwürfe zu sämtlichen Bildern und 1845–1866 die Kartons zu einer der Wände in der beabsichtigten Größe mit Kohle ausgeführt.

daß es vergeblich sei … – In W III[1], S. 389, folgt der Zusatz: »auf verwandtem Gebiete«.

achtundvierziger Vorgänge – Vgl. die erste Anm. zu S. 76.

Farniente – (ital.) Nichtstun.

»Berliner Künstler-Corps« – Am 20. März 1848 von Künstlern und Studenten zum Schutz wertvoller Bauten, Kunstsammlungen und wissenschaftlicher Einrichtungen gebildeter bewaffneter Verband.

während des Reaktionsfiebers – In W III[1], S. 390, heißt es im folgenden abweichend und ausführlicher: »das nun folgte und dessen akutes Stadium erst vorüber war, als Hans von Rochows Kugel den eigentlichen Plenipotentiaire [Repräsentanten] jener Tage niedergestreckt hatte. Von da ab, wie für alle Welt, kehrten auch für Hensel ruhigere Tage zurück; er wie andere waren müde geworden ...«

430 *»der alte Wrangel in Zivil«* – Von dem preußischen Feldmarschall Wrangel (vgl. die erste Anm. zu S. 76) wurden zahlreiche Anekdoten und derb-komische Aussprüche erzählt, die ihn zu einem »Original« stempelten. Tatsächlich hatte es Wrangel bewußt darauf angelegt, volkstümlich zu erscheinen (z.B. indem er absichtlich »mir« und »mich« verwechselte).

durch all seine Heiterkeit hindurch – In W III[1], S. 391, folgt der Zusatz: »die er, wie immer ihm ums Herz sein mochte, im vertrauten Kreise zu bewahren wußte«.

die beiden Gensdarmentürme – Gemeint sind die Kuppeltürme der beiden (im zweiten Weltkrieg stark beschädigten) barocken Dome (Französischer und Deutscher Dom) am ehemaligen Gendarmenmarkt (heute noch Platz der Akademie) in Berlin. Die Restaurierung des Französischen Doms wurde 1987 abgeschlossen, die des Deutschen Doms ist noch im Gange.

431 *Gamaschentum* – Volkstümliche Bezeichnung für pedantisches militärisches Auftreten (nach den vor Einführung der Schaftstiefel als Beinbekleidung der Soldaten üblichen Gamaschen).

Faltenwurf – In W III[1], S. 392, heißt es statt dessen: »Toga«.

Witzwort des Professor Gans – Der Rechtsphilosoph Eduard Gans, seit 1825 Professor an der Berliner Universität, war berühmt durch die geistvoll-witzige Art seines Vortrags, mit der er eine zahlreiche Zuhörerschaft zu gewinnen verstand.

... eine eminent gesellschaftliche – In W III[1], S. 392, folgt der Zusatz: »auch auf Gebieten, die zunächst ohne allen Zusammenhang mit dem gesellschaftlichen Leben zu sein schienen«.

Graf B. – Graf Blankensee; vgl. die siebente Anm. zu S. 424.

432 *das Gelegenheitsgedicht* – In seinen Anmerkungen am Schluß von W III[1], S. 457 ff., schreibt Fontane: »Hensels Gedichte, die er in einem langen Leben hat ausfliegen lassen, sind zahllos. Ihr poetischer Wert ist gering; er war ausschließlich der Mann des gereimten Impromptu; dennoch ist manches nicht übel.« Im folgenden zitiert er einige Sprüche und Gelegenheitsgedichte Hensels, darunter »Geistige Wacht«, eine Klage über den Tod Friedrich Wilhelms IV. Dazu gibt er den Kommentar: »Diese ›Geistige Wacht‹ – jedenfalls poetischer als die ›Wacht am Rhein‹ – ist ganz aus einer bestimmten politischen Situation heraus gedichtet und deshalb für den Nichteingeweihten beinah unverständlich. Ihre Strophen fallen in die Zeit der sogenannten

›neuen Ära‹, die mit der Regentschaft König Wilhelms begann. Hensel, scharf konservativ und aus politischen wie persönlichen Gründen ganz ein Anhänger Friedrich Wilhelms IV., zählte 1860 und 61 zu den Malkontenten, die alles schwarz sahen und die Epoche unvermeidlichen Untergangs nicht mehr zu erleben wünschten. Dieser Stimmung gibt das Gedicht Ausdruck. Er klagt über die Gegenwart; mit Fr. W. IV. ist das alte Preußen begraben; wie er einst (in den Märztagen 48) bei dem geliebten Könige Wacht gehalten, so hält er jetzt im Geiste an seinem Grabe Wacht und wünscht, daß es ihm vergönnt sein möge, bald wieder dort oben seines Königs Wächter zu sein. / Das Gedicht hat viele Mängel; auch die Stimmung, aus der es erwuchs, wird vielen ein Lächeln abnötigen; dennoch ist eine gewisse poetische Atmosphäre um dasselbe her, die es anziehend macht und die durch ein begleitendes mystisches Element nur noch gewinnt.«

432 *»Da kommt Abeken im Trabeken«* – Anspielung auf die Dienstbeflissenheit des preußischen Staatsbeamten Heinrich Abeken. Vgl. dazu »Von Zwanzig bis Dreißig«, Abschnitt »Der Tunnel über der Spree«, Kap. 7.

Calembour – (franz.) Kalauer, Wortspiel.

... dieses Jahrhunderts sein – In W III[1], S. 393, folgt der Zusatz: »Eine Auswahl zu treffen ist schwer.«

Von gesellschaftlicher Bedeutung ... – In W III[1], S. 393, folgt der Zusatz: »ja von gesellschaftlichem *Fundament*«.

... das Dauerndste sein – In W III[1], S. 393, folgt der Zusatz: »nicht weil es an künstlerischer Kraft sich über anderes erhöbe, sondern lediglich deshalb, weil Situation und gesellschaftlicher Charakter des Mannes eben *diesen* Arbeiten einen aparten Stempel aufdrückten«.

Diese Sammlung – Sie befindet sich jetzt in der Berliner Nationalgalerie.

Boulle-Schrank – Nach dem Vorbild des französischen Kunsttischlers André-Charles Boulle (1642–1732) hergestellter, mit Einlegearbeiten in Schildpatt, Elfenbein, Zinn oder Messing versehener Prunkschrank.

in früheren Jahrhunderten – In W III[1], S. 393, folgt der Zusatz: »weit über das hinaus, was jetzt geleistet wird«.

scheinen diese Mappen ... – In W III[1], S. 393, folgt der Zusatz: »von denen übrigens keine älter ist als fünfzig Jahr«.

Entführung der Europe – Nach der griechischen Sage entführte Zeus in Gestalt eines zahmen Stiers die phönikische Königstochter Europe nach Kreta, wo er mit ihr mehrere Kinder zeugte.

433 *... hier ein Rendezvous* – In W III[1], S. 394, folgt der Zusatz:

»Wir werden unsern Lesern an andrem Orte Gelegenheit geben, selbst zu kontrollieren. Einige Daten mögen schon hier eine Stelle finden.«

433 *Fanarioten* – Bezeichnung für die (einflußreichen) griechischen Patrizier in Konstantinopel (Istanbul), die seit der Eroberung der Stadt durch die Türken (1453) im Stadtteil Fanar wohnten.

Boeckh – Gemeint ist der Altertumsforscher August Boeckh.

»Bezauberte Rose« – Romantische Märchenerzählung (1818), die in einem literarischen Preisausschreiben des Leipziger Verlegers Friedrich Arnold Brockhaus den ersten Platz belegte und dadurch bekannter geworden ist als die anderen Dichtungen Schulzes.

auf schönwissenschaftlichem Gebiet – In W III[1], S. 395, folgt der Zusatz: »das Wort im besten und weitesten Sinne genommen«.

Aug. Stich (Crelinger) – Gemeint ist die gefeierte Berliner Schauspielerin Auguste Düring, die seit 1817 mit dem Schauspieler Wilhelm Stich und nach dessen Tod (1824) mit dem Bankier Otto Crelinger verheiratet war.

434 *der schöne Karlowa* – Der Schauspieler Emil Hermann Karlowa war seit 1855 am Berliner Hoftheater engagiert.

corriger la nature – (franz.) die Natur verbessern; der Natur nachhelfen.

en laid ... en beau – (franz.) zum Häßlichen hin ... zum Schönen hin.

... nicht allzu günstig geworden – In W III[1], S. 395, folgt der Zusatz: »die Sonne und die Glaslinse des Photographen schlagen ihn aus dem Felde«.

Initialenbücher des Mittelalters – Bücher, in denen die (bis zum 16. Jahrhundert noch gemalten) Anfangsbuchstaben eines Kapitels auf die mannigfachste Art künstlerisch verziert waren.

trotz einem – ohnegleichen.

435 *Wirklich, es war ... gedacht hatte* – In W III[1], S. 396, heißt es statt dessen: »Es ging durch verschiedene Türen und Tore ...«

... gefalteten Hände – In W III[1], S. 396, folgt der Zusatz: »Ohne Führer und Spezialkarte ist hier nicht durchzukommen.«

Gedanken gehn und Lieder ... – Schlußverse aus Joseph von Eichendorffs Gedicht »Durch Feld und Buchenhallen ...« (»Der wandernde Musikant. 6«), das Felix Mendelssohn Bartholdy zu einem Chorlied vertont hat (op. 88, Nr. 6; postum).

Schlußwort

»Ich möchte dem Ganzen auch ein ›Schlußwort‹ (vielleicht vier oder fünf Seiten) folgen lassen, womit Sie hoffentlich einverstanden sind«, schrieb Fontane am 8. August 1881 – unmittelbar vor Druckbeginn des »Spreeland«-Bandes – an Wilhelm Hertz. Er kam indes – bis dahin mit der sukzessiven Lieferung der einzelnen Manuskriptteile an die Druckerei (Eupel in Sondershausen) beschäftigt – erst Anfang November dazu, dieses Vorhaben auszuführen. Im Brief vom 1. November 1881 entschuldigt er sich bei seinem Verleger, daß er »noch immer nicht in der Behrenstraße war«, wohin Hertz im September sein Geschäft aus der Marienstraße verlegt hatte. »Ich sitz aber noch in einem ›Schlußwort‹ drin, das zu schreiben nicht leicht ist, weil ich sozusagen die ganze Provinz darin Revue passieren lasse, zum wenigsten ihren Adel und ihre Pastoren. Einen gewissen Mittelkurs zwischen Freisinnigkeit und Verbindlichkeit, zwischen Anerkennung des persönlichen und gesellschaftlichen und Anzweiflung des politischen Menschen in unsrem Landadel innezuhalten war ein Eiertanz, den ich nicht alle Tage tanzen möchte. Täusch ich mich nicht, so ist es mir aber leidlich geglückt, und zwar einfach deshalb, weil diese Mischempfindung wirklich in mir lebendig ist. Die Kerle sind unausstehlich und reizend zugleich.«

Welch großen Wert Fontane diesem abschließenden Rechenschaftsbericht beimaß, der am 14. November fertig war, geht aus den Begleitzeilen zu einem Rezensionsexemplar hervor, das er am 24. November 1881 an H. Harrys von der »National-Zeitung« sandte (vgl. S. 466).

Das Märkische Museum, Berlin, bewahrt das eigenhändige, stark korrigierte, noch erheblich von der Endfassung abweichende Brouillon des gesamten Textes auf, dem man die Mühen ansieht, von denen im Brief an Hertz die Rede ist.

437 *»Sieh, das Gute liegt so nah«* – Goethe, »Erinnerung«, Vers 2.

»Wustrau« – Vgl. »Die Grafschaft Ruppin«; Band 1 dieser Ausgabe.

438 *Zieten aus dem Busch* – Zieten erwarb sich diesen Namen 1744 auf Grund seiner gefürchteten Überraschungsangriffe. Durch sein plötzliches Auftauchen »aus dem Busch« hat er bedrängte preußische Truppenteile des öfteren vor einer vernichtenden Niederlage bewahrt. Vgl. Fontanes Ballade »Der alte Zieten« (1846) aus dem Zyklus »Männer und Helden. Acht Preußenlieder« (1850), der seinerzeit sehr populär war.

438 *auf dem Wilhelmsplatze* – Vgl. die vierte Anm. zu S. 342.
»Zieten, setz Er sich« – Vgl. die vierte Anm. zu S. 343.
Zieten-Ritt ..., den unser Scherenberg ... besungen hat – Anspielung auf eine Episode in Christian Friedrich Scherenbergs Epos »Hohenfriedberg« (1869). Vgl. Fontanes Buch »Christian Friedrich Scherenberg und das literarische Berlin von 1840 bis 1860«, Kap. 25.
Steeplechase-Verse – steeple-chase: (engl.) Hindernisrennen (zu Pferde).
der bei Torgau nicht lockerließ – Durch einen nächtlichen Überraschungsangriff Zietens auf die Süptitzer Höhen, wohin sich die Österreicher zurückgezogen hatten, konnten die Preußen die schon verloren geglaubte Schlacht bei Torgau (vgl. die sechste Anm. zu S. 107) noch zu ihren Gunsten entscheiden.
wie's uns unser Chodowiecki ... gezeichnet hat – Gemeint ist wahrscheinlich der Kupferstich »Die Apotheose Friedrichs II.« (um 1760) von Daniel Chodowiecki.
Da geht nur hin ... – Das ehemals Zietensche Herrenhaus, der Park, der Grabstein vor und das Grabdenkmal in der Wustrauer Kirche sind noch heute gut erhalten. Vgl. die Anmerkungen zum Kap. »Wustrau«; Band 1 dieser Ausgabe.

439 *aus dem bekannten »dunklen Drange ...«* – Anspielung auf das Goethe-Zitat »Ein guter Mensch in seinem dunklen Drange / Ist sich des rechten Weges wohl bewußt«; »Faust« (»Prolog im Himmel«), Vers 328 f.

440 *Prachtfront der großen Grenadiere* – Anspielung auf die Leibgarde Friedrich Wilhelms I.; vgl. die zweite Anm. zu S. 256.
fünf Fuß, fünf Strich altes Maß – Ironische Anspielung auf die seinerzeit vorgeschriebene Mindestgröße für Rekruten.
Großcordons – cordon: (franz.) Ordensritter.
Contour – (franz.) Umriß.

441 *Interesse* – Hier: Eigennutz.
Tory-Partei – Aristokraten-, Hofpartei (nach den englischen »Tories«, die seit Ende des 17. Jahrhunderts mit den oppositionellen »Whigs« um die politische Herrschaft kämpften).
dritter Stand – Nach der feudalen Rechtsordnung, besonders in Frankreich vor der Revolution von 1789, Bezeichnung für das Bürgertum, das im Unterschied zu den beiden ersten Ständen, dem Adel und dem hohen Klerus, keine Privilegien hatte.
Honoratiores – (lat.) die Geehrten; Honoratioren.
non possumus – (lat.) wir können nicht.
laisser passer – (franz.) durchgehen lassen; nicht bemerken.
ein kreis- oder reichstäglich Belagerter – Anspielung auf den

infolge des Erstarkens der Bourgeoisie schwindenden Einfluß der Junker in den Parlamenten. (1881, zur Zeit der Entstehung des »Schlußworts«, hatten die konservativen Parteien 78, die bürgerlichen 253 Sitze im Deutschen Reichstag.)

442 *Hudson ... Potomac* – Große Flüsse in Nordamerika (520 bzw. 640 Kilometer lang).

jeu d'esprit – (franz.) Spiel des Verstandes.

etwas Esprit-fort-haftes – esprit fort: (franz.) Freigeist.

443 *introduziert* – eingeführt.

Vor Köckeritz und Lüderitz ... – Die Köckeritz, Lüderitz, Krachts und Itzenplitz waren als Raubritter bekannt und gefürchtet. Sie trieben ihr Unwesen noch bis in die Zeit, als auch in der Mark Brandenburg schon strenge Strafen auf die Wegelagereien der Ritter standen.

niemals durch Ängstlichkeiten gequält ... – Mit dieser Behauptung verwischt Fontane den tatsächlichen Sachverhalt. In Wirklichkeit hatte er – wie aus zahlreichen (zum Teil in den Anmerkungen zu den »Wanderungen«-Bänden angeführten) Belegen (auch Selbstäußerungen) hervorgeht – bei der Veröffentlichung seines Materials des öfteren mit Schwierigkeiten zu kämpfen, die ihm von seiten märkischer Junker gemacht wurden.

a hair-breadth's escape – (engl.) ein Entkommen um Haaresbreite.

Vicars of Wakefield – Anspielung auf den seinerzeit vielgelesenen Roman »The Vicar of Wakefield« (1766; Der Landprediger von Wakefield) von Oliver Goldsmith.

444 *Roi Henri* – (franz.) König Heinrich. Gemeint ist wahrscheinlich der volkstümliche französische König (1589–1610) Heinrich IV., den Voltaire in seinem Versepos »La Henriade« (1723) gefeiert hat.

l'opinion publique – (franz.) die öffentliche Meinung.

Rationalisten – Vgl. die fünfte Anm. zu S. 155.

die Strenggläubigen – Gemeint sind die orthodoxen Lutheraner (»Altlutheraner«), die sich in Preußen 1817 zu einer »Evangelischen Union« zusammengeschlossen hatten.

Ära Mühler oder Ära Falk – Der streng konservative preußische Kultusminister (seit 1862) Heinrich von Mühler, der namentlich auf dem Gebiet des Schulwesens die kirchlich-orthodoxe Hegemonie förderte, wurde 1872, zu Beginn des sogenannten Kulturkampfes (1872–1878) – Bismarcks Versuch, den politischen Einfluß der katholischen Kirche und der Zentrumspartei auszuschalten –, auf Betreiben der liberalen Opposition zum Rücktritt gezwungen. Sein Nachfolger war (bis

1879) Adalbert Falk, der eine liberale Kirchen- und Schulpolitik verfolgte und beide Institutionen einer strengen staatlichen Kontrolle unterwarf.

445 *welch erstaunliches Wissen im Detail* – In der älteren Fassung des Schlußworts, die das Märkische Museum aufbewahrt (vgl. S. 654), heißt es u. a.: »Die Spezialgeschichte ruht noch in ihren Händen, und wer zusammenstellen könnte, was die märkischen Geistlichen der letzten fünfzig Jahre landeshistorisch geschrieben haben, der besäße ein Werk über die Mark, das sich sehen lassen könnte.«

Sanspareil – sans pareil: (franz.) ohnegleichen, unvergleichlich.

der Dritte im Bunde – Anspielung auf das Schiller-Zitat »Ich sei, gewährt mir die Bitte, / In eurem Bunde der Dritte«; »Die Bürgschaft«, Schlußverse.

Kapitel »Malchow« – Vgl. S. 229–239.

»Klopfet an, so wird euch aufgetan« – Neues Testament, Matthäus 7,7.

Kapitel aus der Umgegend von Potsdam – Vgl. »Havelland«; Band 3 dieser Ausgabe.

446 *ausgebaute Häuser* – Hier: außerhalb des eigentlichen Dorfes gebaute Häuser.

wo wir … auf einer … Graswalze zu rasten … pflegten – Vgl. »Havelland«, Kap. »Neu Geltow«; Band 3 dieser Ausgabe.

erpassen – erreichen.

Exerzierplatz – Gemeint ist der unter Friedrich Wilhelm I. in einen Exerzierplatz umgestaltete nördliche Teil des ehemaligen Lustgartens in Potsdam. (Auf dem Gelände befinden sich heute das Ernst-Thälmann-Stadion, das Interhotel sowie zwei Fahrbahnen der Langen Brücke.)

die vollgestopfte Brücke – Die Lange Brücke in Potsdam, die früher die Verbindung zwischen dem Stadtkern und dem Bahnhof der ehemaligen »Stammbahn«, der südlichen Vorortstrecke von Berlin nach Werder, herstellte.

447 *bei Beginn des Werkes* – Im »Vorwort zur ersten Auflage« von »Die Grafschaft Ruppin«; vgl. Band 1 dieser Ausgabe.

Verzeichnis der Literatur,
die Fontane bei der Arbeit am vorliegenden Band benutzt hat

Angelus, Andreas: Annales Marchiae Brandenburgicae ... (Annalen der Mark Brandenburg ...). Frankfurt a. O. 1598

Beckmann [Bekmann], Johann Christoph: Beschreibung des ritterlichen Johanniter-Orden und dessen absonderlicher Beschaffenheit. Im Herrn-Meistertum, in der Mark, Sachsen, Pommern und Wendland ... Vermehret von Justus Christoph Dithmar. Frankfurt a. O. 1726

Berghaus, Heinrich Carl: Landbuch der Mark Brandenburg und des Markgrafentums Niederlausitz in der Mitte des 19. Jahrhunderts oder Geographisch-historisch-statistische Beschreibung der Provinz Brandenburg. 3 Bände. Brandenburg 1854–1856

Besser, Johann von: Schriften. Leipzig 1711

Besser, R[udolf]: Leben Ernst Gottlieb Woltersdorfs. Bielefeld 1854 = Sonntags-Bibliothek. Lebensbeschreibungen christlich frommer Männer zur Erweckung und Erbauung der Gemeine. Herausgegeben von A. Rische. Eingeleitet von A. Tholuck. 6 Bände. Bielefeld 1855

Bielfeld, Freiherr von: Friedrich der Große und sein Hof oder So war es vor 100 Jahren. In vertrauten Briefen ... geschrieben von 1738 bis 1760. 2 Teile. Breslau 1838

Brecht, C.: Geschichte des Dorfes Friedrichsfelde bei Berlin. Berlin 1877

Brockhaus: Allgemeine deutsche Real-Enzyklopädie für die gebildeten Stände. Konversations-Lexikon. Leipzig: Brockhaus. 7. Auflage 1827. 11. Auflage 1864–1868

Bülau, Friedrich: Geheime Geschichten und rätselhafte Menschen. Sammlung verborgener oder vergessener Merkwürdigkeiten. Herausgegeben. 4 Bände. Berlin 1850–1852

Canitz, Friedrich Rudolph Ludwig von: Des Freiherrn von Canitz satirische und sämtliche übrige Gedichte, nach Herrn Königs Lesarten, auch mit desselben abgekürzten historischen Erklärungen; samt einer Vorrede von der Dichtart des Verfassers ... [Herausgegeben von Johann Jakob Bodmer]. Zürich 1737

Cruse, Carl Wilhelm: Kurland unter den Herzögen. 2 Bände. Mitau 1833 und 1837

Droysen, Johann Gustav: Das Leben des Feldmarschalls Grafen Yorck von Wartenburg. 3 Bände. Berlin 1851/52

Eggers, Friedrich: Johann Gottfried Schadow und seine Werke.

Deutsches Kunstblatt. Jg. 1850, 18., 25. März und 1. April, Nr. 11–13, S. 81 ff., 87–91, 97 f.

Engelien, A[ugust] und W. *Lahn*: Der Volksmund in der Mark Brandenburg. Sagen, Märchen, Spiele, Sprichwörter und Gebräuche. Gesammelt und herausgegeben. Teil 1. Berlin 1868

Feßler, Ignaz Aurelius: Rückblicke auf seine siebzigjährige Pilgerschaft. Breslau 1824

Fidicin, E.: Die Territorien der Mark Brandenburg oder Geschichte der einzelnen Kreise, Städte, Rittergüter, Stiftungen und Dörfer in derselben, als Fortsetzung des Landbuchs Kaiser Karls IV. bearbeitet. Band 1–4. Berlin 1857–1864

Foerster, Friedrich: Friedrich Wilhelm I., König von Preußen. 3 Bände. Nebst: Urkundenbuch zu der Lebensgeschichte Friedrich Wilhelms I. 2 Bände. Potsdam 1834/35

Foerster, Friedrich: Neure und neuste preußische Geschichte. … Lieferung 1–3. Berlin 1849

Hagenbach, Karl Ludwig: Die Kirchengeschichte des 18. und 19. Jahrhunderts, aus dem Standpunkt des evangelischen Protestantismus betrachtet … Teil 1. Leipzig 1842 = Der evangelische Protestantismus in seiner geschichtlichen Entwicklung … Teil 3 = Vorlesungen über Wesen und Geschichte der Reformation. Teil 5

Hake-Genshagen, Wilhelm Joachim Friedrich von: Historisch-genealogische Beschreibung des alt-adelichen, auch freiherrlichen Geschlechts derer von Hake, aus richtigen Urkunden und glaubwürdigen Nachrichten zusammengetragen. O. O. 1857

Hensel, Sebastian: Die Familie Mendelssohn. 1729–1847. Nach Briefen und Tagebüchern. 3 Bände. Berlin 1879

Hensel, W[ilhelm]: Die lebenden Bilder und pantomimischen Darstellungen bei dem Festspiel »Lalla Rûkh«, aufgeführt auf dem Königlichen Schlosse in Berlin den 27. Januar 1821 … Nach der Natur gezeichnet von W. Hensel, gestochen von F. Berger, Fr. Meyer d. Ä. und H. Moses. Berlin 1823

Hesekiel, George: Die Kurprinzenbraut. Historischer Roman. 2 Bände. Berlin 1863

Hesekiel, George: Ehren-Krohne. In George Hesekiel: Abenteuerliche Gesellen. Band 2, Berlin 1862, S. 124–148

Hesekiel, George: Joachim Ernst von Görtzke. Ein Paladin des großen Brandenburgers. In George Hesekiel: Neue Soldatengeschichten aus alter Zeit. Berlin 1854, S. 74 ff.

Hesekiel, George: Bis nach Hohen-Zieritz. 3 Teile. Berlin 1861 [Roman]

Klein, J. G.: Die St. Marienkirche zu Berlin. Berlin 1819

Kneschke: Neues allgemeines deutsches Adelslexikon. 9 Bände. Leipzig 1859–1870

[*Knesebeck,* Carl Friedrich von dem:] Bruchstücke aus den hinterlassenen Papieren des königlich preußischen General-Feldmarschalls C. F. v. d. Knesebeck, als ein Andenken an den Verstorbenen für die Familienmitglieder und Freunde zusammengestellt von A. v. d. Knesebeck. Magdeburg 1850

Koch, Eduard Emil: Geschichte des Kirchenlieds und Kirchengesangs mit besonderer Rücksicht auf Württemberg. 2 Teile. Stuttgart 1847

König, Anthon Balthasar: Biographisches Lexikon aller Helden und Militär-Personen, welche sich in preußischen Diensten berühmt gemacht haben. 4 Teile. Berlin 1788–1791

König, Anthon Balthasar: Versuch einer historischen Schilderung der Hauptveränderungen der Religion, Sitten, Gewohnheiten, Künste, Wissenschaften etc. der Stadt Berlin. Teil 1.2.3.4, [Abschnitt] 1.2; Teil 5, [Abschnitt] 1.2. Berlin 1792–1799

Vollständige Protokolle des *Köpenicker* Kriegsgerichts über Kronprinz Friedrich, Lieutenant von Katte, von Kait usw. Aus dem Familien-Archiv derer von der Schulenburg ([herausgegeben von Johann Friedrich] Danneil). Berlin 1861

Kuhn, Adalbert: Märkische Sagen und Märchen nebst einem Anhange von Gebräuchen und Aberglauben. Gesammelt und herausgegeben. Berlin 1843

Landbuch des Kurfürstentums und der Mark Brandenburg, welches Kaiser Karl IV., König von Böhmen und Markgraf zu Brandenburg, im Jahr 1375 anfertigen lassen ... aus den in den brandenburgischen Landesarchiven befindlichen Originalien herausgegeben und mit Anmerkungen erläutert. Berlin und Leipzig 1781

Lentz, S.: Diplomatische Stifts-Historie von Havelberg ... Halle 1750

[*Merian,*] M. Z.: Topographia Electorat[us] Brandenburgici et Ducatus Pomeraniae etc., das ist Beschreibung der Vornembsten und bekantisten Stätten und Plätz in dem hochlöblichen Churfürstenthum von March Brandenburg und Herzogthum Pommern. ... In Druck gegeben und Verlegt durch Matthaei Merian Seel. Erben. [1652]

Mirabeau, Honoré Gabriel Victor de Riquette [Comte de]: Histoire secrète de la cour de Berlin ou Correspondance d'un voyageur françois, depuis le mois de juillet 1786 jusqu'au 19 janvier 1787 (Geheime Geschichte des Berliner Hofes oder Briefwechsel eines französischen Reisenden von Juli 1786 bis zum 19. Januar 1787). 2 Bände. 1789 [Deutsche Übersetzung, 1789]

Müller, Karl: Schmidt von Werneuchen, ein vergessener Dichter der Natur. Die Natur. Zeitung zur Verbreitung naturwissenschaftlicher Kenntnis und Naturanschauung für Leser aller Stände. Band 8, Halle 1859, 19. und 26. August, Nr. 33–34, S. 261 ff., 265–268

Nicolai, Friedrich: Beschreibung der königlichen Residenzstädte Berlin und Potsdam, aller daselbst befindlichen Merkwürdigkeiten und der umliegenden Gegend. Dritte, völlig umgearbeitete Auflage, 3 Bände. Berlin 1786

Poellnitz, Charles Louis Baron de [d. i. Karl Ludwig Freiherr von Pöllnitz]: Mémoires pour servir à l'histoire des quatres derniers souverains de la maison de Brandebourg royale de Prusse (Memoiren zum Nutzen der Geschichte der vier letzten Herrscher des brandenburgisch-preußischen Königshauses). 2 Bände. Berlin 1791 [Deutsche Übersetzung, Berlin 1791]

Preuß, Johann David Erdmann: Friedrich der Große. Eine Lebensgeschichte. 4 Bände. Berlin 1832–1834

Ranke, Leopold von: Die deutschen Mächte und der Fürstenbund. Deutsche Geschichte von 1780 bis 1790. 2 Bände. Berlin 1871 und 1872

Reinhard, Carl von: Sagen und Märchen aus Potsdams Vorzeit. Potsdam 1837

[*Riedel,* Adolph Friedrich:] Die Verbindung der Stadt und Herrschaft Teupitz mit dem brandenburgisch-preußischen Staate. Zur Feier vierhundertjähriger Erinnerung an den 5. Juni 1462 herausgegeben von dem Magistrate und den Stadtverordneten zu Teupitz. O. O. (1862)

Riehl, W[ilhelm] und J. *Scheu*: Berlin und die Mark Brandenburg mit dem Markgrafentum Niederlausitz. … Berlin 1861

Salpius, F. von: Paul von Fuchs, ein brandenburgisch-preußischer Staatsmann vor 200 Jahren. Leipzig 1877

Schadow, Johann Gottfried: Johann Gottfried Schadow. Aufsätze und Briefe nebst einem Verzeichnis seiner Werke. Herausgegeben von Jul. Friedlaender. Düsseldorf 1864

Schadow, Johann Gottfried: Kunstwerke und Kunst-Ansichten. Berlin 1849

Schmidt [von Werneuchen], Friedrich Wilhelm August: Almanach der Musen und Grazien für das Jahr 1802. Erste Fortsetzung des Kalenders der Musen und Grazien. Berlin 1802

Schmidt [von Werneuchen], Friedrich Wilhelm August: Almanach romantisch-ländlicher Gemälde für MDCCIC. Mit Kupfern und Musik. Berlin

Schmidt [von Werneuchen], Friedrich Wilhelm August: Gedichte. Berlin 1795

Schmidt [von Werneuchen], Friedrich Wilhelm August: Gedichte mit Kupfern und Musik. Berlin [1797]

Schmidt [von Werneuchen], Friedrich Wilhelm August: Kalender der Musen und Grazien für das Jahr 1796. Leipzig

Schmidt [von Werneuchen], Friedrich Wilhelm August: Neueste Gedichte, der Trauer um geliebte Tote gewidmet. Berlin und Leipzig 1815

Schulz, Otto: Paul Gerhardts geistliche Andachten in hundertundzwanzig Liedern. Nach der ersten, durch Johann Georg Ebeling besorgten Ausgabe mit Anmerkungen, einer geschichtlichen Einleitung und Urkunden herausgegeben. Berlin 1842

Schweder, O. F.: Scharnhorsts Leben. Berlin 1865

Tiedge: Anna Charlotte Dorothea – die letzte Herzogin von Kurland, Leipzig 1823

Tietz, Friedrich: Bunte Erinnerungen an frühere Persönlichkeiten, Begebenheiten und Theaterzustände aus Berlin und anderswoher. Berlin 1854

Varnhagen von Ense, Karl August: Freiherr Friedrich von Canitz. In: Biographische Denkmale. Band 4, Berlin 1824–1830

Vehse [Karl Eduard]: Geschichte der deutschen Höfe seit der Reformation. Hamburg 1851–1860. Abt. 1: Preußen. Teil 1–6

Voß, Sophie Marie Gräfin von: Neunundsechzig Jahre am preußischen Hofe. Aus den Erinnerungen der Oberhofmeisterin S. M. Gräfin v. Voß. Leipzig 1876

Wilhelmine, Markgräfin von Bayreuth: Mémoires de Frédérique Sophie Wilhelmine, margrave de Bareith, sœur de Frédéric le Grand. Depuis l'année 1706 jusqu'à 1742. Écrits de sa main (Memoiren der Friederike Sophie Wilhelmine, Markgräfin von Bayreuth, Schwester Friedrichs des Großen. Von 1706 bis 1742. Von ihr aufgezeichnet). 2 Bände. Braunschweig 1810 [Deutsche Übersetzung, Tübingen 1810]

Winterfeldt, A. von: Geschichte des ritterlichen Ordens St. Johannis vom Spital zu Jerusalem. Mit besonderer Berücksichtigung der Ballei Brandenburg oder des Herrenmeistertums Sonnenburg. Berlin 1859

Woltersdorf, Ernst Gottlieb: Sämtlich neue Lieder oder Evangelische Psalmen … 3. Auflage. Berlin 1777

Wohlbrück, Sigmund Wilhelm: Geschichte des ehemaligen Bistums Lebus und des Landes seines Namens. 3 Teile. Berlin 1829–1832

Wolzogen, Carl August Alfred von: Aus Schinkels Nachlaß. Reisetagebücher, Briefe und Aphorismen. Berlin 1862

Zedler, Johann Heinrich: Großes vollständiges Universal-Lexikon aller Wissenschaften und Künste … 64 Bände. Halle und Leipzig 1732–1750

Zedlitz-Neukirch, L. Frhr. von: Neues preußisches Adels-Lexikon. … bearbeitet von einem Vereine von Gelehrten und Freunden der vaterländischen Geschichte unter dem Vorstande des Frhrn. L. v. Zedlitz-Neukirch. 5 Bände. Leipzig 1836/37

Verlag von Wilhelm Hertz
(Bessersche Buchhandlung)
Berlin W.

Prospectus.

Wanderungen
durch die
Mark Brandenburg
von
Theodor Fontane.

Vier Theile.
Elegant geheftet, jeder 7 M., in Leinwand gebunden 8 M. 20 Pf.

Ausführliche Inhaltsangabe der einzelnen, übrigens von einander unabhängigen, Bände siehe umstehend.

Ausführliche Inhaltsangabe der einzelnen, übrigens von einander unabhängigen, Bände siehe umstehend.

Fontanes Wanderungen durch die Mark Brandenburg, die im Anfang der sechziger Jahre mit dem Bande zu erscheinen begannen, der die Grafschaft Ruppin enthielt, liegen nun in vier stattlichen Oktavbänden, beinahe sämmtlich in vermehrten und stets verbesserten Auflagen, abgerundet und abgeschlossen vor. Vom Erscheinen des ersten Bandes an bis zu dem Erscheinen des abschließenden Bandes hat sich die Theilnahme eines größeren Kreises an der historischen und

II. Theil: Das Oderland, Barnim Lebus. Dritte verbesserte Auflage, elegant geh. 7 M., geb. 8,20 M.

Inhalt: **Von Frankfurt bis Schwedt. Das Oderbruch.** Wie es in alten Zeiten war. Die Verwaltung. Die alten Bewohner. Die Colonisirung und die Colonisten. **Freienwalde.** Von Falkenberg nach Freienwalde. Die Stadt 2c. Falkenberg. Das Schloß. Der Gesundbrunnen. Der Rosengarten. Der Baasee. Hans Sachs von Freienwalde. **Der Schloßberg bei Freienwalde und die Uchtenhagens. Buckow. Der große und kleine Tornow-See. Moeglin,** Albrecht Daniel Thaer. **Quilitz oder Neu-Hardenberg.** Quilitz von 1763—1814. Neu-Hardenberg seit 1814. **Friedland. Cunnersdorf.** Hans Georg Sigismund von Lestwitz. Frau von Friedland. Graf und Gräfin Itzenplitz. Chamisso in Cunersdorf. **Gusow.** Der alte Derfflinger. **Friedersdorf.** Joachim Ernst von Görtzke. Friedrich August Ludwig v. d. Marwitz. Alexander v. d. Marwitz. **Küstrin.** Unter Markgraf Hans. Festung Küstrin und ihre Belagerungen. Die Katte-Tragödie. **Tamsel I.** Hans Adam von Schöning. Kronprinz Friedrich und Frau von Wreech. **Tamsel II.** Der Park. Die Kirche. Das Schloß. **Zorndorf. „Der Blumenthal". Prédikow.** Hans Albrecht von Barfuß. **Schloß Cossenblatt. Steinhoefel.** Valentin von Massow. **Von Sparren-Land und Sparren-Glocken.** Prenden. Otto Christoph von Sparr. **Lichterfelde. Am Werbellin. Das Pfulen-Land.** Schulzendorf. Garzin. Buckow. Wilkendorf. Gielsdorf. Jahnsfelde.

III. Theil: Havelland. Die Landschaft um Spandau, Potsdam, Brandenburg. Zweite verbesserte Auflage, elegant geh. 7 M., geb. 8,20 M.

Inhalt: **Die Wenden und die Colonisation der Mark durch die Cistercienser.** Die Wenden in der Mark. Geographisch-Historisches. Lebensweise. Sitten. Tracht. Charakter. Begabung. Cultus. Rhetra. Arkona. „Was ward aus den Wenden?" Die Cistercienser in der Mark. Kloster Lehnin. Die Gründung des Klosters. Die Aebte von Lehnin. Abt Siebold, von 1180—1190. Abt Herrmann von 1330—1340. Abt Heinrich Stich. (Etwa von 1399—1430). Abt Arnold. (Etwa von 1456—1467). Abt Valentin. (Etwa von 1509—1542). Kloster Lehnin, wie es war und wie es ist. Die Lehninsche Weissagung. Kloster Chorin. Kloster Mariensee. Kloster Chorin von 1272—1542. Kloster Chorin wie es ist. **Spandau und Umgebung.** St. Nicolai zu Spandau. Das Havelländische Luch. Der Briefelang. Finkenkrug. Försterei Briefelang. Die Königseiche. Der Eichenbaum. Schloß Oranienburg. Burg und Jagdhaus Bötzow von 1200—1650. Schloß Oranienburg. Die Zeit Louise Henriettens von 1650—1667. Die Zeit Friedrichs III. von 1688—1713. Die Zeit des Prinzen August Wilhelm von 1744—1758. Tegel. Die Seeschlacht in der Malche. Das Belvedère im Schloßgarten zu Charlottenburg. **Potsdam und Umgebung.** Die Havelschwäne. Die Pfaueninsel. Die Pfaueninsel bis 1685. Die Pfaueninsel von 1685—92. Johann Kunkel. Die Pfaueninsel unter Friedrich Wilhelm III. 1797—1840. Die Pfaueninsel 15. Juli 1852. Frau Friedrich. Groß-Glinicke. Fahrland. Die Nedelitzer Fähre. Der Königswall. Das Hainholz und der Kirchberg. Dorf Fahrland. Amtshaus. Kirche. Pfarre. Die Fahrlander Chronik. Bernhard Daniel Schmidt, Pastor zu Fahrland, 1751—74. Johann Andreas Moritz, Pastor zu Fahrland, 1774—94. Sakrow. Unter dem Grafen Hord von 1774—79. Unter Baron Fouqué von 1779—87. Sakrow von 1787—94. Bornstädt. Wer war er? Marquardt. Marquardt von 1795—1803. Marquardt von 1803—33. Marquardt 1833—1858. Marquardt seit 1858. Geheime Gesellschaften im 18. Jahrhundert. Schwindel-Orden. Illuminaten und Rosenkreuzer. Uetz. Paretz. Paretz von 1796—1800. Paretz 20. Mai 1816. Paretz von 1815—40. Paretz seit 1840. Das Schloß in Paretz. Die Kirche. Der Tempel. Der „todte Kirchhof". Etzin. Falkenrehde. Zwei heimlich Enthauptete. Graf Adam Schwarzenberg. General von Einsiedel. Wust. Geburtsdorf Hans Hermanns von Katte. Wust 1707. Wust 1730. Wust 1748. Wust 1775. Wust 1820. Wust seit 1850. **Der Schwilow und seine Umgebungen.** Der Schwilow. Caput. General de Chieze von 1662—1671. Kurfürstin Dorothea von 1671—1689. Sophie Charlotte und König Friedrich I. bis 1713. Petzow. Baumgartenbrück. Alt-Geltow. Neu-Geltow. Werder. Die Insel und ihre Bevölkerung. Stadt und Kirche. „Christus als Apotheker". Die Werderschen. „Die Werdersche". Glindow.

IV. Theil: Spreeland. Beeskow-Storkow und Barnim-Teltow. Elegant geh. 7 M., geb. 8,20 M.

Inhalt: **In den Spreewald.** In den Spreewald. Lübbenau. Lehde. „Die Leber ist von einem Hecht". In Käthner Post's Garten. **Zwischen Spreewald und wendischer Spree.** Eine Osterfahrt in das Land Beeskow-Storkow. Rauen und die Markgrafensteine. Am Schermützel. Groß-Rietz. Blossin. **Die wendische Spree.** An Bord der Sphinx. Vor Anker in Cöpenick. Von Cöpenick bis Dolgenbrod. Der Fischer von Kahniswall. Von Dolgenbrod bis Teupitz. **An der Spree.** Schloß Cöpenick. Die Zeit des Kurprinzen Friedrich von 1682 bis 1688. Die Zeit Friedrich Wilhelms I. Die Zeit Henriette Marie's von 1749 bis 1782. Die Zeit des Grafen Schmettau von 1804 bis 1806. Die Müggelsberge. Der Müggelsee. Rahnsdorf. Alexander Anderssen, Fähnrich im 4. Ulanen-Rgt. Friedrichsfelde. Friedrichsfelde bis 1700. Friedrichsfelde von 1700 bis 1731 (Markgraf Albrecht). Friedrichsfelde von 1731 bis 62 (Markgraf Karl). Friedrichsfelde von 1762 bis 85 (Prinz Ferdinand). Friedrichsfelde von 1785 bis 99 (Herzogin Dorothea). Friedrichsfelde von 1800 bis 10 (Prinzessin von Holstein-Beck). Friedrichsfelde von 1812 bis 16 (König von Sachsen). Friedrichsfelde seit 1816. Ernst Gottlieb Woltersdorf. Gabriel Lucas Woltersdorf. Ernst Gottlieb Woltersdorf. **Rechts der Spree.** Buch. Die Roebels. Julie von Voß. Falkenberg. Blumberg. Philipp Ludwig v. Canstein. Johann v. Loeben und Frau v. Burgsdorf. Freiherr v. Canitz. Werneuchen. Schmidt von Werneuchen. Malchow eine Weihnachtswanderung. Paul v. Fuchs. Kienbaum. **Links der Spree.** Eine Pfingstfahrt in den Teltow. Königs-Wusterhausen. Teupitz. Mittenwalde. Klein-Machenow oder Machenow auf dem Sande. Groß-Beeren. Die Schlacht bei Groß-Beeren. Geist von Beeren. Berlin in den Tagen der Schlacht von Groß-Beeren. Löwenbruch. Friedrich Wilhelm Ludwig v. d. Knesebeck. Schloß Beuthen. Saalow. Ein Kapitel vom alten Schadow. **Groeben und Siethen.**

Groeben und Siethen unter den alten Schlabrendorfs. Aus dem Groebener Kirchenbuch. Aufzeichnungen des Pastors Joh. Thile I. Aufzeichnungen der Pastoren Fr. Zander zc. Aufzeichnungen des Pastors Redde. Groeben und Siethen unter den neuen Schlabrendorfs. Graf Heinrich Schlabrendorf. Graf Leo Schlabrendorf. Gräfin Emilie Schlabrendorf. Frau von Scharnhorst. Johanna von Scharnhorst. Groeben und Siethen jetzt. Groeben jetzt. Siethen jetzt. Der Scharnhorst-Begräbnißplatz auf dem Berliner Inv. Kirchhof. **An der Nuthe.** Saarmund und die Nutheburgen. Blankensee. Trebbin. Wilhelm Hensel. Schlußwort.

Julius Sittenfeld, Berlin.

INHALTSVERZEICHNIS

Vorwort 5

In den Spreewald

In den Spreewald 9
1. Lübbenau 9
2. Lehde 12
3. »Die Leber ist von einem Hecht« 14
4. In Kätner Posts Garten 16

Zwischen Spreewald und Wendischer Spree

Eine Osterfahrt in das Land Beeskow-Storkow 23
1. Rauen und die Markgrafensteine 24
2. Am Schermützel 30
3. Groß Rietz 39
4. Blossin 48
Ursach der Fehde. Heinrich Queiß auf Plössin (jetzt Blossin) führt Beschwer über seinen Schäfer und erhält kein Recht 49
Heinrich Queiß verbindet sich mit Nickel Minckwitz und Otto von Schlieben und rächt sich an dem Bischofe, der ihm sein Recht verweigert 51
Der Bischof Georg von Blumenthal sucht Schutz beim Kurfürsten, und Nickel von Minckwitz wird flüchtig . . 53
Der Bischof Georg von Blumenthal dringt in den Kurfürsten Joachim auf energisches Einschreiten gegen Nickel Minckwitz 56
Nickel Minckwitz demütigt sich vor dem Kurfürsten, und der Streit wird geschlichtet 57

Die Wendische Spree

An Bord der »Sphinx« 61
Vor Anker in Köpenick. (Reisevorabend) 62
Von Köpenick bis Dolgenbrodt. (Erster Reisetag) 69
Der Fischer von Kahniswall 72
Von Dolgenbrodt bis Teupitz. (Zweiter Reisetag) 80

An der Spree

Schloss Köpenick 93
Die Zeit des Kurprinzen Friedrich, von 1682 bis 1688 . . . 98
Die Zeit Friedrich Wilhelms I. 100
Die Zeit Henriette Maries, von 1749 bis 1782 102
Die Zeit des Grafen Schmettau, von 1804 bis 1806 105
Die Müggelsberge 110
Der Müggelsee 116
Rahnsdorf 120
Alexander Anderssen, Fähnrich im 4. Ulanen-Regiment . 121
Friedrichsfelde I 132
Friedrichsfelde bis 1700 133
Friedrichsfelde von 1700 bis 1731. Markgraf Albrecht . . 135
Friedrichsfelde von 1731 bis 1762. Markgraf Karl . . . 136
Friedrichsfelde von 1762 bis 1785. Prinz Ferdinand . . . 138
Friedrichsfelde von 1785 bis 1799. Herzogin Dorothea von Kurland 140
Friedrichsfelde von 1800 bis 1810. Prinzessin von Holstein-Beck 144
Friedrichsfelde von 1812 bis 1816. König Friedrich August von Sachsen 147
Friedrichsfelde seit 1816 149
Friedrichsfelde II 152
Ernst Gottlieb Woltersdorf 152
Gabriel Lukas Woltersdorf 152
Ernst Gottlieb Woltersdorf 155

Rechts der Spree

Buch 165
Die Röbels 167
Julie von Voß 176
Falkenberg 186
Blumberg 188
Der Anbau der Kirche. Philipp Ludwig von Canstein und seine »hochbetrübteste Witwe« 190
Der alte Teil der Kirche. Johann von Löben und Frau von Burgsdorf 192
Freiherr von Canitz 198
Werneuchen 209
Malchow. Eine Weihnachtswanderung 229
Kienbaum 240

Links der Spree

Eine Pfingstfahrt in den Teltow 249
1. Königs Wusterhausen 250
2. Teupitz 259
3. Mittenwalde 268
Kleinmachenow oder Machenow auf dem Sande 280
Grossbeeren 288
Die Schlacht bei Großbeeren am 23. August 1813 . . 289
Beginn der Schlacht 290
Die Entscheidung 292
Geist von Beeren 298
Berlin in den Tagen der Schlacht von Grossbeeren . . . 306
Löwenbruch 313
Schloss Beuthen 323
Saalow. Ein Kapitel vom alten Schadow 330

Gröben und Siethen

Gröben und Siethen 347
I. Gröben und Siethen unter den alten Schlabrendorfs. Von 1416 bis 1786 348
Aus dem Gröbener Kirchenbuch 349
Aufzeichnungen des Pastors Johannes Thile I. . . . 350
Aufzeichnungen der Pastoren Friedrich Zander, Felician Clar (auch Clarus) und Heinrich Wilhelm Voß 351
Aufzeichnungen des Pastors Redde 355
II. Gröben und Siethen unter den neuen Schlabrendorfs . 360
Heinrich Graf Schlabrendorf 361
Graf Leo Schlabrendorf 366
Gräfin Emilie von Schlabrendorf, geborne von Ryssel . 371
Frau Johanna von Scharnhorst, geborne Gräfin von Schlabrendorf 373
Johanna von Scharnhorst. (Nach Aufzeichnungen einer Kaiserswerther Diakonissin) 376
III. Gröben und Siethen jetzt 387
Gröben jetzt 388
Siethen jetzt 392
Der Scharnhorst-Begräbnisplatz auf dem Berliner Invalidenkirchhof 398

An der Nuthe

Saarmund und die Nutheburgen 407
Blankensee 412

Trebbin 419
Wilhelm Hensel 423

Schlusswort 437

Anhang

Zu dieser Ausgabe 451
Spreeland. Entstehung und Überlieferung 457
Entstehung und Auflagen im Überblick 457 Komplizierte Vorgeschichte 457 Die erste Buchausgabe 460 Die weiteren Auflagen (1886 und 1892) 463 Zeitgenössische Resonanz 465
Anmerkungen 477
Vorwort 477 In den Spreewald 477 Eine Osterfahrt in das Land Beeskow-Storkow 481 An Bord der »Sphinx« 492 Schloß Köpenick 501 Die Müggelsberge 514 Der Müggelsee 517 Rahnsdorf 520 Friedrichsfelde 523 Buch 536 Falkenberg 548 Blumberg 549 Werneuchen 557 Malchow 566 Kienbaum 570 Eine Pfingstfahrt in den Teltow 573 Kleinmachenow oder Machenow auf dem Sande 593 Großbeeren. Geist von Beeren. Berlin in den Tagen der Schlacht von Großbeeren 598 Löwenbruch 604 Schloß Beuthen 608 Saalow 612 Gröben und Siethen. Der Scharnhorst-Begräbnisplatz auf dem Berliner Invalidenkirchhof 620 Saarmund und die Nutheburgen 634 Blankensee 639 Trebbin 643 Schlußwort 654
Literaturverzeichnis 658